XANTENER BERICHTE
Band 21

XANTENER BERICHTE

Grabung – Forschung – Präsentation
Band 21

herausgegeben von Martin Müller

Eine Veröffentlichung des
Landschaftsverbandes Rheinland
LVR-Archäologischer Park Xanten / LVR-RömerMuseum

GEFÄHRLICHES PFLASTER
KRIMINALITÄT IM RÖMISCHEN REICH

herausgegeben von
Marcus Reuter und Romina Schiavone

VERLAG PHILIPP VON ZABERN · MAINZ AM RHEIN

Bibliographische Informationen der Deutschen Bibliothek

Die Deutsche Bibliothek verzeichnet diese Publikation in der Deutschen Nationalbibliographie; detaillierte bibliographische Daten sind im Internet über < *http://dnb.dbb.de* > abrufbar.

ISBN 978-3-8053-4393-0 (für die Buchausgabe mit Festeinband)

ISBN 978-3-8053-4382-4 (für die broschierte Ausgabe)

Redaktion: Romina Schiavone

Alle Rechte vorbehalten
Copyright Landschaftsverband Rheinland
LVR-Archäologischer Park Xanten / LVR-RömerMuseum 2011
Satz: Linden Soft Verlag e. K., Aichwald
Druck: B.o.s.s Druck und Medien, Goch
Printed in Germany

VERLAG PHILIPP VON ZABERN · MAINZ AM RHEIN

Eine Ausstellung des LVR-Archäologischen Parks Xanten / LVR-RömerMuseums in Kooperation mit:

 Limesmuseum Aalen

 Vindonissa-Museum Brugg

 LVR-LandesMuseum Bonn

 Archäologisches Museum Frankfurt

Archäologischer Park Carnuntum

Eine Ausstellung des LVR-Archäologischen Parks Xanten / LVR-RömerMuseums

Bei den nachfolgend aufgeführten Personen handelt es sich, soweit nicht anders vermerkt, um Mitarbeiterinnen und Mitarbeiter des LVR-Archäologischen Parks Xanten / LVR-RömerMuseums.

AUSSTELLUNG

Gesamtleitung
Martin Müller

Kuratorin
Romina Schiavone

Projektleitung und Ausstellungskonzeption
Marcus Reuter

Wissenschaftliche Arbeitsgruppe
René Hänggi (Vindonissa-Museum Brugg, Schweiz), Martin Kemkes (Archäologisches Landesmuseum Baden-Württemberg, Außenstelle Rastatt), Marcus Reuter, Romina Schiavone

Ausstellungsplanung und -realisierung
Petra Becker, Norbert Damker,
Hans-Georg Hartke (LVR-LandesMuseum Bonn),
Sandra Kaufhold, Andreas Lohn, Marcus Reuter,
Marco Romussi (LVR-LandesMuseum Bonn),
Yvonne Runte, Romina Schiavone,
Mario Schiebold, Gabriele Schmidhuber,
Dirk Schmitz, Lothar Seerau, Horst Stelter,
Frank Termath, Marie Tuloup, Jens Weinkath

Ausstellungsgraphik
Burkard Pfeifroth Kommunikationsdesign Reutlingen

Medien
Dießenbacher Tewissen Informationsmedien, Burkard Pfeifroth Kommunikationsdesign Reutlingen

Museumspädagogisches Programm
Christian Golüke, Marianne Hilke

Verwaltung
Michael Jansen, Dirk Orf

Marketing, Presse und Kommunikation
Patrick Jung, Ingo Martell

BEGLEITBUCH

Redaktionsleitung
Romina Schiavone

Redaktionsmitarbeit
Jonas Feltes (Köln), Christian Golüke,
Patrick Jung, Marcus Reuter, Tamara Ruske,
Gabriele Schmidhuber, Dirk Schmitz

Bildrecherche und -beschaffung
Christoph Lindner, Romina Schiavone,
Marie Tuloup

Graphik
Horst Stelter

Umschlaggestaltung
Hardcover-Ausgabe: Horst Stelter
Broschur-Ausgabe: Sebastian Simonis Büro für Konzept und Gestaltung, Horst Stelter,
Axel Thünker DGPh, Burkard Pfeifroth Kommunikationsdesign Reutlingen

Inhalt

Vorwort IX

DAS SICHERHEITSBEDÜRFNIS DER PROVINZIALRÖMISCHEN BEVÖLKERUNG

Peter Kienzle, Introvertiertes Wohnen – Spuren des Sicherheitsdenkens
    in der römischen Architektur 3

Martin Müller, Schlüssel und Schloss im römischen Alltag –
    Ausgewählte Funde aus der Colonia Ulpia Traiana 19

Martin Kemkes, Göttlicher Schutz für Haus und Hof –
    Gefahrenabwehr durch Statuetten, Tür- und Möbelbeschläge? 43

Marianne Hilke, *Villaticus* – Der Wachhund in der römischen Antike 61

Marion Mattern, Eine antike Reiseversicherung –
    Unter Schutz und Schirm der Wegegöttinnen 77

KRIMINALDELIKTE

Markus Scholz, Verdammter Dieb –
    Kleinkriminalität im Spiegel von Fluchtäfelchen 89

Markus Peter, Von Betrug bis Ersatzkleingeld – Falschmünzerei in römischer Zeit 107

Dirk Bracht, Dem Glück ein wenig nachhelfen – Falschspiel in der Antike 121

Rudolf Haensch, *Omnibus pariter corruptis* – Korruption und Amtsmissbrauch
    in den Stäben der kaiserzeitlichen römischen Provinzverwaltung 129

Romina Schiavone, Vergehen gegen die Götter – Religiöse Delikte 135

Anke Seifert, Strafbar oder nicht? – Sexualdelikte und häusliche Gewalt 147

Andreas Hensen, *Violatio sepulchri* –
    Grabfrevel im Spiegel archäologischer und schriftlicher Quellen 163

Patrick Jung, *Latrones!* – Wegelagerei und Räuberunwesen im Römischen Reich 173

Marcus Reuter, Steinerne Zeugnisse antiker Gewaltverbrechen –
    Mord und Totschlag in römischen Grabinschriften 187

Christian Golüke, *Mare pacavi a praedonibus* –
    Die römische Vision von einem piratenfreien Meer 197

Michael Alexander Speidel, Römische Soldaten auf Abwegen –
    Amtsmissbrauch, Korruption und Fahnenflucht 213

STRAFVERFOLGUNG UND RECHTSPRECHUNG

Romina Schiavone, *Agens at latrunculum* – Strafverfolgung im Römischen Reich 225

Patrick Sänger, Das Sicherheitswesen im römischen Ägypten nach den Papyri 241

Detlef Liebs, Vor den Richtern Roms – Rechtsprechung, Gesetze, Strafen 255

Elke Hartmann, Das „schwache Geschlecht" im römischen Recht –
    Frauen und Rechtsprechung 269

Manfred Clauss, Der römische Kaiser – an keine Gesetze gebunden? 281

Ralph Backhaus, Im Dienste des Rechts – Römische Juristen 289

Markus Scholz, Verstummen soll er! – Fluchtäfelchen wider Prozessgegner 301

Dirk Schmitz, *Ad supplicium ducere* – Hinrichtungen in römischer Zeit 319

Wolfgang-Rüdiger Teegen mit Beiträgen von Sabine Faust, Rätsel aus der Spätantike –
    Zwei enthauptete Männer aus dem antiken Stadtgebiet von Trier 343

Thomas Becker, Kriminalität und Anthropologie – Nachweismöglichkeiten von
    Verbrechen und Strafe an menschlichen Skelettresten aus römischen Fundkontexten 359

Hubert Fehr, Jenseits der Grenzen des Imperiums – Kriminalität und Recht in der kaiser-
    zeitlichen Germania und den barbarischen Nachfolgestaaten des Römischen Reichs 373

AUSBLICK

Alexander Nogrady, Zustände wie im alten Rom?! –
    Römisches und heutiges Strafrecht im Vergleich 385

Jörg Bockow, Strafverfolgung und Verbrechensbekämpfung heute –
    Die Arbeit der Polizei in Nordrhein-Westfalen: Zahlen, Fakten und Daten 393

ANHANG

Auswahlbibliographie 404

Abgekürzt zitierte antike Autoren und Schriften 418

Abgekürzt zitierte Lexika, Corpora und Schriften 422

Ortsregister (antik) 423

Ortsregister (modern) 425

Personenregister 428

Sachregister 432

VORWORT

Das Imperium Romanum war eines der größten und bedeutendsten Reiche der Weltgeschichte – die Leistungsfähigkeit und Effizienz seines Verwaltungsapparates wird noch heute zu Recht bewundert. Dies gilt auch für das damals hoch entwickelte römische Rechtswesen, das in vielen Bereichen bis in unsere Gegenwart hinein fortlebt. Umso erstaunlicher ist es, dass es im Römischen Reich zu keinem Zeitpunkt eine reguläre Polizei gab, die für die Aufrechterhaltung der inneren Sicherheit sorgte und seine Bewohner vor kriminellen Übergriffen schützte. Dies blieb über viele Jahrhunderte weitgehend Privatangelegenheit. Auch die strafrechtliche Verfolgung von Kriminaldelikten lief keineswegs nach einem einheitlichen Schema ab, sondern besaß oft einen unterschiedlichen, nicht selten sogar einen provisorischen Charakter.

Es überrascht daher nicht, dass sich in den verschiedenen antiken Quellengattungen zahlreiche Hinweise auf eine damals offenbar weit verbreitete Kriminalität finden. Besonders großes Interesse hat in der modernen Forschung vor allem das Räuberunwesen im Römischen Reich hervorgerufen, so dass inzwischen eine eindrucksvolle Anzahl von Aufsätzen und Monographien zu diesem Thema vorliegt. Andere Bereiche der antiken Kriminalität sind dagegen, zumindest in unserer heutigen Wahrnehmung, weitaus weniger präsent: Falschspielerei, Betrugsdelikte oder Diebstähle etwa fanden in der modernen Fachliteratur ein deutlich geringeres Interesse, obwohl diese Vergehen im antiken Alltag sicher sehr viel häufiger vorkamen als Überfälle von Räubern.

Um ein möglichst realistisches und vielschichtiges Bild von der Kriminalität – aber auch von der Strafverfolgung – im Römischen Reich zu erhalten, haben wir Vertreter der Archäologie, der Alten Geschichte, der Numismatik, der Bauforschung, der Papyrologie, der Anthropologie sowie der Rechtsgeschichte gebeten, das Thema aus ihrem jeweiligen Blickwinkel heraus zu beleuchten.

Dabei geht es zunächst um die Frage, wie sich die antiken Zeitgenossen vor kriminellen Delikten, etwa Hauseinbrüchen, zu schützen versuchten. In den ersten fünf Beiträgen werden verschiedene Präventivmaßnahmen vorgestellt, die von vergitterten Fenstern und raffinierter Schlüssel- und Schlosstechnik bis hin zur Anrufung von religiösem Schutz durch die Götter reichen. Bereits hier wird deutlich, dass diese Schutzvorkehrungen keineswegs grundlos, sondern als eine bewusste Reaktion auf latent vorhandene Gefahren ergriffen wurden.

Im anschließenden Abschnitt werden die verschiedenen Arten von kriminellen Delikten näher beleuchtet, mit denen die Bewohner des Römischen Reiches immer wieder konfrontiert waren. Die Bandbreite reicht dabei von der Geldfälschung bis zum Straßenraub, von marodierenden Militärangehörigen bis zu religiösen Delikten, von der Korruption bis zur häuslichen Gewalt, vom Falschspiel bis zur Seeräuberei. Bei der Lektüre dieser Aufsätze wird der Leser oft an ganz ähnliche kriminelle Erscheinungsformen der Gegenwart erinnert werden – viele Arten der Vorteilnahme auf Kosten Dritter sind ganz offensichtlich zeitlos!

Eine noch gänzlich unerschlossene Informationsquelle für die römische Kriminalitätsforschung stellen die so genannten Fluchtäfelchen dar, in denen verhasste Zeitgenossen (darunter gelegentlich auch Diebe) verwünscht wurden. Da in den Beschwörungsformeln nicht selten auch die gestohlenen Objekte erwähnt werden, bieten sich hochinteressante Einblicke in die Kleinkriminalität vor rund 1900 Jahren. Gestohlen, so erfahren wir, wurde in römischer Zeit nahezu alles: Die Texte berichten z. B. von einer geklauten Bratpfanne bis hin zu entwendeten Handschuhen. Das Phänomen der Fluchtäfelchen wirft zugleich auch ein bezeichnendes Licht darauf, wie gering das Vertrauen vieler Diebstahlsopfer in die staatliche Strafverfolgung war und dass man in den betreffenden Fällen offenbar kaum Hoffnung hegte, die abhanden gekommenen Gegenstände jemals wiederzuerlangen.

Um die Ermittlung und juristische Belangung von Straftätern geht es schließlich im dritten Abschnitt. Die dort versammelten Beiträge geben zunächst einen Überblick über die regional unterschiedlichen Strukturen der antiken Strafverfolgung und leiten anschließend auf das römische Justizwesen über. Dieses war in vielen Bereichen unserem modernen Rechtssystem nicht unähnlich, wies aber andererseits auch grundlegende Unterschiede auf: Hier sei stellvertretend nur auf die Stellung der Frau im römischen Recht verwiesen. Daneben finden sich aber auch Sachverhalte, die aus heutiger Sicht eher kurios anmuten. Wer weiß z. B. schon, dass der römische Kaiser durch einen offiziellen Beschluss des Senats von allen Gesetzen befreit war? Nicht minder befremdlich ist die Tatsache, dass man trotz des hoch entwickelten Rechtssystems einen Prozessverlauf manchmal auch mit Zauberei und Magie zu beeinflussen versuchte.

Die teilweise drastischen Strafen, die das römische Recht im Falle von Verurteilungen vorsah, werden in drei Beiträgen thematisiert, in denen sowohl althistorische Quellen als auch anthropologische Befunde berücksichtigt werden. Besonders eindrucksvoll zeigt sich der Vollzug der Todesstrafe an einem erst jüngst in Trier entdeckten Doppelgrab zweier Männer, die dort in der Spätantike enthauptet wurden.

Bei der Beschäftigung mit dem römischen Rechtswesen scheint außerdem ein Blick über die Grenzen des Reiches in das germanische Barbarikum sinnvoll – welche Impulse gingen von der römischen Welt auf die benachbarten Stämme und deren Wertvorstellungen aus? Was wissen wir überhaupt über die Rechtsprechung der Germanen?

Den letzten Abschnitt bilden zwei Aufsätze, die den Leser von der Antike in die Gegenwart führen: Im Beitrag „Römisches und heutiges Strafrecht im Vergleich" wird deutlich, wie sehr die römischen Gesetze unsere modernen Rechtsvorstellungen geprägt haben, ohne dass wir dies in unserem Alltag immer bewusst wahrnehmen. Den Schlusspunkt bildet ein Beitrag, der das heutige Polizeiwesen am Beispiel des Bundeslandes Nordrhein-Westfalen beschreibt und dabei eine Reihe interessanter aktueller Zahlen und Fakten vorstellt. Diese Arbeit zeigt zugleich, wie sehr sich die Verbrechensbekämpfung seit den Zeiten des Römischen Reiches – aber auch in den letzten Jahrzehnten! – verändert hat. Die heute schnell voranschreitende technische Entwicklung sowie neue naturwissenschaftliche Erkenntnisse haben zu innovativen Fahndungsmethoden und auch -erfolgen geführt. Gleichzeitig entstehen aber auch völlig neue gesetzeswidrige Betätigungsfelder, z. B. die Internetkriminalität.

In diesem Zusammenhang sei daran erinnert, dass sich im Laufe der Zeit nicht nur die Methoden der Strafverfolgung, sondern teilweise auch die Straftatbestände selbst geändert haben: Manches, was in römischer Zeit als kriminell galt, ist heute ein selbstverständliches Grundrecht (z. B. Kriegsdienstverweigerung). Andere Sachverhalte dagegen, die für die römischen Zeitgenossen selbstverständlich waren, sind heute verboten (z. B. Sklaverei). Die stete Veränderung des Rechtes ist eine Tatsache, die unser Leben auch heute, wenn auch nicht immer mit unmittelbarer persönlicher Auswirkung, begleitet. So war etwa Ehebruch bis vor wenigen Jahrzehnten in der Bundesrepublik Deutschland noch strafbar; und das Verbot des Frauenfußballs wurde erst am 30. Oktober 1970 vom Deutschen Fußballbund (damals noch unter Einschränkungen!) aufgehoben.

Um dem Leser einen Überblick über die wissenschaftliche Fachliteratur zur Kriminalität in der römischen Antike geben zu können, haben wir uns außerdem entschlossen, am Ende dieses Bandes eine Auswahlbibliographie anzufügen, in der zumindest einige der wichtigsten einschlägigen Arbeiten zum Thema aufgeführt sind.

Der vorliegende Band erhebt trotz seines Umfanges nicht den Anspruch auf eine erschöpfende Darstellung aller Aspekte der Kriminalität im Römischen Reich – ein solches Vorhaben hätte den ohnehin schon stattlichen Rahmen des Buches wohl endgültig gesprengt. Deshalb wurde auf einzelne Deliktformen wie etwa Steuerflucht oder Betrug verzichtet, obwohl auch zu diesen Themen zahlreiche Belege aus der römischen Antike bekannt sind. Dennoch dürfte der Band einen repräsentativen Überblick über das sehr weitläufige und komplexe Thema bieten.

An dieser Stelle möchten wir allen Autorinnen und Autoren ganz herzlich für ihre Bereitschaft zur Mitarbeit danken; sie haben mit ihren Beiträgen (und der fast durchgängig fristgerechten Manuskriptabgabe) die Entstehung dieses Buches überhaupt erst möglich gemacht. Großer Dank gilt auch unseren

Xantener Kollegen Christian Golüke, Patrick Jung, Christoph Lindner, Ingo Martell, Tamara Ruske, Gabriele Schmidhuber, Dirk Schmitz und Marie Tuloup, die mit viel Engagement und Einsatz an den redaktionellen Arbeiten des Buches mitgewirkt haben. Die graphische Bearbeitung der zahlreichen Abbildungen lag in den bewährten Händen von Horst Stelter, dem wir für seine Arbeit ebenfalls ganz herzlich danken. Herr Jonas Feltes, der während der Redaktionsarbeiten ein Praktikum im LVR-RömerMuseum absolvierte, widmete sich mit großem Einsatz der Erstellung der Indices – auch ihm gilt unser Dank für die geleistete Arbeit.

Die vorliegende Publikation erscheint in der Reihe der „Xantener Berichte" als Begleitband zu der Sonderausstellung „Gefährliches Pflaster. Kriminalität im Römischen Reich", die ab Juli 2011 im LVR-RömerMuseum im Archäologischen Park Xanten sowie anschließend im Limesmuseum Aalen, im Vindonissa-Museum Brugg (CH), im LVR-LandesMuseum Bonn, im Archäologischen Museum Frankfurt sowie im Museum des Archäologischen Parks Carnuntum (A) gezeigt werden wird.

Zum Schluss sei noch die Frage gestellt, ob die römische Antike tatsächlich stärker von Gewaltverbrechen und kriminellen Umtrieben geprägt war als dies heute der Fall ist. Das bereits erwähnte Fehlen regulärer Polizeikräfte legt einen solchen Verdacht durchaus nahe; wissenschaftlich beweisen lässt sich dies freilich nicht. Ob die römischen Zeitgenossen ihren Alltag – unabhängig von den reellen inneren Zuständen – als unsicher und kriminell empfunden haben, ist eine andere Frage, die sich aber ebenfalls einer zuverlässigen Beantwortung entzieht. Deshalb sei an dieser Stelle mit den salomonischen Worten des römischen Historikers Cassius Dio (36,20,1) geschlossen:

„Piraten belästigten schon immer die Seefahrer, ebenso wie es die Räuber mit den Landbewohnern zu tun pflegen. Es gab ja keine Zeit, in der solche Dinge nicht geschahen, und es dürfte damit wohl auch nicht aufhören, solange die menschliche Natur dieselbe ist."

Xanten, im März 2011　　　　　　　Marcus Reuter
　　　　　　　　　　　　　　　　　Romina Schiavone

DAS SICHERHEITSBEDÜRFNIS
DER PROVINZIALRÖMISCHEN
BEVÖLKERUNG

PETER KIENZLE

Introvertiertes Wohnen –
Spuren des Sicherheitsdenkens in der römischen Architektur

Das Gefühl, in einer sicheren Zeit und einer sicheren Region zu leben, lässt sich deutlich an der jeweiligen Bautätigkeit ablesen. In Zeiten innerer Unruhen oder äußerer Bedrohungen wurden Stadtbefestigungen errichtet oder verstärkt; in langen friedlichen Perioden wurden die Stadtbefestigungen vernachlässigt. So lassen sich für die Stadtmauern der Städte Colonia Claudia Ara Agrippinensium (Köln)[1], Colonia Ulpia Traiana (Xanten)[2] und Noviomagus (Nijmegen)[3] verschiedene Bauphasen nachweisen, die sich meist zeitlich mit politischen Ereignissen in Übereinstimmung bringen lassen. Zuvor waren Stadtbefestigungen mehr Symbol als tatsächliche fortifikatorische Notwendigkeit. Nicht selten wurden lediglich repräsentative Stadttore errichtet, die dazwischen liegenden Mauerabschnitte jedoch nicht gebaut. Die Stadtgrenze definierte einen Rechtsraum, hatte jedoch keine fortifikatorische Funktion[4].

Was für eine Stadt als Gesamtheit deutlich ablesbar ist, lässt sich in der zivilen Architektur nicht im selben Maße erkennen. Zum einen ist dies darauf zurückzuführen, dass eine Bau- und Stilgeschichte der zivilen römischen Architektur noch nicht geschrieben ist. Bauten unterschiedlicher Nutzung, Konstruktionsweise und Zeitstellung innerhalb der römischen Epoche oder unterschiedlicher geographischer Lage werden unter dem Oberbegriff „Römisches Haus" zusammenfasst. Damit ist eine differenzierte Betrachtung der architektonischen Entwicklungen noch nicht möglich[5]. Darüber hinaus ist zu berücksichtigen, dass nur selten noch aufgehendes Mauerwerk vorhanden ist. Viele sicherheitsrelevante Details zeigen sich in der Ausprägung der Tür- und Fensteröffnungen, die oftmals nicht oder nicht vollständig erhalten sind.

In unsicheren Zeiten zogen sich die Bürgerinnen und Bürger nach Innen zurück. Die Architektur wird geschlossener, nach außen abweisender. Bei den Landgütern ist eine stärkere Befestigung der Hofmauern zu erkennen. Innerhalb der Stadt wird man sich zunächst auf die Stadtmauern verlassen haben, die äußere Feinde abhalten konnte. Wie sicher es sich jedoch tatsächlich innerhalb der Stadtmauern leben ließ, wie man sich gegen Raub und Diebstahl schützte und welche Sicherheit die staatlichen Ordnungsorgane garantieren konnten, lässt sich nur an der Architektur des individuellen Hauses ablesen.

Die *domus*

Die klassische *domus* mit Atrium und Peristyl war zu Zeiten des Römischen Reiches das Wohnhaus der begüterten Oberschicht im Mittelmeerraum. Die Wohnbereiche der Besitzer waren nach innen orientiert. Nach außen waren die Häuser mit weitgehend geschlossenen Wänden zur Straße hin gestaltet[6]. Die untervermieteten *tabernae* öffneten sich mit Ladenfront und Fenster im Obergeschoss zur Straße, standen aber mit den Räumlichkeiten des Hausbesitzers in der Regel nicht in Verbindung (Abb. 1). An der Straßenseite, meist in der Mitte der Fassade, befand sich eine große repräsentative Toranlage, die dem Status des Hausherrn und seiner Repräsentationspflicht entsprach[7]. Der Hausherr einer *domus* ging nicht (in unserem modernen Sinne) einer geregelten Arbeit nach. Er war Großgrundbesitzer und Verwalter seines Vermögens. Morgens empfing er Klienten, Mieter, Bittsteller und andere abhängige Personen zur *salutatio*.

Der Haupteingang war in der Regel mit Pilastern, Säulen, Gesimsen oder Ädikulen entsprechend den finanziellen Möglichkeiten des Hausherrn und dem Zeitgeschmack gestaltet (Abb. 2). Bänke als Sitz- und Wartebereich für die Bittsteller und die Klienten des Hausherrn waren oftmals in der Nähe der Eingangstür vorhanden[8]. Die Türflügel waren

Abb. 1 Pompeji, Reg. VI. Straße zwischen Insula 7 und 9. Rechts die geschlossene Front, links die Öffnungen der *tabernae*.

aufwendig gestaltet und sehr oft mit Ziernägeln geschmückt. Entsprechend der repräsentativen Ausgestaltung waren sie schwer und wurden daher überwiegend für größere Anlässe genutzt. Es ist mit Sicherheit anzunehmen, dass zu diesen Zeiten ein Türsteher den Ein- und Ausgang zu überwachen hatte. Außerhalb dieser Zeiten wurde das Portal geschlossen gehalten und mit einem schweren Holzriegel gesichert. Manchmal sind in den zugehörigen Seitenwänden noch Riegellöcher sichtbar. Soweit die Anlagen aus Pompeji und Herculaneum erkennen lassen, konnten viele dieser großen Türen von außen gar nicht geöffnet oder geschlossen werden. Ein sicherer und zugleich leichtgängiger Schließmechanismus für große, schwere Türflügel war in der Herstellung sehr aufwendig. Deshalb hielt sich meist ein Türsteher im Gebäude auf, um dem Besitzer zum Betreten des Hauses öffnen zu können. Daneben gab es aber auch meist eine zusätzliche Seitentür an der Hinterseite des Gebäudes oder direkt neben dem repräsentativen Portal. In solchen Fällen nutzten die Bewohner des Hauses dann vornehmlich diese kleine Seitentür[9].

Oftmals waren beiderseits der repräsentativen Eingangssituation kleine Ladenräume, so genannte *tabernae* untergebracht. Diese waren mit ihren großen Ladenfronten zur Straße hin geöffnet, standen aber in der Regel mit den übrigen Räumen des Wohnhauses nicht in Verbindung (Abb. 3). Man kann davon ausgehen, dass die *tabernae* untervermietet waren und mit dem wirtschaftlichen Leben in der eigentlichen *domus* wenig zu tun hatten[10]. An den übrigen Außenwänden waren meist untergeordnete Nebenräume angelegt: Küche, Lagerräume, Quartiere für Bedienstete und Sklaven. Auch diese Wände besaßen keine großen Fenster, sondern verfügten nur über wenige kleine und zudem hoch gelegene Lichtschlitze, die oftmals noch zusätzlich vergittert waren (Abb. 4).

Die eigentlichen Wohn- und Aufenthaltsräume der Eigentümerfamilie orientierten sich nach innen zum Atrium und zum Peristylhof[11]. Konkrete Angaben zur Nutzung einzelner Räume lassen sich anhand des archäologischen Befundes meist nicht mehr rekonstruieren[12]. Welche Bereiche des Hauses ausschließlich privater Nutzung zugedacht waren und in welchen Räumen Besucher und Gäste empfangen wurden, gegebenenfalls gestaffelt nach Rang oder persönlicher Beziehung, bleibt unbekannt[13]. Es ist jedoch anzunehmen, dass im Atrium, dem ersten Bereich, der nach dem Durchschreiten des

Abb. 2   Pompeji, Portal eines Hauses (Reg. II, ins. 2, 4).

Eingangsbereiches erreicht wurde, der Hausherr seine Gäste empfing[14]. Der hintere Hausteil wurde vom Gartenhof (Peristyl) eingenommen. In diesem Bereich wurden vermutlich nur sehr enge und gute Bekannte der Familie zugelassen. Hier lassen sich in der Architektur jedoch keine weiteren Sicherheitsmaßnahmen erkennen, die den vorderen, eher öffentlichen Bereich (Atrium) von dem hinteren, eher privaten Bereich (Peristyl) abgrenzen. Alle Türschwellen sind in der Regel gleichartig ausgebildet. Das Atrium und der Peristylhof werden durch das so genannte *tablinum* verbunden, ein Gartenzimmer, das oftmals zu beiden Höfen offen gestaltet war oder über die gesamte Raumbreite hin geöffnet werden konnte. Dies bedeutet, dass die *domus* während der *salutatio* offen stand und eine Kontrolle der Besucher durch anwesendes Personal erfolgen musste.

Die architektonische Orientierung nach innen allein ermöglicht zunächst noch keine Aussage

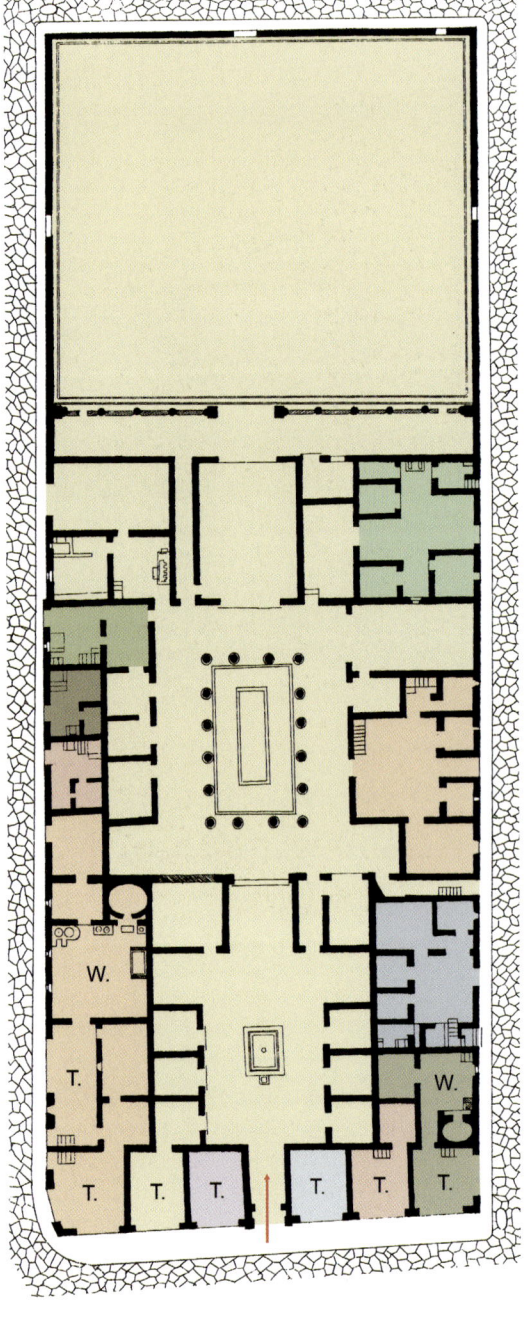

Abb. 3 Pompeji, Grundriss der Insula der Arriana Polliana. Unterschiedliche Nutzer werden durch unterschiedliche Farben dargestellt. (T) Taberna, (W) Werkstatt.

über das Sicherheitsbedürfnis der Bewohner. Die introvertierte Ausrichtung dürfte in einer durch laute Geräusche und intensive Gerüche geprägten Stadt durchaus auch die Wohnqualität erhöht haben. Die bepflanzten und mit Wasserbecken gestalteten Innenhöfe waren somit Rückzugsort und ruhige Oase im lauten, hektischen Großstadttreiben. Erst in der Kombination mit den auffallend wenigen, kleinen und hochgelegenen Fensteröffnungen in den Gebäudeaußenwänden, die zudem vergittert waren, schließt sich das Bild einer – zumindest in großen Teilen – auf Sicherheit angelegten Architektur.

Mehrgeschossiger Wohnungsbau in Rom und Ostia

Neben der *domus* für die wohlhabenden Bürger gab es in den römischen Städten auch mehrgeschossige Mietswohnungsbauten. Hier wohnte der Großteil der Bevölkerung[15]. Diese Wohnblocks (*insulae*) konnten gehobene Mietwohnungen mit mehreren Räumen beinhalten, so genannte *medianum*-Appartments. Von einem zentralen Raum (*medianum*) waren mehrere Schlafräume (*cubiculae*) zugänglich[16]. Aufgrund der zum Teil erhaltenen qualitätvollen Wandmalerei ist anzunehmen, dass es sich hierbei um einen gehobenen Wohnstandard gehandelt hat[17]. Es gab jedoch auch Mietkasernen mit kleinen Wohnungen, die zum Teil nur aus einem Raum bestanden. Es war durchaus üblich, dass in einem Gebäude in den unteren Etagen gehobene Mietwohnungen untergebracht waren, während sich in den oberen Stockwerken kleine, billigere Wohnungen befanden[18].

Neben diesen großen Wohnblocks, wie sie in Rom oder Ostia häufig anzutreffen sind, gab es auch in mancher *domus* kleine, untervermietete Wohneinheiten. Häufig führte innerhalb einer *taberna* eine interne Treppe in ein Mezzanin- oder in das Obergeschoss. Dort hatte der Pächter des Ladengeschäftes seine Wohnräume. Darüber hinaus wurden auch separate Wohnungen im Obergeschoss einer *domus* nachgewiesen, die mit einer eigenen Treppe ohne Zusammenhang mit einer *taberna* von der Straße aus zugänglich waren. Diese Wohnungen wurden *cenaculum* genannt. Sie nahmen meist jene Restflächen ein, die im Obergeschoss nicht architektonisch verplant wurden und somit noch zur Verfügung standen. Im Gegensatz zu den sorgfältig geplanten, hochwertigen *medianum*-Mietwohnungen hatten

Abb. 4   Herculaneum, Fassade der Casa dell'alcova (Cardo IV, ins. IV 3–4).

die *cenacula* oftmals gefangene Räume ohne direkte Belichtung[19].

Typisch für alle diese Wohnungsformen ist eine Treppe, die direkt vom Gehweg aus zu den jeweiligen Räumlichkeiten führte. Die Treppe begann direkt an der Hausfront und ließ lediglich den notwendigen Platz zur Öffnung der Türflügel. In den einzelnen *cenacula* sind erwartungsgemäß keine Räume für einen Hausmeister oder Wächter nachzuweisen. Aber auch die großen Wohnblocks zeigen keine solchen Räume neben den Treppen (Abb. 5). Damit ist anzunehmen, dass eine Überwachung des Eingangs durch eine Person im Sinne eines Concierge nicht stattgefunden hat. Es wird jedoch bereits eine umfangreiche Sozialkontrolle im Straßenraum vor dem Haus stattgefunden haben.

Ein Fremder kann sich – zumindest über Tag – nicht unbemerkt einem Haus nähern[20].

Die Sicherung der einzelnen Wohnungen in den Mietshäusern erfolgte vermutlich über Schlösser an den Wohnungstüren im Obergeschoss. Allerdings lässt sich dies an den noch erhaltenen archäologischen Befunden nicht mehr sicher nachweisen. Die Türgewände waren wahrscheinlich weitgehend aus Holz und sind daher nicht mehr erhalten. Die Fensteröffnungen in den oberen Stockwerken waren dagegen als Zutrittsmöglichkeit für Einbrecher von eher untergeordneter Bedeutung. Die Zugänge zu den *cenacula* im Obergeschoss einer *domus* konnten bereits am Fuß der Treppen mit meist zweiflügeligen Türen verschlossen werden. Dies belegen auch zahlreiche Schwellsteine mit Riegellöchern.

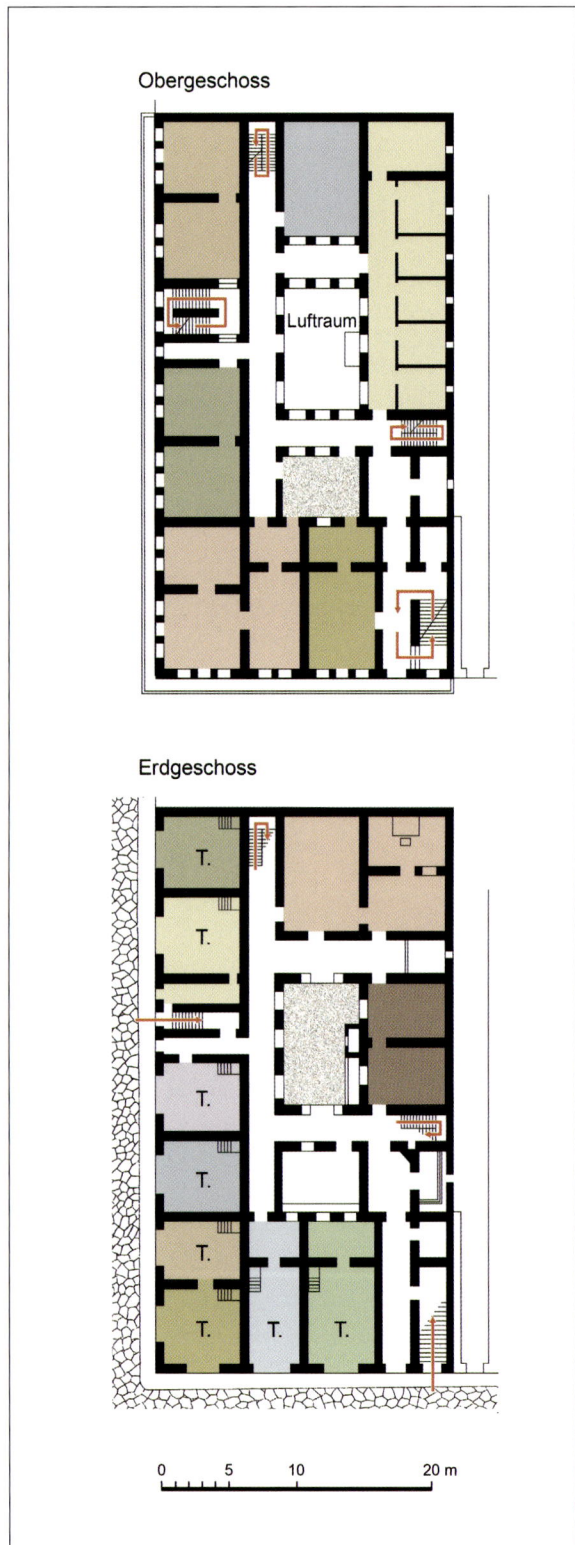

Abb. 5 Ostia, Grundriss der Casa di Diana. Unterschiedliche Nutzer werden durch unterschiedliche Farben dargestellt. (T) Taberna.

Einfachere Wohn- und Gewerbehäuser

Für die einfache Bevölkerung im Römischen Reich gab es keine Trennung von Wohn- und Arbeitsbereich, wie sie sich im Bautypus der *domus* widerspiegelt. Ladengeschäft, Werkstatt und Wohnräume befanden sich in einem einzigen Gebäude oder sogar nur einem Gebäudeteil. Dies betraf große Teile der einfachen Bevölkerung im Mittelmeerraum ebenso wie in den nördlichen Provinzen[21]. Während der Verkaufsraum (*taberna*) möglichst weit geöffnet sein sollte, um Kunden anzulocken oder Waren feil zu bieten, sollte der Zugang zu den Wohnräumen für Fremde weitestgehend verschlossen bleiben.

Eine sinnreiche Konstruktion für diesen Fall findet sich im Ladengeschäft eines Salzhändlers in Pompeji (Reg. VI, ins. 1). In den erhaltenen Schwellsteinen lassen sich Ladenverschluss und Türen genau rekonstruieren. Im geöffneten Zustand verdeckte der Türflügel des hölzernen Ladenverschlusses den Zugang zur Treppe in das Obergeschoss. Erst wenn der Türflügel geschlossen wurde, gab er den Zugang zur Treppe wieder frei. Die beschriebene Konstruktion verhinderte, dass während der Öffnungszeit des Ladengeschäfts ein Fremder in einem unbeobachteten Moment einfach in die Wohnung schlüpfen konnte. War die Ladenfront nachts geschlossen, konnte der Ladenbesitzer von seiner Wohnung im Obergeschoss in sein Ladengeschäft gehen oder über die doppelflügelige Eingangstür hinaus auf den Gehweg gelangen (Abb. 6).

Bei den meisten städtischen Gebäuden in den nördlichen Provinzen ist ebenfalls von einer räumlichen Einheit von Wohnen und Arbeiten auszugehen. Der Hausbesitzer hatte seine Wohnung im Obergeschoss direkt über dem Ladenlokal. Die hölzerne Front der *taberna* bildete den Zugang zu Werkstatt und Verkaufsraum. Von dort erschloss eine Treppe die Wohnräume im Obergeschoss.

Auch in der ehemaligen Colonia Ulpia Traiana, unmittelbar vor den Toren des heutigen Xanten, konnten die Überreste zahlreicher einfacher Wohn- und Gewerbehäuser untersucht werden. Drei dieser Häuser auf Insula 39 werden zurzeit aufwendig rekonstruiert. Im so genannten Handwerkerhaus A lassen sich im Befund zwei Treppenhäuser rekonstruieren. In der kleineren Einheit liegt der Antritt der Treppe auf einem kleinen Querfundament sehr nahe an der ehemaligen hölzernen Ladenfront. Hier wurde eine Situation ähnlich zu dem Befund aus Pompeji rekonstruiert. Die geöffnete Tür der

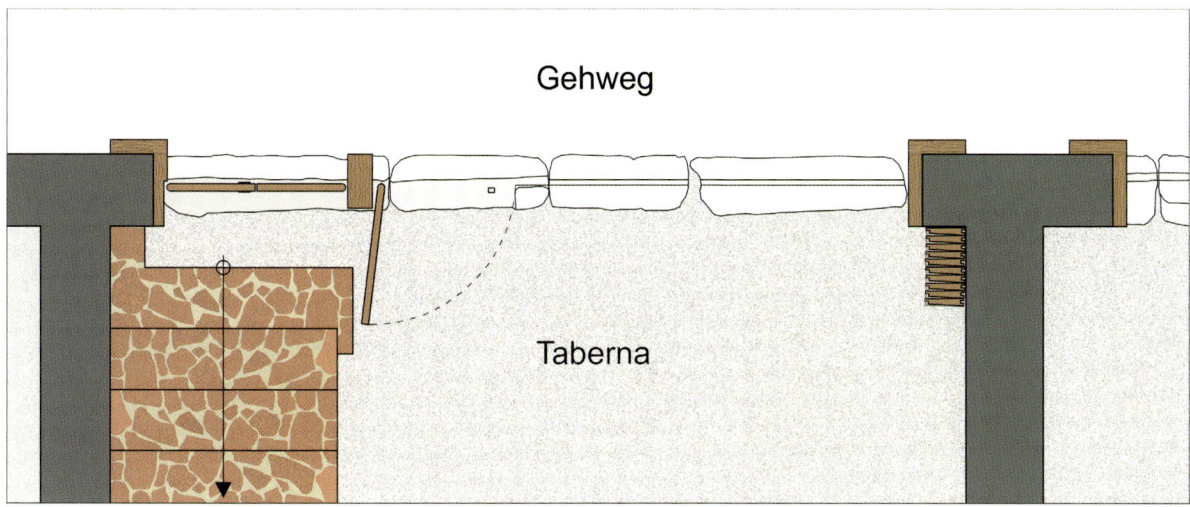

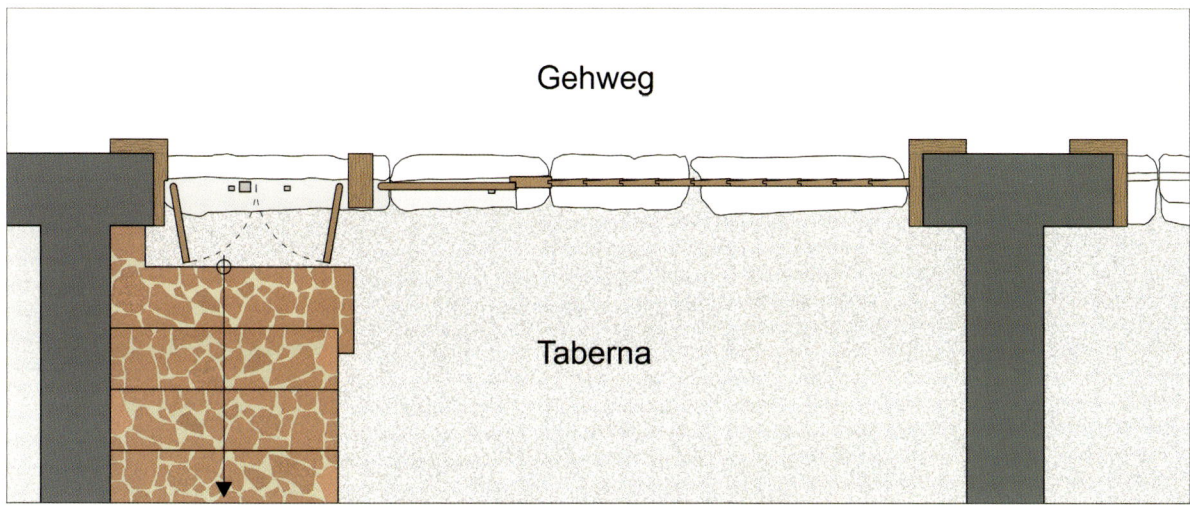

Abb. 6 Pompeji (Reg. VI, ins. 1, 15–16). Tür, Lager und Verkaufsraum eines Salzhändlers (*horrea salis*), in älteren Quellen auch einem Seifenhändler zugeschrieben. Tabernafront im Tagbetrieb (oben) mit der geöffneten Ladenfront und dem Zugang zur Treppe durch die geöffnete Tür verstellt. Im Nachtbetrieb (unten) ist der interne Zugang zum Laden möglich.

Ladenfront blockierte den Zugang zur Treppe. In der größeren Wirtschaftseinheit lag der Aufgang zur Wohnung im hinteren Bereich des Ladenlokals, also entsprechend weit entfernt vom Eingang. Hier musste sich ein ungebetener Gast während der Ladenöffnung durch den gesamten Raum bewegen, bis er zur Treppe kam. Im angrenzenden Haus B war der Zugang zum hinteren Gebäudeteil und zum Obergeschoss über einen eigenen Zugang möglich, der nicht mit dem Verkaufsraum in Verbindung stand. In allen Wirtschaftseinheiten haben individuelle Lösungen dazu geführt, dass kein Dieb während der Öffnungszeit des Geschäftes schnell und unbemerkt in die Wohnräume gelangen konnte (Abb. 7).

Nach Ladenschluss wurde die Verkaufsfront geschlossen. In eine Führungsrille in der Schwelle sowie im Sturz wurden Bohlen eingeschoben. Die Bohlen waren mit Nut und Feder versehen, so dass sie eine geschlossene Wand bildeten. Der letzte Abschnitt wurde durch einen Türflügel geschlossen. Zu dieser Tür gehörte ein Schloss, so dass sie von

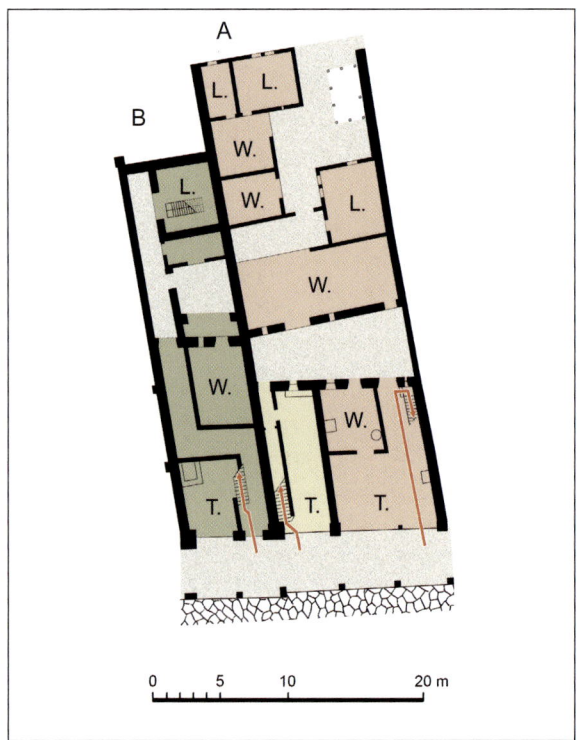

Abb. 7 Xanten, Colonia Ulpia Traiana, Insula 39. Grundriss des Erdgeschosses der Häuser A und B. Unterschiedliche Nutzer werden durch unterschiedliche Farben dargestellt. (T) Taberna, (W) Werkstatt, (L) Lager.

außen aufgeschlossen werden konnte. Es war damals nicht notwendig, die Türschlösser von innen abschließen zu können. Die Türflügel besaßen auf der Innenseite oben und unten Schubriegel, die in entsprechende Löcher in der Schwelle und im Sturz eingriffen. Gelegentlich findet man noch Spuren zusätzlicher Riegel oder Abstützungen, damit die Tür nicht aufgedrückt werden konnte (siehe M. Müller in diesem Band).

Römische Häuser innerhalb städtischer Siedlungen wurden in der Regel in so genannter Blockrandbebauung errichtet. Die langrechteckigen Grundstücke zeigten mit ihrer Schmalseite zur Straße (Abb. 8). Direkt an der Straßenfront lagen die – meist mehrgeschossigen – Vorderhäuser. Im rückwärtigen Bereich der Parzellen befanden sich kleinere Nebengebäude, private Badeanlagen, Schuppen, Gärten und Höfe – je nach Wohlstand und Betätigungsfeld des Grundstückseigentümers. Dadurch entstand an der Straße eine geschlossene Häuserfront. Neben der großen Ladenfront existierten nur wenige Öffnungen, die Einbrechern Möglichkeiten zum Einstieg boten.

Schwieriger zu schützen waren die Rückseiten der Gebäude. Die Parzellen waren meistens komplett mit einer Hofmauer umgeben. Die Tiefe und Breite der erhaltenen Fundamente legen nahe, diese mit mindestens 2 m Höhe zu rekonstruieren. Innerhalb der Ummauerung befanden sich Nebengebäude mit unterschiedlichen Höhen und Dachformen, so dass man sich hier einen Einbruchsversuch leichter vorstellen kann als von der Straßenseite. Allerdings haben die Befundsituationen bisher keine Belege dafür ergeben, dass hier besondere oder zusätzliche Sicherheitsmaßnahmen ergriffen wurden.

Gebäude und Höfe außerhalb der Stadt

Für eine städtische Siedlung bildete die Stadtmauer die wichtigste Sicherheitsbarriere gegen äußere Feinde. Die Einwohner mussten sich jedoch gegen Einbrecher innerhalb der Stadtmauern schützen. Die Bewohner von Gutshöfen, Herbergen (*mansiones*) und anderen Einzelgebäuden vor den Toren der Stadt waren wohl weitgehend auf sich selbst gestellt. Gutshöfe hatten in der Regel einen Graben oder eine Hofmauer, die ebenfalls meist 2–3 m hoch rekonstruiert werden kann[22]. Der Zugang zum Hofgelände erfolgte durch eine Toranlage in dieser Umfassungsmauer. An den baulichen Überresten der Gebäude innerhalb dieser Hofmauern lassen sich keine Sicherheitsmaßnahmen ablesen, die über die in der Stadt bekannten Maßnahmen hinausgehen (Türen mit Schlössern und Riegeln, Fenstergitter). Man wird sich auf die anwesenden Bewohner und Wachhunde (siehe M. Hilke in diesem Band) verlassen haben.

Das Streifenhaus

Die Dörfer (*vici*) lagen außerhalb der Kastelle, vor den Stadtmauern oder an wirtschaftlich und geographisch günstigen Stellen an Straßen und Kreuzungen. Im Gegensatz zu den befestigten Städten besaßen die *vici* keine Stadtmauer; daher musste jedes Haus individuell für seine Sicherheit sorgen. Der in den *vici* vorherrschende Bautyp war das Streifenhaus, ein langrechteckiges Gebäude von ca. 5–9 m Breite und 15–30 m Länge, das mit der Schmalseite an der Straße ausgerichtet war (Abb. 9)[23]. Von den Streifenhäusern der nördlichen Provinzen sind keine anstehenden Gebäudewände erhalten, so dass hier

Introvertiertes Wohnen

Abb. 8   Xanten, Colonia Ulpia Traiana, Insula 27. Schematischer Grundriss. Unterschiedliche Nutzer werden durch unterschiedliche Farben dargestellt. (T) Taberna.

Abb. 9   Streifenhäuser mit Traufgraben aus dem Vicus von Venta Silurum (Caerwent, GB).

Abb. 10 Walheim, Gewände aus Sandstein in Walheim mit rekonstruiertem Holzladen und Riegelverschluss.

lediglich aus archäologischen Bodenfunden Rückschlüsse gezogen werden können[24].

Viele dieser Gebäude hatten zur Straße hin eine vorgelagerte *porticus* (überdachter Gehweg) und eine Ladenfront, wie sie bereits oben beschrieben wurde. Die Sicherheitseinrichtungen sind mit den *tabernae* in den Städten zu vergleichen. Zwischen den Streifenhäusern lagen meist schmale Traufgassen[25]. Da die Häuser keine Regenrinnen aufwiesen, tropfte das Regenwasser vom Dach in die Traufgasse ab und wurde dort in einer Rinne auf dem Boden entweder nach vorne oder nach hinten abgeleitet. Die Belüftung und – zumindest in geringem Umfang – die Belichtung der Räume in den langen Häusern musste über Öffnungen erfolgen, die auf diese schmalen Zwischenräume ausgerichtet waren. Daher boten Traufgassen, obwohl oftmals nur 30 oder 40 cm breit, reichhaltige Möglichkeiten, ungesehen von der Straße Einbruchversuche vorzunehmen. Diese Fenster bedurften also einem besonderen Schutz. Man kann davon ausgehen, dass zahlreiche von ihnen mit Eisengittern versehen waren oder mit Holzgittern, von denen sich heute leider keine Reste mehr erhalten haben.

Fenster

Nur wenige Informationen liegen über die Fenster in römischen Gebäuden vor, da nur selten antike Wände bis zu dieser Höhe erhalten blieben. Außerdem waren die Fensterkonstruktionen überwiegend aus Holz angefertigt, das heute längst vergangen ist. Im Allgemeinen hatten Fenster in der frühen römischen Zeit nicht die Bedeutung, die sie heute haben[26]. Sie dienten der Belichtung der Räume und zum Luftaustausch beziehungsweise zum Abzug der Rauchgase der zahlreichen offenen Feuerstellen und Kohlebecken. Ausblicke und Sichtachsen, wie sie in der heutigen Architektur wichtig sind, waren damals nicht von Bedeutung[27]. Im römischen Nachbarschaftsrecht war geregelt, dass man nur so bauen durfte, dass dem Nachbarn der Lichteinfall nicht genommen wurde[28]. Erst im Verlauf der römischen Kaiserzeit wurden die Fensteröffnungen größer, was oftmals dem Aufkommen von Fensterglas zugeschrieben wird[29].

Viele Fenster in den älteren Gebäuden sowie den einfachen Nebengebäuden waren daher sehr klein und mussten nicht weiter geschützt werden, da ein Mensch durch diese Fensteröffnungen nicht eindringen konnte. Im römischen *vicus* von Walheim wurde der Rahmen eines Kellerfensters entdeckt, der aus einem Stück Sandstein gefertigt worden war. Da die Öffnung sehr klein gehalten war, hatte man die Gewände nach innen aufgeweitet. So konnte auch bei einer sehr kleinen Öffnung in einer dicken Mauer eine ausreichende Menge an Licht in den Raum gelangen[30]. In der Villa am Silberberg in Ahrweiler wurde ein Kellerfenster entdeckt, das mit einem steinernen Schiebeladen geschlossen werden konnte.

Die meisten Fenster von Nebenräumen waren vermutlich nur mit Holzläden geschlossen. Die Holzläden hatten innen die entsprechenden Aufnahmen für einen Riegel, so dass die Läden von außen nicht geöffnet werden konnten. Im Kastellvicus von Walheim wurde ein solches Fenstergewände aus Sandstein entdeckt (Abb. 10). Der Holzriegel wurde an einer Seite in ein Zapfenloch eingeführt und dann über ein Hakenloch eingeschwenkt. Dadurch konnte der Fensterladen nicht mehr nach innen aufgedrückt werden. In der Villa von Boscoreale in der Nähe von Neapel kann man noch heute einen Gipsabguss eines zweiflügeligen Fensterladens sehen (Abb. 11), der in ähnlicher Weise mit einem Holzriegel gesichert war.

Abb. 11 Boscoreale (Italien), Gipsabguss des Ladenverschlusses zu einem großen Fenster im Gutshof.

Bei Grabungen in den nördlichen römischen Provinzen wurden vergleichsweise häufig Überreste von Fensterglas gefunden. Die *villae rusticae* westlich von Köln waren ein Zentrum der römischen Glasproduktion. Da die einzelne Scheibengröße nur ca. 30×60 cm betrug, müssen die Fenster mit unterteilenden Sprossen ausgerüstet gewesen sein[31]. Die bisher in der Archäologie als Fenstersprossen angesprochenen Hölzer sind jedoch so dünn, dass Glas und Holzwerk keinen wirklichen Einbruchsschutz darstellen konnten. Lediglich die zu erwartende Geräuschentwicklung beim Einschlagen der Scheibe mag den einen oder anderen Einbrecher abgehalten haben.

Ein wirkliches Hindernis für einen Einbruchsversuch stellten jedoch Fenstergitter dar. Neben eng gestellten Steinpfosten[32] und Fenstergittern aus Ton[33] werden viele Fenster mit Holz vergittert gewesen sein[34]. Hiervon haben sich aber meist keine Überreste erhalten. Häufig finden sich jedoch bei archäologischen Grabungen zumindest Hinweise auf Vergitterungen aus Eisen. Aus den Vesuvstädten und auch aus Martigny (Schweiz) sind Fenstergitter bekannt, die aus geschmiedeten flachen Eisenbändern und Rundstahlstäben bestehen. Die waagerechten Eisenbänder wurden gelocht und die Rundstäbe durchgeschoben. Die gesamte Konstruktion ist in einen Holzrahmen eingelassen, der in die Wand eingebaut wurde (Abb. 12)[35].

Abb. 12 Herculaneum, Fenstergitter in der Casa dell'alcova (Cardo IV, ins. IV 3–4).

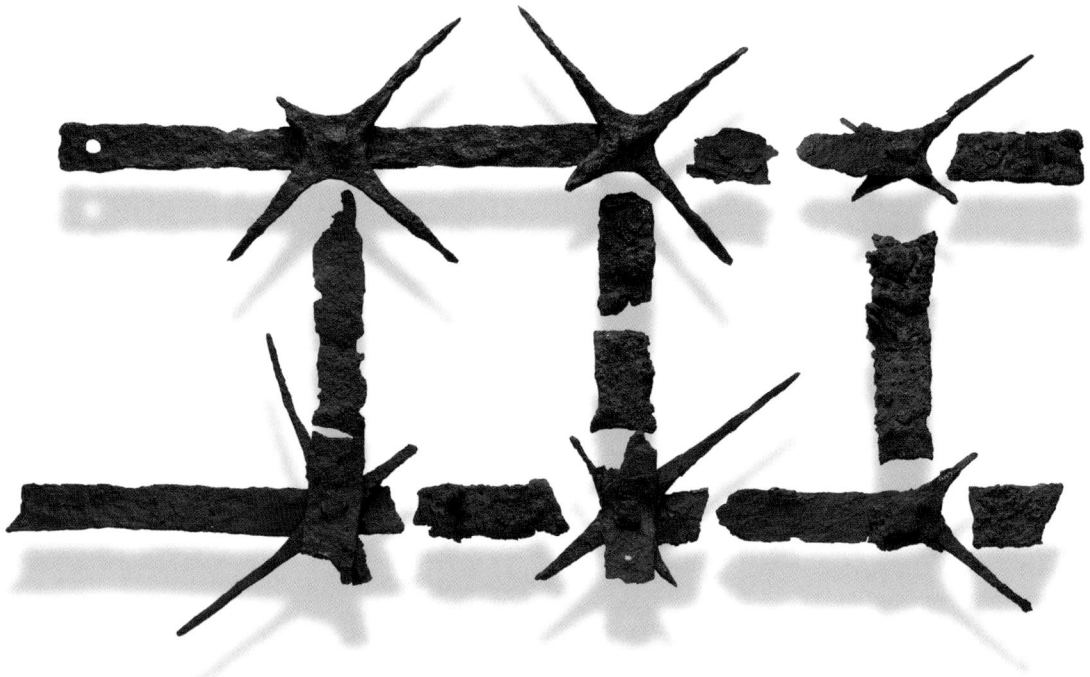

Abb. 13 Xanten, Fragmente von Fenstergittern aus verschiedenen Grabungen innerhalb der CUT.

In den nördlichen Provinzen werden häufig Überreste einer anderen Fenstergitterkonstruktion gefunden. Diese Gitter bestehen aus geschmiedeten, flachen Eisenbändern mit einer Breite von 20–30 mm, die an den Kreuzungspunkten miteinander vernietet sind. Es ergibt sich dabei eine Maschenweite von ca. 20 cm. Zusammen mit den Bändern wurden an den Kreuzungspunkten auch geschmiedete vierstrahlige Eisensterne vernietet, deren Zacken diagonal in die freien Felder ragen. Damit wird die Öffnung zwischen den Bändern auf wenige Zentimeter reduziert, ein Durchgreifen ist nicht mehr möglich (Abb. 13). Die Fenstergitter wurden ebenfalls an Holzrahmen befestigt und im Mauerwerk oder im Fachwerk eingebaut[36]. Die geschmiedeten Sterne finden sich häufig bei Ausgrabungen und können – im Gegensatz zu einzelnen Fragmenten von flachen Eisenbändern – eindeutig den Fenstergittern zugeordnet werden[37].

Türen

Von den Türen römischer Häuser haben sich zahlreiche steinerne Türschwellen erhalten, meist mit einem ähnlichen Aussehen. Die überwiegende Anzahl der Türen war zweiflügelig und öffnete sich nach innen. Die Türschwellen besaßen eine Anschlagkante für die Türblätter. Neben den beiden rechts und links außen liegenden Angellöchern, in denen die Drehzapfen der Türblätter liefen, befanden sich zwei Riegellöcher nahe der Türmitte[38].

Bei einer modernen zweiflügeligen Türanlage wird nur ein Flügel (der so genannte Standflügel) mit einem Schubriegel oben und unten gesichert. Der zweite Flügel (der so genannte Gangflügel) wird mit Hilfe des Türschlosses am Standflügel gesichert. Man öffnet in aller Regel immer nur den Gangflügel. Der Standflügel wird nur selten, zum Beispiel für den Transport größerer Gegenstände, geöffnet.

Die beiden Riegellöcher in römischen Türschwellen zeigen, dass man wohl der Sicherheit der Türschlösser nicht immer vertrauen konnte (Abb. 14). Insbesondere bei einfacheren Verschlussriegeln

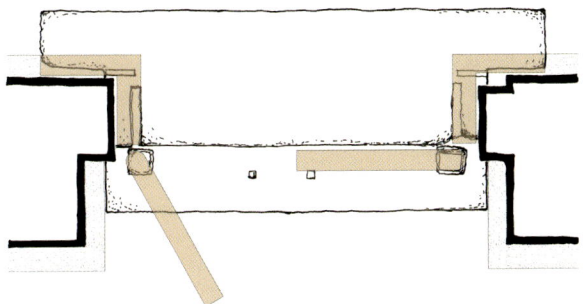

Abb. 14 Türschwelle eines römischen Hauses mit einer rekonstruierten Tür. Nach einer Maßskizze von G. Precht.

(Holzkonstruktionen) konnte eine Tür wahrscheinlich relativ leicht von Einbrechern geöffnet werden. Hier boten die Schubriegel am Gangflügel zusätzliche Sicherheit; allerdings nur dann, wenn man sich selbst im Haus befand. Wurde der Gangflügel mit den Schubriegeln gesichert, konnte die Tür von außen nicht mehr geöffnet werden, selbst wenn man im Besitz des Schlüssels war. Zusätzlich zu den Schubriegeln waren waagrechte Holzriegel gebräuchlich, die rechts und links in Löcher in das Türgewände eingelegt wurden (siehe M. Müller in diesem Band). Hier sind immer wieder Spuren der Riegellöcher gefunden worden.

Zusammenfassung

Die Überreste römischer Gebäude zeigen, dass sich die Bewohner gerne in den Schutz hoher Hofmauern zurückgezogen haben. Fensteröffnungen waren klein und hoch gelegen. Blickachsen, Perspektiven und große Türöffnungen orientierten sich meist nach innen. Die wenigen Öffnungen in der Außenwand konnten mit Türen oder Läden verschlossen werden oder waren vergittert. Offensichtlich versuchten die Wohnungseigentümer mit solchen baulichen Maßnahmen ein notwendiges Sicherheitsniveau zu erreichen. Im Falle einer *domus* oder eines Gutshofes war zusätzlich eine Bewachung durch Personen oder Wachhunde notwendig. Angehörige der einfachen Bevölkerung mussten hingegen darauf vertrauen, dass die Schlösser in den Türen standhielten, wenn sie selbst nicht im Haus waren. Zuhause angekommen, wurden die Türen mit zusätzlichen Schubriegeln und Riegelhölzern von innen gesichert.

Anmerkungen

[1] Gans 2005.
[2] Müller 2008, bes. 289; Otten/Ristow 2008, 565–567.
[3] Willems/van Enckevort 2009, 26f.
[4] Jansen 1999, bes. 802.
[5] Inzwischen existieren verschiedene Ansätze (J.-A. Dickmann, A. Hoffmann etc.), zeitliche Entwicklungen innerhalb der zivilen römischen Architektur zu definieren. Es ist jedoch noch nicht grundsätzlich möglich, die Veränderungen im Bauwesen mit bestimmten Ereignissen oder mit politischen Veränderungen in Zusammenhang zu bringen.
[6] Liedtke 1999, bes. 685.
[7] Dickmann 1999a, bes. 632.
[8] McKay 1975, 32.
[9] Kastenmaier 1999; Dickmann 1999b, 61–63.
[10] Pirson 1999, 26–34.
[11] Dickmann 1999b, 41–48. Es ist anzunehmen, dass die Pächter der *tabernae* an den Besitzer der *domus* Miete zahlen mussten, sich also in einer wirtschaftlichen Abhängigkeit befanden. Wahrscheinlich konnten sie jedoch eigenständig wirtschaften.
[12] Dickmann 1999b, 23–39.
[13] Vitr. 6,5,1.
[14] Dickmann 1999a, 621f.
[15] Kolb 1984, 160–163.
[16] Jens-Arne Dickmann hat sich bereits zu der Fragwürdigkeit der Raumbezeichnungen geäußert (Dickmann 1999b, 23–39). Die bei lateinischen Schriftstellern genannten Raumbezeichnungen und die archäologischen Befunde lassen sich nicht immer in Übereinstimmung bringen. Ob sich ein *cubiculum* tatsächlich mit einem Schlafzimmer im modernen Sinne gleich stellen lässt, ist mehr als fraglich. Insofern ist bei der Benutzung der antiken Begriffe Vorsicht geboten.
[17] Liedtke 1999, 719.
[18] Liedtke 1999, 708–721.
[19] Pirson 1999, 34–41; Liedtke 1999, 710.
[20] Vgl. Dickmann 1999a, 647f.
[21] Vgl. Pirson 1999 u. Jansen 1999, 838.
[22] Jansen 1999, 825–827.
[23] Oelmann 1923 und Ditmar-Trauth 1985.
[24] Geringe Reste aufgehenden Mauerwerks wurden in Köln (Grabung Roncalliplatz), Nijmegen (Grabung St. Josephshof) und Winterthur (Grabung Unteres Bühl) nachgewiesen; diese stehen jedoch nicht so hoch an, dass Aussagen zu Fenstern oder anderen Sicherungseinrichtungen getroffen werden können.
[25] Im Zwölftafelgesetz wird ein Umgang um das Haus als *ambitus* bezeichnet und sollte 2½ römische Fuß breit sein (ca. 75 cm). In den meisten Ausgrabungen sind die Bereiche zwischen zwei Streifenhäusern jedoch deutlich schmaler. Ursprünglich bezeichnet das Wort *ambitus* (Umhergehen) die Tätigkeit eines Politikers, Wählerstimmen zu sammeln, indem er auf öffentlichen Flächen umherging (*ambitio*). Im städtischen Kontext waren die benachbarten Häuser im Allgemeinen mit einer gemeinsamen Wand aneinander gebaut (*paries communis*).
[26] Ditmar-Trauth 1985, 82.
[27] Vitr. 6,6,6.
[28] Rainer 1987, 57–73.

29 Komp 2009, 17f.; Baatz 1991, 7.
30 Planck 1982, bes. 120.
31 Komp 2009, 20.
32 Herculaneum, Casa del Telaio.
33 Pompeji, Reg. I, ins. 14.
34 Herculaneum, Collegio degli augustali und Casa del tramezzo di legno. Aufgrund der besonderen Erhaltungsumstände in Herculaneum sind hier Holzgitter nachgewiesen, die man für andere Fenster sicherlich auch annehmen darf.
35 Herbig 1929, 289
36 Vgl. Mutz 1960/61.
37 Hinton St. Mary, Dorset (England), Martigny, Augst und Hölstein (alle Schweiz), Koenigshofen (Frankreich), Aquileia (Italien) sowie zahlreiche Orte in Deutschland.
38 Vgl. Abb. 6 und Dickmann 1999a, 64 Abb. 10.

Literaturverzeichnis

Baatz 1991
D. Baatz, Fensterglastypen, Glasfenster und Architektur. In: A. Hoffmann/E.-L. Schwandner/W. Hoepfner/G. Brands (Hrsg.), Bautechnik der Antike. Internationales Kolloquium in Berlin vom 15.–17. Februar 1990. Diskussionen Arch. Bauforsch. 5 (Mainz 1991) 4–13.

Dickmann 1999a
J.-A. Dickmann, Der Fall Pompeji: Wohnen in einer Kleinstadt. In: W. Hoepfner (Hrsg.), Geschichte des Wohnens 1. 5000 v. Chr. – 500 n. Chr. Vorgeschichte, Frühgeschichte, Antike (Stuttgart 1999) 609–678.

Dickmann 1999b
J.-A. Dickmann, *domus frequentata*. Anspruchsvolles Wohnen im pompejanischen Stadthaus (München 1999).

Ditmar-Trauth 1985
G. Ditmar-Trauth, Das galloromische Haus. Zu Wesen und Verbreitung des Wohnhauses der gallorömischen Bevölkerung im Imperium Romanum (Hamburg 1985).

Gans 2005
U.-W. Gans, Zur Datierung der römischen Stadtmauer von Köln und zu den farbigen Steinornamenten in Gallien und Germanien. Jahrb. RGZM 52, 2005, 211–236.

Herbig 1929
R. Herbig, Fensterstudien an antiken Wohnbauten in Italien. Mitt. DAI Rom 44, 1929, 260–321.

Jansen 1999
B. Jansen, „Wo der Römer siegt, da wohnt er". In: W. Hoepfner (Hrsg.) Geschichte des Wohnens 1. 5000 v. Chr. – 500 n. Chr. Vorgeschichte, Frühgeschichte, Antike (Stuttgart 1999) 785–854.

Kastenmaier 1999
P. Kastenmaier, Priap zum Gruße. Der Hauseingang der Casa dei Vettii in Pompeji. Mitt. DAI Rom 108, 2001, 301–311.

Kolb 1984
F. Kolb, Die Stadt im Altertum (München 1984).

Komp 2009
J. Komp, Römisches Fensterglas. Archäologische und archäometrische Untersuchungen zur Glasherstellung im Rheingebiet (Aachen 2009).

Liedtke 1999
C. Liedtke, Rom und Ostia: eine Hauptstadt und ihr Hafen. In: W. Hoepfner (Hrsg.), Geschichte des Wohnens 1. 5000 v. Chr. – 500 n. Chr. Vorgeschichte, Frühgeschichte, Antike (Stuttgart 1999) 679–736.

McKay 1975
A. G. McKay, Houses, Villas and Palaces in the Roman World (London 1975).

Müller 2008
M. Müller, Die Stadtmauer der CUT. In: M. Müller/H.-J. Schalles/N. Zieling (Hrsg.), Colonia Ulpia Traiana. Xanten und sein Umland in römischer Zeit (Mainz 2008) 277–290.

Mutz 1960/1961
A. Mutz, Römische Fenstergitter. Jahrb. Schweizer Ges. Ur- u. Frühgesch. 48, 1960/61, 107–112.

Oelmann 1923
F. Oelmann, Gallo-Römische Straßensiedlungen und Kleinhausbauten. Bonner Jahrb. 128, 1923, 77–97.

Otten/Ristow 2008
Th. Otten/S. Ristow, Xanten in der Spätantike. In: M. Müller/H.-J. Schalles/N. Zieling (Hrsg.), Colonia Ulpia Traiana. Xanten und sein Umland in römischer Zeit (Mainz 2008) 549–582.

Pirson 1999
F. Pirson. Mietwohnungen in Pompeji und Herkulaneum. Untersuchungen zur Architektur, zum Wohnen und zur Sozial- und Wirtschaftsgeschichte der Vesuvstädte (München 1999).

Planck 1982
D. Planck, Grabungen im Kastellvicus von Walheim, Kreis Ludwigsburg. Arch. Ausgr. Baden-Württemberg 1982, 117–124.

Rainer 1987
M. Rainer, Bau- und nachbarrechtliche Bestimmungen im klassischen römischen Recht (Graz 1987).

Willems/van Enckevort 2009
W. Willems/H. van Enckevort, Ulpia Noviomagus – Roman Nijmegen. The Batavian Capital at the imperial Frontier. Journal Roman Arch. Suppl. Ser. 73 (Portsmouth, Rhode Island 2009).

Abbildungsnachweis: Introbild Stefan Arendt, LVR-Zentrum für Medien und Bildung; Abb. 1–2 Peter Kienzle, LVR-Archäologischer Park Xanten / LVR-RömerMuseum – mit Genehmigung der Soprintendenza Speciale ai Beni Archeologici di Napoli e Pompei; Abb. 3 Roswitha Laubach/Horst Stelter, LVR-Archäologischer Park Xanten / LVR-RömerMuseum – nach einer Vorlage von C. Sorgente (1858); Abb. 4, 11–12 Sabine Leih, LVR-Archäologischer Park Xanten / LVR-RömerMuseum – mit Genehmigung der Soprintendenza Speciale ai Beni Archeologici di Napoli e Pompei; Abb. 5 Roswitha Laubach/Horst Stelter, LVR-Archäologischer Park Xanten / LVR-RömerMuseum – nach einer Vorlage von D. Thorbeck; Abb. 6–8 Roswitha Laubach, LVR-Archäologischer Park Xanten / LVR-RömerMuseum; Abb. 9 Roswitha Laubach, LVR-Archäologischer Park Xanten / LVR-RömerMuseum – nach einer Vorlage von F. Oelmann (1923); Abb. 10 Foto: Rose Hajdu; Abb. 13 Axel Thünker DGPh; Abb. 14 Roswitha Laubach, LVR-Archäologischer Park Xanten / LVR-RömerMuseum – nach einer Handskizze von G. Precht (1978).

Dr. Peter Kienzle
LVR-Archäologischer Park Xanten
LVR-RömerMuseum
peter.kienzle@lvr.de

MARTIN MÜLLER

Schlüssel und Schloss im römischen Alltag – Ausgewählte Funde aus der Colonia Ulpia Traiana

Die Sicherung von Türen

ergo placuit, ad hunc primum ferremus aditum, ut contempta pugna manus unicae nullo negotio cunctis opibus otiose potiremur.

Nec mora, cum noctis initio foribus eius praestolamur, quas neque sublevare neque dimovere ac ne perfringere quidem nobis videbatur, ne valvarum sonus cunctam viciniam nostro suscitaret exitio. tunc itaque sublimis ille vexillarius noster Lamachus spectatae virtutis suae fiducia, qua clavi immittendae foramen patebat, sensim immissa manu claustrum evellere gestiebat. sed dudum scilicet omnium bipedum nequissimus Chryseros vigilans et singula rerum sentiens, lenem gradum et obnixum silentium tolerans paulatim adrepit grandique clavo manum ducis nostri repente nisu fortissimo ad ostii tabulam offigit et exitiabili nexu patibulatum relinquens gurgustioli sui tectum ascendit atque inde contentissima voce clamitans rogansque vicinos et unum quemque proprio nomine ciens et salutis communis admonens diffamat incendio repentino domum suam possideri. sic unus quisque proximi periculi confinio territus suppetiatum decurrunt anxii.

Tunc nos in ancipiti periculo constituti vel opprimendi nostri vel deserendi socii remedium e re nata validum eo volente comminiscimus. antesignani nostri partem, qua manus umerum subit, ictu per articulum medium temperato prorsus abscidimus atque ibi brachio relicto, multis laciniis offulto vulnere, ne stillae sanguinis vestigium proderent, ceterum Lamachum raptim reportamus.

„Also beschlossen wir, zu ihm zuerst unsere Schritte zu lenken, um uns mühelos der gesamten Schätze in aller Muße zu bemächtigen; denn wir achteten den Kampf mit einem einzelnen für gering.

Unverzüglich stehen wir bei Beginn der Nacht an seiner Türe bereit; wir beschlossen, sie nicht in die Höhe zu wuchten noch auseinanderzuschieben und auch nicht einzuschlagen, damit nicht das Krachen der Flügel die gesamte Nachbarschaft zu unserem Verderben aufscheuchte. Da bemühte sich also unser prächtiger Hauptmann Lamachus im Vertrauen auf seine bewährte Heldenkraft, dort, wo die Öffnung sich befand, um den Schlüssel hineinzustecken, sachte die Hand hineinzustecken und den Verschluß loszureißen. Aber Chryscros, dieses schändlichste von allen zweibeinigen Geschöpfen, war natürlich wach und merkte im einzelnen, was vorging; mit leisem Schritt und lautlosem Schweigen schleicht er allmählich heran, und mit einem großen Nagel schlägt er die Hand unseres Anführers mit kraftvollem Schwung an der Türfläche; er lässt ihn dann mit der tödlichen Fesselung am Marterholz und steigt auf das Dach seiner Hütte; und von dort schreit er mit angestrengter Stimme, bittet seine Nachbarn herbei und fordert jeden einzelnen mit seinem eigenen Namen auf, erinnert auch an das allgemeine Wohl; dabei streut er das Gerücht aus, sein Haus sei plötzlich von Brande ergriffen. So stürzt denn ein jeder, durch die Nähe der unmittelbaren Gefahr erschreckt, angstvoll daher, um zu helfen.

Da befanden wir uns nach zwei Seiten in gefährlicher Lage, entweder selbst überrascht zu werden oder unsern Gefährten im Stich lassen zu müssen; und so erdenken wir mit seiner Bewilligung entsprechend der Lage ein sehr gewaltsames Mittel; wir hauen unserm Hauptmann den Teil, wo die Hand mit dem Oberarm verbunden ist, mit einem mitten durchs Gelenk geführten Hieb völlig ab, lassen den Arm dort, verstopfen die Wunde mit vielen Lappen, damit die Blutstropfen unsere Spur nicht verrieten, und schaffen, was übrig von Lamachus, eilends fort"[1].

Die drastische Erzählung des Apuleius zeigt deutlich, warum das Verschließen von Türen zu den normalen Bedürfnissen und Erfordernissen des römischen Alltags gehörte. Türschlösser dienten dem Schutz der eigenen Person und des Besitzes. Zwar taucht die Verwendung von Schlössern in unterschiedlichen Zusammenhängen des täglichen Lebens auf, beispielsweise bei Vorhängeschlössern, die zu unterschiedlichen Zwecken verwendet werden konnten, oder bei Truhen und Kästchen, die meisten heute bekannten römischen Schlüssel und Schlossteile sind aber den Türen und Toren von Gebäuden zuzuweisen.

Die Grundlage und den Ausgangspunkt dieses Überblickes bildet das im Gebiet der Colonia Ulpia Traiana zutage gekommene Fundmaterial, das Schlössern bzw. Schlossteilen zuzuweisen ist. Dieses Material wurde vollständig gesichtet, hier jedoch lediglich in einer Auswahl vorgelegt. Es ist daher nicht angestrebt, einen auf Vollständigkeit angelegten Beitrag zu römischen Schließvorrichtungen zu geben, sondern vielmehr den Querschnitt des in Xanten archäologisch nachgewiesenen Materials zuzüglich der in der Ausstellung gezeigten Objekte zu präsentieren.

Die Römer verwendeten ganz unterschiedliche Schlossmechanismen[2]. Für das Areal der Colonia Ulpia Traiana sind einige dieser Typen nachgewiesen.

Hakenschlüssel

Zu den technisch einfacheren Schlössern zählen jene, die mit Hakenschlüsseln geöffnet bzw. verschlossen wurden (Abb. 1,1–2). Die Schlösser dürften aus Holz bestanden haben. Der Hakenschlüssel wurde senkrecht in das Schlüsselloch gesteckt, dann gedreht. Beim Zurückziehen griff der Schlüssel in die beiden Stifte, die den Riegel blockierten. Der Schließmechanismus konnte so entsperrt und der Riegel geöffnet werden. Eine Variante dieser Schlossform ist mit den zur Seite gebogenen Hakenschlüsseln (Abb. 1,3) belegt, wo der Schlüssel von unten in das Schloss eingesteckt wird[3].

Schiebeschlösser

Das gebräuchlichste Schloss war das so genannte Schiebeschloss.

Die Eisenschlüssel mit langen Bartzinken (Abb. 2) entsprechen dem Prinzip des Schiebeschlosses, wobei der Riegel hier aus Holz war[4]. Ebenso werden die gut gearbeiteten Buntmetallschlüssel mit weit auseinander liegenden einzelnen Bartzinken zu dem selben Schlossmechanismus gehört haben, auch wenn die sehr viel kürzeren Schlüssel auf schmaler gebaute Schlösser zurückzuführen sein dürften. Die Stifte des Verschlussmechanismus waren sicher einzeln eingehängt. Der Riegel wurde mit dem Schlüssel beiseite geschoben.

Einen archäologisch gut belegten Typus zeigen jene Schlösser mit einem Schiebeschlossriegel aus Metall.

Das eigentliche Schließelement des Schiebeschlosses bildet der Riegel, der in zahlreichen Varianten und fast ausschließlich aus Buntmetall bekannt ist. In der Mitte des Riegels sind mehrere durchgehende Löcher (rechteckig, quadratisch, dreieckig, rund oder halbrund) vorhanden. Die Anordnung und Form dieser Löcher bestimmt die Einzigartigkeit des jeweiligen Schlosses. Von oben wird ein Verschlusselement auf den Riegel gedrückt, dessen Zähne in die Löcher im Riegel greifen. Dieses Verschlusselement muss sich in einer Führung befunden haben und wurde durch eine Feder, die vermutlich aus Metall bestand, nach unten gedrückt (Abb. 3). Drückten die Zähne des Verschlusses in die Löcher des Riegels, so war das Schloss gesichert. Vermutlich entsprach das Verschlusselement gar nicht dem Schlüssel, sondern sicherte den Bolzen lediglich durch ein oder mehrere Stifte, was erklären würde, dass diese möglicherweise mehrteiligen Konstruktionen im Fundgut gar nicht erkennbar sind. Um das Schiebeschloss vor Manipulationen zu schützen, muss es stets in einem Kasten, der aus Holz und Metall bestanden haben dürfte, eingehaust gewesen sein[5]. Die Schlossbleche von Schiebeschlössern sind in zahllosen Varianten überliefert und bestanden aus Buntmetall oder Eisen. Das Schlüsselloch ist stets rechtwinklig ausgespart[6].

Um das Schloss zu öffnen, musste der Schiebeschlüssel, dessen Bart immer rechtwinklig zum Griff zu liegen kommt, so eingeführt werden, dass der Bart von unten in die Löcher des Riegels gedrückt wurde und somit das Verschlusselement aus dem Riegel herausdrückte. Dieser Vorgang erforderte etwas Geschicklichkeit, da der Schlüssel keinerlei Führung hatte. War das Verschlusselement aus dem Riegel herausgedrückt, so konnte der Riegel nun mit dem Schlüssel zur Seite geschoben und das Schloss geöffnet werden.

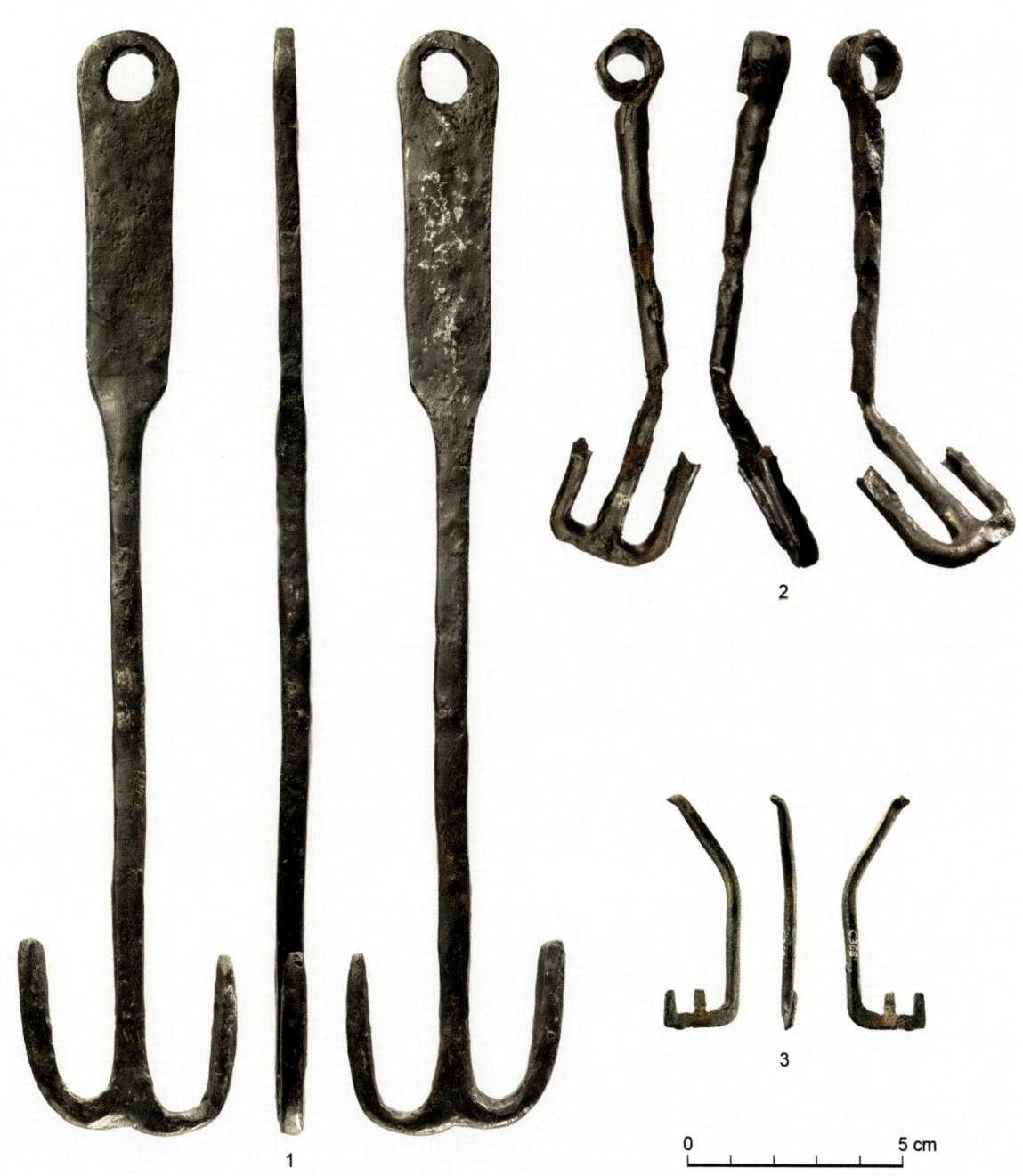

Abb. 1 Eiserne Hakenschlüssel aus der Colonia Ulpia Traiana (Xanten).

M. von Groller hat sich mit der Frage beschäftigt, ob das antike Schiebeschloss nur von einer Seite oder aber von innen und von außen zu öffnen war[7]. Ihm war aufgefallen, dass die meisten Schlüssel aufgrund ihrer unsymmetrischen Bartform nur von einer Seite genutzt werden konnten. Ebenso gibt es aber eine beachtliche Zahl an Schlüsseln, deren symmetrische Bartform sehr wohl dazu geeignet wäre, den Riegel von beiden Seiten zu verschieben. Bei dieser durchaus plausibel erscheinenden Schlussfolgerung hatte von Groller allerdings die Form des Schiebeschlossriegels und

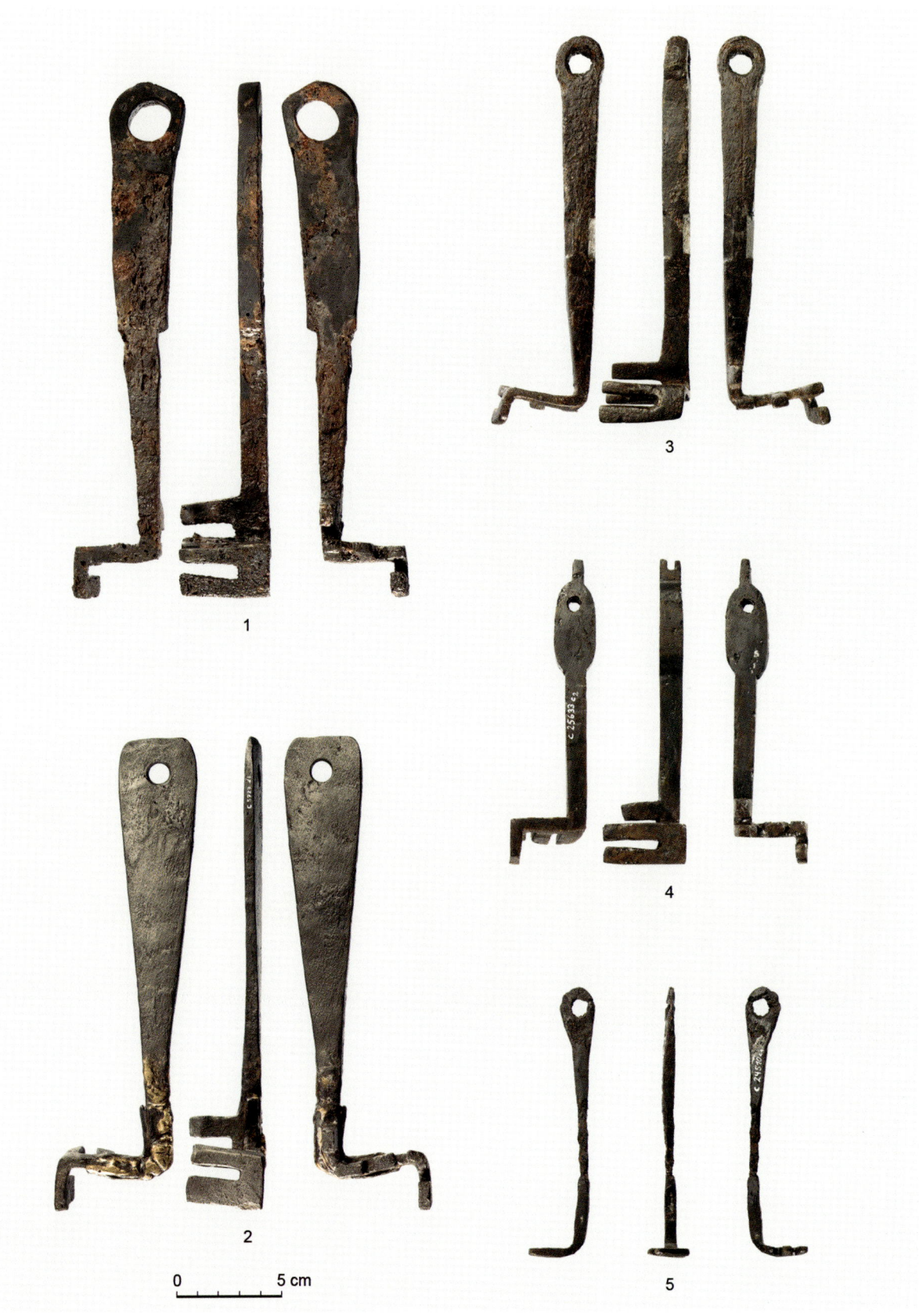

Abb. 2 Colonia Ulpia Traiana (Xanten). Beispiele von eisernen Schiebeschlüsseln.

das Verhältnis von Bart zu Griff außer Acht gelassen. Der Riegel setzt sich neben dem breiteren Abschnitt mit den Löchern nur recht schmal fort, so dass der neben dem Bart abschließende Griff (selbst wenn der Bart in der Seitenansicht nicht viel höher ragt als der Griff) nicht an den Riegel stößt und somit das Schloss geöffnet werden kann. Nur bei den sehr langen Stiften eines Bartes ist es denkbar, dass der Schlüssel das Verschlusselement herausdrücken konnte, obwohl der Griff des Schlüssels – von der anderen Seite verwendet – beim Hochdrücken gegen den Riegel stoßen musste. Aufgrund der eindeutigen Konstruktion der Schiebeschlossriegel muss jedoch davon ausgegangen werden, dass diese Schlösser stets nur von einer Seite zu öffnen waren.

Bestandteile von Schiebeschlössern sind aus römischen Fundzusammenhängen in großer Anzahl belegt. Zumeist haben sich nur die Schlüssel erhalten. Ebenfalls recht häufig sind die in aller Regel[8] aus Buntmetall bestehenden Riegel und Schlossbleche mit Schlüsselloch überliefert. Teile des Verschlusselementes sind hingegen kaum bekannt, obwohl hier ebenfalls mit der Verwendung von Eisen und/oder Buntmetall zu rechnen ist. Ein vollständiges Schiebeschloss mit Überfall, das zu einem Kästchen oder einer Truhe gehörte, wurde jüngst von A. Koster bearbeitet[9].

Die Verwendung von Schiebeschlössern in ihrer Funktion als Türschlösser ist wie gesagt allgegenwärtig. Frühe sicher datierte Schiebeschlösser stammen in Nordrhein-Westfalen aus militärischem Kontext. So sind in den römischen Lippelagern Oberaden und Haltern mehrere Schlüssel und Schlossteile gefunden worden[10].

Durch das Halbfabrikat eines Schiebeschlüssels aus dem Legionslager Haltern ist sogar deren Herstellung im Lager nachgewiesen. Welche Räume und Gebäude innerhalb eines Lagers durch derartige Schlösser gesichert waren, entzieht sich unserer Kenntnis. Schwerlich vorstellbar ist jedoch, dass die Unterkünfte der einzelnen Contubernien von außen abschließbar gewesen sein könnten. Mehrere Schlüssel für ein Türschloss wären vermutlich auf diese Weise notwendig gewesen.

Nachgemachte Schlüssel – wenn auch in anderem Zusammenhang – sind allerdings in antiken Quellen genannt[11], so dass sehr wohl vermutet werden darf, dass zum Teil mehrere Personen über Schlüssel ein und desselben Schlosses verfügt haben könnten.

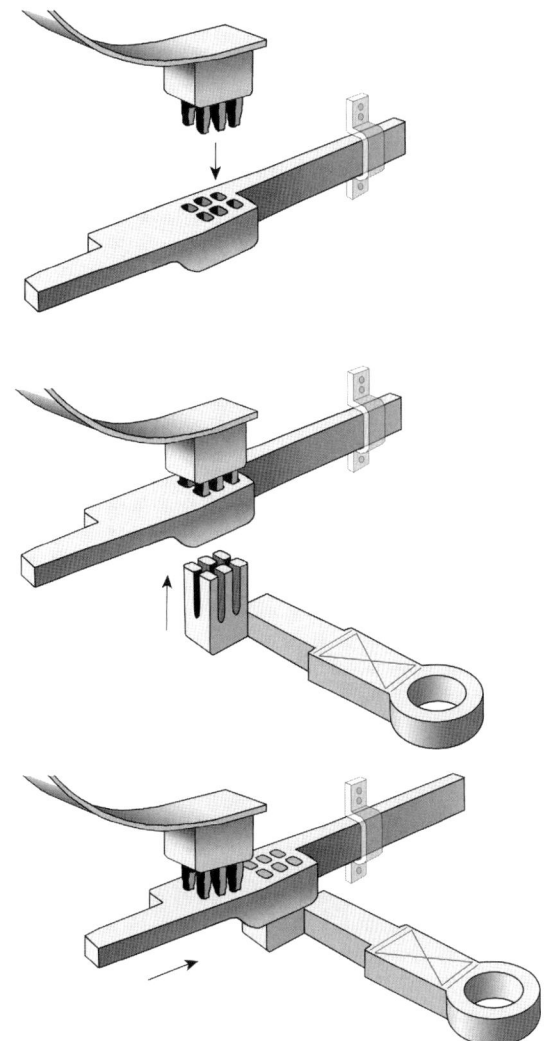

Abb. 3 Funktionsmodell eines Schiebeschlosses.

Blicken wir auf den zivilen Siedlungsbereich der Colonia Ulpia Traiana, so zeigt sich hier, wie auch an anderen Orten, dass die Schiebeschlüssel unter allen Funden, die mit Schlössern in Verbindung zu bringen sind, die größte Gruppe bilden. Die Kartierung der Schiebeschlüssel bzw. zu Schiebeschlössern gehörenden Teile zeigt ihr Auftreten überwiegend im Kontext ziviler Wohnbebauung (Abb. 4)[12]. Welche Räume hier durch Schlösser gesichert waren, entzieht sich zwar unserer Kenntnis, das Fundaufkommen lässt aber die Vermutung zu, dass ein großer Teil der Türen eines Wohnhauses durch Schlösser gesichert war. Die relative Häufung von Schlüsseln aus den Grabungsbereichen im Forum könnte mit den zahlreichen, zweifellos

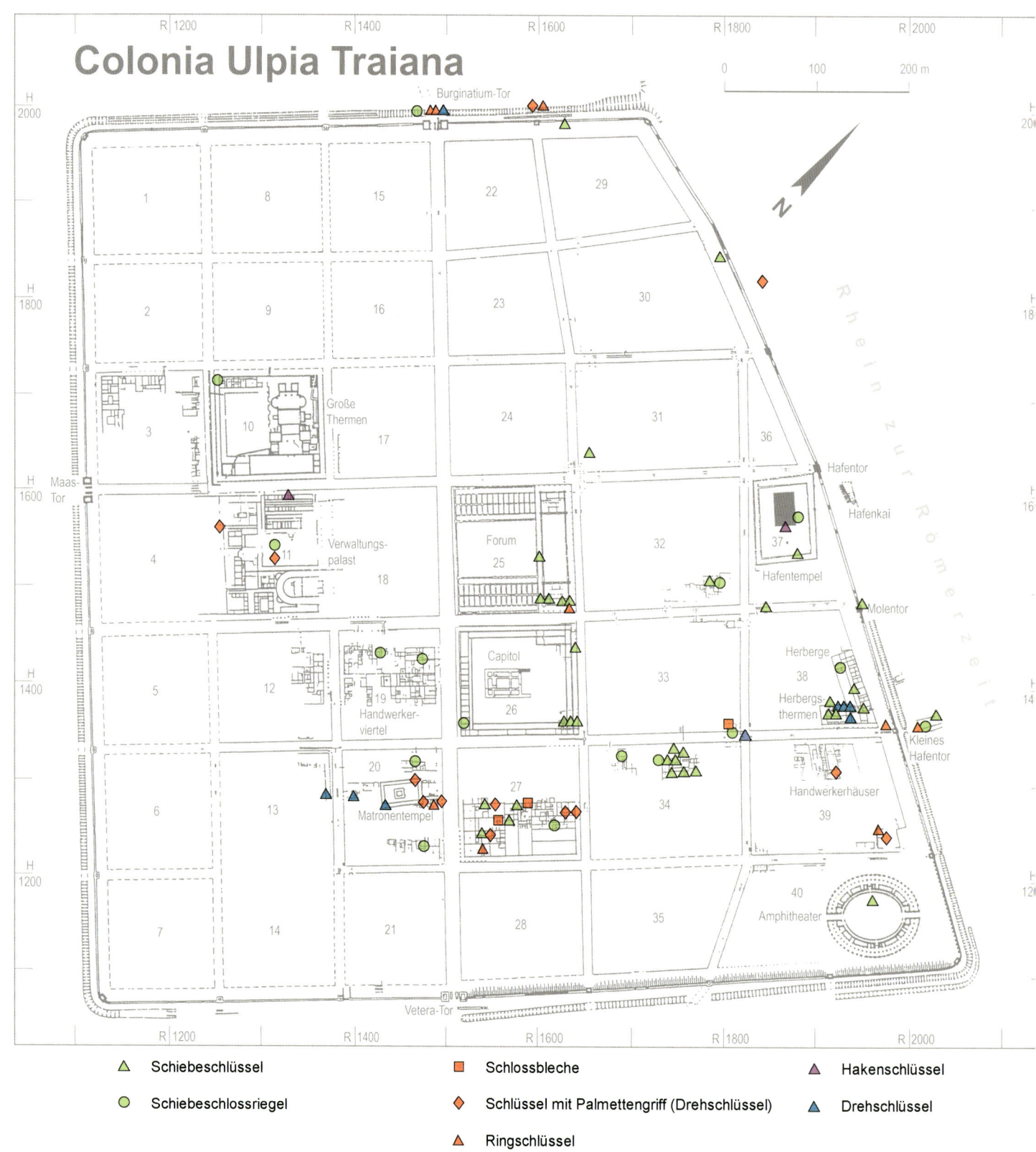

Abb. 4 Kartierung von Schlüsseln und Schlossteilen im Bereich der Colonia Ulpia Traiana (Xanten).

gut gesicherten *tabernae* zusammenhängen. Aus Gründen der Praktikabilität ist davon auszugehen, dass die Schiebeschlösser zumeist von außen an die Tür angebracht waren, da sich von der Innenseite auch einfachere Sicherungsmaßnahmen anboten.

In den Metamorphosen des Apuleius findet sich eine Szene, wo der unerwartet früh heimkehrende Herr jedoch vor – von innen – verschlossener Türe steht und sein Diener ihn nicht sofort in das Haus hinein lässt[13].

Das Verschließen von der Innenseite dürfte in der Regel nicht durch Schlösser, sondern durch Riegel erfolgt sein.

Ein Beispiel für die Sicherung eines Schlafgemaches mit innen angebrachtem Riegel findet sich ebenfalls in den Metamorphosen:

ego vero adducta fore pessulisque firmatis grabattulo etiam pone cardines supposito et probe adgesto super eum me recipio.

„Ich aber ziehe die Tür heran, mache die Riegel fest, stelle mein Bett auch noch hinter die Angeln, schiebe es ordentlich heran und lege mich dann darauf nieder"[14].

Ein Befund aus Pompeji zeigt, wie man sich eine innere Türverriegelung ohne Schloss vorstellen muss (Abb. 5)[15]. Tür und Verriegelung sind in Gips ausgegossen worden und somit die Konstruktion im Detail überliefert. Die Tür nimmt die gesamte Breite des Korridors ein. Der innere Querriegel ist direkt in die Seitenwände des Korridors eingelassen. Um den Eingang zusätzlich vor einem gewaltsamen Eindringen zu schützen, wurde ein langer Balken mit gegabeltem Ende gegen diesen Riegel gestützt.

Von den Schiebeschlössern sind in Xanten in aller Regel nur die Schlüssel erhalten (Abb. 6). Die Xantener Schlüssel sind entweder aus Buntmetall oder Eisen oder in einer Kombination von beiden Materialien hergestellt. Die Buntmetallschlüssel sind in der Regel als die höherwertigen Produkte anzusehen. Die Abstimmung des fein gearbeiteten Bartes und der Löcher im Riegel erforderte sehr präzise Handwerksarbeit (Abb. 7).

Von den Schiebeschlossriegeln aus dem Bereich der Colonia Ulpia Traiana sei besonders auf ein stark beschädigtes Stück hingewiesen, dessen Zerstörung möglicherweise auf die Manipulation des Schlosses

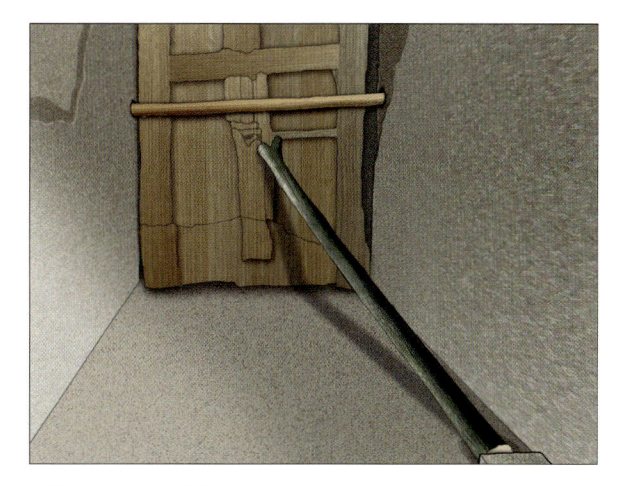

Abb. 5 Umzeichnung einer durch einen Riegel verschlossenen Tür aus Pompeji. Der Riegel wurde durch einen weiteren, fest im Boden abgestützten Balken abgesichert.

zurückzuführen ist. Das gewaltsame Öffnen von Schlössern wird sicher keine Seltenheit gewesen sein. Dies zeigt auch ein entsprechendes Stück aus Bietigheim-Bissingen, in dem noch ein Nagel einsteckt, mit dem das Verschlusselement nach oben geschoben werden sollte[16].

Ein Schiebeschlossriegel aus dem Bereich des Legionslagers Vetera I auf dem Fürstenberg in Xanten ist stark verbogen. Möglicherweise wurde diese Beschädigung ebenfalls durch ein gewaltsames Öffnen des Schlosses bzw. der Tür verursacht (Abb. 8)[17].

Von den Schlüsseln aus der Colonia Ulpia Traiana sind zwei Schiebeschlüssel mit Griffen in Form eines Pferdekopfes besonders erwähnenswert (Abb. 9). Schlüssel in Tierform sind nicht ungewöhnlich. Das Motiv des Pferdekopfes als Schlüsselgriff ist in den Nordwest-Provinzen recht häufig belegt[18].

Drehschlüssel

Zu komplizierteren Schlössern gehörten die verschiedenen Drehschlüssel, die aus der Colonia Ulpia Traiana stammen. In der Regel dürften diese Schlüssel zu Vorhängeschlössern gehört haben. Sie können jedoch auch Schlüssel von Türschlössern gewesen sein. Beispielhaft ist das Schlossblech des Prunkportals aus Ladenburg genannt, dessen Schlüsselloch die Nutzung eines Drehschlüssels beweist[19]. Hier wurde offensichtlich für ein außergewöhnlich prachtvolles Tor auch ein hochwertiges

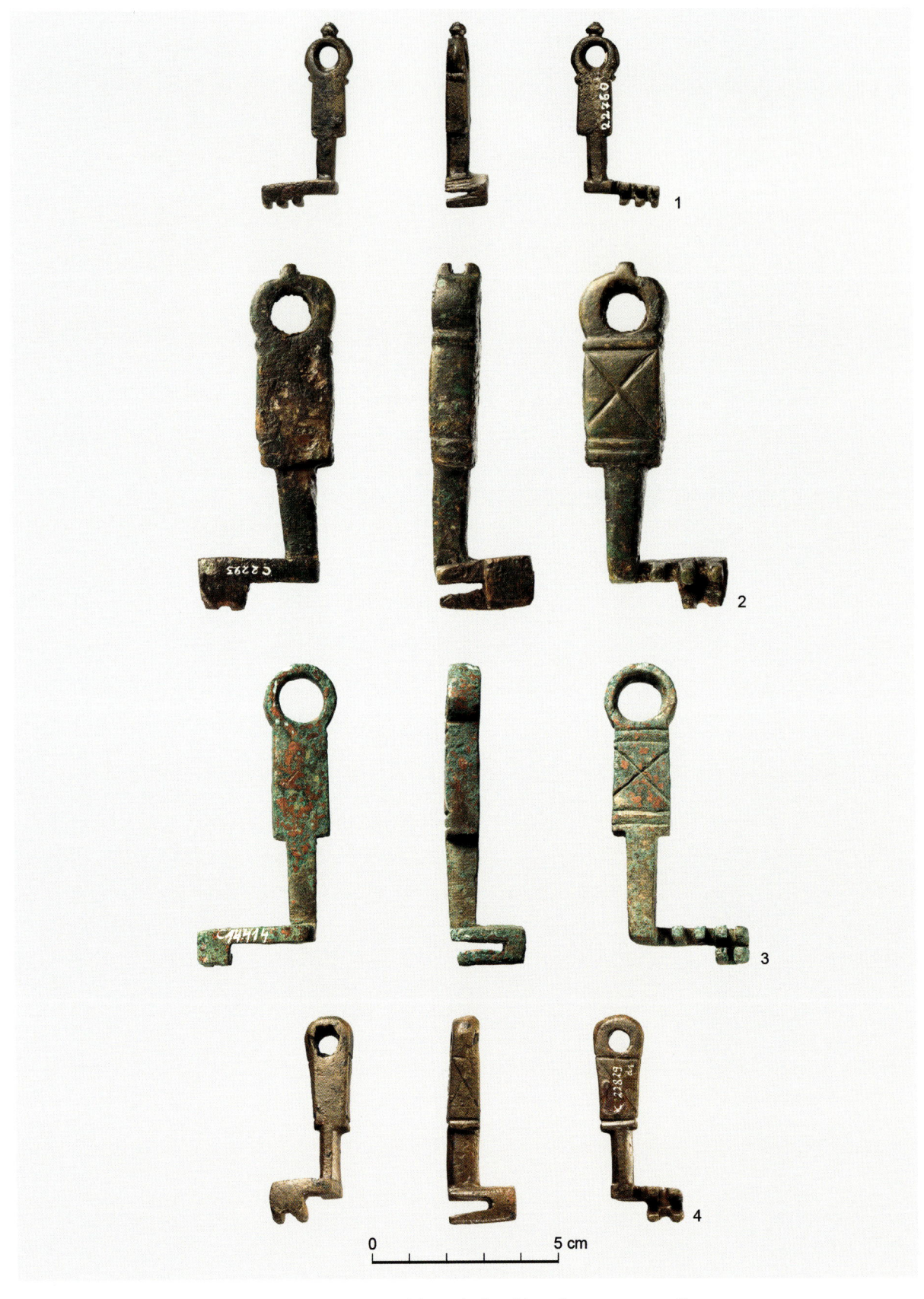

Abb. 6 Colonia Ulpia Traiana (Xanten). Ausgewählte Schiebeschlüssel aus Buntmetall.

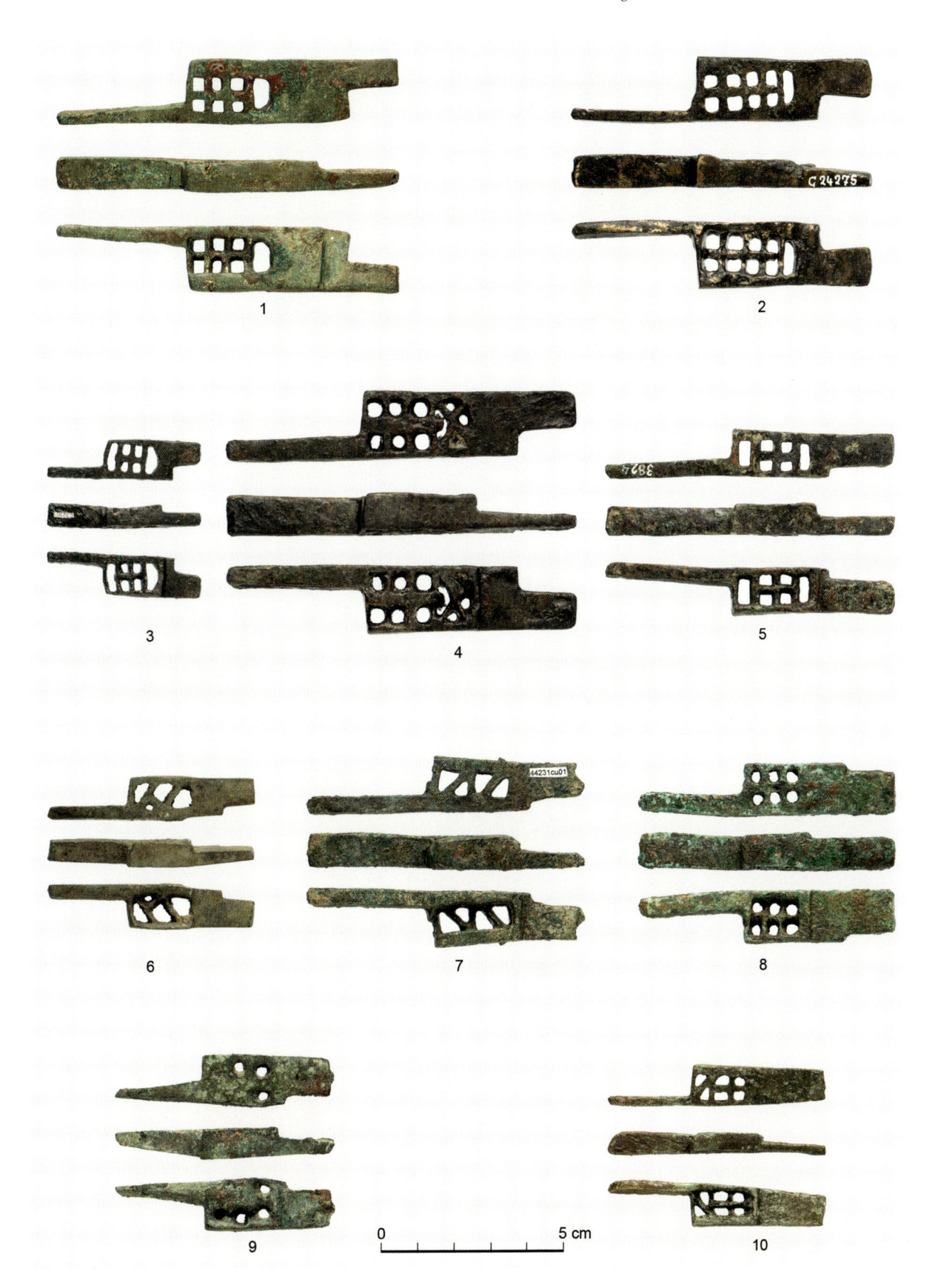

Abb. 7 Beispiele von Schiebeschlossriegeln aus der Colonia Ulpia Traiana (Xanten).

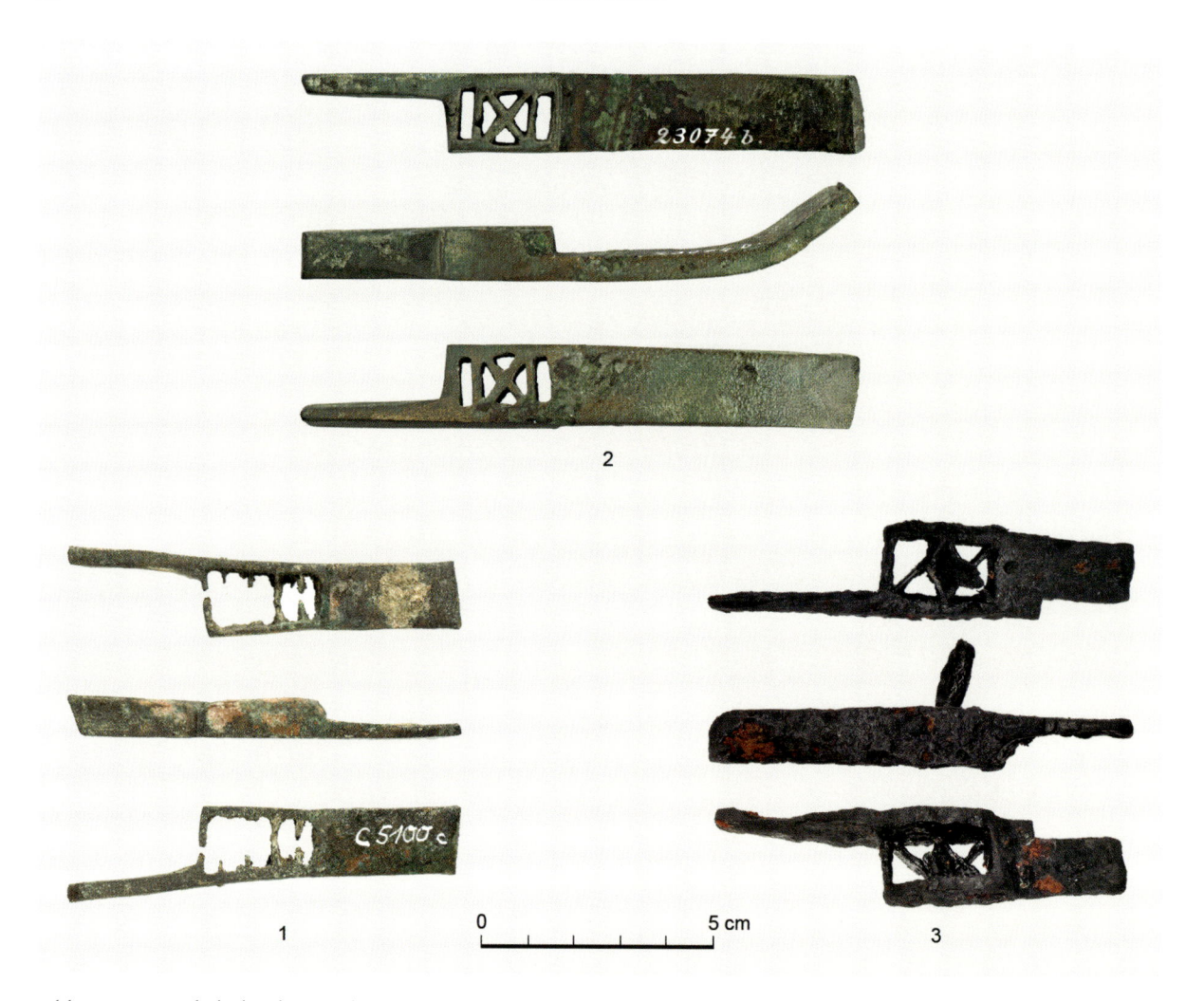

Abb. 8 Vermutlich durch Gewalteinwirkung beschädigte Schiebeschlossriegel aus der Colonia Ulpia Traiana (Xanten) (1), dem Legionslager Vetera I auf dem Fürstenberg (Xanten) (2) und aus der *villa rustica* von Bietigheim-Bissingen (3).

und gegenüber den Schiebeschlössern sichereres Schloss verwendet.

Von der beachtlichen Anzahl an Drehschlüsseln aus der Colonia Ulpia Traiana ist auf eine 13 Exemplare große Gruppe mit einem Buntmetallgriff in Form einer durchbrochenen Palmette hingewiesen (Abb. 10). Die Schlüssel wurden überwiegend im Bereich privater Wohnbebauung gefunden (Abb. 4). Ihre Funktionszuweisung ist unbestimmt. Aufgrund der sehr kleinen Abmessungen der Schlüssel und der hochwertigen Gestaltung des Griffes könnte man sie sich gut in Zusammenhang mit römischen Kästchen vorstellen[20].

Das Bedürfnis nach Sicherheit

Die Kartierung der Schlüssel und Schlossteile aus dem Areal der Colonia Ulpia Traiana belegt derartige Funde aus fast allen Grabungsarealen der antiken Stadt. Aufgrund des relativ großen Fundaufkommens darf ein hohes Sicherheits- und Schutzbedürfnis bei den Bewohnern der Stadt vorausgesetzt werden. Einbrüche und Diebstahl werden im Alltagsleben einer solchen Großstadt auf der Tagesordnung gestanden haben.

Die Notwendigkeit des Schutzes war aber keineswegs auf den großstädtischen Bereich beschränkt,

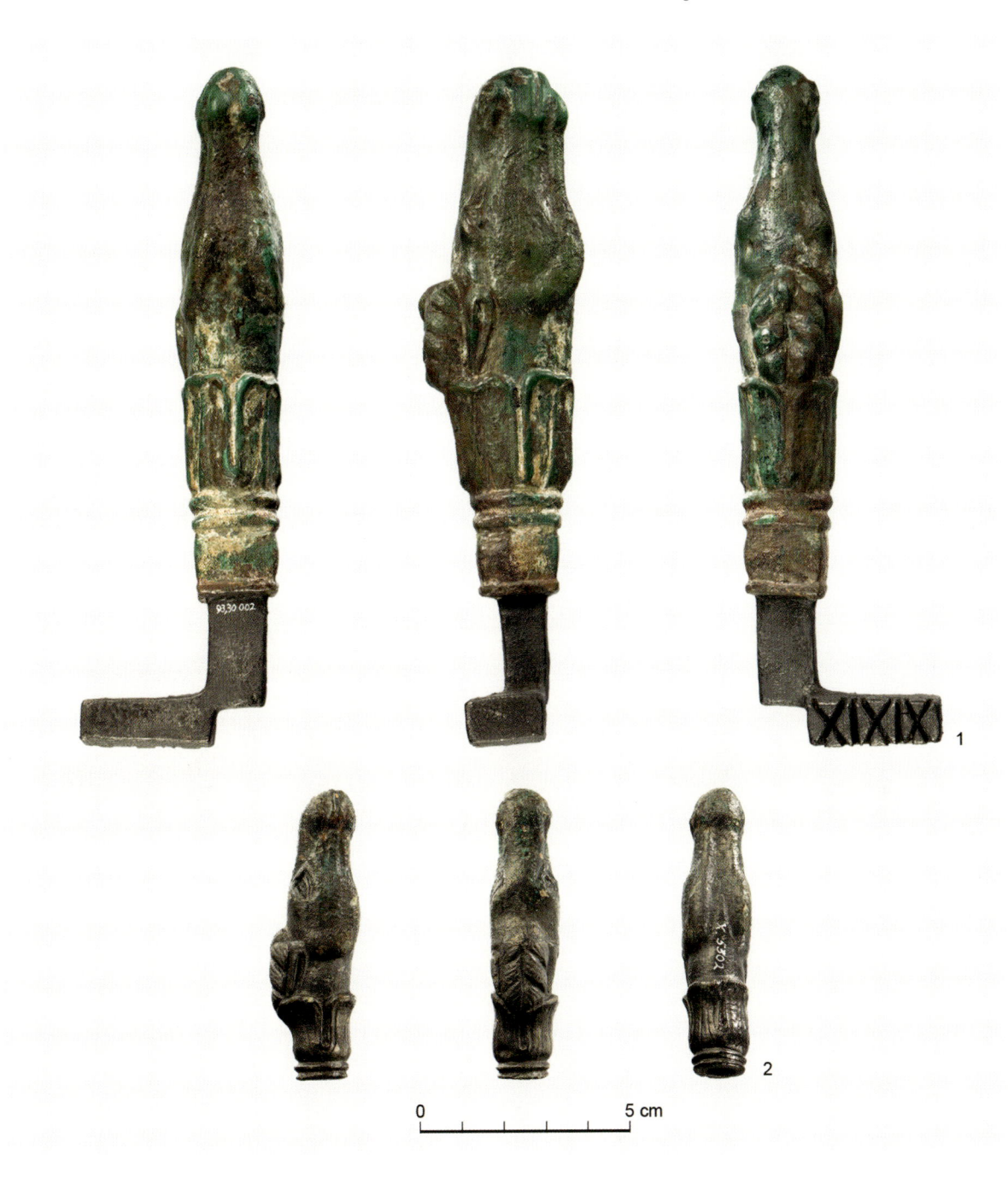

Abb. 9   Schiebeschlüssel mit Griffen in Form von Pferdeköpfen aus der Colonia Ulpia Traiana (Xanten).

wie das Beispiel der großen *villa rustica* von Bondorf zeigt. Im Bereich der zweiperiodigen Anlage sind zahlreiche Schlüssel und Schlossteile zutage gekommen, die auch hier die intensive Sicherung von Räumen belegen[21].

Bemerkenswert ist auch das hohe Aufkommen von Schlüsseln in militärischen Anlagen[22]. Die harten Strafen für Diebstahl, wie beispielsweise die Todesstrafe bei Kameradendiebstahl, hatten vermutlich nur eine geringe abschreckende Wirkung.

Abb. 10 Drehschlüssel mit Palmettengriff aus der Colonia Ulpia Traiana (Xanten).

Schlüssel und Schlossteile zur Sicherung von Türen bzw. Gebäuden und Räumen sind nur *ein* Beleg für das große Bedürfnis, Lebens- und Arbeitsraum zu schützen und Diebstähle zu verhindern. Das hohe Sicherheitsbedürfnis drückt sich zudem in weiteren Sicherungsmaßnahmen aus, wie der Vergitterung von Fenstern oder der nach außen abgeschotteten Anlage von Häusern und Höfen durch Begrenzungs- oder Parzellenmauern. Welche Personen Zutritt in ein Gebäude hatten, wenn es beispielsweise als Werkstatt, Verkaufsort und Wohnhaus genutzt wurde – wie dies für die private Bebauung in der Colonia Ulpia Traiana die Regel gewesen sein wird – entzieht sich unserer Kenntnis. Es ist jedoch nicht auszuschließen, dass Kunden in Einzelfällen auch freien Zugang bis in den Hofbereich eines Wohnhauses hatten. Die Möglichkeit, Diebstähle aufzuklären und sein Eigentum zurück zu erhalten, war zweifelsfrei sehr begrenzt. Dies belegen auch die zahlreichen Diebe verfluchenden Täfelchen (siehe M. Scholz – Kleinkriminalität in diesem Band), die somit die einzige Hoffnung des Geschädigten waren, zumindest Rache oder Genugtuung für den ihm zugefügten Schaden zu erhalten.

Im Kontext der Sicherung des Gebäudes und seiner Bewohner sind auch die Glück bringenden bzw. apotropäischen Fußbodenmosaike im Schwellenbereich römischer Wohnhäuser zu interpretieren. Verwiesen sei an dieser Stelle auf wenige Beispiele.

Aus Salzburg ist die Mosaik-Inschrift *Hic habit [felicitas] Nihil intret mali* – „Hier wohnt das Glück. Nichts Böses möge eintreten" vom Eingangsbereich eines mosaikgeschmückten Raumes erhalten[23]. Aus Thematra in Tunesien ist das Mosaik mit dem Motiv eines auf ein Auge gerichteten Phallus überliefert. Die bildliche Darstellung wird von der Inschrift *Invidiosibus quod videtis B(onis)B(ene) M(alis) M(ale)* – „Euch Neiderfüllten, was ihr seht – Gutes den Guten. Schlechtes den Schlechten" begleitet[24]. Schließlich sei noch ein Mosaik aus Antiochia erwähnt, das ein Auge (den bösen Blick) durch eine Vielzahl von verschiedenen Tieren, Dreizack, Schwert u. m. attackiert zeigt. Hinzugefügt ist die griechische Inschrift KAI CY – „Auch Du"[25].

Alle diese Mosaiken sollten Schlechtes vom Inneren des Hauses fern halten. Die Bodenmosaike mit Wachhunden sind in demselben Zusammenhang zu sehen[26]. Ebenso natürlich die real als Wachhunde eingesetzten Tiere.

Dass mit dem Verschließen von Türen jedoch nicht immer nur Einbrecher und Diebe abgehalten werden sollten, beweist ein Ausschnitt aus den Liebeselegien des Tibullus:

nam posita est nostrae custodia saeua puellae,
clauditur et dura ianua firma sera.
ianua difficilis domini te uerberet imber,
te Iouis imperio fulmina missa petant.
ianua, iam pateas uni mihi uicta querellis,
neu furtim uerso cardine aperta sones.
et mala si qua tibi dixit dementia nostra,
ignoscas: capiti sint precor illa meo.
te meminisse decet quae plurima uoce peregi
supplice cum posti florida serta darem.
tu quoque ne timide custodes, Delia, falle.
audendum est: fortes adiuuat ipsa Venus.
illa fauet seu quis iuuenis noua limina temptat
seu reserat fixo dente puella fores:

„Denn unser Mädchen, das steht unter Wächterschaft ohne Erbarmen,
fest ist verschlossen die Tür, hart ist der Riegel davor.

Abb. 11 Verschiedene Ringschlüssel aus der Colonia Ulpia Traiana (Xanten), die zu Kästchenschlössern gehörten.

Abb. 12 Schlossblech eines Kästchens mit durchbrochenem Rand aus der Colonia Ulpia Traiana (Xanten).

„Türe, so schwierig bist Du, Dich peitsche der Regen des Herren,
dich treffe Jupiters Blitz, den aus der Höhe er schickt!
Tür, tu Dich auf jetzt einzig für mich, laß den Sieg meinen Klagen,
öffne dich leise, es dreht heimlich die Angel sich ja!
Und was ich alles – ach! wahnsinnig war ich – an Übeln dir fluchte,
o verzeih' mir, es sei nur meinem Haupte geweiht.
Recht wär's, dächtest du dran, wieviel ich mit flehender Stimme
dargebracht: Blütengebind hat Deine Pfosten geziert.
Mußt ohne Scheu auch die Wachen, o Delia, mutig betrügen!
Wagen muß man, es hilft Venus den Tapferen selbst,
schenkt ihre Gunst, versucht's an der Schwell' einer Neuen ein Jüngling,
öffnet ein Mädchen das Tor, welches ein Balken verschloß"[27].

Kästchen

Nicht nur an den Türen privater und öffentlicher Bauten wurden Schlösser zum Schutz verwendet. Eine besondere Bedeutung kam auch dem sicheren Verschluss von Truhen und Kästchen zu. Letztere sind in aller Regel als Besitz von Frauen anzusprechen. Aus der Colonia Ulpia Traiana haben sich vor allem Schlüssel und Schlossbleche erhalten, die sich Kästchen zuordnen lassen. Dazu zählen zehn Ringschlüssel aus dem Coloniagebiet (Abb. 11)[28]. Die Trageweise dieser Schlüssel als Fingerring verrät die Bedeutung, die den Kästchen bzw. seinem Inhalt als persönlicher Besitz beigemessen wurde.

Die Betonung der Kästchen als Attribut der Frauen auf den norisch-pannonischen Grabreliefs[29] zeigt nicht nur den Besitz, sondern kann vielmehr als Zeichen verstanden werden, das für gesellschaftsrelevante und damit moralische Eigenschaften steht. Mit guten Gründen darf vermutet werden, dass sich in den Kästchen Kosmetika befunden haben. Parfüme waren in römischer Zeit teilweise extrem teuer, so dass dies auch als Statussymbol verstanden werden kann. Ebenso steht dieses Accessoire aber auch für eine Frau, die aufgrund ihrer Position in der Lage ist, sich ausgiebig der Schönheitspflege zu widmen und somit eine Facette der ihr in der römischen Gesellschaft zugedachten Rolle als Frau nach außen zur Schau trug.

Dies wurde auch mit dem Ringschlüssel erreicht, den jedermann als Kästchenschlüssel erkennen konnte.

Von den Kästchen zuzuordnenden Schlossblechen aus der Colonia Ulpia Traiana ist hier lediglich eines mit Durchbrucharbeiten im Randbereich erwähnt (Abb. 12).

Bestandteile von Kästchen sind in römischen Fundzusammenhängen vor allem aus Gräbern in großer Anzahl überliefert. Die Kästchen waren mit Beschlagblechen geschmückt und stets abschließbar. Dies konnte durch Drehschlösser oder Schiebeschlösser geschehen, letztere hatten zumeist einen Überfall, der am Deckel befestigt war und durch den Riegel des Schiebeschlosses gesichert wurde.

Die Ausführung der Kästchen war keineswegs normiert, sondern ausgesprochen variantenreich[30]. Beispielhaft seien hier nur einige besonders gut erhaltene Exemplare erwähnt (Abb. 13). Einen besonders beeindruckenden Befund haben wir in dem Grab eines Mannes aus Bad-Kreuznach-Planig vor uns[31]. Die in einer Steinkiste zutage gekommenen Fragmente erlauben eine präzise Rekonstruktion des Kästchens, das mit einem außergewöhnlichen Schloss versehen war. Das Schlossblech war mit breitköpfigen Nägeln geschmückt, von denen einer – zur Seite gezogen – erst das Öffnen des Schlosses ermöglichte.

Abb. 13   Gut erhaltene bzw. rekonstruierbare Kästchen aus Rainau-Buch (oben) und Heidenheim (unten).

Abb. 14 Vorhängeschloss. So genanntes Maskenschloss unbekannter Herkunft, das sich heute im RGM Köln befindet.

Ein vorzüglich erhaltenes kleines Kästchen mit einem heute nicht mehr vorhandenen aufzuschiebenden Deckel stammt aus Rainau-Buch[32]. Das Kästchen wurde an der Vorderseite mit einem Drehschloss gesichert, an der Rückseite wurde zusätzlich eine Ösenkrampe eingeschlagen, an der eine Kette befestigt ist[33]. Die etwa 22 cm lange Kette legt nahe, dass das Kästchen beispielsweise in einem Schrank wie eine Schublade benutzt wurde[34]. Das wohl zur Aufbewahrung wertvoller Gegenstände verwendete Stück weist an der Unterseite deutliche Aufbruchspuren auf[35] – ein seltenes antikes corpus delicti!

Die Fragmente eines aus Rosskastanie gebauten, durch Eisenbeschläge massiv bewährten Kästchens[36] wurde in Heidenheim gefunden. Die Eisenbeschläge waren mit 84 Nägeln mit breiten, leicht gewölbten Köpfen befestigt. Hervorzuheben ist hier aber vor allem der komplizierte und aufwendig ausgeführte Schließmechanismus, der durch ein Schiebeschloss bewegt wird. Dieser Mechanismus nimmt fast den gesamten Deckel ein und verschließt ihn mit sechs massiven Haken[37].

Dieses Kästchen ist in seiner Funktion nicht mit den zuvor angeführten Beispielen vergleichbar. Völlig zu Recht hat B. Rabold diesen Fund zur Aufbewahrung von Geld bzw. Wertgegenständen angesprochen[38].

Vorhängeschlösser

Eine Gruppe von Maskenschlössern, Vorhängeschlössern in Form eines Kopfes, wird dem privaten Bereich zuzuweisen sein. Etwa fünfzig Exemplare dieses Schlosstyps sind bis heute bekannt[39]. H. Schönberger hat aufgrund der Gestaltung des Schlosstyps und von Gravuren auf der Rückseite die Darstellung von Haus- bzw. Möbelelementen angenommen und daher vermutet, dass das Schloss zum Schutz dieser Dinge wirkte und darüber hinaus auch noch apotropäische Funktion besaß[40].

Ein schönes Exemplar unbekannter Herkunft, das sich heute im RGM Köln befindet, ist aufgrund seiner guten Erhaltung an dieser Stelle beispielhaft gezeigt (Abb. 14)[41].

Die technisch sehr weit entwickelten Drehschlösser wurden ebenfalls als Vorhängeschlösser verwendet (Abb. 15)[42]. Aus der Colonia Ulpia Traiana sind derartige Schlösser bisher zwar nicht bekannt, vermutlich dürften aber einige der Xantener Drehschlüssel zu diesen Schlössern gehört haben. Der spezialisierte Handel mit derartigen Schlössern war ganz offensichtlich lukrativ, wie der Grabstein eines Händlers aus Metz zeigt, der folgende Inschrift trägt (Abb. 16):

Caratullio Cintussi filio/ neg(otiatori) artis clostrariae h(eres) p(onendum) c(uravit)

"Dem Caratullius, Sohn des Cintussus, Händler mit Ketten und Schlössern, hat der Erbe (das Grabmal) setzen lassen"[43].

Eine wichtige Verwendung kam diesen Schlössern in technischen Varianten auch außerhalb des privaten Umfeldes zu, nämlich als Schlösser von Fuß- bzw.

Schlüssel und Schloss im römischen Alltag 35

Handfesseln, mit denen Sklaven, Kriegsgefangene oder Kriminelle gesichert wurden (siehe Schiavone – Strafverfolgung in diesem Band)[44].

Das wenige hier gezeigte Fundmaterial zeigt, dass das Versperren von Häusern und Räumen im privaten und öffentlichen Bereich ebenso wie der besondere Schutz von Eigentum in verschlossenen Kästchen und Truhen zum römischen Alltag gehörten. Dies spiegelt sich auch in der großen Zahl von Schlössern und Schlossteilen im Fundspektrum römischer Fundplätze im allgemeinen wider. Die Furcht vor Diebstahl war allgegenwärtig.

Abb. 15 Vorhängeschloss (links) und Rekonstruktion eines Vorhängeschlosses (unten) aus Augst.

Abb. 16 Grabstein des Caratullius aus Metz. Caratullius handelte mit Ketten und Schlössern.

Anmerkungen

1 Apul. met. 4,9,4–4,11,2. Übersetzung nach: Apuleius, Metamorphoses/Der goldene Esel. Aus dem Lateinischen von A. Rode (Frankfurt/M., Leipzig 1975) 132 f.
2 Übersichten zur Entwicklung und Vielfalt römischer bzw. antiker Schlösser finden sich bei: JACOBI 1897, 462–480; RE II A (1921) s. v. Schlösser 557–563 (A. Hug); RE II A (1921) s. v. Schlüssel 565–569 (A. Hug); DKP 5 (1975) s. v. Schloß und Schlüssel 18 f. (W. H. Groß); DNP 11 (2001) s. v. Schloß, Schlüssel 186–189 (V. Pingel).
3 JACOBI 1897, 470 bringt die oben bei Apuleius beschriebene Türöffnung, in die der Dieb seine Hand steckt, mit dieser Schlossform in Verbindung.
4 Vgl. hierzu ein Riegelbeschlagblech aus Vindonissa, das die Löcher für den Bart des Schlüssels zeigt: FELLMANN 2009, 39 Nr. 254.1 Taf. 6,254.1.
5 Graphische Funktionsdarstellungen von Schiebeschlössern in unterschiedlichen Varianten finden sich bei: CONNOLLY 1979, 31; RIECHE/SCHALLES 1994, 46. – Zur Holzeinfassung vgl. GREINER 2008, 191–193, bes. 192 Abb. 217.
6 Zur Anordnung der Schlossbleche auf Türen vgl. die Darstellung auf Reliefs aus Este und Rom: KÜNZL 1998, 56 Abb. 39; Gipsformerei SMB 1970, Taf. 57,1473. Es handelt sich um das Mittelstück eines Sarkophages aus Rom, das sich heute im Pergamonmuseum Berlin befindet.
7 VON GROLLER 1924, 157–164.
8 In sehr seltenen Fällen sind die Schiebeschlossriegel auch in Eisen überliefert: CZYSZ 2003, 355 B301–B304 Taf. 15 B301–B304.
9 Für die Einsicht in ihre noch unpublizierte Dissertation danke ich A. Koster, Nijmegen: KOSTER 2010, 162 Abb. 82. Taf. 62,15 (Grab 18).
10 HARNECKER 1997, 74–76 Taf. 45–47; MÜLLER 2002, 65. 209 f. Taf. 79–80; Schlüssel und Schlossteile sind natürlich auch aus dem Xantener Legionslager Vetera I belegt: HANEL 1995, 52 f. Taf. 45–46.
11 Sall. Iug. 12,3: *[…] uti tamquam sua visens domum eat, portarum clavis adulterinas paret […]* – „[…] und bringt ihn dazu, sein Haus aufzusuchen, als ob er lediglich nach dem Rechten sehe, und sich Nachschlüssel für die Türen zu verschaffen […]." Übersetzung nach: Sallust, Werke. Lateinisch und Deutsch. Eingeleitet, übersetzt und kommentiert von T. Burkardt (Darmstadt 2010) 92 f. Ov. ars 3,643: *Nomine cum doceat, quid agamus, adultera clavis […].* – „Wo doch der Zweitschlüssel schon durch den Namen verrät, was wir treiben […]." Übersetzung nach: Ovid, Liebeskunst. Ars amatoria. Heilmittel gegen die Liebe. Remedia amoris. Lateinisch-Deutsch. Hrsg. und übersetzt von N. Holzberg (Darmstadt 1992) 158 f.
12 Die Kartierung der Schlüssel und Schlossteile im Bereich der Colonia Ulpia Traiana reflektiert auch den Forschungsstand zur Colonia und reduziert sich daher auf die bisher archäologisch untersuchten Areale der Colonia Ulpia Traiana.
13 Apul. met. 9,20,1-4. Übersetzung nach: Apuleius, Metamorphoses/Der goldene Esel. Aus dem Lateinischen von A. Rode (Frankfurt/M., Leipzig 1975) 296 f.
14 Apul. met. 1,11,3. Übersetzung nach: Apuleius, Metamorphoses/Der goldene Esel. Aus dem Lateinischen von A. Rode (Frankfurt/M., Leipzig 1975) 52 f.
15 ADAM 1989, 323 Abb. 680; CONNOLLY 1979, 31. Weitere (unpublizierte) einfache Holzriegel vor Türen bzw. Fenstern, die im Abguss überliefert sind, sind mir aus Pompeji, Oplontis und Boscoreale bekannt.
16 Zum Fundplatz: STORK 1989, 174–182 (mit weiterer Literatur).
17 HANEL 1995, 53 B393 Taf. 45 B393; HAGEN 1912, 420 Nr. 21 Taf. 58,37. Vgl. auch einen stark verbogenen Schiebeschlossriegel aus Ellingen, von dem allerdings eine mutwillige Beschädigung ebenfalls nur vermutet werden kann: ZANIER 1992, 190 Nr. 96 Taf. 29,C96.
18 FRANKEN 1996, 46–48, siehe bes. 47 mit Anm. 1 (zahlreiche Vergleichsstücke).
19 KÜNZL/KÜNZL 2003, 16 Nr. 12 Abb. 7.
20 Die Schlüsselform ist von verschiedenen römischen Fundplätzen bekannt. Vgl. lediglich: JACOBI 1897, 477 Abb. 76, 43–45; LIESEN 1999, 350 mit Anm. 95. 368 Abb. 12 B/B100–103. 369 Abb. 13 B102; BRÜGGLER 2009, 435 (mit weiteren Beispielen) Taf. 100 Grab 40,1. Sicher zu einem Kästchen gehörte der Schlüssel aus Kirchheim: HEIMBERG 1979, 535 Abb. 12,7.536.
21 GAUBATZ-SATTLER 1994, 169 f.
22 Für das Vorkommen von Schlüsseln und Schlossteilen in Militäranlagen sind als Beispiele lediglich die im Index des ORL aufgeführten genannt: OLDENSTEIN 1982, 35 f.
23 KRÜGER 1933, 705 Abb. 24; KENNER 1965, 91 Abb. 16. 17; JOBST 1985, 57; ALTMANN 1990, 102 Taf. 7, 14.
24 FOUCHER 1954, 178 Abb. 13; DUNBABIN 1978, 162; ALTMANN 1990, 103, 83.
25 LEVI 1941, 220–232; ENGEMANN 1979, 30. 34; ALTMANN 1990, 89, 9.
26 ALTMANN 1990, 23 ff.
27 Tib. 1,2,5–18. Übersetzung nach: Albius Tibullus – Elegien. Mit einer Einleitung zur römischen Liebeselegie und erklärenden Anmerkungen zum Text. Übersetzt von H.-Chr. Günther (Würzburg 2002) 62.
28 SCHÖNBERGER 1956, 88 mit Anm. 8 bringt kleiner dimensionierte Ringschlüssel mit den Maskenschlössern in Verbindung.
29 Vgl. lediglich GARBSCH 1965, Taf. 1–3.
30 RIHA 2001.
31 WITTEYER 1997.
32 FILTZINGER 1991, 161 Vitrine 21,2. 162 Abb. 102; NENNINGER 2005, 391 Abb. 522; GREINER 2008, 209 Abb. 247–251.
33 GREINER 2008, 208.
34 GREINER 2008, 208. 209 Abb. 248.
35 GREINER 2008, 210. Abb. 252 mit einem Detailfoto der Aufbruchspuren.
36 Das Objekt wird in der Publikation als Truhe bezeichnet. Es ist 44 cm lang, 30 cm tief und ca. 32 cm hoch, so dass es aufgrund seiner Größe hier als Kästchen bezeichnet wird. Die Begriffe sind jedoch nicht klar definiert und die Verwendung der entsprechenden Terminologie daher Ermessenssache. RABOLD 1990, 29–38.
37 RABOLD 1990, 33. 36 Abb. 7.
38 RABOLD 1990, 36. Auch wenn das Heidenheimer Kästchen aufgrund seines weitgehend schmucklosen Erscheinungsbildes wohl weniger eine repräsentative Funktion innegehabt haben wird, so ist man doch an die großen italischen Geldtruhen erinnert, die zu repräsentativen Zwecken in den Gebäuden aufgestellt waren. Diese Truhen (lat. *arca*) verfügten ebenfalls über aufwendige Schließmechanismen,

die den Deckel an mehreren Stellen sicherten. Vgl. DNP 1 (1996) s. v. arca (R. Hurschmann); Asskamp u. a. 2007, 7 Abb. 5. 215 f. Nr. 2.5; Fergola 2004, 115–117, siehe bes. 116 mit der Darstellung des Schließmechanismus.

[39] In der Publikation eines Schlosses von dem römischen Fundplatz „Burghöfe" wird auch die Technik des Schlosses erläutert: Garbsch 1994, 155 f.; zu diesem Exemplar siehe auch Schmidt 2000, 27 f. u. Taf. 6,80a–c.

[40] Schönberger 1956, 90 f.

[41] Franken 1996, 129 Abb. 251.

[42] Vgl. lediglich: Jacobi 1909, Taf. 15,1.12; Schauerte/Steiner 1984; Furger u. a. 1990; Kellner/Zahlhaas 1993, 125 Taf. 109, 107; Rabold 2005, 95 Abb. 88; Thomas 2006; Künzl 2008a, 365–368; Künzl 2008b, Taf. 664–673.

[43] Künzl 2008a, 368 f. Abb. 5.

[44] Der Vollständigkeit halber seien hier lediglich einige der bekannten und gut erhaltenen Fesseln mit Schlössern genannt. Künzing: Herrmann 1969, 139 f. Abb. 9–10; Garbsch 1994, 164; Künzl 2008a, 365–378.

Literaturverzeichnis

Adam 1989
J.-P. Adam, La Construction romaine. Materiaux et techniques (Paris 1989²).

Altmann 1990
S. Altmann, Römische Mosaiken mit glückbringender und übelabwehrender Funktion [unpubl. Magisterarbeit München 1990].

Asskamp u. a. 2007
R. Asskamp/M. Brouwer/J. Christiansen/ H. Kenzler/L. Wamser (Hrsg.), Luxus und Dekadenz. Römisches Leben am Golf von Neapel (Mainz 2007).

Brüggler 2009
M. Brüggler, Villa rustica, Glashütte und Gräberfeld. Die kaiserzeitliche und spätantike Siedlungsstelle HA 132 im Hambacher Forst. Rhein. Ausgr. 63 (Bonn 2009).

Connolly 1979
P. Connolly, Pompeji (Hamburg 1979).

Czysz 2003
W. Czysz, Heldenbergen in der Wetterau. Feldlager, Kastell, Vicus. Limesforsch. 27 (Mainz 2003).

Dunbabin 1978
K. M. D. Dunbabin, The mosaics of Roman North Africa. Studies in Iconography and Patronage (Oxford 1978).

Engemann 1979
J. Engemann, Zur Verbreitung magischer Übelabwehr in der nichtchristlichen und christlichen Spätantike. Jahrb. Ant. u. Christentum 18, 1975, 22–48.

Fellmann 2009
R. Fellmann, Römische Kleinfunde aus Holz aus dem Legionslager Vindonissa. Veröff. Ges. Pro Vindonissa 20 (Brugg 2009).

Fergola 2004
L. Fergola, Oplontis e le sue ville (Pompeji 2004).

Filtzinger 1991
Ph. Filtzinger, Limesmuseum Aalen (Stuttgart 1991).

Foucher 1954
L. Foucher, Motifs prophylactiques sur des mosaiques découvertes à Sousse. Actes du 79ᵉ Congrès National des Sociétés Savantes, Alger 1954. Section d'archéologie (Paris 1957) 163–186.

Franken 1996
N. Franken, Die antiken Bronzen im Römisch-Germanischen Museum Köln. Fragmente von Statuen, figürlicher Schmuck von architektonischen Monumenten und Inschriften. Hausausstattung, Möbel, Kultgeräte, Votive und verschiedene Geräte. Kölner Jahrb. 29, 1996, 7–203.

Furger u. a. 1990
A. R. Furger/W. Hürbin/S. Falchi, Eiserne Vorhängeschlösser aus Augusta Raurica. Untersuchungen zu ihrem Aufbau und ein Rekonstruktionsversuch. Jahresber. Augst u. Kaiseraugst 11, 1990, 153–170.

Garbsch 1965
J. Garbsch, Die norisch-pannonische Frauentracht im 1. und 2. Jahrhundert. Münchner Beitr. Vor- u. Frühgesch. 11 (München 1965).

Garbsch 1994
J. Garbsch, 125 Jahre Bayerische Handelsbank in München 1869–1994. Festschrift. Geschichten aus der Geschichte der Bayerischen Handelsbank in Verbindung mit einer Zusammenfassung von Kunstkalendern der Bank für die Jahre 1979–1993. Römischer Alltag in Bayern. Das Leben vor 2000 Jahren (München 1994).

Gaubatz-Sattler 1994
A. Gaubatz-Sattler, Die Villa rustica von Bondorf (Kr. Böblingen). Forsch. u. Ber. Vor- u. Frühgesch. Baden-Württemberg 51 (Stuttgart 1994).

Gipsformerei SMB 1970
Gipsformerei der Staatlichen Museen Preußischer Kulturbesitz Berlin. Katalog der Originalabgüsse Heft 4/5. Griechenland und Rom (Berlin 1970³).

Greiner 2008
B. A. Greiner, Rainau-Buch II. Der römische Kastellvicus von Rainau-Buch (Ostalbkreis). Die archäologischen Ausgrabungen von 1976 bis 1979 Bd. 1 (Stuttgart 2008).

von Groller 1924
: M. von Groller, Die Grabungen im Lager Lauriacum im Jahre 1916. Zur Kenntnis des römischen Schubschlosses. Röm. Limes Österreich 14 (Wien, Leipzig 1924).

Hagen 1912
: J. Hagen, Einzelfunde von Vetera 1910–1912. Bonner Jahrb. 122, 1912, 363–420.

Hanel 1995
: N. Hanel, Vetera I. Die Funde aus den römischen Lagern auf dem Fürstenberg bei Xanten. Rhein. Ausgr. 35 (Köln, Bonn 1995).

Harnecker 1997
: J. Harnecker, Katalog der Eisenfunde von Haltern aus den Grabungen der Jahre 1949–1994. Bodenaltertümer Westfalens 35 (Paderborn 1997).

Heimberg 1979
: U. Heimberg, Spätrömische Gräber in Kirchheim. Bonner Jahrb. 179, 1979, 525–542.

Herrmann 1969
: F.-R. Herrmann, Der Eisenhortfund aus dem Kastell Künzing. Saalburg-Jahrb. 26, 1969, 129–141.

Jacobi 1897
: L. Jacobi, Römerkastell Saalburg bei Homburg vor der Höhe (Homburg v. d. H. 1897).

Jacobi 1909
: L. Jacobi, Das Kastell Zugmantel. Der obergermanisch-raetische Limes des Roemereiches (Heidelberg 1909).

Jobst 1995
: W. Jobst, Antike Mosaikkunst in Österreich (Wien 1985).

Kellner/Zahlhaas 1993
: H.-J. Kellner/G. Zahlhaas, Der römische Tempelschatz von Weißenburg i. Bay. (Mainz 1993).

Kenner 1965
: H. Kenner, Römische Mosaiken aus Österreich. In: La Mosaique Gréco-Romaine. Colloque Internationaux du Centre National de la Recherche Scientifique. Paris 29 Aout – 3 Septembre 1963 (Paris 1965) 85–94.

Koster 2010
: A. Koster, Het grafveld van Noviomagus en de rijke graven van de stedelijke elite [unpublizierte Dissertation Nijmegen 2010].

Krüger 1933
: E. Krüger, Römische Mosaiken in Deutschland. Arch. Anz. 48, 1933, 656–710.

Künzl/Künzl 2003
: E. Künzl/S. Künzl, Das römische Prunkportal von Ladenburg (Stuttgart 2003).

Künzl 2008a
: E. Künzl, Die Alamannenbeute aus dem Rhein bei Neupotz. Plünderungsgut aus dem römischen Gallien. Monographien 34,1 (Mainz 2008²).

Künzl 2008b
: E. Künzl, Die Alamannenbeute aus dem Rhein bei Neupotz. Plünderungsgut aus dem römischen Gallien. Monographien 34,4 (Mainz 2008²).

Levi 1941
: D. Levi, "The evil eye and the lucky hunchback". Antioch-on-the-Orontes 3, 1941, 220–232.

Liesen 1999
: B. Liesen, Die Grabungen südlich und westlich des Kölner Doms I. Die Funde aus Metall. Kölner Jahrb. 32, 1999, 343–431.

Müller 2002
: M. Müller, Die römischen Buntmetallfunde von Haltern. Bodenaltertümer Westfalens 37 (Mainz 2002).

Nenninger 2005
: M. Nenninger, Forstwirtschaft und Energieverbrauch. In: Imperium Romanum. Roms Provinzen an Neckar, Rhein und Donau (Esslingen 2005), 388–392.

Oldenstein 1982
: J. Oldenstein, Der Obergermanisch-raetische Limes des Roemerreiches. Fundindex (Mainz 1982).

Rabold 1990
: B. Rabold, Die römische Truhe aus Heidenheim. Ein Vorbericht. Heidenheimer Jahrb. 1990, 29–38.

Rabold 2005
: B. Rabold, Ladenburg „Ziegelscheuer". Von der neckarsuebischen Siedlung zur römischen Villa. In: Imperium Romanum. Roms Provinzen an Neckar, Rhein und Donau (Esslingen 2005) 91–96.

Rieche/Schalles 1994
: A. Rieche/H.-J. Schalles, Colonia Ulpia Traiana. Arbeit. Handwerk und Berufe in der römischen Stadt. Führer u. Schr. des Archäologischen Parks 10 (Köln 1994²).

Riha 2001
: E. Riha, Kästchen, Truhen, Tische – Möbelteile aus Augusta Raurica. Forsch. Augst 31 (Augst 2001).

Schauerte/Steiner 1984
: G. Schauerte/A. Steiner, Das spätrömische Vorhängeschloß. Bonner Jahrb. 184, 1984, 371–378.

Schmidt 2000
: E. Schmidt, Römische Kleinfunde aus Burghöfe 1. Figürliche Bronzen und Schmuck. Frühgesch. u. Provinzialröm. Arch. Materialien u. Forsch. 3 (Rhaden/Westf. 2000).

SCHÖNBERGER 1956
    H. SCHÖNBERGER, Römische Vorhängeschlösser mit Maskendeckel. Saalburg-Jahrb. 15, 1956, 81–94.
STORK 1989
    I. STORK, Der große römische Gutsbetrieb von Bietigheim „Weilerlen", Stadt Bietigheim-Bissingen, Kr. Ludwigsburg. Arch. Ausgr. Baden-Württemberg 1988 (Stuttgart 1989).
THOMAS 2006
    M. THOMAS, Ars clostraria – die römische Schließkunst. In: Geraubt und im Rhein versunken. Der Barbarenschatz (Stuttgart 2006) 144–146.
WITTEYER 1997
    M. WITTEYER, Alte und neue Funde der Römerzeit aus Kreuznach-Planig. Mainzer Arch. Zeitschr. 3, 1997, 57–103.
ZANIER 1992
    W. ZANIER, Das römische Kastell Ellingen. Limesforsch. 23 (Mainz 1992).

Abbildungsnachweis: Introbild Stefan Arendt, LVR-Zentrum für Medien und Bildung; Abb. 1–2, 6–7, 9–12 Stefan Arendt, LVR-Zentrum für Medien und Bildung; Abb. 3, 5 Horst Stelter, LVR-Archäologischer Park Xanten / LVR-RömerMuseum; Abb. 4 Peter Ickelsheimer/Martin Müller/Horst Stelter, LVR-Archäologischer Park Xanten / LVR-RömerMuseum; Abb. 8 Stefan Arendt, LVR-Zentrum für Medien und Bildung (1); Foto: Th. Gerhards, LVR-Museumsverbund (2); Landesmuseum Württemberg (Foto: Susanne van Loon) (3); Abb. 13 Archäologisches Landesmuseum Baden-Württemberg, Manuela Schreiner (oben); Foto: RP Stuttgart, LAD (unten); Abb. 14 Köln, Römisch-Germanisches Museum / Rheinisches Bildarchiv; Abb. 15 Susanne Schenker, Augusta Raurica; Abb. 16 Musées La Cour d'Or Metz Métropole. Cliché Laurianne Kieffer.

Dr. Martin Müller
LVR-Archäologischer Park Xanten
LVR-RömerMuseum
martin.mueller@lvr.de

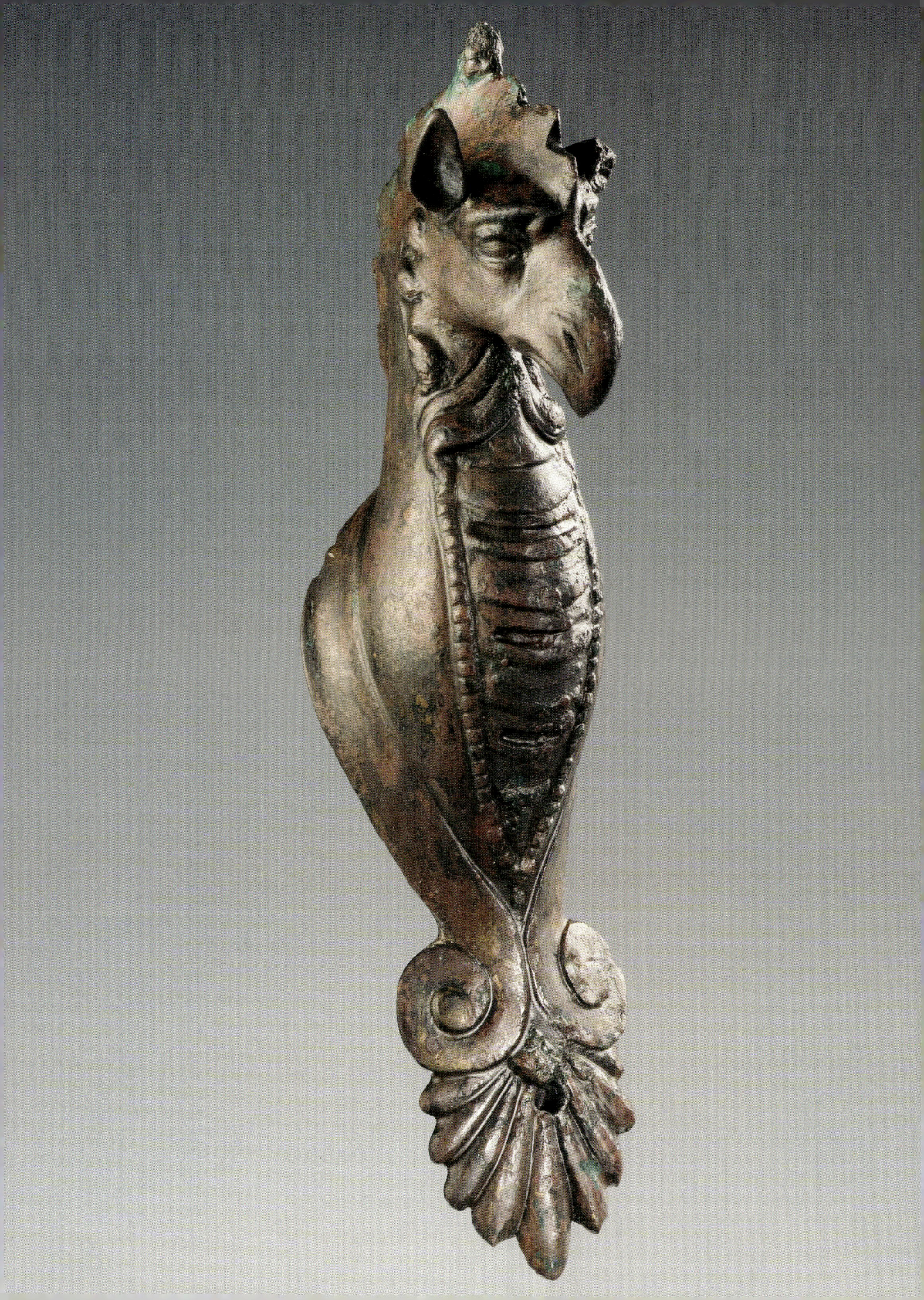

MARTIN KEMKES

Göttlicher Schutz für Haus und Hof – Gefahrenabwehr durch Statuetten, Tür- und Möbelbeschläge?

Für den Menschen der römischen Antike war der Schutz seines Eigentums von großer Bedeutung. Dies gilt insbesondere für den häuslichen Besitz, zählte der Hauseinbruch doch zu den häufigsten Diebstahlformen. Davon zeugen die nach außen mit hohen Mauern, Fenstergittern und bewachten Türen abgeschotteten Häuser ebenso wie die zahlreichen überlieferten Fälle von Hauseinbrüchen[1]. Die meisten Einbrüche fanden in der Nacht statt, was härter bestraft wurde als ein Diebstahl bei Tage[2].

Die allgemeine Furcht vor solchen Straftaten spiegelt sich auch in der antiken Literatur wider. Ein besonders sprechendes Beispiel ist die Beschreibung des misstrauischen Charakters durch den griechischen Philosophen Theophrast: „Seine Frau fragt er, während er schon im Bett liegt, ob sie die Geldtruhe verschlossen habe, der Geschirrschrank versiegelt und der Riegel vor das Hoftor gelegt sei, und wenn sie es bejaht, erhebt er sich dennoch nackt vom Lager und barfuß, mit der Laterne in der Hand, läuft er überall umher und sieht nach und auf diese Weise kommt er nicht zum Schlaf"[3]. Ein ebenso prägnantes Beispiel ist die so genannte Topfkomödie des Plautus, in der die Furcht des Hausherrn vor dem Raub eines im Haus versteckten Goldschatzes sogar das bestimmende Motiv der gesamten Geschichte bildet[4].

Vor dem Hintergrund dieses Bedrohungsszenarios stellt sich die Frage, welche Vorkehrungen die Menschen zum Schutz ihres Eigentums betrieben. Im Folgenden soll es dabei nicht um „harte Faktoren" wie Schlösser, Riegel, Fenstergitter, Wachhunde oder Türsklaven gehen, sondern um eher „weiche Maßnahmen", insbesondere die Anrufung eines göttlichen bzw. überirdischen Schutzes für das eigene Hab und Gut. Dabei lassen sich anhand der archäologischen Hinterlassenschaften zwei Bereiche unterscheiden:

Zum einen der direkte Schutz durch die Götter oder durch überirdische bzw. Gefahren abwehrende Kräfte, den der Einzelne durch entsprechende Anbetung, Opfer und gebührliches Verhalten beeinflussen konnte. Zum anderen der vermeintliche Schutz von Gegenständen durch Gefahren abwehrende Symbole, die im Kontext der gesamten häuslichen Bilderwelt zu interpretieren sind.

Der direkte Schutz durch die Götter oder durch Gefahren abwehrende Kräfte

Wie auch alle übrigen Lebensbereiche, so standen das private Wohnumfeld einschließlich der darin aufbewahrten Gegenstände sowie auch die dort als Teil der römischen *familia* lebenden Bewohner unter dem Schutz der zuständigen Götter. Nach römischem Verständnis waren dies zum einen die Laren als Hausgötter. Dass diese sich auch um den häuslichen Besitz kümmerten, verdeutlicht die bereits erwähnte Topfkomödie des Plautus[5]. Der *lar familiaris* berichtet hier im Prolog, dass er seit vielen Jahren den Besitz des Hauses des Euclios beschützt und seit drei Generationen einen Goldschatz bewacht, den der Großvater des jetzigen Hausherren ihm anvertraut und im Herd versteckt hatte. Da aber weder dessen Sohn noch der Enkel – der jetzige Hausherr – dem Laren die nötige Ehre erwiesen, hielt er diesen Schatz geheim, sorgte sogar für den frühen Tod des Sohnes und möchte ihn nun der Tochter des Euclios, die ihm stets Weihrauch, Wein und Kränze als Opfer darbringt, zukommen lassen.

Die Geschichte verdeutlicht die Bedeutung der Laren für das Wohl des Hauses[6]. Diese spiegelt sich auch in den archäologischen Befunden der Vesuvstädte wider. Die dortigen Hausaltäre (*lararia*) finden sich dabei sowohl in den privaten Wohnräumen der Hausherren als auch in den Gesindebereichen,

◂ Bronzener Möbelbeschlag in Form eines Greifen, Xanten, 2.–3. Jh. n. Chr.

Abb. 1 Lararium in der Casa dei Vettii. FO: Pompeji. Datierung: 1. Jh. n. Chr. – Die Darstellung zeigt in der Mitte einen opfernden Genius, eingerahmt von zwei tanzenden Laren. Im unteren Bildfeld eine Schlange, die sich auf einen Altar zu bewegt.

vor allem in den Küchenräumen. Die zahlreich erhaltenen Wandmalereien (Abb. 1) zeigen in der Regel die Laren paarweise, zusammen mit dem Genius des *pater familias*. Im Gegensatz zu dem personenbezogenen Genius als Schutzgeist des Hausherrn waren die Laren ortsgebunden bzw. auf das Haus bezogen und konnten deshalb von der gesamten *familia*, insbesondere auch von den Sklaven und Bediensteten, verehrt werden.

Neben den Laren und dem Genius wurden in jedem Haushalt die *dei penates* verehrt. Dabei handelte es sich um die weiteren häuslichen Schutzgötter, deren Zusammensetzung jedoch individuell von den Bewohnern bzw. vom *pater familias* festgelegt wurde, wobei theoretisch jede Gottheit ausgewählt werden konnte. Ebenso wie der Genius waren sie personengebunden und wurden in der Regel als Kollektiv gesehen und entsprechend verehrt[7]. In den Lararien von Pompeji finden sie sich manchmal neben den Laren und dem Genius in Wandbildern dargestellt und sind ansonsten meist in Form kleiner Bronzestatuetten vertreten, die zusammen in einer kleinen Aedicula des Altars aufgestellt wurden. Nach den überlieferten Textquellen wurden diese Hausgötter von allen Mitgliedern der *familia* mehr oder minder täglich verehrt. Opferhandlungen und Gebete sind sowohl für den Morgen, während der Mahlzeiten oder beim Betreten oder Verlassen des Hauses überliefert. Die konkreten Wünsche und Gebete bezogen sich dabei natürlich auf alle Bereiche des täglichen Lebens, wobei der Schutz des Eigentums und die materielle Absicherung sicher keine unwichtige Rolle spielte[8].

Der spezifisch römische Kult der Hausgötter, der Laren, Genien und Penaten, fand über das römische Militär auch Einzug in die Provinzen nördlich der Alpen[9]. Davon zeugen sowohl die als Einzelfunde geborgenen Bronzestatuetten (Abb. 2), als auch die mehr oder minder kompletten Larariumsinventare, die entweder am Aufstellungsort oder als Verwahrfunde entdeckt wurden[10]. Die individuell gewählte Zusammensetzung der Lararien zeigt dabei deutliche Parallelen zu den Befunden in Italien[11]. Neben den Laren und Genien findet sich in Gallien und Germanien vor allem der Hauptgott Mercur neben anderen Gottheiten wie Venus und Amor, Hercules, Minerva oder Fortuna. In ihrer Gesamtheit, als *dei penates*, sollten sie auch in den Rheinprovinzen die Häuser und deren Bewohner vor Unheil beschützen.

Dieser Bereich der persönlich anwesenden Hausgötter wurde in Italien wie in den Provinzen durch eine Ebene erweitert, bei der im weiteren Sinne überirdische und Gefahren abweisende Wesen das Wirken der Hausgötter unterstützen. Ob es sich dabei im Sinne des damaligen Betrachters um reale Wesen bzw. wirksame Kräfte handelte oder sie eher als Amulett oder Talisman bezeichnet werden können, ist für den heutigen Betrachter kaum noch zu ermitteln.

Wiederum ausgehend von den Befunden in den Vesuvstädten fallen in den mit Wandmalereien verzierten Lararien zunächst die einzeln oder paarweise dargestellten Schlangen auf, die sich häufig auf einen Altar zu bewegen, auf dem ein Ei oder ein Pinienzapfen liegt (Abb. 1). Auch wenn ihre Interpretation umstritten ist, deutet vieles darauf hin, dass sie als eine Art *genius loci*, als ortsschützende, apotropäische Wesen zu deuten sind. Die Opfergaben Pinienzapfen und Ei können dabei als Symbole für

Abb. 2 Bronzestatuette eines Laren. Höhe: 12,6 cm. FO: St. Leon-Rot. Datierung: 2. Jh. n. Chr.

Fruchtbarkeit und Reichtum verstanden werden[12]. Eine eindeutig apotropäische Bedeutung besitzen dagegen die in den Lararien dargestellten Medusenhäupter, während die Darstellung des Pan aus der Casa dei Vettii, der seinen großen Phallus auf einer Waage gegen einen Geldbeutel abwiegt, eher

Abb. 3 Bronzestatuette einer sitzenden Gorgo auf einem Reh oder Hirsch. Höhe: 17 cm. FO: Baden im Aargau. Datierung: 5./4. Jh. v. Chr. – Die griechische Statuette wurde in römischer Zeit durch einen Phallus und eine Öse auf dem Scheitel ergänzt und diente als Teil eines *tintinnabulums*.

als eine Art Talisman im Hinblick auf ein sorgloses, reiches Leben gewertet werden kann[13]. Als Übel abwehrendes Symbol findet sich der Phallus auch an Hauswänden in Pompeji, eine Sitte, die sich auch nördlich der Alpen nachweisen lässt[14]. In dieses Umfeld gehören ebenso die so genannten *tintinnabula*, Windspiele mit Glöckchen, Rasseln und meist einem Phallus, der durch Flügel, Beine oder in Kombination mit einer Götter- oder Dämonendarstellung zu einer selbstständigen Figur werden kann[15]. Auch die *tintinnabula* sollten Unheil und Gefahren von den Räumlichkeiten, in denen sie hingen, fernhalten, wobei ihre genaue religiöse Bedeutung unklar bleibt[16].

Solche apotropäischen bzw. Glück verheißenden Zeichen und Amulette aus dem direkten Umfeld des Hauskultes finden sich auch in den nördlichen Provinzen. Dazu gehören z. B. die so genannten Schlangentöpfe, wie sie in Augusta Raurica (Augst) als Inventar der Hauslararien nachgewiesen wurden oder eine kleine Schlange auf dem Bronzesockel zu Füßen einer Larstatuette aus Epomanduodurum (Mandeure/Frankreich)[17]. *Tintinnabula* waren hier ebenfalls verbreitet, wie die Beispiele aus Autun, Trier und Enns zeigen[18]. Als besonders aussagekräftiges Exemplar dieses Themenkreises kann schließlich die Gorgostatuette aus Baden im Aargau angeführt werden, die zusammen mit mehreren Statuetten eines Larariuminventars gefunden wurde (Abb. 3)[19]. Die ursprünglich aus dem späten 5. oder 4. Jahrhundert v. Chr. stammende, auf einem Hirsch oder Reh hockende Gorgo mit ihrem fratzenhaften Gesicht wurde in römischer Zeit durch einen Phallus und eine Öse auf dem Scheitel ergänzt und diente so als Teil eines *tintinnabulum*. Die auf dem Phallus mit gespreizten Beinen hockende Gorgo, mit ihrer der archaischen Tradition verpflichteten betont hässlichen Fratze, erfüllt dabei alle allegorischen Aspekte von Abschreckung und Abwehr in Verbindung mit Sexualität und Fruchtbarkeit. Sie verweist nicht nur auf ihre Unheil abwehrende Funktion, sondern steht gerade auch im Kontext der mitgefundenen Larariumsstatuetten Iupiter, Apollo, Mercur, Venus, Amor und Priapos gleichzeitig für den persönlichen Wunsch des Hausherrn nach einem reichen, glücklichen Leben.

Der vermeintliche Schutz von Gegenständen durch Gefahren abwehrende Bilder

Die Verehrung einer vor konkretem Unheil schützenden Gottheit oder einer überirdischen Kraft und der allgemeine Wunsch nach einem glücklichen, reichen und sorgenfreien Leben gehörten auch in der Römerzeit eng zusammen. Die ikonographische Verknüpfung beider Ebenen findet sich in vielen Darstellungen wieder und scheint eines der zentralen Leitmotive der häuslichen Bildsprache gewesen zu sein. Dies gilt nicht nur für den bisher skizzierten engeren Bereich des Hauskultes, wie er von den Bewohnern tagtäglich gepflegt wurde, sondern darüber hinaus auch für solche Orte und Dinge, die im engeren Sinne mit dem Schutz des persönlichen Besitzes zu tun hatten. Dazu gehörten neben den Türen vor allem Möbel wie Truhen und Schränke, aber auch die Schlüssel, mit denen der Besitz ganz real gesichert werden konnte. Die vordergründig als Dekoration erscheinenden Motive können dabei nicht isoliert betrachtet werden, sondern stehen im Kontext des gesamten häuslichen Bildprogramms, wie es sich in der Raumdekoration auf Wänden und Fußböden bzw. in der Wandmalerei und auf Mosaiken, aber auch auf vielen sonstigen Gegenständen des Alltags – zum Beispiel dem Tafelgeschirr – finden lässt. Inwieweit die dabei gewählten Bilder von den Besitzern als im religiösen Sinne real wirksamer Schutz (vergleichbar der oben beschriebenen Verehrung der Hausgötter) oder lediglich als thematisch passende Dekoration bewertet wurden, ist heute nicht mehr eindeutig zu klären. Da hier nicht der Ort sein kann, dieses Thema mit all seinen Facetten zu beleuchten, soll im Folgenden nur ein Überblick über die Dekorationen von Türen, Schränken, Truhen und Kästchen einschließlich der dazugehörigen Henkel, Griffe und Schlüssel gegeben werden. Die Auswahl der Bildthemen lässt sich dabei in drei Hauptgruppen aufteilen:

Die Verwendung von Götterdarstellungen

Vielleicht in direkter Anlehnung an die Statuetten häuslicher Lararien finden sich auch auf den privaten Möbeln und meist in Büstenform Götterdarstellungen, deren individuelle Auswahl mit

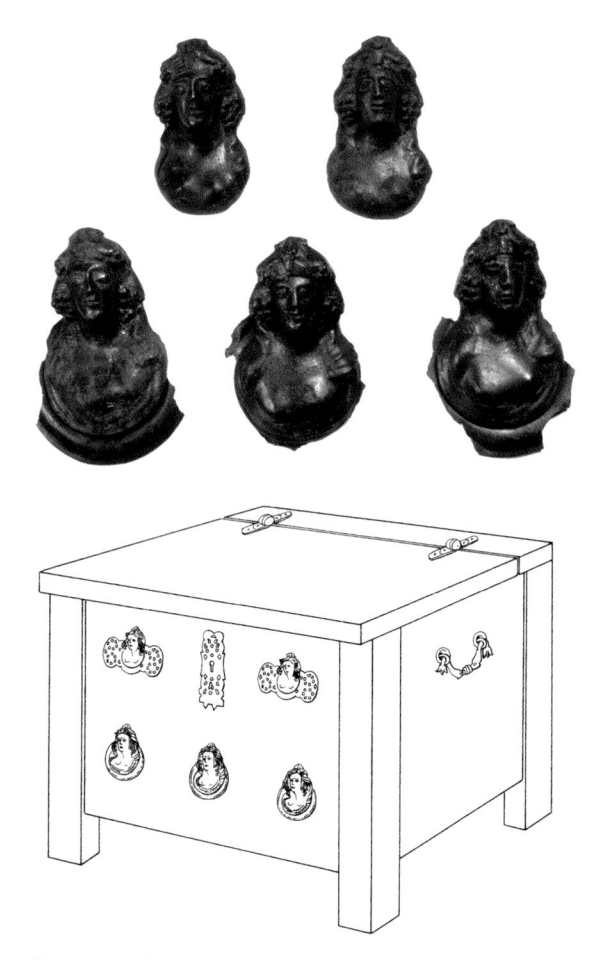

Abb. 4   Fünf Bacchusbüsten eines Truhenbeschlagsatzes mit Rekonstruktion der Truhe. Höhe der Büsten: 9,7–11,5 cm. FO: Eigeltingen-Eckartsbrunn. Datierung: 2./3. Jh. n. Chr.

Abb. 5   Bronzener Schlüsselgriff mit kombinierter Darstellung eines Mercur-, Pan- und Eberkopfes. Länge des Griffes: 9,1 cm. FO: Niederbieber. Datierung: 2./3. Jh. n. Chr.

den religiösen Vorlieben des Besitzers zu tun hatte. Eine direkte Schutzfunktion der Gottheiten als *dei penates* des jeweiligen Hauses ist in diesen Fällen nicht grundsätzlich auszuschließen, auch wenn die Büsten im engeren Sinne keine kultische Funktion wie die Statuetten hatten. Allerdings finden sich bei diesen Götterbüsten solche, insbesondere die zahlreichen Amor- und Bacchusdarstellungen, die über den direkten kultischen Wirkkreis der Gottheit hinausweisen und im weiteren Kontext der häuslichen, wie auch der öffentlichen Bildprogramme als Allegorien eines sorgenfreien Lebens angesehen wurden. Bereits die erhaltenen Beispiele aus Pompeji zeigen diese schwierige Deutungslage[20]. Bei den meist separat gefundenen Büsten aus den Provinzgebieten ist eine eindeutige Zuweisung bis auf wenige Ausnahmen ohnehin nicht möglich.

Eine solche Ausnahme bildet der Satz von Bronzebeschlägen einer Tür oder eines schrankartigen Möbels aus Venthone, Kanton Wallis. Neben zwei Götterfiguren als Griffe, die als Venus und Apollo zu deuten sind, gehören dazu zwei Beschläge eines Löwen mit einem reitenden Bacchusknaben, drei Büstenbeschläge eines bacchischen Amor, Fragmente zweier Henkelattaschen mit Darstellung eines Bacchusknaben auf einem Meerhund mit Delphinschwanz und schließlich ein Schlüssel mit Löwengriff[21]. Ob die individuell gestalteten Götterfiguren als Griffe nun eine tiefere Schutzbedeutung für den Besitzer hatten als die vermeintlich dekorativen Amorbüsten und Beschläge mit ihren Anlehnungen an die Bilderwelt des Dionysos und der Meerwesen, kann nicht mehr beantwortet werden.

Göttlicher Schutz für Haus und Hof 49

Abb. 6 Bronzener Löwenkopfbeschlag als Türzieher. Durchmesser: 30 cm. FO: Ladenburg. Datierung: 2. Jh. n. Chr. Zusammen mit weiteren Beschlägen (vgl. Abb. 12) gehörte er zu einem Prunkportal.

Ähnlich verhält es sich mit den fünf Bacchusbüsten einer Truhe aus Eigeltingen-Eckartsbrunn, Kreis Konstanz (Abb. 4), die aufgrund der seltenen Belege für den Bacchuskult in Obergermanien wohl keine – im engeren Sinne – religiöse Funktion besessen haben und von daher eher mit den Glücksvisionen des dionysischen Themenkreises in Verbindung stehen[22].

Ebenfalls hier anzuführen sind schließlich die Götterbüsten des so genannten Prunkportals von Ladenburg, auch wenn diese Tür sicher zu einem öffentlichen Gebäude, wahrscheinlich einem Tempel, gehörte. Die vorhandenen Büsten des Apollo und der Diana sowie des Mercur und der Rosmerta lassen sich gut in die Kultzeugnisse der Region einordnen und symbolisieren sicher auch den Schutz der Gottheiten für diesen Tempel[23]. Dieser Schutzgedanke wurde durch die apotropäische Wirkung der Löwenkopftürzieher (Abb. 6) noch unterstützt. Die Kombination mit den Amorbüsten und den Seepanthern mit Fischschwänzen (Abb. 12) erweiterte diese Komposition durch die bereits bei den anderen Beispielen erwähnten Bildmotive glücklicher Gegenwelten.

Die gleichen komplexen Bildkompositionen begegnen aber auch in kleineren Maßstäben, zum Beispiel bei Schlüsselgriffen. Zwei Exemplare mit Löwenköpfen aus Augst und Muttenz zeigen auf den vierkantigen Griffen Reliefdarstellungen von Amor, Venus und Priapos sowie Gegenstände mit bacchisch-bukolischer Thematik[24]. Zwei untereinander sehr ähnliche Schlüsselgriffe aus Niederbieber (Abb. 5) und Heddernheim zeigen den Hauptgott Mercur in Kombination mit dem dionysischen Pan und einem apotropäischem Eberkopf[25].

Die Verwendung von apotropäischen Motiven

Als im engeren Sinne Gefahren abwehrende Motive gelten in der Antike vor allem der Löwe, das Gorgoneion und der Greif. Ausgehend von altorientalischen Wurzeln durchlaufen sie in der griechischen und römischen Zeit sowohl inhaltlich wie ikonographisch eine komplexe Entwicklung, in der die Verwendung als Schutzsymbol an Türen und Möbeln nur eine Facette darstellt.

Der Löwe

Betrachtet man die zahllosen Beispiele aus der Römischen Kaiserzeit, so galt der Löwe als das Wächtertier schlechthin[26]. So oft wie kein anderes Motiv ziert der Löwenkopf mit aufgerissenem Maul Türen, Möbel und Schlüssel bis hin zu Wasserspeiern, Tischgrills oder Gefäßgriffen[27]. Seine Rolle als Tür- bzw. Torhüter geht auf altorientalische Vorbilder zurück und findet sich zum Beispiel bei den

Abb. 7 Bronzehenkel mit Silensköpfen und Splintblechen in Form von Löwenkopfen. FO: Xanten. Datierung: 1./3. Jh. n. Chr.

nach ihm benannten Löwentoren in Babylon und Mykene. Vor allem in der Funktion des Türziehers mit einem breiten Ring im Maul tritt er seit der klassischen griechischen Zeit in einer kanonischen Form auf, die sich über die Römerzeit und das Mittelalter bis in die Gegenwart erhalten hat[28]. Zu den spektakulärsten römischen Beispielen gehören die Löwenkopftürzieher des Prunkportals aus Ladenburg (Abb. 6). Die universelle Verwendung solcher Beschläge als Türwächter an Privathäusern, Tempel- und Grabtüren zeigen die zahlreichen von E. Künzl zusammengestellten Beispiele, auf die hier verwiesen sei[29].

Ausgehend von dieser in der Römerzeit überaus geläufigen Bildform findet sich der Löwenkopf mit aufgerissenem Maul in vielerlei Größen und Qualitätsabstufungen als Möbel- und Kästchenbeschlag, ohne dass bei jedem einzelnen Exemplar der genaue Anbringungsort eindeutig zu identifizieren ist[30]. Hier sei auf die recht einheitliche Gruppe der zum Teil sehr schematischen Löwenkopfbeschläge kleinerer Holzkästchen verwiesen. Sie finden sich sowohl als Splintbleche der Henkel (Abb. 7), aber auch als Verzierung der Schlossbleche und überwachten damit in beiden Fällen die ‚sensiblen' Bereiche des jeweiligen Kästchens[31]. In gleicher Funktion finden sich Löwenköpfe als plastische Schlüsselgriffverzierungen, wobei die Qualität und Ausprägung wiederum sehr unterschiedlich ist. So wird der prunkvolle, fast 20 cm lange Schlüsselgriff mit Löwenvorderteil aus Augst aufgrund seines Fundortes mit dem Schönbühltempel in Verbindung

Abb. 8 Bronzener Schlüsselgriff in Löwengestalt. Länge: 19,2 cm. FO: Augst. Datierung: 2. Jh. n. Chr.

gebracht (Abb. 8), einfachere Exemplare gehörten dagegen sicher in den privaten Bereich[32].

Das Gorgoneion

Nach der mythologischen Überlieferung konnte Medusa, die sterbliche der drei Gorgonenschwestern, jeden Betrachter mit ihrem Blick versteinern. Dem Helden Perseus gelang es aber, ihr den Kopf abzuschlagen, woraufhin er das Gorgonenhaupt mit Schlangen durchsetzten Haaren der Göttin Minerva übergab, die es an der *aigis* über ihrer Brust befestigte. Dieser Mythos machte das Gorgoneion zu einem der wichtigsten apotropäischen Zeichen in der griechisch-römischen Kunst, wobei das Bild der grässlichen Fratze weit ältere Wurzeln im orientalischen Bereich besitzt[33].

Überwog bis in das 5. Jahrhundert v. Chr. das Bild der hässlichen, geflügelten Gorgo mit fratzenhaftem Gesicht, gebleckter Zunge und langen, mit Schlangen durchsetzten Haaren, so wandelte sich ab etwa 400 v. Chr. der Gesichtsausdruck hin zu einer seelenlosen Schönheit, die dann auch das Erscheinungsbild in der römischen Zeit bestimmte. Als apotropäisches Zeichen findet sich das Gorgoneion auf Schilden und Panzern, ebenso wie am Pferdegeschirr oder auf Lampen und Trinkgeschirr. Auf den Türen des Parthenon ist es zusammen mit einem Löwenkopf als Unheil abwehrender Türbeschlag nachgewiesen und findet sich in der Folgezeit in eben dieser Verwendung in der Wandmalerei, auf Grabreliefs oder als separater Bronzebeschlag[34]. Die personelle Ebene des Perseus/Medusa-Mythos eröffnete dabei dem Gorgoneion – im Gegensatz zu den Löwenköpfen – eine universale Bedeutungsebene, wie sich zum Beispiel an ihrer oben beschriebenen Verwendung als Beschützerin der Lararien oder als *tintinnabulum* erkennen lässt (Abb. 3).

Abb. 9 Bronzebeschlag mit Gorgoneion. FO: Xanten. Datierung: erste Hälfte 3. Jh. n. Chr.

Die Gorgoneia im provinzialrömischen Fundspektrum umfassen vor allem unterschiedlich qualitätvolle runde Bronzeappliken, die mit einem Durchmesser von ca. 5–10 cm wohl meist als Tür- oder Möbelbeschläge gedient haben. Die Gesichter haben dabei vordergründig allen Schrecken verloren und können allein anhand der Schlangen im Haar als Medusenhaupt identifiziert werden (Abb. 9)[35]. Einen weiteren Verwendungsbereich bilden die so genannten *antefixa*, Stirnziegel mit figürlicher Verzierung. Auch in diesem Kontext findet sich das Medusenhaupt neben anderen Darstellungen seit der frühgriechischen Zeit, wobei die römischen Beispiele in der Regel nicht von Wohnhäusern, sondern von öffentlichen Gebäuden stammen[36]. Die rein dekorative oder apotropäische Wirkung lässt sich aus heutiger Sicht auch in diesen Fällen kaum mehr bestimmen.

Der Greif

Der Greif gehört zu den uralten Wächtertieren, dessen Ursprünge sich in den altorientalischen Kulturkreisen bis in das 4. Jahrtausend v. Chr. zurückverfolgen lassen[37]. Die äußere Erscheinung dieses Mischwesens setzt sich aus den mächtigen und gefährlichen Tieren zusammen. In den verschiedenen Zeiten und Kulturkreisen wurden dabei die Körperkraft des Löwen, die Scharfäugigkeit und Schnelligkeit des Adlers und die Lautlosigkeit des Reptils in unterschiedlicher Gewichtung kombiniert[38]. Aus den dämonischen Schlangen oder Drachen mit Adlerköpfen entwickelten sich die Meergreifen der hellenistischen und römischen Zeit, die mit aufgestelltem Kamm und Fischschwanz auch in provinzialrömischen Darstellungen dominieren[39]. Die ikonographische Nähe zu den im privaten Bereich äußerst beliebten Bildthemen der Meerwesen, mit ihrer allgemeinen Bedeutung als Allegorien einer glückseligen Gegenwelt, steht dabei in Kontrast zu der ursprünglichen Wächterfunktion der Greifen.

In Analogie zu den Türziehern mit Löwenköpfen ist auch ein bronzener Griff in Gestalt eines Meergreifen mit Fischschwanz aus Rottweil zu sehen (Abb. 10); er schmückte wahrscheinlich zusammen mit einem heute verlorenen Parallelstück die Türen eines Schrankes, möglicherweise eines häuslichen Larariums[40]. Eine sehr ähnliche frontale Komposition zeigt ein Greifenbeschlag aus Xanten (Introbild), der wohl ebenfalls als Möbelverzierung diente[41]. Die Kombination von Greifen mit anderen Meerwesen sowie mit dionysischen Motiven findet sich bei prunkvollen Truhenhenkeln, zum Beispiel aus Lahr und Xanten (Abb. 11)[42].

Anders als vordergründig zu vermuten wäre, sind die Greifen im Vergleich zu den Löwen- und Gorgodarstellungen als apotropäisches oder auch nur als dekoratives Element an den Türen und Möbeln seltener anzutreffen. Dies könnte darin begründet sein, dass sie in römischer Zeit sowohl als Begleittier der Nemesis als auch in der Siegesikonographie der römischen Kaiser eine wichtige Rolle spielten. Als unbestechliche, alles sehende Wächter unterstützen die Greifen die schicksalhafte Kraft der Göttin und erscheinen in dieser Rolle auch in Darstellungen mit politischem Kontext, zum Beispiel im Kampf gegen barbarische Gegner oder als Sieger, die von den unterlegenen Barbaren gefüttert werden. Der siegreiche Greif wird dabei zu einem wichtigen Symbol für die zwar schicksalhafte, aber gerechte Bezwingung der Feinde durch die Römer und erscheint in dieser Bedeutung auch in zahlreichen Beispielen auf den Panzerstatuen der römischen Kaiser[43].

Abb. 10 Bronzener Meergreif als Türgriff. Länge: 16 cm. FO: Rottweil. Datierung: 2./3. Jh. n. Chr.

Abb. 11 Bronzener Truhenhenkel mit zentraler Bacchusbüste und antithetischen Greifen-, Löwen- oder Panther- und Vogelköpfen. Länge 20 cm. FO: Xanten. Datierung: 2./3. Jh. n. Chr.

Der Hund

Im Gegensatz zu den übrigen, im engeren Sinne apotropäischen Darstellungen fehlt dem Hund ein eindeutiger mythologischer Hintergrund als Wächtertier[44]. Deshalb ist zu vermuten, dass allein seine Funktion als Wachhund, in der er sich nicht zuletzt als Fußbodenmosaik in den Eingangsbereichen der pompejianischen Häuser wiederfindet, ihn auch zu einem beliebten Gefahren abwehrenden Motiv machte (siehe M. Hilke in diesem Band). Ähnlich wie sein mythologisches Pendant, der Greif, avancierte jedoch auch der profane Wachhund dabei nicht zu einem Leitmotiv der römischen Tür- und Möbelbeschläge, sondern war lediglich auf bestimmte Verwendungskontexte, vor allem auf Schlüsselgriffe, beschränkt. Aus Obergermanien ist zum Beispiel eine ganze Gruppe ikonographisch recht ähnlicher Schlüssel überliefert, deren Griffe einen auf seinen Vorderpfoten liegenden Wachhund zeigen, der aus einem Blattkelch herauswächst[45].

Die Verwendung von Bildmotiven Glück verheißender Gegenwelten

Eine Reihe von Bildmotiven, die vordergründig als Götterdarstellung oder apotropäisches Zeichen zu werten sind, waren für den römischen Betrachter zugleich auch Allegorien glücklicher Gegen- bzw. Überwelten, die sicher auch auf den persönlichen materiellen Reichtum bezogen wurden. Dies gilt vor allem für den dionysischen Themenkreis und die Bilderwelt des Meerthiasos, die sowohl separat als auch in Kombination anzutreffen sind[46]. Für die Menschen der römischen Antike gehörten dabei die Dekorationen der Wandmalereien und Mosaiken sowie die Tür- und Möbelbeschläge zusammen und waren Teile eines gemeinsamen häuslichen Bildprogramms, dessen religiöse Bedeutung heute kaum zu fassen ist.

Die Bilderwelt des Dionysos/Bacchus dominierte in besonderer Weise die Wandmalereien und Mosaiken, aber auch zum Beispiel die *fulcra* – Beschläge der Speisesofas, wobei der trunkene Gott und sein Gefolge aus Silenen, Satyrn, Mänaden und Eroten in vielfachen Kombinationen wiedergegeben wurden[47]. Darstellungen von Früchten und Tieren unterstützen den Eindruck von Luxus und Überfluss, wobei

Abb. 12 Bronzener Griff in Gestalt einer Seeleopardin. Länge: 46 cm. FO: Ladenburg. Datierung: 2. Jh. n. Chr. – Zusammen mit weiteren Beschlägen (vgl. Abb. 6) gehörte er zu einem Prunkportal.

die Gegenüberstellung von wilder und gezähmter Natur die Glücksvision des in materieller wie ideeller Weise erfüllten Lebens noch steigern sollte[48]. Dass es sich bei diesen dionysischen Glücksvisionen nicht um rein ideelle Gegenwelten handelte, zeigen die literarischen Überlieferungen realer dionysischer Feste[49].

In ebenso prägnanter Weise bestimmten die Motive des Meerthiasos die häuslichen Bilderwelten der Römischen Kaiserzeit[50]. Die nackten Nereïden und Tritonen und das große Spektrum gezähmter Seemonster hatten dabei alle ihren ursprünglichen Schrecken verloren und waren zu einer mythischen Vision von Erotik und Glück mutiert, die nicht selten auch mit Darstellungen von realen Fischen und Seetieren kombiniert wurde.

Auf die große Fülle der aus diesen Themenbereichen stammenden Möbelbeschläge kann hier nicht eingegangen werden[51]. Erwähnt sei aber das Phänomen, dass gerade Griffe und Henkel häufig in Form von Wesen gestaltet wurden, die vordergründig eine apotropäische Wirkung erzeugten, im tieferen Verständnis des Betrachters aber den Glück verheißenden Gegenwelten des Dionysos/Bacchus bzw. des Meeresthiasos angehörten. Gilt dies für den Rottweiler Meergreif (Abb. 10) aufgrund der Tradition des Greifen als klassisches Wächtertier nur eingeschränkt, so findet sich zum Beispiel der dem dionysischen Kreis zugehörige Luchs in gleicher Verwendung wie die Löwenköpfe als Türzieher[52]. Besonders verbreitet waren Griffe in Form von Seeleoparden oder Seepanthern[53]. Das Spektrum reicht hier von den herausragenden Exemplaren des Ladenburger Prunkportals (Abb. 12) über prunkvolle Truhenhenkel (Abb. 11) bis hin zu einfachen Kastenhenkeln, wie sie zum Beispiel aus Augst, Bonn, Heddernheim oder Jagsthausen vorliegen[54]. Die kanonische Form der Griffe mit einem als Leopard bzw. Panther gestalteten Vorderkörper, der über einen Blattkranz in den Fischschwanz übergeht, lässt vermuten, dass sich auch hinter den Leopardengriffen bronzener Klapptische, Lampen oder kleiner dreibeiniger Kerzenständer Wesen des Meeresthiasos verbergen[55]. Kombinationen aus Tieren des Meeres und Wesen aus dem Gefolge des Dionysos dominieren schließlich auch die zahlreichen Prunkhenkel (Abb. 11) von Truhen, bis hin zu der einfachsten Variante in Form der unzähligen Delphinhenkel und zu den Silensköpfen als Henkelgriffenden (Abb. 7)[56].

Das breite Spektrum der beschriebenen Schutzmaßnahmen, von der direkten Anrufung der Hausgötter und überirdischen Kräfte bis hin zu einer ambivalenten Gestaltung von Türen und Möbeln – insbesondere im Hinblick auf eine unberechtigte Verwendung der sensiblen Griffe – durch abschreckende und gleichzeitig einer visionären Glückswelt angehörende Bildmotive, wirft ein Schlaglicht auf die komplexe Gedankenwelt der römischen Gesellschaft. Entsprechende Vorstellungen waren anscheinend auch in den Provinzen verbreitet. Dass diese im engeren, individuellen Sinn religiösen, bzw. im weiteren Sinne gesellschaftlichen Normen folgenden Maßnahmen wirklich geeignet waren, den eigenen Besitz real zu schützen, darf bezweifelt werden. Die Fülle der religiösen wie visionären Gegenwelten wirft aber ein Schlaglicht darauf, wie sehr die in vielerlei Hinsicht bedrohte oder zumindest unsichere Existenz der damaligen Menschen ihres Schutzes bedurfte.

Anmerkungen

[1] Krause 2004, 135–157. – Zu den zahlreichen Beispielen aus Ägypten: Drexhage 1988, 953–1004. – Zum Diebstahl von Geld und Schmuck, die zum Teil aus entsprechenden Holzkästchen gestohlen wurden: Drexhage 1988, 986–993.

[2] Dig. 47,18,2 (Paul.).

[3] Theophr. char. 18,4; vgl. auch Plin. nat. 33,26 über die Versiegelung von Lebensmitteln und Getränken als Schutzmaßnahme; Clem. Alex. 3,57,1 über die Notwendigkeit Vorräte durch Verriegelung gegen diebisches Personal zu sichern.

[4] Plaut. Aul., siehe dort 1,95–105 zum möglichen Diebstahl von Haushaltsgeräten und der Notwendigkeit die Haustür zu verriegeln.

[5] Plaut. Aul. 1–39 (Prolog).

[6] Allgemein hierzu: Fröhlich 1991, 22–27 mit Anm. 52; ML II 2 (1894–1897) 1868–1897 s. v. Lares (G. Wissowa); Orr 1968.

[7] Serv. Aen. 2,514: *penates sunt omnes dii qui domi coluntur* – „Die Penaten sind insgesamt die Götter, die im Haus verehrt werden." – Allgemein: ML III 2 (1894–1897) 1882–1888 s. v. Penates (G. Wissowa).

[8] Fröhlich 1991, 23 f.

[9] Vgl. zum Beispiel die annähernd identischen Larstatuetten aus dem Legionslager Vindonissa und aus dem Donaukastell Ehingen-Rißtissen, beide Mitte bis Ende 1. Jh. n. Chr.: Kaufmann-Heinimann 1994, 33 f. Nr. 30 Taf. 30; Nuber 1988, 93 f. Abb. 14.

[10] Kaufmann-Heinimann 1998. Nach ihren Untersuchungen zum Bestand der Bronzestatuetten aus Augusta Raurica stammt auch ein Großteil der sonstigen Statuetten aus den Wohn- und Gewerbequartieren der Stadt: Kaufmann-Heinimann 1998, 61–153. – Zur Zusammensetzung der Larariumsinventare insgesamt Kaufmann-Heinimann 1998, 182–195.

[11] Kaufmann-Heinimann 1998, 193 Abb. 193–194.

[12] Fröhlich 1991, 56–61.

[13] Zu den Gorgonendarstellungen: Fröhlich 1991 Kat.-Nr. L 25, 27 und 63 Taf. 4,1 und 34,1. – Zu der Darstellung des Pan aus der Casa dei Vetii: Fröhlich 1991 Kat.-Nr. L 71 Taf. 8,1. Die Darstellung stammt aus dem Eingang zum Atrium mit dem Lararium: Fröhlich 1991 Kat.-Nr. L 70 Taf. 7 (hier Abb. 1).

[14] Dierichs 1997, 109 Abb. 116 a–b. – Zu einem Phallusrelief aus Vindonissa: Speidel 1991.

[15] Dierichs 1997, 110–112 und 121 Abb. 120–121 und 136. – Zu einer Gruppe von Tintinnabula, bei denen ein Hermes bzw. Mercur auf einem Phallus mit Widderkopf reitet: Franken 2004. – Zur Frage, ob solche *tintinnabula* immer einen Phallus aufweisen: Franken 2004, 132.

[16] Die Verbindung der *tintinnabula* mit dem eigentlichen Hauskult der Laren verdeutlicht der Fund einer Lampe mit phallischem *tintinnabulum* aus Pompeji (Thermopolium VI 16,40). Auf einer ebenfalls daran hängenden tabula ansata ist eine Weihung zweier *magistri* an die *lares familiares* eingraviert: *Felix et / Dorus mag(istri) / L(aribus) f(amiliaribus) d. d.* – „Felix und Dorus, die beiden magister, haben die Weihung an die Laren der Familien ausgeführt": Fröhlich 1991, 32.

[17] Zu den Schlangentöpfen: Schmid 1991; Kaufmann-Heinimann 1998, 159–162. – Zur Larstatuette aus Mandeure: Lebel 1962, Nr. 15 Taf. 17–20.

[18] Dierichs 1999, 149 Anm. 13; Franken 2002, 56 mit Anm. 9; Franken 2004.

[19] Guggisberg 2006.

[20] Vgl. Pernice 1932, 76–91 Taf. 46–56. – Die so genannte Truhe mit den Götterbüsten zeigt auf der Vorderseite u. a. Götterbüsten von Apollo und Diana sowie Bacchus und Ariadne. – Die so genannte Truhe mit Eros und Psyche zeigt dieses Paar links und rechts eines Medusenhauptes, darüber zwei weitere Büsten sowie einen Eber- und einen Löwenkopf.

[21] Leibundgut 1980, 86–92 und 125 f. Taf. 112–120 u. 154–155. – Da die Fundumstände leider unklar sind, lässt sich nicht eindeutig entscheiden, ob die Bronzen in einen privaten oder öffentlichen Kontext gehören, vgl. Leibundgut 1980, 86.

[22] Kemkes 1991, 332 f.

[23] Künzl 2003, 179–200.

[24] Kaufmann-Heinimann 1977, 131 f. Nr. 217–218 Taf. 137–139.

[25] Menzel 1986, 115 f. Nr. 274 Taf. 119. – Mit weiteren ähnlichen Beispielen: Lehner 1911, 283–285 Taf. 20.

[26] Allgemein zum Löwen in der Antike: RE XIII 1 (1926) 968–990 s. v. Löwe (A. Steier); DNP VII (1999) 390–393 s. v. Löwe (S. Fischer/Ch. Hünemörder).

[27] Künzl 2003, 201–221.

[28] Zum Löwenkopf als Türbeschlag am Parthenontempel in Athen: Künzl 2003, 227 f. – Zu einem Löwenkopf als Türzieher von einem Privathaus in Olynthos aus dem späten 5. Jh. v. Chr.: Künzl 2003, 234 mit Abb. 33.

[29] Künzl 2003, 223–314.

30 Da es an dieser Stelle nicht möglich und sinnvoll ist alle Beispiele anzuführen, sei exemplarisch auf das Material aus Augst und in Bonn verwiesen: KAUFMANN-HEINIMANN 1977, 117f. Nr. 181–185 Taf. 116–118; MENZEL 1986, 137–142 Nr. 348–366 Taf. 130–132.

31 Unpubliziertes Beispiel aus Xanten im LVR-RömerMuseum im Archäologischen Park Xanten; weitere ähnliche Exemplare zum Beispiel aus Heidelberg: HENSEN 2009, 608; Diersheim: NIERHAUS 1966, Taf. 8; Köln-Junkersdorf: RIHA 2001, 28 Abb. 12 Anm. 52; Thure, Solre sur Sambre (B): RIHA 2001, 58 Abb. 30; Skelton Green (GB): RIHA 2001, 63 Abb. 36; Septfontaines (L): RIHA 2001, 78 Abb. 46; Nijmegen: ZADOKS-JOSEPHUS JITTA u. a. 1973, 99.

32 Der Schlüssel aus Augst wurde zusammen mit dem ebenfalls dort gefundenen Löwenkopfbeschlag dem Schönbühltempel zugeschrieben: KAUFMANN-HEINIMANN 1977, 117f. und 132f. Nr. 182 und Nr. 219 Taf. 117 und 140–142. – Zusammenfassend KÜNZL 2003, 293. – Beispiele einfacher Löwenkopfschlüssel bei KAUFMANN-HEINIMANN 1977, 133–135 Nr. 221–225 Taf. 143–145; LEIBUNDGUT 1980, 127–129 Nr. 168–172 Taf. 158–160.

33 Zur Gorgo allgemein: LIMC IV 1 (1988) 285–362 s. v. Gorgo, Gorgones, Gorgones Romanae (I. Krauskopf/S.-Ch. Dahlinger/O. Paoletti). – Zur apotropäischen Bedeutung vgl. die Inschrift zu einem Gorgoneion eines Thesauros aus dem Serapeion A auf Delos (IG XI 4, 1247), LIMC VI 1 (1988) 287: „Erschrick' nicht Besucher, wenn Du mich siehst, vor mir, vor der Gorgo. Tag und Nacht bewach' ich den Opferstock hier, der dem Gott gehört, des Schlafes nicht bedürfend. Aber mit Freude wirf, soviel Dir beliebt, durch den Mund mir hinein in den geräumigen Magen".

34 KÜNZL 2003, 227 f. – Vgl. zum Beispiel das Gorgonenmedaillon von der äußeren Grabtür des Tumulus von Langadas, Thessaloniki (GR): KÜNZL 2003, 231 Abb. 12, das in seiner Form und Gestaltung den späteren römischen Formen schon sehr ähnelt. Zu dem Gorgoneion als Beschlag einer Truhe aus Pompeji: KÜNZL 2003, 217 Abb. 24.

35 Auch hier kann nur exemplarisch auf einige Beispiele hingewiesen werden: Xanten: REUTER 2010, 28f. Abb. 16–17; Walheim und Sontheim/Brenz: NUBER 1980, 102f. Abb. 47–48; Niederbieber: MENZEL 1986 Nr. 303 und 305 Taf. 124–125; Köln: MENZEL 1986 Nr. 306 Taf. 125; Augst: KAUFMANN-HEINIMANN 1977, 119 Nr. 187 Taf. 118.

36 BRANDL/FEDERHOFER 2010, Abb. 4: griechisches Beispiel aus Tarent, 4. Jh. v. Chr.; BRANDL/FEDERHOFER 2010 Abb. 18: römischer Stirnziegel aus Neuss aus dem 1. Jh. n. Chr.

37 Zur Bedeutung des Greifen: SIMON 1962; FLAGGE 1975; zusammenfassend KEMKES 2006.

38 Vgl. die qualitätvollen Bronzereliefs zweier Löwengreifen aus Augst, die als antithetisches Paar einen Kantharos einrahmen: KAUFMANN-HEINIMANN 1977, 114–116 Nr. 177 Taf. 112–115. – Sie gehörten evtl. mit zwei weiteren Adlergreifenpaaren zum Schmuck einer Tempeltür: KAUFMANN-HEINIMANN 1977, 115. – Zu einer Adlergreifstatuette aus dem Xantener Amphitheater: MENZEL 1986, 59 Nr. 121 Taf. 77. – Zu einer Gruppe von Rasiermessergriffen mit Greifenköpfen vgl. GARBSCH 1975, 68–89; KEMKES 2006, 436 mit Anm. 28.

39 Weiterhin unklar bleibt die Deutung einiger Greifen mit Fischschwanz, die auf einer oder zwei Stangen bzw. Stiften aufsitzen. Die sehr ähnlichen Stücke aus Stuttgart-Bad Cannstatt, Martigny und aus Dakien wurden als Feldzeichenaufsätze gedeutet. Das Exemplar aus Otterswang trägt dagegen eine kleine Weihinschrift: LEIBUNDGUT 1980, 115f. Nr. 141 Taf. 147; KEMKES 2006, 437.

40 KEMKES 2006. – Zu solchen Schränken zur Aufbewahrung des häuslichen Kultgeschirrs aus Pompeji und Oberwinterthur vgl. EBNÖTHER/KAUFMANN-HEINIMANN 1996, 229–251 Abb. 242–243.

41 MENZEL 1986, 90 Nr. 214 Taf. 102. – Zu weiteren Greifendarstellungen vgl. KEMKES 2006, 436f.

42 Zum Prunkhenkel aus Lahr: NUBER 1988, Abb. 52; die beiden Greifenköpfe sind hier mit Meerhunden und Seeleoparden kombiniert dargestellt. – Zum Prunkhenkel aus Xanten: MENZEL 1986, 187 Nr. 518 Taf. 155; die beiden Greifen sind hier mit Löwen oder Panthern, Vogelköpfen und einer zentralen Bacchusbüste kombiniert. – Zur Deutung der Büste als Bacchus oder Kybele: MENZEL 1986, 187; LEIBUNDGUT 1980, 95 f.

43 SIMON 1962, Abb. 5–7. – Zu einer bronzenen Panzerstatue mit Greifendarstellung aus Cadiz: STEMMER 1978, 85f. Taf. 59, 3–4. – Eine mögliche Greifenapplike einer Panzerstatue in Bonn: MENZEL 1986, 86f. Nr. 208 Taf. 99. – Zu einem Fragment von der Saalburg: KEMKES/SARGE 2009, 139 Abb. 188. – In diesen Kontext gehört evtl. auch der Medusenkopfbeschlag aus Xanten: MENZEL 1986, 121 Nr. 292 Taf. 121.

44 Mit Ausnahme des Wachhundes Kerberos am Eingang zur Unterwelt, der in diesen Zusammenhängen aber sicher keine Rolle spielt. – Als Jagdhund ist er das Begleittier der Diana.

45 Zu dieser Gruppe und zu möglichen werkstattgleichen Stücken: KAUFMANN-HEINIMANN 1998, 35–37.

46 Allgemein zum Thema antiker Gegenwelten: HÖLSCHER 2000; ZANKER 2000, 419–431; MUTH 2000, 484–488. – Eine Kombination dionysischer Bilder mit denen des Meeresthiasos zeigt zum Beispiel das Aphrodite-Dionysos Mosaik aus Utica in Tunesien: ZANKER/EWALD 2004, 104 Abb. 112. – Im Hinblick auf die Verbindung solcher Bilder zum persönlichen Besitz bzw. Reichtum des Betrachters vgl. besonders den dort ein Schmuckkästchen haltenden Eroten.

47 ZANKER/EWALD 2004, 150–153. – Zu den fulcra vgl. FAUST 1989.

48 Zu den mit ähnlicher Intention entstandenen Sarkophagreliefs: ZANKER/EWALD 2004, 135–167.

49 Von den einfachen Weinfesten, vgl. Colum. 10,426–432 (de cultu hortorum), bis hin zu den Ausschweifungen am Kaiserhof unter Messalina, Tac. ann. 11,3. – Zusammenfassend ZANKER/EWALD 2004, 154–156.

50 MUTH 2000, 472–484; ZANKER/EWALD 2004, 129–132.

51 Vgl. die oben beschriebenen Beschlagsätze aus Venthone, Kt. Wallis und Eckartsbrunn, Kr. Konstanz: LEIBUNDGUT (Anm. 21); KEMKES (Anm. 22). – Aber auch zum Beispiel die Gerätstütze in Form eines Triton sowie die Bacchusbüsten als Dreifußaufsätze aus Augst: KAUFMANN-HEINIMANN 1977, 120f. Nr. 189 Taf. 119–121 und 123f. Nr. 192 Taf. 126–130.

52 KÜNZL 2003, 208–215.

53 MUTH 2000, 472–484.

54 Zu den Ladenburger Türgriffen in Form von Seeleoparden mit weiteren Vergleichsbeispielen: KÜNZL 2003, 218–222. – Zu den Kastenhenkeln: KAUFMANN-HEINIMANN 1994, 118 Nr. 196 Taf. 76; zu den Kastenhenkeln aus Jagsthausen: THIEL 2005, 256 Nr. 8–9 Abb. 186 Taf. 4.

[55] Dreifußgriff aus Augst: Kaufmann-Heinimann 1977, 120–121 Nr. 189 Taf. 189; Lampengriffe aus Augst: Kaufmann-Heinimann 1977, 150f. Nr. 266–268 Taf. 163; Kerzenständer aus Niederbieber: Menzel 1986, 105 Nr. 245 Taf. 115. – Panther und Leoparden finden sich darüber hinaus auch als Begleittiere des Dionysos.

[56] Zusammenfassend zu den Prunkhenkeln Leibundgut 1980, 95f. – Zu den Silensköpfen: Kaufmann-Heinimann 1994, 119f. Nr. 199 Taf. 76; dort auch zu der früheren Interpretation als Barbarenköpfe.

Literaturverzeichnis

Brandl/Federhofer 2010
U. Brandl/E. Federhofer, Ton und Technik. Römische Ziegel. Schr. Limesmus. Aalen 61 (Esslingen 2010).

Dierichs 1997
A. Dierichs, Erotik in der römischen Kunst (Mainz 1997).

Dierichs 1999
A. Dierichs, Klingendes Kleinod. Ein unbekanntes Tintinnabulum in Dänemark. Ant. Welt 30, 1999, 145–149.

Drexhage 1988
H.-J. Drexhage, Eigentumsdelikte im römischen Ägypten (1.–3. Jh. n. Chr.). Ein Beitrag zur Wirtschaftsgeschichte. In: ANRW II 10,1 (Berlin, New York 1988) 952–1004.

Ebnöther/Kaufmann-Heinimann 1996
Ch. Ebnöther/A. Kaufmann-Heinimann, Ein Schrank mit Lararium des 3. Jahrhunderts. In: Beiträge zum römischen Oberwinterthur-Vitudurum 7. Ausgrabungen im Unteren Bühl (Zürich, Egg 1996).

Faust 1989
S. Faust, Fulcra. Figürlicher und ornamentaler Schmuck an antiken Betten. Röm. Mitt. Ergh. 30 (Mainz 1989).

Flagge 1975
I. Flagge, Untersuchungen zur Bedeutung des Greifen (St. Augustin 1975).

Franken 2002
N. Franken, Männer mit Halbmasken. Ein verschollener Bronzefund aus Teramo und ein seltenes Sujet hellenistischer Terrakotten. Ant. Kunst 45, 2002, 55–70.

Franken 2004
N. Franken, Merkur auf dem Widder. Jahresh. Österr. Arch. Inst. 73, 2004, 129–135.

Fröhlich 1991
Th. Fröhlich, Lararien- und Fassadenbilder in den Vesuvstädten. Untersuchungen zur volkstümlichen pompejanischen Malerei. Mitt. DAI Rom Ergh. 32 (Mainz 1991).

Garbsch 1975
J. Garbsch, Zu neuen Funden aus Bayern. Bayer. Vorgeschbl. 40, 1975, 68–107.

Guggisberg 2006
M. Guggisberg, Die Gorgo. In: E. Deschler-Erb/M. Guggisberg/K. Hunger/A. Kaufmann-Heinimann/E. Lehmann, Eine Gorgo im Lararium? Zu einem Ensemble von Bronzestatuetten aus dem römischen Baden. Jahresber. Ges. Pro Vindonissa 2005/06, 7–16.

Hensen 2009
A. Hensen, Das römische Brand- und Körpergräberfeld von Heidelberg 1. 1 Katalog und Untersuchungen. Forsch. u. Ber. Vor- u. Frühgesch. Baden-Württemberg 108 (Stuttgart 2009).

Hölscher 2000
T. Hölscher (Hrsg.), Gegenwelten zu den Kulturen Griechenlands und Roms in der Antike (München, Leipzig 2000).

Kaufmann-Heinimann 1977
A. Kaufmann-Heinimann, Die römischen Bronzen der Schweiz 1. Augst und das Gebiet der Colonia Augusta Raurica (Mainz am Rhein 1977).

Kaufmann-Heinimann 1994
A. Kaufmann-Heinimann, Die römischen Bronzen der Schweiz 5. Neufunde und Nachträge (Mainz 1994).

Kaufmann-Heinimann 1998
A. Kaufmann-Heinimann, Götter und Lararien aus Augusta Raurica. Herstellung, Fundzusammenhänge und sakrale Funktion figürlicher Bronzen in einer römischen Stadt. Forsch. Augst 26 (Augst 1998).

Kemkes 1991
M. Kemkes, Bronzene Truhenbeschläge aus der römischen Villa von Eckartsbrunn, Gde. Eigeltingen, Kr. Konstanz. Fundber. Baden-Württemberg 16, 1991, 299–387.

Kemkes 2006
M. Kemkes, Der Wächter an der Tür. Ein römischer Bronzegreif aus der Villa rustica im Beckenhölzle, Stadt Rottweil. In: G. Seitz (Hrsg.), Im Dienste Roms. Festschrift für Hans Ulrich Nuber (Remshalden 2006) 429–440.

Kemkes/Sarge 2009
M. Kemkes/C. Sarge, Gesichter der Macht. Kaiserbilder in Rom und am Limes. Schr. Limesmus. Aalen 60 (Esslingen 2009).

Krause 2004
J.-U. Krause, Kriminalgeschichte der Antike (München 2004).

KÜNZL 2003
E. KÜNZL/S. KÜNZL, Das römische Prunkportal von Ladenburg. Forsch. u. Ber. Vor- u. Frühgesch. Baden-Württemberg 94 (Stuttgart 2003) 201–222.

LEBEL 1962
P. LEBEL, Catalogue des collections archéologiques de Montbéliard 3: Les bronzes figures. Ann. litt. Univ. Besançon 57 (Paris 1962).

LEHNER 1911
H. LEHNER, Ausgewählte Neufunde aus Niederbieber. Bonner Jahrb. 120, 1911, 279–285.

LEIBUNDGUT 1980
A. LEIBUNDGUT, Die römischen Bronzen der Schweiz 3. Westschweiz, Bern und Wallis (Mainz 1980).

MENZEL 1986
H. MENZEL, Die römischen Bronzen aus Deutschland 3. Bonn (Mainz am Rhein 1986).

MUTH 2000
S. MUTH, Gegenwelt als Glückswelt – Glückswelt als Gegenwelt? Die Welt der Nereiden, Tritonen und Seemonster in der römischen Kunst. In: HÖLSCHER 2000, 467–498.

NIERHAUS 1966
R. NIERHAUS, Das swebische Gräberfeld von Diersheim. Studien zur Geschichte der Germanen am Oberrhein vom Gallischen Krieg bis zur alamannischen Landnahme. Röm.-Germ. Forsch. 28 (Berlin 1966).

ORR 1978
D. G. ORR, Roman Domestic Religion: The Evidence of the Household Shrines. In: ANRW II 16,2 (Berlin, New York 1978) 1557–1591.

PERNICE 1932
E. PERNICE, Die hellenistische Kunst in Pompeji 5. Hellenistische Tische, Zisternenmündungen, Beckenuntersätze, Altäre und Truhen (Berlin 1932).

REUTER 2010
M. REUTER, Ein Spiegel des antiken Lebens in der Colonia Ulpia Traiana. In: H.-J. Schalles/D. Schmitz (Hrsg.), Schatzhäuser. Antiken aus Xantener Privatbesitz und europäischen Museen (Darmstadt 2010).

RIHA 2001
E. RIHA, Kästchen, Truhen, Tische – Möbelteile aus Augusta Raurica. Forsch. Augst 31 (Augst 2001).

SCHMID 1991
D. SCHMID, Die römischen Schlangentöpfe aus Augst und Kaiseraugst. Forsch. Augst 11 (Augst 1991).

SIMON 1962
E. SIMON, Zur Bedeutung des Greifen in der Kunst der Kaiserzeit. Latomus 21, 1962, 749–780.

SPEIDEL 1991
M. A. SPEIDEL, Habui Tremorem. Jahresber. Ges. Pro Vindonissa 1991, 81–84.

STEMMER 1978
K. STEMMER, Untersuchungen zur Typologie, Chronologie und Ikonographie der Panzerstatuen. Arch. Forsch. 4 (Berlin 1978).

THIEL 2005
A. THIEL, Das römische Jagsthausen. Kastell, Vicus und Siedelstellen des Umlandes. Materialh. Arch. Baden-Württemberg 72 (Stuttgart 2005).

ZADOKS-JOSEPHUS JITTA u. a. 1973
A. N. ZADOKS-JOSEPHUS JITTA/W. J. T. PETERS/M. WITTEVEEN, The figural Bronzes. Description of the Collections in the Rijksmuseum G. M. Kam at Nijmegen (Nijmegen 1973).

ZANKER 2000
P. ZANKER, Die Gegenwelt der Barbaren und die Überhöhung der häuslichen Bilderwelt. Überlegungen zum System der kaiserzeitlichen Bilderwelt. In: HÖLSCHER 2000, 409–434.

ZANKER/EWALD 2004
P. ZANKER/B. CH. EWALD, Mit Mythen leben. Die Bilderwelt der römischen Sarkophage (München 2004).

Abbildungsnachweis: Introbild, Abb. 9, 11 Stefan Arendt, LVR-Zentrum für Medien und Bildung; Abb. 1 Martin Kemkes mit Genehmigung der Soprintendenza Speciale ai Beni Archeologici di Napoli e Pompei; Abb. 2, 6, 12 Archäologisches Landesmuseum Baden-Württemberg, Yvonne Mühleis, LAD; Abb. 3 Kantonsarchäologie Aargau, Vindonissa Museum, Brugg; Abb. 4 Foto: Badisches Landesmuseum Karlsruhe, Thomas Goldschmidt – Zeichnung: Universität Freiburg, Abt. für Provinzialrömische Archäologie; Abb. 5 LVR-LandesMuseum Bonn; Abb. 7 Axel Thünker DGPh; Abb. 8 Susanne Schenker, Augusta Raurica; Abb. 10 Archäologisches Landesmuseum Baden-Württemberg, M. Schreiner.

Dr. Martin Kemkes
Archäologisches Landesmuseum Baden-Württemberg, Außenstelle Rastatt
Referat: Betreuung Zweigmuseen
kemkes@rastatt.alm-bw.de

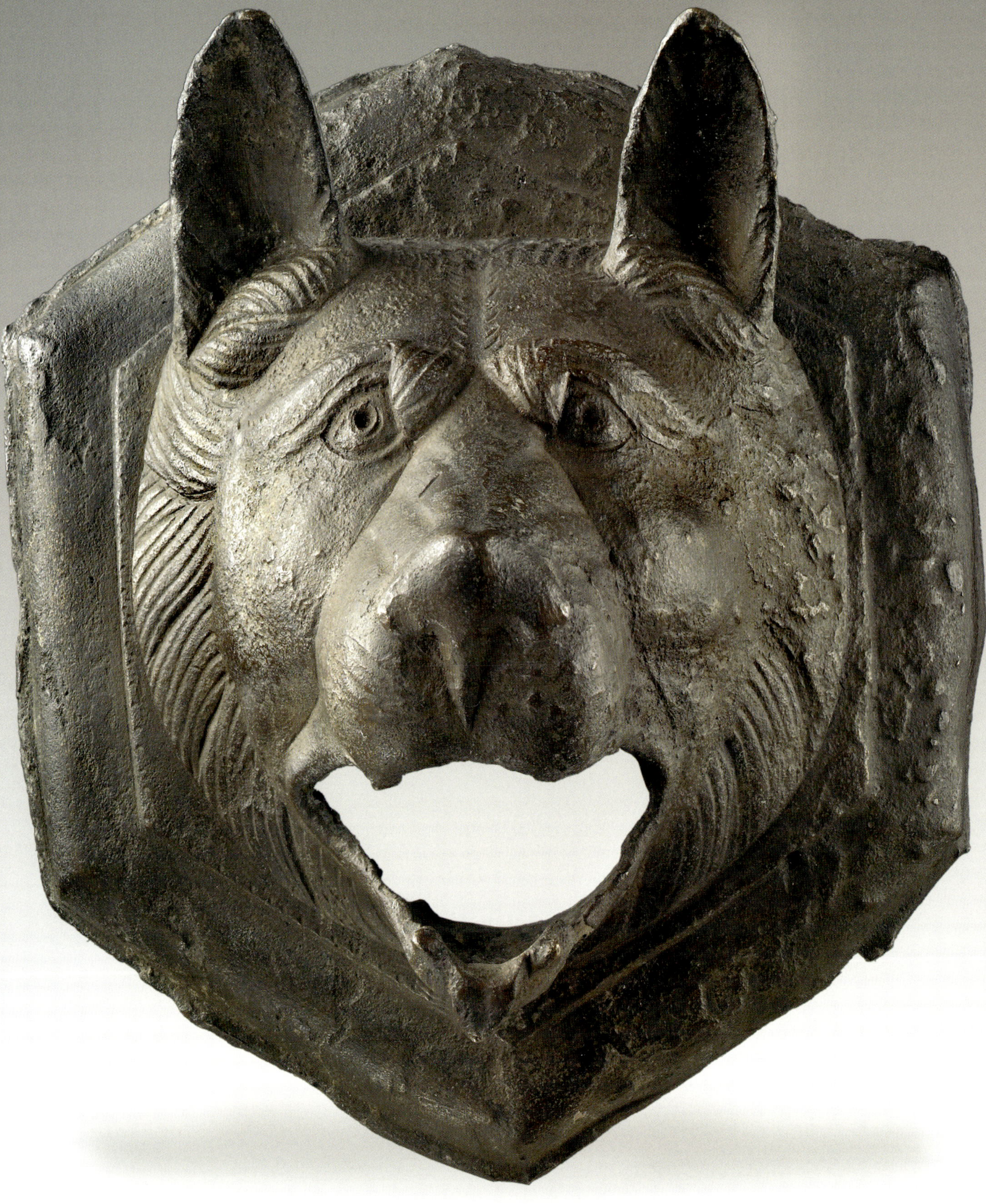

MARIANNE HILKE

Villaticus – Der Wachhund in der römischen Antike

Mit der Tür ins Haus

Beim typisch römischen Haus (vor allem im italischen Mutterland) öffnete sich die Haustür in einen Eingangsflur, der direkt in das repräsentativ gestaltete Atrium führte. Dort standen in vielen Fällen nicht nur die Ahnenbilder der Familie, sondern bei den reicheren Hausbesitzern außerdem eine Geldtruhe. Diebe hätten also nach Überwinden der Haustür direkten Zugang zum ‚Haushaltsgeld' gehabt. Da war es nur vernünftig, entsprechende Vorsichtsmaßnahmen zu ergreifen. Zumeist gab es direkt neben dem Eingang einen kleinen Raum für einen Sklaven, den Türhüter (*ianitor*). Er kontrollierte, wer aus- und einging. Insbesondere für die Nächte war im gleichen Bereich der Platz für einen Wachhund.

Bei den Ausgrabungen in Pompeji sind die Überreste eines Hundes auf der Schwelle im Haus des Vesonius Primus (Regio VI 14, 20) gefunden worden. Man hat den Hohlraum, den der verschüttete Körper des Hundes nach dem Vulkanausbruch hinterlassen hatte, ausgegossen und so den Sterbemoment festgehalten. Selbst der Abdruck seines Halsbands ist noch zu sehen. Zumindest bei der Auffindung haben daran noch grüne Farbreste geklebt, die das korrodierte Metall (wohl Bronze) hinterlassen hatte.[1] Im selben Haus ist auf der Schwelle zum Raum des Türhüters ein Mosaik in den Boden eingelassen, das einen Hund mit Leine und Halsband zeigt. Neben den roten Steinchen, die das Halsband darstellen, deuten einzelne weiße Steinchen wahrscheinlich einen inneren Fellbesatz an. Der Hund ist schräg von oben dargestellt. Seine Zunge hängt aus dem Maul und ist genauso rot wie Leine und Halsband. Seine Füße haben starke Krallen, und seinen Schwanz hält er aufgeregt nach oben. Sein Anblick wirkt nicht sehr bedrohlich. Der Hund im Mosaik könnte mit dem realen Haustier der Familie durchaus Ähnlichkeiten gehabt haben (Abb. 1–2).

Abb. 1   Mosaik im Haus des Vesonius Primus, Pompeji.

Im Haus des Paquius Proculus wurde ein Hundeskelett unter dem Bett im Schlafzimmer gefunden. Ungeklärt ist, welche Art Hund sich dorthin geflüchtet hatte. War es der Wachhund oder eher ein verwöhntes Schoßtier, das sonst im Bett schlafen durfte? Auch in diesem Haus zeigt ein Mosaik im Eingangsflur einen angeketteten Wachhund (Abb. 3). Man sieht ihn komplett von der Seite. Auch sein Maul ist leicht geöffnet und die Zunge lugt hervor. Sein Schwanz mit langen Fellfransen liegt flach und seine Füße besitzen deutlich dargestellte Krallen. Auf einem Mosaik im Haus des Bankiers Caecilius Iucundus (Regio V 1,26) ist ein schlafender Hund abgebildet. Es sieht demjenigen im Haus des Vesonius Primus sehr ähnlich. Vielleicht war hier die gleiche Mosaikwerkstatt beauftragt worden (Abb. 4). In der Nähe wurden die Überreste einer schwer beschlagenen Geldtruhe gefunden.

◀ Wasserspeier in Form eines Hundekopfes aus dem Lager Vetera II, Xanten, 2. Jh. n. Chr.

Abb. 2   Gipsausguss eines Wachhundes, Pompeji, 19. Jh.

Petronius berichtet im ‚Gastmahl des Trimalchio'[2], wie sich einige der Gäste im Haus des Gastgebers erst vor einem gemalten Wachhund mit der Beischrift *cave canem* erschrecken und anschließend auch vor dem echten Tier. In Pompeji ist auf einem Türpfosten im Hof eines Thermopoliums in der Via dell'Abbondanza ein gemalter Wachhund überliefert[3]. Er ist in sitzender Position dargestellt, mit aufgestellten Ohren und dem Betrachter zugewandt.

Abb. 3 Mosaik mit der Darstellung eines Wachhundes im Haus des Paquius Proculus, Pompeji.

Niger in villatico – Als Wachhund schwarz

Schwarz sollte er sein, der römische Wachhund. So jedenfalls schreibt Columella[4] im siebten seiner zwölf Bücher über die Landwirtschaft. Er berichtet insbesondere über die Hunde auf dem Bauernhof und zählt die wesentlichen Merkmale eines Wachhundes auf[5]: stattlicher Körperbau und schwarzes Fell, großer Kopf mit dunklen, stechend glänzenden Augen, breite Brust und Schultern, starke und behaarte Beine, lange Zehen mit Krallen und ein

Abb. 4 Mosaik mit der Darstellung eines Wachhundes im Haus des Caecilius Iucundus, Pompeji.

Abb. 5   Mosaik mit der Darstellung eines Wachhundes im Haus des Tragödiendichters, Pompeji.

kurzer Schwanz. Er nennt die Wachhunde „stumme Wächter", denn das tierische Inventar des Hofes wurde als nicht sprechend vom menschlichen (nämlich den Sklaven) unterschieden. Die Hunde sollten, obwohl sie keine Worte haben, doch eine kräftige und klangvolle Stimme besitzen. Damit sollten sie Diebe durch Bellen und Knurren vertreiben.

Columella findet außerdem ein schwarzes Fell besonders geeignet: Nächtliche Eindringlinge könnten die Tiere nicht sofort sehen, würden dann aber umso effektiver erschreckt. Von den vier freigelegten Hundemosaiken in Pompeji zeigt das bekannteste den Warnhinweis CAVE CANEM. Der dazugehörige Hund ist überwiegend schwarz mit weißen Flecken und sieht mit dem längeren Fell den heutigen Bordercollies verblüffend ähnlich (Abb. 5–6).

Bissigkeit ist neben oder eher nach dem Bellen die wichtigste Eigenschaft eines Wachhundes. Das bekannte Sprichwort „Hunde, die bellen, beißen nicht" lässt sich auf die Antike zurückführen. Damals hieß es: *canis timidus vehementius latrat quam mordet* – „ein ängstlicher Hund bellt heftiger als er beißt"[6]. Bissigkeit im übertragenen Sinne verbirgt sich etymologisch hinter dem Wort „zynisch". Kyniker (übersetzt also etwa Hündische) wurden die Anhänger der Schule des Antisthenes genannt. Er war ein griechischer Philosoph, lebte Ende des 5. Jahrhunderts v. Chr. in Athen und war bekannt für seine Kulturfeindlichkeit. Bekanntester Anhänger war wohl Diogenes, der in einem Fass lebte. Es heißt, er sei am Biss eines Hundes gestorben und sein Grab ziere ein Hund auf einem Fass.

Vom Wolf zum Hund

Nach heutigem Wissensstand stammen alle Hunde vom Wolf ab. Sie wurden zunächst als wilde Tiere in Gefangenschaft gehalten und im Laufe eines lange andauernden Prozesses gezähmt und domestiziert. Die ältesten sicheren Hundeüberreste sind etwa 14 000 Jahre alt[7]. Die Domestikation geschah unabhängig an verschiedenen Orten.

Tierarten verändern sich, wenn sie Haustiere werden. Viele dieser Veränderungen zeigen sich auch bei den Hunden. So entstanden nach Aufhebung der natürlichen Selektion eine große Anzahl von Varianten, die sich extrem in Fellfarbe[8], Größe, Proportionen und Körperbau unterscheiden.

Es erscheint außerdem eine neue Fähigkeit zur Lautäußerung: das Bellen (Wölfe können nur heu-

Abb. 6   Bordercollie, moderne Zuchtrasse.

len). Deshalb haben wohl schon Menschen in der Steinzeit Hunde als Wächter eingesetzt. Die Tiere haben ein natürliches Territorialverhalten und verteidigen deshalb ihr Zuhause instinktiv. Vergil[9] sagt über den Wachhund: *Hylax in limine latrat* – „Hylax bellt auf der Schwelle"[10]. Livius erzählt die Sage, dass es Gänse waren, die mit ihrem Geschnatter die Eroberung des Kapitols durch die Gallier im Jahre 387 v. Chr. verhinderten. Daraufhin seien einmal im Jahr Hunde wegen ihrer Unzuverlässigkeit gekreuzigt, Gänse aber in einer Prozession gefeiert worden[11]. Generell werden Hunde in römischen Fabeln aber als wachsam charakterisiert. So in der Fabel vom treuen Hund von Phaedrus[12]: „[…]. Als einst ein Dieb, der nachts zum Stehlen ging, dem Hunde ein Stückchen Brot gegeben, glaubend, dass er so das Tier für sich gewinnen könnte, sagte dieses: ‚Fürwahr, du willst dir meine Stimme wohl erkaufen, dass ich nicht belle für das Eigentum des Herrn? Du täuschst dich sehr. Dein plötzlich Wohltun heißet mich sehr wachsam sein, damit du keinen Schaden stiftest'".

Klasse statt Rasse

Columella beschreibt das Äußerliche und den Charakter eines guten Wachhundes ausführlich. Die Eigenschaften könnte man verschiedenen heutigen Rassen zuweisen. Tatsächlich hat man in der Antike eher nach Charakter und Nutzung gezüchtet als nach äußerlichen Merkmalen. Es gab im Gegensatz zu heute auch keine allgemein anerkannten und festgelegten Rasse-Standards[13]. Allerdings zeigen die archäologischen Funde, dass mit Beginn der römischen Kaiserzeit die Formenvielfalt bei vielen Haustieren und so auch bei Hunden zunahm. Bei den antiken Autoren werden mehr als 30 ‚Rassen' explizit genannt (diese verschwinden im Laufe der Spätantike, weil die Tradition des Züchtens nicht weitergeführt wurde).

Eine oft genannte Wachhundrasse ist der Molosser. Er wurde auch als Hütehund und Leibwächter eingesetzt[14]. Molosser sollen ursprünglich in der griechischen Region Epiros zum Hüten von besonders großen Rindern gezüchtet worden sein. Die Bezeichnung wurde aber auch auf verschiedene andere Hunderassen angewendet, von denen viele heutigen Doggen ähnelten. Die Molosser hatten einen schwerfälligen Körperbau mit großem Kopf und wurden als ungeeignet zur Jagd bezeichnet. Wie der Hund auf dem Cave Canem-Mosaik im Haus des Tragödiendichters in Pompeji werden diese Tiere in der Antike häufig mit mähnenartig verlängertem Fell am Hals abgebildet[15]. Ein im LVR-RömerMuseum ausgestellter Wasserspeier, gefunden auf dem Gelände des Militärlagers Vetera II (heute Bislicher Insel), zeigt den typischen Kopf eines Molossers. Auch hier sieht man das lange Halsfell (Introbild). Sie sollen besonders treu und tapfer gewesen sein. Plinius d. Ä. erzählt die Geschichte eines Hundes, der tagelang ohne zu fressen den Leichnam seines ermordeten Herrn bewachte und die Mörder später identifizierte, so dass sie bestraft werden konnten[16].

Außer den Molossern nennen die antiken Schriftsteller die britannischen Bullenbeißer oder Mastiffs als besonders große Hunde. Sie wurden bei Tierkämpfen im Circus eingesetzt[17] und kamen wohl auch als Wachhunde in Frage. Es kann sein, dass die Bezeichnung Mastiff aus dem Keltischen abgeleitet wurde (*mas* = Wohnstatt und *tuin* = bewachen)[18].

Wachhunde im Bild

Wachhunde wurden in der Römerzeit überall dort abgebildet, wo tatsächlich oder nur symbolisch Wache gehalten werden musste[19]: an Schlüsseln, auf Gräbern, Grabsteinen oder Urnen, an der Türschwelle, vor der Haustür oder am Türgriff. Sie wurden gemalt, in Stein gehauen, in Bronze gegossen oder als Mosaik gelegt. Dabei wurden Positionen

Abb. 7 Bronzebeschlag mit der Darstellung eines Hundes, Kalkar (Kr. Kleve), 3. Jh. n. Chr.

gewählt, die sie im Laufe ihrer Wache einnahmen. Es gibt den schlafenden Hund (Abb. 7) und den liegenden, der aber den Kopf hebt und die Ohren spitzt, weil er ein verdächtiges Geräusch gehört hat. Es gibt die abwartend da stehenden Hunde, aber auch solche, die drohend ihre Zähne blecken, das Fell sträuben und sich vor dem Sprung ducken. Im Gegensatz zu diesen typischen Wachhunddarstellungen sind Jagdhunde meistens laufend dargestellt. Martin Langner bildet mehr als 50 Hundegraffiti ab[20]; keines lässt sich zweifelsfrei als Wachhund identifizieren. Es handelt sich offensichtlich überwiegend um Jagdhunde aber auch um Hirtenhunde und Schoßhündchen.

Die Abbildung von Hunden kann auch als unheilabwehrend interpretiert werden[21] (siehe M. Kemkes in diesem Band). Dabei geht es um menschliche wie auch um nichtmenschliche Bedrohung.

Mein Hund hört nicht

Als Folge der Domestikation sind alle Sinnesleistungen von Hunden im Vergleich zu den Wölfen weniger gut ausgeprägt, so auch das Gehör. Trotzdem hören sie sehr viel besser als Menschen. Ob sie allerdings auch das befolgen, was sie hören, hängt mehr von ihrer Betreuung ab. Insgesamt glaubte man in der Römerzeit an einen starken Einfluss der Erziehung auf den Charakter und die Fähigkeiten der Hunde. Man war von der Angleichung des Hundes an seinen Herrn überzeugt: „Der Hund passt sich wie kein anderes Tier dem Menschen an [...] die Eigentümlichkeiten des Charakters ihrer Herren spiegeln sich in ihnen wider"[22]. Columella weiter: „[...], weil der Charakter nicht bloß von der Natur, sondern auch durch Schulung ausgebildet wird"[23]. Als Voraussetzung für Erziehungsmaßnahmen steht an erster Stelle die Vergabe eines Namens. Plinius behauptet, dass der Hund das einzige Tier sei, das auf seinen Namen höre[24]. Aus der Antike kennen wir den Namen von Odysseus' treuem Hund Argos. Dieser Hund war offensichtlich nach dem Sagenheld Argos mit seinen hundert Augen benannt, was mit sagenhafter Wachsamkeit einherging: ein mehr als passender Name für einen Wachhund. Otto Keller[25] listet mehr als 200 überlieferte Namen auf, darunter die vier lateinischen: Ferox – Der Wilde, Fidelis – Der Treue, Bon(n)a – die Gute, Lupa – die Wölfin. Es gab offensichtlich nur wenige lateinische Namen. Beliebter waren Namen aus den Sagen der Griechen[26].

Im Dienste der Gottheit – Wachhunde im Tempel

Do ut des – „Ich gebe, damit du gibst", beschreibt das Verhältnis der Römerinnen und Römer zu ihren Göttern. Um die Erfüllung eines Wunsches zu erreichen, brachte man Weihegeschenke, die in den Tempeln aufbewahrt wurden. Dort häuften sich die Schätze und weckten Begehrlichkeiten bei weniger gottesfürchtigen Menschen. Deshalb wurden in vielen Tempeln Wachhunde gehalten. Aelianus erwähnt[27], dass in der Stadt Adranos auf Sizilien ein einheimischer Gott mit gleichem Namen verehrt wurde und in seinem Tempel mehr als 1000 Hunde gehalten wurden, die größer und schöner noch als die Molosser gewesen seien. Sie seien so klug gewesen, dass sie gute und böse Menschen voneinander unterscheiden konnten. Die Hunde begleiteten hilflose Betrunkene sicher nach Hause und attackierten diejenigen, die in ihrer Trunkenheit über die Gottheit lästerten. Insbesondere griffen sie natürlich auch Diebe an.

Verschiedene Gottheiten hatten Hunde in ihrer Begleitung: Den Laren, deren Aufgabe es war, über das Haus zu wachen, wurden die Wachhunde zugeordnet. Haushunde gehörten zu Iupiter Custos auf dem Kapitol. Jagdhunde halfen Diana, Göttin der

Abb. 8 Hundefigur als Grabbeigabe aus Terrakotta, Gräberfeld Heidelberg-Neuenheim, spätes 1. Jh. n. Chr.

Jagd. Apollon galt als Beschützer der Hundezucht, und Ares wurde mit Kampfhunden in Verbindung gebracht. In den Heiligtümern des Asklepios, dem Heilgott, wurden heilige Hunde gehalten, deren Speichel Wunden heilen konnte[28]. Im Gegensatz dazu wurde der Speichel des Kerberos als giftig angesehen. Kerberos war der Wachhund der Hölle, der der Sage nach von Odysseus überlistet wurde. Diese Geschichte wurde oft dargestellt. Auf antiken Abbildungen sieht man, wie Odysseus den Kerberos an der Kette führt.

Hunde wurden den Göttern auch geopfert. So berichtet Plinius, dass der Göttin Genita Mana junge Hunde als Opfer dargebracht wurden[29]. Nach römischem Glauben entschied diese Göttin darüber, ob ein Kind lebend oder tot geboren wurde. Hier gibt es wie bei Kerberos eine Assoziation von Hunden mit der Unterwelt, der Welt der Toten. Die germanische Göttin Nehalennia, deren Weihesteine vor allem aus den Niederlanden bekannt sind, wurde oft mit einem Hund dargestellt. Auch hier kann man eine Beziehung zur Unterwelt erkennen. Man vermutet, dass Nehalennia in Verbindung mit einer sicheren Überfahrt über die Nordsee verehrt wurde. Wasser (wie der Unterweltfluss Styx) ist im Glauben vieler Religionen die Grenze zwischen Lebenden und Toten. So ist Nehalennia auch Göttin der Unterwelt.

In Germanien und Gallien waren kleine Hundefiguren aus Terrakotta als Grabbeigaben verbreitet (Abb. 8). Dabei steht der Hund symbolisch für den geleiteten oder bewachten Übergang vom Leben ins Totenreich[30].

Lieb und teuer

Insbesondere die Jagdhunde wurden nicht nur mit Leidenschaft gezüchtet, sondern man konnte mit ihnen auch viel Geld verdienen. Solche Wertobjekte wurden entsprechend sorgsam behandelt und gepflegt. Für den Einsatz bei der Jagd wurde empfohlen, ihnen Halsbänder umzulegen, die nach außen gerichtete Stacheln besaßen. Ein solches Halsband wurde bei der Ausgrabung eines römischen Gutshofs bei Inzigkofen (Kreis Sigmaringen) gefunden (Abb. 9). Die Stacheln sollten den Hund vor Angriffen wehrhaften Wildes schützen.

Halsbänder hießen auf Lateinisch *collare* oder *millus*. Sie konnten mit Pelz gefüttert und mit Edelsteinen verziert sein. Otto Keller erwähnt eine in Rom gefundene ‚Hundemarke' aus Gold mit der Inschrift: „Ich bin aus dem Garten des Präfekten Olibrius: halte mich nicht fest, es wird dir nicht frommen [...]"[31].

Obwohl einige Hunde (so vielleicht die Schoß- und Spielhunde sowie die Hirtenhunde bei der Arbeit) frei laufen durften, waren die wachenden Tiere zumindest tagsüber am Hauseingang oder im Hof des Landguts festgesetzt. Cato empfiehlt dies, um die Hunde dadurch in der Nacht wachsamer zu machen[32]. Ein Hund an der Kette wurde *catenarius* genannt[33]. Über Kettenhund und Wolf schreibt Phaedrus in einer Fabel[34]:

„Dem wohlgenährten Hund begegnete, vom Hunger entkräftet, zufällig der Wolf. Und, nachdem sie einander begrüßt hatten und stehen geblieben waren: ‚Woher, bitte, siehst du so strahlend aus? Und von was für Futter hast du dir einen derartigen Körper geschaffen? Ich, der ich weitaus stärker bin, gehe vor Hunger ein.' Der Hund ganz einfach: ‚Dir steht dieselbe Möglichkeit offen, wenn du deine Pflicht einem Herrn gegenüber recht erfüllen kannst.' ‚Was für eine Pflicht?', sagt jener. ‚Dass du Wächter der Türschwelle bist und nachts das Haus vor Dieben schützt.' ‚Dazu bin ich in der Tat bereit. Nun leide ich unter Schnee und Regengüssen und friste in den Wäldern ein raues Leben. Wie viel leichter ist es für mich, unter einem Dach zu wohnen und mühelos mit reichlich Nahrung satt zu werden!' ‚Dann komm mit mir!' Während sie fortschreiten, erblickt der Wolf den von der Kette

Abb. 9 Eisernes Stachelhalsband eines Hundes aus Inzigkofen, 2. Jh. bis erste Hälfte 3. Jh. n. Chr.

abgeriebenen Hals des Hundes. ‚Woher kommt das, lieber Freund?' ‚Ach, das ist nichts.' ‚Nur zu, sag mir's trotzdem!' ‚Weil ich so wild aussehe, binden sie mich tagsüber an, damit ich bei Tag ruhe und wach bin, wenn die Nacht kommt: Bei Dämmerung werde ich losgebunden und laufe herum, wo ich will. Übrigens wird mir auch Brot gebracht; und von seinem Tisch gibt mir der Herr Knochen; feine Häppchen wirft mir die Dienerschaft zu und von den Beilagen ein jeder, was er nicht mag. So wird mein Bauch ohne Anstrengung voll.' ‚Sag, wenn Du irgendwohin weggehen willst, dann darfst Du das, nicht wahr?' ‚Nicht so ganz', sagte er. ‚Dann genieße, was Du lobst, Hund: Ich will kein königliches Leben führen derart, dass ich nicht mein eigener Herr und Meister bin'".

Ein weiches Lager

Es gibt kleine Terrakotten, die ein Bett mit einem darauf liegenden Paar darstellen. Auf der Decke liegt ein Hund, der dort offensichtlich ein gern geduldeter ‚Fußwärmer' ist (Abb. 10). Wer zu Lebzeiten so gut behandelt wird, kann nach seinem Tod nicht schlechter gestellt sein. Einige Hunde bekamen ihr eigenes Grab, so zum Beispiel ein kürzlich während des U-Bahnbaus in Köln gefundener Hund. Er war sorgsam auf einem Stück Leder abgelegt und hatte sogar einen Trinkbecher als Grabbeigabe, wie sie sonst nur Menschen erhielten[35]. Ein Hundenapf

Abb. 10
Darstellung
eines Ehepaares
mit Hund im
Bett, aus Terrakotta, 1. Jh. Chr.

kann es nicht gewesen sein, denn es ließen sich keinerlei zugehörige Spuren nachweisen. Bisher konnte überhaupt nur ein Gefäß aus der Römerzeit als Hundenapf bestimmt werden[36] (Abb. 11).

Eine Grabinschrift in griechischer Sprache aus Rom wurde explizit für einen Hund angefertigt: „Kommst dieses Weges du und hast dies Grabmal vor Augen, bitte, dann lache nicht, dass hier bestattet ein Hund. Tränen flossen um mich. Die Hand des Herrn hat das Grab mir bereitet, der auch dieses Klagewort eingemeißelt dem Stein"[37]. Einige ganz besonders geliebte Tiere erhielten nach Plinius sogar einen Platz im Familiengrab. Wie sich ein Hund diesen Platz selbst erschlich, berichtet Aelianus: Ein Schoßhund des Musikers Theodorus sprang in den Sarg des Herrn und ließ sich mit ihm beerdigen[38].

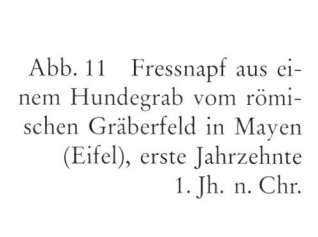

Abb. 11 Fressnapf aus einem Hundegrab vom römischen Gräberfeld in Mayen (Eifel), erste Jahrzehnte 1. Jh. n. Chr.

Abb. 12   Grafitto aus Xanten mit den Buchstaben *cani*.

Treu bis in den Tod waren zwei von Plinius beschriebene Hunde. Der erste verteidigte seinen Herrn, einen bekannten Mann namens Vulcatius, gegen Straßenräuber. Der zweite bezahlte seine Treue zu seinem Herrn, einem Senator namens Caelius, bei einem Überfall mit dem Leben[39].

Hunde konnten sehr teuer sein, aber jeder Arme hatte doch zumindest einen: „Auch Hunde sind für Hausdienste sehr tauglich, wenn sie dazu abgerichtet sind, und es genügt einem armen Manne, einen Hund zum Sklaven zu haben"[40]. Solchen Tieren kann es nicht besser gegangen sein als ihren Herren: also schlecht!

Rabies – die Tollwut

Hunde können Menschen lebensgefährlich verletzen, umso mehr, wenn sie an Tollwut erkrankt sind. Tollwut ist vor allem unter den hundeartigen Tierarten verbreitet. Sie wird durch den Biss übertragen. Columella widmet den Hundekrankheiten ein eigenes Kapitel und spricht dort auch über Räude, Milben, Flöhe und Läuse. Er empfiehlt die Behandlung mit bitteren Mandeln, Pech, Schweinefett, Kümmel und Nieswurz. Interessant ist sein Rat zur Vorbeugung gegen Tollwut: Das Kupieren der Schwänze soll dabei helfen[41].

Seuchen, auch die Tollwut, brechen verstärkt in der heißen Zeit des Jahres aus. Sie beginnt, wenn Sirius (griech. Hund), der Hauptstern im Sternbild Großer Hund, erscheint.

Ein Leben wie ein Hund

So verehrt Hunde einerseits waren, so verachtet konnten sie auch sein. Von der Kreuzigung der Hunde als Strafe für ihre Unachtsamkeit beim gallischen Angriff war am Anfang schon die Rede. Der *flamen dialis*, oberster Priester des Iupiter in Rom, durfte Hunde nicht berühren und auch das

Wort „Hund" nicht aussprechen[42]. Ein schwarzer oder ein heulender Hund wurde als Unglückszeichen gedeutet.

Am schlechtesten ging es sicherlich den Straßenhunden oder Paria-Hunden, wie sie in der Sekundärliteratur genannt werden. Diese Hunde waren nicht ohne göttlichen Schutz. Sie waren Hekate zugeordnet, der Göttin der Wegekreuzungen. Das hielt aber offenbar nicht jeden davon ab, solche Hunde zu misshandeln. Joris Peters berichtet über Verletzungsspuren, die an Hundeskeletten aus Augusta Vindelicum, dem römerzeitlichen Augsburg, beobachtet wurden[43]. „Hund" war ein seit Homer belegtes Schimpfwort. Die Römer nannten Menschen so, die sich besonders unterwürfig benahmen und Speichellecker waren (zum natürlichen Verhaltensrepertoire gehört bei Wölfen und Hunden, bei der Begrüßung oder auch als Unterwerfungsgeste einem anderen Tier die Zähne oder die Lefzen zu lecken). „Hund" wurde auch der schlechteste Wurf beim Spielen mit den würfelförmigen Astragalen genannt. Auf einem Wandbruchstück, welches im LVR-RömerMuseum im Archäologischen Park Xanten ausgestellt ist, wurde ein Graffito entdeckt, welches das Wort *cani* enthält (Abb. 12). Es ist leider nicht eindeutig, ob die Buchstaben nicht zu einem längeren Wort gehören, weil weiterer unleserlicher Text davor steht. Allein stehend würde man es mit „dem Hund" übersetzen. Es könnte also eine auf der Wand verewigte Beschimpfung sein.

Vom Tisch des Herrn

Streunende Hunde schnappten sich, was sie bekommen konnten. Sie waren unbeliebt, weil sie stahlen. Haushunde dagegen wurden mit Leckerbissen vom Tisch des Herrn oder zumindest mit deftiger Getreidenahrung bei Kräften gehalten. Columella empfiehlt Gerstenmehl mit Molke. Für verlassene Welpen rät er von einer hündischen Ziehmutter ab, weil dieses sonst die Rasse verändert. Der Logik folgend ist es schwer einzusehen, warum er stattdessen Ziegenmilch empfiehlt[44].

Hunde, die in Erwartung einer Gabe unter dem Tisch lagen, konnten allerdings von dort auch unversehens auf den Tisch gelangen. Zumindest in Notzeiten wird seit der Steinzeit bis heute immer wieder berichtet oder nachgewiesen, dass Hunde gegessen wurden[45].

Römische Wachhunde in Xanten

Von 1974 bis 1983 wurde in Xanten auf dem Gelände der Colonia Ulpia Traiana ein langgestrecktes Gebäude archäologisch untersucht, das schließlich als Herberge erkannt werden konnte. Bei den Ausgrabungen kamen zahlreiche Knochen zutage[46]. Die dabei gefundenen Hundeknochen sind nicht sehr zahlreich (137 zu insgesamt 22 650 gefundenen Knochen), aber sie zeigen ein Gesamtspektrum von mittelgroßen bis kleinen Hunden mit Widerristhöhen von 17 bis 57 cm. Interessanterweise sind gleich mehrere Knochen von Kleinsthunden in der Größe unserer heutigen Chihuahuas gefunden worden, darunter der bisher kleinste bekannte Hund aus der Römerzeit. Diese Hunde kann man schwerlich als Wachhunde benutzt haben. Sie sind eher Spiel- und Schmusetiere gewesen. Dennoch kann man sich vorstellen, dass sie durchaus mit ihrem Gebell Eindringlinge ankündigen, vielleicht sogar vertreiben konnten (*a cano non magno saepe tenetur aper* – „Auch von einem kleinen Hund wird ein Eber oft festgehalten"[47]). Insgesamt sind Nachweise von Hunden und insbesondere Wachhunden im archäologischen Fundspektrum selten.

Vorsicht vor dem Hund

Die oben erwähnten Mosaiken mit Hund sind bisher lediglich in Pompeji nachgewiesen. Die Inschrift *cave canem* ist nur aus dem Gastmahl des Trimalchio von Petronius und von einem einzigen Mosaik in Pompeji überliefert. Ganz im Gegensatz dazu steht die Bekanntheit des Motivs. Man kann sich bei verschiedensten Anbietern und in diversen Varianten auch heute ein Hundemosaik legen lassen. Bei Google-Bildersuche bekommt man über 75 000 Einträge zum Stichwort. *Cave canem* steht auch an modernen Gartenzäunen (mit der Variante: Vorsicht vor dem bisschen Hund!), sogar Fußmatten werden damit beschriftet.

Wie vor 2000 Jahren suchen die Menschen den Schutz des Hundes. Heute sind es neben professionell ausgebildeten Wachhunden für öffentliche Gebäude auch die im Einsatz eher zahmen Familienhunde, von denen erwartet wird, dass sie das private Heim beschützen. Unter dem Stichwort ‚Wachhund' findet man in Wikipedia folgenden Satz: „Als Wachhunde sind meist sehr selbstständige Hunde mit einem gewissen Aggressionspotential gefragt." Das klingt fast wie bei Columella abgeschaut: „Es genügt, wenn die Hunde streng, nicht schmeichlerisch veranlagt sind, so dass sie gelegentlich ihre Mitsklaven etwas grimmig anblicken und stets gegen Fremde auffahren"[48]. Darin spiegelt sich der Wachhund im Spannungsfeld seiner Eigenschaften: aggressiv, aber nicht übermäßig wild und blutrünstig, weil er dann womöglich die Angehörigen des Hauses anfällt. Das Problem der bekanntermaßen gefährdeten Postboten oder Postbotinnen löst sich mit weitergehender Ausbreitung elektronischer Kommunikation vielleicht eines Tages von selbst, man könnte ihnen allerdings auch Plinius' Rat nahelegen: „Ihre Angriffswut bändigt der Mensch, indem er sich auf den Boden setzt"[49].

Anmerkungen

[1] PRESUHN 1882, Abt. III, S. 3f.
[2] Petron. 29. – T. Petronius, genannt Arbiter, um 14–66 n. Chr., römischer Senator, schrieb den satirischen Roman *Satyricon*, dessen bekanntester Teil die *cena Trimalchionis* ist.
[3] KRAUS/VON MATT 1977.
[4] L. Iunius Moderatus Columella – geboren im 1. Jh. n. Chr. in Spanien und später Grundbesitzer in Italien, schrieb zwölf Bücher *de re rustica* über die Landwirtschaft.
[5] Colum. 7,12.
[6] Curt. 7,4,13.
[7] Die Meinungen darüber, wann die Domestikation des Hundes begann, gehen auseinander. Es besteht Einigkeit, dass es spätestens vor 14000 Jahren geschah (siehe dazu NAPIERALA 2010).
[8] Die vielen verschiedenen Fellfarben sind ein Zeichen von Domestikation. Bei der Umkehrung dieses Prozesses kommt bei Hunden die Urfarbe wieder durch (z. B. hell und rötlichgelb-braun wie bei den Dingos in Australien).
[9] P. Vergilius Maro, 70–19 v. Chr., einer der berühmtesten römischen Dichter, schrieb unter anderem das wichtigste Epos der Römer, die Äneis und auch die Eklogen, eine Sammlung von zehn Hirtengedichten.
[10] Verg. ecl. 8,107.
[11] Plin. nat. 29,57; Cic. S. Rosc. 20; Liv. 5,47.
[12] Phaedr. 1,23. – C. Iulius Phaedrus, um 20 v. Chr. bis um 51 n. Chr., römischer Fabeldichter. Er war Sklave und wurde von Augustus freigelassen. 93 Fabeln sind überliefert. Er schrieb die ersten römischen Fabeln nach dem Muster des griechischen Fabeldichters Aesop. Typisch für ihn ist die pointierte Formulierung.
[13] Ende des 19. Jhs. entstanden in England die ersten Züchtervereinigungen, die detaillierte Rassestandards festlegten. 1859 fand die erste Hundeausstellung in Newcastle statt. Aktuell gibt es etwa 339 anerkannte Hunderassen (Fédération Cynologique International: http://www.fci.be/presentation.aspx). Trotzdem wird der Begriff ‚Rasse' im folgenden Text in Ermangelung eines treffenderen Begriffs auch in Bezug auf die Antike verwendet.
[14] Leibwächter haben ähnliche Aufgaben wie Wachhunde und benötigen somit die gleichen Eigenschaften. Neben Wachhunden werden Schäferhund und Jagdhund als Arten benannt. Andere Autoren erwähnen auch noch den Kriegshund, der beim Militär eingesetzt wurde (vor allem für den Transport).
[15] Dies brachte einige antike Autoren dazu, eine Vermischung mit Löwen anzunehmen, wie auch an anderen Stellen von Bastardisierung mit Schakalen, Füchsen oder sogar Tigern die Rede ist. Alle diese Mischungen sind biologisch nicht möglich. Hundemischlinge mit Wölfen wurden teilweise herbeigeführt. Plinius erwähnt einen Wolfsbastard namens „Nape" (Plin. nat. 8,72). Bastard, lateinisch *hybrida*, wird von antiken Sprachforschern abgeleitet als „Hund, der aus zwei verschiedenen Rassen zusammengesetzt" ist. Oppian beschreibt die Bastardisierung (z. B. aus Jagd- und Hirtenhund) als Methode zur Zucht besonders guter Hunde (Opp. kyn. 1,397).
[16] Plin. nat. 8,144–145.
[17] Claud. cons. Stil. 3,301.
[18] HERRE 1984.
[19] In den antiken Quellen kommen überwiegend die typischen Haus- und Hofhunde als Wachhunde vor. Einzelne Erwähnung finden Hunde als Wächter zum Beispiel für Frauen. Einzigartig ist die Nennung eines Wachhundes für Reisewagen in einem Epitaph (Anth. Lat. 1174). Dort heißt es: [...] *nunquam latravit inepte* – „nie gab er Alarm zu unrechter Zeit."
[20] LANGNER 2001.
[21] ALTMANN 1990; SCHOLZ 1937.
[22] Plut. qu. R. 18.
[23] Colum. 7,12.
[24] Plin. nat. 7,40.
[25] KELLER 1909, 134–136.
[26] Ausführliche Darstellung griechischer Hundenamen in ROSSINI 2002, 146–175.
[27] Claud. Ael. anim. 11,20.
[28] Speichel kann tatsächlich wundheilend wirken (siehe OUDHOFF 2009).
[29] Plin. nat. 29,58.
[30] HENSEN 2005, 39f.
[31] KELLER 1909, 129.
[32] Cato agr. 124: *Canes interdiu clausos esse oportet, ut noctu acriores et vigilantiores sint.* – „Es ist nötig, dass die Hunde am Tage eingeschlossen werden, damit sie nachts schärfer und wachsamer sind".
[33] Petron. 64.
[34] Phaedr. 3,7.
[35] EHMIG 2010, 523.
[36] GRÜNEWALD 2010.
[37] GEIST/PFOHL 1969, 398.
[38] Claud. Ael. anim. 7,40.
[39] Plin. nat. 8,144.
[40] Claud. Ael. 6,10.
[41] Colum. 7,12.
[42] Plut. qu. R. 111; Gell. 10,15,12; RE VIII 2 (1913) 2575 s. v. Hund (F. Orth).
[43] PETERS 1998, 186.
[44] Colum. 7,12.
[45] PETERS 1998.
[46] PETERS 1994.
[47] Ov. rem. 422, zitiert nach H. KUDLA 1999, 191.
[48] Colum. 7,12.
[49] Plin. nat. 8,146.

Literaturverzeichnis

ALTMANN 1990
S. ALTMANN, Römische Mosaiken mit glückbringender und übelabwehrender Funktion [unpubl. Magisterarbeit München 1990].

BENECKE 1994a
N. BENECKE, Der Mensch und seine Haustiere (Stuttgart 1994).

BENECKE 1994b
N. BENECKE, Archäozoologische Studien zur Entwicklung der Haustierhaltung in Mitteleuropa und Südskandinavien von den Anfängen bis zum ausgehenden Mittelalter (Berlin 1994).

BENECKE 1998
N. BENECKE, Ältester Begleiter des Menschen. Arch. Deutschland H. 4, 1998, 26–29.

BRACKERT/VAN KLEFFENS 1989
H. BRACKERT/C. VAN KLEFFENS, Zur Hundehaltung bei den Römern. Ant. Welt 20 H. 3, 1989, 56f.

EHMIG 2010
U. EHMIG, Eine Römische Hundebestattung aus Köln. In: T. Otten/H. Hellenkemper/J. Kunow/M. M. Rind (Hrsg.), Fundgeschichten – Archäologie in Nordrhein-Westfalen (Mainz 2010) 523f.

EHRHARDT 1998
W. EHRHARDT, Casa di Paquius Proculus (I 7,1.20). Häuser in Pompeji 9 (München 1998).

GEIST/PFOHL 1969
H. GEIST/G. PFOHL, Römische Grabinschriften (München 1969).

GRÜNEWALD 2009
M. GRÜNEWALD, Eine römische Hundebestattung mit zugehörigem Fressnapf aus Mayen, Arch. Korrbl. 39, 2009, 251–261.

GRÜNEWALD 2010
M. GRÜNEWALD, 2000 Jahre altes Hundegrab mit Fressnapf entdeckt. Arch. Deutschland H. 3, 2010, 72.

HAMANN 2010
M. HAMANN, Zur Geschichte der Prophylaxe unter besonderer Berücksichtigung des Hundes [Diss. Berlin 2004] URL: www.diss.fu-berlin.de/diss/receive/FUDISS_thesis_000000001269.

HENSEN/LUDWIG 2005
A. HENSEN/R. LUDWIG, Straße ins Jenseits. Die römischen Gräberfelder von Heidelberg (Remshalden 2005).

HERRE 1984
W. HERRE, Mein Freund, der Hund. Verhalten, Pflege und Erziehung (Stuttgart 1984).

KELLER 1909
O. KELLER, Die Antike Tierwelt 1 (Leipzig 1909).

KRAUS/VON MATT 1977
T. KRAUS/L. VON MATT, Pompeji und Herculaneum. Antlitz und Schicksal zweier antiker Städte (Köln 1977).

KUDLA 1999
H. KUDLA, Lexikon lateinischer Zitate (München 1999).

LANGNER 2001
M. LANGNER, Antike Graffitizeichnungen. Motive, Gestaltung und Bedeutung. Palilia 11 (Wiesbaden 2001).

LASCHOBER 2006
A. LASCHOBER, Eine wunderbare Freundschaft. Abenteuer Arch. H. 3, 2006, 80–85.

NAPIERALA 2010
H. NAPIERALA, „Kesslerloch". Ein 14000 Jahre alter Hundeknochen. Arch. Deutschland H. 5, 2010, 4f.

ORTH 1910
F. ORTH, Der Hund im Altertum (Schleusingen 1910).

OUDHOFF u. a. 2009
M. J. OUDHOFF/K. L. KROEZE/K. NAZMI/A. M. VAN DEN KEIJBUS/W. VAN'T HOF/FERNANDEZ-BORJA/P. L. HORDIJK/S. GIBBS/J. G. M. BOLSCHER/E. C. I. VEERMAN, Structure-activity analysis of histatin, a potent wound healing peptide from human saliva: cyclization of histatin potentiates molar activity 1000-fold. FASEB Journal 23, 2009, 3928–3935.

PERFAHL 1983
J. PERFAHL, Wiedersehen mit Argos (Mainz 1983).

PETERS 1994
J. PETERS, Viehhaltung und Jagd im Umfeld der Colonia Ulpia Traiana (Xanten, Niederrhein). In: Grabung – Forschung – Präsentation. Xantener Ber. 5 (Köln 1994) 159–175.

PETERS 1997
J. PETERS, Der Hund in der Antike aus archäozoologischer Sicht. Anthropozoologica 25/26, 1997, 511–523.

PETERS 1998
J. PETERS, Römische Tierhaltung und Tierzucht. Passauer Universitätsschr. Arch. 5 (Rahden/Westf. 1998).

PRESUHN 1882
E. PRESUHN (Hrsg.), Pompeji. Die neuesten Ausgrabungen von 1874 bis 1881 (Leipzig 1882).

PUGLIESE CARRATELLI 1990
G. PUGLIESE CARRATELLI (Hrsg.), Pompei. Pitture e mosaici 2 (Rom 1990).

Rossini 2002
　M. F. Rossini, Cave canem – Canis carissimus. Hund und Mensch in der Antike [unpubl. Diss. Innsbruck 2002].

Scholz 1937
　H. Scholz, Der Hund in der griechisch-römischen Magie und Religion (Berlin 1937).

Toynbee 1948
　J. M. C. Toynbee, Beasts and their names in the Roman Empire, Papers Brit. School Rome 16, 1948, 24–37.

Toynbee 1983
　J. M. C. Toynbee, Tierwelt der Antike. Kulturgesch. ant. Welt 17 (Mainz 1983).

Abbildungsnachweis: Introbild Axel Thünker DGPh; Abb. 1 bpk | AO: Museo Archeologico Nazionale, Neapel; Abb. 2–4 Archivio fotografico Soprintendenza Speciale per i Beni Archeologici di Napoli e Pompei; Abb. 5 bpk | Scala | Scala - courtesy of the Ministero Beni e Att. Culturali; Abb. 6 Foto mit freundlicher Genehmigung des Fotografen und Besitzers Tjong-Seng Tjia, Ennepetal; Abb. 7, 12 Stefan Arendt, LVR-Zentrum für Medien und Bildung; Abb. 8 Kurpfälzisches Museum Heidelberg (E. Kemmet); Abb. 9 Foto: Peter Frankenstein, Hendrik Zwietasch; Landesmuseum Württemberg, Stuttgart; Abb. 10 Musée d'archéologie nationale, Saint-Germain-en-Laye; Abb. 11 Foto: Sabine Steidl; Römisch-Germanisches Zentralmuseum Mainz.

Marianne Hilke
LVR-Archäologischer Park Xanten
LVR-RömerMuseum
marianne.hilke@lvr.de

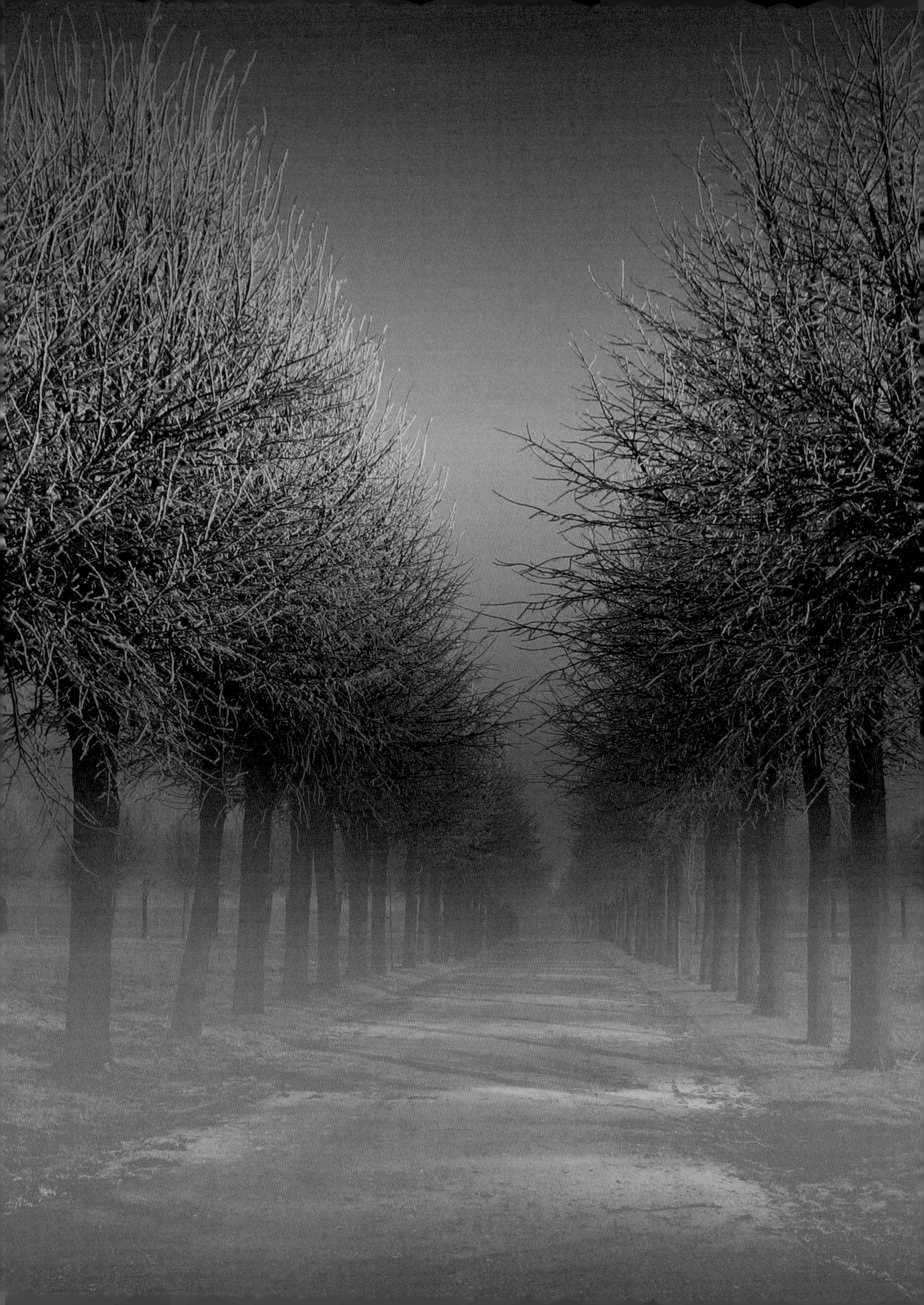

MARION MATTERN

Eine antike Reiseversicherung –
Unter Schutz und Schirm der Wegegöttinnen

Reisen in der Antike war mit vielen Unsicherheiten und Gefahren verbunden. Abgesehen von unvorhersehbaren Naturkatastrophen und Unfällen, der Erkrankung von Mensch und Tier und den häufig verwahrlosten Unterkünften hatten Reisende in unwegsamem Gelände oftmals mit Übergriffen durch Straßenräuber zu rechnen[1] (siehe P. Jung in diesem Band).

Diese Banden rekrutierten sich häufig aus den sozial- und wirtschaftlich Entwurzelten, die im Straßenraub ihr mageres Auskommen suchten. Militärkontingente und -posten führten gegen diese Auswüchse einen reichsweiten Kampf und selbst einige Landbesitzer sahen sich gezwungen, eigene Sicherheitstruppen zu beschäftigen[2].

Bereits die griechischen Sagen schildern anschaulich, wie die beiden großen mythologischen Helden Herakles und Theseus in ihren legendären Abenteuern wiederholt ganze Gegenden von äußerst brutalen Räubern und Bösewichten säuberten. Herakles erschlug den riesenhaften und feueratmenden Räuber Cacus, der in einer Höhle am Aventin in Italien hauste[3]. Cacus pflegte seinen Unterschlupf mit den Schädeln und Knochen der von ihm Getöteten zu schmücken. Ein rechter Widerling war auch der gefürchtete Räuber Skiron, der an der Grenze zu Megara in Griechenland sein Unwesen trieb[4]. Er stürzte seine Opfer, nachdem er sie ausgeraubt hatte, gnadenlos von steilen Klippen in das tosende Meer. Dieser Unhold wurde ebenso wie der monströse Sinis, der die von ihm Ausgeraubten von zurückschnellenden Fichten zerreißen ließ, von Theseus zur Strecke gebracht[5].

Schon in den mythologischen Erzählungen mussten die Reisenden also bei Überfällen nicht nur um ihr Hab und Gut fürchten, sondern konnten froh sein, wenn sie mit dem nackten Leben davonkamen.

Äußerst brutal scheint es auch bei Überfällen in römischer Zeit zugegangen zu sein. So künden zahlreiche römische Inschriften aus fast allen Reichsteilen – und das sind nur die uns bekannt gewordenen Belege – von Reisenden, die Opfer von Räubern wurden.

So kennen wir den Grabstein eines Kaufmannes aus Kampanien, der bei einem Überfall im römischen Hessen zu Tode kam[6] (siehe M. Reuter in diesem Band, S. 188, Abb. 1). Besonders erschütternd ist die Grabinschrift für einen jungen Mann, der in der Nähe von Rom gemeinsam mit gleich sieben seiner Schutzbefohlenen ermordet wurde[7]. Der in einer Gruppe reisende Ägypter Psosis berichtet in einem Brief, dass er noch kurz vor seiner Rückkehr nach Hause von Wegelagerern überfallen wurde und nach heftigen Kämpfen froh war, wenn auch völlig ausgeplündert, noch mit dem Leben davongekommen zu sein[8].

Viele Römer haben wohl deshalb auch bei nahendem Reiseantritt unter starken Ängsten gelitten. Abergläubische erforschten intensiv ihre Träume nach Vorzeichen. Träumte man von Wachteln, deutete man dies als Hinweis auf Betrug oder Wegelagerer. Erschienen Eulen im Traum, war mit Sturm oder Straßenräubern zu rechnen. Sich bewegende Götterstatuen hingegen wurden als Zeichen für einen guten Reiseverlauf angesehen[9].

Es ist daher nicht verwunderlich, dass man als Reisender nicht nur alle denkbaren Sicherheitsvorkehrungen traf, sondern sich auch nach göttlichem Beistand umsah. Dies konnte durch Amulette, Talismane oder auch durch Weihungen an die entsprechenden Gottheiten geschehen.

Das Gefühl und Gespür für anwesende, wirkende göttliche Mächte und Kräfte in der Umwelt (das *numen*, pl. die *numina*), welche alle Lebensräume durchdrangen und sich in den mannigfachsten Formen äußern konnten, bildeten den Kern römischer Religiosität.

Den römischen Götterhimmel bevölkerte deshalb eine bunte Vielzahl von göttlichen Wesen mit einer Menge von unterschiedlichen Funktionen und

Abb. 1 Weihealtar mit Darstellung der Wegegöttinnen. Fundort: Stuttgart-Bad Cannstatt, Datierung: 29. Dezember 230 n. Chr., AO: Stuttgart, Württembergisches Landesmuseum.

Wirkungskreisen, die sich teilweise durchaus überschneiden konnten.

Durch eine Fülle von minutiös auszuführenden Ritualen und einer äußerst gewissenhaften Beachtung der kultischen Bräuche wurde der Kontakt zwischen menschlicher und göttlicher Sphäre hergestellt. Mittel der Kommunikation waren vor allem Gebete, Gelübde und Opferdarbringungen.

Die Beziehungen zu den Göttern hatten den Charakter eines gegenseitigen Gebens und Nehmens (*do ut des* – ich gebe, damit du gibst). Der Gläubige erfüllte gewissenhaft seine rituellen Pflichten gegenüber der angerufenen Gottheit und versuchte so, einen indirekten Einfluss auf die numinösen Kräfte zu gewinnen, um sie sich gnädig zu stimmen.

Viele Straßen wurden in den nördlichen Provinzen unter anderem von Weihesteinen für die Göttin Epona[10], die als Beschützerin der Pferde und Maultiere galt, und oft von kleinen Heiligtümern für den Handelsgott Mercur, der auch als Schutzgott der Reisenden fungierte, gesäumt.

Großer Beliebtheit erfreute sich auch ein dem Iupiter Poeninus geweihtes Heiligtum auf der gefährlichen Passhöhe des Großen St. Bernhard. Ihm weihten viele Soldaten und Händler nach einem unbeschadeten Übergang Votivtafeln aus Bronzeblech[11]. In den heutigen Niederlanden bei Colijnsplaat und bei Domburg riefen die Kaufleute und Schiffer des Britannienhandels die einheimische Göttin Nehalennia um Beistand bei der riskanten Kanalüberfahrt an und weihten ihr nach erfolgter Hilfe zahlreiche Altäre[12].

Die Übernahme fremder Gottheiten in die eigene Götterwelt (*interpretatio Romana*) war eine römische Besonderheit und zeigt sowohl den römischen Pragmatismus in religiösen Fragen als auch den großen Respekt vor zunächst fremden Göttern und deren Wirken.

Ein besonderes Phänomen der Rhein- und Donauprovinzen sind die Wegegöttinnen, denen schutzsuchende Reisende als Einlösung eines Gelöbnisses nach unbeschadeter Rückkehr von privaten, beruflichen oder militärisch bedingten Unternehmungen kleine Heiligtümer und Altäre an Straßenkreuzungen und Wegegabelungen weihten[13].

Die Wegegöttinnen wurden unter den lateinischen Namen Quadruviae, Triviae und Biviae verehrt. Am häufigsten wurde die alleinige Bezeichnung Quadruviae gewählt. Unter *biviae* verstand man die Einmündung eines Ortsweges in eine Reichsstraße. Straßengabelungen wurden als *triviae* bezeichnet und Straßenkreuzungen wurden *quadruviae* genannt.

Trotz des lateinischen Namens der Göttinnen zeigt uns ihr Verbreitungsgebiet – im Wesentlichen handelt es sich um Germanien und die donauländischen Provinzen, hier besonders um Pannonien – dass wir einen einheimischen Kult vor uns haben müssen[14].

Die Quadruviae sind als eingesessene weibliche Variante der römischen Lares compitales[15] anzusehen. Dies wird durch einen Altar aus Mainz belegt, der in seiner Inschrift die Wegegöttinnen mit den Laren gleichsetzt[16].

Die Laren waren eng mit den Schicksalen der Familienmitglieder verbundene Schutzgötter des häuslichen Bereiches und wirkten als Lares semitales, viales und compitales als Beschützer der Reisenden und Wege. Mit den Lares compitales hängt auch eng das ländliche Fest der *compitalia* zusammen, das von den Anwohnern eines *compitum*, einer Wegekreuzung, an einem dort errichteten kleinen Heiligtum begangen wurde[17].

Die Wegegöttinnen teilen sich nicht nur den Wirkungskreis mit den römischen Laren, sondern sind auch eine Spielart der ganz besonders in den nördlichen Provinzen verehrten mütterlichen Gottheiten. Für eine enge Verwandtschaft sprechen ihr äußeres Erscheinungsbild, die ihnen zugesprochenen Eigenschaften und nicht zuletzt die Ausgestaltung ihrer kleinen Heiligtümer.

Über das Aussehen der Wegegöttinnen informieren uns ein in Stuttgart-Bad Cannstatt gefundener Weihealtar sowie reliefverzierte Terra Sigillata-Schüsseln der in Rheinzabern tätigen Cerialis-Werkstatt.

Auf dem Altar sind vier gleichgestaltige, in ihrem Aussehen identische Frauen dargestellt (Abb. 1). Alle sind mit einem langen, hochgegürteten Untergewand und einem Mantel bekleidet. Bei den Darstellungen auf den Sigillata-Schüsseln sind die Göttinnen ganz ähnlich angezogen. Nur wird hier die hohe Gürtung des Gewandes deutlicher betont und zusätzlich der Mantel noch als Schleier über den Kopf drapiert (Abb. 2). Die Kleidung der Wegegöttinnen ist charakteristisch für Darstellungen mütterlicher Gottheiten unserer Gegend (Abb. 3).

Auch auf den Gefäßen werden die Göttinnen identisch dargestellt. Dies liegt hier im gleichen Stempeltyp begründet. Je nach Bedarf, ob die Biviae, Triviae oder Quadruviae dargestellt werden

Abb. 2 Fragment einer Terra Sigillata-Schüssel mit Darstellung der Wegegöttinnen (Umzeichnung). Fundort: Rheinzabern, Datierung: Ende 2.–frühes 3. Jh. n. Chr., AO: Rheinzabern, Terra Sigillata Museum.

sollten, wurde der gleiche Göttinnentypus verdoppelt, verdreifacht oder vervierfacht.

Im Prinzip handelt es sich hier also um die Vervielfachung einer einzelnen Göttin. Ähnliches ist auch bei den Muttergottheiten zu beobachten, die sowohl einzeln als auch zur Verstärkung ihrer Wirkung mehrfach auftreten können.

Da eigens für die Quadruviae keine neue Ikonographie entwickelt wurde, sondern auf einen bereits bekannten Typus und zwar den der matronalen Gottheiten zurückgegriffen wurde, mussten auf den Sigillaten zusätzliche Inschriften angebracht werden, die die Frauen für den antiken Betrachter eindeutig als Wegegöttinnen identifizierbar machten.

Die Quadruviae wurden wie die Muttergottheiten in hainartigen Umgebungen verehrt. Einen ungefähren Eindruck von der Gestalt der kleinen Heiligtümer können die – wenn auch nur sehr schematischen – Abbildungen auf den Sigillata-Gefäßen der Töpferwerkstatt des Cerialis vermitteln (Abb. 2; 5). Größtenteils dürfte es sich um kleine, im unteren Bereich vergitterte Aediculen mit den Bildnissen der Göttinnen oder auch um einfache, umzäunte Bezirke gehandelt haben, in denen Weihealtäre und andere Votive aufgestellt wurden.

Abb. 3 Mütterliche Gottheit, Terrakotta. Fundort: Mayen, Datierung: 2. Drittel 2. Jh. n. Chr., AO: Mayen, Eifelmuseum.

Das idyllisch-ländliche Bild, das die kleinen Haine vermitteln, wird auf einigen Darstellungen durch Abbildungen von Eroten, Schlangen und Eidechsen unterstrichen (Abb. 5).

Inschriftlich bezeugte, aber leider nicht näher zu lokalisierende Wegeheiligtümer kennen wir aus Xanten, Koblenz und Straßburg[18].

Die einzige bisher ergrabene Kultstätte befindet sich im Petroneller Tiergarten (Carnuntum, Österreich). Sie bestand aus einem ca. 9 m × 3 m großen, zweiseitig ummauerten, direkt an einer Hauptstraße gelegenen Gelände, auf dem die den Göttinnen geweihten Altäre aufgestellt waren. In der unmittelbaren Nachbarschaft befand sich das Heiligtum des im Carnuntiner Bereich intensiv verehrten Silvanus Domesticus. Er galt nicht nur als guter Geist des häuslichen Bereiches, sondern außerdem auch als Schutzgott der Reisenden[19]. Offensichtlich hat der Bezirk der Quadruviae schon vor der Errichtung des Silvanusheiligtums bestanden. Das Wegeheiligtum ist im 2. Jahrhundert n. Chr. angelegt worden. Seine Blüte dürfte es jedoch wie das Silvanusheiligtum im 3. Jahrhundert n. Chr. erlebt haben. Vermutlich ist die im Petroneller Burgtor vermauerte Votivtafel, die Silvanus und den Quadruviae gewidmet ist und von einem Wiederaufbau eines zwischenzeitlich verfallenen Weihbezirks berichtet, zugehörig[20], wenn man nicht von einem weiteren ähnlichen Heiligtum in Carnuntum ausgehen möchte.

Der überwiegende Teil der den Wegegöttinnen geweihten Denkmäler besteht aus schmucklosen einfachen Altären bescheidener Größe und Qualität. Natürlich ist zu berücksichtigen, dass es sicher auch Weihegeschenke aus vergänglicheren Materialien wie Wachs, Holz oder Textilien gegeben haben dürfte.

Einige wenige der bekannt gewordenen Altäre besitzen verzierte Nebenseiten oder Giebelschrägen mit applizierten steinernen Früchten (Abb. 4). Neben Bäumen, die offensichtlich sehr wichtig für die Ausstattung der Heiligtümer waren, finden sich die Darstellungen eines Füllhorns und eines Speisetisches mit einem Schweinskopf auf den Nebenseiten der Altäre[21].

Offensichtlich wurden auch die Wegegöttinnen als Segens- und Glücksspenderinnen verehrt und ihnen wurden – wie den Müttern – Baumfrüchte und gelegentlich auch tierische Opfer dargebracht.

Dass Speisesofas zur Einnahme von kultischen Mahlzeiten durchaus zur Ausstattung eines größeren Wegeheiligtums gehört haben, erfahren wir von der bereits oben erwähnten Votivtafel aus Carnun-

Abb. 4 Altar für die Wegegöttinnen, Giebel mit applizierten Früchten. Fundort: Köln, Datierung: 2.–3. Jh. n. Chr., AO: Köln, Römisch-Germanisches Museum.

tum. Hier ließ ein Veteran der 14. Legion nicht nur eine Mauer nebst Eingang für das Wegeheiligtum errichten, sondern sorgte auch für den Wiederaufbau einer verfallenen Porticus nebst Speisesofa.

Alle geweihten Altäre sind der zu Stein gewordene Ausdruck einer geglückten Unternehmung und einer damit verbundenen, zutiefst empfundenen Dankbarkeit gegenüber den Wegegöttinnen. Deshalb enden die Weihinschriften meist mit einer Folge von vier Buchstaben *v(otum) s(olvit) l(ibens) m(erito)* – „Das Gelübde erfüllte er/sie freudig und verdientermaßen [für die erwiesene Gunst]".

Zum Dedikantenkreis gehörten häufig Militärpersonen. Hervorzuheben sind hier die Weihungen der Beneficiarier[22]. Sie waren im Rahmen der Finanz- und Wirtschaftskontrolle abkommandierte Soldaten, die entlang wichtiger Verkehrswege in Straßenstationen Dienst taten. Mit ihnen zugeordneten, einfachen

Abb. 5 Fragmente einer Terra Sigillata-Schüssel mit Darstellung eines kleinen Tempels für die Wegegöttinnen (Umzeichnung). Fundort: Wels, Österreich, Datierung: Ende 2. – frühes 3. Jh. n. Chr., AO: Wels, Städtisches Museum.

Soldaten sowie weiterem Hilfspersonal werden sie auch Polizeiaufgaben übernommen haben[23]. Nur wenige Altäre wurden von Frauen gestiftet. Das mag darin begründet sein, dass in der Antike Männer häufiger reisten als Frauen. Die Weihungen der weiblichen Stifterinnen könnten teilweise auf die unbeschadete Rückkehr von männlichen Familienmitgliedern zu beziehen sein.

Leider bleibt die soziale Stellung der Dedikantinnen weitgehend im Dunkeln. Nur von Vibia Pacata, die den Wegegöttinnen einen Altar am Antoninuswall in Schottland aufstellen ließ, wissen wir, dass sie mit einem *centurio* (Offizier) verheiratet war[24]. Auch für Valeria Secundina, die in Kaiseraugst in der Schweiz einen Weihestein stiftete, sind Verbindungen zum Militär nicht auszuschließen[25].

Die Masse der Weihungen an die Wegegöttinnen gehört in die zweite Hälfte des 2. Jahrhunderts n. Chr. und in das 3. Jahrhundert n. Chr. Die frühesten bekannten Weihungen stammen aus Köln und Bonn. Sie werden in die Zeit vom Ende des 1. Jahrhunderts n. Chr. bis in die Mitte des 2. Jahrhunderts n. Chr. datiert[26].

Die Anfänge der Wegegöttinnenverehrung sind mit hoher Wahrscheinlichkeit in den germanischen Provinzen und nicht – wie des Öfteren vermutet wurde – im illyrisch-balkanischen Bereich zu suchen. Denn nur hier bestanden, aufgrund der in der einheimischen Bevölkerung weit verbreiteten Verehrung von Muttergottheiten, die Voraussetzungen zur Entwicklung von konkreten Vorstellungen vom Wesen und Aussehen der Wegegöttinnen; stellen diese doch nur eine weitere Variante der Muttergottheiten dar.

Der Kult der Wegegöttinnen könnte in verstärktem Maße von Militärpersonen und deren Anhang verbreitet worden sein. Ein ähnliches Phänomen stellt die Übertragung der Matresverehrung nach Britannien dar. Diese steht in einem deutlich militärischen Kontext[27].

Auch die durch Keramikhändler importierten Sigillata-Schüsseln mit den anschaulichen Bildnissen der Göttinnen dürften dabei eine Rolle gespielt haben. Die Cerialis V-Werkstatt, die diese Stücke herstellte und vertrieb, war von der Zeit Marc Aurels bis in die severische Zeit hinein – also zur Blütezeit des Kultes – tätig[28]. Hauptabnehmer der Rheinzaberner Produkte in der Donaugegend waren vorzugsweise die Garnisonen und Grenzstädte[29].

Wie zahlreiche christliche Schriften belegen, war auch noch lange nach dem Untergang des Römischen Reiches die Wirksamkeit von göttlichen Mächten im Bereich von Kreuzungen und Straßengabelungen im Bewusstsein der Menschen fest verankert[30]. Der Aberglaube, der sich um die Kreuzwege rankt, geht auf die ehemals dort verehrten heidnischen Götter zurück. Ihr ursprünglicher Wirkungskreis geriet mit der fortschreitenden Christianisierung immer mehr in Vergessenheit. Später sanken sie als nun namenlose, heidnische Götter zu unheilvollen Dämonen herab.

Noch im 11. Jahrhundert drohte Burchard, der damalige Bischof von Worms, dem diese heidnische Tradition ein Dorn im Auge war, allen mit schweren Kirchenbußen, die an Wegekreuzungen zur Verehrung des Ortes eine Kerze oder Fackel anzündeten sowie Brot oder andere Opfergaben dorthin brachten.

Schon oft hatte man daher aus der Not eine Tugend gemacht und sich die überlieferte Ehrfurcht für diese Stätten zu Nutze gemacht. Man widmete diese Plätze christlich um, indem man dort kleine Kapellen errichtete, Kreuze oder auch Statuen von Heiligen aufstellte[31].

Im Jahr 1095 scheint noch einmal die Verknüpfung von Wegelagerern und Straßenheiligtümern kurz auf, diesmal aber in einem rein christlichen Kontext. Im Konzil von Clermont beschäftigte sich Papst Urban II. mit den Raubrittern, die zu dieser Zeit ganze Landstriche in Angst und Schrecken versetzten. Urban dehnte die Immunität, die schon für Kirchen und Kirchenvorplätze galt, jetzt ausdrücklich auch auf die Wegekreuze aus[32]. Wer sich von Räubern und Wegelagerern verfolgt, in höchster Not an eines der zahlreichen Wegekreuze klammerte, begab sich unter den Schutz des Kreuzes und war, zumindest in der Theorie, unantastbar.

Es ist natürlich reizvoll darüber zu spekulieren, an wie vielen solcher – teilweise auch heute noch durch Kreuze bezeugter – Stellen, denen wir uns, je nach Naturell, mit historischem Interesse oder religiöser Ehrfurcht nähern, schon in römischer Zeit die Menschen göttlichen Schutz für ihre Reisen erbaten.

Anmerkungen

[1] Literarische und inschriftliche Quellen zu den Unannehmlichkeiten und Gefahren antiker Reisen stellte CHEVALLIER 1988, 53–55 zusammen. Der Dichter Horaz (Hor. sat. 1,5) berichtet sehr unterhaltsam von einer mit Freunden im Jahr 37 v. Chr. unternommenen Reise von Rom nach Brindisi und deren Unwägbarkeiten.
[2] DREXHAGE 1988, bes. 317 Anm. 68.
[3] DKP 1 (1964) 983 s. v. Cacus, Caca (W. Eisenhut).
[4] Ov. met. lib. 7,443–445.
[5] Ov. met. lib. 7,441–442.
[6] CIL XIII 6429; CSIR Deutschland II 13 Nr. 396.
[7] CIL VI 20307.
[8] PREISIGKE 1906–1920, 233.
[9] CASSON 1978, bes. 206–258; Artem. 2,33 (Statuen). 3,5 (Wachteln). 3,65 (Eulen).
[10] EUSKIRCHEN 1993.
[11] WALSER 1984.
[12] HONDIUS-CRONE 1955.
[13] Ausführliche Darstellung des Themas mit Katalogteil und Verbreitungskarte bei MATTERN 1998.

[14] Mattern 1998, Verbreitungskarte Abb. 1.
[15] ML II 2 (1894–1897) 1868–1897 s. v. Lares (G. Wissowa); LIMC VI 1 (1992) 205 s. v. Lares (V. Tran Tam Tinh).
[16] Mattern 1998, Nr. 14 (*Laribus compitalibus sive Quadruviis*).
[17] Zum Aussehen eines solchen Heiligtums vgl. ML II 2 (1894–1897) 1873 s. v. Lares (G. Wissowa) und das sehr aufwendig in Marmor ausgeführte Tempelchen des Compitum Acili in Rom. Die Aedicula wurde 5 v. Chr. von drei *vicomagistri* (Stadtbezirksaufsehern) gestiftet; siehe Zanker 1990, 135 f. Abb. 106–107.
[18] Mattern 1998, Nr. 2 (Xanten); Nr. 11 (Koblenz); Nr. 32 (Straßburg).
[19] Kandler 1985.
[20] Mattern 1998, Nr. 57.
[21] Mattern 1998, Nr. 2. In der in Xanten gefundenen Inschrift werden ausdrücklich Bäume als zur Ausstattung des Heiligtums gehörig erwähnt (*templum cum arboribus*).
[22] Mattern 1998, Nr. 9; 14; 30; 31.
[23] Straßenstation Osterburken: Schallmayer/Preuss 1994; Straßenstation Obernburg: Steidl 2005.
[24] Mattern 1998, Nr. 1.
[25] Mattern 1998, Nr. 43; Speidel 1991, 282 denkt an eine Verbindung zu der in Augst vermuteten Beneficiarierstation; Spickermann 1994, 275 möchte in ihr lieber eine Händlerin sehen.
[26] Mattern 1998, Nr. 8 (Köln); Nr. 9 (Bonn).
[27] Rüger 1987, 8 Abb. 9. Rüger sieht hier eine Abhängigkeit von den Rekrutierungen des kontinentalen Nordwestens und damit von der Mütterverehrung zwischen Maas und Rhein.
[28] Karnitsch 1959, 306; Póczy 1969/70.
[29] Mattern 1998: Sigillaten mit Bildnissen der Wegegöttinnen sind aus Rheinzabern (Nr. 33–36), Stuttgart (Nr. 37), Augsburg (Nr. 44), Lorch, Österreich (Nr. 45–47), Wels (Nr. 50–51), Gerulata (Nr. 65) und Budapest (Nr. 66) bekannt geworden.
[30] Bei vielen Völkern waren Wegekreuzungen und -gabelungen mit magischen Vorstellungen und Praktiken verknüpft; vgl. RE IV (1901) 792–794 s. v. Compitum (G. Wissowa); HDA V (1932/33) 516–529 s. v. Kreuzweg (Klein).
[31] Hörter 1924, 63 zählt Wegekreuze bei Hausen, Berresheim, Obermendig und Thür auf, die sicher an vormals römischen Straßengabelungen und Kreuzungen errichtet wurden.
[32] Gresser 2006.

Literaturverzeichnis

Casson 1978
L. Casson, Reisen in der Alten Welt (München 1978).

Chevallier 1988
R. Chevallier, Voyages et déplacements dans l'empire romain (Paris 1988).

Drexhage 1988
H.-J. Drexhage, Einbruch, Diebstahl und Straßenraub im römischen Ägypten unter besonderer Berücksichtigung der Verhältnisse in den ersten beiden Jahrhunderten n. Chr. In: I. Weiler (Hrsg.), Soziale Randgruppen und Außenseiter im Altertum [Symposion Graz 21.–23. Sept. 1987] (Graz 1988) 313–323.

Euskirchen 1993
M. Euskirchen, Epona. Ber. RGK 74, 1993, 607–838.

Gresser 2006
G. Gresser, Die Synoden und Konzilien in der Zeit des Reformpapsttums in Deutschland und Italien von Leo IX bis Calixt II 1049–1123 (Paderborn 2006).

Hörter 1924
P. Hörter, Der Kreuzweg und die Wegekreuze. Eifelvereinsblatt 25, 1924, 63 f.

Hondius-Crone 1955
A. Hondius-Crone, The Temple of Nehalennia at Domburg (Amsterdam 1955).

Kandler 1985
M. Kandler, Das Heiligtum des Silvanus und der Quadruviae im Petroneller Tiergarten. Jahresh. Österr. Arch. Inst. 56, 1985, 143–168.

Karnitsch 1959
P. Karnitsch, Die Reliefsigillata von Ovilava (Wels, Oberösterreich) (Linz 1959).

Mattern 1998
M. Mattern, Von Wegelagerern versperrte Straßen, von Piraten beherrschte Meere. Überlegungen zu Wesensart und Herkunft der Wegegöttinnen. Arch. Korrbl. 28, 1998, 601–620.

Póczy 1969/70
K. Póczy, Rheinzabern und die pannonischen Töpfereien. Acta RCRF 11–12, 1969/70, 90–97.

Preisigke 1906–1920
F. Preisigke, Griechische Papyrus der kaiserlichen Universitäts- und Landesbibliothek zu Straßburg (Straßburg, Leipzig 1906–1920).

Rüger 1987
Ch. B. Rüger, Beobachtungen zu den epigraphischen Belegen der Muttergottheiten in den lateinischen Provinzen des Imperium Romanum. In: Matronen und verwandte Gottheiten. Ergebnisse eines Kolloquiums, veranstaltet von der Göttinger Akademischen Kommission für die Altertumskunde Mittel- u. Nordeuropas. Beih. Bonner Jahrb. 44 (Bonn 1987) 1–30.

Schallmayer/Preuss 1994
E. Schallmayer/G. Preuss, Die Steinfunde aus dem Heiligtum von Osterburken. In: Der römische Weihbezirk von Osterburken II. Kolloquium 1990 und paläobotanische-osteologische Untersuchungen. Forsch. u. Ber. Vor- u. Frühgesch. Baden-Württemberg 49 (Stuttgart 1994) 15–73.

SPEIDEL 1991
: M. A. Speidel, Ein Altar für die Kreuzwegegöttinnen. Jahresber. Augst und Kaiseraugst 12, 1991, 281 f.

SPICKERMANN 1994
: W. Spickermann, „Mulieres ex voto". Untersuchungen zur Götterverehrung von Frauen im römischen Gallien, Germanien und Rätien. (1.–3. Jh. n. Chr.). Bochumer hist. Schr. Alte Gesch. 12 (Bochum 1994).

STEIDL 2005
: B. Steidl, Die Station der *beneficiarii consularis* in Obernburg am Main. Vorbericht über die Ausgrabungen 2000/2002. Germania 83, 2005, 67–94.

WALSER 1984
: G. Walser, Summus Poeninus. Beiträge zur Geschichte des Gr. St. Bernhard-Passes in römischer Zeit. Historia Einzelschr. 46 (Stuttgart 1984).

ZANKER 1990
: P. Zanker, Augustus und die Macht der Bilder (München 1990).

Abbildungsnachweis: Introbild Horst Stelter, LVR-Archäologischer Park Xanten / LVR-RömerMuseum; Abb. 1 Foto: Peter Frankenstein, Hendrik Zwietasch; Landesmuseum Württemberg, Stuttgart; Abb. 2 Nach W. Ludowici, Römische Ziegelgräber. Katalog IV meiner Ausgrabungen in Rheinzabern 1908–1912. Stempel-Namen, Stempel-Bilder, Urnengräber (München 1912) 95 Nr. 2698. – Generaldirektion Kulturelles Erbe Rheinland-Pfalz; Abb. 3 Bernd Oesterwind, Eifelmuseum Mayen; Abb. 4 Köln, Römisch-Germanisches Museum / Rheinisches Bildarchiv; Abb. 5 Nach Karnitsch 1959, Taf. 114 Nr. 1. 2. – Institut für Landeskunde von Oberösterreich.

Dr. Marion Mattern
Heider Weg 1
42799 Leichlingen
marionmattern@aol.com

KRIMINALDELIKTE

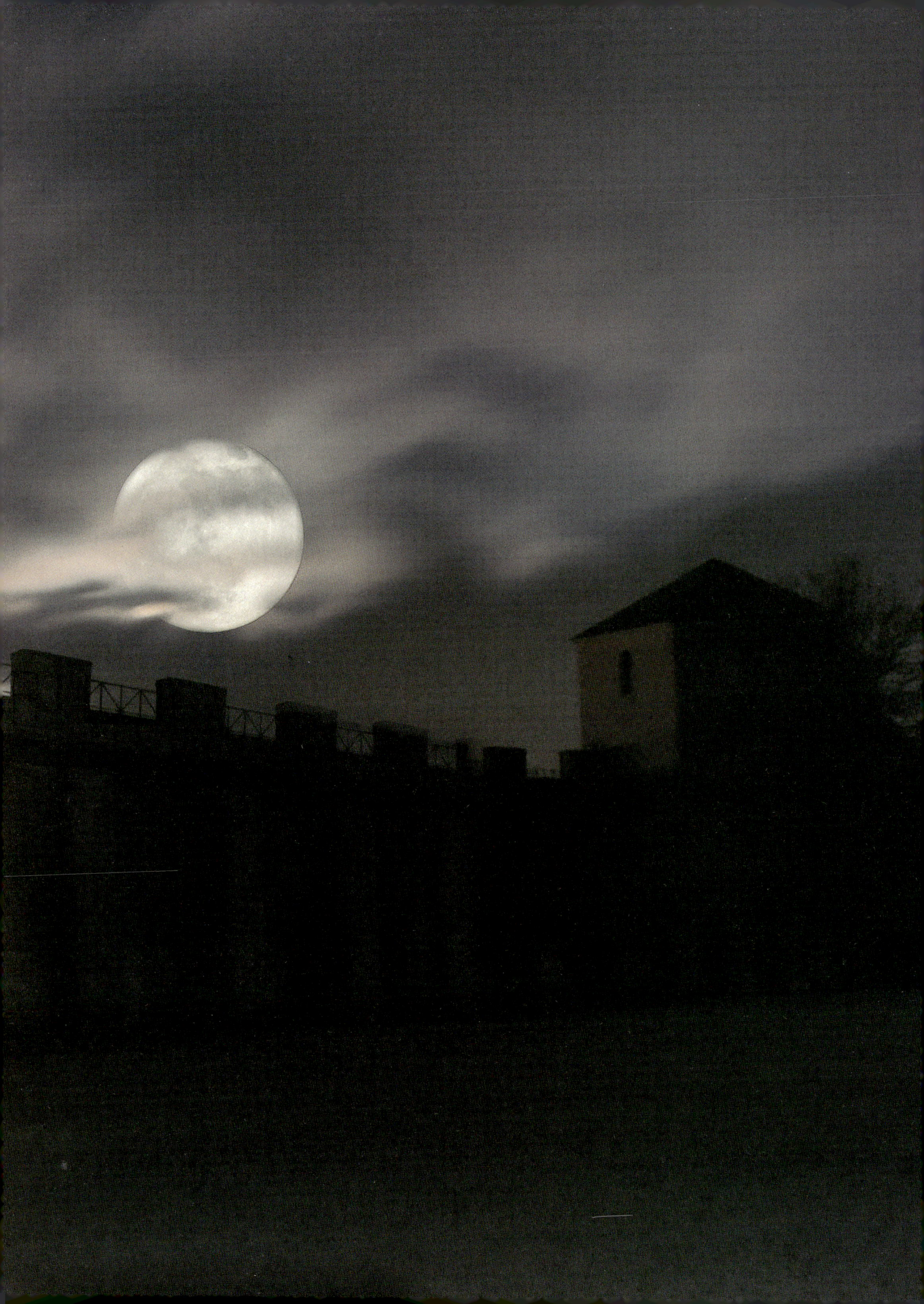

MARKUS SCHOLZ

Verdammter Dieb –
Kleinkriminalität im Spiegel von Fluchtäfelchen

Wie hoch die Aufklärungsquote von Verbrechen in den römischen Provinzen der Kaiserzeit war, wissen wir nicht. Magische Fluchtäfelchen (*defixiones*) zeugen jedenfalls davon, dass sich wütende Opfer von Straftaten nicht nur auf staatliche Strafverfolgungsbehörden verließen – sofern diese im heutigen Sinne überhaupt existierten –, sondern auch die Allmacht (*numen*) der Götter zu beschwören versuchten, um Wiedergutmachung und/oder Vergeltung (*vindicta*) zu erlangen. Sie verfolgten dabei die Strategie, das eigene Anliegen zur Sache der Gottheit(en) selbst zu machen, die als Richter und Rächer wirksam werden sollte(n). Öfter versuchte man die Gottheit durch das Versprechen zu motivieren, ihr Heiligtum bei Erfolg um eine Stiftung zu bereichern, die z. B. im Falle der Wiederbeschaffung von Diebesgut in einer Relation zu dessen Wert steht[1]. Solche auf Bleitäfelchen niedergeschriebenen und anschließend rituell niedergelegten „Gebete um Gerechtigkeit" oder „Rachegebete"[2] halten der Alltagskriminalität gewissermaßen einen indirekten Spiegel vor. Bis heute sind reichsweit insgesamt rund 500 in Latein verfasste Fluchtäfelchen bekannt, in denen ganz unterschiedliche Anliegen an die Götter herangetragen werden[3]. Meistens geht es um persönliche Konkurrenz, z. B. in der Liebe oder bei Spielen um Leben und Tod oder zumindest um hohe Gewinnmargen (Gladiatoren und Wagenlenker), um private Konflikte oder zwischenmenschliche Feindschaften; meist ohne – oder ohne erkennbare – kriminelle Relevanz. Eine besondere Gruppe bilden die Verfluchungen von Prozessgegnern, denen hier ein eigenes Kapitel gewidmet ist (siehe M. Scholz in diesem Band). Mindestens 95 *defixiones*, die hier erstmals zusammengestellt sind, bezeugen aber explizit Diebstähle (Listen 1–4)[4]. Quasi als Musterbeispiel sei ein Text aus dem Quellheiligtum der Sulis Minerva in Aquae Sulis (Britannia, heute Bath) vorgestellt (Nr. 8), wo seit der Antike ein wegen seiner heißen Quellen geschätztes Kurbad besteht:

Deae Suli Minerv(a)e Soli/nus dono numini tuo ma/iestati paxsa(m) ba(ln)earem et [pal]/leum [nec p]ermitta[s so]mnum / nec san[ita]tem ei qui mihi fr(a)u/dem [f]ecit si vir si femi[na] si servus s[i] l[ib]er nissi [s]e retegens istas / s[p]ecies ad [te]mplum tuum detulerit / [--- li]beri sui sua e[t(?)] qui [---] deg[---] / ei quoque [---]xe[---] / [--- so]mnum ne[c sanitate]m [---]n[---]all[e]um / et reli(n)q[ua]s nissi ad [te]mplum tu/um istas res retulerint.

Übersetzung:
„Dir, Göttin Sulis Minerva, Deiner Allmacht und Hoheit überantworte ich, Solinus, meinen Bademantel sowie meinen Ausgehmantel. Gewähre dem, der mir Unrecht getan hat – sei es ein Mann oder eine Frau, sei es ein Sklave oder ein Freier – weder Schlaf noch Gesundheit solange, bis dass er/sie sich stellt und diese (beiden) Gegenstände (hierher) zu Deinem Heiligtum zurückbringt . . ."

Betrachten wir zuerst das Diebesgut. Mit 27 % der Fälle entfällt der größte Anteil auf Kleidungsstücke (Graphik 1 und Liste 1), und auch unter dem entwendeten Schmuck wurden dreimal Fibeln vermisst (Nr. 27; 41; 48). In der Regel wurde den Gottheiten der Diebstahl von Oberkleidern und Mänteln angezeigt (Nr. 1–5; 8–10; 15–16; 18; 20–22; 25), aber auch der Verlust von Leibkleidern wie *tunicae* (Nr. 14; 19), Schuhen (Nr. 16–17) oder Handschuhen (Nr. 11; 24) provozierte vernichtende Flüche. Das zeigt, dass (aufwändig von Hand hergestellte) Textil- und Lederwaren in der Antike mehr noch als heute Wertgegenstände darstellten, von denen viele Leute kaum mehr als ein Exemplar besessen haben dürften[5].

Beim gestohlenen Schmuck (12,5 %; Liste 2) wird nur in zwei von 13 Fällen der Wert durch die Angabe des Edelmetalls hervorgehoben (Nr. 34; 40). Mehrheitlich gingen Fingerringe (*anuli = anelli*) verloren, deren ideeller Wert offenbar nicht betont

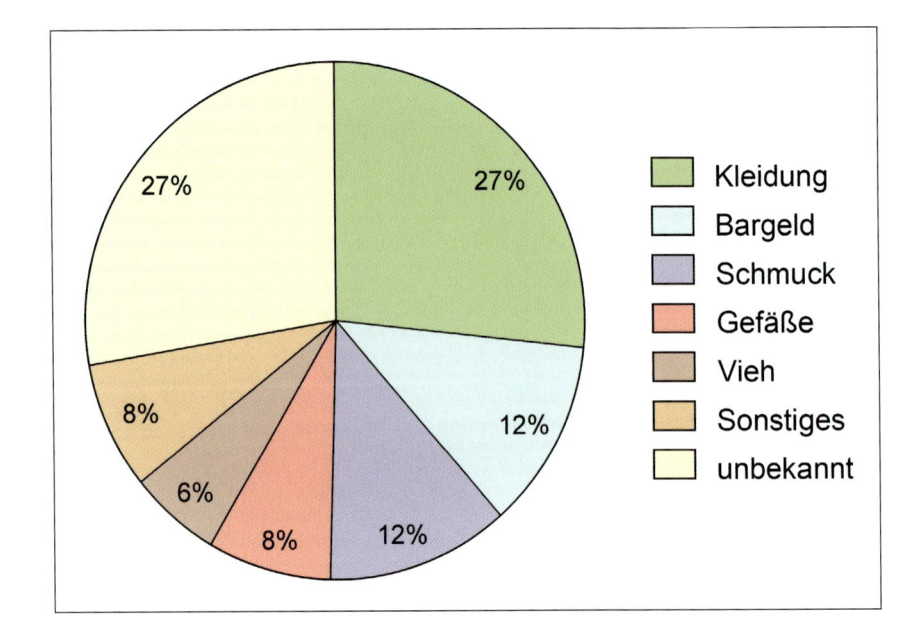

Graphik 1.
Das in den Fluchtäfelchen erwähnte Diebesgut.

Kleidung	Bargeld	Schmuck	Gefässe	Vieh	Sonstiges	Unbekannt bzw. nicht erhalten
Nr. 15; 18	Nr. 31–33; 36; 38; 43; 44a	Nr. 27; 30; 35; 39; 41; 45	Nr. 57	Nr. 67	Nr. 52; 59	Nr. 71; 80; 89

Tabelle 1 Namentliche Nennung verdächtiger Personen.

zu werden brauchte. Neben Schmuck steht auch Bargeld (12,5 %) bei den Dieben hoch im Kurs, wobei auffällt, dass ausschließlich Silbermünzen und in einem Fall (Nr. 37) eine Goldmünze abhanden kamen, wohingegen der Verlust von Kleingeld nicht beklagt wird. Entweder lässt dies auf gezielte Zugriffe der Täter schließen – so bei Nr. 31 (*de bursa mea*), wo auch Verdächtige genannt werden – oder es war den Opfern der Erwähnung nicht wert bzw. die wertvolleren Geldstücke stehen pars pro toto für die verlorene Börse. Lediglich in Mainz vermisste man explizit einen ganzen Geldbeutel mit Inhalt (Nr. 40: *sacclum in quo pecunia*).

Besonders schwer wog der Verlust offenbar ganzer gesparter Vermögen (Horte) in Höhe von 3 000 bzw. 4 000 Denaren und mehr als zwei Pfund Gold (Nr. 43; 36; 44a)[6]. Jedes Mal werden Verdächtige benannt, wobei es eher um Unterschlagung (*peculari*) als um Diebstahl gegangen sein dürfte[7]. Überhaupt fällt auf, dass bei gestohlenem Schmuck und Bargeld viel häufiger der Tat verdächtige Personen mitgeteilt werden als bei anderen Diebesgütern (Tabelle 1)[8].

Vielleicht darf man daraus die Vermutung ableiten, dass die Täter am ehesten im Bereich der erweiterten Familie (z. B. Sklaven, Bedienstete), von Gästen oder Bekannten zu suchen sind, die Gelegenheit hatten, die Verstecke der Wertgegenstände auszuspähen oder aus Gesprächen aufzuschnappen[9]. In der Mehrzahl der Fälle bleibt der Täter jedoch unbekannt und wird weitschweifig umschrieben, wie in dem oben zitierten Täfelchen aus Bath (Nr. 8), um möglichst keine Personengruppe von der Nachforschung durch die Gottheit auszusparen.

In der Beliebtheitsskala des Diebesgutes folgen Gefäße (8,3 %; Liste 3), wobei nicht so sehr – wie man erwarten würde – werthaltiges Tafelgeschirr aus Edelmetall (Nr. 63?; 65) vermisst wurde als vielmehr Küchengeräte wie Bronzekessel oder eiserne Bratpfannen (Nr. 50; 54–57). Hier entstand der eigentliche, die Wut auslösende Schaden wohl mehr durch den Verlust des Produktionsmittels als durch den Materialwert. In diese Kategorie fügen sich entwendete Werkzeuge ein, z. B. eine Mühle (Nr. 59; Abb. 1), eine Pflugschar (Nr. 51), ein Fe-

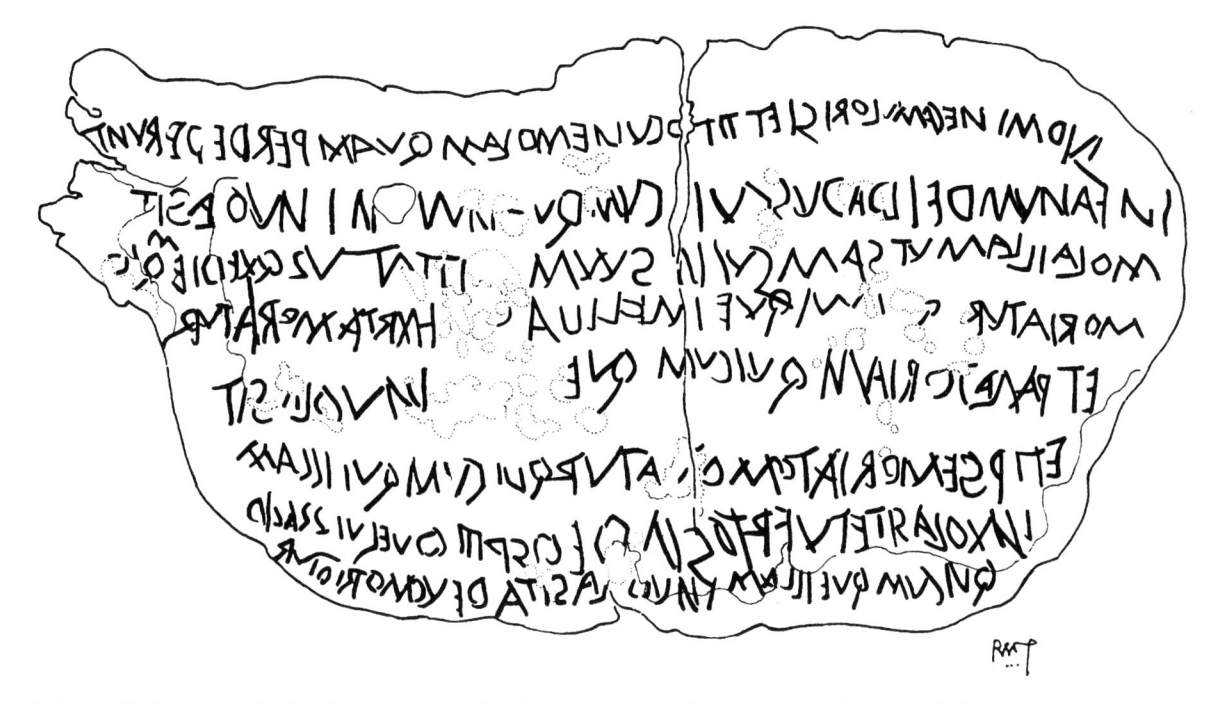

Abb. 1 Bleiernes Fluchtäfelchen Nr. 59 mit Verfluchung gegen die Diebe einer Handmühle in magischer Linksschrift. FO: Ratcliffe-on-Soar (Britannia), Heiligtum. 1.–4. Jh. n. Chr. Aufbewahrungsort unbekannt.

dermesser und ein Dechsel (Nr. 60) oder Zaumzeug (Nr. 61) bzw. Wagenräder (Nr. 64), ferner Nutztiere, bei denen es sich hauptsächlich um Zugtiere handelt (Nr. 46; 53; 58; 62; 64; 67). Warum allerdings der Verlust eines Schreibgriffels (Nr. 52) so viel Rage entfachen konnte, um dafür Blutsühne zu fordern, bleibt unverständlich. Möglicherweise war der ideelle Wert dafür ausschlaggebend. Je einmal wird der Verlust des Gepäcks (Nr. 49) bzw. von Getreidevorräten (Nr. 66) beklagt.

Die Nennung gestohlener Badeutensilien (Nr. 6; 8) gibt einen Hinweis auf einen besonders beliebten Tatort: die Umkleideräume von Bädern. Auch die große Menge der in den heißen Quellen von Aquae Sulis gefundenen Fluchtäfelchen, die Kleidung und kleinere Barschaften erwähnen, entstammen dem Thermenmilieu[10]. Dass hier bestimmte magische Formeln immer wiederkehren, lässt aufhorchen: Steckten die Diebe und (gewiss gegen Entgelt) hilfsbereite Magier[11] (oder Advokaten im halbseidenen ‚Nebenjob'?) dort zeitweise sogar unter einer Decke? Ein Schuft, wer Böses dabei denkt! Viermal verschwanden Gegenstände aus Herbergen (*hospitium*, *hospitiolum*; Nr. 43; 64; 71; 81), einmal aus einem Sklavenquartier (Nr. 18: *de paedagogium (sic!)*) und einmal (Kleidung?) aus einer Wäscherei (Nr. 2: *de lixivio*). In diesem Fall wird der Inhaber nicht nur für den vermutlich fremden Besitz gehaftet haben, sondern auch in Sorge um den Ruf seines Betriebes in Wut geraten sein. Ansonsten lassen die Deponierungsorte der Fluchtäfelchen nur manchmal Rückschlüsse auf den Tatort zu. Die meisten Täfelchen fand man in Tempelanlagen (74 %), besonders in heiligen Quellen (Aquae Sulis), und in verschiedenen Gewässern außerhalb von Tempeln (5,2 %)[12]. Die Identität von Tatort oder vermutetem Aufenthaltsort des Diebes und Deponierungsort darf man am ehesten bei den Funden in Privathäusern annehmen (5,2 %)[13]. In diese Kategorie gehört auch der Fund aus dem Kastell Chesterton (Nr. 13). Typisch magische Deponierungsorte, wo man Zugang zu Totengeistern und Unterweltgottheiten suchte (Amphitheater: Nr. 16; 57; 90; Grab: Nr. 46), sind in der Minderheit (4,2 %). Auf unbekannte bzw. unspezifische Fundstellen entfallen 9,4 % des Gesamtbestandes[14]. In sechs Texten werden mehrere verschiedene Besitztümer, darunter auch Haushaltsgegenstände, als gestohlen gemeldet (Nr. 12; 14; 46; 47; 60; 64), was auf Einbruch schließen lässt.

	Italia	Hispaniae	Galliae	Germaniae	Britanniae	Raetia	Noricum	Pannonia
involare	–	1	–	1	36	–	–	–
tollere	–	3	–	3	4	1	–	–
fur, furtum, furari	–	2	–	–	13	–	–	–

Tabelle 2   Bezeichnung des Diebstahls in den verschiedenen Provinzen.

Das die Straftat benennende Vokabular ist vielfältig, wie auch heute die umgangssprachlichen Formulierungen für Diebstähle ironisch-euphemistischen Erfindungsreichtum verraten, z. B. „mitgehen lassen", „mopsen", „Beine kriegen", „vom Laster gefallen" etc. Auf Latein: *abstulere* = fortnehmen (Nr. 12), *immutare* = übel mitspielen (Nr. 14), *circumvenire* = hinterlistig umschleichen (Nr. 23), *privare* = etwas absondern (Nr. 33), *levare* = erleichtern (Nr. 35; 55), *ferre* = tragen (Nr. 42), *peculari* = veruntreuen (Nr. 43), *evehere* = herausschaffen (Nr. 47). Die mit Abstand häufigsten Vokabeln sind jedoch das juristisch korrekte Verb *involare* = sich bemächtigen, wegnehmen, stehlen sowie das eher allgemeine *tollere (sustuli, sublatum)* = wegnehmen, wegbringen. Nach Provinzen betrachtet, zeichnen sich bei den Formulierungen starke Unterschiede ab, da *involare* fast nur in Britannia vertreten ist, während *tollere* überall vorkommt. Wiederum fast ausschließlich auf Britannia (und Hispania)[15] konzentriert sich die dezidierte, ebenfalls juristisch relevante Bezeichnung von Dieb und Diebstahl durch *fur, furtum fecit, furti factum est, furari* und *nomen furis* (Tabelle 2)[16] sowie einmal als *reus* = Angeklagter (Nr. 26).

Von größerer krimineller Energie dürften Täter getrieben worden sein, denen *rapere* = rauben (Nr. 67), *diripere* = wegzerren, rauben (Nr. 72) und *compilare* = plündern (Nr. 88) zur Last gelegt wird. Die Wegzerrung eines Zugtieres (Nr. 67) kommt vielleicht dem heutigen Autodiebstahl gleich, wohingegen in Nr. 72 das Beutegut im Text nicht erhalten ist. Die Anklage Nr. 88 erstreckt sich pauschal auf *meum*, d.h. das Meine, mein Besitz – also auf einen Raubüberfall mit umfangreicher Beute?

Häufig bezichtigen die Opfer den Täter des *fraudem fecisse*, also Betrug begangen zu haben[17]. Da diese Formulierung aber in erster Linie eine subjektive Beurteilung wiedergibt, wird in der Regel einer der oben genannten Termini (meistens *involare*) nachgeschoben. Bemerkenswert ist, dass überwiegend, insbesondere bei den britannischen Fluchtäfelchen, der Konjunktiv Perfekt gebraucht wurde (*involaverit* = gestohlen haben soll), was einer formaljuristischen Mutmaßung, aber noch keiner rechtskräftigen Verurteilung entspricht.

Der Leser mag sich bei der Durchsicht der Listen 1–4 selbst ein Bild davon machen, welchen Charakter die von der/den Gottheit(en), die man in der zweiten oder dritten Person Singular anrief, erbetenen magischen Sanktionen haben und wie viel Phantasie auf deren Inhalt verwandt wurde. Aus heutiger Sicht verwundert es, dass für Diebstähle einzelner Objekte, die heute eher unter Bagatelldelikte fallen würden, Strafen gefordert werden, die auf Blutsühne (z. B. Nr. 9: *nisi sanguine suo*) und letztlich den Tod des Täters hinauslaufen[18]. Inwieweit hier das heutige Wertempfinden für die betroffenen Gegenstände von den antiken Verhältnissen abweicht, inwieweit Jähzorn im Angesicht der frischen Tat – darauf lässt die wütend-hektische Handschrift einzelner *defixiones* schließen (Abb. 3) – oder bestimmte, vielleicht nicht näher hinterfragte magische Formeln zu diesem Bild führen, muss offen bleiben. Es besteht jedoch keineswegs eine proportionale Abhängigkeit der geforderten Sühne von der Schwere des Diebstahls. Die grausamsten Sanktionen erstrecken sich auf den Diebstahl eines Mäntelchens (Nr. 15; Abb. 2), eines Mantels, Kopftuches und anderer „Kleinigkeiten" (*minutalia*) (Nr. 25), einer Fibel (Nr. 27), eines silbernen Fingerringes (Nr. 34), eines Arm- und Halsreifs (Nr. 42) sowie auf ein nicht näher beschriebenes Gefäß (Nr. 57). Neben potentiellen Mitwissern werden auch zweimal Außenstehende, nämlich Nachkommen und Verwandte, in die Fluchwirkung einbezogen (Nr. 43; 46). Öfter wünschte man körperliche, geistige oder seelische Einschränkungen des Täters herbei oder überließ die Wahl des Strafmaßes den Gottheiten selbst[19], indem diese den Delinquenten heimsuchen (*obire, invenire*), verfolgen (*persequi*), umhertreiben (*exagere*), verwirren (Nr. 40; 48) oder von ihm Besitz

Abb. 2 Bleiernes Fluchtäfelchen Nr. 2 mit Verfluchung gegen den Dieb eines Mäntelchens. FO: Groß-Gerau (Germania Superior), Bereich des Vicus. 1. Jh. n. Chr. (?). Privatbesitz.

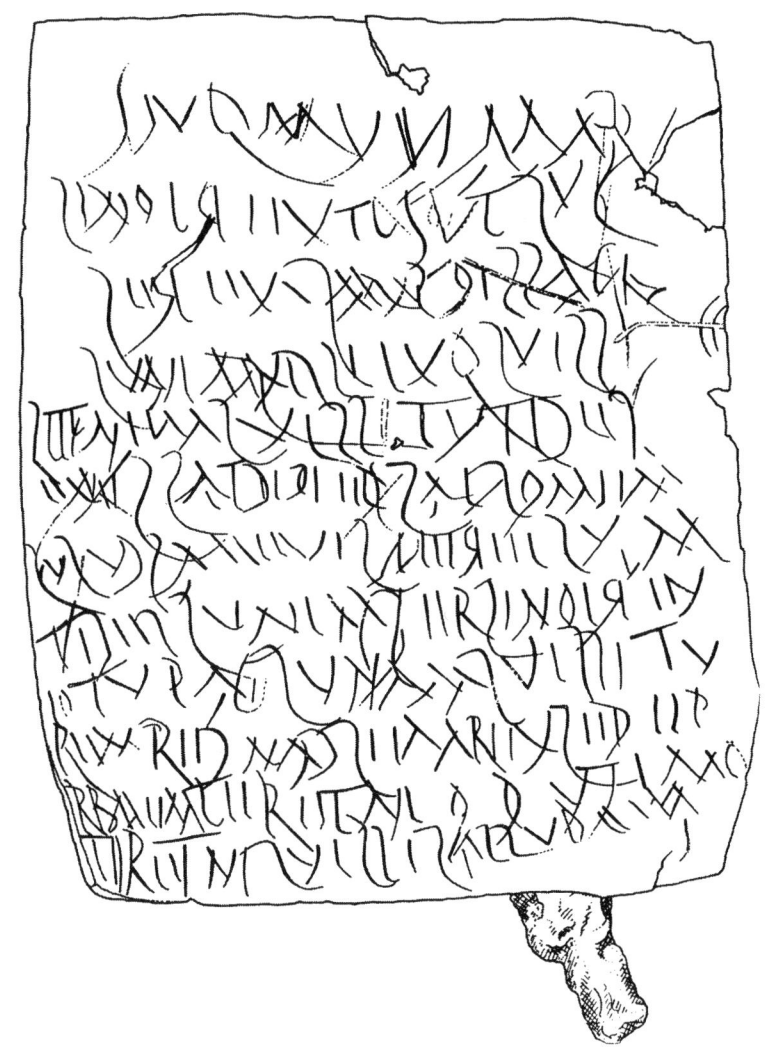

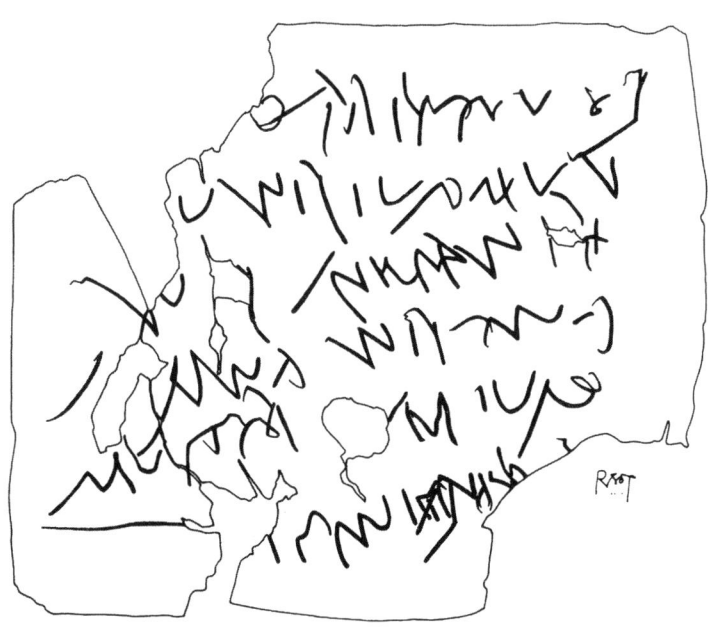

Abb. 3 Bleiernes Fluchtäfelchen Nr. 5 mit Verfluchung gegen den Dieb eines Umhangs. Die wütend wirkende Handschrift lässt vermuten, dass der Text bald nach der Tat niedergeschrieben wurde. Tatort war wohl die Umkleidekabine der Thermen. FO: Aquae Sulis (Bath, Britannia), Heiligtum. 2./3. Jh. n. Chr. Museum Bath.

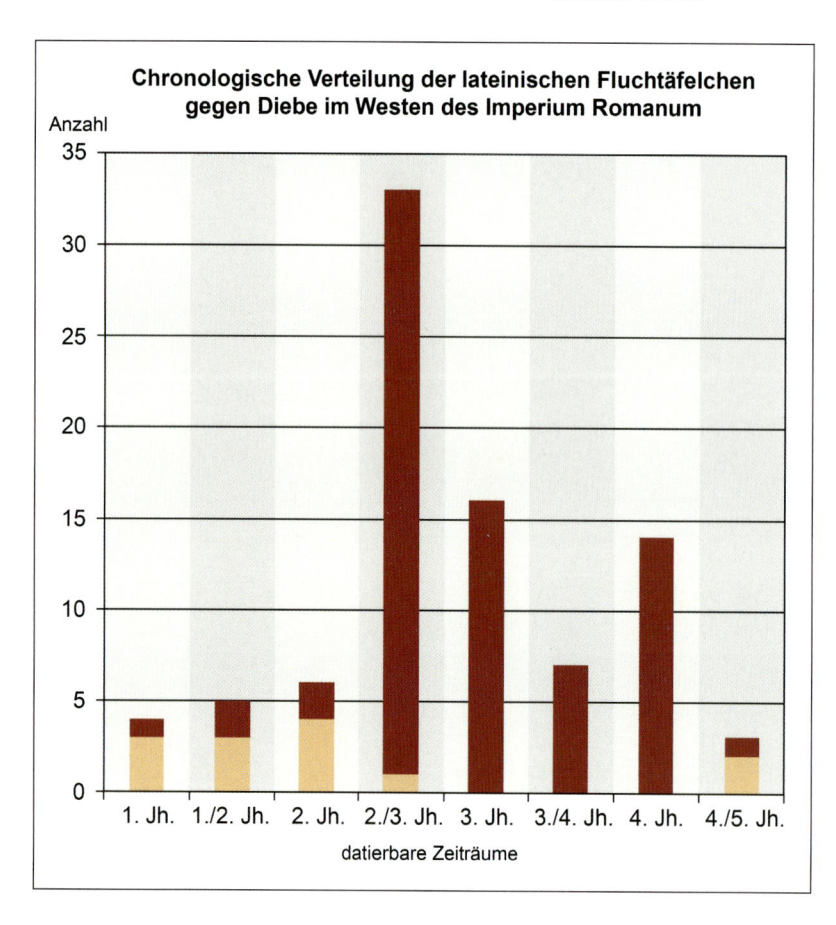

Graphik 2 Chronologische Verteilung der *defixiones* gegen Diebe in den Westprovinzen (siehe Tabelle 3).

Italia	Hispaniae	Galliae	Germaniae	Britanniae	Raetia	Noricum	Pannonia
–	6	3	4	79	2	–	1

Tabelle 3 Vorkommen lateinischer *defixiones* gegen Diebe in den Westprovinzen.

ergreifen (Nr. 44; 51) sollten. In der Regel wird dem Täter aber die Möglichkeit eingeräumt, sich von der Fluchwirkung zu lösen, wenn er – meist innerhalb einer gesetzten Frist – gesteht (Nr. 42: *ut confiteat*) und das Diebesgut dem Besitzer oder dem Tempel der Gottheit übergibt[20].

Der Leser dürfte längst bemerkt haben, dass die große Mehrzahl der Diebesverfluchungen (83 %) aus (Süd-)Britannia stammt. Zwar fallen hierbei die Massenfunde der Heiligtümer von Bath und Uley besonders ins Gewicht, doch vereint diese Provinz auch die meisten Einzelfunde auf sich, was zeigt, dass es sich hierbei tatsächlich um ein besonderes, regionales Phänomen handelt. Umgekehrt kennt man z. B. aus den an Fluchtäfelchen anderen Inhalts reichen Provinzen Nordafrikas keine einzige (lateinische) Diebesverfluchung.

Schadenzauber war zwar grundsätzlich verboten[21], wurde aber offenbar nicht immer und überall konsequent verfolgt oder sogar geduldet, wie die im ganzen Reich über viele Jahrhunderte gepflegte Praxis[22] und zumal die Massenfunde in Heiligtümern, an öffentlichen Plätzen also, erahnen lassen[23]. Gerade bei den ‚Gebeten um Gerechtigkeit' ist es üblich, dass sich der Verfluchende im (vermeintlichen) Bewusstsein der Rechtmäßigkeit sogar selbst nennt[24]. Bestätigt wird dies durch den quasi-juristischen Stil der an die Götter gerichteten ‚Anklageschriften'. Dementsprechend werden fast ausschließlich offizielle Staatsgötter des griechisch-römischen Pantheons angerufen – Synkretismen wie Sulis Minerva oder die abwechselnd mit Merkur, Mars oder Silvanus identifizierte, in Uley verehrte keltische Gottheit inbegriffen –, aber nur selten Lokal- (Nr. 14; 17; 18; 39) oder Unterweltgottheiten (Nr. 44a; 57).

Ging es in Britannia etwa krimineller zu als in anderen Provinzen, wie die ungleiche Fundverteilung suggerieren könnte? Zunächst ist festzustellen, dass die Masse der insularen Fluchtäfelchen später als auf dem Kontinent einsetzt, nämlich erst im Laufe des 2. Jahrhunderts n. Chr., also während der Prosperitätsphase des Imperiums, und – anders als auf dem Kontinent – in den unruhigen Zeiten des 3. und 4. Jahrhunderts n. Chr. weiterläuft oder sogar noch zunimmt (Graphik 2)[25]. Doch war gerade die Inselprovinz von den sozialen und kulturellen Umbrüchen in der Reichskrise des 3. Jahrhunderts n. Chr. weitaus weniger betroffen als der Kontinent, so dass es unbegründet wäre, deswegen hier eine signifikant höhere Kriminalitätsrate anzunehmen. Die fortlaufende Fluchtafel-Tradition spiegelt im Gegenteil eine eher kontinuierliche Entwicklung Britanniens wider, was zumindest hinsichtlich dieser Kultpraxis auch in zunehmend elaborierten und (partiell) standardisierten Formularen zum Ausdruck kommt[26]. Während die Schriftkultur auf dem Kontinent im 3. Jahrhundert n. Chr. niederging[27], behauptete sie sich in Britannia besser[28]. Die chronologische Entwicklung einerseits und der Fundstellenschwerpunkt in Tempeln andererseits sprechen eher dafür, dass wir in Britannien eine über drei Jahrhunderte gepflegte regionale Tradition fassen[29].

Das soll nicht darüber hinwegtäuschen, dass auch dieser Teil des Imperiums in der Spätantike unter organisierter Kriminalität gelitten haben mag. Davon zeugen möglicherweise vier Fluchtäfelchen aus Aquae Sulis (Nr. 31–32), Leicester (Nr. 18) und Lydney Park (Nr. 39), in denen jeweils unter mehreren anderen Namen von Verdächtigen der eines gewissen Senicianus (statt richtig: Senecianus)[30] auftaucht. Alle vier Täfelchen stammen aus dem späten 3. oder 4. Jahrhundert; ihre Fundorte liegen maximal ca. 200 km im mittleren Süden Englands voneinander entfernt, was durchaus dem Wirkungsradius einer Räuberbande entsprechen könnte. War jener Senicianus das gefürchtete Haupt einer auf Diebstahl (Einbruch?) spezialisierten Bande[31]?

Abschließend sei noch angemerkt, dass sich unter den ‚Gebeten um Gerechtigkeit' bisher keines befindet, in dem es um Kapitalverbrechen geht, wie z. B. Mord, Hochverrat, Freiheitsberaubung etc. Waren diesbezüglich die Aufklärungsquoten irdischer Justiz besser? Neben den hier behandelten Diebstählen kommen noch mehrfach Erbstreitigkeiten zur Sprache[32], doch ist deren juristischer Belang ungewiss. Einmal ist von Tierquälerei (*qui pecori meo dolum malum intulerunt*) die Rede[33].

Listen

Vorbemerkung zu den Listen 1–4: Die *defixiones* sind in alphabetischer Reihenfolge ihrer Fundorte aufgelistet. Mit * bzw. ** gekennzeichnete Täfelchen erwähnen einen bzw. mehrere des Diebstahls Verdächtige.

NR.	GEGENSTAND UND STRAFRELEVANTER VORWURF	VON DER/DEN GOTTHEIT(EN) ERWÜNSCHTE SANKTION	ANGERUFENE GOTTHEIT	FUNDORT, PROVINZ – DATIERUNG	LITERATUR
1	... *caracallam meam involaverit* ... / meinen Kapuzenmantel gestohlen	*letum [a]digat nec ei somnum permittat nec natos nec nascentes* / soll (ihn) in den Tod treiben, keinen Schlaf erlauben, weder ihm noch seinen Kindern und Nachkommen	Sulis Minerva	Aquae Sulis (Bath), Britannia – 2. Jh.	AE 1982, 660; TOMLIN 1988 Nr. 10; KROPP 2008a, dfx 3.2/10
2	*de l[i]<x=S>ivio meo ... has involaverit* / aus meiner (Wasch)lauge ... diese (Dinge) gestohlen	--- *e]x(i)gas pe[?r sanguinem e]ius* / kassiere es wieder ein und koste es sein Blut	Sulis Minerva	Aquae Sulis, Britannia – 2./3. Jh.	TOMLIN 1988 Nr. 38; KROPP 2008a, dfx 3.2/30
3	... *pallium [re]ducat* / den Mantel soll er zurückgeben	---*]lit sanitatem* ... / ... Gesundheit	Sulis Minerva?	Aquae Sulis, Britannia – 2./3. Jh.	TOMLIN 1988 Nr. 64; KROPP 2008a, dfx 3.2/56
4	--- *p]alliu[m* --- / Mantel	?	?	Aquae Sulis, Britannia – 2./3. Jh.	TOMLIN 1988 Nr. 43; KROPP 2008a, dfx 3.2/35
5	... *mafortium i[n]volaverit* ... / Umhang einer Frau gestohlen hat	... *d[onat] eum* ... / überlässt ihn (der Gottheit)	Sulis Minerva?	Aquae Sulis, Britannia – 2./3. Jh.	TOMLIN 1988 Nr. 61; KROPP 2008a, dfx 3.2/53
6	... *balniarem ... inv[o]la[v]erit* ... / Badetuch/-mantel gestohlen	?	Sulis Minerva	Aquae Sulis, Britannia – 2./3. Jh.	TOMLIN 1988 Nr. 63; KROPP 2008a, dfx 3.2/55
7	*stragulum ... [invo]lavit* / Decke oder Teppich gestohlen	... *nisi s[an]g[u]ine sua(!)* / nur durch sein Blut ...	Sulis Minerva?	Aquae Sulis, Britannia – 3. Jh.(?)	TOMLIN 1988 Nr. 6; KROPP 2008a, dfx 3.2/7
8	... *paxsa(m) ba(ln)earem et [pal]leum ... fr(a)udem [f]ecit* / um Bademantel und Mantel ... betrogen	... *[nec p]ermitta[s so]mnum nec san[ita]tem* ... / er soll weder Schlaf noch Gesundheit (finden)	Sulis Minerva	Aquae Sulis, Britannia – 3./4. Jh.	TOMLIN 1988 Nr. 32; KROPP 2008a, dfx 3.2/24
9	... *furem qui caracallam meam involavit* ... / Dieb, der meinen Kapuzenmantel gestohlen hat	... *non redimat nisi sangu(i)n[e] suo* / er soll es nur mit seinem Blut sühnen (können)	Sulis Minerva	Aquae Sulis, Britannia – 3./4. Jh.	AE 1983, 636; TOMLIN 1988 Nr. 65; KROPP 2008a, dfx 3.2/79
10	... *perdidi la[enam, pa]llium, sagum, paxsam* ... / habe mein gefüttertes Oberkleid, Mantel mit Kapuze, Mantel und Bademantel verloren	... *in rostro suo defer[at* ---? / (die Gottheit) soll ihn (den Dieb) in seinen Schlund herabstürzen	Sulis Minerva	Aquae Sulis, Britannia – 3./4. Jh.	TOMLIN 1988 Nr. 62; KROPP 2008a, dfx 3.2/54
11	... *manicilia dua ... involavi(t)* ... / zwei Handschuhe gestohlen	... *mentes sua(s) perd[at] et oculos* ... / Sinne und Augen verliere	Sulis Minerva?	Aquae Sulis, Britannia – 4. Jh.	AE 1986, 465; TOMLIN 1988 Nr. 5; KROPP 2008a, dfx 3.2/6
12	... *furtu(m) ... fecit <furtum>, a<bs=U>tulit ... opertor(i)u(m) albu(m) nov(um), stragulu(m) nov(um), lodices duas de us<u=O>* ... / Diebstahl begangen, weggenommen ... weiße neue Decke, neuer Teppich, zwei gebrauchte Bettdecken	*ut tu evi<t=D>de(s!) i<n=M>medi/o(?)* / lösche ihn aus mit Gift	Isis Myrionyma	Baelo Claudia (Bolonia), Baetica – 1. H. 2. Jh.	AE 1988, 727; AE 2003, 138; KROPP 2008a, dfx 2.2.1/1; TOMLIN 2010, 258-260

Nr.	Gegenstand und strafrelevanter Vorwurf	von der/den Gottheit(en) erwünschte Sanktion	Angerufene Gottheit	Fundort, Provinz – Datierung	Literatur
13	[---] dalmaticum [---] / langes Unterkleid mit kurzen Ärmeln, Dalmatika	?	?	Chesterton, Britannia – 1.–4. Jh.	Kropp 2008a, dfx 3.8/1
14	... furti factum est ... mihi im(m)utavit, involavit ... tunicas VI, [p]aenula(s) lintea(s) II, in[dus]ium I ... / Diebstahl begeing, mir übel mitgespielt hat, gestohlen hat ... sechs Tuniken, zwei Mäntel aus Leinen, eine Übertunika	... vindices ... / räche ...	Dea Ataecina ribrig(ensis) Proserpina	Emerita Augusta, Lusitania – 1.–4. Jh.	AE 1959, 30; Kropp 2008a, dfx 2.3.1/1
15*	... sustulit ... palliolum ... / Mäntelchen gestohlen	Ut illius manus, caput, pedes vermes, cancer, vermitudo interet / dass in dessen Hände, Kopf, Füße die Würmer, der Krebs, die Verwurmtheit eindringen	?	Groß-Gerau, Germania Superior – 1. Jh. (?)	Blänsdorf 2007
16	... pal<i=E>um et galliculas ... sustulit ... / Mantel und Schuhe	... non redimat ni(si) vita sanguine suo / soll es nicht wieder gutmachen können außer durch sein Leben und sein Blut	Nemesis	Isca Silurum (Caerleon), Britannia – 1. – erste Hälfte 2. Jh.	AE 1931, 69; RIB 323; Kropp 2008a, dfx 3.6/1
17	... caligas meas t<o=E>lluit et solias ... / meine Stiefel und Sandalen weggenommen	... persequaris ... / du sollst (sie) verfolgen	Domina Fons	Itálica, Hispania Baetica – erste Hälfte 2. Jh.	AE 1975, 497; Kropp 2008a, dfx 2.2.4/1; Tomlin 2010, 253–258
18**	furtum (fecit) de pa(e)da(g)o(g)-ium sa(g)um ... involavit ... / vom Sklavenquartier Mantel gestohlen	... illum tollat ... / (der Gott soll) ihn holen	Maglus	Leicester, Britannia – 2./3. Jh.	Britannia 40, 2009, 327f. Nr. 21
19	... tunica(m) t<u=O>lit ... / Untergewand weggenommen	... obi e(a)m vel <eu=IA>m ... / (Gottheit,) suche sie/ihn heim	?	Saguntum, Hispania Tarraconensis – 1. Jh.	AE 1994, 1073; Kropp 2008a, dfx 2.1.3/2; Tomlin 2010, 268–270
20	[---] res id est lanam [---] / die Sache, um die es geht: ein Vlies	(Art der Rache der Gottheit überlassen)	Merkur	Uley, Britannia – 1. Jh.	Kropp 2008a, dfx 3.22/24
21	pallium / Mantel	(Art der Rache der Gottheit überlassen)	?	Uley, Britannia – 2./3. Jh.	Kropp 2008a, dfx 3.22/25
22	... [ma]teriam sagi ... / folgenden Gegenstand: Mantel	Deo ... donavi eos ... / dem Gott übergeben	Merkur	Uley, Britannia – 2./3. Jh.	Britannia 26, 1995, 371–373 Nr. 1; AE 1995, 984; Kropp 2008a, dfx 3.22/22
23	... lint<e=I>amine ... circumvenit ... / um Leinentuch ... betrogen	... non ante laxetur ... / sich nicht eher entspannen können ...	Merkur, Silvanus	Uley, Britannia – 3. Jh.	Britannia 10, 1979, 343 Nr. 3; Kropp 2008 dfx 3.22/3
24	... manicili[o]s(!) ... tulit ... / Handschuhe gestohlen	... ut illi sangu(in)em(!) [e]t sanitatem tolla[t] ... / dass er ihm das Blut und die Gesundheit nehme	Merkur	Uley, Britannia – 3. Jh.	AE 1996, 936; Kropp 2008a, dfx 3.22/36
25	... involaverit c[aracal?]lam,[r]icinium nec non alia minutalia ... / Kapuzenmantel (?) Kopftuch sowie andere Kleinigkeiten gestohlen	... (ad) diem mortis concru<c=T>iat ... / er martere ihn bis zum Tag des Todes	Merkur	? Britannia – 2./3. Jh	AE 1991, 1167; Kropp 2008a, dfx 3.24/1

Liste 1 Diebesgut: Kleidung.

Nr.	Gegenstand und strafrelevanter Vorwurf	von der/den Gottheit(en) erwünschte Sanktion	Ange-rufene Gottheit	Fundort, Provinz – Datierung	Literatur
26	*Nomen rei qui dextrale involaverit* / Armband gestohlen	(Art der Rache der Gottheit überlassen)	Sulis Minerva?	Aquae Sulis, Britannia – 3. Jh. (?)	Tomlin 1988 Nr. 15; Kropp 2008a, dfx 3.2/14
27**	*... VILBIAM (= fibulam?) in[v]olavit* / Fibel gestohlen	*... sic liquat quom[o](do) aqua [---]* / soll sich verflüssigen wie Wasser	?	Aquae Sulis, Britannia – 2./3. Jh.	RIB 154; AE 2006, 704; Tomlin 1988 Nr. 4; Kropp 2008a, dfx 3.2/1
28	*... pecuniam ... id est denarios V ... [--- involaveri]t ...* / Geld, d. h. fünf Silbermünzen	*---]exsigat[ur 5]* / er werde (von der Gottheit) umhergetrieben	Sulis Minerva	Aquae Sulis, Britannia – 2./3. Jh.	Tomlin 1988 Nr. 34; Kropp 2008a, dfx 3.2/26
29	*[---] capitularem ...* / Kopfschmuck	*[---] somnus [---]*	Sulis Minerva?	Aquae Sulis, Britannia – 2./3. Jh.	Tomlin 1988 Nr. 55; Kropp 2008a 3.2/47
30**	*[--- ane?]llum ... invola[verit ---]* / Ringlein (?) gestohlen	(Art der Rache der Gottheit überlassen)	Sulis Minerva?	Aquae Sulis, Britannia – 3. Jh. (?)	Tomlin 1988 Nr. 13; Kropp 2008a, dfx 3.2/13
31**	*... de bursa mea s(e)x argente[o]s furaverit(!) ...* / aus meiner Geldbörse sechs Silbermünzen gestohlen	*... sanguinem suum ep<u=O>tes ...* / du sollst sein Blut trinken	Sulis Minerva?	Aquae Sulis, Britannia – 3./4. Jh.	Tomlin 1988 Nr. 98; Kropp 2008a, dfx 3.2/77
32**	*... [arge]ntiolos sex ...* / sechs Silbermünzen	*... deae exactio est ...* / die Einforderung ist Sache der Göttin	Sulis Minerva	Aquae Sulis, Britannia – 3. Jh. (?)	Tomlin 1988 Nr. 8; Kropp 2008a, dfx 3.2/8
33*	*... argenteolos duos mihi ... [p]revavit ...* / zwei kleine Silbermünzen geraubt	*... nec sedere nec iacere [ne]c [---] a[m]bulare n[ec] somn[um nec] sanitatem ...* / weder sitzen, noch liegen, noch umhergehen, noch schlafen, noch sich erholen können	Sulis Minerva	Aquae Sulis, Britannia – 3./4. Jh.	Tomlin 1988 Nr. 54; Kropp 2008a, dfx 3.2/46
34	*... anilum argenteum ... involavit ...* / silbernes Ringchen gestohlen	*... sanguine et luminibus et omnibus membris configatur vel etiam intestina excomesa (om)nia habe(at) ...* / gebannt im Blut, den Lebenslichtern und allen Körperteilen und obendrein soll er alle Eingeweide verzehrt kriegen	Mars	Aquae Sulis, Britannia – 3./4. Jh.	Tomlin 1988 Nr. 97; Kropp 2008a, dfx 3.2/76
35**	*... le[vavit] anul[um] ...* / Ring weggenommen	*... manus, pedes ... oculique ...* / Hände, Füße, Augen ...	?	Aquae Tarbellicae (Dax), Gallia Aquitania – 4./5. Jh.	Kropp 2008a, dfx 4.3.2/1
36**	*... denariis IIII milibus [---]* / um 4000 Silbermünzen	?	?	Farley Heath, Britannia – Ende 3. Jh.	Britannia 35, 2004, 336f. Nr. 2; Kropp 2008a, dfx 3.10/1
37	*... [sol]idum involavit ... et argent<i=E>[olo]s sex ... decepit ...* / Goldmünze und sechs Silbermünzen gestohlen ... betrogen	*... sanguinem ei(i)us consumas ...* / sein Blut vergieße	Neptun	Hamble Estuary, Britannia – 4. Jh.	AE 1997, 977; Kropp 2008a, dfx 3.11/1
38**	*... qu[i a]rgentios ... furaverunt ...* / Silbermünzen gestohlen	*... deus siderabit ... vitam suam perdant ante dies septem* / ein Gott wüte ... dass sie ihr Leben verlieren innerhalb von sieben Tagen	deus	Leicester, Britannia – 2./3. Jh.	Britannia 40, 2009, 329 Nr. 22

Nr.	Gegenstand und strafrelevanter Vorwurf	Von der/den Gottheit(en) erwünschte Sanktion	Angerufene Gottheit	Fundort, Provinz – Datierung	Literatur
39*	... an<e=I>l(l)um perdidit ... Ring verloren	... nollis pe<r=T>mittas sanitatem donec perfera(t) ... / gewähre ihm keine Gesundheit bis er (den Ring) zurückbringt	Divus Nodens	Lydney Park, Britannia – 4./5. Jh.	ILS 4730; RIB 306; Finney 1994; Kropp 2008a, dfx 3.15/1
40	... sustulit sacc(u)lum in quo pecunia erat et eam pecuniam et anulos aureos ... / Sack, in dem Geld war, und dieses sowie goldene Ringe gestohlen	... sic [---] aversum ... / so verkehrt (soll er sein wie die spiegelverkehrte Schrift des Täfelchens)	dii deaeque	Mainz, Germania Superior – 1./2. Jh.	Blänsdorf 2010a, 175–177 Nr. 9 (= DTM 7)
41**	... fib(u)las meas ... sustulit ... / meine Fibeln gestohlen	... nusquam sana sit ... se secet ... / in keiner Weise sei sie gesund ... sich selbst verstümmle	Mater Magna	Mainz, Germania Superior – 1./2. Jh.	Blänsdorf 2010a, 183–185 Nr. 17 (= DTM 1)
42	... d<ex=IS>trale ... tulit torq[uem] ... / Armband (und) Halsreif entwendet	... lues r(e)suis ... / Seuche, reiße du (ihn) auf	Mars	Murol, Gallia Aquitania – 1.–4. Jh.	CAG 63/2 Nr. 247; Kropp 2008a, dfx 4.3.3/1
43**	... in (denari)is III milibus ... de hospitiolo ... [pec]ulaverint(!) ... / 3000 Denare ... aus meiner kleinen Herberge ... unterschlagen	... nec ... sanit[atem] nec bibere nec ma[n]d[u]care nec dormi[re nec nat]os sanos habe[a]nt ... / gestatte weder Gesundheit noch trinken, kauen, schlafen (können) noch gesunde Kinder zu haben	Merkur	Pagans Hill, Britannia – erste Hälfte 3. Jh.	AE 1984, 623; Kropp 2008a, dfx 3.18/1
44	... involavit (dena)rios ... / Silbermünzen geklaut	... in corpore suo in brevi temp[or]e pariat ... / (Jupiter) soll in kurzer Zeit in seinen Körper eindringen und (das Geld) wieder beschaffen	IOM	Ratcliff-on-Soar/Thrompton, Britannia – erste Hälfte 3. Jh.	AE 1964, 168; Kropp 2008a, dfx 3.19/1
44a	... auri [pondo ...]II ... / zwei Pfund Gold	... ut ins<t>etur ... o[c]elus et [v]ires ... sunt aride ... / dass ihr ihn jagt, sein Auge und seine Kräfte seien dörr	IAO	Saguntum, Hispania – 2.–4. Jh.	Tomlin 2010, 264–268
45**	[---] lam<e=I<[l]la una et anulli quat(u)or ... / kleiner (Silber-?)barren und vier Ringe	invenet / (der Gott wird sie) heimsuchen	Merkur?	Uley, Britannia – 2./3. Jh.	Britannia 29, 1998, 433f. Nr. 1; Kropp 2008a, dfx 3.22/19
46	... denarios XIIII sive draucus duos sustulit ... / 14 Silbermünzen und zwei Stück Jungvieh	... eum aversum a fortunis [s]uis avertatis et a suis proximis et ab eis quos carissimos (h)abeat ... / trennt ihn von seinem Hab und Gut, seinen Verwandten und von denen, die er am liebsten hat	Merkur, Moltinus	Veldidena (Wilten), Raetia – 2. Jh.	AE 1998, 999; Kropp 2008 dfx 7.5/1
47	... eve(h)it ... fascia(m) et armi[lla]s, cap(it)<u=O>lare, spectr[um], cofiam(?), duas ocreas, X vasa stagnea ... / fortgeschafft ... Binde oder Diadem, Armreifen, Stirnband, Bild (?), Korb (?), zwei Gamaschen oder Beinschienen, zehn Zinngefäße	... sang(uine) suo ... requ<i=E>rat Neptunus ... / mit seinem Blut ... untersuche ihn Neptunus (= foltern)	Neptun	Venta Icenorum (Caistor St. Edmund), Britannia – 2.–4. Jh	Britannia 13, 1982, 408 Nr. 9; AE 1982, 669; Kropp 2008a, dfx 3.7/1
48	Fib(u)lam ... involavit ... / Fibel gestohlen	... illum aut illam aversum faciant di(i) ... / ihn oder sie sollen die Götter verkehrt machen	dii	Waldmössingen, Germania Superior – 1.–3. Jh.	Nuber 1984, 377–384; Kropp 2008a, dfx 5.1.7/1

Liste 2 Diebesgut: Wertgegenstände (Schmuck und Bargeld).

NR.	GEGENSTAND UND STRAFRELEVANTER VORWURF	VON DER/DEN GOTTHEIT(EN) ERWÜNSCHTE SANKTION	ANGERUFENE GOTTHEIT	FUNDORT, PROVINZ – DATIERUNG	LITERATUR
49	... meas sarcinas su[p]stulit ... / mein Gepäck weggenommen	... illius corpus tibi et anima(m) do ... / ich gebe dir seinen Körper und Geist preis	Attis	Alcácer do Sal, Lusitania – zweite Hälfte 1. Jh.	AE 2001, 1135; KROPP 2008a, dfx 2.3.2/1
50	... pann<a=U>m ferri ... aenum involav[erun]t / eiserne Schüssel ... (und?) bronzene geklaut haben	... s[ati]sfecerit sanguin[e] ill[o]rum ... / genug getan haben durch ihr Blut	Sulis Minerva	Aquae Sulis, Britannia – 2./3. Jh.	TOMLIN 1988 Nr. 66; KROPP 2008a, dfx 3.2/57
51	... vomerem ... involavit ... / Pflugschar gestohlen	ut an[imam] su[u]a(m) in templo deponat [---] / dass sein Geist im Tempel gebannt sei	Sulis Minerva?	Aquae Sulis, Britannia – 2./3. Jh.	TOMLIN 1988 Nr. 31; KROPP 2008a, dfx 3.2/23
52*	... stilum ... / Griffel	... sangu<i=E>ne su<a=O> ... / mit seinem Blut	Sulis Minerva	Aquae Sulis, Britannia – 2./3. Jh.	TOMLIN 1988 Nr. 46; KROPP 2008a, dfx 3.2/38
53	... [involavi]t cab[al]lar[e]m ... / Pferd gestohlen	(Art der Rache der Gottheit überlassen)	Sulis Minerva	Aquae Sulis, Britannia – 2./3. Jh.	TOMLIN 1988 Nr. 49; KROPP 2008a, dfx 3.2/41
54	... pann<a=U>m ... (involavit) ... / Gefäß gestohlen	... dono [ti]bi pann<a=U>m ... / ich überlasse dir das Gefäß	Sulis Minerva	Aquae Sulis, Britannia – 2./3. Jh.	TOMLIN 1988 Nr. 60; KROPP 2008a, dfx 3.2/52
55	A[e]n[um me]um ... levavit ... / meinen Bronzekessel mitgenommen	... latronem ... deus [i]nvenia[t] ... / den Räuber soll der Gott heimsuchen	?	Aquae Sulis, Britannia – 3./4. Jh.	AE 1984, 620; TOMLIN 1988 Nr. 44; KROPP 2008a, dfx 3.2/36
56	... popia(m) fer(re)a(m) ... furtum fecerit ... / eiserne Bratpfanne gestohlen	... Neptuno ... pare(n)tatur / soll Neptun als Totenopfer dargebracht werden	Neptun	Brandon, Britannia – 4. Jh.	AE 1994, 1112; KROPP 2008a, dfx 3.3/1
57*	... vasum(!) reponat ... / Gefäß ... zurückbringen	... nec[eti]s eum pes(s)imo leto, ad inf[er]os d[uca]tis ... / bringt ihn um auf barbarischste Weise, (dann) führt ihn in die Unterwelt	Dis Pater, Herecura, Cerberus	Carnuntum (Bad Deutsch-Altenburg), Pannonia Superior – Ende 2. Jh.	AE 1929, 228; KROPP 2008a, dfx 8.3/1
58	... e<qu=C>ul<e=I>um ... secur[im ---] / Fohlen ... heimlich ...	... nec sedere [nec ---] / nicht sitzen (können) ...	Mars	Marlborough Downs, Britannia – 4. Jh. (?)	Britannia 30; 1999, 378 Nr. 3; KROPP 2008a, dfx 3.16/1
59*	...invola<v=S>it mola(m) ... / Mühlstein gestohlen	... sanguinem suum mittat usque diem quo moriatur ... a deo interficiatur ... / sie soll ihr Blut verspritzen bis zum Todestag ... er soll vom Gott getötet werden	IOM?	Ratcliffe-on-Soar, Britannia – 1.–4. Jh.	Britannia 24, 1993, 310–314 Nr. 2; KROPP 2008a, dfx 3.19/3
60	Annoto de duas(!) ocr<e=I>as(!), ascia, scalpru(m) (!), manica ... / 2 Ich zeige an zwei Gamaschen (oder Beinschienen?), Dechsel, Federmesser, Handschuh	?	IOM?	Ratcliffe-on-Soar, Britannia – 4. Jh.	Britannia 35, 2004, 336f. Nr. 3; KROPP 2008a, dfx 3.19/2
61	... fren<u=E>m involaverit ... / Zaumzeug gestohlen hat	Nomen furis ... deo donat<u=O>r ... / der Name des Diebes sei dem Gotte (zur Rache) überlassen	Merkur? Mars?	Uley, Britannia – 2./3. Jh.	AE 1989, 486; KROPP 2008a, dfx 3.22/6

Nr.	Gegenstand und strafrelevanter Vorwurf	von der/den Gottheit(en) erwünschte Sanktion	Ange-rufene Gottheit	Fundort, Provinz – Datierung	Literatur
62	*Deo Mercurio ovem* / Dem Gott Merkur ein (gestohlenes) Schaf	(Art der Rache der Gottheit überlassen)	Merkur	Uley, Britannia – 2./3. Jh.	Kropp 2008a, dfx 3.22/7
63	*Divo Marti vasa* / Dem Gott Mars (gestohlene) Gefäße	(Art der Rache der Gottheit überlassen)	Mars	Uley, Britannia – 2./3. Jh.	Kropp 2008a, dfx 3.22/10
64	... *rotas duas et vaccas quattuor et resculas plurimas de hospitiolo meo ... fraudem fecerit ...* / zwei Wagenräder, vier Kühe und verschiedene andere Kleinigkeiten aus meiner kleinen Herberge	... *nec iacere nec sedere nec bibere nec manducare ...* / weder liegen noch sitzen, trinken oder kauen erlaube ihm/ihr	Merkur	Uley, Britannia – 2./3. Jh.	Britannia 23, 1992, 310 Nr. 5; Kropp 2008a, dfx 3.22/29
65	*---] gabatas duas stagneas [---* / zwei Schalen aus einer Silber-Blei-Legierung	(Art der Rache der Gottheit überlassen)	Merkur? Mars?	Uley, Britannia – 2./3. Jh.	Kropp 2008a, dfx 3.22/38
66	*[---] de arca [---] frumenta [---]* / aus einem Kasten Getreide	(Art der Rache der Gottheit überlassen)	Merkur? Mars?	Uley, Britannia – 2.-4. Jh.	Kropp 2008a, dfx 3.22/31
67*	... *raptum est ... iumentum ...* / geraubt ... Zugtier	... *nec ante(a) sanitatem habeant nis[s]i repraese[n]taverint mihi iumentum ...* / sollen nicht gesund sein, bis dass sie mir das Zugtier wieder bringen	Merkur	Uley, Britannia – 3. Jh.	AE 1979, 383; Kropp 2008a, dfx 3.22/2

Liste 3 Diebesgut: Sonstiges, z. B. Arbeitsmittel, Tiere und Gefäße.

Nr.	Gegenstand und strafrelevanter Vorwurf	von der/den Gottheit(en) erwünschte Sanktion	Ange-rufene Gottheit	Fundort, Provinz – Datierung	Literatur
68	... *mihi facinus imposuit ...* / mir das Verbrechen aufgebürdet hat = mich zum Verbrechensopfer machte	... *eo modo facio tibi ...* / ich zahle es dir auf gleiche Weise heim	?	Ampurias, Hispania – 1./2. Jh.	Kropp 2008a, dfx 2.1.1/5
69	... *fraudem fecerunt ...* / betrogen haben	... *nec somnum [nec ---]* / keinen Schlaf (finden) und kein(e Ruhe?)	Sulis Minerva	Aquae Sulis, Britannia – 2./3. Jh.	Tomlin 1988 Nr. 35; Kropp 2008a, dfx 3.2/27
70	*[---] involaverit [---]* / gestohlen	(Art der Rache der Gottheit überlassen)	Sulis Minerva?	Aquae Sulis, Britannia – 2. Jh.	Tomlin 1988 Nr. 11; Kropp 2008a, dfx 3.2/11
71**	... *de hospitiolo meo [---] involaverit* / aus meiner kleinen Herberge ... gestohlen	(Art der Rache der Gottheit überlassen)	Sulis Minerva?	Aquae Sulis, Britannia – 2. Jh.	Tomlin 1988 Nr. 12; Kropp 2008a, dfx 3.2/12
72	*[---] diripuit ...* / ... geraubt	... *[eo]rum pretium [--- et e]xigas hoc per sanguinem et sa[nitatem] ... [bibere? nec m]anducare nec adsellare nec [meiere? ---]* – wäge den Wert (des Diebesgutes) mit Blut und seiner Gesundheit ab ... (bis dahin soll er) weder trinken noch kauen, sitzen, urinieren ... (können)	Sulis Minerva?	Aquae Sulis, Britannia – 2./3. Jh.	Tomlin 1988 Nr. 41; Kropp 2008a, dfx 3.2/33

Nr.	Gegenstand und strafrelevanter Vorwurf	von der/den Gottheit(en) erwünschte Sanktion	Angerufene Gottheit	Fundort, Provinz – Datierung	Literatur
73	... *involaverit [---]am* ... / gestohlen	... *anima(m) suam* ... / seine Seele ...	?	Aquae Sulis, Britannia – 2./3. Jh.	Tomlin 1988 Nr. 34; Kropp 2008a, dfx 3.2/31
74	... *hoc tulerit* ... / dies weggenommen	... *in sangu(i)ne* ... / im Blut ...	Sulis Minerva?	Aquae Sulis, Britannia – 2./3. Jh.	Tomlin 1988 Nr. 47; Kropp 2008a, dfx 3.2/39
75	---] *hoc invola[vit* --- / dies gestohlen	?	?	Aquae Sulis, Britannia – 2./3. Jh.	Tomlin 1988 Nr. 68; Kropp 2008a, dfx 3.2/59
76	... *res involavit* ... / eine Sache gestohlen	?	?	Aquae Sulis, Britannia – 2./3. Jh.	Tomlin 1988 Nr. 86; Kropp 2008a, dfx 3.2/69
77	... *involavit* ... / gestohlen	?	?	Aquae Sulis, Britannia – 2./3. Jh.	Tomlin 1988 Nr. 90; Kropp 2008a, dfx 3.2/71
78	... *involaverit* ... / gestohlen	?	?	Aquae Sulis, Britannia – 2./3. Jh.	Tomlin 1988 Nr. 58; Kropp 2008a, dfx 3.2/50
79	*[---] involavit [---]*/ gestohlen	(Art der Rache der Gottheit überlassen)	Sulis Minerva?	Aquae Sulis, Britannia – 3. Jh. (?)	Tomlin 1988 Nr. 23; Kropp 2008a, dfx 3.2/20
80*	*nomen furis* ... / der Name des Diebs	... *donatu{u}r* ... / soll überlassen sein (der Gottheit)	?	Aquae Sulis, Britannia – 3. Jh. (?)	Tomlin 1988 Nr. 16; Kropp 2008a, dfx 3.2/88
81	... *involaverit* ... *de hospitio* / aus der Herberge gestohlen	... *illum inveniat sanguine et vitae suae illud redimat* / (der Gott) suche ihn heim mit Blut(vergießen), er soll dies mit seinem Leben sühnen	Sulis Minerva?	Aquae Sulis, Britannia – 4. Jh.	AE 1983, 635; Tomlin 1988 Nr. 99; Kropp 2008a, dfx 3.2/78
82	... *hoc involavit* ... / dies gestohlen	... *nec somnum* ... / keinen Schlaf	Sulis Minerva?	Aquae Sulis, Britannia – 4. Jh.	RIB 2349; Tomlin 1988 Nr. 100; Kropp 2008a, dfx 3.2/2
83	*nomen furis* ... / der Name des Diebs	?	?	Aquae Sulis, Britannia – 4. Jh.	Tomlin 1988 Nr. 102; Kropp 2008a, dfx 3.2/81
84	---] *furatus sit* ... *fraudem fecerit [---]* / gestohlen hat ... Betrug beging	?	?	Aquae Sulis, Britannia – 4. Jh.	Tomlin 1988 Nr. 105; Kropp 2008a, dfx 3.2/83
85	... *resque furatur* ... / und Sache gestohlen wurde	... *san<i=E>tate(m) nec salute(m)* ... / weder Gesundheit noch Wohlergehen	?	Aylesford, Britannia – erste Hälfte 4. Jh.	AE 1986, 463; Kropp 2008a, dfx 3.1/1
86	*[---] caricula* ... / Habseligkeiten	... *redim[a]t sa(n)guin[e s]uo* ... / er mache es wieder gut mit seinem Blut	?	Brean Down, Britannia – zweite Hälfte 4. Jh.	Britannia 17, 1986, 433–435 Nr. 6; Kropp 2008a, dfx 3.4/1
87	... *res* ... *involaverit* ... / Dinge gestohlen	... *sangu(i)n<e=O> suo solvat et pecuni(a)e* ... / mit seinem Blut soll er seine Schuld tilgen und (mit) seinem Vermögen/Geld	Merkur	Kelvedon, Britannia – 3. Jh.	AE 1959, 157; Kropp 2008a, dfx 3.12/1
88	... *meum compilavit* ... / das Meine geplündert	?	?	Eining, Raetia – 2./3. Jh.	Kropp 2008a, dfx 7.3/1

Nr.	Gegenstand und strafrelevanter Vorwurf	von der/den Gottheit(en) erwünschte Sanktion	Angerufene Gottheit	Fundort, Provinz – Datierung	Literatur
89**	... *invalaverit (!)* ... / gestohlen	... *deus det malam plagam* ... / der Gott füge ihm einen verderblichen Schlag zu	*deus*	Silchester, Britannia – 4. Jh.	R. S. O. Tomlin, Britannia 40, 2009, 323 f. Nr. 16
90	... *reddat pretia* ... / soll die Wertgegenstände zurückgeben	... *danmo [---* / ich verwünsche	?	Trier, Gallia Belgica – 4./5. Jh.	AE 1911, 149; Kropp 2008a, dfx 4.1.3/7
91	... *invola[---]* / gestohlen	?	Merkur? Mars?	Uley, Britannia – 2./3. Jh.	Kropp 2008a, dfx 3.22/21
92	*---in]volavit* / gestohlen	(Art der Rache der Gottheit überlassen)	Merkur? Mars?	Uley, Britannia – 2.–4. Jh.	Kropp 2008a, dfx 3.22/37
93	... *furtum* ... / Diebstahl	... *ne meiat ne cacet ne loquatur ne dormiat n[e] vigilet nec s[al]utem nec sanitatem* ... / auf dass er weder urinieren, scheißen, reden, schlafen oder wachen kann, weder Wohlergehen noch Gesundheit hat	Merkur	Uley, Britannia – 4. Jh.	AE 1988, 840; Kropp 2008a, dfx 3.22/5
94	... *de furto* ... / wegen des Diebstahls	... *nec* ... / weder ... (noch)	Merkur	Uley, Britannia – 4. Jh.	Kropp 2008a, dfx 3.22/26
95	... *qui furatus est, sustulit* ... / wer gestohlen hat, weggenommen hat	... *[ne ei] dimitte [male] fic(i)um ... vindi[c]a[s]* / verzeihe ihm den Fehltritt nicht ... räche	?	Wecting bei Brandon, Britannia – 2.–4. Jh.	Britannia 25, 1994, 296–298 Nr. 2; AE 1994, 1113a; Kropp 2008a, dfx 3.5/1

Liste 4   Unbestimmtes Diebesgut. Es wird entweder nicht genannt oder der Text ist an der betreffenden Stelle nicht erhalten.

Anmerkungen

[1] Zum Beispiel Nr. 43: *dimidiam partem tibi dono* (die Hälfte der gestohlenen 3000 Denare soll dem Gott Merkur gestiftet werden).

[2] Kropp 2008b, 119–121. 186–189; Kiernan 2004; Versnel 2010.

[3] Zu Diebesverfluchungen in griechischer Sprache: Versnel 2010, 311–321.

[4] Die Materialbasis bildet das Corpus von Amina Kropp (Kropp 2008a) mit Ergänzungen. Nach Kropp 2008a, 6 stehen den 500 lateinischen *defixiones* 1100 griechische gegenüber. Die Zahlen bestätigen, dass diese Praxis der Magie aus dem Orient stammt.

[5] Hier sei beispielhaft an den Mantel (χιτῶν) Christi erinnert, um den die Soldaten nach seiner Kreuzigung spielten (Joh. 19,23).

[6] 3000 Denare entsprachen im 2. Jh. n. Chr. dem Jahreseinkommen eines Legionssoldaten.

[7] Der Text von *defixio* Nr. 36 ist lückenhaft erhalten, doch sprechen die an verschiedenen Stellen verzeichneten Namen dafür, dass neben dem Opfer namens Senilis Senni (filius) auch der oder ein mutmaßlicher Täter namens Aurelius Se[---] überliefert ist. – Vgl. ferner den Fluch wegen eines nicht zurückgezahlten Kredits aus Uley (Kropp 2008a, dfx 3.22/34).

[8] Nr. 45: *suspecti sunt*.

[9] Wenn man nicht von besonders gewieften Trickdieben ausgehen möchte, was gerade hinsichtlich der vielen entwendeten Fingerringe sehr unwahrscheinlich ist.

[10] Tomlin 2002, 174.

[11] Tomlin 2002, 170 erkennt Indizien für einzelne Texte aus Bath. Für die Mainzer *defixiones* wird die Mitwirkung professioneller Schreiber bestritten (Blänsdorf 2010a, 163).

[12] Nr. 14; 35; 37; 47; 56.

[13] Nr. 17; 18; 38; 85; 87. – Durch die Niederlegung des Fluches in der Nähe des Fluchopfers erhoffte man sich verbesserte Schadenswirkung, vgl. hierzu Scholz/Kropp 2006, 152 f.

14 Nr. 15; 19; 25; 43; 48; 58; 68; 88; 95.
15 Die Verbindungen beider Provinzen werden bei TOMLIN 2010 leider nur angerissen.
16 Nr. 9; 12; 14; 18; 31; 38; 56; 80; 83–85; 93–95.
17 Ausschließlich (erhalten) bei Nr. 8; 64; 69.
18 Nr. 1; 7; 9; 12; 16; 24; 25; 27; 31; 34; 37; 38; 47; 50; 52; 56; 57; 59; 72; 74; 81; 86; 87; 89.
19 Besonders deutlich Nr. 32, sinngemäß Nr. 5; 17–21; 26; 28; 30; 49; 51; 53–55; 61-63; 65–66; 70–71; 79; 80; 92. – Vier vollständig erhaltene Täfelchen aus Uley erwähnen nur das Diebesgut, nämlich Nr. 20: *Mercurio / res id est lanam*; Nr. 21: *pallium* (dieses Täfelchen besteht nur aus diesem einzigen Wort); Nr. 62: *divo Mercurio / ovem*; Nr. 63: *divo Marti / vasa*. Möglicherweise mangelte es den Urhebern an Schreibkompetenz oder man hatte die Götter im mündlichen Ritual instruiert.
20 TOMLIN 2002, 168; TOMLIN 2010, 260. – z. B. Nr. 43: *hanc rem meam ad fanum tuum attulerint*.
21 GRAF 1996, 41–78 unter Hinweis auf das Zwölftafelgesetz und Prozesse gegen Magier.
22 KROPP 2008a, 6: in der griech. Kolonie Selinus (Sizilien) z. B. seit dem 5. Jh. v. Chr.
23 KIERNAN 2004 bes. 100f. – Heiligtümer: z. B. Rom, Quelle der Anna Perenna: BLÄNSDORF 2010b, 215–244; Bath: TOMLIN 1988; Mainz: BLÄNSDORF 2010a; Uley: WOODWARD/LEACH 1993.
24 SCHOLZ/KROPP 2006, 152. Man konnte sich auf die Grundlage der *lex talionis* (Gesetz der gerechten Vergeltung) berufen (KROPP 2008b, 118–120).
25 Dabei ist allerdings zu berücksichtigen, dass die meisten Fluchtäfelchen aus methodischen Gründen nicht genauer als auf ein bis zwei Jahrhunderte datiert werden können, was insbesondere für die Masse der mittelkaiserzeitlichen Exemplare (2./3. Jh. n. Chr.) gilt. Oft bleibt die Handschrift das einzige und nicht immer zuverlässige Datierungskriterium (TOMLIN 2002, 166; TOMLIN 2006).
26 TOMLIN 2002, 170.
27 Vgl. REUTER/SCHOLZ 2004, 91–94; veränderte und erweiterte Neufassung: REUTER/SCHOLZ 2005, 108–113.
28 Die hauptsächlich keltischen Namen in den *defixiones* deuten an, dass die Verfluchenden nicht nur aus der Oberschicht, sondern aus der breiten Bevölkerung kamen. Dafür sprechen auch die vielen Funde in ländlichen Heiligtümern (TOMLIN 2002, 170f.).
29 KIERNAN 2004. Regionale Eigenheiten kennzeichnen auch andere ‚Massenfunde', z. B. in Mainz (BLÄNSDORF 2010a, 163f.), Rom (BLÄNSDORF 2010b, 215–244) oder in Karthago (KROPP 2008a, dfx 11.1.1/1–37).
30 Nr. 18: *S[eni]cianus*; Nr. 31: *Senicianus*; Nr. 32: *Senician[n]us*; Nr. 39: *nomen Seneciani*.
31 FINNEY 1994.
32 Zum Beispiel KROPP 2008a, dfx 2.2.3/4-5 (Cordoba); BLÄNSDORF 2010a, 172 Nr. 7 (=DTM 3): *de bonis Flori coniugis mei qui me fraudavit* (Erbstreitigkeit infolge eines Ehekrachs); undurchsichtig: BLÄNSDORF 2010a, 180f. Nr. 16 (=DTM 2): *pecunia dolum malum adhibet* („er/sie hat mit dem Geld Betrug durchgeführt").
33 KROPP 2008a, dfx 3.22/16 (Uley).

Literaturverzeichnis

BLÄNSDORF 2007
J. BLÄNSDORF, „Würmer und Krebs sollen ihn befallen": eine neue Fluchtafel aus Groß-Gerau. Zeitschr. Papyr. u. Epigr. 161, 2007, 61–65.

BLÄNSDORF 2010a
J. BLÄNSDORF, The defixiones from the Sanctuary of Isis and Mater Magna in Mainz. In: GORDON/SIMON 2010, 141–189.

BLÄNSDORF 2010b
J. BLÄNSDORF, The texts from the *fons Annae Perennae*. In: GORDON/SIMON 2010, 215–244.

BRODERSEN/KROPP 2004
K. BRODERSEN/A. KROPP (Hrsg.), Fluchtafeln. Neue Funde und neue Deutungen zum antiken Schadenzauber (Frankfurt a. M. 2004).

FINNEY 1994
P. C. FINNEY, Senicianus' Ring. Bonner Jahrb. 194, 1994, 192–196.

GORDON/SIMON 2010
R. L. GORDON/F. M. SIMON (Hrsg.), Magical Practice in the Latin West. Papers from the International Conference held at the University of Zaragoza 30. Sept.–1. Okt. 2005 (Leiden, Boston 2010).

GRAF 1996
F. GRAF, Gottesnähe und Schadenzauber. Die Magie in der griechisch-römischen Antike (München 1996).

KIERNAN 2004
PH. KIERNAN, Britische Fluchtafeln und „Gebete um Gerechtigkeit" als öffentliche Magie und Votivrituale. In: BRODERSEN/KROPP 2004, 99–114.

KROPP 2008a
A. KROPP, *defixiones*. Ein aktuelles Corpus lateinischer Fluchtafeln (Speyer 2008).

KROPP 2008b
A. KROPP, Magische Sprachverwendung in vulgärlateinischen Fluchtafeln (*defixiones*) (Tübingen 2008).

NUBER 1984
H. U. NUBER, Eine Zaubertafel aus Schramberg-Waldmössingen, Kreis Rottweil. Fundber. Baden-Württemberg 9, 1984, 377–384.

REUTER/SCHOLZ 2004
M. REUTER/M. SCHOLZ, Geritzt und Entziffert. Schriftzeugnisse der römischen Informationsgesellschaft. Schr. des Limesmus. Aalen 57 (Stuttgart 2004).

REUTER/SCHOLZ 2005
M. REUTER/M. SCHOLZ, Alles Geritzt. Botschaften aus der Antike. Ausstellungskat. Prähist. Staatsslg. 35 (München 2005).

SCHOLZ/KROPP 2006
M. SCHOLZ/A. KROPP, „Priscilla, die Verräterin". Ein bleiernes Fluchtäfelchen aus Groß-Gerau. In: G. Seitz (Hrsg.), Im Dienste Roms [Festschr. H. U. Nuber] (Remshalden 2006) 147–154.

TOMLIN 1988
R. S. O. TOMLIN, The Curse tablets. In: B. Cunliffe (Hrsg.), The Temple of Sulis Minerva at Bath. Oxford Univ. Comm. of Arch. Monogr. 16 (Oxford 1988) 59–277.

TOMLIN 2002
R. S. O. TOMLIN, Writing to the gods in Britain. In: A. E. Cooley (Hrsg.), Becoming Roman, Writing Latin? Literacy and Epigraphie in the Roman West (Portsmouth, Rhode Island 2002) 166–179.

TOMLIN 2006
R. S. O. TOMLIN, Anleitung zum Lesen von Fluchtafeln. In: BRODERSEN/KROPP 2004, 23–27.

TOMLIN 2010
R. S. O. TOMLIN, Cursing a thief in Iberia and Britain. In: GORDON/SIMON 2010, 245–273.

VERSNEL 2010
H. S. VERSNEL, Prayers for justice, east and west: new finds and publications since 1990. In: GORDON/SIMON 2010, 275–354.

WOODWARD/LEACH 1993
A. WOODWARD/P. LEACH, The Uley Shrines. Excavation of a ritual complex on West Hill, Uley, Gloucestershire 1977–79 (London 1993).

Abbildungsnachweis: Introbild Fotomontage: Dießenbacher Tewissen Informationsmedien; Abb. 1 Nach R. S. O. Tomlin, Britannia 24, 1993, 311 fig. 2 (Zeichnung: R. S. O. Tomlin); Abb. 2 Nach Blänsdorf 2007, 61 (Zeichnung: U. Weichhardt); Abb. 3 Nach Tomlin 1988, 192 Nr. 61 (Zeichnung: R. S. O. Tomlin).

Dr. Markus Scholz
Römisch-Germanisches Zentralmuseum
markus.scholz@rgzm.de

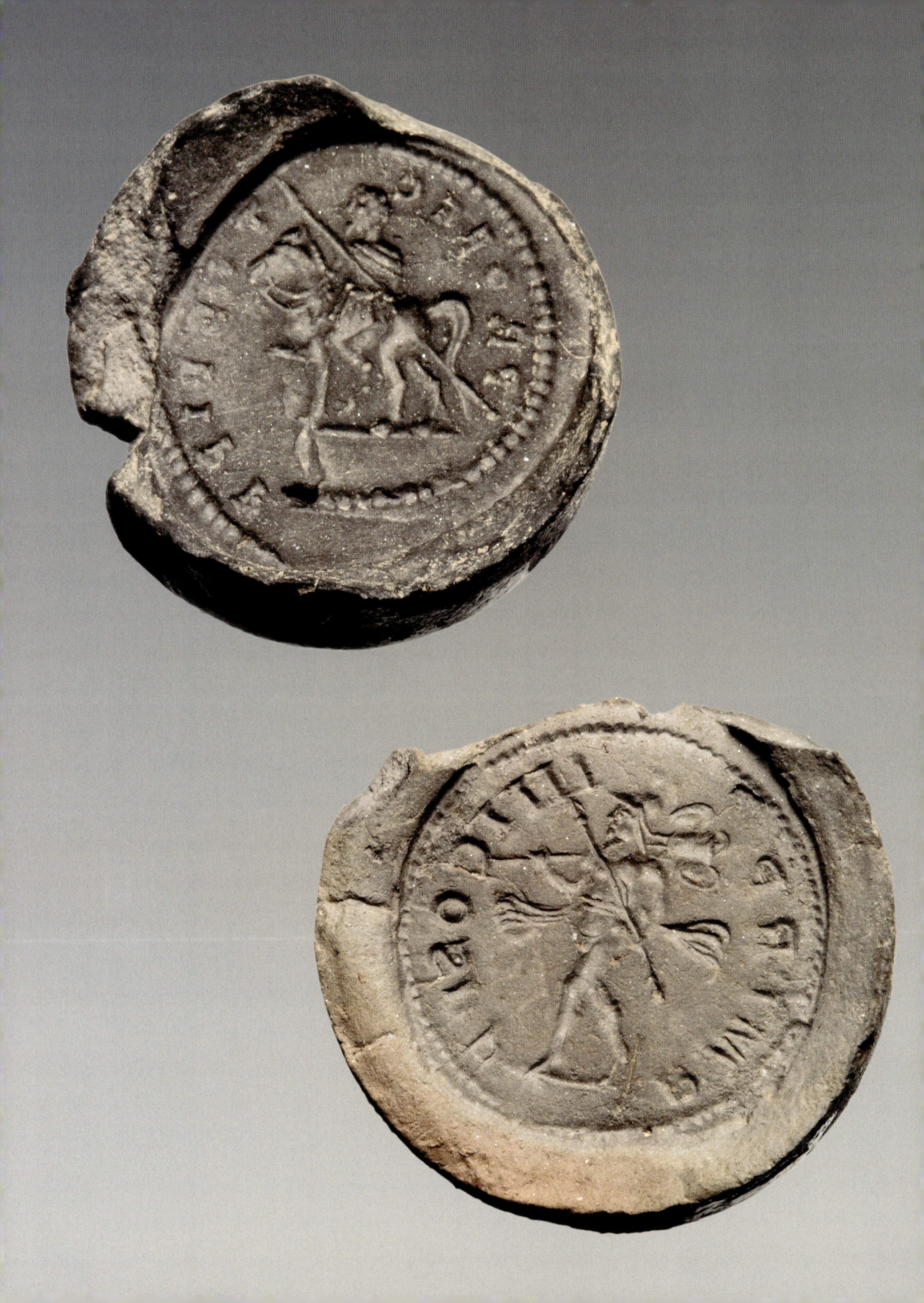

MARKUS PETER

Von Betrug bis Ersatzkleingeld – Falschmünzerei in römischer Zeit

Das Münzwesen der römischen Kaiserzeit wirkt auf den ersten Blick zweckmäßig, klar strukturiert und von staatlichen Instanzen streng kontrolliert. Doch bei genauerer Betrachtung zeigt sich ein vielschichtigeres Bild. Denn die römische Münze entwickelte sich nach einem im Vergleich zu vielen mediterranen Nachbarn späten Beginn keineswegs nur geradlinig, zumal das Münzwesen von politischen und ökonomischen Entwicklungen stets stark beeinflusst wurde. Eine Konstante lässt sich aber während der langen römischen Geldgeschichte vom späten 4. Jahrhundert v. Chr. bis in ihre Ausläufer in der byzantinischen Epoche bzw. im frühen Mittelalter verfolgen: die Falschmünzerei.

Die Falschmünzerei existiert im Grunde seit der Erfindung der Münze. Bereits die ältesten bekannten Geldstücke, die im 7. Jahrhundert v. Chr. in Kleinasien entstanden, wurden in täuschender Absicht nachgeahmt, eine Praxis, die bekanntlich bis zum heutigen Tag andauert. Doch was verstehen wir heute, und was verstanden die Römer unter Falschmünzerei? Ist jede Münze falsch, die nicht im Auftrag von staatlichen Instanzen und im Rahmen offizieller Produktionsstätten hergestellt wurde?

Aus heutiger Sicht würde man diese Definition bejahen (und nun auch auf Papiergeld beziehen), doch in der Antike bot sich ein weitaus differenzierteres Bild. Es gab nicht nur eigentliche Fälschungen im Sinne von täuschenden Nachahmungen aus minderwertigem Metall, deren Erzeuger ihren Profit aus der Differenz des Metallwertes generierten (Abb. 1), sondern auch Imitationen unterschiedlichster Art, deren nicht-offizieller Charakter aber teilweise auf den ersten Blick zu erkennen war und die demnach nicht in täuschender Absicht hergestellt wurden (Abb. 2 und 6)[1].

Diese unterschiedlichen Phänomene, von täuschenden *aurei* aus vergoldetem Blei bis zu unansehnlichen, massenweise produzierten Nachprägungen von Kleingeld lassen sich unter dem Sammelbegriff „inoffizielle Nachahmungen" zusammenfassen. Der gemeinsame Nenner dieser Münzen besteht darin, dass sie nicht in offiziellen Münzstätten bzw. ohne explizite staatliche Autorisierung hergestellt wurden. Die terminologische und inhaltliche Abgrenzung der einzelnen Phänomene ist jedoch nicht einfach und in der Forschung umstritten; mit moderner Geldtheorie wird man der antiken Realität und Praxis kaum gerecht.

Die rechtlichen Grundlagen

Die Problematik hängt auf der einen Seite mit der Lückenhaftigkeit, Widersprüchlichkeit und Komplexität der erhaltenen römischen Gesetzestexte zusammen, auf der anderen Seite aber mit der bunten Vielfalt der erhaltenen römischen Münzen, die nicht in offiziellen Prägestätten hergestellt wurden.

Die erhaltenen Rechtsquellen zur Falschmünzerei gehen auf die unter Sulla eingeführte *lex Cornelia testamentaria nummaria* (um 81 v. Chr.) zurück, die das Nachahmen oder Verschlechtern von Edelmetallmünzen unter Strafe stellt[2]. Im Verlaufe der Kaiserzeit wurde dieses Gesetz laufend ergänzt; die ausführlichsten Versionen stammen aus dem 3. Jahrhundert n. Chr.: Iulius Paulus schreibt: *(1) lege Cornelia testamentaria tenetur [...] quive nummos aureos argenteos adulteraverit, laverit, conflaverit, raserit, corruperit, vitiaverit, vultuque principum signatam monetam praeter adulterinam reprobaverit: honestiores quidem in insulam deportantur, humiliores autem aut in metallum dantur aut in crucem tolluntur, servi autem post admissum manumissi capite puniuntur [...]. (5) [...] quive aes inauraverit, inargentaverit, quive cum argentum aurum poneret, aes stannumve subiecerit, falsi poena coercetur*[3].

◂ Münzgussformen aus Ton mit den Abdrücken von severischen Denaren aus der Colonia Ulpia Traiana (Xanten).

Abb. 1   Links: Denar des Augustus, nach 2 v. Chr. in Lugdunum (Lyon) geprägt. Rechts: Subaerate Fälschung des gleichen Typs.

„In der *lex Cornelia testamentaria* wird festgehalten [...], wer Gold- oder Silbermünzen fälscht, auswäscht, einschmilzt, beschneidet, beschädigt, verschlechtert, oder wer Münzen mit dem Bildnis des Kaisers zurückweist (abgesehen von Fälschungen): *honestiores* werden auf eine Insel verbannt, *humiliores* entweder in die Minen geschickt oder ans Kreuz geschlagen; Sklaven aber nach der Tat [...] mit dem Tode bestraft [...]. (5) Wer unedles Metall vergoldet oder versilbert, wer Gold mit Silber zusammenlegt, wer Buntmetall oder Zinn unterlegt, erleidet eine Strafe für Fälschung."

Falschmünzerei in römischer Zeit 109

Abb. 2 Links: As des Augustus mit dem Bildnis des Tiberius, um 12–14 n. Chr. in Lugdunum (Lyon) geprägt. Rechts: Nachprägung des gleichen Typs.

Abgesehen von der akribischen Aufzählung aller verbotenen Manipulationen und den je nach sozialem Status differenzierten schweren Strafandrohungen fällt vor allem auf, dass Münzen aus Kupferlegierungen – mithin die im kaiserzeitlichen Alltag dominierenden Sesterze, Dupondien, Asse und die selteneren und nur sporadisch ausgegebenen Kleinmünzen Semis und Quadrans – nicht erwähnt werden. Wahrscheinlich bedeutet dies tatsächlich, dass deren Nachahmung zunächst nicht verboten war. Auch die numismatische Evidenz weist in diese Richtung, wie unten ausgeführt wird.

Im 4. Jahrhundert n. Chr. kommt ein wesentliches neues Element hinzu: Die Münzverbrechen werden nun nicht mehr den Fälschungsdelikten zugerechnet, sondern den *maiestas*-Vergehen. Nicht mehr die offizielle Münze steht nun im Zentrum des Schutzes, sondern die darauf abgebildete und herausgebende Autorität, der Kaiser. Spätestens 393 n. Chr. wird auch Kleingeld aus unedlem Metall ausdrücklich gesetzlich geschützt[4].

Archäologische und numismatische Quellen

Wie setzte sich der römische Geldverkehr im Alltag zusammen? In welchem Ausmaß hatten die Zeitgenossen mit Falschgeld zu kämpfen? Das Geld, dessen Herstellung die römische Gesetzgebung verbot, ist physisch vor allem dank der in den letzten Jahrzehnten enorm gestiegenen Bedeutung der archäologischen Numismatik immer besser bekannt geworden. Funde aus Grabungen lassen klarer erkennen, wie vielfältig der tägliche Münzumlauf war, und dementsprechend hat sich das Interesse der Forschung an Fälschungen, Imitationen und Nachahmungen in jüngerer Zeit intensiviert.

An dieser Stelle werden lediglich einige der wichtigsten Gruppen dieser Grauzone der römischen Geldwirtschaft vorgestellt; für einen vollständigeren Überblick sei auf die in Anmerkung 1 zitierte Literatur verwiesen. Alle Gold- und Silbermünzen mit unedlem Kern, also die so genannten subaeraten oder plattierten Münzen (Abb. 1), werden im folgenden als Fälschungen bezeichnet, mit dem wertfreieren Begriff Imitationen hingegen Gruppen von Nachahmungen, die im 1., 3. und 4. Jahrhundert n. Chr. in den nordwestlichen Provinzen als eigentliche Epidemien auftraten und die angesichts ihrer stets nur regionalen Verbreitung kaum ohne die Tolerierung zumindest der lokalen und regionalen Autoritäten erklärbar sind.

Ein alltägliches Phänomen: subaerate Fälschungen

Die bekannteste Gruppe von römischem Falschgeld sind die bereits erwähnten subaeraten Münzen. Diese bestehen aus einem Kern aus unedlem Metall, der unter einer meist hauchdünnen Schicht von Edelmetall (Gold oder Silber, je nach dem nachgeahmten Vorbild) verborgen wurde. Da das spezifische Gewicht der Falschmünzen dem echten Vorbild möglichst nahe kommen musste, um nicht sofort Verdacht zu erregen, wurde im Falle von Goldmünzen oft Blei verwendet, im Falle von Silbermünzen hingegen Kupferlegierungen. Wie alltäglich subaerate Münzen waren, zeigt ein Zitat des Petronius aus dem 1. Jahrhundert n. Chr. Der neureiche Trimalchio, der sich stets um geistreiche Bonmots bemüht, stellt dabei folgenden etwas gesuchten Vergleich an:

Quod autem [...] putamus secundum litteras difficillimum esse artificium? Ego puto medicum et nummularium: medicus, qui scit quid homunciones intra praecordia sua habent [...]; nummularius, qui per argentum aes videt[5].

„Welches Gewerbe aber halten wir für das schwierigste nach den Wissenschaften? Ich meine, der Arzt und der Geldwechsler: Der Arzt, der weiß, wie die Menschen im Innern beschaffen sind; [...] der Geldwechsler, der durch das Silber hindurch das Kupfer sieht."

Petronius muss die spezielle Fähigkeit des *nummularius*, der unter dem Silber (einer falschen Münze) den unedlen Kern aus Kupfer sieht, nicht weiter erläutern, da das Phänomen der Fälschungen den Zeitgenossen offensichtlich geläufig war, denn subaerate Fälschungen bildeten einen stetigen Bestandteil des römischen Münzumlaufs. Für die öfters geäußerte Vermutung, subaerate Münzen seien parallel zu massiven Silber- und Goldprägungen in offiziellen Münzstätten hergestellt worden, gibt es keine beweiskräftigen Belege. In Wirklichkeit waren es wohl ausschließlich private Falschmünzer, die aus der Differenz zwischen Gold oder Silber und dem weitaus billigeren Buntmetall Profit zogen[6].

Subaerate Goldmünzen sind in relativ geringer Zahl bekannt, doch sagt dies über ihre Verbreitung im antiken Umlauf wenig aus: Ihr Fehlen in Horten erklärt sich durch die vorgängige Selektion, denn wer Edelmetall hortete, achtete akribisch auf die Qualität seiner Wertsachen und sonderte verdächtige Münzen aus. In seltenen Fällen werden gefälschte Goldmünzen in Siedlungen gefunden, wo aber *aurei* und *solidi* auf Grund ihres hohen Wertes als Einzelverluste ohnehin nur in sehr geringer Zahl anfallen. Der Anteil falscher Goldmünzen dürfte jedoch in der antiken Realität weitaus größer gewesen sein, als die erhaltenen (bzw. publizierten) Exemplare zunächst vermuten lassen.

Eine im Alltag viel bedeutendere – wenn auch aus der Sicht der Zeitgenossen sicherlich unwillkommene – Rolle im Münzumlauf spielten subaerate Fälschungen von Silbermünzen. Doch wie im Falle der Goldmünzen unterliegen auch offizielle und falsche Silberprägungen unterschiedlichen Erhaltungsbedingungen. Auch subaerate Silbermünzen sind in Horten wegen der Tendenz zu sorgfältiger Selektion krass unterrepräsentiert[7], in Siedlungen als Einzelfunde hingegen wahrscheinlich überrepräsentiert, da eindeutig als Fälschungen erkennbare Exemplare wenn nicht weggeworfen, so doch zumindest ohne besondere Wertschätzung aufbewahrt und verwendet wurden. Eine Notiz Plinius' des Älteren, nach der falsche Denare – es wird sich dabei ebenfalls um subaerate Münzen gehandelt haben – bisweilen als besonders wertvoll galten, dürfte eher anekdotischen Wert haben:

mirumque, in hac artium sola vitia discuntur et falsi denarii spectatur exemplar pluribusque veris denariis adulterinus emitur[8].

„Es ist erstaunlich, dass man allein in dieser Kunst [Geldprüfung] Kenntnisse der Verfälschung erwirbt, und man betrachtet einen falschen Denar und kauft ihn für mehrere echte."

Subaerate Münzen waren im gesamten Imperium verbreitet. Um so erstaunlicher ist es, dass bisher erst zwei Werkstätten archäologisch nachweisbar sind, in denen solche Prägungen hergestellt wurden: in Augst (Augusta Raurica, Schweiz) und in Châteaubleau (Seine-et-Marne, Frankreich)[9]. Einige weitere Produktionsorte können allerdings durch Fundkonzentrationen von Münzen, die mit identischen Stempeln geprägt wurden, zumindest indirekt lokalisiert werden[10]. Die Funde aus der 1981 entdeckten Werkstatt in Augusta Raurica erlauben die schrittweise Rekonstruktion des Herstellungsprozesses (Abb. 3): Zunächst goss man Bronzestäbe mit einer Länge von ca. 7 cm, die in 10 Segmente unterteilt waren; die einzelnen Segmente trennte man danach mit Hilfe eines Meißels ab und hämmerte sie zu runden, flachen Rondellen, den Schrötlingen. Diese wurden anschließend versilbert: In Augusta Raurica wurde Silbergranulat aufgeschmolzen, doch sind auch andere Verfahren belegt, wie etwa das Umhüllen des Bronze-Schrötlings mit einer dünnen Edelmetallfolie. Zuletzt folgte die Prägung: Der Schrötling wurde auf den fixierten Unterstempel gelegt, darüber der frei geführte Oberstempel. Ein kräftiger Hammerschlag genügte, um das in die Stempel spiegelbildlich eingravierte Münzbild in den versilberten Bronzeschrötling einzuprägen.

Neben der größten Gruppe von Falschmünzen, den subaeraten Prägungen, sind weitere, sehr unterschiedliche und eher isolierte Gruppen von inoffiziell hergestellten Münzen bekannt, meist Produkte kleiner, oft kurzlebiger Werkstätten. Eine in technologischer Hinsicht besondere Stellung nehmen dabei die so genannten subferraten Imitationen ein. Dabei handelt es sich fast ausschließlich um Nachahmungen von Kleingeld (also nicht um eigentliche Fälschungen), die aus einem Eisenkern mit Buntmetall-Überzug bestehen und hauptsächlich in den nordwestlichen Provinzen und im Donauraum belegt sind[11]. Der für die Herstellung von subferraten Münzen erforderliche technische Aufwand ist ganz erstaunlich, zumal die Gewinnspanne angesichts des geringen Wertes der produzierten Einheiten gering war.

Epidemien von Nachahmungen

Neben dem ständigen „Grundrauschen" inoffizieller Nachahmungen und Fälschungen im römischen Münzumlauf lassen sich mehrfach eigentliche Epidemien feststellen, in denen zeitlich und regional begrenzt jeweils enorme Mengen von Imitationen zirkulierten.

So lässt sich eine eigentliche Welle in der ersten Hälfte des 1. Jahrhunderts n. Chr. beobachten, als in den nordwestlichen Provinzen Nachprägungen von Assen, den gebräuchlichsten Kupfermünzen, in unterschiedlichster Qualität und in großer Zahl zirkulierten (Abb. 2). Viele dieser Münzen waren auf Grund von Stil, Machart und Gewicht auf den ersten Blick als inoffizielle Produkte zu erkennen, dennoch konnten sie problemlos zirkulieren. Diese Imitationen wurden während mehrerer Jahrzehnte hergestellt: Sie waren eine willkommene und unabdingbare Ergänzung, um die Kleingeldversorgung in jenen Gebieten zu gewährleisten, deren Bedarf an Assen durch die offiziellen Münzstätten in Lyon und Rom nicht gedeckt werden konnte. Denn die Romanisierung der nordwestlichen Provinzen ging mit einer dichten Monetarisierung einher, die einen enormen Bedarf an Kleingeld für alltägliche Transaktionen nach sich zog. Einen Höhepunkt erlebte die Produktion von nachgeprägten As-

Abb. 3 Funde aus der Falschmünzerwerkstatt von Augusta Raurica, Insula 50, um 200 n. Chr. Links: Prägestempel (Eisen) mit dem eingravierten Bild der Rückseite eines Denars für Lucilla. Mitte: segmentierte Bronzestäbe. Rechts: (von oben): Abgetrenntes Segment, flachgehämmertes Segment (Schrötling), zwei versilberte Schrötlinge; zwei subaerate Denare mit dem Portrait des Commodus.

sen unter den Kaisern Claudius und Nero, als durch die Einstellung der Kleingeldprägung in der Münzstätte von Rom in den Jahren um 42 bis 63/64 n. Chr. eine zusätzliche Unterversorgung eingetreten war. Inoffizielle Prägestätten prägten in jenen Jahren Unmengen von Imitationen von Assen. Erst nach der Wiederaufnahme der Kleingeldprägung in Rom und Lyon unter Nero war eine auch den Ansprüchen der Provinzen genügende Kleingelddecke gewährleistet; die Herstellung von Nachahmungen ging nun dementsprechend drastisch zurück.

Abb. 4 Münzgussformen aus Ton mit den Abdrücken von severischen Denaren. Augusta Raurica, Insula 8. Um 250 n. Chr.

Das Problem der „Falschmünzerförmchen"

Seit dem 2. Jahrhundert n. Chr. lassen sich erneute Epidemien von inoffiziellen Münzen feststellen. Zunächst ist eine auf Britannien beschränkte Gruppe von lokal nachgeahmtem Kleingeld zu nennen[12]. Etwas später, vor allem seit severischer Zeit, treten in den nordwestlichen Provinzen massenweise Imitationen auf, die in Tonformen gegossen wurden[13]: In den Donauprovinzen stellte man hauptsächlich Nachahmungen von Kleingeld aus Kupfer oder Bronze her[14], in Britannien und im gallisch-germanischen Raum hingegen imitierte man vor allem Silberdenare (Introbild und Abb. 4–5)[15]. Man verwendete dazu aber nicht Silber, sondern Kupfer-Zinn-Legierungen. Die Qualität der nachgegossenen Denare war durchaus täuschend und belegt, dass sie als solche in Umlauf gebracht wurden (Abb. 5) – und somit als Fälschungen, wie es auf den ersten Blick scheint; dementsprechend werden die Tonformen in der deutschsprachigen Forschung auch meist als „Falschmünzerförmchen" bezeichnet. Doch ein starkes Argument relativiert diese Einschätzung: Man kennt heute gegen 100 Fundorte von Münzgussformen des 3. Jahrhunderts n. Chr., die ausschließlich in den nordwestlichen Provinzen liegen. Außerdem ist ein großer Teil dieser Formen von einer bemerkenswerten technologischen Einheitlichkeit. Eine rein private Fälschertätigkeit würde aber wohl mit einer reichsweiten Verbreitung und einer insgesamt zeitlich unbeschränkten Aktivität von kleinen Falschmünzerwerkstätten einhergehen, die ihre Produkte mit individuellen Methoden anfertigten – genau so, wie wir es von den subaeraten Prägungen kennen. Die zeitliche, räumliche und technologische Einheitlichkeit der meisten Gussformen lässt wohl nur den Schluss zu, dass wir es nicht mit rein privaten Fälschungen zu tun haben, sondern mit einer organisierten Maßnahme größeren Stils. Während das enorm häufige, aber räumlich und zeitlich begrenzte Vorkommen

Abb. 5   Links: Denar des Caracalla aus Silber, geprägt in Rom, 209 n. Chr. 2,89 g. Rechts: Nachgegossener Denar mit dem Bildnis des Caracalla aus einer Kupfer-Zinn-Legierung. Nach 209 n. Chr.

von Gussformen eindeutig für ein epidemisches Phänomen spricht, ist dessen Datierung innerhalb des 3. Jahrhunderts n. Chr. problematisch: Die Hauptmasse der kopierten Denare stammt zwar aus severischer Zeit (193–235 n. Chr.), doch es fällt auf, dass die zahlenmäßig umfangreichsten Funde von Gussformen stets auch einige Abdrücke jüngerer Münzen enthalten[16]. Außerdem sind vereinzelt Tonformen belegt, die Abdrücke von severischen Denaren mit späteren Münzen bis zu Aurelianus

(270–275 n. Chr.) kombinieren[17]. Generell ist die Praxis des Nachgießens demnach wahrscheinlich deutlich jünger als die Hauptmasse der imitierten Münzen und wohl erst um die Mitte des 3. Jahrhunderts n. Chr. zu datieren; in eine Zeit, in der offizielle Silbermünzen in zu geringer Zahl in die nordwestlichen Provinzen gelangten, um den dortigen Bedarf zu decken[18].

Reformen und ihre Folgen

Die letzten Vertreter der gegossenen Imitationen gehören aber bereits in eine Zeit, in der sich der Münzumlauf von Grund auf verändert hatte[19]: Der Antoninian, ein um 214 n. Chr. eingeführter Doppeldenar, verdrängte die anderen Nominale und degenerierte innerhalb weniger Jahrzehnte zu einer unansehnlichen Münze mit äußerst geringem Silbergehalt. In den Jahren um 266–271 n. Chr. erreichten die Produkte der Münzstätte in Rom ihren qualitativen Tiefstand, begleitet von inoffizieller Prägetätigkeit in der Münzstätte selbst. Die Münzreform des Kaisers Aurelianus (270–275 n. Chr.), eine Reaktion auf die Zerrüttung des Münzwesens, ging mit einer Verringerung des Prägevolumens einher, welches insbesondere in den nordwestlichen Provinzen bald zu einer ungenügenden Versorgung mit offiziellen Münzen führte.

Die Reaktion ließ nicht auf sich warten: Massenweise prägte man nun in Gallien und Britannien Imitationen von Antoninianen, in erster Linie Nachahmungen von Münzen des Gallischen Sonderreiches. Die Antoninian-Imitationen, insbesondere jene für Divus Claudius II., zirkulierten teilweise bis in die ersten Jahrzehnte des 4. Jahrhunderts n. Chr. und verbreiteten sich schließlich vom Nordwesten bis nach Nordafrika und Kleinasien.

In Ägypten wurden um 312–317 n. Chr. Kupfermünzen in großen Mengen nachgegossen, deren Herstellung regional und zeitlich aber beschränkt blieb. Diese Produktionen sind offensichtlich mit Änderungen in der offiziellen Kleingeldprägung und einem damit verbundenen Mangel an Münzen verbunden[20]. Eine allerdings weitaus kleinere regionale Welle von Imitationen entstand etwas später im Balkanraum, als um 318–325 n. Chr. massenweise Bronzemünzen nachgeprägt wurden[21]. Auch hierbei dürfte es sich um eine regionale Maßnahme gegen Kleingeldmangel handeln. Aus denselben Gründen kam es in den nordwestlichen Provinzen um 330– 345 (Abb. 6) und 354–358 n. Chr. zur epidemischen Nachprägung von Bronzemünzen. Die Analyse der Imitationen von Münzen der Jahre 354–358 n. Chr. im gallisch-germanischen Raum zeigt, dass deren Anteil am Umlauf desto höher war, je intakter eine Region die Germaneneinfälle der Jahrhundertmitte überlebt hatte[22].

Letzte Epidemien von inoffiziellen Münzen erfolgten im 5.–6. Jahrhundert n. Chr., als der Kleingeldumlauf im Nahen Osten, insbesondere in Ägypten, zu einem beträchtlichen Teil aus Imitationen von Kleinbronzen bestand, von gegossenen Exemplaren, für deren Herstellung man auch weitaus ältere Münzen als Prototypen verwendete, bis hin zu Prägungen schlechter Qualität und sogar ungeprägten Kupferschrötlingen[23]. Der Kleingeldumlauf wurde seit der Wende zum 5. Jahrhundert n. Chr. auf Grund der stark eingeschränkten Produktion offizieller Aes-Münzen generell heterogener und umfasste offenbar in allen Gegenden sowohl Altstücke des 4. Jahrhunderts n. Chr. als auch Imitationen unterschiedlichster Machart[24].

Zwischen Fälschung und Ersatzgeld: Tendenzen und Probleme

Die verschiedenen Wellen von inoffiziellen Nachahmungen werden durch eine Gemeinsamkeit verbunden: Ihr Auftreten ist jeweils massiv, aber zeitlich und/oder räumlich begrenzt. Dies unterscheidet sie deutlich von anderen Phänomenen wie etwa den subaeraten Silbermünzen, die sozusagen jederzeit und in allen Gegenden des Imperiums zirkulierten, da die Falschmünzerei an sich eine unvermeidliche Begleiterscheinung aller Geldwirtschaften ist. Die Begrenztheit der geschilderten epidemischen Wellen lässt darauf schließen, dass ihnen eine jeweils ebenso klar zu umreißende Ursache zu Grunde liegen muss: ein Mangel an bestimmten Nominalen im Münzumlauf, dem man mit entsprechenden Maßnahmen abzuhelfen suchte. In der Tat entstanden alle geschilderten Phänomene in Situationen, in denen der Bedarf an bestimmten Münzen in kurzer Zeit stark angewachsen oder die Menge an verfügbaren Münzen einschneidend reduziert worden war. Zwei Folgerungen ergeben sich daraus: Obschon diese Produktionen im Sinne der Gesetzgebung teilweise durchaus als Fälschungen zu gelten hatten (man denke an die nachgegossenen Denare), scheint es sich doch eher um regionale wirtschaftliche Maßnahmen zu handeln,

Abb. 6 Links: Bronzemünze des Constantius II., 337–340 n. Chr. in Lugdunum (Lyon) geprägt. Rechts: Nachprägung des gleichen Typs.

wenn auch teilweise in einer rechtlichen Grauzone; dass die Hersteller durchaus Gewinn aus ihrer Tätigkeit schlagen konnten, widerspricht der Einschätzung der epidemischen Nachahmungen als ökonomische Phänomene nicht. Die negativen Konnotationen, die oft mit inoffiziellen Nachahmungen verbunden werden, sind also nur insofern angebracht, als diesen tatsächlich eine ungenügende Geldversorgung vorausging; umgekehrt sind aber die inoffiziellen Nachahmungen Ausdruck einer funktionierenden Münzwirtschaft, die man mit allen Mitteln erhalten wollte. Gerade im späten 3. Jahrhundert n. Chr., als Unmengen von nachgeprägten Antoninianen den Münzumlauf dominierten, dürfte die Monetarisierung der Gesellschaft ein bisher nicht bekanntes Ausmaß erreicht haben.

Die aus heutiger Sicht irritierende Koexistenz von offiziellen und inoffiziellen Münzen bedingte unterschiedliche Ebenen des Münzumlaufs: Obschon es kaum denkbar ist, dass man beispielsweise für 16 der unansehnlichsten Nachprägungen von frühkaiserzeitlichen Assen (Abb. 2, rechts) einen echten Silberdenar erhielt (Abb. 1, links) – dies würde dem offiziellen Wertverhältnis entsprechen –, spielten diese Münzen nachweislich eine große Rolle im Alltag. Ebensowenig hätte man im frühen 3. Jahrhundert n. Chr. 25 nachgegossene Denare (Abb. 5, rechts) gegen einen *aureus* einwechseln können. Und doch konnte die alltägliche lokale Münzwirtschaft offensichtlich durchaus mit Nachahmungen funktionieren, sofern darüber ein lokaler oder regionaler Konsens herrschte. Das Scharnier zum offiziellen Münzumlauf, dem man sich spätestens bei Steuerzahlungen anzupassen hatte, konnten Geldwechsler bilden, welche die Imitationen entsprechend geringer bewerteten oder einfach zurückwiesen. Dass man sich der unterschiedlichen Qualität zwischen offiziellen und inoffiziellen Münzen durchaus bewusst war, zeigt sich daran, dass sich letztere fast ausschließlich durch Einzelfunde in Siedlungen dokumentieren lassen; in der antiken Alltagsrealität war der Kleingeldumlauf demnach weitaus heterogener, als man zunächst annehmen möchte. In die gleiche Richtung weist die Selektion zu Gunsten offizieller Prägungen, die jeder Hortbildung vorausging: Die Zeitgenossen wussten durchaus zwischen offiziellen Prägungen und Nachahmungen zu unterscheiden. Das Lavieren zwischen unterschiedlichen Ebenen des Münzumlaufs widerspiegelt einen pragmatischen Umgang mit Münzen, in dessen Rahmen improvisierte monetäre Maßnahmen akzeptiert wurden, so lange keine bessere Lösung verfügbar war[25]. Während man Kleingeld in fast jeder Form akzeptieren musste und sich offensichtlich auf diese Heterogenität einzustellen verstand, schwand die Toleranz, je wertvoller die nachgeahmten Nominale waren. Im Alltag zahlte man ohne zu zögern mit eindeutigen Surrogaten auch schlechtester Qualität, doch Ersparnisse wurden ausschließlich in möglichst guter Münze angelegt. Im Gegensatz zu verlorenen Geldbeuteln, die durchaus ein buntes Gemisch an guten und weniger guten Münzen enthalten können, finden sich in Edelmetallhorten deshalb so gut wie nie Nachahmungen oder subaerate Fälschungen.

Anmerkungen

[1] Reich illustrierter Überblick: BOON 1988. Analyse der wichtigsten Phänomene: KING 1996; WOLTERS 1999, 362–371; PETER 2004.
[2] Zur komplexen rechtlichen Situation ausführlich GRIERSON 1956; HASLER 1980, 82–103; WOLTERS 1999, 362–371; HEINRICHS 2008.
[3] Paul. sent. 5,25.
[4] Cod. Theod. 9, 21–23.
[5] Petron. 56,3.
[6] CRAWFORD 1968; PETER 1991, 74 f.
[7] Allerdings existieren auch Funde, die ausschließlich subaerate Münzen enthalten, so genannte „forger's stocks", bei denen es sich z. B. um noch nicht in Umlauf gebrachtes Falschgeld handeln kann; dazu etwa ORNA-ORNSTEIN/KENYON 1997.
[8] Plin. nat. 33,132.
[9] PETER 1991; PILON 2005. Zur Nachweisbarkeit antiker Münzstätten generell BURNETT 2001.
[10] z. B. WINKLER 1970; GEISER 1999.
[11] PFISTERER/TRAUM 2005; PFISTERER 2007.
[12] WALKER 1988, 291 f.
[13] Ältere Funde von Tongussformen sind selten belegt; siehe z. B. NUBER 1988.
[14] Ausführlich PFISTERER 2007, 648–736.
[15] Zusammenfassend LALLEMAND 1994, 163; AUBIN 2003.
[16] Dies gilt für die großen Bestände von Augusta Raurica (Augst), London und Pachten. Augusta Raurica: PETER 2000; London: LALLEMAND 1994, 172; Pachten: R.-ALFÖLDI 1974.
[17] AUBIN 1990; HOLMES/HUNTER 2002.
[18] ESTIOT 1996, 49 f.
[19] Dazu und zum Folgenden HOLLARD 1996; ESTIOT 1996.
[20] CHAMEROY 2009.
[21] ALFÖLDI 1926.
[22] WIGG 1987.
[23] BIJOVSKY 2002; NOESKE 2000.
[24] KING 1996, 240 f. mit Anm. 16; MAROT 2000.
[25] Die häufig halbierten (und viergeteilten) Asse der frühen Kaiserzeit gehören ebenfalls in diesen Rahmen: Eine pragmatische Lösung, mit der man einer Unterversorgung – in diesem Falle an Semisses (und Quadrantes) – abzuhelfen suchte.

Literaturverzeichnis

ALFÖLDI 1926
A. ALFÖLDI, Materialien zur Klassifizierung der gleichzeitigen Nachahmungen von römischen Münzen aus Ungarn und den Nachbarländern. Num. Közl. 25, 1926, 37–48.

AUBIN 1990
G. AUBIN, Les moules monétaires de Corseul (Côtes-d'Armor) et la date de fabrication des faux deniers en Gaule. Gallia 47, 1990, 256–263.

AUBIN 2003
G. AUBIN, Les moules monétaires en terre cuite du IIIe siècle: chronologie et géographie. Rev. Num. 159, 2003, 125–162.

BIJOVSKY 2002
G. BIJOVSKY, The Currency of the Fifth Century C.E. in Palestine – Some Reflections in Light of the Numismatic Evidence. Israel Num. Journal 14, 2000–02, 196–210.

BOON 1988
G. C. BOON, Counterfeit coins in Roman Britain. In: J. Casey/R. Reece (Hrsg.), Coins and the Archaeologist (London 1988²) 102–188.

BURNETT 2001
A. BURNETT, The Invisibility of Roman Imperial Mints. In: R. la Guardia (Hrsg.), I luoghi della moneta (Milano 2001) 41–48.

CHAMEROY 2009
J. CHAMEROY, Münzgussformen und Münzreformen in Ägypten am Anfang des 4. Jahrhunderts n. Chr. Jahrb. Num. u. Geldgesch. 59, 2009, 101–125.

CRAWFORD 1968
M. H. CRAWFORD, Plated Coins – False Coins. Num. Chronicle 1968, 55–59.

ESTIOT 1996
S. ESTIOT, Le troisième siècle et la monnaie: crise et mutations. In: J.-L. Fiches (Hrsg.), Le IIIe siècle en Gaule Narbonnaise: Données régionales sur la crise de l'Empire (Sophia Antipolis 1996) 33–70.

GEISER 1999
A. GEISER, Un faussaire à Lausanne-Vidy? Schweizer. Num. Rundschau 78, 1999, 53–79.

GRIERSON 1956
PH. GRIERSON, The Roman law of counterfeiting. In: Essays in Roman Coinage presented to Harold Mattingly (Oxford 1956) 240–261.

HASLER 1980
K. HASLER, Studien zu Wesen und Wert des Geldes in der römischen Kaiserzeit von Augustus bis Severus Alexander (Bochum 1980).

HEINRICHS 2008
J. HEINRICHS, Zwischen *falsum* und *(laesa) maiestas*: Münzdelikte im römischen Recht. Zeitschr. Papyr. u. Epigr. 166, 2008, 247–260.

HOLLARD 1996
D. HOLLARD, La circulation monétaire en Gaule au IIIe siècle après J.-C. In: C. E. King/D. G. Wigg (Hrsg.), Coin finds and coin use in the Roman world. Stud. Fundmünzen Ant. 10 (Berlin 1996) 203–217.

HOLMES/HUNTER 2002
N. M. McQ. HOLMES/F. HUNTER, Roman counterfeiters' moulds from Scotland. Proc. Soc. Antiq. Scot. 131, 2001 (2002) 167–176.

KING 1996
C. E. KING, Roman copies. In: C. E. King/D. G. Wigg (Hrsg.), Coin finds and coin use in the Roman world. Stud. Fundmünzen Ant. 10 (Berlin 1996) 237–263.

LALLEMAND 1994
J. LALLEMAND, Les moules monétaires de Saint-Mard (Virton, Belgique) et les moules de monnaies impériales romaines en Europe: essai de répertoire. Études et documents, série fouilles (Namur 1994) 141–177.

MAROT 2000
T. MAROT, Consideraciones sobre las monedas tardorromanas de imitación en Hispania. In: B. Kluge/B. Weisser (Hrsg.), XII. Internationaler Numismatischer Kongress Berlin 1997, Akten II (Berlin 2000) 799–805.

NOESKE 2000
H.-C. NOESKE, Bemerkungen zum Münzumlauf von 5. bis zum 7. Jahrhundert n. Chr. in Ägypten und Syrien. In: B. Kluge/B. Weisser (Hrsg.), XII. Internationaler Numismatischer Kongress Berlin 1997, Akten II (Berlin 2000) 812–820.

NUBER 1988
E. NUBER, Ein Fund römischer Falschmünzerförmchen. In: M. Klee/M. Kokabi/E. Nuber, Arae Flaviae IV. Forsch. u. Ber. Vor- u. Frühgesch. Baden-Württemberg 28 (Stuttgart 1988) 347–353.

ORNA-ORNSTEIN/KENYON 1997
J. ORNA-ORNSTEIN/R. KENYON, North Suffolk: 110 plated denarii to A.D. 51. Coin Hoards from Roman Britain 10 (London 1997) 37–46.

PETER 1991
M. PETER, Eine Werkstätte zur Herstellung von subaeraten Denaren in Augusta Raurica. Stud. Fundmünzen Ant. 7 (Berlin 1991).

PETER 2000
M. PETER, Die „Falschmünzerförmchen": ein Vorbericht. Jahresber. Augst u. Kaiseraugst 21, 2000, 61.

PETER 2004

M. PETER, Imitation und Fälschung in römischer Zeit. In: A.-F. Auberson/H. R. Derschka/S. Frey-Kupper (Hrsg.), Faux – contrefaçons – imitations. Etudes de numismatique et d'histoire monétaire 5 (Lausanne 2004) 19–30.

PFISTERER 2007

M. PFISTERER, Limesfalsa und Eisenmünzen – Römisches Ersatzkleingeld am Donaulimes. In: M. Alram/F. Schmidt-Dick (Hrsg.), Numismata Carnuntina. Forschungen und Material (Wien 2007) 737–772.

PFISTERER/TRAUM 2005

M. PFISTERER/R. TRAUM, Die Herstellungstechnik subferrater Kopien römischer Buntmetallmünzen: ein praktisches Experiment. Schweizer. Num. Rundschau 84, 2005, 125–140.

PILON 2005

F. PILON, Four coin production techniques used in the three officinae of Châteaubleau (ca 260–280 A.D.). In: C. Alfaro/C. Marcos/P. Otero (Hrsg.), XIII congreso internacional de numismática, actas I (Madrid 2005) 793–801.

R.-ALFÖLDI 1974

M. R.-ALFÖLDI, Die „Fälscherförmchen" von Pachten. Germania 52, 1974, 426–440.

WALKER 1988

D. R. WALKER, The Roman coins, in: B. Cunliffe (Hrsg.), The Temple of Sulis Minerva at Bath. Vol. II, The Finds from the Sacred Spring (Oxford 1988) 281–358.

WIGG 1987

D. G. WIGG, Fragen zur Datierung und Interpretation der barbarisierten Bronzemünzen des 4. Jahrhunderts n. Chr. Arch. Korrbl. 17, 1987, 111–120.

WINKLER 1970

I. WINKLER, Der dritte Traians-Denar mit PAT statt PAX. Jahrb. Num. u. Geldgesch. 20, 1970, 79f.

WOLTERS 1999

R. WOLTERS, Nummi Signati. Untersuchungen zur römischen Münzprägung und Geldwirtschaft. Vestigia 49 (München 1999).

Abbildungsnachweis: Introbild Stefan Arendt, LVR-Zentrum für Medien und Bildung; Abb. 1–3, 5–6 Susanne Schenker, Augusta Raurica; Abb. 4 Ursi Schild, Augusta Raurica.

Dr. Markus Peter
Augusta Raurica
CH-4302 Augst
markus.peter@bl.ch

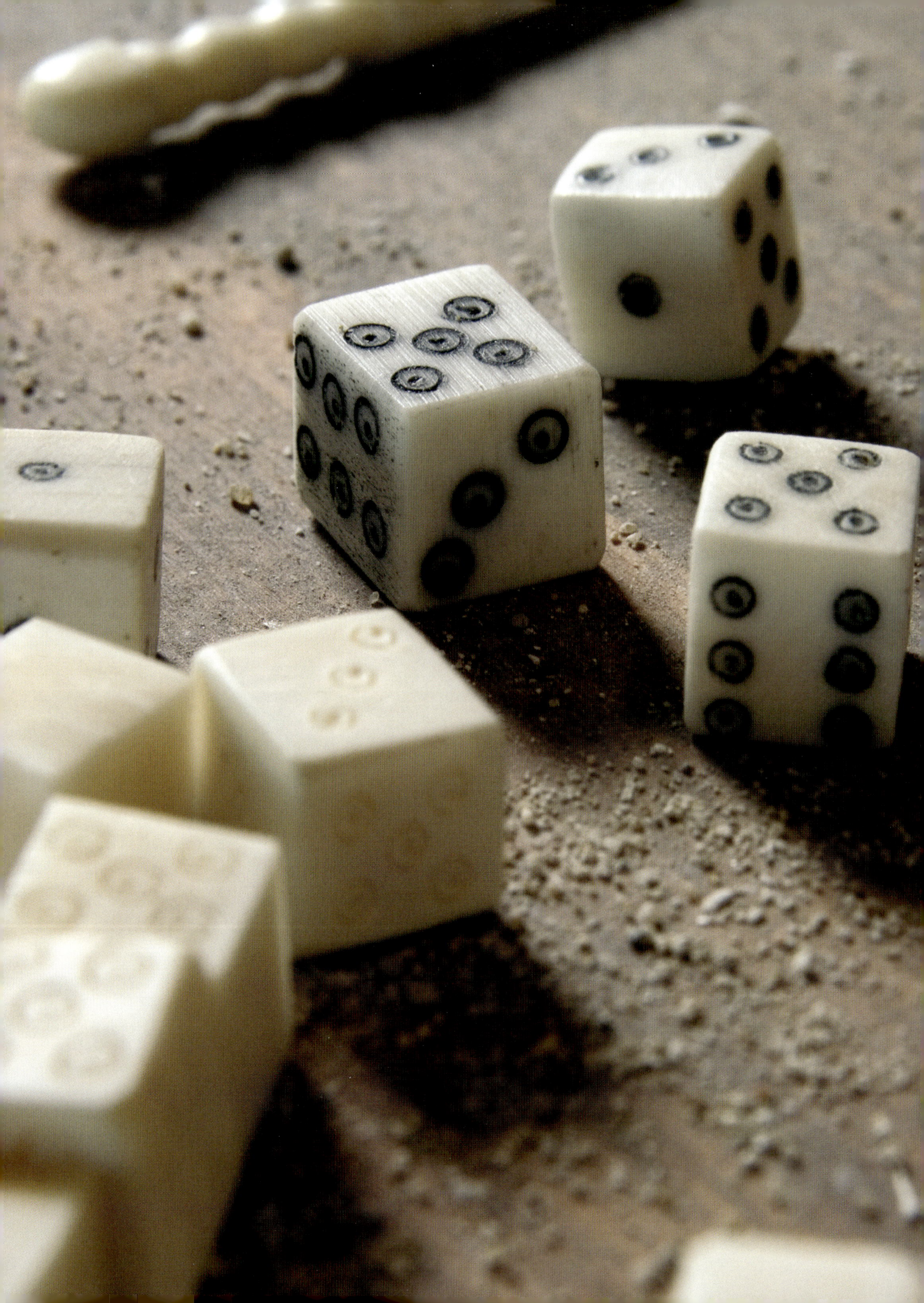

DIRK BRACHT

Dem Glück ein wenig nachhelfen – Falschspiel in der Antike

„Nicht einmal Gewinne aus dem Würfelspiel verachtete er; er machte allerdings mehr Gewinn durch Falschspiel und Meineid"[1], schreibt Sueton über Kaiser Caligula (37–41 n. Chr.). Die wenig schmeichelhafte Aussage des römischen Historikers führt uns deutlich vor Augen, dass bereits in der Antike beim Glücksspiel um Geld betrogen wurde. Diese Behauptung wird durch Sachquellen aus der Antike untermauert. Die Funde der Würfeltürme *(turricula* oder auch *pyrgus* genannt) in Froitzheim[2] bei Düren (Abb. 1), Qustul[3] in Nubien und in Richborough[4] belegen ebenso wie die antiken *fritilli* (Würfelbecher)[5] aus Ton oder Bronze, dass es bitter nötig war, sich vor Falschspielern zu schützen. Einfache Würfelbecher aus Ton, aber auch aus Bronze mit innen liegenden Vorsprüngen, um ein Rotieren der Würfel zu garantieren, sind bekannt; aufwendiger waren die Würfeltürme gestaltet. Der Froitzheimer *pyrgus* aus dem späten 4. Jahrhundert n. Chr. fällt besonders durch seine beiden Sinnsprüche auf, die zum unbeschwerten Spiel auffordern: „Die Picten sind besiegt; der Feind ist vernichtet; spielt unbekümmert!" und „Benutze [ihn], Glücklicher! Du sollst wohl leben!"[6].

Martial schreibt in seinen Epigrammen: „Der Hand, die in betrügerischer Absicht präparierte Würfel in mich hineinwirft, bleibt allein der Wunsch"[7]. Die Würfeltürme, welche durch innen angebrachte schiefe Ebenen einen ehrlichen Wurf garantieren sollten, konnten jedoch nicht verhindern, dass das Ergebnis durch gezinkte Würfel manipuliert wurde. Neben dem reinen Würfelspiel kamen *turriculae* auch beim *ludus duodecim scriptorum* oder *tabula* (Zwölf-Punkte-Spiel) zum Einsatz, wie Isidor uns überliefert: *tabula luditor pyrgo, calculis tesserisque*[8]. Diese Textstelle lässt den Schluss zu, dass auch hier um Geld gespielt wurde. Dabei ging es nicht immer friedlich zu: In seiner Ilias lässt Homer Patrokolos gestehen, dass „ich Amphidamas' Knaben getötet [habe], ohne Bedacht, nicht wollend, erzürnt beim Spiele der Knöchel"[9]. Ein Fresko aus Pompeji stellt in comicähnlichem Stil eine Szene dar, in der zwei Spieler über die Deutung eines Wurfes in Streit geraten sind; es kommt zu Handgreiflichkeiten, woraufhin der Wirt die beiden Streithähne schließlich an die Luft setzt.

Die Einsätze beim Würfeln konnten extreme Formen annehmen. So berichtet etwa Tacitus über die Germanen: „Das Würfelspiel treiben sie merkwürdigerweise nüchtern unter den ernsthaften Dingen, im Gewinnen und Verlieren so unbeherrscht, dass sie, wenn sie nichts mehr haben, im letzten Wurf ihre Freiheit und Person einsetzen. Der Besiegte begibt sich freiwillig in die Knechtschaft; wenn auch jugendlicher, wenn auch stärker, lässt er sich binden und verkaufen"[10].

Spielsucht war jedoch nicht nur ein Problem der Germanen. Viele antike Schriftsteller rücken das Glücksspiel in den Bereich der Kriminalität und beklagen den Verfall der Sitten durch exzessives Spiel und den immer höher werdenden Geldeinsatz. So schreibt Horaz: „Der junge Römer gibt sich nicht mehr den männlichen Tugenden des Reitens und Jagens hin, seine Fähigkeiten scheinen sich eher im gesetzlich verbotenen Glücksspiel zu entfalten"[11]. Cicero erwähnt Licinius Lenticula, der, nachdem er wegen Glücksspiels bestraft worden war, nicht zögerte, diese Straftat auf dem Forum zu wiederholen[12]. Iuvenal beklagt in seinen Satiren die Tatsache, dass niemand mehr nur mit einer Börse an den Spieltisch trete, sondern eine Schatzkiste mit sich führen müsse. Er bedauert später im Text, dass die Römer eher bereit seien, Hunderttausende zu verspielen, als einem erfrierenden Sklaven eine Tunika zu geben[13].

Obwohl bereits im 3. Jahrhundert v. Chr. ein ‚Würfelgesetz' in Rom existierte, gab es in der Folge immer weitere Gesetze wie die *lex Publicia,* die *lex*

Abb. 1 Kupferner Würfelturm aus Vettweiß-Froitzheim mit zwei Sprüchen in Opus interrasile: *pictos / victos / hostis / deleta / ludite / securi* und *utere / felix / vivas*.

Cornelia oder die *lex Titia*, durch die die römische Obrigkeit der Spielsucht Herr zu werden versuchte[14]. Die meisten dieser Gesetze ließen eine Ausnahme zu: Während der Saturnalien war das Glücksspiel neben anderen Ausschweifungen erlaubt. Doch war diese eine Woche im Dezember nach Ansicht der meisten Spieler zu kurz. Martial überliefert die Anekdote eines Mannes, der noch mit dem Würfelbecher in der Hand den für das Glücksspiel zuständigen Aedilen anflehte, sein Glück noch einmal versuchen zu dürfen[15]. Bei Zuwiderhandlungen gegen die geltenden Spielebeschränkungen drohten Geldstrafen, die von der einfachen Rückgabe der Gewinne über ein Vielfaches des Spieleinsatzes bis hin zur Verbannung ins Exil reichten. Es ist allerdings bekannt, dass die Missachtung dieser Gesetze meistens keine unmittelbaren Konsequenzen nach sich zog.

Das wohl schärfste Gesetz – *de alea luso et aleatoribus* – findet sich im *codex Iustinianus* aus dem Jahre 529 n. Chr., wo Glücksspiele jeglicher Art verboten und nur fünf Geschicklichkeitswettkämpfe (Springen ohne Stange, Springen mit Stange, Speerwerfen, Kämpfen, Ringen und Pferderennen) erlaubt wurden, wobei der maximale Wetteinsatz beschränkt war. Dies bedeutete, dass selbst reiche Männer höchstens eine Goldmünze pro Spiel setzen durften. Auch hier wird bei Zuwiderhandlungen nur die Rückgabe des eingesetzten Geldes angeordnet; ein durch den Prokurator einklagbarer Vorgang mit einer Verjährungsfrist von ‚nur' 50 Jahren[16].

Die römischen Gesetze gegen das Glücksspiel sind in sich kurios, denn obwohl das Spiel um Geld verboten war, blieb das Betreiben von Spielhöllen erlaubt. Der Betreiber (*susceptor*) unterlag lediglich einem reduzierten Rechtsschutz, wenn Probleme mit Spielern auftraten. Unklar ist die Bedeutung von Spielmarken aus Blei, die man im Umfeld solcher Spielstätten gefunden hat: Sie könnten als Jetons oder aber als Schuldverschreibungen gedient haben. Berüchtigste Betreiber solcher ‚Casinos' waren die Kaiser Caligula und Commodus (180–192 n. Chr.), die die kaiserlichen Paläste teilweise zu Spielstätten und sogar Bordellen umfunktionierten[17]. Lucius Verus, der von 161–169 n. Chr. gemeinsam mit Marc Aurel (161–180 n. Chr.) auf dem römischen Kaiserthron saß, war bekannt für seine Spielsucht. Er soll in seinem Palast eine Taverne eingerichtet haben, um den niedrigsten Lastern zu frönen, und trieb sich angeblich aus diesem Grunde sogar nachts incognito in den übelsten Etablissements herum[18].

Bei hohen Einsätzen stieg die Versuchung, dem Glück durch unlautere Mittel nachzuhelfen. So gibt es Funde gezinkter Würfel, die durch Gewichtsmanipulation oder abgeschliffene Kanten eine höhere Wahrscheinlichkeit für bestimmte Punktzahlen haben. Die Vermutung, dass die eingebrachten Gewichte zur Eichung der Würfel dienten, ist in Anbetracht der menschlichen Natur zumindest sehr zweifelhaft. Auch mit falschen Zahlenwerten, z. B. zweimal die Augenzahl zwei[19], konnte das Spielgerät in betrügerischer Absicht manipuliert werden (Abb. 2). Bei einem Würfel aus Brigetio (Komárom, Ungarn)[20] kommen die Zahlen eins bis drei gar nicht erst vor, stattdessen sind die Werte vier bis sechs doppelt vertreten. Die jeweils gegenüberliegende Anordnung sorgt dafür, dass in keiner Ansicht die Dopplung evident wird.

Nicht nur die sechsseitigen Würfel (*tesserae* oder *aleae*) wurden manipuliert. In Kleinasien fand man einen mit Blei beschwerten Astragal (*talus*)[21], dessen Lage nach einem Wurf dadurch manipuliert wurde (Abb. 3). Astragale (Sprunggelenkknochen von Paarhufern) waren schon seit der Urzeit in Gebrauch und wurden für Geschicklichkeitsspiele, als Würfel und Orakelsteine verwendet[22]. Auch hier bot sich reichlich Spielraum für Betrug. Artemidorus von Daldis schreibt: „Denn alles, was Pythagoräer und Leute aus Gesichtszügen, aus Astragalen, Käse,

Abb. 2 Die Spiegelung deckt den Betrug auf: Der Würfel aus der Colonia Ulpia Traiana (Xanten) hat die Augenzahl Zwei gleich doppelt.

Abb. 3 Der Zufallsfund eines mit Blei gezinkten Astragals wirft Fragen auf: Waren auch die beiden Löcher an der Seite mit Metall vergossen?

Sieben, aus Gestalt und Händen, aus Wasserbecken und mittels Geisterzitieren weissagen, muss man samt und sonders für Lügen und Hirngespinste halten; denn ihre Machenschaften sind dementsprechend, und von der eigentlichen Kunst der Wahrsagung haben sie nicht die geringste Ahnung, wohl aber nehmen sie mit ihren Gaukeleien und Betrügereien jeden, der ihnen in den Weg kommt, tüchtig aus"[23].

Auch bei einfachen Spielen, wie *capita aut navia* (Kopf oder Zahl) wurde betrogen. Zu diesem Zweck ist beispielsweise eine Münze mit dem Kopf Neros mit einem ungleichmäßigen Stück Eisen so geschickt manipuliert worden, dass der Spieler sicher sein konnte, dass die Münze auf die gewünschte Seite fiel[24].

Sein Geld konnte man in der Antike nicht nur am Spieltisch verlieren. Ebenso wie heute riskierten die Menschen ihr Vermögen auch bei Sportwetten, was selbst die *lex Iustiniana* nicht verbot. Man setzte auf den Sieger beim Pferderennen, auf Gladiatoren, auf den Gewinner bei olympischen Spielen etc. Aufgrund der Begeisterung der Römer für diese Ereignisse kristallisierte sich schon in der Kaiserzeit die Berufsgruppe des Athleten heraus, der sein Geld mit erfolgreichen Wettkämpfen verdiente. Obwohl es bei den frühen Spielen keine offizielle Siegprämie gab, sondern der Sieger ‚nur' mit einem Lorbeerkranz geehrt wurde, berichtet schon Homer in der Ilias über die Vergabe von Prämien bei den Spielen zur Ehren des toten Patroklos, dass „Achilleus [...] dem Lenker des schnellsten Gespanns zum herrlichen Kampfpreis setzt' er ein Weib zu nehmen, untadelig, kundig der Arbeit, samt dem gehenkelten Kessel von zweiundzwanzig Maßen [...]"[25]. Neben Ruhm und Ehre ging es bei den sportlichen Wettkämpfen also auch schon früh um handfeste materielle Interessen. Dies führte schon damals zu einer Kommerzialisierung des Sports mit allen Schattenseiten, die wir auch heute kennen. Es wurden Kämpfe abgesprochen, nicht nur um den persönlichen Ruhm zu mehren, sondern sicher auch zum Wettbetrug. So berichtet Pausanias in seinen Reisebeschreibungen von den im Volksmund Ζᾶνες genannten bronzenen Zeusstatuen, die am Eingang des Stadions in Olympia die Athleten mahnten „einen Sieg in Olympia nicht mit Geld, sondern mit Schnelligkeit der Füße und Körperkraft zu erringen"[26]. Wer jedoch trotz olympischen Eides eines Betruges überführt wurde, musste mit Geldstrafen und Ehrverlust rechnen. So finanzierten die Betrüger dem antiken Reiseschriftsteller zufolge das eigene Schandmal: Statuen wurden von berühmten Künstlern errichtet und gestaltet, die sich ihre Arbeit sicher teuer bezahlen ließen, was Rückschlüsse auf eine empfindliche Höhe der Strafen zulässt. An den Basen der Ζᾶνες eingemeißelte Epigramme erinnern noch heute an berühmte Sportskandale, wie die Bestechung der Faustkämpfer Agenor, Phormion und Prytanis durch den Thessaler Eupolos, der so den Sieg davon trug[27]. Die Quellen lassen offen, ob der Sportbetrug nur zur eigenen Bereicherung der Athleten stattfand, oder ob es auch schon eine antike Wettmafia gab. Andere Beweggründe, nämlich der Drang nach persönlichem Ruhm, führten dazu, dass Kaiser Nero – obwohl er mit seinem Rennwagen umstürzte – bei den olympischen Spielen im Jahre 67 n. Chr. in allen Disziplinen zum Sieger erklärt wurde[28].

Der Betrug beim Spiel zielte nicht immer auf materiellen Gewinn oder den Sieg am Spielbrett bzw. mit den Würfeln ab, wie uns Sidonius Apollinaris überliefert. Der Stadtpräfekt Roms schreibt in einem seiner Briefe über den Westgotenkönig Theoderich II., dass dieser ein begeisterter Würfelspieler gewesen sei und sich sehr über ein ehrlich gewonnenes Spiel freute: „Oft begünstigt diese Freude [...] ernsthafte Gespräche, da öffnet sie Anliegen, die lange vorher bei offiziellen Vertretungen Schiffbruch erlitten haben, den Hafen einer unverzüglichen Entscheidung; bei solchen Gelegenheiten finde auch ich es günstig, besiegt zu werden, da ich so ein Spiel verliere, um meine Sache zu retten"[29]. So konnte man durch absichtliches Verlieren – was ebenfalls ein Spielbetrug ist – dennoch gewinnen.

Ovid widmet sich in seiner *ars amatoria* dem Thema ‚Spiel' als Mittel der Verführung. Obwohl er den Damen der Gesellschaft empfiehlt, dass diese zu spielen verstehen sollen, um bei den Männern Erfolg zu haben, und das Verlieren mit Anstand ertragen sollen, wenn sie einen Mann für sich gewinnen wollen, legt er den Männern gleichzeitig ans Herz, das zumeist weibliche Objekt ihrer Begierde beim Brettspiel durch geschicktes Taktieren gewinnen zu lassen, um es in eine der Verführung zugeneigte Stimmung zu versetzen: „Spielt sie und wirft Elfenbeinwürfel mit eingeritzten Zahlen, so würfle schlecht und gib ihr, wozu dich der schlechte Wurf verpflichtet [...]: lass die Schaden bringenden ‚Hunde' oft auf deiner Seite sein. Oder [...] im Söldnerspiel [...] lass ja deine Streitmacht [...] geschlagen werden"[30]. Also auch hier ein Spielbetrug, nicht mit materialistischem, gleichwohl aber mit eigennützigem Hintergrund.

Die Menschen der Antike spielten gerne und viel. Hierbei wurde dem Glück auch mit unlauteren Mitteln nachgeholfen, wie sich in allen hier behandelten Episoden zeigt; dies ist ein nur allzu menschliches Phänomen. Spielcasinos, Lotterien, Sportwetten, Spielhallen und Glücksspiel im Internet zeigen, dass heute wie damals nicht nur zur Unterhaltung, sondern auch mit klarer Gewinnabsicht gespielt wird. Dass es dabei nicht immer ehrlich zugeht, zeigen Skandale um Sportbetrug, Doping, die intensive Überwachung der Spieler in den Casinos und vieles mehr. Solange das Spiel Gewinn verspricht, wird es auch immer Menschen geben, die diesen durch unterschiedliche Arten von Betrug zu erringen suchen.

Anmerkungen

1 Suet. Cal. 41,1–2.
2 LVR-LandesMuseum Bonn Inv. 85.0269.00. Zu diesem Fund aus dem Jahr 1984 auf dem Gelände eines römischen Gutshofes siehe HORN 1989.
3 Hölzerner Würfelturm aus Grab Q 3 im Nationalmuseum Kairo; siehe HORN 1989, 149 Anm. 17 (mit Lit.). 152 f. Abb. 16. 18.
4 COBBETT 2008.
5 Siehe FITTÀ 1998, 116–118 zu *turricula* und *fritilli*.
6 Übers. HORN 1989, 145 f.
7 Mart. epigr. 14,16 (Übers. HORN 1989, 139).
8 Isid. orig. 18,60: „Tabula spielt man mit dem Würfelturm, Steinen und Würfeln" (Übers. BORST 1966).
9 Hom. Il. 23,88 (Übers. J. H. Voß).
10 Tac. Germ. 24,3 (Übers. M. Fuhrmann).
11 Hor. carm. 3,24 (Übers. B. Kytzler).
12 Cic. Phil. 2,23.
13 Iuv. 1,87.
14 Zu den gesetzlichen Regelungen siehe auch VÄTERLEIN 1976, 8–10; KURYŁOWICZ 1983; KURYŁOWICZ 1985.
15 Mart. epigr. 5,85.
16 Cod. Iust. 3,43,1.
17 Suet. Cal. 41,1–2.
18 HA Verus 4,5–6.
19 So etwa ein Fund aus der Colonia Ulpia Traiana, LVR-Archäologischer Park Xanten Inv. C 9443.
20 BORHY 2002.
21 Archäologisches Museum der Westfälischen Wilhelms-Universität Inv. 2194. Bei zwei weiteren Bohrungen könnte man an einen nun fehlenden Bleierguss denken. Zur Tarnung des Betruges ist eine nicht erhaltene farbliche Fassung des Astragals möglich.
22 RIECHE 1984, 14 f. 40–42 Abb. 7–9; FITTÁ 120–122.
23 Artem. 2,69 (Übers. K. Brackertz). Siehe hierzu NOLLÉ 1987, 48. Zu umherziehenden Wahrsagern NOLLÉ 2007, 16 f.
24 So die Beobachtung von LANCIANI 1892, 102.
25 Hom. Il. 23,255–256 (Übers. J. H. Voß).
26 Paus. 5,21,4.
27 Paus. 5,21,3.
28 Suet. Nero 24.
29 Sidon. epist. 1,2,7–8 (Übers. J. Väterlein).
30 Ov. ars 2,203–208 (Übers. M. von Albrecht).

Literaturverzeichnis

BORHY 2002
L. BORHY, Alea falsa est? Gedanken zu einem trügerischen Würfel aus Brigetio. In: K. Kuzmová/K. Pieta/J. Rajtár (Hrsg.), Zwischen Rom und dem Barbaricum. Festschr. für Titus Kolník zum 70. Geburtstag (Nitra 2002) 55–58.

BORST 1966
A. BORST, Das Bild der Geschichte in der Enzyklopädie Isidors von Sevilla. Dt. Archiv Erforsch. des Mittelalters 22, 1966, 1–62.

COBBETT 2008
R. E. COBBETT, A dice tower from Richborough. Britannia 39, 2008, 219–235.

FITTÀ 1998
M. FITTÀ, Spiele und Spielzeug in der Antike (Stuttgart 1998).

HORN 1989
H. G. HORN, *Si per me misit, nil nisi vota feret*. Ein römischer Spielturm aus Froitzheim. Bonner Jahrb. 189, 1989, 139–160.

KURYŁOWICZ 1983
M. KURYŁOWICZ, Die Glücksspiele und das römische Recht. In: Studi in onore di Cesare Sanfilippo 4 (Mailand 1983) 267–282.

KURYŁOWICZ 1985
M. KURYŁOWICZ, Das Glücksspiel im römischen Recht. Zeitschr. Savigny-Stiftung Rechtsgesch., Romanist. Abt. 102, 1985, 185–219.

LANCIANI 1892
R. LANCIANI, Gambling and Cheating in ancient Rome. North American Review 155, 1892, H. 428, 97–106.

NOLLÉ 1987
J. NOLLÉ, Südkleinasiatische Losorakel in der römischen Kaiserzeit. Ant. Welt 18, H. 3, 1987, 41–49.

NOLLÉ 2007
J. NOLLÉ, Kleinasiatische Losorakel. Vestigia 57 (München 2007).

RIECHE 1984
A. RIECHE, Römische Kinder- und Gesellschaftsspiele. Schr. des Limesmus. Aalen 34 (Stuttgart 1984).

VÄTERLEIN 1976
J. VÄTERLEIN, Roma ludens. Kinder und Erwachsene beim Spiel im antiken Rom. Heuremata 5 (Amsterdam 1976).

Abbildungsnachweis: Introbild Axel Thünker DGPh; Abb. 1 LVR-LandesMuseum Bonn; Abb. 2 Stefan Arendt, LVR-Zentrum für Medien und Bildung; Abb. 3 Archäologisches Museum der Universität Münster, Foto: Robert Dylka.

Dirk Bracht
Grünstr. 52a
46483 Wesel
d.bracht@gmx.net

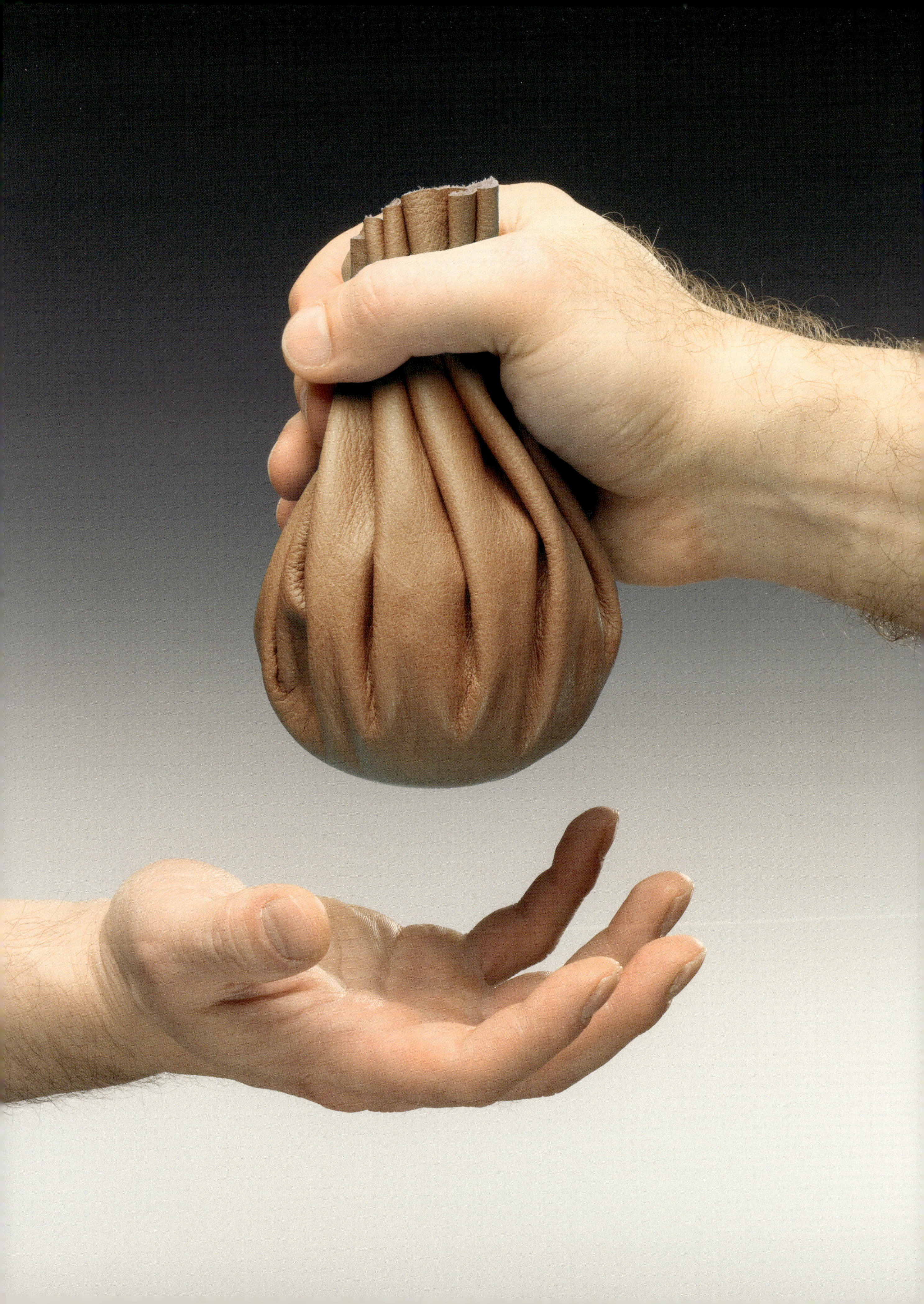

RUDOLF HAENSCH

Omnibus pariter corruptis –
Korruption und Amtsmissbrauch in den Stäben der kaiserzeitlichen römischen Provinzverwaltung

Gaius Verres gilt als der Prototyp eines korrupten und sein Amt skrupellos ausnutzenden Statthalters. Seine Person wird gerne als typisch für eine Provinzverwaltung betrachtet, die in der Spätzeit der römischen Republik vor allem auf den eigenen Vorteil bedacht gewesen sein soll[1]. Auch der Untergang des Römischen Reiches in der Spätantike soll nach einem prominenten liberalen Deutungstyp auf ein schuldhaftes Versagen der Innenpolitik – und speziell auf bestechliche Beamte – zurückzuführen sein[2]. Nur die römische Verwaltung der Kaiserzeit galt in der wissenschaftlichen Forschung lange Zeit als ‚sauber'. Peter Brunt[3] hat dieses Urteil einer kritischen Prüfung unterzogen. Er stellte in einer Studie zahlreiche Fälle von Strafverfahren gegen korrupte Provinzgouverneure dieser Epoche zusammen und zeigte darüber hinaus auch, warum für bestimmte Provinzen – wie z. B. Germania Inferior – derartige Fälle nicht bekannt sind: Das starke kulturelle Gefälle zwischen den Provinzialen und den Vertretern der römischen Administration sprach lange Zeit gegen die Einleitung eines solchen Prozesses. Darüber hinaus schien es offenbar wenig aussichtsreich, gegen den Statthalter einer großen Militärprovinz vorzugehen, da man genau wusste, dass solche Stellen nur mit engen Vertrauten des Kaisers (*amici Caesaris*) besetzt wurden.

Geldgierig und auf den eigenen Vorteil bedacht waren aber nicht nur die Statthalter und Prokuratoren (also die Leiter der provinzialen Finanzverwaltung), sondern auch deren Stabsmitglieder[4]. Hatte das Verwaltungspersonal (die *officiales*) der Kaiserzeit sauberere Hände als ihre Vorgänger wie z. B. der *accensus* Timarchides des Verres oder der *scriba* (Schreiber) Maevius[5], der Verres aus reinem Eigennutz seit dessen *legatio* in Asia zur Seite gestanden hatte? Waren diese Männer tatsächlich weniger korrupt als jene spätantiken *officiales*, denen Kaiser Konstantin mit dem Abhacken ihrer Hand drohte, wenn sie nicht endlich weniger geldgierig wären[6]? Dieser Frage ist bisher nicht nachgegangen worden[7]. Die römische Provinzbevölkerung war jedenfalls mit dem Verwaltungspersonal des Statthalters sicher häufiger konfrontiert als mit dem Statthalter selbst, zu dem der Zugang trotz des Ideals des allzeit zugänglichen Machthabers schon aus Zwängen der Alltagsrealität oft nicht ganz einfach gewesen sein dürfte[8].

Noch in der Zeit Traians entsprach es einer weit verbreiteten Vorstellung der wichtigsten Vertreter Roms, dass das Personal eines römischen Amtsinhabers diesem ebenso prompt – und nur in der Form eines ausführenden Organs – zu folgen habe, so wie die Hände eines Körpers dem Kopf gehorchen[9]. Die alltägliche Realität war jedoch schon damals weit davon entfernt. In den Rechtsquellen und der Literatur ist dies vor allem für die engsten Berater eines römischen Statthalters, nämlich die von ihm ausgewählten *comites* sowie dessen eigene Familie, zu fassen. Nach der *lex Iulia repetundarum* konnten auch ehemalige Begleiter (*ex cohorte*) eines Statthalters wegen Erpressungen (*repetundae*) angeklagt werden[10]. In traianischer Zeit ging man nach dem Zeugnis von Plinius d. J. zumindest in einem Fall auch gegen die Frau und die Tochter eines Gouverneurs wegen *repetundae* vor[11]. Dass wir in diesen Quellen mit entsprechenden Übergriffen (bzw. der Möglichkeit von solchen Übergriffen) durch sozial herausragende Personen konfrontiert werden, ist wohl kaum Zufall. Vielmehr entspricht dies der selbstständigen Position, die die Gesetzgebung den *comites* unter allen Begleitern wegen ihres sozialen Ranges zubilligte bzw. bei literarischen Quellen wegen der allgemeinen Vorstellungen davon, welcher Personenkreis überhaupt Gegenstand solcher Werke sein sollte.

Korrupte Praktiken einer anderen, sozial etwas tiefer stehenden Gruppe von Helfern sind in einem fragmentarischen Edikt des Servius Sulpicius Similis, *praefectus Aegypti* in den Jahren 107/112 n. Chr., zu fassen[12]. Dieser Gouverneur suchte in der betreffenden Verlautbarung eine Reihe von Problemen zu regeln, die bei seinen Reisen zu den Gerichtsorten seiner Provinz aufgetreten waren. In dem Zusammenhang verbot er auch die Annahme von Geschenken. Welchem Personenkreis er dies konkret untersagte, ist nicht mehr klar zu ersehen – den *officiales*, die mit der Organisation der Konventssitzungen betraut waren oder den von ihm eingesetzten Richtern, die er (entsprechend einer üblichen Praxis) mit einzelnen, weniger wichtigen Rechtsfällen betraut hatte[13]? Wie er in diesem Edikt aus seinem vierten Amtsjahr außerdem betonte, musste er nicht zum ersten Mal gegen entsprechende Missstände vorgehen. Wenn aber dieser Gouverneur in seiner Amtszeit mindestens zweimal gegen korrupte Praktiken seiner Verwaltungsmitarbeiter tätig werden musste, dürfte er sicher nicht der einzige Statthalter Roms gewesen sein, der mit solchen Problemen konfrontiert wurde.

Dass sich dennoch der Eindruck verfestigen konnte, Korruption sei kein Problem der Administration in der Hohen Kaiserzeit gewesen, hängt sicher auch damit zusammen, dass aus dieser Zeit keine Gerichtsreden wie die des Cicero gegen Verres überliefert sind. Allerdings ist uns mit Philons Schrift ‚in Flaccum' – ein gegen den ehemaligen *praefectus Aegypti* Aulus Avillius Flaccus gerichtetes Werk – eine in mancher Hinsicht vergleichbare Schrift erhalten geblieben. Wie Cicero griff auch Philon nicht nur den Statthalter, sondern ebenso dessen Mitarbeiter an. Der umfangreichste Angriff galt dabei einem gewissen Lampon, der für die Protokollierung der Gerichtsverhandlungen des Statthalters von Ägypten zuständig gewesen war[14]. Dieser Lampon hatte durch Tilgungen, Auslassungen und Hinzufügungen das Ergebnis vieler Verhandlungen in ihr Gegenteil verkehrt. Er hatte so aus jeder Silbe, ja jedem Strich, Gewinn gezogen. Sieger vor Gericht waren von diesem „Killer mit der Feder", wie man ihn auch nannte, plötzlich zu Unterlegenen gemacht worden und hatten entweder ihr Geld oder sogar ihr Leben verloren, während sichere Prozessverlierer zu Gewinnern geworden waren. Für die von diesem Lampon ausgeübte Funktion des *eisagogeus* beim Statthaltergericht gab es zwar, soweit wir wissen, in keiner anderen Provinz eine exakte Entsprechung[15]. Aber auch wenn die Funktion in dieser Form ohne Parallelen war – die kritisierten Praktiken konnten auch die aus dem Heer abkommandierten *commentarienses*, die in anderen Provinzen für die Protokollierung der Gerichtsverfahren zuständig waren, durchaus anwenden, sofern sie über eine vergleichbare kriminelle Energie verfügten[16]. Die *commentarienses* sind uns aber vor allem aus Inschriften bekannt, in denen zumeist nur ihr Titel erscheint[17].

Ein in den Digesten erhaltener Kommentar Ulpians, eines Juristen des Anfangs des 3. Jh. n. Chr., in seinem Werk *de officio proconsulis* spricht ein Verhalten verschiedener Stabsmitglieder an, das diese wohl als Gewohnheitsrecht ansahen, das aus seiner Sicht aber den Tatbestand der Unterschlagung erfüllte[18]: Es ging um die Gegenstände von vergleichsweise geringem Wert, die verhaftete oder bereits rechtskräftig verurteilte Personen bei sich trugen. Diese so genannten *pannicularia* hatten sich bestimmte Gruppen unter den Stabsangehörigen (*optiones, commentarienses, speculatores*) offensichtlich bislang gewohnheitsmäßig angeeignet. Nach der Ansicht Ulpians sollten die Statthalter aber ein solches Verhalten nicht zulassen, sondern die betreffenden Gegenstände wieder zurückfordern, um aus deren Erlös entweder bestimmte Ausgabenposten des *officium* zu bestreiten – wie z. B. die Anschaffung von Schreibmaterial (*chartiaticum*) – oder um damit besonders tapfere Soldaten zu belohnen.

Mit diesem Kommentar aus den Digesten wird eine rechtliche Grauzone angesprochen, in der es aller Wahrscheinlichkeit nach ein erhebliches Ausmaß an korrupten Praktiken gegeben hat, ohne dass wir diese Missstände im Einzelnen fassen können: jene Gebühren, Trinkgelder und das ‚Bakschisch', die sich die *officiales* im Zusammenhang mit ihrer Tätigkeit von den Betroffenen zahlen ließen. Die Autoren eines juristischen Standardwerkes waren zwar noch 1996 folgender Ansicht: „Prozeßgebühren an den Staat oder seine Organe sind {in den ersten drei nachchristlichen Jahrhunderten} nach wie vor unbekannt"[19]. Eine solche Darstellung vernachlässigt aber das, was man P.Oxy. XIV 1654 entnehmen kann: Wie das Dokument explizit eingangs besagt, enthält der Text eine „Aufstellung von Ausgaben": Die betreffende Person hatte dreimal an „Schreiber gesetzlicher Regelungen" (*nomographoi*[20]) gezahlt, die für ihn Kopien von Gerichtsprotokollen anfertigten, u. a. eines Gouverneurs der Provinz Aegyptus. Ebenso hatte er aus einem nicht genannten Grund einen „Helfer" (*hairetes*) des Statthalterarchivs bezahlt. Entweder handelte es sich hier um offizielle Gebühren, wie sie z. B. bei der Einsetzung eines *tutor feminae* bei einem Rechtsgeschäft zu zahlen waren[21], oder aber um Trinkgelder[22]. Im Zusammenhang mit dem Rechtswesen hören wir aus den christlichen Märtyrerakten von Bestechungsgeldern, um die Flucht zu ermöglichen oder um den Gefängnisaufenthalt angenehmer zu machen[23].

Besonders üblich und umfangreich scheinen solche „Trinkgelder" im Falle der Stäbe der provinzialen Finanzverwaltung gewesen zu sein. Dieses Personal rekrutierte sich aus den Sklaven und Freigelassenen des Kaisers[24] und kam insbesondere im frühen Prinzipat zu beachtlichem Wohlstand: So verfügte etwa ein *dispensator ad fiscum Gallicum* über 16 eigene Sklaven; und auch der monumentale runde Grabbau eines anderen *dispensator* mit über fünf Metern Durchmesser, der im römischen Köln gefunden wurde[25], musste finanziert werden[26]. Zwar erhielten solche Sklaven und Freigelassene so genannte *commoda* – Beiträge zu einem angemessenen Lebensunterhalt – aus dem kaiserlichen Fiscus[27]. Aber diese *commoda* allein dürften die aufwändige Lebensführung nicht ermöglicht haben. Vielmehr verlieh die Bedeutung dieser Funktionsträger im Rahmen der administrativen Routine sowie ihr Status als Besitz bzw. Freigelassene des römischen Kaisers ihnen einen Handlungsspielraum und eine soziale Position, die erheblich von derjenigen abwich, die man zunächst aus ihrem Rechtsstatus als Sklaven bzw. Freigelassene ableiten würde[28]. Viele Provinzbewohner suchten ganz offensichtlich die Gunst solcher Mitglieder der Finanzverwaltung, die für die Kontrolle des Steuereinzuges und dessen Modalitäten zuständig waren. Diese wiederum konnten vergleichsweise leicht auf entsprechende Angebote eingehen, da der *pater familias* (hier: der Kaiser), der sie nach römischem Rechtsverständnis alleine schwer bestrafen konnte[29], normalerweise weit entfernt in Rom residierte.

Eine ganz ähnliche Situation ergab sich, wenn *officiales* im dienstlichen Auftrag durch die Provinz reisten und dadurch als Beauftragte des fernen, aber mächtigen Statthalters ihre dienstlichen Missionen leicht zum eigenen Vorteil ausnutzen konnten. Solche Stabsmitglieder werden immer wieder (neben durchmarschierenden Soldaten) in den Klagen der Dörfer genannt, die gegen entsprechende Übergriffe bei einem höheren Amtsträger protestiert hatten und ihre erfolgreichen Proteste in Stein einmeißeln ließen, um zukünftige Übeltäter abzuschrecken. Dies war bei einer Bittschrift der Stadt Euhippe in Asia in den Jahren 211 bis 213 n. Chr. der Fall[30]. Ganz ähnlich beklagten sich die Bewohner der kaiserlichen Domäne Aragua[31] in derselben Provinz in den Jahren 244 bis 246 n. Chr. über die *Caesariani*, d. h. über die Sklaven und Freigelassenen des Kaisers[32].

Wie ernst das Problem war, wird auch dadurch bestätigt, dass es in einer Reihe von Anordnungen römischer Gouverneure verschiedenster Perioden und unterschiedlichster Provinzen angesprochen wurde. Ein Statthalter Galatiens in den ersten Jahren des Tiberius (14–37 n. Chr.), Sextus Sotidius Strabo Libuscidianus, nannte neben Soldaten auch diejenigen *ex comitatu nostro* und die *principis optimi liberti et servi* als solche Personen, die nichts Kostenloses (*gratuita*) außer Verpflegung und Unterbringung von unwilligen (*invitis*) Provinzialen fordern dürften[33]. Ganz ähnliche Verbote formulierten Lucius Aemilius Rectus, Gouverneur von Ägypten, im Jahr 42 n. Chr. und Gnaeus Vergilius Capito, Statthalter derselben Provinz, im Jahr 48 n. Chr.[34]. In einem sehr fragmentarisch erhaltenen Schreiben wandte sich Lucius Iulius Apronius Maenius Pius Salamallianus, Statthalter Numidiens, in den ersten Jahren des Severus Alexander (222–235 n. Chr.), gegen ungerechtfertigte Forderungen von *officiales*[35].

Man darf also die vergleichsweise geringe Zahl einschlägiger Hinweise nicht als Indiz für das Fehlen von Korruption in der Administration (oder ein nicht vorhandenes Problembewusstsein) bewerten. Philons Schrift ‚in Flaccum' ist schon aufgrund seiner speziellen Ausrichtung auf die Probleme eines bestimmten Bevölkerungsteils, nämlich der ägyptischen Juden, nur teilweise mit Ciceros Anklage gegen Verres vergleichbar; sie gewährt auch keineswegs so detailliert wie Cicero Einblick in das Geschehen einer Provinz, die von einem korrupten Gouverneur und dessen ebenso habgierigen Verwaltungsstab geleitet wurde. Es gibt auch für die hohe Kaiserzeit keine derart umfangreiche und Fragen des öffentlichen Rechtes betreffende Sammlung von Gesetzesregelungen, wie sie der *codex Theodosianus* und der *codex Iustinianus* für die Spätantike darstellen. Die Zahl der auf Stein verewigten gesetzlichen Regelungen aus der Kaiserzeit ist nicht nur viel geringer als diejenige der in den Codices erhaltenen entsprechenden spätantiken Verlautbarungen. Vor allem aber ist nur ein ganz geringer Teil von ihnen durch die römischen Autoritäten selbst publiziert worden, um diesen Regelungen eine möglichst dauerhafte Gültigkeit zu verschaffen. In den meisten dieser Fälle haben Städte oder Einzelpersonen – vor allem zur eigenen Selbstdarstellung – für deren Einmeißelung gesorgt[36]. Dazu brauchte man aber ganz andere Dokumente als Klagen über Streitigkeiten mit Vertretern Roms, die unter Umständen sogar die eigene Machtlosigkeit demonstrierten. So bleibt uns vor allem als wichtigste Nachrichtenquelle jene Überlieferungsform, die am unmittelbarsten die antike Alltagsrealität widerspiegelt – die Papyri. Diese Texte aber blieben ganz überwiegend nur in Teilen einer einzigen Provinz, nämlich Ägypten, erhalten. So verwundert es nicht, dass wir heute nur noch die ‚Spitze des Eisbergs' fassen können.

Anmerkungen

[1] Zu ihm SCHULZ 1997. Das Zitat im Titel: Sall. hist. I,12.
[2] DEMANDT 1989, 484 (mit Lit.); vgl. auch MACMULLEN 1988.
[3] BRUNT 1961, jetzt in: BRUNT 1990, 53–95; vgl. HARRIES 2007, 65–68. Dagegen JACQUES/SCHEID 1990, 195–197.
[4] Zur Zusammensetzung solcher Stäbe: HAENSCH 1997, 710–726; AUSTIN/RANKOV 1995, 149–155.
[5] Zu beiden SCHULZ 1997.
[6] Cod. Theod. 1,16,7; vgl. auch z. B. Cod. Theod. 1,29,5.
[7] Vgl. AUSBÜTTEL 1998, 180.
[8] Das Ideal: Men. Rhet. p. 167 (Russell/Wilson). Man denke aber an die 1804 Petitionen, mit denen Petenten einen *praefectus Aegypti* der Severerzeit an 2 ½ Tagen überhäuften und die dieser wohl kaum alle persönlich in Empfang genommen hat: P. Yale 61, dazu HAENSCH 1994. Vgl. schon auf der Ebene eines *decurio*: BGU I 23 (dazu REA 1993).
[9] Front. aqu. 2,2.
[10] Dig. 48,11,1pr.; vgl. Plin. epist. 3,9,18; dazu BRUNT 1990, 62.
[11] Plin. epist. 3,9,19–20; dazu BRUNT 1990, 63.
[12] P.Oxy. XXXVI 2754 Z. 7–8; dazu LEWIS 1972; LEWIS 1976.
[13] Zu entsprechenden Verboten siehe auch Dig. 48,11,3. 7 (Macer).
[14] Philon Flacc. 127–134.
[15] Vgl. HAENSCH 1995, 272–276; HAENSCH 2008, 91–94. Noch viel weniger gilt dies für die *eklogistai*, von deren Missbräuchen das Edikt des Ti. Iulius Alexander detailliert berichtet: CHALON 1964.
[16] Vgl. z. B. auch Aristeid. or. 50,81, dazu 50,85 und 50,94.
[17] HAENSCH 1995, 284.
[18] Dig. 48,20,6 (Ulp.).
[19] KASER/HACKL 1996, 496 vgl. 520. 577.
[20] Was damit genau gemeint war, ist leider nicht festzustellen. Am ehesten vergleichbar ist wohl die Gruppe der in Dig. 4,6,33 (Modest.) genannten Schnellschreiber, *qui notis scribunt acta praesidum* und *rei publicae causa non abesse* (also keine Soldaten, wie es die *exceptores* der Statthalterstäbe waren). Vgl. auch die Zahlungen für eine Petition und eine *professio* in P. Sijp. 12a (2. Jh. n. Chr.).
[21] P.Ryl. II 120 (167 n. Chr.); P.Oxy. XII 1473 (201 n. Chr.); P.Oxy. I 56 (203 n. Chr.). Da im Formular der Eingaben darauf hingewiesen wird, dass man die entsprechende Gebühr bezahlt hat, war es sicher eine offiziell geforderte Abgabe.
[22] Vgl. die Zahlung anscheinend an einen *eisagogeus* für eine gerichtliche Mahnung in PSI VI 688 Z. 68 vgl. 73 (116 n. Chr.). Es bleibt offen, wie oft die guten Beziehungen zu einzelnen *officiales*, um die sich Provinziale immer wieder bemühten, durch finanzielle Zuwendungen geschaffen wurden; vgl. z. B. P.Oxy. II 294, cf. BL III 130 (22 n. Chr.); SB V 7662, cf. BL VII 196, VIII 331 = P. Col. VIII 225 (Ende 2. Jh.); P.Oxy. XLVII 3366 (253–260 n. Chr.).
[23] Tert. fuga pers. 12,1–2; Pass. Perp. 6–7; vgl. Tert. apol. 7,3.
[24] Dazu BOULVERT 1970; HAENSCH 1997, 725 f.
[25] ILS 1514 bzw. HAENSCH 1999, 647 und jetzt ausführlicher ECK/VON HESBERG 2003.
[26] Noch lukrativer waren natürlich entsprechende Positionen in der Nähe des Kaisers, siehe MILLAR 1977, 136.
[27] Direkt belegt für dieses Personal ist dies nicht, aber was auf die *aquarii* (Frontin. aqu. 118,4) und das Personal des *metallum Vipascense* (ILS 6891 Z. 23 f.) zutraf, dürfte auch für die Stäbe der provinzialen Finanzverwaltung gegolten haben.
[28] Generell zur Position der kaiserlichen Sklaven und Freigelassenen insbesondere BOULVERT 1974; zu Einnahmequellen am Rande auch des antiken Legalitätsverständnisses BOULVERT 1974, 116–118.
[29] Es bleibt unklar, wieweit die Disziplinargewalt eines Procurators über solche Stabsmitglieder ging, eine gewisse hatte er auf jeden Fall: Tac. ann. 4,15,3; Plin. epist. 10,85.
[30] HAUKEN 1998, 215 f.; vgl. demgegenüber CIL III 12336 = IGR I 674 = AE 1994, 1552 Z. 88–91 (238 n. Chr.).
[31] CIL III 14191 = IGR IV 598 = MAMA X 114.
[32] Zum Begriff: MACMULLEN 1988, 138; HAENSCH 2006.
[33] So in SEG 26, 1392 Z. 23–25. 47–52 (in den ersten Jahren des Tiberius).
[34] W. Chr. 439 Z. 7–9 bzw. OGIS 665, besonders Z. 23 f.
[35] CIL VIII 17639. Vielleicht einschlägig auch P.Oxy. VIII 1100, vgl. bes. Z. 10.
[36] Dazu ausführlich die verschiedenen Beiträge in HAENSCH 2009.

Literaturverzeichnis

AUSBÜTTEL 1998
F. M. AUSBÜTTEL, Die Verwaltung des römischen Kaiserreiches (Darmstadt 1998).

AUSTIN/RANKOV 1995
N. J. E. AUSTIN/N. B. RANKOV, Exploratio. Military and Political Intelligence in the Roman World from the Second Punic War to the Battle of Adrianople (London, New York 1995).

BOULVERT 1970
G. BOULVERT, Esclaves et affranchis impériaux sous le Haut-Empire romain. Rôle politique et administratif (Neapel 1970).

BOULVERT 1974
G. BOULVERT, Domestique et fonctionnaire sous le

Haut-Empire romain. La condition de l'affranchi et de l'esclave du prince (Paris 1974).

BRUNT 1961
P. BRUNT, Charges of Provincial Maladministration under the Early Principate. Historia 10, 1961, 189–227.

BRUNT 1990
P. BRUNT, Roman Imperial Themes (Oxford 1990).

CHALON 1964
G. CHALON, L'édit de Tiberius Iulius Alexander (Olten, Lausanne 1964).

DEMANDT 1989
A. DEMANDT, Die Spätantike. Römische Geschichte von Diocletian bis Justinian 284–565 n. Chr. (München 1989).

ECK/VON HESBERG
W. ECK/H. VON HESBERG, Der Rundbau eines Dispensator Augusti und andere Grabmäler der frühen Kaiserzeit in Köln – Monumente und Inschriften. Kölner Jahrb. 36, 2003, 151–205.

HAENSCH 1994
R. HAENSCH, Die Bearbeitungsweisen von Petitionen in der Provinz Aegyptus. In: Zeitschr. Papyr. u. Epigr. 100, 1994, 487–546.

HAENSCH 1995
R. HAENSCH, *A commentariis* und *commentariensis*: Geschichte und Aufgaben eines Amtes im Spiegel seiner Titulaturen. In: Y. Le Bohec (Hrsg.), La hiérarchie (Rangordnung) de l'armée romaine sous le Haut-Empire. Actes du Congrès de Lyon (15–18 septembre 1994) (Paris 1995) 267–284.

HAENSCH 1997
R. HAENSCH, Capita provinciarum. Statthaltersitze und Provinzialverwaltung in der römischen Kaiserzeit. Kölner Forsch. 7 (Mainz 1997).

HAENSCH 1999
R. HAENSCH, Die Colonia Claudia Ara Agrippinensium – ein typischer Statthaltersitz? Kölner Jahrb. 32, 1999, 641–655.

HAENSCH 2006
R. HAENSCH, Von den Augusti liberti zu den Caesariani. In: A. Kolb (Hrsg.), Herrschaftsstrukturen und Herrschaftspraxis. Konzepte, Prinzipien und Strategien der Administration im römischen Kaiserreich. Akten der Tagung an der Universität Zürich, 18.–20.10.2004 (Berlin 2006) 153–164.

HAENSCH 2007
R. HAENSCH, Die Provinz Aegyptus: Kontinuitäten und Brüche zum ptolemäischen Ägypten. Das Beispiel des administrativen Personals. In: I. Piso (Hrsg.), Die römischen Provinzen. Begriff und Gründung (Colloquium Cluj-Napoca, 28. September – 1. Oktober 2006) (Cluj-Napoca 2008) 81–105.

HAENSCH 2009
R. HAENSCH (Hrsg.), Selbstdarstellung und Kommunikation. Die Veröffentlichung staatlicher Urkunden auf Stein und Bronze in der römischen Welt. Internationales Kolloquium an der Kommission für Alte Geschichte und Epigraphik in München (1. bis 3. Juli 2006) (München 2009).

HARRIES 2007
J. HARRIES, Law and Crime in the Roman World (Cambridge 2007).

HAUKEN 1998
T. HAUKEN, Petition and Response. An epigraphic study of petitions to Roman emperors 181–249 (Bergen 1998).

JACQUES/SCHEID 1990
F. JACQUES/J. SCHEID, Rome et l'integration de l'Empire 1: Les structures de l'Empire romain (Paris 1990).

KASER/HACKL
M. KASER/K. HACKL, Das römische Zivilprozessrecht (München 1996²).

LEWIS 1972
N. LEWIS, ΝΟΗΜΑΤΑ ΛΕΓΟΝΤΟΣ. Bull. Am. Soc. Papyr. 9, 1972, 29–31.

LEWIS 1976
N. LEWIS, Notationes legentis. Bull. Am. Soc. Papyr. 13, 1976, 8.

MACMULLEN 1988
R. MACMULLEN, Corruption and the Decline of Rome (New Haven, London 1988).

MILLAR 1977
F. MILLAR, The Emperor in the Roman World (London 1977).

REA 1993
J. REA, BGU I 23: The Decadarch's Colletion. Zeitschr. Papyr. u. Epigr. 96, 1993, 133f.

SCHULZ 1997
R. SCHULZ, Herrschaft und Regierung. Roms Regiment in den Provinzen in der Zeit der Republik (Paderborn 1997).

Abbildungsnachweis: Introbild Stefan Arendt, LVR-Zentrum für Medien und Bildung.

Prof. Dr. Rudolf Haensch
Kommission für Alte Geschichte und Epigraphik des Deutschen Archäologischen Instituts
haensch@aek.dainst.de

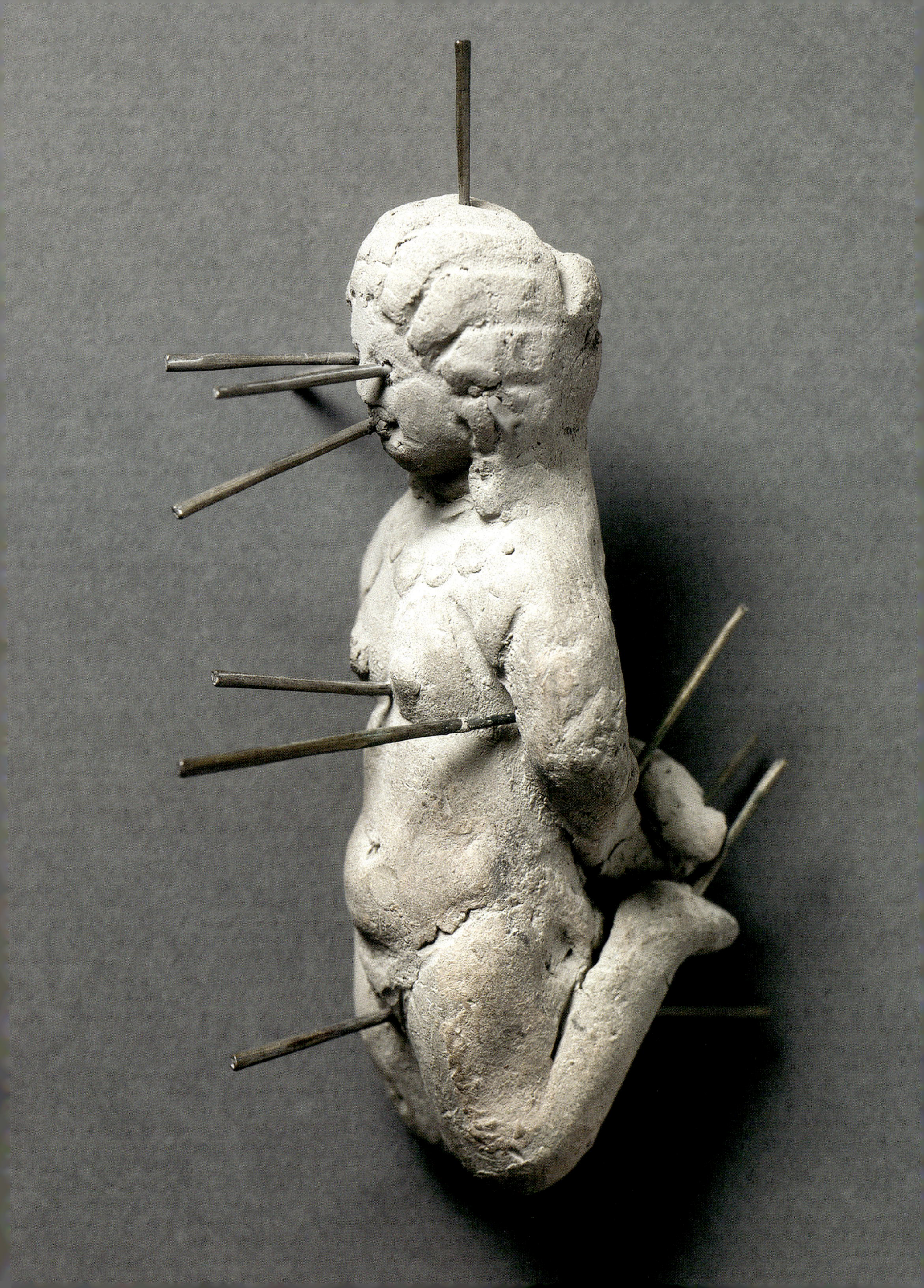

ROMINA SCHIAVONE

Vergehen gegen die Götter – Religiöse Delikte

Anders als heute war Religion in der römischen Antike eng mit dem privaten und dem öffentlichen Leben verknüpft. Diese tiefe Beziehung zwischen Menschen und Göttern zeigte sich vor allem in einem regen rituellen Austausch mit den überirdischen Mächten. Jeder wichtigeren Handlung ging ein Opfer und eine Befragung der Götter voraus, bei der man um Zeichen der göttlichen Zustimmung oder Missbilligung bat, die wiederum direkten Einfluss auf die Handlungen und Taten der Menschen hatten. Besonders präsent war Religion im politischen Bereich. Der Senat etwa tagte in einem sakral definierten Raum (*templum*) und nicht ohne zuvor ein kleines Wein- und Weihrauchopfer vollzogen zu haben[1]. Die hohen politischen Amtsinhaber und Feldherren führten fortwährend Opfer durch und standen so in ständigem Kontakt zu den Göttern. Unerlässlich bei größeren politischen Entscheidungen war beispielsweise die Vogelschau (*auspicatio*). Aber auch im täglichen Leben spielte die Beziehung zu den Göttern eine wichtige Rolle: Vor dem Antritt einer Reise etwa bat man die Wegegöttinnen um Schutz auf den Straßen (siehe M. Mattern in diesem Band), im privaten Hauskult opferte man den Laren zu unterschiedlichen Anlässen.

Der Vollzug der jeweiligen kultischen Handlung war an spezielle Parameter gebunden, die jeder Ausübende einzuhalten hatte. Dazu zählten die besondere Zeit (Festkalender), der besondere Ort, der (übermenschliche) Empfänger, die besondere Handlung sowie die spezielle Verfassung des Ausübenden (z. B. die jungfräuliche Reinheit). Einzelheiten regelten die Sakralgesetze (*leges sacrae*) und Aufzeichnungen der Priester in Rom (*libri pontificales*)[2], die Schriftquellen berichten ebenfalls von der kultischen Praxis Einzelner oder von Gemeinschaften[3].

Bestimmte Vergehen gegen die Götter bzw. gegen kultische Verordnungen konnten mitunter sogar strafrechtliche Konsequenzen zur Folge haben. Ausgewählte Beispiele sollen im Folgenden einen Einblick in die Welt zwischen Menschen und Göttern gewähren.

Das Fest der Bona Dea und der Fauxpas des Clodius[4]

Im Jahr 62 v. Chr. ereignete sich in Rom ein Skandal, in dem ein Mann namens P. Clodius Pulcher eine zentrale Rolle spielte. Zu Ehren der Göttin Bona Dea, der ‚Guten Göttin‘, fand Anfang Dezember unter Beteiligung der Vestalinnen[5] eine nächtliche Geheimfeier statt. Männer waren von Kult und Tempel ausgeschlossen, selbst ihre Anwesenheit im Haus der Kultfeier war verboten[6]. Dennoch begab sich Clodius in dieser Nacht in Frauenkleider gehüllt zu der geheimen Zusammenkunft der Bona-Dea-Anhängerinnen, die im Haus Caesars stattfand[7]. Angeblich wollte er sich dort mit Pompeia, der Frau Caesars, treffen. Seine Tarnung wurde jedoch aufgedeckt; allerdings gelang es ihm noch, mit Hilfe einer Sklavin zu entkommen[8]. Sofort nach der Entdeckung des männlichen Eindringlings wiederholten die Vestalinnen die Zeremonie, um die Göttin friedlich zu stimmen[9]. Der Verstoß gegen die kultischen Verordnungen brachte Clodius nach zweifachem Senatsbeschluss nicht nur den Vorwurf des *sacrilegium* ein, sondern auch den des *incestum*. Welche Konsequenzen hatte Clodius nun von sakral- und strafrechtlicher Seite zu erwarten?

Im ersten Brief an seinen Freund Atticus berichtet Cicero mit ernsten Bedenken über den besagten Vorfall – noch bevor die Angelegenheit im Senat debattiert wurde: „Von P. Clodius, Appius' Sohn, hast du wohl gehört: man hat ihn in Weiberkleidern bei einem Staatsopfer in C. Caesars Haus gefasst [...] – ein schändlicher Vorfall, und ich kann mir wohl denken, dass es dir unangenehm ist"[10].

In der Tat: Da die ‚Gute Göttin‘ *pro populo* (für das Volk) verehrt wurde, bedeutete die Störung der Zeremonienfeier durch Clodius die Störung der

◂ Tonmodell einer Frau, das ähnlich einer Voodoo-Puppe mit zahlreichen Nadeln gespickt ist, vermutlich aus Antinoupolis in Ägypten, 3./4. Jh. n. Chr.

pax deorum (des göttlichen Friedens) und damit war gleichzeitig die *salus publica* (das öffentliche Gemeinwohl) gefährdet[11]. Allerdings wiederholten die Vestalinnen die Zeremonie umgehend nach dem Eindringen des Clodius, was in der römischen Kultpraxis eine durchaus gängige Handlung war. Da keine negativen Reaktionen der Göttin beobachtet wurden, schien diese das Sühneopfer angenommen zu haben. Demzufolge hatte Clodius – sakralrechtlich gesehen – kein Verbrechen begangen[12]. Strafrechtlich regelte außer *sacrilegium* (Diebstahl sakraler Objekte) und *incestum* (Unkeuschheit der Vestalinnen) kein Gesetz bestimmte Delikte im religiösen Bereich[13].

Allein Caesar hatte das Recht, Clodius juristisch zu belangen; immerhin waren seine persönlichen Rechte verletzt worden, und er konnte ihn deshalb vor Gericht bringen. Caesar entschied sich jedoch, dies nicht zu tun[14], im Gegenteil: Er stand Clodius Pulcher wohlwollend gegenüber und respektierte dessen politischen Einfluss[15].

Auch von seiner Frau Pompeia ließ sich Caesar erst scheiden, nachdem die ganze Angelegenheit im Senat debattiert worden war; eine ehebrecherische Beziehung zwischen Clodius und Pompeia konnte nicht bewiesen werden[16]. Für Caesar allerdings bot die Peinlichkeit eines derartigen Skandals Grund genug, die Ehe aufzulösen und sich so von einer Frau zu befreien, deren öffentliches Ansehen befleckt war.

Die Angelegenheit war mit diesem Akt jedoch noch nicht beendet, da Q. Cornificius den Bona-Dea-Skandal in den Senat einbrachte, der den Vorgang per Beschluss an die *pontifices* (Priester) weiterleitete. Nachdem diese die Störung der Zeremonie als Religionsfrevel deklariert hatten, erließ der Senat einen zweiten Beschluss. Ein spezielles Tribunal wurde aufgestellt, um Clodius wegen *incestum* zu belangen.

Der Begriff *incestum*[17] beinhaltet zwei verschiedene kriminelle Vergehen: erstens sexuelle Beziehungen zwischen Verwandten und zweitens den Bruch des Keuschheitsgelübdes einer Vestalin. Beide Vergehen wurden in Art und Weise des Prozesses und der Bestrafung sehr unterschiedlich gehandhabt.

Clodius Pulcher sah sich nun plötzlich mit zwei verschiedenen Vorwürfen konfrontiert: Licinius Lucullus, sein ehemaliger Schwager, warf ihm vor, eine inzestuöse Beziehung mit seiner Schwester Clodia zu haben[18]. Drei Jahre zuvor hatte er sich bereits deswegen von seiner Frau scheiden lassen. Dies war aber nur ein Grund, warum Licinius nicht gut auf Clodius zu sprechen war, und der Prozess gegen seinen Ex-Schwager sollte ihm die Möglichkeit bieten, Rache zu üben. Hier wurden also auch private Fehden ausgetragen.

Bei dem zweiten Vergehen im Rahmen des *incestum* kommen die Vestalinnen ins Spiel. Ihre Jungfräulichkeit galt als Grundlage für die *salus publica* – das öffentliche Gemeinwohl. Bei Verstößen gegen dieses Reinheitsgelübde wurden drastische Maßnahmen und Strafen verhängt. Clodius Pulcher hatte sich dessen allerdings nicht schuldig gemacht; und das macht seine rechtliche Situation einzigartig: Obwohl die Keuschheit der Vestalinnen nicht in Frage gestellt wurde, versuchte man Clodius Pulcher dennoch wegen *incestum* anzuklagen[19].

Dieses juristische Kunststück wurde vollbracht, indem ein Gesetz eingebracht wurde, das weitere Aspekte des *incestum* definierte: Künftig würde jeder, der die Riten der Bona Dea stört, als jemand erachtet werden, der *incestum* begangen habe[20].

Clodius hatte jedoch Glück: Nachdem Freunde zu seinen Gunsten Fürsprachen gehalten hatten und vermutlich auch Bestechungsgelder[21] geflossen waren, wurde der Angeklagte freigesprochen, obwohl Caesars Mutter Aurelia und dessen Schwester Iulia gegen Pulcher ausgesagt und ihn als Eindringling beim Fest der Bona Dea identifiziert hatten. Auch die Aussage des Lucullus und die Anklage wegen *incestum* mit seiner Schwester Clodia änderten daran nichts. Und selbst der Widerspruch des wohl prominentesten Zeugen – Cicero – gegen das vermeintliche Alibi des Angeklagten, in der betreffenden Nacht gar nicht in Rom, sondern in Interamna (Pignataro Interamna) gewesen zu sein, war vergebens.

Die Gründe, warum Clodius die nächtliche Geheimfeier zu Ehren der Bona Dea gestört hatte, bleiben spekulativ[22]. Bemerkenswert ist jedoch, dass nicht der Verstoß gegen die kultischen Verordnungen im Vordergrund stand, sondern dass vielmehr um die Möglichkeit einer strafrechtlichen Verfolgung gerungen wurde. Die Angelegenheit eröffnete jedenfalls die Möglichkeit, sowohl private als auch politische Fehden auszutragen, auf die hier allerdings nicht näher eingegangen werden soll[23].

Die Darstellung der Ereignisse um den Bona-Dea-Skandal veranschaulicht aber, dass sich religiöse Vergehen schnell zu Vergehen gegen den Staat oder gegen bestimmte Personengruppen auswachsen konnten und dabei ein Wechsel von sakraler zu säkularer Anklage durchaus möglich war. Im Zuge politischer Auseinandersetzungen boten sich somit Mittel und Wege, zwei voneinander unabhängige rechtliche Sachverhalte miteinander zu kombinieren.

Der Verlust der Unschuld

Der Verlust der Jungfräulichkeit einer Vestalin galt als eines der schwersten religiösen Vergehen, die die römische Antike kannte, zumal die jungfräuliche Reinheit der Vestalinnen nach römischem Verständnis mit der *salus publica* – der Aufrechterhaltung des öffentlichen Gemeinwohls – in Verbindung stand[24]. Die Unberührtheit war eine der Hauptvoraussetzungen zur ordnungsgemäßen Durchführung der Opfer für das Wohlergehen des Staates. Wenn eine unkeusche Vestalin opferte, so brachte dies nach antiker Vorstellung Unglück über Rom und die Vestalin musste umgehend ihres Amtes enthoben werden[25].

Aufgrund ihrer außergewöhnlichen sozialen Stellung innerhalb der römischen Gesellschaft wurde den vestalischen Jungfrauen großer Respekt und hohes Ansehen entgegengebracht[26] (Abb. 1). Sie unterstanden allein der Aufsichtspflicht des *pontifex maximus* (oberster Priester); bei speziellen Angelegenheiten wurde jedoch auch das Priesterkollegium zu Rate gezogen. Nur dem Oberpriester stand es zu, das der Priesterin vorgeworfene Vergehen zu untersuchen und auch zu bestrafen. Delikte oder Unachtsamkeiten etwa wurden mit Peitschenhieben geahndet[27]. Livius berichtet für das Jahr 206 v. Chr., dass nach dem Erlöschen des Feuers im Tempel der Vesta die verantwortliche Priesterin auf Geheiß des *pontifex maximus* P. Licinius mit einer Prügelstrafe belegt wurde. Obwohl es sich im vorliegenden Fall, so berichtet Livius weiter, um menschliche Nachlässigkeit und nicht um ein Zeichen der Götter gehandelt habe, beschloss man dennoch, den Vorfall mit Tieropfern zu sühnen und einen Bittgang zum Tempel der Vesta zu machen[28].

Der Verlust der Jungfräulichkeit einer vestalischen Priesterin zog jedoch weit härtere Strafen nach sich[29]. Sobald ein Verdacht auf *incestum* bestand, wurde die Angeklagte dazu angehalten, sich vom Opferdienst fernzuhalten; ebenso war es ihr untersagt, ihre Sklaven freizulassen[30]. Ein Ermittlungsverfahren der Priester wurde unter Leitung des *pontifex maximus* eingeleitet. Während die Vestalin im Falle eines Freispruchs ihren Dienst im Tempel wieder aufnehmen konnte, erwartete sie bei einer Verurteilung eine besonders harte Strafe: Sie wurde lebendig begraben[31]. Nachdem der Verurteilten die Priesterinsignien genommen worden waren, brachte man sie in einer Sänfte zur Porta Collina. Vor einer unterirdischen Kammer, in der ein Bett, eine Decke, eine Lampe und eine kleine Ration Brot, Öl, Wasser und Milch bereitgestellt worden waren, wurde die Sänfte der Vestalin geöffnet. Nach Plutarch sprach der *pontifex maximus* feierliche Gebete und geleitete die ehemalige Priesterin zu den Stufen, die in die Kammer hinabführten. Danach wandte er sein Gesicht ab, die übrigen Priester folgten seinem Beispiel. Sobald die Verurteilte nach unten gegangen war, wurden die Stufen entfernt und der Eingang zur Kammer mit einer großen Menge Erde bedeckt[32]. Der für schuldig befundene Gefährte der unkeuschen Vestalin wurde auf dem Comitium zu Tode gepeitscht[33]. Insgesamt 14 Prozesse sind für die Zeit zwischen 483 v. Chr. und 212/213 n. Chr. überliefert, wobei von 25 angeklagten Priesterinnen und 19 bzw. 20 Verurteilungen gesprochen wird. Über die Authentizität der frühen Prozesse lässt sich allerdings schwer urteilen; lediglich zwei Schuldsprüche aus republikanischer Zeit sowie diejenigen unter den Kaisern Domitian und Caracalla bieten diesbezüglich Sicherheit[34].

Der erste Prozess der Kaiserzeit, bei dem eine Vestalin unter der Anklage der Unkeuschheit stand, fand wahrscheinlich im Jahr 82 oder im Frühjahr 83 n. Chr. unter Kaiser Domitian statt. In diesem Verfahren wurden drei Frauen verurteilt – sie konnten die Todesart selbst wählen – und die Vestalin Cornelia angeklagt, jedoch frei gesprochen. Keine zehn Jahre später, um 89/90 oder 90/91 n. Chr., wurde diese Vestalin erneut wegen des vergangenen *incestum* angeklagt und dieses Mal zum Tod durch Begraben bei lebendigem Leib verurteilt. Die schuldigen Liebhaber wurden auf dem Comitium zu Tode gepeitscht, während ein Geständiger mit dem Leben davon kam und verbannt wurde[35].

Nach dem Tode Domitians berichtet Plinius d. J. in einem Brief an seinen Freund Cornelius Minicianus über den damaligen Prozessverlauf und prangert dabei nicht nur die tyrannische Art des Kaisers, sondern auch zahlreiche Verfahrensfehler an: „Denn Domitian tobte und kochte vor Wut, allein gelassen in seinem gewaltigen Hass. Denn als er die oberste Vestalin Cornelia lebendig begraben lassen wollte, in der Überzeugung, er könne seiner Zeit durch derartige Beispiele Glanz verleihen, rief er mit dem Recht des Oberpriesters oder vielmehr

Abb. 1 Statue einer Vestalin, die im Atrium Vestae in Rom gefunden wurde, aus der Zeit des Kaisers Hadrian.

mit der Grausamkeit des Tyrannen und der Willkür des Herrschers die übrigen Priester nicht in die Regia, sondern in sein Albaner Landhaus. Er verurteilte sie in Abwesenheit und ohne Anhörung wegen Inzests [...], obwohl er selbst die Tochter seines Bruders durch Inzest nicht nur geschändet, sondern auch getötet hatte [...]. Sofort wurden die Priester geschickt, um sie eingraben und töten zu lassen. Sie [Cornelia] erhob ihre Hände bald zur Vesta, bald zu den übrigen Göttern und rief unter vielem anderen immer wieder folgendes: ‚Mich hält der Kaiser für unkeusch, mich, durch deren Opfer er siegte und Triumphe feierte'"[36].

Cornelia bekundet mit diesem Ausspruch ihre Unschuld und gibt zu bedenken, dass sie ihre Jungfräulichkeit unmöglich preisgegeben haben könne, da der Kaiser während ihrer Amtszeit erfolgreich gegen seine Feinde vorgegangen war und in der Folge mehrere Siege und Triumphe feierte. Sie hatte ihre Aufgaben also stets wirksam erfüllt. Im Umkehrschluss bedeutet dies aber auch, dass der Verlust der Jungfräulichkeit einer Vestalin einen militärischen Erfolg auf römischer Seite verhindert hätte. Wie dem auch sei, diese Aussage illustriert jedenfalls die enge geistige und materielle Verbindung zwischen der religiös-sakralen und öffentlich-militärischen Lebenswelt.

Auffällig ist hier, dass die beiden erwähnten Verurteilungen jeweils in die Zeiten von Krisen fallen: Die erste in die Periode unmittelbar vor den militärischen Auseinandersetzungen mit den Chatten und die zweite in die Zeit des Dakerkriegs[37]. Ob die beiden Prozesse im Zusammenhang einer traditionsgebundenen Kultur- und Religionspolitik Domitians zu sehen sind, ist jedoch ungewiss. Jedenfalls berichtet das erste Gedicht der *Silvae* des Statius (92/93 n. Chr.), wie Domitian in Form einer kolossalen Statue im Zentrum des Forum Romanum den Blick über die Tempel erhebt, um zu erkennen, ob das Feuer im Staatsherd ruhig brennend die Stadt beschützt und Vesta nun endlich die erprobten Dienerinnen loben könne[38].

Ein zweiter Prozess gegen vier unkeusche Vestalinnen führt uns in das Jahr 212 oder an den Anfang des Jahres 213 n. Chr., also in die Regierungszeit des Kaisers Caracalla[39]. Dessen Ausspruch, er sei der frömmste aller Menschen, steht in starkem Kontrast zum Todesurteil der vier angeklagten Priesterinnen, von denen er einer Frau, der Clodia Laeta, sogar selbst Gewalt angetan hatte[40]. Während die bereits genannte Priesterin zusammen mit Aurelia Severa und Pomponia Rufina lebendigen Leibes begraben wurde, wählte Cannutia Crescentia den vorzeitigen Tod, indem sie sich von einem Haus hinabstürzte. Der eigentliche Kontext des Prozesses wird durch die schriftliche Überlieferung leider nicht ganz deutlich. Ob die Ursachen im zur Gewalt neigenden Charakter Caracallas zu suchen sind, bleibt ungewiss. In seiner Funktion als *pontifex maximus* hatte der Kaiser jedenfalls auch die Urteilsgewalt über die Vestalinnen inne.

Tempelschändung

„Apollonios, dem Strategen des Apollonopolites [Heptakomias] von Pangorsauis, dem Sohn des Ophieus, des Sohnes des Ophieus, von der Mutter [---], zugehörig zur Dorfbevölkerung von Naboō. Ich zeige den Harpachent ... [Sohn des ---] von der Mutter [---]is an, dass er Bäume umgehauen und Zweige [abgerissen] hat in dem Heiligtum des Anubis, des größten Gottes [---]"[41] (Abb. 2).

Der Papyrus P.Brem. 76 aus den Jahren zwischen 113 und 120 n. Chr. nennt als Delikt das illegale Fällen von Bäumen[42]. Im vorliegenden Fall war das Vergehen umso schwerwiegender, da die Bäume im heiligen Bezirk eines Anubis-Tempels standen und somit der Tatbestand des Tempelraubes vorlag. Ein antiker Tempelbezirk wurde mit der Weihung an eine Gottheit von einem *locus publicus* (einem öffentlichen Ort) zu einem *locus sacrum* (einem heiligen Ort), wobei die Gemeinde sich verpflichtete, fortan den Schutz und die Instandhaltung des Tempelareals zu gewährleisten. Während das betreffende Gelände bodenrechtlich Eigentum der Gottheit war, blieb es dennoch unter dem Schutz und der Aufsicht des Staates[43]. Vergehen gegen die Götter – beispielsweise die Entwendung sakraler Objekte aus einem Heiligtum (*sacrilegium*) – waren gleichzeitig Delikte gegen die Öffentlichkeit und damit gegen den Staat.

Der Tempelbezirk sowie die darauf befindlichen beweglichen und unbeweglichen Güter galten durch die *consecratio* (religiöse Weihe) als Besitz der dort wohnenden Gottheit und waren somit unveräußerliches heiliges Gut[44]. Dazu zählte nicht nur die gesamte bauliche Ausstattung (*instrumentum*), sondern auch alle dort aufgestellten Weihegeschenke (*ornamentum*). Die Verletzung eines Heiligtums galt als schwerwiegendes Vergehen und wurde mit drastischen Strafen geahndet: Wer einen Tempel

Abb. 2 Eingabe an den Strategen Apollonios wegen des unerlaubten Fällens von Bäumen im Heiligtum des Anubis im ägyptischen Dorf Naboō, zwischen 113 und 120 n. Chr. (P.Brem. 76).

nachts beraubte, sollte den Bestien vorgeworfen und wer bei Tage etwas aus dem Tempel entwendete, sollte in die Bergwerke geschickt werden[45].

Wie die Tempelanlage im eingangs erwähnten Heiligtum im Dorf Naboō genau ausgesehen hat, geht aus der zitierten Anzeige leider nicht hervor. Denkbar wäre etwa, dass es sich um ein mit Bäumen bestandenes Tempelareal gehandelt hat, vergleichbar etwa mit einem heiligen Hain. Bäume sind im holzarmen Ägypten ausgesprochen wertvoll; besonders aber vor allem dann, wenn diesen eine religiöse Bedeutung zukam[46]. Dabei können auch wirtschaftliche Aspekte – z. B. der Schutz vor Abholzung – durchaus eine Rolle gespielt haben[47]. Lucan etwa beklagt, dass die Truppen Caesars einen als Kultstätte dienenden Eichenhain vor Massilia abholzten, um Baumaterial für die Belagerung der Stadt zu gewinnen[48]. Zum Schutz von mit Bäumen bestandenen Tempelbezirken untersagte daher das Haingesetz von Spoleto nicht nur den Holzeinschlag, sondern auch jegliches Entfernen von Material aus dem Hain, das jährliche Kultdatum ausgenommen[49].

Es galt jedoch nicht nur, konsekrierte Gegenstände zu schützen: Deponiert wurden im Tempel ebenfalls private Kostbarkeiten wie Geld, Testamente sowie andere Dokumente und Wertstücke[50]. Tempelwächter versahen nicht nur die administrativen Aufgaben, sondern sorgten sich auch um die Reinigung sowie um die Aufsicht des gesamten Tempelgutes. Die strafrechtliche Behandlung des Diebstahls an solchen *res privatorum* (privaten Gegenständen) war ebenfalls gesetzlich geregelt, galt jedoch nicht als *sacrilegium*[51].

Verbotener Schadenzauber

Einen gänzlich anderen Bereich der römischen Religion stellt die Ausübung von Magie und Zauberei dar – hier bietet sich eine ebenso schillernde wie weit verbreitete Welt des antiken Aberglaubens.

Neben Liebes- und Schadenzaubern nahmen viele Menschen die Dienstleistungen von Astrologen, Wahrsagern und Hellsehern[52] in Anspruch. Angetrieben von den unterschiedlichsten Motiven beschwor man mit schriftlich fixierten Anrufungen, aber auch Verwünschungen und (Rache-)Gebeten diverse Götter und Dämonen. Vor allem Hass auf persönliche Feinde, Rache für erlittenes Unrecht, unerfüllte Liebe und Eifersucht sind häufig wiederkehrende Themen. Neben Dieben, Prozessgegnern, Anwälten und geschäftlichen Rivalen gehörten vor allem Gladiatoren und Wagenlenker zu häufigen Verwünschungsopfern[53]. Der Zauber sollte die Mitmenschen durch den Einfluss der Unterweltsgötter beeinträchtigen, dem eigenen Willen gefügig machen oder sie sogar physisch vernichten. Es handelt sich dabei also um Schadenzauber; eine Praxis, die streng verboten war und daher auch strafrechtlich verfolgt werden konnte – in letzter Konsequenz sogar mit der Todesstrafe[54].

Bereits das Zwölftafelgesetz aus der Zeit um 450 v. Chr. nennt Bestimmungen, die den Schadenzauber betrafen[55]: a) „Wer ein böses Lied [auf jemanden] gesungen hat [...]"[56], b) „[...] dass niemand fremde Erträge mit Zaubergesang [aus dem Acker] heraus singen soll".[57], c) „[...] noch locke fremde Saat zu dir herüber"[58].

Das Zwölftafelgesetz bestrafte jedoch nicht Magie als solche, sondern ahndete nur den Übergriff auf fremdes Eigentum. Es handelt sich also nicht um ein Sakralgesetz, sondern um eine Bestimmung gegen Eigentumsdelikte[59], wie auch der einzige Prozess zu einem solchen Fall zeigt: C. Furius Cresimus, so berichtet Plinius nach Calpurnius Piso, brachte Jahr für Jahr weit größere Ernten ein als alle seine Nachbarn. Zuerst beneideten, dann hassten sie den erfolgreichen Agronom, schließlich klagten sie ihn an. Er hole, so der Vorwurf, mit Hilfe übler magischer Praktiken fremde Ernten ein. Nachdem der Angeklagte sein „Zaubergerät" – die gesamten Ackerbaugeräte, alle seine Leute und gut gefütterte Ochsen – zum Forum mitgebracht hatte, wurde er jedoch einstimmig freigesprochen[60].

Vor allem auf der Grundlage der *lex Cornelia de sicariis et veneficiis* (Gesetz über Meuchelmörder und Giftmischer) aus dem Jahr 81 v. Chr. wurde in der römischen Kaiserzeit auch der Schadenzauber bekämpft. Dabei stand für die Gesetzgeber die absichtliche Tötung von Mitbürgern entweder durch sichtbare Waffengewalt (*sica* – Dolch) oder weniger konkret erkennbare Methoden (*venenum* – Gift) im Vordergrund. Der Begriff *veneficium* schloss dabei alle Fälle ein, bei denen ein plötzlicher und unerwarteter Tod eingetreten war, sei es durch Gift oder durch andere heimliche Mittel, z. B. durch Schadenzauber[61].

Ein Senatsbeschluss dehnte die Strafe des Cornelischen Gesetzes auch auf ungesetzliche Kulthandlungen aus: Unter Strafe stand jeder, der frevelhafte oder nächtliche Riten veranstaltete oder zu veranstalten veranlasst hatte, mit dem Ziel, jemanden zu verzaubern, zu lähmen oder zu fesseln. Das Gesetz erstreckte sich auch auf jene Zeitgenossen, die einen Menschen geopfert oder mit dessen Blut günstige Vorzeichen erbeten, ein Heiligtum oder einen Tempel befleckt hatten[62].

Aus der römischen Antike sind zahlreiche Schadenzauber und Verwünschungen überliefert; in einer *defixio* aus El Jem in Tunesien wird sogar ein ‚Magierbüro' (*officina magica*) genannt[63]. Durch Plinius ist überliefert, dass „jedermann [sich] fürchtet [...], Opfer einer *defixio* zu werden"[64]. Unter den Verwünschungen ragen vor allem die Zauberpapyri und bleiernen Fluchtäfelchen hervor. Einen zentralen Stellenwert nahm nach antiker Vorstellung dabei das ‚Binden' des Zaubers ein, was sich im Falle der Fluchtäfelchen durch Rollung, Faltung oder Festnagelung (*defixio*) äußert.

Der so genannte ‚Große Pariser Zauberpapyrus' aus dem 4. Jahrhundert n. Chr. enthält das lange Ritual eines Liebeszaubers[65]. Es heißt: „Nimm Wachs [oder Ton] von einer Töpferscheibe und forme zwei Figuren, eine männliche und eine weibliche [...] mache sie aber mit auf den Rücken gebundenen Armen und kniend, und die *materia magica*[66] befestige auf ihrem Kopf oder an ihrem Hals." Anschließend sollen auf verschiedene Gliedmaßen Zauberwörter geschrieben werden; die Namen des Opfers sowie der Mutter dürfen nicht fehlen. Dann: „Nimm dreizehn Bronzenadeln, stecke eine in das Hirn und sag dazu: ‚Ich durchbohre dir, NN, das Hirn.'" Es folgen Ohren, Augen, Mund, Eingeweide, Hände, Scham und Fußsohlen und dazu sprechend: „Ich durchbohre das betreffende Glied der NN, auf daß sie an niemanden denke, außer an mich, den NN allein." Anschließend soll eine Bleiplatte mit dem gleichen Spruch beschrieben und mit einem Faden vom Webstuhl, der 365 Knoten aufweist, an die Puppe gebunden und mit den Worten: „Abraxas, halt fest!" bei Sonnenuntergang am Sarg eines vorzeitig Verstorbenen oder gewaltsam zu Tode Gekommenen niedergelegt werden. Es folgt eine ganze Litanei an Vorschriften. Mithilfe der beschriebenen Riten ging es wohl vor allem darum, die Gliedmaßen und Organe der Angebeteten zu ‚binden' und sie in Liebe zu ihrem Verehrer entflammen zu lassen und weniger darum, dem Opfer physische Verletzungen zuzufügen.

Ein vermutlich aus Antinoupolis in Ägypten stammendes kleines Tonmodell einer Frau aus dem 3./4. Jh. n. Chr. weist das oben beschriebene Schema des Bindungs- bzw. Liebeszaubers auf (Introbild). Auf einem zugehörigen Bleitäfelchen wird die widerstrebende Ptolemaïs solange von Sarapammon mit Unwohlsein und Liebesunfähigkeit gegenüber anderen belegt, bis sie sich ihm schließlich hingibt[67]. Ob der Zauber die gewünschte Wirkung entfaltet hat?

Weit dramatischere Auswirkungen hätte folgende an Typhon Seth gerichtete Verfluchung aus Rom (2./3. Jahrhundert n. Chr.) haben können: „[…] von dieser Stunde, diesem Tag, dieser Nacht an zerreibe, zerquetsche, zermalme, liefere dem Tode den Sohn der Aselle, Praesetius, aus, den Besitzer der Stampfmühle, der im 9. Stadtbezirk wohnt, wo er, wie man sehen kann, seinem Beruf nachgeht, ja, liefere ihm dem Herrn der Toten, Pluto aus; und wenn er dich verachtet, dann sollen ihn befallen Fieber, Frost, Kolik, Todesblässe, Ströme von Schweiß, Fieberschauer morgens, am Tage, abends und nachts, von dieser Stunde, diesem Tag, dieser Nacht an, und verwirre ihn, damit er keine Genesung bekommt; aber wenn er nun doch eine Gelegenheit dazu bekommt, dann erwürge ihn, Praesetius, Aselles Sohn, im warmen Bad, im kalten Bad, ja überall. Brich dem Praesetius, Aselles Sohn, sein Leckermaul, und wenn er dich durch irgendwelche Tricks betrügen und über dich lachen und triumphieren sollte, dann besiege ihn, mach ihm völlig den Garaus, jenem Schurken, dem Stampfmüller Praesetius, Aselles Sohn, der im 9. Stadtbezirk wohnt – jetzt, jetzt, schnell, schnell"[68]. Bei Verwünschungen dieser Art liegt die Vorstellung durchaus nahe, dass Personen ihr leibliches Wohl gefährdet sahen.

Eine Reihe von Gerichtsverfahren, die mit magischen Praktiken in Verbindung stehen, sind aus der römischen Antike überliefert[69]. So etwa aus dem Jahr 53 n. Chr., als M. Tarquitius Priscus, ein Vertrauter der Kaisergattin Agrippina, mit dem Vorwurf der Erpressung im Amt und magischer Kulthandlungen (*magicae superstitiones*) den Titius Statilius Taurus anklagte[70]. Während der Amtszeit als Prokonsul der Provinz Africa (52/53 n. Chr.) war Priscus sein engster Mitarbeiter gewesen. Was trieb Priscus dazu, eine derartige Anzeige aufzugeben? Der Fall nahm eine dramatische Wendung, denn noch vor der Urteilsverkündung nahm sich der Anklagte das Leben. Unter dem dennoch eingezogenen Vermögen des Taurus befanden sich auch die Taurianischen Gärten, auf die Agrippina damals ein Auge geworfen hatte. Dies mag vielleicht auch ein Grund für eine Anklage wegen Zauberei gewesen sein, da sich mit dem Vorwurf der Erpressung gegen Taurus offenbar wenig anfangen ließ[71]. Wenn auch die Kaiserin den fremden Grundbesitz nicht für sich persönlich, sondern wohl nur als Belohnung für ihr nahe stehende Personen begehrte, so könnten diesem Vorfall auch rein materielle Ursachen zugrunde liegen.

Der gegen Apuleius in Sabratha bei Tripolis (zwischen 156 und 161 n. Chr.[72]) geführte Prozess wegen Zauberei gibt u. a. auch einen interessanten Einblick in die Heiratspolitik der lokalen Elite des kleinen Städtchens Oea. Die Witwe Aemiliana Pudentilla sollte sich wieder verheiraten und zwar so, dass ihr geschätztes Vermögen von etwa vier Millionen Sesterzen „in der Familie" bliebe. Diesem Ansinnen widersetzte sie sich jedoch erfolgreich. Schließlich kam ein Mann namens Apuleius ins Spiel und eroberte die reiche Witwe. Das Gerichtsverfahren, in dem die weitere Geschichte schließlich mündete, ist durch die literarisch ausgearbeitete Verteidigungsrede des angeklagten, schließlich aber freigesprochenen Apuleius überliefert[73]. Dabei werden auch die infamen Anschuldigungen wiedergegeben, denen sich Apuleius ausgesetzt sah: Er war als Anwalt der Aemiliana Pudentilla gekommen und wurde zum Beschuldigten: „Dieser Mensch [Herennius Rufinus, der Ankläger], Zuhälter seiner eigenen Frau, plusterte sich so in Wut auf, tobte in derartigem Wahnsinn, dass er gegen die unschuldigste und keuscheste aller Frauen Anwürfe vorbrachte, die seiner Ehe entsprochen hätten – sie nannte er ein Freudenmädchen, mich einen Zauberer und Hexer, und das vor vielen Zeugen, die ich nennen kann, wenn es gewünscht wird: er wolle mich mit eigenen Händen umbringen!"[74].

Zahlreiche Prozesse wegen Zauberei sind durch Ammian überliefert[75], der in seinem Geschichtswerk deren Missbrauch unter den Kaisern Constantius II., Valentinian I. und Valens anklagt. Fast immer zeigt sich dabei, dass die Prozesse nicht nur wegen der Ausübung magischer Praktiken geführt, sondern meist auch von politischen Interessen geleitet wurden, vor allem dann, wenn der Kaiser selbst von den mutmaßlichen Zauberwirkungen betroffen war. Dies verdeutlicht auch das abschließende Beispiel: Kurz nach dem Herrschaftsantritt wurden die Kaiser Valentinian und Valens von heftigem Fieber befallen. Daraufhin beauftragten sie u. a. den kaiserlichen Kanzleichef, gegen Freunde des Vorgängers Iulian zu ermitteln. Diese standen unter dem Verdacht, den neuen Kaisern durch Schadenzauber zugesetzt zu haben. Die Anschuldigungen ließen sich jedoch nicht aufrecht erhalten[76]. Allerdings gingen Angelegenheiten dieser Art nicht immer so glimpflich für die Beschuldigten aus wie im vorliegenden Fall[77].

Anmerkungen

[1] RÜPKE 2001, 13.
[2] WISSOWA 1912, 380–409; PERNICE 1885; ROHDE 1936.
[3] Bsp. Colum. 2,21 „An Feiertagen erlaubte und nicht erlaubte Arbeiten."
[4] Weitere religiöse Delikte aus der Zeit der römischen Republik bei SCHEID 1981.
[5] Die *virgines vestalis* – sechs vestalische Jungfrauen – versahen den Dienst im Heiligtum der römischen Göttin Vesta. Ihre Hauptaufgabe bestand im Hüten des Herdfeuers, das im Tempel der Vesta Tag und Nacht brennen musste. Daneben nahmen sie weitere wichtige Aufgaben im römischen Kultdienst wahr.
[6] Plut. Caes. 9,3.
[7] Zum Skandal: Cic. har. resp. 37; Cic. Att. 1,12,3. 1,13,3. 1,14,1–2. 1,16,4. 1,16,8–11. 1,16,13. 1,18,2–5. 1,19,5–6. 2,1,4–5. 2,4,2. 2,7,2–3 und weitere; Plut. Caes. 10; Plut. Cic. 28; weitere Angaben bei TATUM 1999, 271 Anm. 18.
[8] Cic. Att. 1,12,3; anders Plut. Caes. 10; Plut. Cic. 29.
[9] TATUM 1999, 64.
[10] Cic. Att. 1,12,3 (Übers. H. Kasten). Dieser Brief, der am 1. Januar 61 v. Chr. geschrieben wurde, enthält keine Angaben zu einer Diskussion des Vorfalls im Senat. Erst in einem 24 Tage später verfassten Brief (25. Januar 61 v. Chr.) gibt Cicero an, dass die Angelegenheit im Senat besprochen wird. TATUM 1999, 65 mit Anm. 25.
[11] TATUM 1999, 65 f.
[12] TATUM 1999, 67.
[13] TATUM 1999, 72.
[14] TATUM 1999, 67.
[15] TATUM 1999, 68–71.
[16] Die Anklage des Ehebruchs (*stuprum*) wird von Cicero nicht in den frühen Briefen, sondern erst in späteren Beschimpfungen, die nach dem Prozess entstanden sind, erwähnt. TATUM 1999, 67 mit Anm. 38; BROUWER 1989, 365.
[17] Zu *incestum* siehe RE IX 2 (1916) 1246–1249 s. v. Incestus (F. Klingmüller); CORNELL 1981.
[18] Dazu GÜNTHER 2006.
[19] TATUM 1999, 74 f.
[20] Zu den Vorteilen einer Anklage wegen *incestum* TATUM 1999, 75.
[21] Zu den näheren Umständen TATUM 1999, 76.
[22] Eine kurze Zusammenfassung der in der Forschung vorgebrachten Motive bei TATUM 1999, 85 f.
[23] TATUM 1999, 62–86 mit Literatur, vor allem MOREAU 1982; BALSDON 1966.
[24] Dazu BEARD 1980 und BEARD 1995 mit der Diskussion und dem Erklärungsversuch um den sexuellen Status der vestalischen Jungfrauen. Ausgangspunkt ist das Verhältnis der Vestalin zu den frühen Königen, wobei zwei Theorien eine Rolle spielen: 1) Die Vestalin als Frau des ersten Königs oder 2) die Vestalin als Tochter des ersten Königs. Darauf begründet sich ein doppeldeutiger Status: zum einen der der *matrona* als *univira* (als sittsame und tugendhafte Ehefrau eines Mannes), zum anderen der der Jungfrau. Hinzu kommt eine dritte und zwar männliche Komponente, die auf Privilegien beruht, die ausschließlich Männern zustanden.
[25] MEKACHER 2006, 33 mit Anm. 214.
[26] Zu den Vestalinnen: MEKACHER 2006; BEARD 1980; BEARD 1995; GARDNER 1995, 31–35; CANCIK-LINDEMAIER 2006.
[27] Dion. Hal. 2,67,3.
[28] Liv. 28,11,6–7.
[29] Das Weitere nach der Zusammenfassung unter Angabe der historischen Quellen bei MEKACHER 2006, 33 mit Anm. 216–225.
[30] Um der Verschleierungsgefahr entgegenzuwirken, war die Freilassung der Sklaven im Fall einer Anklage verboten. Es war zulässig, Sklaven unter Folter zu verhören und obwohl sie zeugnisunfähig waren, war es bei einer Anklage wegen Unkeuschheit legitim, eine Aussage gegen die eigene Herrin zu machen. Unter Androhung der Todesstrafe waren Sklaven bei der Kenntnis von *incestum* sogar angehalten, diesen anzuzeigen.
[31] Nach HAMPEL 1983 handelt es sich dabei nicht um eine Strafaktion. Dazu auch MUTH 1998, 209 Anm. 559.
[32] Plut. Num. 10,7; weitere Quellen bei MEKACHER 2006, 33 Anm. 222 f.
[33] Quellen bei MEKACHER 2006, 33 Anm. 225.
[34] MEKACHER 2006, 34.
[35] Suet. Dom. 8,3–4. Sueton spricht von mehreren Personen, die auf dem Comitium zu Tode gepeitscht wurden; Plinius hingegen nur von einem, dem römischen Ritter Celer (Plin. epist. 4,11,10). Fraglich bleibt auch, welches Vergehen der Beschuldigte gestanden hat. Weder bei Sueton noch bei Plinius (Plin. epist. 4,11,11) kann darauf rückgeschlossen werden.
[36] Plin. epist. 4,11,5–7 (Übers. H. Philips).
[37] MEKACHER 2006, 36 mit Hinweis auf FRASCHETTI 1984, 119. Zu den republikanischen Prozessen: MEKACHER 2006, 34 Anm. 229 (mit Lit.). 38.
[38] Stat. silv. 1,1,35–36.
[39] MEKACHER 2006, 36 mit Anm. 249.
[40] Dio. Cass. 78,16,1,2–3.
[41] WILCKEN 1936, 82 f. mit der Übersetzung. Der Papyrus BGU VIII 1835 aus den Jahren 50/49 v. Chr. berichtet ebenfalls von einem Tempelraub: Mehrere Priester erstatten Anzeige. Wahrscheinlich haben die geflüchteten Dorfbewohner vor ihrem Aufbruch die Weihegeschenke entwendet.
[42] P.Brem. 76 = Wilcken Nr. 35. Im holzarmen Ägypten stand der Baumbestand unter staatlichem Schutz und das Fällen von Bäumen ohne besondere Erlaubnis war strafbar, nach WILCKEN 1936, 83 mit Anm. 1.
[43] WISSOWA 1912, 467 f.

44 Zur Konsekration Wissowa 1912, 467f.
45 Paul. sent. 5,19.
46 Rüpke 2009, 253 erwähnt, dass Tempelanlagen mit Bäumen bepflanzt wurden und verweist in Anm. 55 auf die Bauinschrift CIL VI 32455 = ILS 5428.
47 Rüpke 2009, 254.
48 Lucan. 3,399–452.
49 CIL XI 4766; Rüpke 2009, 254.
50 Wissowa 1912, 476 mit Anm. 5; Latte 1960, 410.
51 Dig. 48,13,6 (Marc.).
52 Zur Astrologie: Cramer 1954; Fögen 1993; MacMullen 1966, 128–162.
53 Übersicht bei Graf 1996, 110.
54 Cic. rep. 4,12; Flach 2004, 120 Nr. 1c; Graf 1996, 62 mit Anm. 6.
55 Flach 2004, 120–137 (Taf. 8); Graf 1996, 41–43.
56 Plin. nat. 28,17–18 im Kontext des Zwölftafelgesetzes (Taf. 8); Flach 2004, 120 Nr. 1a.
57 Sen. nat. 4,7,2; Flach 2004, 128 Nr. 4h.
58 Serv. ecl. 8,99; Flach 2004, 126 Nr. 4c.
59 Graf 1996, 42; dazu Scheid 1981.
60 Plin. nat. 18,41–43; Graf 1996, 58–61; Liebs 1997, 149.
61 Graf 1996, 45f.; Liebs 1997, 146; zur *lex Cornelia de sicariis et veneficiis*: Rives 2006.
62 Liebs 1997, 147 mit Anm. 4. Weitere Rechtsgrundlagen bei Liebs 1997, 146–148.
63 Sogar der Name des Töpfers – Donatus – ist bekannt. Foucher 2000.
64 Plin. nat. 28,19. Zur Geschichte der Magie bei Plinius: Graf 1996, 48–54.
65 PGM IV 296–466 (Preisendanz 1973, Bd. 1 mit der Übersetzung), dazu auch Graf 1996, 124–130.
66 Zum Beispiel Haare oder ein Fetzen der Kleidung des Opfers.
67 Rüpke 2001, 168.
68 CIL VI 33899; Rüpke 2001, 69 (Übers. A. Önnersfors).
69 Liebs 1997, 149–158; Liebeschuetz 1979, 133–135.
70 Tac. ann. 12,59. 14,46,1; Liebs 1997, 150f. mit Anm. 30; Liebeschuetz 1979, 135.
71 Liebs 1997, 151.
72 Datierung nach Graf 1996, 61 (zum Prozess 61–78); Liebs 1997, 151 gibt die Jahre 158/159 n. Chr. an.
73 Apul. apol.
74 Apul. apol. 78,1 (Übers. bei Graf 1996,64).
75 Amm. 19,12. 28,1. 29,2; Liebs 1997, 152–157 mit einer Zusammenstellung der Zaubereiprozesse.
76 Amm. 26,4,4; Liebs 1997, 153f.
77 Vgl. etwa das Vorgehen gegen Lollia Paulina. Die Anklage wurde mit Astrologen und *magi* in Verbindung gebracht, woraufhin Kaiser Claudius ihre Aktivitäten als öffentliche Gefahr beurteilte. Sie wurde aus Italien verbannt, ihr Besitz eingezogen und sie eventuell sogar zum Suizid genötigt. Liebeschuetz 1979, 135.

Literaturverzeichnis

Balsdon 1966
J. P. V. D. Balsdon, Fabula Clodiana. Historia 15, 1966, 65–73.

Beard 1980
M. Beard, The Sexual Status of Vestal Virgins. Journal Roman Stud. 70, 1980, 12–27.

Beard 1995
M. Beard, Re-reading (Vestal) Virginity. In: R. Hawley/B. Levick (Hrsg.), Women in Antiquity. New Assessments (London, New York 1995) 166–177.

Brouwer 1989
H. H. J. Brouwer, Bona Dea. The Sources and a Description of the Cult. Études préliminaires aux religions orientales dans l'Empire Romain 110 (Leiden, New York, Kopenhagen, Köln 1989).

Cancik-Lindemaier 2006
H. Cancik-Lindemaier, Die vestalischen Jungfrauen. In: Th. Späth/B. Wagner-Hasel (Hrsg.), Frauenwelten in der Antike. Geschlechterordnung und weibliche Lebenspraxis (Stuttgart, Weimar 2006) 111–123.

Cornell 1981
T. Cornell, Some Observations on the "crimen incesti". In: Le délit religieux dans la cité antique. Table Ronde, Rome, 6–7 avril 1978. Collect. École Française Rome (Rom 1981) 27–37.

Cramer 1954
F. H. Cramer, Astrology in Roman Law and Politics. Mem. American Phil. Soc. 37 (Philadelphia 1954).

Flach 2004
D. Flach, Das Zwölftafelgesetz. Leges XII Tabularum. Texte Forsch. 83 (Darmstadt 2004).

Fögen 1993
M. T. Fögen, Die Enteignung der Wahrsager. Studien zum kaiserlichen Wissensmonopol in der Spätantike (Frankfurt am Main 1993).

Foucher 2000
L. Foucher, Une inscription magique d'El Jem. Ant. Africaines 36, 2000, 57–61.

Fraschetti 1984
A. Fraschetti, La sepoltura delle Vestali e la città. In: Du châtiment dans la cité. Supplices corporels et peine de mort dans le monde antique. Table Ronde, Rome 9–11 novembre 1982. Collect. École Française Rome 79 (Rom 1984) 97–128.

Gardner 1995
J. F. Gardner, Frauen im antiken Rom: Familie, Alltag, Recht (München 1995).

Graf 1996
F. Graf, Gottesnähe und Schadenzauber. Die Magie in der griechisch-römischen Antike (München 1996).

Günther 2006
R. Günther, Sexuelle Diffamierung und politische Intrigen in der Republik: P. Clodius Pulcher und Clodia. In: Th. Späth/B. Wagner-Hasel (Hrsg.), Frauenwelten in der Antike. Geschlechterordnung und weib-

liche Lebenspraxis (Stuttgart, Weimar 2006) 227–241.

HAMPEL 1983

F. HAMPEL, Zum Ritus des Lebendigbegrabens von Vestalinnen. In: P. Händel (Hrsg.), Festschrift für Robert Muth: zum 65. Geburtstag am 1. Januar 1981 dargebracht von Freunden und Kollegen. Innsbrucker Beitr. Kulturwiss. 22 (Innsbruck 1983) 165–182.

LATTE 1960

K. LATTE, Römische Religionsgeschichte (München 1960).

LIEBESCHUETZ 1979

J. H. W. G. LIEBESCHUETZ, Continuity and Change in Roman Religion (Oxford 1979).

LIEBS 1997

D. LIEBS, Strafprozesse wegen Zauberei. Magie und politisches Kalkül in der römischen Geschichte. In: U. Mathe/J. von Ungern-Sternberg, Große Prozesse der römischen Antike (München 1997) 146–158.

MACMULLEN 1966

R. MACMULLEN, Enemies of the Roman Order: Treason, Unrest and Alienation in the Empire (Cambridge 1966).

MEKACHER 2006

N. MEKACHER, Die vestalischen Jungfrauen in der römischen Kaiserzeit. Palilia 15 (Wiesbaden 2006).

MOREAU 1982

P. MOREAU, Clodiana Religio. Un procès politique en 61 av. J.-C. (Paris 1982).

MUTH 1998

R. MUTH, Einführung in die griechische und römische Religion (Darmstadt 1998²).

PERNICE 1885

A. PERNICE, Zum römischen Sakralrechte 1. Sitzber. Preuss. Akad. Wiss. 2, 1885, 1143–1169.

PREISENDANZ 1973

K. PREISENDANZ, Papyri Graecae Magicae. Die griechischen Zauberpapyri (Stuttgart 1973²).

RIVES 2006

J. B. RIVES, Magic, Religion and Law: The Case of the Lex Cornelia de sicariis et veneficiis. In: C. Ando/J. Rüpke (Hrsg.), Religion and Law in Classical and Christian Rome. Potsdamer Altwiss. Beitr. 15 (Stuttgart 2006) 47–67.

ROHDE 1936

G. ROHDE, Die Kultsatzungen der römischen Pontifices (Berlin 1936).

RÜPKE 2001

J. RÜPKE, Die Religion der Römer. Eine Einführung (München 2001).

RÜPKE 2009

J. RÜPKE, Kult auf dem Land: Antik-juristische und modern-religionswissenschaftliche Konzepte und Wahrnehmungen. In: Ch. Auffarth (Hrsg.), Religion auf dem Lande. Entstehung und Veränderung von Sakrallandschaften unter römischer Herrschaft. Potsdamer Altwiss. Beitr. 28 (Stuttgart 2009) 247–261.

SCHEID 1981

J. SCHEID, Le délit religieux dans la Rome tardo-républicaine. In: Le délit religieux dans la cité antique. Table ronde, Rome 6–7 avril 1978. Collect. École Française Rome 48 (Rom 1981) 117–171.

TATUM 1999

W. J. TATUM, The Patrician Tribune: Publius Clodius Pulcher. Studies in the History of Greece and Rome (Chapel Hill, London 1999).

WILCKEN 1936

U. WILCKEN, Die Bremer Papyri. Abhandl. Preuss. Akad. Wiss. Berlin, Phil.-Hist. Kl. 1936 Nr. 2 (Berlin 1936).

WISSOWA 1912

G. WISSOWA, Religion und Kultus der Römer (München 1912²).

Abbildungsnachweis: Introbild bpk | RMN | Hervé Lewandowski | René-Gabriel Ojéda | AO: Musée du Louvre, Paris; Abb. 1 bpk | AO: Terme di Diocleziano – Museo Nazionale Romano, Rom; Abb. 2 Thomas Steinle, Staats- und Universitätsbibliothek Bremen.

Romina Schiavone M.A.
Feldbergstr. 71
61389 Schmitten
romina.schiavone@gmx.net

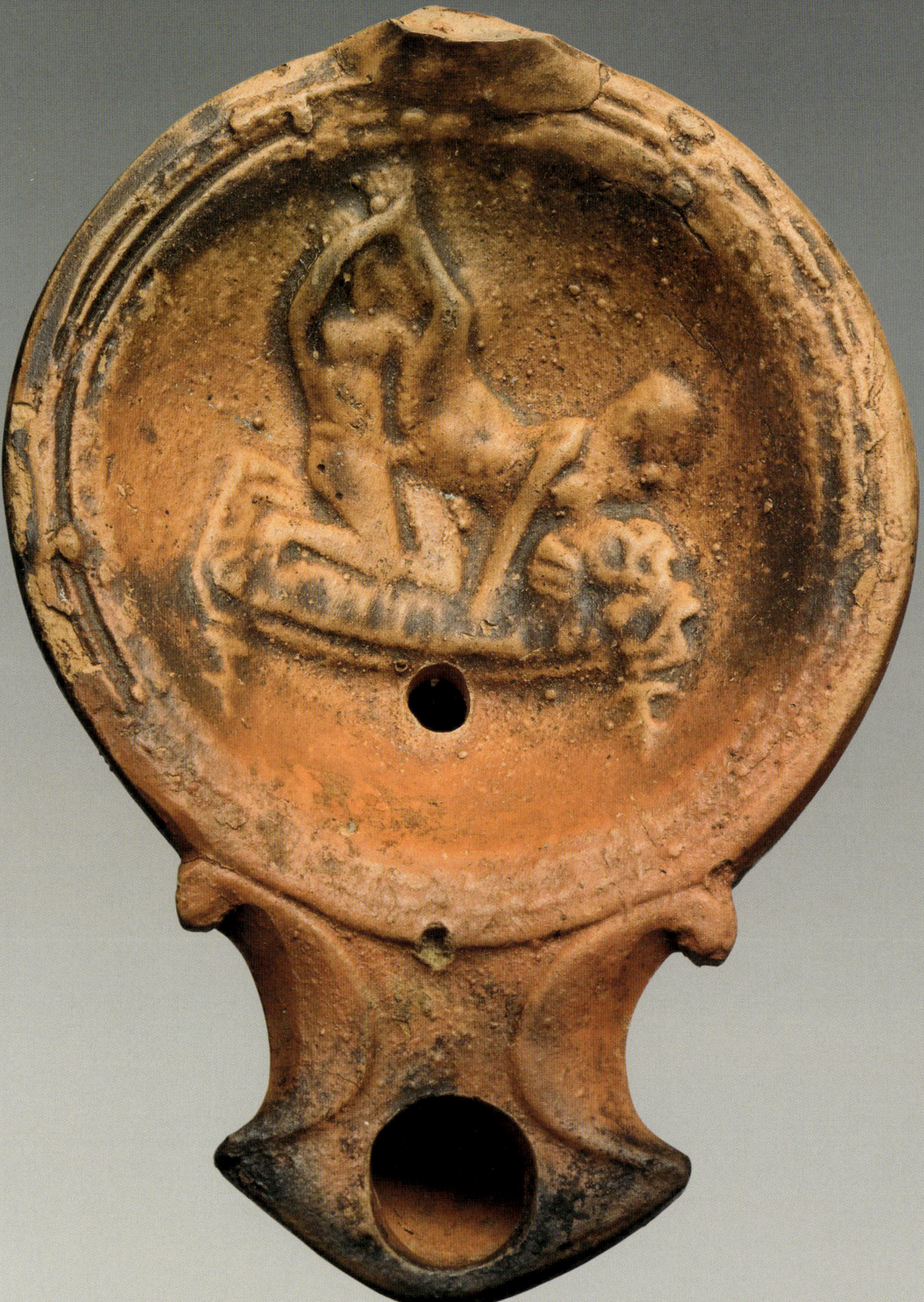

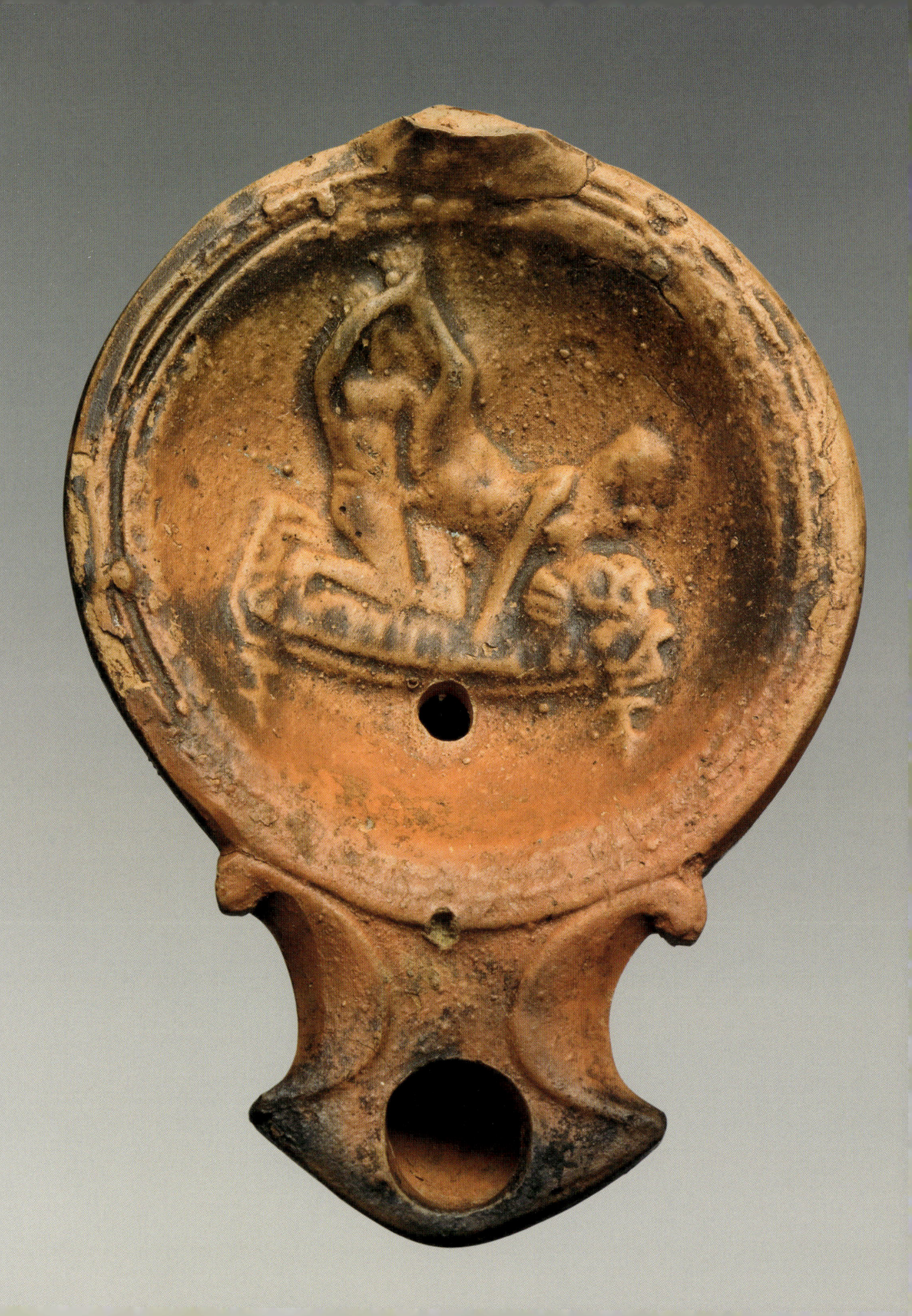

ANKE SEIFERT

Strafbar oder nicht? – Sexualdelikte und häusliche Gewalt

Das Thema ‚Sexualdelikte in der römischen Kultur' wird in der Forschung eher selten direkt angesprochen und noch seltener ausführlich behandelt. In Publikationen, die sich mit dem Leben römischer Frauen unter verschiedenen Aspekten beschäftigen, kommt es zwar meist vor[1]; allerdings beschränken sich die Hinweise in der Regel auf das Delikt des Ehebruchs, das in den antiken literarischen Quellen am häufigsten nachzuweisen ist.

Mit Ehebruch setzen sich vor allem Werke auseinander, die sich generell mit der Ehe oder dem Konkubinat in der römischen Antike beschäftigen[2]. Auch Publikationen zum Thema Erotik oder Sexualität[3] beschränken sich vielfach auf dieses Delikt. Erwähnung findet in diesem Zusammenhang oft auch die Prostitution[4], die jedoch in der römischen Antike kein Verbrechen darstellte. Vielfach wurden Sklavinnen in den Bordellen eingesetzt; Menschenhandel und Zuhälterei (lenocinium), die heute gesetzlich verfolgt werden, waren ein legitimer Teil der Prostitution in der Antike. Käufliche Liebe war legal, steuerpflichtig und ein selbstverständlicher Bestandteil der römischen Kultur. Kritische Stimmen gegen die Prostitution bezogen sich allenfalls auf übermäßigen Sexualverkehr oder Geldverschwendung[5].

Wenige moderne Historiker wie Jane Gardner, Ines Stahlmann und Jens-Uwe Krause untersuchten antike Sexualdelikte ausführlicher[6]. Krause etwa behandelte die Delikte und Straftäter vor allem vom kriminalistischen Standpunkt aus. Aus dem juristischen Bereich gibt es weitere Publikationen, die sich jedoch hauptsächlich mit den Ehegesetzen des Augustus beschäftigen[7].

Schwierig ist generell die Quellensituation. Archäologische Nachweise sind nicht möglich und auch in der Epigraphik werden entsprechende Delikte nicht erwähnt. Die juristischen und literarischen Texte geben nur spärliche Hinweise auf Straftaten mit sexuellem Hintergrund. Die antiken Autoren überliefern häufig lediglich Gerüchte und sexuelle Diffamierungen, die jedoch oft nur auf die politische Entmachtung einer Person abzielten und nicht – oder nicht ganz – der Wahrheit entsprachen[8]. Solche Unterstellungen trafen auch manchen Kaiser[9]. Bei der Betrachtung dieser Texte ist zu bedenken, dass deren Verfasser ausschließlich Männer waren und die Vorgänge nur aus ihrer Sicht schilderten.

Die seltene Erwähnung des Themas mag wohl auch am meist sehr intimen Charakter dieser Verbrechen liegen; ferner daran, dass die meisten Vergewaltigungsopfer vermutlich Sklavinnen waren, deren Person in der Überlieferung kaum eine Rolle spielte und bei denen eine Vergewaltigung nicht als eine Verletzung ihrer Persönlichkeit gesehen wurde.

Zur ‚häuslichen Gewalt' existieren verschiedene Quellen: epigraphische, literarische und juristische Texte. Sie sind nicht sehr zahlreich und konzentrieren sich meist auf Angehörige der Oberschicht. In größerem Rahmen betrachtet, können sie jedoch ein Bild davon vermitteln, wie schlecht ein Ehealltag für Frauen sein konnte. Eine zusammenfassende Darstellung zu diesem Thema ist bisher noch nicht vorgelegt worden[10]. Auch in vielen Büchern, die sich mit der Stellung der Frau in der römischen Gesellschaft beschäftigen, taucht die häusliche Gewalt nicht auf.

Wichtig für die Einschätzung von Sexualdelikten und Gewalt gegen Frauen in der römischen Antike sind die sozialen Strukturen und Hierarchien insbesondere innerhalb der römischen familia[11].

1. Sexualdelikte heute – grundlegende Unterschiede zum römischen Recht

Nach heutiger Auffassung dient das Sexualstrafrecht in Deutschland in erster Linie dem Schutz der individuellen sexuellen Selbstbestimmung[12], dies gilt jedoch erst seit dem Wandel der Sexualmoral in den 1960er und 1970er Jahren. Zuvor galt es vor allem dem Schutz der öffentlichen Sittlichkeit, der

◀ Erotische Darstellungen sind häufig auf römischen Lampenspiegeln zu finden. Illegale Sexualpraktiken oder sogar Sexualdelikte sind nicht bildlich überliefert. Tonlampe aus der Colonia Ulpia Traiana (Xanten), 1. Jh. n. Chr.

Ehre der Familie und der Ehe. Das Sexualstrafrecht ist Bestandteil des Strafgesetzbuches[13] und hauptsächlich auf sozialschädliche Verhaltensweisen beschränkt; also auf Vergehen, die konkret anderen Personen Schaden zufügen. Früher dagegen ging es vor allem um die Aufrechterhaltung der Sittenordnung. Die Überschrift zu diesen Gesetzen im Strafgesetzbuch wurde von „Verbrechen und Vergehen wider die Sittlichkeit" in „Straftaten gegen die sexuelle Selbstbestimmung" geändert[14].

Zu den im Strafgesetzbuch[15] genannten Delikten gehören: sexuelle Nötigung, Vergewaltigung, sexueller Missbrauch Widerstandsunfähiger, Gefangener, Kranker oder Hilfsbedürftiger unter Ausnutzung eines Amtes oder eines Behandlungs-, Beratungs- oder Betreuungsverhältnisses sowie Beischlaf zwischen Verwandten.

Weitere Gesetze dienen vor allem dem Jugendschutz: sexueller Missbrauch von Kindern, Jugendlichen und Schutzbefohlenen, Förderung sexueller Handlungen Minderjähriger, Verbreitung pornographischer Schriften an Minderjährige, kinderpornographische Schriften und jugendgefährdende Prostitution.

Auch die Verbreitung gewalt- oder tierpornographischer Schriften und von allgemeiner Pornographie über Rundfunk, Medien- oder Teledienste ist unter Strafe gestellt. Dazu zählen Exhibitionismus und die Erregung öffentlichen Ärgernisses sowie im weiteren Sinne die Nötigung zu sexuellen Handlungen ohne Körperkontakt, ferner die Beleidigung und Erpressung auf sexueller Grundlage.

Prostitution ist in Deutschland gesetzlich nicht mehr sittenwidrig, jedoch können einige Straftatbestände mit ihr zusammenhängen: Ausbeutung von Prostituierten, Menschenhandel und Zuhälterei, Prostitution von Minderjährigen und vielfach auch Drogenkriminalität.

Im alltäglichen Umgang mit Sexualität sind in den meisten westlichen Gesellschaften einige allgemeine Grundregeln anerkannt: Einvernehmlichkeit ohne Zwang und im vollen Bewusstsein; keine bleibende körperliche oder seelische Schädigung; nur dann Kinder zu zeugen, wenn man fähig ist, auch die elterliche Verantwortung für diese zu übernehmen.

Wenn man die geschilderten Sachverhalte mit der römischen Antike vergleicht, fällt schnell auf, dass es in einigen Punkten erhebliche Differenzen gibt, z. B. bei der Minderjährigkeit. Römische Mädchen waren mit zwölf Jahren heiratsfähig und als Verheiratete auch in der Pflicht, ehelichen Geschlechtsverkehr auszuüben. Für römische Jungen galt dies ab einem Alter von 14 Jahren. In Deutschland erhält man die Volljährigkeit und damit die Ehefähigkeit ohne Einwilligung weiterer Personen erst mit 18 Jahren; Kinder unter 14 Jahren können – aus rechtlicher Sicht – nicht wirksam in sexuelle Handlungen einwilligen. Die von vorzeitigen sexuellen Erlebnissen ungestörte Gesamtentwicklung des Kindes gilt in der Bundesrepublik Deutschland seit 1973 als ein schützenswertes Rechtsgut[16].

Ferner hing die strafrechtliche Beurteilung von sexuellen Handlungen in der Antike stark vom sozialen Status der daran beteiligten Personen ab. Die Ehe eines Senators mit einer Freigelassenen war seit Augustus nicht erlaubt[17], der Konkubinat wurde in diesem Fall geduldet, die beteiligte Frau war aber vor allem erbrechtlich benachteiligt[18]. Die eigenen Sklaven und Sklavinnen konnten vom Hausherrn jederzeit zum Sexualverkehr ‚benutzt' werden[19]. Die Hausherrin besaß dieses Recht als verheiratete Ehefrau hingegen nicht.

Gleichgeschlechtlicher Verkehr unter Männern wurde als eine Art der sexuellen Befriedigung[20] nicht öffentlich thematisiert; ausgeübt und ausprobiert wurde er jedoch vielfach und in allen Gesellschaftsschichten. Allerdings hatte man mit Infamierung und Spott zu rechnen, wenn man dabei den passiven, ‚weiblichen' Part übernahm[21]. Die *lex Scantinia*[22] verhängte als eine Art Jugendschutz Geldbußen für den Verkehr mit frei geborenen Knaben. Die kaiserzeitliche Gesetzgebung bestrafte ausschließlich den passiven Part im homosexuellen Verkehr. Für diesen ‚Tatbestand' wurden im 4. Jahrhundert n. Chr. drastische Todesstrafen festgesetzt, während der aktive Part weiterhin unbehelligt blieb. Erst im 6. Jahrhundert n. Chr. wurde dann vom oströmischen Kaiser Iustinian I. (527–565 n. Chr.) die Homosexualität generell unter Strafe gestellt[23]. In Deutschland ist der ehemalige § 175 im Strafgesetzbuch, der sexuelle Handlungen zwischen Personen männlichen Geschlechts unter Strafe stellte, seit 1994 abgeschafft[24].

Geschlechtsverkehr mit einer verheirateten römischen Frau galt als Ehebruch, bei dem beide Beteiligten strafrechtlich verfolgt wurden. In Deutschland ist Ehebruch zwar zivilrechtlich noch immer eine unerlaubte Handlung, er wird jedoch seit 1969 nicht mehr strafrechtlich verfolgt und ist seit 1977 auch kein ausreichender Scheidungsgrund mehr.

Die Pornographie ist als solche in der römischen Gesellschaft unbekannt[25]. Darstellungen unterschiedlichster sexueller Praktiken waren überall zu finden: auf Wandmalereien, Tongefäßen und -lampen sowie anderen Gerätschaften (Abb. Introbild); zudem sind zahlreiche Statuetten in erotischen Posen überliefert. Sie waren für alle, auch für Kinder, sichtbar und leicht verständlich. Allerdings dienten sie in öffentlichen Räumen nicht in erster Linie der sexuellen Stimulation, sondern (wie z. B. anzügliche Witze oder Spottverse) der Unterhaltung und galten als dekorativ[26]. Einige Motive stammen sogar aus dem religiösen Bereich, beispielsweise Priapusfiguren[27] oder phallische Amulette[28], und waren nicht mit erotischer Bedeutung belegt. In den Darstellungen wurden bestimmte Grundmotive immer wieder verwendet[29]. Dazu gehören verschiedene Darstellungen des Geschlechtsverkehrs, aber auch eher symbolische Gesten zwischen zwei Menschen mit erotischem Anklang. Ebenso gab es diverse erotische Inschriften oder Graffiti[30]. Heute sind bestimmte Arten von Pornographie, vor allem die Weitergabe an Kinder und Jugendliche, verboten.

2. Frauenbild, Ehe und Gesellschaft

Um die Verfolgung und Bestrafung bestimmter sexueller Handlungen im Römischen Reich beurteilen zu können, muss zunächst die Stellung der Frau in der damaligen Gesellschaft beleuchtet werden.

Kern der römischen Gesellschaft war die *familia*[31]. Für ihren Erhalt war die Zeugung legitimer Nachkommen, in der legalen Ehe entstandene Kinder, von enormer Bedeutung. Nur männliche, legitime Kinder waren in vollem Umfang erbberechtigt und konnten die Familie, deren Namen und das Vermögen weiterführen. Die Adoption war eine weitere Möglichkeit der Fortführung der Familie, sie konnte jedoch das Ideal der leiblichen Nachkommenschaft nicht ersetzen[32]. Für den Erhalt der Familie war also die Monogamie der Frau von entscheidender Bedeutung, was sich in den gesellschaftlichen Normen, den erwünschten weiblichen Tugenden und schließlich in der römischen Gesetzgebung widerspiegelte.

Eine Ehe wurde oft zur Bildung politischer Allianzen, aus finanziellen Gründen oder zur Erlangung von gesellschaftlichem Prestige arrangiert. Die künftigen Ehepartner wurden dabei wohl selten nach ihrer Meinung gefragt. Die Befriedigung emotionaler oder sexueller Bedürfnisse spielte für Frauen in der Ehe keine Rolle[33]; vielmehr waren Vermögen und Status die entscheidenden Argumente für die Wahl des zukünftigen Ehepartners.

Der Altersunterschied der Ehegatten war oft beträchtlich: Mädchen wurden früh – ab zwölf Jahren, spätestens jedoch bis zum Erreichen des 20. Lebensjahres – verheiratet, Männer dagegen erst einige Jahre später[34]. Augustus führte mit seiner Gesetzgebung eine Ehepflicht für Männer zwischen 25 und 60 und für Frauen zwischen 20 und 50 Jahren ein[35]. Ehelosigkeit konnte sich für beide Geschlechter sozial und politisch nachteilig auswirken[36]. Hauptzweck einer Ehe war stets die Zeugung legitimer Nachkommen.

Um die Frau von jeglichem Verdacht des vor- oder außerehelichen Geschlechtsverkehrs frei zu halten, sollte sie stets von allen Angehörigen ihres Haushaltes überwacht werden[37]. So sollte nicht nur das gesellschaftlich geforderte, sittsame Verhalten der Frau (*pudicitia*) gewahrt, sondern auch einer Beschädigung der Familienehre vorgebeugt werden. Sie war dem Mann untertan und zuständig für die Textilherstellung in der Familie sowie für die Kindererziehung[38]. Die Darstellung und Beschreibung des Spinnens oder damit assoziierter Gegenstände wie dem Rocken standen symbolisch für die Treue der Frau gegenüber ihrem Ehemann und ihrer Familie[39].

Die Kleidung einer Frau war in der Öffentlichkeit gleichzeitig Zeichen ihres Status und ihrer Moral. Die *stola* durfte nur von der *matrona*, der ehrbaren verheirateten Frau, getragen werden; auch die *vitta*[40] (Haarband) war ein Zeichen von Keuschheit und durfte nicht von allen Frauen getragen werden. Diese Kleidung erscheint in den schriftlichen Quellen als idealtypisches Attribut einer *matrona*; in den bildlichen Darstellungen findet sie sich selten[41]. Prostituierte trugen dagegen ein der *toga* ähnliches Gewand und waren auch optisch als Dirnen zu erkennen. Die gegensätzlichen Bezeichnungen *togata* und *stolata* wurden allgemein für die Kategorisierung von Frauen verwendet[42].

Gesellschaftlich geachtet waren Frauen, die ihren Aufgaben im häuslichen Bereich treu blieben. Keuschheit, Gehorsam, Freundlichkeit, Gefälligkeit, Familiensinn, Fleiß bei der Handarbeit, Frömmigkeit ohne Aberglauben und Bescheidenheit in der Tracht waren erwünschte Eigenschaften, die mit respektvoller Behandlung belohnt wurden[43]. Solche Beschreibungen finden sich oft in Grabinschriften[44], die jedoch zu den literarischen Quellen ein recht gegensätzliches Bild liefern[45].

Besonders in der antiken Literatur wurde die Frau grundsätzlich als schwach, triebhaft und ständig in ihrer Keuschheit gefährdet angesehen[46]. Ovid schrieb, die Frau sei durch die Natur mit einem schlechten Gemüt (*perversa mens*) versehen und alles Mögliche könne sie in Versuchung führen, daher seien Verbote zwecklos[47]; und Iuvenal äußerte die Ansicht, eine vollkommene Frau sei so selten wie ein schwarzer Schwan[48].

Dieses Bild der Frau ist in der römischen Literatur klar von ihrer untergeordneten Stellung bestimmt. Stets stand sie unter der Kontrolle und Führung durch den Mann. In keinem anderen Bereich waren die Frauen dem Manne auch nur annähernd so gleichgestellt wie im Strafrecht[49]. Sie galten ebenso wie die Männer als straffähig, obwohl diese gesellschaftlich die Verantwortung für die Frauen trugen. Insgesamt scheint es aber, dass die Frauen diese Rolle weitgehend akzeptiert haben[50].

3. Häusliche Gewalt

Die römische Frau stand während ihres gesamten Lebens unter der Gewalt eines Mannes. Am bedeutendsten war dabei die Macht ihres Vaters, die *patria potestas*[51] des *pater familias*, aber auch ein anderer männlicher Verwandter konnte die *potestas* über die Frau ausüben. Wichtig zum Verständnis der sozialen und rechtlichen Stellung der römischen Frau ist die Form der ehelichen Bindung. In republikanischer Zeit war die *manus*-Ehe üblich, bei der die Frau in die Gewalt ihres Ehemannes oder dessen Vaters überging[52]. In der Kaiserzeit setzte sich die *manus*-freie Ehe durch, bei der die Frau in der *patria potestas* ihres Vaters verblieb. Dieser wurde nach seinem Tod durch einen nahen Verwandten ersetzt, der die Vormundschaft (*tutela*) über die Frau übernahm[53]. Diese Vormundschaft war längst nicht so umfassend wie die ursprüngliche *patria potestas* des Vaters[54].

In der Kaiserzeit wurde die Macht des Mannes über die Frau durch die Ehegesetze des Augustus in mancher Hinsicht eingeschränkt. Die *patria potestas* und die *tutela* verloren an Bedeutung, die *manus* verschwand fast völlig[55]. Trotzdem waren nur wenige Frauen *sui iuris* (eigenen Rechts), z. B. durch das *ius liberorum*[56] oder den Tod des *pater familias*. In diesen Fällen konnten sie eigenständig eine Klage wegen eines Verbrechens, das gegen sie selbst begangen worden war, einreichen. Es war ihnen jedoch verboten, für andere Klage zu erheben[57]. Es war allerdings allgemein unüblich, dass eine Frau alleine vor Gericht erschien und dort ein Verfahren führte[58].

Die *patria potestas* umfasste die Macht über den gesamten Haushalt und sämtliche ihm angehörende Personen: Ehefrau, Kinder, Freigelassene, Klienten und Sklaven. Dazu gehörte vor allem in republikanischer Zeit das gesellschaftlich legitimierte Recht zu strafen, das über die Züchtigung bis hin zur Verhängung der Todesstrafe reichte. Die Handlungen des Mannes sollten im Idealfall im Einklang mit den *mores maiorum*, den althergebrachten Sitten, stehen.

Kinder und Sklaven zur Strafe zu schlagen, war üblich. Teilweise wurde dabei zu harten Mitteln gegriffen[59]. Auch die Ehefrau zu schlagen war dem Hausherrn erlaubt; dies kam trotz gesellschaftlicher Ächtung durchaus vor. Wie Plutarch schrieb, soll Cato d. Ä. gesagt haben: Wer Frau und Kinder schlage, vergreife sich frevelhaft an den höchsten Heiligtümern[60]. Selbstbeherrschung gehörte zu den Tugenden der Männer[61], doch nicht jeder hatte dieses Ideal verinnerlicht. Konfliktpotenzial boten sexuelle Eskapaden des Ehemannes, die für die Ehefrauen sicher nicht immer einfach hinzunehmen waren[62]. Größere Probleme bereiteten Zweifel des Hausherren gegenüber seiner Frau bezüglich deren Treue ebenso wie der Vorwurf der Verschwendung von Familienfinanzen[63].

Für die Misshandlung von Ehefrauen gibt es einige Quellen sowohl literarischer[64], epigraphischer[65] als auch juristischer[66] Art.

Ein Grabstein aus Saint-Alban-du-Rhône überliefert eine Frau, die von ihrem Ehemann erschlagen wurde (Abb. 1)[67]. Iulia Maiana bekam ihren Grabstein deshalb auch nicht von ihrem Ehemann, sondern von ihrem Bruder gesetzt. Ob (und in welcher Form) der Ehemann für diese Tat bestraft wurde, wissen wir nicht. Sicher war bei der Beurteilung dieses Falles auch das Verhalten der Frau von Bedeutung. Welche Gründe hatte der Mann für seine Tat? War es tatsächlich Totschlag bzw. vorsätzlicher Mord oder nur ein Unfall? Gab es Umstände, die dem Bruder vielleicht nicht bekannt waren? Damals könnte der Fall vor allem in strafrechtlicher Hinsicht gänzlich anders beurteilt worden sein als dies heute geschehen würde.

Auch bei dem Delikt, das durch einen Papyrus bekannt geworden ist, wissen wir nichts über die strafrechtliche Verfolgung der Tat (Abb. 2)[68]: Aurelia Demetria wurde von ihrem Ehemann, nachdem sie sich von ihm getrennt hatte, in ihrem Haus, in das er gewaltsam eingedrungen war, geschlagen.

Abb. 1 Die Inschrift des Grabsteins aus Saint-Alban-du-Rhône berichtet vom Schicksal der Iulia Maiana: Sie wurde von ihrem Ehemann erschlagen (CIL XIII 2128), 3. Jh. n. Chr.

Abb. 2 Aurelia Demetria wurde von ihrem Ex-Mann geschlagen. Außerhalb der Ehe hatte er dazu keinerlei Rechte. Der Papyrus enthält die Eingabe an die Behörden über diesen Vorfall. P.Lips. Inv. 13, 390 n. Chr., Papyrussammlung Leipzig.

Dazu hatte er als ehemaliger Gatte kein Recht, denn nach einer Scheidung verlor der Mann das Verfügungsrecht über die ehemalige Lebenspartnerin. Leider enthält der Papyrus keine Hinweise auf die Reaktion des Beamten, bei dem diese Anzeige eingereicht wurde.

Tacitus berichtet von einer Hausgerichtsszene, in der der Ehemann und die Verwandten einer Frau über diese zu Gericht sitzen[69]. Pomponia Graecina wurde wegen Aberglaubens angeklagt und dem Hausgericht ihres Ehemannes Plautius übergeben. In Gegenwart der Verwandten wurde sie von ihm allerdings für unschuldig erklärt und freigesprochen.

Aus den Berichten des Plinius kennen wir die Frau des Egnatius Maetennus, die dieser zu Tode geprügelt haben soll, da sie Wein aus einem Fass getrunken habe. Er selbst sei von Romulus für diese Tat freigesprochen worden[70]. Es war nämlich unerwünscht, dass Frauen mehr Wein zu sich nahmen als für gesund erachtet wurde. Plinius äußerte in diesem Zusammenhang sogar, dass es Frauen überhaupt nicht gestattet sei, Wein zu trinken.

Gesellschaftlich wurde häusliche Gewalt vielfach nicht akzeptiert. Dennoch bleibt die Frage nach der gesetzlichen Verfolgung oder Bestrafung von gewalttätigen Männern offen.

Die Lösung ehelicher Konflikte lag vor allem in der Oberschicht, wo häufig aus rein politischen Gründen geheiratet wurde, oftmals in der Scheidung, die für beide Ehepartner in einer *manus*-freien Ehe relativ leicht durchzuführen war[71]. Der Auszug aus dem gemeinsamen Haus in Verbindung mit der Erklärung des Trennungswillens (*repudium*) genügte. Der Mann konnte seine Frau verstoßen oder man trennte sich in gegenseitigem Einverständnis (*bona gratia*). Wenn die Ehepartner noch in der Gewalt eines *pater familias* standen, musste dieser die Scheidung veranlassen[72]. Die Frau behielt ihre Mitgift, der Mann jedoch die Kinder. Die Scheidung einer *manus*-Ehe konnte nur vom Ehemann veranlasst werden und ist sehr selten belegt[73]. Aus der Zeit der *manus*-Ehe, der römischen Republik, stammt auch das Ideal einer lebenslangen Gemeinschaft, was wohl auch in der Kaiserzeit für die meisten Paare Gültigkeit hatte[74].

4. Die Ehegesetze des Augustus

Die Ehegesetze des Augustus in den Jahren 18/17 v. Chr. waren ein wichtiger Bestandteil der von ihm propagierten moralischen Erneuerung[75]. Die *lex Iulia de maritandis ordinibus* (über die Verheiratung der Stände)[76] enthielt Verbote standeswidriger Ehen. Die *lex Iulia de adulteriis coecendis* (über die Verhinderung von Ehebrüchen) stellte *adulterium* (Ehebruch) und *stuprum* (regelwidrigen Geschlechtsverkehr) unter Strafe und regelte die Abläufe nach Entdeckung einer solchen Straftat. Zusätzlich gab es die *lex Iulia de vi publica* (über öffentliche Gewalt)[77], die neben allen Gewaltverbrechen den Tatbestand der Vergewaltigung behandelte.

Vorläufer dieser Gesetze war die *lex Scantinia*; üblicherweise wurden Straftaten durch den jeweiligen *pater familias* im Zuge eines Hausgerichtes verhandelt, wobei der Mann für die Frau und ihr Verhalten in jeglicher Hinsicht verantwortlich war.

Mit den neuen Gesetzen wurde ein öffentliches, strafrechtliches Gerichtsverfahren[78] für diese Fälle eingeführt. Nicht mehr nur der *pater familias* war für die Strafverfolgung zuständig, sondern jeder Bürger konnte eine Klage wegen Ehebruchs z. B. seiner Nachbarin einreichen und diesen staatlich verfolgen lassen. Zusätzlich wurde ein rechtlich-formelles Verfahren zur Feststellung einer Scheidung eingeführt[79].

Bis dahin war die Eheschließung ein rein privater Akt gewesen, wie auch das Eheleben selbst. Nun jedoch bestand für Ehebruch ein Anzeigezwang und darüber hinaus auch der Zwang zur Beendigung der Ehe. Damit griffen die Ehegesetze tief in die familiären Strukturen und das intime Zusammenleben von Mann und Frau ein. Vor allem die Beschneidung der männlichen Vormachtstellung innerhalb der Familie löste offenbar Proteste aus[80], während die Frau durch die Gesetze eine stärkere Eigenverantwortlichkeit erhielt. Sie war in diesem Falle selbst für ihre Taten verantwortlich, was sie jedoch nicht von der Überwachung ihrer ehelichen Treue durch ihren Mann oder die Verwandten befreite[81].

Die Beschlagnahmung von Vermögen als eine mögliche Strafe zeigt, dass sich diese Gesetze vor allem an die Oberschicht richteten. Augustus wollte mit seinen Maßnahmen jedoch das gesamte Volk erreichen[82], so dass im Laufe der Zeit auch die körperliche Züchtigung als Strafe für das einfache Volk eingeführt wurde. Ein Ziel seiner Gesetze war eine höhere Geburtenrate, ein Vorhaben, das jedoch anscheinend nicht gelang. Auch sonst waren die Maßnahmen, zumindest wenn man Tacitus Glauben schenken will, eher nutzlos[83]. Augustus leitete sie aus den alten Moralvorstellungen ab, wobei er hier eine enge Verknüpfung von Recht und Sitte sah[84]. Diese traditionellen Normen und Werte blieben vor allem im Hinblick auf die Tugenden der Frau lange Zeit bestehen, und die Gesellschaft – nicht allein die Gesetze – sorgten für ihren Fortbestand[85].

Durch die Gesetze wurde die Unterscheidung von Frauen in zwei Klassen verstärkt: die der Ehrbaren und die der *probosae*[86]. Zu den *probosae* zählten Prostituierte, Schauspielerinnen, Kellnerinnen, Zuhälterinnen und einige andere Gewerbe[87]. Diese Frauen waren von den Gesetzen über *stuprum* und *adulterium* grundsätzlich ausgeschlossen, erhielten ein Heiratsverbot und mussten Einschränkungen im Erbrecht hinnehmen. Das Heiratsverbot verbaute ihnen jegliche Möglichkeit auf einen sozialen Aufstieg. Sie unterlagen zwar nicht den Einschränkungen der oben geschilderten Gesetze und besaßen dadurch mehr sexuelle Freiheiten; genossen andererseits aber auch nicht den Schutz der Gesetze und waren den Belästigungen der Männer ausgeliefert. Auch eine wegen Ehebruchs verurteilte Frau wurde zu einer *probosa*. Alle übrigen Frauen, ehrbare *matronae*, frei geborene Mädchen und Witwen unterlagen den Gesetzen und unterstanden damit auch ihrem Schutz.

5. Sexualdelikte und ihre Bestrafung

Was im Römischen Reich als Sexualdelikt galt, war nicht nur von der Tat an sich abhängig, sondern auch von den beteiligten Personen und ihrem sozialen Status[88]. Was z. B. bei einer ehrbaren *matrona* als Verbrechen galt, war es bei einer *probosa* noch lange nicht. Auch die Bestrafung konnte je nach gesellschaftlichem Stand unterschiedlich ausfallen. Von der Todesstrafe über Verbannung (*deportatio*)[89] bis zur körperlichen Züchtigung oder Geldstrafe wurde – je nach Verbrechen, Personenstand und gültiger Gesetzgebung – eine oder mehrere Strafen ausgewählt[90].

Außerdem galt bei jedem Angriff auf ein Mitglied einer Hausgemeinschaft der *pater familias* ebenfalls als attackiert[91]. Diese Rechtsauffassung stammte aus den Zeiten der Republik, hatte aber auch in der Kaiserzeit noch Gültigkeit. Zumindest war in den Gesetzen festgelegt, dass neben dem Opfer stets auch der Vater oder der Ehemann eine Klage (oder ein Verfahren) einleiten konnte.

5.1. *Stuprum*

Unter dem Begriff *stuprum* ist in römischer Zeit jeglicher ungesetzliche Geschlechtsverkehr zu verstehen: Sex mit Witwen, unverheirateten Mädchen, Jungen oder den Sklaven anderer Besitzer[92]. In republikanischer Zeit waren diese Dinge gesellschaftlich weitgehend geächtet und wurden durch die Hausgerichte verurteilt. Eine genaue Definition und gesetzliche Strafbarkeit von *stuprum* erfolgte aber in augusteischer Zeit[93]. Hierbei waren vor allem Geldstrafen und der Verlust des Testierrechtes üblich.

Regelkonformer Geschlechtsverkehr diente in erster Linie der Zeugung von legitimen Kindern auf der Grundlage einer legalen Ehe. Homosexuelle Kontakte wurden zwar unterhalten, aber nicht weiter thematisiert; nur die Liebe zu Knaben war bei Geldstrafe verboten. Auch der Sex mit einem unverheirateten, frei geborenen Mädchen war strafbar, Geschlechtsverkehr mit einer (aus heutiger Sicht) minderjährigen unverheirateten Prostituierten dagegen nicht. Auch der Verkehr mit einem nicht geschlechtsreifen, minderjährigen Mädchen (nicht im Status einer heiratsfähigen Frau, also unter zwölf Jahren) war unter Strafe gestellt[94]: In diesem Fall sollte der Täter, wenn er niedrigen Standes war, zur Bergwerksarbeit verurteilt, wenn er höheren Standes war, auf eine Insel verbannt oder ins Exil geschickt werden[95].

Im 3. Jahrhundert n. Chr. wurde die Bestrafung verschärft und die Kapitalstrafe (Tod oder *deportatio*) für den Tatbestand des *stuprum* verhängt. Schon der bloße Versuch konnte eine Verbannung nach sich ziehen. Sklaven, die gegen Bestechung zum *stuprum* verholfen hatten oder Mitwisser waren, wurden ebenfalls mit dem Tod bestraft[96].

5.2. Inzest

Als Inzest (*incestum*) galt den Römern sowohl eine sexuelle Beziehung als auch eine Eheschließung zwischen nahen Verwandten[97]. Dabei wurde nicht unterschieden, ob es sich um Blutsverwandtschaft oder um Verwandtschaft handelte, die durch Adoption entstanden war. Ein gesetzliches Verbot des Inzestes ist erst aus dem 3. Jahrhundert n. Chr. bekannt[98]. Schon in republikanischer Zeit jedoch waren Ehen zwischen Verwandten rechtlich ungültig. Auch in der Kaiserzeit wurde die sexuelle Beziehung zwischen Verwandten, da sie außerhalb einer Ehe stattfand, als Sonderfall des *stuprum* geahndet. Die im römischen Recht definierten Verwandtschaftsgrade, unter denen eine sexuelle oder eheliche Beziehung als Inzest strafbar war, waren folgende: alle Nachkommen und Vorfahren in gerader Linie sowie Brüder und Schwestern, Tanten und Onkel[99]. Meist scheinen Fälle von Inzest vor Gericht milde behandelt worden zu sein: Die übliche Strafe war die Verbannung auf eine Insel.

5.3. Vergewaltigung

Durch Gewalt erzwungener Geschlechtsverkehr (*per vim stuprum*) mit einer freien Frau oder mit einem Knaben wurde nach der *lex Iulia de vi publica* geahndet[100]. Die Vergewaltigung einer verheirateten Frau galt als Kapitalverbrechen und konnte in der Kaiserzeit mit dem Tod bestraft werden[101]; eine Verjährungsfrist des Vergehens gab es nicht. Auch zu Zeiten der Republik musste der Täter mit dem Tod rechnen. Im Falle der Vergewaltigung einer fremden Sklavin konnte jedoch lediglich ihr Herr eine Klage auf Schadensersatz wegen Sachbeschädigung auf Grundlage der *lex Aquilia* anstrengen[102].

Eine quantitative Einschätzung von Vergewaltigungsfällen ist angesichts der dürftigen Quellenlage kaum möglich. Die Dunkelziffer dürfte, wie auch heute noch, recht hoch gewesen sein[103]. Angehörige der Unterschicht waren vermutlich stärker betroffen als Frauen der Oberschicht. Diese waren meist besser behütet und es war eher mit einer strafrechtlichen Verfolgung zu rechnen. In vielen Fällen einigte man sich aus finanziellen Gründen außergerichtlich[104]. Dies konnte neben einer Abfindung bei einer unverheirateten Frau auch eine erzwungene Ehe mit dem Täter sein, wobei dieser dann auf eine Mitgift verzichten musste[105].

Vergewaltigte Frauen, Kinder und Jugendliche fühlten sich auch in römischer Zeit in ihrer Würde verletzt. Sie hatten ihre *pudicitia* (Keuschheit) verloren und besaßen wohl nur selten den Wunsch, diesen Vorfall in die Öffentlichkeit zu bringen. Das Opfer hatte bei einer Strafanzeige die Pflicht, die alleinige Schuld des Täters zu nachzuweisen[106]. Eine Ehefrau, die von einem Dritten vergewaltigt worden war, musste z. B. belegen, dass sie keineswegs einen Ehebruch beabsichtigt hatte, um nicht selbst angeklagt zu werden[107]. Auch diese Umstände werden dazu geführt haben, dass nur selten eine Vergewaltigung zur Anzeige gebracht wurde. Vergewaltigungen jeglicher Art werden jedoch vermutlich das häufigste Sexualdelikt in der römischen Antike gewesen sein.

5.4. Sexuelle Belästigung

Der Tatbestand der sexuellen Belästigung[108] wurde neben anderen Vergehen im prätorischen Edikt unter dem Begriff *iniuria* (Unrecht) erfasst[109]. Einem Mann, der unverheirateten Mädchen (*virgines*) oder verheirateten Frauen nachstellte, ihnen ihre Begleitung wegnahm oder sie in ihrer Keuschheit beleidigender Weise ansprach, drohte ein Verfahren wegen *iniuria* bzw. eine Anklage wegen *adtemptata pudicitia* (Anschlag auf die Keuschheit). Er hatte gegen die ‚guten Sitten' verstoßen.

Von diesen Regelungen waren Sklavinnen und Prostituierte ausgenommen. Die genannten Taten waren auch dann geringer zu bestrafen, wenn sich z. B. eine *matrona* nicht entsprechend ihres Ranges gekleidet hatte, sondern aufgrund ihrer äußeren Erscheinung für eine Hure gehalten werden konnte[110], oder wenn sie gar ohne Begleitung auf der Straße unterwegs war.

5.5. Ehebruch

Ehebruch ist ein Delikt, das in Deutschland nicht mehr juristisch verfolgt wird; dies war noch vor 50 Jahren anders. Auch in der römischen Antike galt Ehebruch als ein Verbrechen. Die Gesetzgebung bezog sich hierbei vor allem auf die Frauen, die keinerlei sexuellen Kontakt außerhalb der Ehe haben durften. Schon Gespräche mit anderen Männern waren möglichst zu unterbinden. Dagegen stand es den Ehemännern frei, jederzeit mit Prostituierten, Sklavinnen oder anderen Frauen aus niederen Schichten oder der Gruppe der *probosae* sexuell zu verkehren. Lediglich von verheirateten oder anderen freien, ehrbaren Frauen musste er sich fernhalten. Solange er sich an die Regeln hielt, konnten seine Seitensprünge nicht getadelt, geschweige denn gesetzlich verfolgt werden. Diese Doppelmoral stand bei einigen antiken Autoren in der Kritik: Musonius Rufus schrieb etwa im 1. Jahrhundert n. Chr.: Obwohl man den Männern zugestehe, was man bei Frauen verurteile (Sex mit den eigenen Sklaven), werde doch niemand zugeben, dass die Männer schwächer als die Frauen und weniger fähig seien, ihre eigene Begierde im Zaum zu halten; sie, die an Verstand dem schwächeren Geschlecht überlegen seien[111]. Und Ulpian äußerte: es erscheine ihm ungerecht, dass der Ehemann von seiner Frau moralische Untadeligkeit verlangen könne, der er selbst nicht entspräche[112]. Auch Papinian bemerkte, dass in vielen Bereichen des Rechtes die Lage der Frauen weniger vorteilhaft sei als die der Männer[113]. Erst die Verbreitung der christlichen Moralvorstellungen sollte dies ändern.

Vor der Einführung der *lex Iulia de adulteriis* war die Ahndung von Ehebruch eine Privatangelegenheit des Ehemannes – eine Ehebrecherin konnte vom Hausgericht des Mannes sogar getötet werden. Auch der am Ehebruch beteiligte Mann musste mit dem Tod rechnen.

Das neue Gesetz griff nun in die Hausgerichtsbarkeit ein und nahm dem Ehemann das Recht zur Tötung seiner untreuen Frau[114]. Dieses stand jetzt nur noch dem Vater der Frau und auch nur unter bestimmten Bedingungen zu[115]. Beide am Ehebruch beteiligten Personen konnten nicht in einem gemeinsamen Gerichtsverfahren verurteilt werden[116].

Für das Ehepaar war die Scheidung innerhalb einer Frist von 60 Tagen zwingend vorgeschrieben. Wurde sie nicht innerhalb dieses Zeitraumes vollzogen, konnte der Mann öffentlich wegen *lenocinium* (Zuhälterei) angeklagt werden[117]. Zuhälterei galt als Straftat, wenn ein Mann den Ehebruch seiner Frau duldete oder sogar förderte[118]. Wer den Ehebruch seiner Frau nicht zur Anzeige brachte oder irgendeine Art Handel mit dem Ehebrecher einging und finanziellen Gewinn daraus zog, dem drohten dieselben Strafen wie dem Nebenbuhler. Berufsmäßig Zuhälter oder Zuhälterin zu sein, war jedoch kein Strafbestand, auch wenn dieser Beruf als ehrlos galt.

In der Spätantike wurde die Scheidung des Paares vor kirchlichen Gerichten als ausreichende Strafe angesehen. In der Kaiserzeit jedoch war die Bestrafung härter. Frauen, die wegen Ehebruchs verurteilt wurden, wurde das *ius conubium* entzogen, sie verloren damit das Recht auf eine legale Heirat[119]. Ebenso verloren sie (und auch der Ehebrecher) die Testierfähigkeit und das Recht, als Zeuge vor Gericht auszusagen. Ferner waren Verbannung auf eine Insel und Verlust von Vermögen übliche Strafen für die beiden Ehebrecher[120]. Die Infamierung[121] der Frau und der Verlust des *ius conubium* bedeutete für sie außerdem den gesellschaftlichen Abstieg in die Gruppe der *probosae*[122].

In den Quellen ist der Ehebruch wohl das am besten bezeugte Sexualdelikt[123]. Gerade in der Oberschicht, deren Scheidungen und Wiederverheiratungen zahlreich überliefert sind, kamen solche Fälle häufig vor. Cassius Dio etwa berichtet von 3000 Anklagen wegen Ehebruchs in Rom, die allein während seines Konsulates vorgenommen wurden[124].

Vor allem mit dem Zwang zur Anzeige und zur Beendigung der Ehe nach einem Ehebruch der Frau griff das Gesetz direkt in das intime Zusammenleben beider Ehepartner ein[125]. Der Ehemann hatte in dieser Angelegenheit keine Entscheidungsgewalt mehr, sondern jeder Außenstehende, der davon erfuhr, konnte mit einer Anzeige über das Schicksal seiner Ehe entscheiden.

6. Schlussbetrachtung

Bei der Betrachtung sämtlicher Beschreibungen und juristischen Quellen muss stets bedacht werden, dass die gesetzlich verhängten Strafen wohl eher selten tatsächlich zur Anwendung kamen. Häufig gab es außergerichtliche Einigungen[126], außerdem wurde oft das volle Strafmaß nicht ausgeschöpft. Das Thema Sexualität umgab die Römer alltäglich. Sex wurde als natürliches Bedürfnis angesehen[127], schlecht oder schändlich wurde die Ausübung des Geschlechtsverkehrs erst, wenn dieser maßlos und triebhaft erfolgte. Gerade Vergewaltigung, Verführung von Jungfrauen sowie Ehebruch vor allem von und mit unverheirateten jungen Männern[128] waren sicher häufig verübte Straftaten. Die Strafbarkeit einer sexuellen Handlung und deren Bestrafung war jedoch immer abhängig vom sozialen Status und vom Vermögen der beteiligten Personen.

Anmerkungen

[1] Z. B. BALSDON 1979; EICHENAUER 1988; KRECK 1975; POMEROY 1985; ROTTLOFF 2006; SCHULLER 1987.
[2] KUNST 2000a; DUNCKER 2003; zum Konkubinat siehe FRIEDL 1996; GARDNER 1995, 65–69; KASER/KNÜTEL 2003, 366 f.
[3] DIERICHS 2000; MEYER-ZWIFFELHOFFER 1995; MURRAY 2000; SKINNER 2005.
[4] STUMPP 1998.
[5] STUMPP 1998, 258 f.
[6] GARDNER 1995; STAHLMANN 1997; KRAUSE 2004; siehe zu den Tätern KRAUSE 2004, 179 f. und 186–196.
[7] KASER/KNÜTEL 2003; METTE-DITTMANN 1991.
[8] Zum Thema sexuelle Diffamierung in der Politik siehe GÜNTHER 2000.
[9] So z. B. bei Tiberius, Caligula, Nero, Elagabal und Commodus. Vor allem Cicero, Livius, Tacitus, Cassius Dio und Sueton lieferten verschiedenste Geschichten über sexuelle Ausschweifungen, aber auch über Grausamkeit und sexuelle Gewalt der Kaiser (STUMPP 1998, 266–268).
[10] Hinweise finden sich bei STAHLMANN 1997, 39–41; KUNST 2000a, 38 f. 50 f.; BALSDON 1979, 232. 236 f.
[11] MILNOR 2005; RAWSON/WEAVER 1997; VEYNE 1989.
[12] GG Art. 2 Abs. 1 „Jeder hat das Recht auf die freie Entfaltung seiner Persönlichkeit, soweit er nicht die Rechte anderer verletzt und nicht gegen die verfassungsmäßige Ordnung oder das Sittengesetz verstößt". In Verbindung mit Art. 1 Abs. 1 „Die Würde des Menschen ist unantastbar. Sie zu achten und zu schützen ist Verpflichtung aller staatlichen Gewalt."
[13] StGB 13. Abschnitt §§ 174–184g. Hier sind auch einige weitere speziellere Fälle und Straftaten aufgeführt.
[14] HAEBERLE 1985, nach www2.hu-berlin.de/sexology/ATLAS_DE/html/, Abschnitt 10.2.3.
[15] Siehe www.gesetze-im-internet.de vom Bundesministerium der Justiz.
[16] Verurteilung von sexuellem Missbrauch an Kindern nach § 176 StGB.
[17] Zu Eheverboten standesrechtlicher Art siehe FRIEDL 1996, 156–164; zum *conubium* (Ehefähigkeit) siehe GARDNER 1995, 36–43.
[18] Zu Konkubinaten in der Senatorenschicht siehe FRIEDL 165–169. 170. 176–180; GARDNER 1995, 38.
[19] Sen. contr. 4pr. 10; POMEROY 1985, 296 f.
[20] MURRAY 2000, 125 f.
[21] MEYER-ZWIFFELHOFFER 1995, 88–95; KRAUSE 2004, 184; STUMPP 1998, 249 f.; WEEBER 1995, 323.
[22] Die *lex Scantinia* stammt vermutlich aus dem 2. Jh. v. Chr. Der Gesetzestext ist nicht überliefert und kann nur aus späteren Kommentaren erschlossen werden. Das Gesetz stellte neben der Passivität im homosexuellen Verkehr und gleichgeschlechtlichen Beziehungen zu frei geborenen Männern auch Ehebruch und Päderastie unter Strafe. Der Straftatbestand *stuprum cum masculo*, für den eine Geldstrafe festgesetzt war, wurde in der Gesetzgebung des Augustus nicht wieder aufgegriffen (MURRAY 2000, 123 f.). Nach Sueton hat Domitian mehrere Männer nach der *lex Scantinia* verurteilt (Suet. Dom. 8,3).
[23] Inst. Iust. 4,18,4: *eos qui cum masculis infandam libidinem exercere audent* - „Diejenigen, die es wagen, mit Männern

24 In der letzten Version des Paragraphen aus dem Jahr 1973 waren nur noch homosexuelle Handlungen mit männlichen Jugendlichen unter 18 Jahren verboten (Abs. 1: Ein Mann über 18 Jahren, der sexuelle Handlungen an einem Mann unter 18 Jahren vornimmt oder von einem Mann unter 18 Jahren an sich vornehmen lässt, wird mit Freiheitsstrafe bis zu fünf Jahren oder mit Geldstrafe bestraft.). Das Schutzalter für heterosexuelle Handlungen liegt sonst bei 14 Jahren, für Schutzbefohlene u. ä. bei 16 Jahren (STEINKE 2005).
25 Der Begriff Pornographie (altgriech. πόρνη – Dirne und γράφειν – schreiben) ist modern und bezeichnet laut Duden die Darstellung geschlechtlicher Vorgänge unter einseitiger Betonung des genitalen Bereichs und unter Ausklammerung der psychischen und partnerschaftlichen Gesichtspunkte der Sexualität. Ziel ist die sexuelle Stimulation.
26 WEEBER 1995, 322.
27 DIERICHS 2000, 397.
28 DIERICHS 2000, 399.
29 DIERICHS 2000, 396.
30 ROTTLOFF 2006, 157.
31 Zu den Strukturen einer römischen *familia* siehe KASER/KNÜTEL 2003, 95–98; POMEROY 1985, 229–236.
32 EICHENAUER 1988, 38.
33 STUMPP 1998, 253 f.
34 KUNST 2000a, 37; STAHLMANN 1997, 22; GARDNER 1995, 44–48.
35 Diese Regelung traf Augustus 9 n. Chr. mit der *lex Papia Poppaea*. Schon zuvor wurde das Heiraten als Bürgerpflicht gesehen, man war jedoch nicht dazu gezwungen und wer keine dynastischen Ziele zu erreichen suchte, konnte sich dagegen entscheiden (VEYNE 1989, 49).
36 KUNST 2000a, 37.
37 STAHLMANN 1997, 39–41; die Frau soll zur Kontrolle und zum Schutz im Blickfeld sein, gleichzeitig muss sie vorzeigbar und präsentabel sein, um das Prestige der Familie und des Hausherrn darzustellen (KUNST 2005, 118 f.); so auch MENACCI 2005, 229; andererseits konnten Sklaven durchaus als heimliche Boten für Liebesbriefe verwendet werden (BALSDON 1979, 232).
38 Siehe auch BALSDON 1979, 299–311.
39 MENACCI 2005, 221, dort verdeutlicht am Beispiel der Geschichte der Lucretia (Liv. 1,57–60); BALSDON 1979, 299.
40 Zum Haarband (*vitta*) siehe STAHLMANN 1997, 69.
41 OLSON 2006, 190 f.
42 OLSON 2006, 196.
43 KRECK 1975, 37; SCHULLER 1987, 17.
44 Zu Frauenbeschreibungen in Grabinschriften siehe vor allem HESBERG-TONN 1983. Normverstöße werden in Grabinschriften nur selten thematisiert (HESBERG-TONN 1983, 250). Ein besonders ausführliches Beispiel einer lobenden Inschrift für eine Frau ist die *laudatio Turiae* (zu den Tugenden siehe bes. Spalte I Zeile 30 f.).
45 Vermeintlicher Widerspruch ist Ausdruck der Überzeugung, ein Mann habe es verstanden, die naturhafte Triebhaftigkeit und Unvernunft der Frau erfolgreich zu domestizieren und sie zu einer tugendhaften Hausfrau, Tochter und Schwester heranzuziehen (STAHLMANN 1997, 39).

46 POMEROY 1985, 229; STAHLMANN 1997, 30–39; Schon im Zwölftafelgesetz wird die Rechtsunfähigkeit der Frau mit ihrem Leichtsinn begründet (Gaius inst. 1,144–145).
47 Ov. trist. 2,301–302; MENACCI 2005, 214, ausführlicher zur Meinung Ovids über Frauen siehe MENACCI 2005, 211–217.
48 Iuv. 6,165.
49 HESBERG-TONN 1983, 15.
50 HESBERG-TONN 1983, 243–247.
51 Zur *patria potestas* siehe KASER/KNÜTEL 2003, 375–384; KRECK 1975, 9–32; zur Vormundschaft über Frauen allgemein siehe GARDNER 1995, 10–35.
52 Zur *manus* und den unterschiedlichen Eheformen siehe KASER/KNÜTEL 2003, 353–367.
53 KASER/KNÜTEL 2003, 393 f.
54 Ausführlich KRECK 1975, 10 f.
55 HESBERG-TONN 1983, 59; KRECK 1975, 32.
56 Das *ius liberorum* befreite Frauen, die drei oder mehr Kinder in legitimer Ehe geboren hatten, von der Vormundschaft eines Mannes. Zu weiteren Vorteilen, auch solche, die Männer erhielten, wenn sie diese Rechtsstellung erworben hatten oder sie ihnen verliehen wurde, siehe RE X (1919) 1281–1284 s. v. Ius liberorum (A. STEINWENTER).
57 Dig. 3,1,1,5 (Ulp.).
58 Val. Max. 8,3.
59 Vor allem Sklaven mussten wohl Zorn und Brutalität ihres Herrn über sich ergehen lassen (WEEBER 1995, 292).
60 Plut. Cato mai. 20,3.
61 Die *virtutes animi*: Mut (*fortitudo*), Gerechtigkeit (*iustitia*), Selbstbeherrschung (*continentia*) und Klugheit (*sapientia*) (KUNST 2007, bes. 248).
62 Ein Beispiel weiblicher Geduld berichtet Aug. conf. 9,19: „Seine Untreue ertrug sie in einer solchen Weise, dass sie nie mit ihm Streit bekam."
63 Über Einigkeit und Uneinigkeit von Ehepaaren siehe VEYNE 1989, 52 f.
64 Aug. conf. 9,19; Tac. ann. 4,22,1–3; Val. Max. 6,3pr. 6,3,8–14; Liv. 1,26,2–14.
65 Grabinschrift der Prima Florentina, 16,5 Jahre, die von ihrem Ehemann Orfeus im Tiber ertränkt wurde. 2. Jh. n. Chr., aus Portus; THYLANDER 1952, A210.
66 P.Lips. Inv. 409; P.Heid. Inv. G226 recto.
67 CIL XIII 2182, 3. Jh. n. Chr., Musée Gallo-Romain Lyon: „Den Totengöttern und der ewigen Ruhe der Iulia Maiana, der allertugendhaftesten Frau, erschlagen von der Hand des grausamsten Ehemannes, sie starb, bevor es ihr das Schicksal bestimmt hat. Mit ihm [ihrem Mann] lebte sie 28 Jahre und hatte mit ihm zwei Kinder: einen Sohn, 19 Jahre alt, eine Tochter, 18 Jahre alt. O Treue, o Liebe! Iulius Maior, ihr Bruder, seiner süßesten Schwester und Ingenuinius Ianuarius, [ihr?] Sohn, haben [dieses Grab] errichten lassen und unter der Ascia geweiht." (Übersetzung nach KUNST 2000b, 217).
68 P. Lips. Inv. 13 vom 23.12.390 n. Chr., aus Hermupolis/Ägypten. Das Duplikat dieses Papyrus (P. Lips. Inv. 14) überliefert den Namen des Ehemannes: Kalandos. Beide Papyri sind jedoch unvollständig.
69 Tac. ann. 13,32,2.
70 Val. Max. 6,3,11; Plin. nat. 14,89–90, hier auch noch weitere Geschichten zum Thema Frauen und Wein. So auch bei BALSDON 1979, 236.

71 Wie die Schließung einer Ehe war die Scheidung (*divortium*) kein formal-juristischer oder sakraler Akt. Zum Thema Scheidung und Verstoßungsformeln siehe BALSDON 1979, 239–245; GARDNER 1995, 93–96; KASER/KNÜTEL 2003, 364–366.
72 GARDNER 1995, 261.
73 ROTTLOFF 2006, 69.
74 Eine Studie über die Senatorenschicht zeigt, dass in der Kaiserzeit innerhalb von 200 Jahren unter zehn Prozent der Ehen geschieden wurden (ROTTLOFF 2006, 69).
75 Hierzu siehe vor allem METTE-DITTMANN 1991.
76 Sie wurde mit der *lex Papia Poppaea* von 9 n. Chr. schon in der Antike zur *lex Iulia et Papia* zusammengefasst, weil die einzelnen Regelungen nicht mehr klar zuzuweisen waren.
77 Dig. 48,6; es ist nicht klar, ob dieses Gesetz von Augustus erlassen wurde oder schon unter Caesar entstanden ist. Es ist in vielen Bereichen nicht von der *lex Iulia de vi privata* zu trennen (Dig. 48,7). RE XXIV (1963) 771 f. s. v. quaestio IX 4 (W. KUNKEL).
78 Es wurde eine neue *quaestio perpetua*, ein eigener Gerichtshof, für die Verfolgung der Ehedelikte eingerichtet. Zur *quaestio* allgemein siehe RE XXIV (1963) 720–786, bes. 769–779 s. v. quaestio (W. KUNKEL).
79 METTE-DITTMANN 1991, 53–58; BALSDON 1979, 241; als Merkmale einer Scheidung werden eine bestimmte Trennungszeit, die Rückerstattung der Mitgift und weitere unstrittige Fakten wie der Verstoß der Frau nach dem Ehebruch oder eine neue Heirat genannt.
80 METTE-DITTMANN 1991, 203 f.; MILNOR 2005, 140. Nach Sueton waren es vor allem die Beschränkungen der Heiratsmöglichkeiten in der *lex Iulia de maritantibus ordinibus*, die Widerstand hervorriefen (Suet. Aug. 34).
81 MILNOR 2005, 150; KUNST 2005, 124.
82 METTE-DITTMANN 1991, 199 f.
83 Tac. ann. 3,24. 3,27; MILNOR 2005, 143–145; WEEBER 1995, 321.
84 HESBERG-TONN 1983, 20 f.; MEYER-ZWIFFELHOFFER 1995, 131–133.
85 HESBERG-TONN 1983, 104 f.; MEYER-ZWIFFELHOFFER 1995, 132.
86 STUMPP 1998, 252 f.; MILNOR 2005, 150; STAHLMANN 1997, 67–70.
87 STAHLMANN 1997, 64; FRIEDL 1996, 158–162.
88 Zu sexuellen Normen in der Gesellschaft siehe STUMPP 1998, 248–250; zur Rechtsfähigkeit unterschiedlicher Personen siehe KASER/KNÜTEL 2003, 99 f.
89 Die *deportatio* galt lebenslang und war mit dem Verlust des Bürgerrechtes verbunden. Meist wurde das Vermögen der verbannten Person eingezogen und ein bestimmter Verbannungsort festgelegt. Eine mildere Form der Verbannung war die *relegatio*. Sie konnte zeitlich begrenzt sein und ging nicht immer mit dem Verlust des Vermögens einher.
90 METTE-DITTMANN 1991, 61–67; POMEROY 1985, 245; STAHLMANN 1997, 62 f.
91 POLAY 1989, 508; STAHLMANN 1997, 55. 70.
92 Dig. 1,18,21 (Paul.); 48,5,35 (Mod.). Der Begriff *stuprum* hat keine Entsprechung im Deutschen, manchmal wird Unzucht dafür verwendet. STAHLMANN 1997, 58 Anm. 14.
93 GARDNER 1995, 122–127; METTE-DITTMANN 1991, 40–42.
94 Spätestens seit dem 2. Jh. n. Chr. (GARDNER 1995, 127); STAHLMANN 1997, 63.
95 Dig. 48,19,38,3 (Paul.).
96 STAHLMANN 1997, 62 f.
97 Dies galt in der Kaiserzeit, in republikanischer Zeit wurde mit dem Begriff *incestum* die Unkeuschheit einer Vestalin bezeichnet (METTE-DITTMANN 1991, 45 f.).
98 Dig. 48,5,8 (Marc.). Es ist umstritten, ob ein Inzestverbot Bestandteil der *lex Iulia de adulteriis* war (METTE-DITTMANN 1991, 42–45).
99 KASER/KNÜTEL 2003, 358 f.; FRIEDL 1996, 153–165 mit einer Sammlung von Belegstellen für die einzelnen Fälle.
100 Ein Äquivalent zum Begriff Vergewaltigung ist im Lateinischen unbekannt. Zu anderen Bezeichnungen siehe WEEBER 1995, 384.
101 Quint. decl. 251; Dig. 47,11,1,2 (Paul.); WEEBER 1995, 385.
102 Die *lex Aquilia* aus dem frühen 3. Jh. v. Chr. oder von der Wende vom 3. zum 2. Jh. v. Chr. regelte das Schadensersatzrecht; siehe RE XII (1925) 2325–2330 s. v. Lex Aquilia (R. TAUBENSCHLAG).
103 GARDNER 1995, 121 Anm. 14.
104 KRAUSE 2004, 182.
105 Ter. Ad. 721–731; WEEBER 1995, 384.
106 POMEROY 1985, 245. Der Codex Theodosianus (9,24,1) berichtet von der Gesetzgebung des Kaisers Konstantin, der sowohl den Täter als auch das Opfer bestrafen ließ. Das Einverständnis des Mädchens solle keinen Vorteil für den Täter darstellen, sondern das Mädchen solle sogar selbst als an der Straftat Beteiligte verantwortlich gemacht werden. Auch Mädchen, die gegen ihren Willen verführt wurden, sollten bestraft werden, denn sie hätten sich im Haus einschließen oder durch Schreie auf sich aufmerksam machen können.
107 WEEBER 1995, 384; GARDNER 1995, 120. 122.
108 Sexuelle Belästigung wird in Deutschland heute als Beleidigung, Diskriminierung und vor allem im Arbeitsrecht geahndet. Sie ist an sich kein Strafbestand und nicht Bestandteil des Sexualstrafrechtes im Strafgesetzbuch. Gesetzliche Bestimmungen zur sexuellen Belästigung finden sich im Allgemeinen Gleichbehandlungsgesetz (AGG § 3 Abs. 4) und im Betriebsverfassungsgesetz (BetrVG § 75 Abs. 1).
109 Die Klausel selbst (*de adtemptate pudicitia*) ist nicht bekannt, kann aber aus anderen Überlieferungen rekonstruiert werden (Gaius inst. 3,220; Dig. 47,10,15,17–22 [Ulp.]); POLAY 1989, 514.
110 Zu Kleidung von Frauen mit Signalwirkung und speziell derjenigen, die einer *matrona* zugeschrieben wurde, siehe OLSON 2006 und STAHLMANN 1997, 58. 68–70.
111 Musonius Rufus, 12.
112 Dig. 48,5,14,5 (Ulp.) nach WEEBER 1995, 299 f.
113 Dig. 1,5,9 (Pap.) nach DUNCKER 2003, 1116.
114 Zu den gesetzlichen Regelungen bei Ehebruch siehe vor allem DUNCKER 2003, 678–683.
115 Dig. 48,5,21 (Pap.); der Vater musste beide zusammen und sofort töten, ansonsten musste er sie leben lassen oder selbst mit einer Strafe rechnen. Der Ehemann durfte nur den Ehebrecher töten und auch nur dann, wenn er ihn in seinem eigenen Haus *in flagranti* erwischte und dieser zu bestimmten niedrigeren Schichten gehörte (GARDNER 1995, 132).
116 METTE-DITTMANN 1991, 38.
117 Dig. 48,5,2,2 (Ulp.). Sueton berichtet, Domitian habe einem Mann aus dem Ritterstand den Rang des Richters

entzogen, weil dieser, nach der Scheidung von seiner Frau wegen Ehebruchs ihrerseits, sie wieder zurück genommen habe (Suet. Dom. 8,3).
[118] GARDNER 1995, 133–135.
[119] METTE-DITTMANN 1991, 38f.; GARDNER 1995, 131 betont, dass die Quellen nicht darauf hindeuten, dass ein solches Verbot auch die Männer betraf.
[120] Wurden sie mit Verbannung bestraft, durfte diese nicht auf dieselbe Insel erfolgen. Die Frau verlor ein Drittel ihres Vermögens und die Hälfte ihrer Mitgift, der Mann die Hälfte seines Vermögens (METTE-DITTMANN 1991, 38f.; STAHLMANN 1997, 62).
[121] Zur Infamierung einer Frau siehe KASER/KNÜTEL 2003, 101; STAHLMANN 1997, 63–65; METTE-DITTMANN 1991, 67–73; STUMPP 1998, 306–329.
[122] Es gibt Hinweise, dass verurteilte Ehebrecherinnen sich mit der *toga* der Prostituierten jedermann zu erkennen geben mussten. Damit wären sie Belästigungen in der Öffentlichkeit ausgesetzt gewesen (GARDNER 1995, 131).
[123] Ehebruchprozesse von Tiberius bis Traian siehe METTE-DITTMANN 1991, 100–117.
[124] Dio Cass. 76 (77),16,4. Allerdings konnte wohl nur ein kleiner Teil davon wegen Personalmangels gerichtlich verhandelt werden.
[125] MEYER-ZWIFFELHOFFER 1995, 133.
[126] KRAUSE 2004, 185f.
[127] WEEBER 1995, 320; STUMPP 1998, 272 u. 365.
[128] KRAUSE 2004, 189–192.

Literaturverzeichnis

BALSDON 1979
  D. BALSDON, Die Frau in der römischen Antike (München 1979).

DIERICHS 2000
  A. DIERICHS, Erotik in der Bildenden Kunst der Römischen Welt. In: Th. Späth/B. Wagner-Hasel (Hrsg.), Frauenwelten in der Antike. Geschlechterordnung und weibliche Lebenspraxis (Stuttgart 2000/2006) 394–411.

DUNCKER 2003
  A. DUNCKER, Gleichheit und Ungleichheit in der Ehe (Köln u. a. 2003).

EICHENAUER 1988
  M. EICHENAUER, Untersuchungen zur Arbeitswelt der Frau in der römischen Antike (Frankfurt, Bern, New York, Paris 1988).

FRIEDL 1996
  R. FRIEDL, Der Konkubinat im kaiserzeitlichen Rom (Stuttgart 1996).

GARDNER 1995
  J. F. GARDNER, Frauen im antiken Rom. Familie, Alltag, Recht (München 1995).

GÜNTHER 2000
  R. GÜNTHER, Sexuelle Diffamierung und politische Intrigen in der Republik: P. Clodius Pulcher und Clodia. In: Th. Späth/B. Wagner-Hasel (Hrsg.), Frauenwelten in der Antike. Geschlechterordnung und weibliche Lebenspraxis (Stuttgart 2000/2006) 227–241.

HAEBERLE 1985
  E. J. HAEBERLE, Die Sexualität des Menschen. Handbuch und Atlas (Berlin 1985²).

HESBERG-TONN 1983
  B. VON HESBERG-TONN, Coniunx Carissima. Untersuchungen zum Normcharakter im Erscheinungsbild der römischen Frau (Stuttgart 1983).

KASER/KNÜTEL 2003
  M. KASER/R. KNÜTEL, Römisches Privatrecht (München 2003¹⁷).

KRAUSE 2004
  J.-U. KRAUSE, Kriminalgeschichte der Antike (München 2004).

KRECK 1975
  B. KRECK, Untersuchungen zur politischen und sozialen Rolle der Frau in der späten römischen Republik (Marburg 1975).

KUNST 2000a
  CH. KUNST, Eheallianzen und Ehealltag in Rom. In: Th. Späth/B. Wagner-Hasel (Hrsg.), Frauenwelten in der Antike. Geschlechterordnung und weibliche Lebenspraxis (Stuttgart 2000/2006) 32–52.

KUNST 2000b
  CH. KUNST, Römische Wohn- und Lebenswelten. Quellen zur Geschichte der römischen Stadt (Darmstadt 2000).

KUNST 2005
  CH. KUNST, Frauenzimmer in der römischen domus. In: H. Harich-Schwarzbauer/Th. Späth (Hrsg.), Gender Studies in den Alterumswissenschaften: Räume und Geschlechter in der Antike (Trier 2005) 111–131.

KUNST 2007
  CH. KUNST, Wenn Frauen Bärte haben. Geschlechtertransgression in Rom. In: E. Hartmann/U. Hartmann K. Pietzner (Hrsg.), Geschlechterdefinitionen und Geschlechtergrenzen in der Antike (Stuttgart 2007) 247–261.

MENACCI 2005
  F. Menacci, Im gläsernen Käfig. Frauen und Räume im Geschlechterdiskurs der augusteischen Literatur. In: H. Harich-Schwarzbauer/Th. Späth (Hrsg.), Gender Studies in den Alterumswissenschaften: Räume und Geschlechter in der Antike (Trier 2005) 211–231.

METTE-DITTMANN 1991
A. METTE-DITTMANN, Die Ehegesetze des Augustus. Eine Untersuchung im Rahmen der Gesellschaftspolitik des Princeps (Stuttgart 1991).

MEYER-ZWIFFELHOFFER 1995
E. MEYER-ZWIFFELHOFFER, Im Zeichen des Phallus. Die Ordnung des Geschlechtslebens im antiken Rom (Frankfurt 1995).

MILNOR 2005
K. MILNOR, Gender, Domesticity and the Age of Augustus. Inventing Private Life (Oxford u. a. 2005).

MURRAY 2000
ST. O. MURRAY, Homosexualities (Chicago 2000).

OLSON 2006
K. OLSON, Matrona and Whore. Clothing and Definition in Roman Antiquity. In: Ch. A. Faraone/L. K. McClure (Hrsg.), Prostitutes and Courtisans in the Ancient World (Madison 2006) 186–204.

POLAY 1989
E. POLAY, Der Schutz der Ehre und des guten Rufes im römischen Recht. Zeitschr. Savigny-Stiftung Rechtsgesch., Romanist. Abt. 106, 1989, 502–534.

POMEROY 1985
S. B. POMEROY, Frauenleben im Klassischen Altertum (Stuttgart 1985).

RAWSON/WEAVER 1997
B. RAWSON/P. WEAVER (Hrsg.), The Roman Family in Italy. Status, Sentiment, Space (Oxford 1997).

ROTTLOFF 2006
A. ROTTLOFF, Lebensbilder römischer Frauen (Mainz 2006).

SCHULLER 1987
W. SCHULLER, Frauen in der römischen Geschichte (Konstanz 1987).

SKINNER 2005
M. B. SKINNER, Sexuality in Greek and Roman culture (Oxford u. a. 2005).

STAHLMANN 1997
I. STAHLMANN, Der gefesselte Sexus. Weibliche Keuschheit und Askese im Westen des Römischen Reiches (Berlin 1997).

STEINKE 2005
R. STEINKE, „Ein Mann, der mit einem anderen Mann…" Eine kurze Geschichte des § 175 in der BRD. Forum Recht H. 2, 2005, 60–63.

STUMPP 1998
B. E. STUMPP, Prostitution in der römischen Antike (Berlin 1998).

THYLANDER 1952
H. THYLANDER, Inscriptions du Port d'Ostie (Lund 1952).

VEYNE 1989
P. VEYNE (Hrsg.), Geschichte des privaten Lebens 1: Vom Römischen Imperium zum Byzantinischen Reich (Frankfurt 1989).

WEEBER 1995
K.-W. WEEBER, Alltag im alten Rom: Ein Lexikon (Zürich 1995).

Abbildungsnachweis: Introbild Stefan Arendt, LVR-Zentrum für Medien und Bildung; Abb. 1 Christian Thioc, Musée gallo-romain, Lyon; Abb. 2 Universitätsbibliothek Leipzig, P.Lips. Inv. 13.

Anke Seifert M.A.
Fluthgrafstraße 5
46483 Wesel
Anke.Seifert@arcor.de

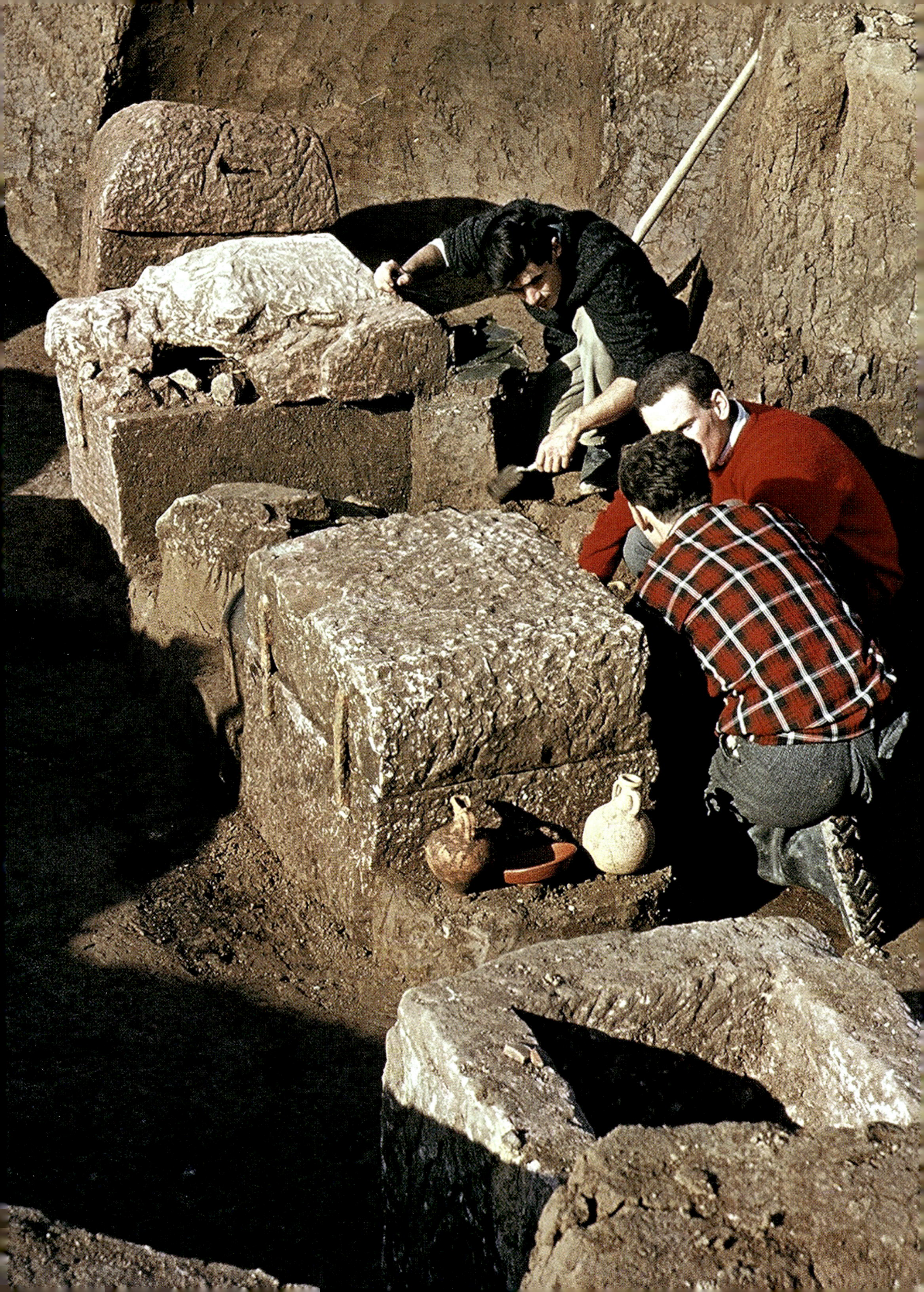

ANDREAS HENSEN

Violatio sepulchri – Grabfrevel im Spiegel archäologischer und schriftlicher Quellen

Ein Grabraub im Heidelberger Friedhof

Etwas mehr als vier römische Fuß tief – ungefähr 1,20 m – mussten die Diebe schaufeln, bis sie die Oberseite der Kiste freigelegt hatten. Das trogförmige Unterteil war mit dem Deckel durch Eisenklammern fest verbunden, die in den Dübellöchern wiederum mit flüssigem Blei fixiert, d. h. im Wortsinne ‚verplombt' worden waren. Mit einer Hacke hatte man mühsam eine Ecke des Deckels aus Buntsandstein zertrümmert, allerdings war das so entstandene Loch nicht groß genug. Die Spitzhacke wurde deshalb in der Öffnung verankert und der Deckel aufgestemmt, bis eine der Klammern aus ihrer Verankerung riss, die Platte sich anheben ließ und man ins Innere des Behälters greifen konnte. Der gläserne Krug, der als Urne diente, wurde eilig herausgezerrt und kopfüber ausgeleert – vermutlich auf der Suche nach einer Münze, dem ‚Charonsobolus', den man nach alter mediterraner Tradition oft zu den sterblichen Überresten legte. Dabei zerbrach das Gefäß – aus Achtlosigkeit oder vielleicht auch versehentlich in der angespannten Eile des schändlichen Tuns. Leider bleibt uns verborgen, was die Räuber beim Ausräumen der Kiste fanden, schließlich ließen sie lediglich eine tönerne Talglampe zurück. Sollten sie Glück gehabt haben, so waren sie auf kostbare Glasgefäße, eine Schatulle mit Metallbeschlägen, ein Schmuckstück, eine wertvolle Fibel oder vielleicht auch auf wertvolle Textilien gestoßen. Allerdings hatten die damals üblichen Grabbeigaben meist keinen sehr hohen materiellen Wert. Zum Teil waren diese Dinge auf dem Scheiterhaufen mitverbrannt worden, und bei einem Großteil der unversehrten Objekte handelte es sich um Gefäße und Gerätschaften aus Ton; auch für die Münzbeigabe verwendete man meist einen abgegriffenen As oder Dupondius, selten einen Sesterz – also eher geringwertiges ‚Kleingeld' aus Kupfer oder Bronze.

Der beschriebene ‚Gewaltakt' richtete sich gegen die letzte Ruhestätte einer Frau, die ein Alter zwischen 25 und 35 Jahren erreicht hatte, und eine weitere 40–50-jährige Person unbekannten Geschlechts, die zwischen 150 und 190 n. Chr. in derselben Urne beigesetzt worden war. Zu diesem Ergebnis führte die anthropologische Untersuchung der verbrannten Knochen des so genannten ‚Leichenbrandes', der neben und in der Urne angetroffen wurde. Details der Fundumstände, die bei der archäologischen Untersuchung des Grabes dokumentiert worden waren, verraten ferner, dass die Räuber Zeitgenossen waren, d. h. die Tat wurde noch während der Belegungszeit des Gräberfeldes (ca. 80–190 n. Chr.) begangen, auf dem die Bewohner des *vicus* von Heidelberg sowie die Soldaten des benachbarten Kastells ihre Toten begruben[1].

Die Täter hatten sich ihre ‚Opfer' gezielt ausgesucht: Das Grab befand sich in einer Reihe mit drei weiteren Kisten, die in kurzem zeitlichen Abstand angelegt worden waren und wahrscheinlich zum privaten Grabplatz einer wohlhabenden Familie gehörten (Introbild). Die tresorähnlichen Behälter stellten den aufwendigsten Schutz für die sterblichen Überreste dar, den man in der Nekropole an der Straße von Heidelberg zum Hauptort Lopodunum (Ladenburg am Neckar) nachweisen konnte.

Die Rache der Totengeister

Die von Habgier getriebenen Grabschänder müssen ein ordentliches Maß an Kaltblütigkeit besessen haben. Damit ist weniger die Gefahr der Entdeckung des sträflichen Tuns und einer darauf folgenden Verhaftung und Strafe gemeint, sondern die in der römischen Gesellschaft tief verwurzelte Angst vor den Geistern der Verstorbenen. Der aufwendige römische Totenkult findet seine Erklärung nicht

◂ Vier steinerne Grabkisten in der römischen Nekropole von Heidelberg (zweite Hälfte 2. Jh. n. Chr.). Der Deckel des zweiten Behälters (von hinten) war von Grabräubern zertrümmert und aufgebrochen worden.

nur im Pietätsgefühl gegenüber den Vorfahren sowie in der gesellschaftlichen Bedeutung von Begräbniszeremoniell und Pflege des Andenkens, er gründet nicht zuletzt in der abergläubischen Furcht vor den Totengeistern, den *dii parentes* bzw. *dii manes*, die das Verhalten der Angehörigen zu beobachten schienen. Nach der Sorge für die einwandfreie Durchführung des Begräbnisses war deren wichtigste Aufgabe die Beachtung der offiziellen und individuellen Totengedenktage durch festgelegte Riten und kleine Opfer am Grab[2]. Nachlässigkeiten hatten ernste Konsequenzen, schließlich konnten sich die als *dii manes* wohlgesonnenen Totengeister leicht ins Gegenteil wandeln: Als *larvae* oder *lemures* nahmen sie Rache an den Nachfahren, indem sie den Pflichtvergessenen Albträume, Wahnvorstellungen oder Schlimmeres schickten.

Nach zeitgenössischer Vorstellung wurde insbesondere die Familie, aber auch alle anderen an den vorbereitenden Verrichtungen Beteiligten, durch die Nähe zum Toten und dessen Berührung unrein. An den *feriae denicales*, den Feierlichkeiten unmittelbar nach der Beisetzung, sowie anlässlich der *cena novemdialis*, die man nach einer neuntägigen Trauerzeit zelebrierte, mussten die Angehörigen jeweils durch ein Reinigungsopfer (*lustrum*) von der Befleckung befreit werden. Mit der Störung des Grabes und, schlimmer noch, der Aufdeckung der Gebeine, wurde die bannende Wirkung der vollzogenen Riten wieder aufgehoben und die Welt der Lebenden erneut mit der befleckenden Sphäre des Todes in Berührung gebracht. *Pax deorum*, die göttliche Ordnung, wurde dabei verletzt und konnte nur durch ein *piaculum*, ein priesterliches Sühneopfer, wiederhergestellt werden[3]. Frevler, die mutwillig in ein Grab eindrangen, handelten in mehrfacher Hinsicht moralisch verwerflich: Sie vergriffen sich an fremdem Eigentum und störten die Ruhe des Verstorbenen, vor allem aber beschworen sie den Zorn der Totengeister herauf und setzten damit die Gemeinschaft der Lebenden insgesamt, insbesondere aber die Angehörigen des Toten, großer Gefahr aus[4].

Faszination und Schrecken des Grabes

Trotz solch schwerer Konsequenzen war Grabfrevel in römischer Zeit kein seltenes Delikt. Mit archäologischen Methoden lassen sich einschlägige Spuren von der unabsichtlichen Störung oder der gezielten Beraubung durch ‚Schatzsucher‘ nachfolgender Epochen allerdings nur dann sicher unterscheiden, wenn der Befund im Boden – wie im Falle des Beispiels aus Heidelberg – sowohl gut erhalten als auch bei der Ausgrabung gründlich dokumentiert worden ist. Ein ähnliches Beispiel bietet eine kleine Grablege der *villa rustica* von Rheinbach-Flerzheim (Rhein-Sieg-Kreis), die zwischen 260 und 280 n. Chr. angelegt worden war[5]. Die Beigabenausstattungen der fünf Brand- und Körpergräber, die unter anderem kostbaren Schmuck und Gegenstände aus Gold umfassten, lassen auf die wohlhabende Familie der Gutsbesitzer schließen. Eine der Bestattungen in einem Steinkistengrab war bereits in antiker Zeit beraubt worden, die zerschlagene Deckelplatte lag im leeren Sandsteintrog.

Die beiden vorgestellten archäologischen Befunde spiegeln ganz offensichtliche Fälle von Grabschändung wider, in denen die Diebe ihre Todesangst überwunden hatten, um sich an den kleinen rituellen und persönlichen Beigaben der Verstorbenen zu bereichern. Für die Öffnung von Grabstätten gab es freilich auch andere ‚niedere‘ Motive, die aus verschiedenen Kulturen bekannt sind[6], so etwa die Schändung eines Gegners ‚post mortem‘, die Befriedigung von Neugier, Nekrophilie, Mutproben oder die Gewinnung von Arzneimitteln aus mumifiziertem Menschenfleisch. Zu den speziellen Phänomenen der griechisch-römischen Antike gehörte das Verstecken von bleiernen Fluchtäfelchen (*defixionum tabellae*) in Grabstätten, die als besonders wirksame Orte für den Schadenzauber galten[7]. Dabei machte sich der Delinquent gleich zweier Vergehen schuldig, nämlich der Störung des Grabes und der Anwendung verbotener Magie. Von allen genannten unerlaubten Praktiken sind allerdings die Fälle zu unterscheiden, in denen Angehörige bzw. die mit der Durchführung der Bestattung beauftragten Personen seltsame Manipulationen vornahmen, die in der archäologischen Forschung in der Kategorie ‚Sonderbestattungen‘ bzw. ‚deviant burials‘ zusammengefasst werden. Hierzu werden etwa gefesselte, auf dem Bauch oder in einem besonders fest vernagelten Holzsarg liegende Tote gezählt[8]. Über die Bedeutung dieser durch archäologische Befunde überlieferten Abweichungen schweigen die schriftlichen Quellen. Es wird vermutet, dass in diesen Fällen Sozialgemeinschaften im Konsens handelten, um etwa Verbrecher zu bestrafen (*poena post mortem*) oder ‚gefährliche‘ bzw. ruhelose Seelen zu bannen.

Der Schutz des Grabes und die Bestrafung der *violatio sepulchri*

Im römischen Recht stellte sich der Tatbestand des Grabfrevels als vielschichtig und kompliziert dar; er ist Gegenstand zahlreicher gesetzlicher Regelungen und juristischer Auseinandersetzungen[9]. Im Augenblick der Bestattung wurde eine Grabstätte zur *res religiosa* und gehörte damit ebenso wie die *res sacrae* (z. B. Tempel und Altäre) und die *res sanctae* (z. B. Stadtmauern und -tore) zu den *res divini iuris*. Damit fiel das Grab in die Sphäre göttlichen Eigentums und Schutzes. Der Grabplatz war nun den *dii manes* geweiht und damit eine *res extra commercium*, d. h. eine unveräußerliche, dem Privatrechtsverkehr entzogene Sache, und das galt – zumindest in der Theorie – für alle Zeiten. Diesen Anspruch dokumentieren die Eingangswidmungen für die Totengötter *DIS MANIBUS* in zahllosen Grabinschriften[10].

Der Tatbestand des Grabfrevels, der *violatio sepulchri*, wurde in der Frühzeit Roms durch das Sakralrecht geahndet. Es wurde vom *collegium* der *pontifices* unter Vorsitz des *pontifex maximus* angewendet, der in diesen Fällen üblicherweise die Kapitalstrafe verhängte[11]. Während der späteren Republik regelten Edikte des *praetor urbanus* dieses Vergehen, das üblicherweise mit empfindlichen Geldbußen gesühnt wurde. In der Zeit des Prinzipats wurde Grabschändung wieder mit größerer Härte bestraft, je nach sozialer Stellung etwa durch Verbannung oder Tod. Nach einem Reskript des Kaisers Septimius Severus sollten ergriffene Grabräuber-Banden mit lebenslanger Bergwerksarbeit oder Tod geahndet werden[12].

Oft lagen alte Bestattungsplätze innerhalb eines profan genutzten Geländes, und so gab der Gegensatz zwischen der sakralrechtlich geschützten Unantastbarkeit der Gräber und den Interessen der Grundbesitzer regelmäßig Anlass für Konflikte. Diese besondere rechtliche Qualität des Grabes machte es erforderlich, dass dessen Ausdehnung genauso eindeutig definiert und gekennzeichnet wurde wie ein privates Grundstück. Allerdings zeigen die in vielen Nekropolen nachweisbaren Überschneidungen oder auch Zerstörungen von Grabgruben durch nachfolgende Bestattungen, dass dieses strenge Prinzip oft – und zumeist wohl unabsichtlich – verletzt wurde. Deshalb warnt ein Grabstein aus Rom (CIL VI 7543):

[...] *Fossor parce hic iam cubat* – „Totengräber, schone das Grab! Hier liegt schon einer!"

Meist hatten die Erben des Toten das *ius inferendi*, d. h. ein privates Nutzungsrecht am Grab. Dies konnte aber auch durch eine entsprechende testamentarische Verfügung ausdrücklich verwehrt werden, die am Ende vieler Grabtituli durch einen Zusatz verewigt ist: *Hoc monumentum heredem non sequitur* – „Dieses Grabmal fällt nicht dem Erben zu!" Nicht nur durch die widerrechtliche Aneignung durch die Nachfahren war der Grabplatz gefährdet, Missbrauch drohte auch durch mittellose Fremde, die ihre verstorbenen Angehörigen heimlich einer schönen Ruhestätte unterschoben[13], wie etwa der Auftraggeber einer Inschrift aus Pola (Pula) befürchtet (CIL V 121), der zur Abschreckung auch das festgesetzte Bußgeld nennt:

[...] *Si quis alium corpus superposuerit det fisco (denarios) CCC (milia).* „Wenn einer einen andere Leichnam darauf legt, soll er in die Staatskasse 300000 Denare bezahlen."

Eine Inschrift aus Rom warnt vor der Weitergabe oder dem Verkauf eines Grabmals (CIL VI 13 028) und droht im Falle des Zuwiderhandelns mit einer Strafe in Höhe von 50000 Sesterzen, die in den Tempelschatz des Saturn zu bezahlen sei.

Die Auslöschung des *monumentum* und der *memoria*

Vor der Gefahr einer unrechtmäßigen Auflösung waren selbst Grabstätten auf dem Areal von Landgütern nicht gefeit. Im Fall eines Verkaufs der Anlage fühlte der neue Gutsherr gegenüber den Ahnen des Vorbesitzers oft keine besondere Verpflichtung, vielmehr wurden deren Gräber leicht als lästige Einschränkung wahrgenommen[14]. In der Nähe des Haupthauses der *villa rustica* von Biberist-Spitalhof (Schweiz, Kanton Solothurn) wurden im dritten Viertel des 2. Jahrhunderts Brandbestattungen für zwei oder drei Personen angelegt. Einige Jahrzehnte später fand ein Umbau statt, der mit einer Nutzungsänderung für das Areal des Bestattungsplatzes einherging. Mit diesen Vorgängen wird eine Manipulation an einer Urne in Verbindung gebracht: Wahrscheinlich wurde ein Teil der sterblichen Überreste von den Angehörigen – und früheren

Abb. 1
Die Inschriftenstele einer Frau war noch während der Nutzung der Heidelberger Nekropole zertrümmert und zur Pflasterung eines anderen Grabplatzes verwendet worden.

Besitzern – entnommen und an den neuen Wohnort umgebettet[15].

Auf einen Besitzerwechsel lassen auch die Untersuchungen der Nekropole neben der Villenanlage von Duppach-Weiermühle an der Straße von Köln nach Trier schließen[16]. Der Bestattungsplatz umfasste eine Grabkammer und mehrere repräsentative Monumente, zu denen zwei Grabpfeiler gehörten. Diese Denkmäler wurden – offensichtlich wiederum nach einem Besitzerwechsel – seit dem Ende des 3. Jahrhunderts sukzessive demontiert. Im ausgehenden 4. Jahrhundert lässt der Abbruch ein systematisches Vorgehen erkennen, die Bearbeitung der Steintrümmer zur Wiederverwertung erfolgte in einer Art Werkstattbetrieb. Von den Gräbern und Beigaben fand sich bei der Ausgrabung keine Spur, so dass man hier eine vollständige Auflösung des *locus religiosus* vermuten darf.

In welcher Form die Spolien einstiger Grabmonumente Verwendung finden konnten, führt besonders eindrucksvoll das Beispiel der in konstantinischer Zeit befestigten Kastellmauer von Noviomagus Treverorum (Neumagen) vor Augen. In den Fundamenten der Anlage sind z. T. höchst qualitätvolle Reliefs, Architekturelemente und Inschriften von Grabstelen, -pfeilern und -türmen der mittleren Kaiserzeit verbaut worden[17]. Auch in der Nekropole des Heidelberger Kastellvicus wurden noch während der nur etwas länger als 100 Jahre dauernden Belegungszeit Grabstelen entfernt und Monumente abgetragen[18]: Viele Grabsteine waren in kleine Brocken zerschlagen und für die Anlage von Pflasterungen oder Fundamentierungen neuer Grabanlagen wiederverwendet worden (Abb. 1). Zwei rechteckige Grabbauten hatte man bis auf die Fundamente abgetragen, wobei die Bestattungen im Inneren unversehrt geblieben waren. Oberhalb der mit Schutt und Erdreich zugeschütteten Mauerreste waren in einem Fall erneut Grabgruben angelegt worden.

Es ist schwer zu beurteilen, ob die zahlreichen archäologisch nachweisbaren Fälle von Abriss und ‚Recycling' von Grabsteinen und -monumenten immer als Zeugnisse eines sakralrechtlichen Verstoßes aufzufassen sind. Die Tatsache, dass sich diese Vorgänge manchmal für jedermann sichtbar über einen längeren Zeitraum hinzogen bzw. vor den Augen der Mitbürger stattfanden, spricht eher gegen diese Annahme. Wahrscheinlich konnten je nach Inhalt der testamentarischen Verfügungen oder aufgrund von rechtlichen Regelungen durchaus größere Veränderungen an Grabmälern vorgenommen werden[19]. Die exakte Definition des *locus religiosus* war offensichtlich im Laufe der Jahrhunderte Veränderungen unterworfen[20]. Kompromisslos war das Sakralrecht allerdings hinsichtlich des besonderen Schutzes der eigentlichen Grabstelle als ‚*locus religiosus*' und der Unantastbarkeit der sterblichen Überreste: Hier durften Eingriffe nur durch die zuständigen Priester vorgenommen werden.

Die Sorge, jemand könne den Grabstein unrechtmäßig entfernen – sei es durch Veränderungen seitens der Erben oder durch Diebstahl zum Zweck der Weiterverwendung – war jedenfalls verbreitet und offensichtlich begründet. Dies belegen z. B. die Drohungen auf zwei Inschriften aus Puteoli (Pozzuoli) und Rom (CIL X 2487; CIL VI 29946):

[...] *Qui hoc titulum sustulerit habeat iratas umbras qui hic positi sunt.* – „Möge den, der diesen Grabstein von der Stelle rückt, der Zorn der Schatten derer treffen, die hier begraben liegen."

[...] *Quisquis hoc sustulerit aut laeserit ultimus suorum moriatur.* – „Wer diesen Grabstein beseitigt oder beschädigt, soll sterben als Letzter seines Stammes."

Wer auf diese Warnungen nicht vertrauen mochte und es sich leisten konnte, stellte eine *custodia sepulchris*, eine Wache zum Schutz der Grabstätte ab[21].

Orte des Friedens und der Besinnung?

Von den geschilderten schwerwiegenden Eingriffen in die Tabuzone des Grabes unterschieden sich die kleineren Verstöße, die allerdings vielerorts an der Tagesordnung gewesen sein dürften. Dies war durch die Situation der Friedhöfe bedingt, die nicht nur in Italien, sondern später auch in den Provinzen von der Welt der Lebenden getrennt sein mussten. Das älteste Zeugnis hierfür ist eine Vorschrift aus der Frühzeit der Republik: In den Zwölftafelgesetzen (*leges duodecim tabularum*, um 450 v. Chr.) wurden Beisetzungen innerhalb der Stadt Rom streng verboten (*tabula X*), und so dehnten sich die Friedhöfe im *suburbium* der Stadt und auch vor den kleineren Siedlungen aus, wobei jeweils die Lage an den stark frequentierten Straßen bevorzugt wurde[22]. Diese Gebiete vor den Toren der Städte waren oft übel beleumundet, wie etwa der *campus Esquilinus* zur

Abb. 2 Die Grabinschrift aus Rom warnt vor der Beschädigung des Grabmals und droht mit dem Entzug von Wasser und Salz.

Zeit der Republik: Obdachlose hausten in Grabbauten, Räuberbanden suchten dort Unterschlupf oder versteckten ihre Beute, und sogar Prostituierte gingen zwischen den Grabtempeln ihrem Gewerbe nach[23]. Friedhöfe waren durchaus belebte Orte, in denen – insbesondere im Schutz der Dunkelheit – offensichtlich so manches passierte, was die Würde des Ortes verletzte und in unserer Zeit als ‚Störung der öffentlichen Ordnung' oder ‚grober Unfug' bezeichnet würde.

Die in den Nekropolen üblichen Rücksichtslosigkeiten spiegeln sich in Passagen nicht weniger Grabinschriften wider, die durch Bitten, Warnungen oder Verwünschungen Störenfriede auf Abstand zu halten versuchen[24]. Manche Inschriften drohen sogar mit dem Entzug der Lebensgrundlage (Abb. 2), wie etwa dieses Beispiel aus einer Inschrift in Rom zeigt (CIL VI 29945):

Quisque huic tutulo manus intulerit sale et aqua desideret. – „Wer an dieses Grabmal Hand anlegt, der sollte sich noch nach Salz und Wasser sehen müssen!"

Zwei Inschriften aus Rom warnen vor Besudelung (CIL VI 3413; CIL VI 13740):

[...] *Ne quis hic urina(m) faciat* [...]. – „Keiner uriniere hier!"

[...] *Qui hic mixerit aut cacarit habeat deos superos et inferos iratos.* – „Wer hier seine Notdurft verrichtet, über den komme der Zorn der oberirdischen und unterirdischen Götter."

Ein anderes Problem stellte offensichtlich die Wahlwerbung dar, die – für Straßenpassanten gut lesbar – auf die Grabsteine aufgepinselt wurde, wie Beispiele aus Aquileia und Rom vor Augen führen (CIL V 1490; CIL VI 29942):

Ita valeas, scriptor, hoc monumentum praeteri. – „Ist, Schmierer, dir dein Leben lieb, geh vorbei an diesem Grab."

Inscriptor rogo te ut transeas hoc monumentum [...] *quoius candidati nomen in hoc monumento inscriptum fuerit repulsam ferat neque honorem ullum unquam gerat.* – „Schmierer, geh bitte an diesem Denkmal vorbei! Der Kandidat, dessen Name auf dieses Grabmal geschrieben wird, soll bei der Wahl durchfallen und keine Ehrenstelle jemals gewinnen."

Pietätlose Christen

Nach dem Sieg des Christentums hielten viele Zeitgenossen die Unantastbarkeit der Grabstätten für aufgehoben; der heidnische Bann schien nicht mehr wirksam zu sein. So hatte man auch wenig Scheu, die alten Grabmäler als Lieferanten kostenlosen Baumaterials zu missbrauchen. In der Gesetzessammlung des *codex Theodosianus* (438 n. Chr.) werden mehrere Konstitutionen *de sepulchro violato* aufgeführt, mit denen Constantius II. und Iulianus (Apostata) zwischen 340 und 363 n. Chr. der Entehrung der Gräber Einhalt zu gebieten versuchten[25]. Daraus geht u. a. hervor, dass insbesondere wohlhabende Bürger schmückende Elemente repräsentativer Grabdenkmäler fortschleppen ließen und zur Ausstattung von Speisezimmern und Säulengängen zweckentfremdeten; in anderen Fällen wurden Marmorblöcke zu Baukalk verbrannt. Diese Delikte wurden immerhin mit Tempelraub gleichgesetzt und die auf diese Weise ‚verschönten' Häuser konfisziert.

Nachdem das Christentum schließlich zur Staatsreligion erhoben worden war (395 n. Chr.), griff eine neue Variante der *violatio sepulchri* um sich: die unerlaubte Öffnung von Märtyrergräbern durch Reliquienhändler. Gegen diese Auswüchse der Heiligenverehrung schritt u. a. Theodosius I. (347–395 n. Chr.) ein[26].

Grabfrevel heute

In Deutschland wird die Störung der Totenruhe nach geltendem Strafrecht (§ 168 StGB) mit bis zu drei Jahren Freiheitsstrafe geahndet. Durch die Friedhofsordnung kann die Totenruhe eingeschränkt werden, in besonderen Fällen ist auch eine zeitweise Aufhebung möglich, wie etwa bei Umbettungen oder zum Zweck der Exhumierung für eine gerichtliche Obduktion.

Die Arbeit des Archäologen in einem vor- oder frühgeschichtlichen Gräberfeld ist von diesen Regelungen nicht betroffen; diese Tätigkeit gilt dem wissenschaftlichen Erkenntnisgewinn und dem Erhalt historischer Denkmäler. Der Gegenspieler des Archäologen ist der Schatzsucher, der von Habgier und Sammeltrieb gesteuert wird; er ist der Grabfrevler unserer Zeit.

Anmerkungen

[1] HENSEN 2009, 394 f. Taf. 250.
[2] SCHRUMPF 2006, 100–118. Allgemein zum Totenkult TOYNBEE 1971.
[3] BEHRENDS 1978, 103–105.
[4] BEHRENDS 1978, 90 f.
[5] GECHTER 1992.
[6] BERG u. a. 1981, 113.
[7] KROPP 2004, 101 f.
[8] TAYLOR 2008.
[9] KASER 1978; KASER/KNÜTEL 2008, 104 f.
[10] Auch erweitert zu *dis manibus sacrum* oder abgekürzt *dms*.
[11] Behrends 1978 zu allen rechtlichen Problemen des Grabfrevels, hier bes. 85 f. 91–96. Siehe zu den Strafen auch SCHRUMPF 2006, 163.
[12] Dig. 47,12,3,7 (Ulp.); BEHRENDS 1978, 86.
[13] Siehe auch das Edikt Dig. 47,12,3,3 (Ulp.).
[14] BEHRENDS 1978, 86–90.
[15] SCHUCANY 2000, 122 f.
[16] HENRICH 2010, bes. 128–131.
[17] NUMRICH 1997.
[18] HENSEN 2009, 55.
[19] So auch BEHRENDS 1978, 87–89. 93 f. mit Anm. 9. 14.
[20] BEHRENDS 1978, 92–94.
[21] Dig. 47,12,3,7 (Ulp.). Vgl. auch Petron. 71,5; BEHRENDS 1978, 86.
[22] PURCELL 1987.
[23] SCHRUMPF 2006, 163. Das Bewohnen von Grabbauten wurde in der Zeit der späten Republik mit der hohen Strafe von 200000 Sesterzen geahndet. Behrends 1978, 89–91 zu Dig. 47,12,3 (Ulp.).
[24] Eine Zusammenstellung einschlägiger Beispiele, denen auch die hier angeführten entnommen sind, bieten GEIST/PFOHL 1976, 221–226.
[25] Cod. Theod. 9,17,2–5; dazu BEHRENDS 1978, 89. 96 f. Zur Verschärfung der Strafen unter christlichem Einfluss KASER 1975, 440.
[26] Zu einer kaiserlichen Konstitution siehe BEHRENDS 1978, 97.

Literaturverzeichnis

BEHRENDS 1978
O. BEHRENDS, Grabraub und Grabfrevel im römischen Recht. In: H. Jankuhn/H. Nehlsen/H. Roth (Hrsg.), Zum Grabfrevel in vor- und frühgeschichtlicher Zeit. Untersuchungen zu Grabraub und „haugbrot" in Mittel- und Nordeuropa. Abhandl. Akad. Wiss. Philol.-Hist. Kl. 3,113 (Göttingen 1978) 85–106.

BERG u. a. 1981
S. BERG/R. ROLLE/H. SEEMANN, Der Archäologe und der Tod (München, Luzern 1981).

GECHTER 1992
M. GECHTER, Der römische Gutshof von Rheinbach-Flerzheim. In: Spurensicherung. Archäologische Denkmalpflege in der Euregio Maas-Rhein (Mainz 1992) 452–460.

GEIST/PFOHL 1976
H. GEIST/G. Pfohl, Römische Grabinschriften (München 1976²).

HENRICH 2010
P. HENRICH, Die römische Nekropole und die Villenanlage von Duppach-Weiermühle, Vulkaneifel. Trierer Zeitschr. Beih. 33 (Trier 2010).

HENSEN 2009
A. HENSEN, Das römische Brand- und Körpergräberfeld von Heidelberg 1. Forsch. u. Ber. Vor- u. Frühgesch. Baden-Württemberg 108 (Stuttgart 2009).

KASER 1975
M. KASER, Das römische Privatrecht. 1. Abschnitt. Handb. der Altertumswiss. 10,3,3,2 (München 1975²).

KASER 1978
M. KASER, Zum römischen Grabrecht. Zeitschr. Savigny-Stift. Rechtsgesch. Romanist. Abt. 95, 1978, 15–92.

KASER/KNÜTEL 2008
M. KASER/R. KNÜTEL, Römisches Privatrecht (München 2008¹⁹).

KROPP 2004
A. KROPP, „Defigo Eudemum: necetis eum": Kommunikationsmuster in den Texten antiker Schaden-

zauberrituale". In: K. Brodersen/A. Kropp (Hrsg.), Fluchtafeln. Neue Funde und neue Deutungen zum antiken Schadenzauber (Frankfurt 2004) 81–97.

NUMRICH 1997

B. NUMRICH, Die Architektur der römischen Grabdenkmäler aus Neumagen. Trierer Zeitschr. Beih. 22 (Trier 1997).

PURCELL 1987

N. PURCELL, Tomb and Suburb. In: H. von Hesberg/P. Zanker (Hrsg.), Römische Gräberstraßen. Selbstdarstellung – Status – Standard. Bayer. Akad. Wiss. Philol.-Hist. Kl. Abhandl. H. 96 (München 1987) 25–41.

SCHRUMPF 2006

S. SCHRUMPF, Bestattung und Bestattungswesen im Römischen Reich (Bonn 2006).

SCHUCANY 2000

C. SCHUCANY, An elite funerary enclosure in the centre of the villa of Biberist-Spitalhof (Switzerland) – a case study. In: J. Pearce/M. Millet/M. Struck (Hrsg.), Burial, society and context in the Roman World (Oxford 2000) 119–124.

TAYLOR 2008

A. TAYLOR, Aspects of Deviant Burial in Roman Britain. In: E. M. Murphy (Hrsg.), Deviant burial in the archaeological record (Oxford 2008) 91–114.

TOYNBEE 1971

J. M. C. TOYNBEE, Death and burial in the Roman World (London 1971).

Abbildungsnachweis: Introbild Kurpfälzisches Museum Heidelberg (Berndmark Heukemes); Abb. 1 Kurpfälzisches Museum Heidelberg (Berndmark Heukemes); Abb. 2 Foto-Archiv CIL, Inv.-Nr PH0005664. Berlin-Brandenburgische Akademie der Wissenschaften.

Dr. Andreas Hensen
Ruprecht-Karls Universität Heidelberg
Zentrum für Altertumswissenschaften
Institut für Alte Geschichte und Epigraphik
AHensen@t-online.de

LATRONES

PATRICK JUNG

Latrones! – Wegelagerei und Räuberunwesen im Römischen Reich

Räuber, Banditen und Briganten

Ein Räuber ist nach deutschem Recht, „wer mit Gewalt gegen eine Person oder unter Anwendung von Drohungen mit gegenwärtiger Gefahr für Leib oder Leben eine fremde bewegliche Sache einem anderen in der Absicht wegnimmt, die Sache sich oder einem Dritten rechtswidrig zuzueignen" (§ 249 StGB). Durch die Komponente der Gewalt unterscheidet sich der Raub vom Diebstahl. Das Opfer wird nicht nur materiell geschädigt, sondern ist dem Täter unmittelbar ausgesetzt. Schon die latente Gefahr eines Raubüberfalls beeinträchtigt daher das Sicherheitsbedürfnis der Menschen. Räuber stehen darüber hinaus mit ihrer Umwelt auf vielfältige Weise in Beziehung. Daher haben sie das Interesse verschiedener historischer Forschungsrichtungen auf sich gezogen[1].

Für die römische Zeit liegt reichhaltiges Quellenmaterial zu diesem Thema vor[2]. Zahlreiche antike Autoren behandeln oder schneiden es, so vor allem in Gesetzessammlungen, Ereignis- und Maßnahmenberichten oder in Form von Erzählungen. Diese reichen im Umfang von der Anekdote bis zum Roman[3]. Der Wahrheitsgehalt besonders der Romane ist jedoch umstritten. Die Autoren verklären die handelnden Personen zu Romanfiguren; Topoi und idealisierte Vorstellungen prägen die Geschichten. Dennoch können selbst fiktive Schilderungen Informationen allgemeiner Art darüber vermitteln, was in der Antike vorstellbar war. Die Nutzung dieser Quellengruppe ist notwendig, da die antiken Geschichtsschreiber grundsätzlich über unbedeutende Ereignisse nicht berichteten[4]. Hierzu zählten ihrer Meinung nach auch die häufiger vorkommenden Raubüberfälle kleinerer und mittlerer Dimension. Zwei weitere Quellengattungen unterrichten uns über reale Schicksale von Einzelpersonen. Dies sind zum einen die aus dem römischen Ägypten zahlreich erhaltenen Papyri. Sie überliefern Privatbriefe, Strafanzeigen und sonstige gerichtlich relevante Dokumente. Zum anderen handelt es sich um Grabsteine. Ihre Inschriften berichten von der Entführung oder Ermordung der Bestatteten durch Räuber. Sämtliche Quellen stammen also von den Opfern oder Dritten – nicht jedoch aus erster Hand, nämlich von den Räubern selbst. Einzige Ausnahme könnte eine Ritzinschrift aus Elephantine (Ägypten) sein, die als „(Die Hand) des Räubers" zu lesen ist (Abb. 1). Sollte sich hier tatsächlich ein Verbrecher verewigt haben[5]?

Im Lateinischen bezeichnete man einen Räuber am häufigsten als *latro*. Daneben gab es zahlreiche weitere Begriffe, wie z. B. *praedo*. Auch Piraten, „See-Räuber" also, nannte man so (siehe Ch. Gölüke in diesem Band). Die *latrones* taten sich meist in Banden (*latrocinia*, *factiones*) zusammen, was sich an der üblichen Verwendung des Wortes im Plural ablesen lässt. Mit dem Begriff bezeichnete man jedoch auch „Schurken" im allgemeinen Sinn oder Personen, die sich und ihre Waffendienste gegen Entlohnung anboten. Die Grenzen waren in vielen Fällen fließend. Als *latro* brandmarkte und diffamierte man darüber hinaus politische Gegner, Verschwörer, Thronprätendenten, Usurpatoren, nicht befriedete Bevölkerungsgruppen oder Aufständische. Sie standen im Gegensatz zu denjenigen Feinden, mit denen man sich formell im Kriegszustand befand, den *hostes*[6]. Für das Räuberunwesen, aber auch das Verbrechen allgemein[7], stand unter anderem der Begriff *latrocinium*.

Die Menschen der römischen Zeit konnten aus ganz unterschiedlichen Gründen zu Räubern werden, wenn sie nicht schon in ein solches Leben hineingeboren worden waren. In vielen Fällen ging es dabei schlicht um den Lebensunterhalt. Dies konnte durch persönliche oder allgemeine Umstände zur Notwendigkeit werden. Flucht aus der

◀ Teil der Inschrift auf dem Grabdenkmal des Nonius Datus aus Lambaesis (Tazoult-Lambèse), in Béjaïa (Algerien), Kopie im Museo della Civiltà Romana in Rom, 151/152 n. Chr.

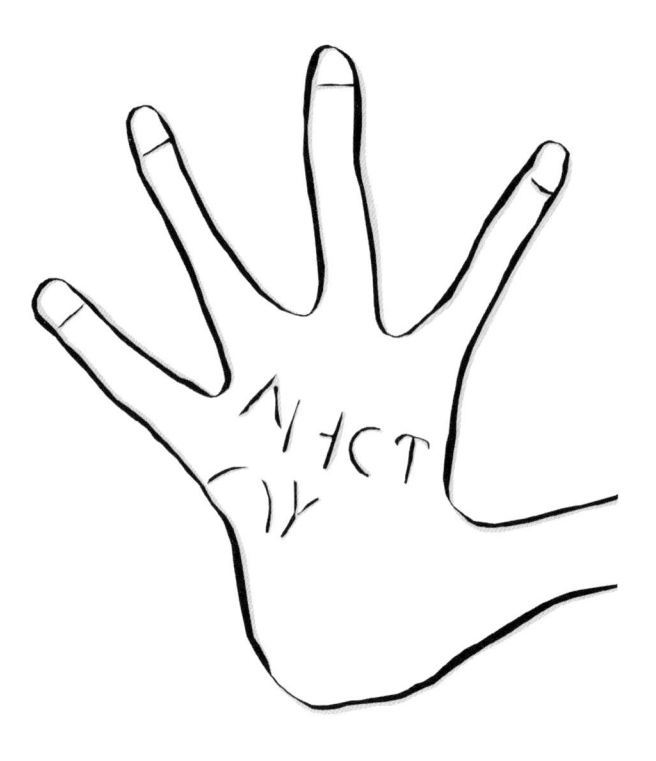

Abb. 1 Graffito vom Chnumtempel in Elephantine (Ägypten), zu lesen „(Die Hand) des Räubers", 1./2. Jh. n. Chr.

Sklaverei, die fehlende Möglichkeit, durch eigene Arbeit sein Auskommen zu finden oder größere Engpässe in der Lebensmittelversorgung wären als Beispiele zu nennen. Politische oder administrative Missstände, etwa zu hohe Steuerlasten, konnten ihr Übriges beitragen. In selteneren Fällen entwickelte sich daraus ausgeprägter Widerstand gegen eine als ungerecht empfundene Herrschaft[8]. Unzugängliche Landschaften mit guten Rückzugsmöglichkeiten sowie eingeschränkte staatliche Kontrolle infolge politischer oder militärischer Krisen konnten dies begünstigen. Veteranen, Söldner oder desertierte Soldaten, die geübt im Umgang mit Waffen und die Zusammenarbeit in Gruppen gewohnt waren, konnten sich ebenfalls Banden anschließen oder eigene Räuberverbände bilden. So habe Pescennius Niger laut der Historia Augusta Deserteure gejagt, die in größeren Gruppen plündernd durch gallisches Land gezogen seien[9].

Das Räuberhandwerk

Die Gelegenheit für einen erfolgreichen Raubüberfall ergab sich am ehesten weitab von Ansiedlungen auf möglichst abgelegenen Straßen oder zu nächtlicher Stunde. Wegelagerei war daher eine besonders häufige Ausprägung des *latrocinium*. Raubüberfälle galten als eine der größten Gefahren beim Reisen. Iuvenal und Seneca schreiben, des Nachts seien nur Arme oder Wanderer ohne Gepäck sicher. Ein Freund Ciceros sei beim Überbringen von Post ausgeraubt und verwundet worden. Hörte man von Wegelagerern an bestimmten Straßen, mied man sie oder verschob eine geplante Reise, wie man von Seneca erfährt. Symmachus hält fest, selbst er als Stadtpräfekt traue sich nachts kaum vor die Tore der Stadt Rom, da es dort vor Räubern nur so wimmele[10]. Von einer weiteren Begebenheit mit vergleichsweise glimpflichem Ausgang berichtet die Inschrift auf dem Grabmal des Vermessungsingenieurs Nonius Datus. Er war Veteran der *legio III Augusta* und wurde auf dem Weg von Lambaesis (Tazoult-Lambèse, Algerien) nach Saldae (Béjaïa, Algerien) von Räubern überfallen. Die Inschrift auf seinem Grabmal enthält den Satz: „Ich habe mich aufgemacht und bin auf dem Weg unter Räuber geraten; ausgeraubt und verwundet bin ich mit den Meinen entronnen" (Introbild)[11].

Dieses Glück hatten diejenigen Personen nicht, deren durch Räuber verursachtes Schicksal auf ihren Grabsteinen festgehalten wurde. Die Todesursache wird durch die Wendungen *abductus*, *interfectus*, *occisus* oder *deceptus a latronibus* zum Ausdruck gebracht. So berichtet beispielsweise ein Grabstein aus Weiterstadt (Hessen) davon, dass Clodius Perigenes aus Teanum Sidicinum (Teano, Italien) von Räubern erschlagen wurde (siehe M. Reuter in diesem Band S. 188, Abb. 1). Die Grabsteine finden sich im gesamten Römischen Reich und geben somit einen Eindruck von der Allgegenwart der Räuberbanden. Bekannt sind Funde aus Rom selbst sowie den Provinzen Aquitania, Baetica, Belgica, Dacia, Dalmatia, Germania Superior, Hispania Citerior, Italia, Lugdunensis, Moesia Superior, Numidia, Pannonia Inferior und Tarraconensis[12]. Die inschriftlich bekannten Fälle stellen jedoch nur die Spitze des Eisberges dar. Viele Opfer überlebten, so wie Nonius Datus, einen Überfall. Oft wurde die Todesursache auf einem Grabstein überhaupt nicht erwähnt. Außerdem dürften die Leichen vieler Opfer nie wieder aufgetaucht sein. So erging es dem Ritter Robustus und seinem Begleiter Atilius Scaurus, die an der Via Flaminia spurlos verschwunden sein sollen. Dies berichtet Plinius d. J., der in dem Zusammenhang auch das Schicksal des Metellus Crispus erwähnt, der in Norditalien trotz bewaffneter Begleitung verschollen sei[13].

Zu der Gefahr, auf Reisen überfallen zu werden, kam die Möglichkeit, in den eigenen vier Wänden Opfer eines Raubüberfalls zu werden. Plinius d. Ä. berichtet, dass man in Rom wegen des grassierenden Räuberunwesens die Fenster mit Läden habe sichern müssen. Überfälle auf Häuser werden in den antiken Romanen ausführlich beschrieben[14]. Man kann zusätzlich davon ausgehen, dass es vielerorts zu Schutzgelderpressungen bzw. sogar zu Übereinkünften über die Wahl von Zielen kam. Doch nicht nur Privathäuser waren gefährdet. So berichtet eine Inschrift aus Sicca Veneria (El Kef, Tunesien) von einem Einbruch in einen Tempel, bei dem offenbar beträchtlicher Schaden entstanden war. Es war allgemein bekannt, dass Räuber auch Herbergen an Straßen besetzten und den ahnungslos dorthin kommenden Reisenden auflauerten[15]. *In stabulo*, vermutlich also in einer Herberge, in oder bei Emona (Ljubljana), kam der junge P. Paetinius Clementianus durch ein Verbrechen zu Tode. In Salona (Kroatien) wurde die zehnjährige Iulia Restituta wegen ihres Schmucks ermordet, in Rom eine junge Frau aus ähnlichen Motiven[16].

Mit dem Töten der Ausgeraubten beseitigte man ein potentielles Sicherheitsrisiko. Waren die Geschädigten tot, konnte niemand Hilfe holen, und es gab keine Zeugen. Varro charakterisiert den Räuber mit dem Dolch an der Seite, mit dem er auf seine Raubzüge auszieht. Für Seneca „ist einer ein Straßenräuber, auch bevor er sich die Hände schmutzig macht, weil er sich bereits zum Töten bewaffnet hat und zu berauben und zu töten willens ist." Libanios beschreibt, dass die Räuber bei Antiochia (Antakya, Türkei) ihre Opfer einfach in den Fluss werfen würden. Auch übertriebene Grausamkeiten kamen vor. Galenos etwa berichtet, dass ein Räuber bei Korakesion (Alanya, Türkei) seinen Opfern die Beine abgehauen habe. Als besonders grausam galten die Maratocupreni in Syrien, die laut Ammianus Marcellinus ganze Landstriche in Angst und Schrecken versetzt haben sollen. Auch die Papyri belegen beträchtliche Gewaltanwendung. Da Raubüberfälle mit Todesfolge nicht außergewöhnlich waren, soll es Machthabern wie Octavian/Augustus (27 v. Chr. – 14 n. Chr.), Commodus (180–192 n. Chr.) oder Caracalla (211–217 n. Chr.) nicht schwergefallen sein, politische Morde als das Werk von Räubern zu tarnen[17].

Dass man bei den Opfern nicht wählerisch war, zeigen die genannten Beispiele[18]. Vom zehnjährigen Mädchen bis hin zur Veteranenmannschaft sind verschiedenste Personengruppen vertreten. Auch Freigelassene und Sklaven wurden überfallen, wie Inschriften aus Salona, Timacum Minus (Ravna, Serbien) und Zlokućane (Serbien) sowie Papyri belegen[19]. Aus diesen geht auch hervor, dass vor allem Gebrauchsgüter wie Lebensmittel (dazu auch Vieh), Textilien, Werkzeuge usw. gestohlen wurden. Dies geschah meist zum Eigenverbrauch und nicht zum Weiterverkauf[20].

Zum Handwerk gehörten auch Entführungen mit dem Ziel der Erpressung von Lösegeld oder dem Verkauf der Opfer in die Sklaverei. Allerdings war dies eine Einkommensquelle, die in weit größerem Umfang von Piraten genutzt wurde. Von Räubern entführt wurde beispielsweise der 35-jährige C. Tadius Severus, wie uns seine in Salona gefundene Grabinschrift berichtet[21].

Nicht nur die Entführung von Menschen, auch Viehdiebstahl bzw. -raub (*abigeatus*) zählte zum Repertoire der antiken Räuber[22]. Besonders für die Provinz Baetica und Italien sind wir über diese Form des *latrocinium* unterrichtet. Man unterschied verschiedene Formen des Viehdiebstahls, der im schlimmsten Fall mit dem Tode zu bestrafen war. Auch hochgestellte Persönlichkeiten beteiligten sich als Käufer und Weiterverkäufer an den Delikten[23].

Vor allem in unzugänglichen Gebirgs- und Halbwüstenregionen in Nordafrika, Vorderasien und auf dem Balkan war Viehraub ein Phänomen bedeutenden Ausmaßes. Die dort nomadisch lebenden Stämme kamen nicht selten mit dem römischen Staat in Konflikt. Ihre auf Mobilität beruhende, dezentrale Lebensweise entzog sie weitgehend der Kontrolle durch die Provinzadministration. Das Aufstocken der eigenen Herden auf Kosten anderer scheint eine verbreitete Methode zur Verbesserung der Lebensgrundlage gewesen zu sein. Die Römer setzten diese Hirtengruppen sogar bisweilen in Gänze mit *latrones* gleich. So bezeichnet Strabo die Araber Mesopotamiens als räuberische Hirtenvölker, Plinius d. Ä. nennt für die Araber Handel und Räuberei als gleichwertige Lebensgrundlagen. Der Vater des Philippus Arabs (244–249 n. Chr.) wurde als Anführer von Räubern (*dux latronum*) bezeichnet. Im Codex Theodosianus wird sogar untersagt, Kinder in die Obhut von Hirten zu geben, damit dadurch nicht ebenfalls Räuber aus ihnen würden. Dort wird des Weiteren, offenbar als letztmögliche Lösung, großen Bevölkerungsteilen Süditaliens verboten, überhaupt Maultiere und Pferde zu besitzen[24].

Personen, Banden und Völker – Strukturen und Ausmaße

Der Erfolg der Räuberbanden war von deren Organisation abhängig. Dies betraf zunächst die Hierarchie innerhalb der Gruppe, mit einem fähigen Anführer an der Spitze. Die antike Literatur nennt zahlreiche solche Persönlichkeiten, die durch Organisationstalent, Charisma und Skrupellosigkeit zu beträchtlicher Macht gekommen seien. Ohne straffe Führung war eine Bande nicht lange existenzfähig. Nach Cicero habe es sogar Gesetze unter den Räubern (*leges latronum*) gegeben. Die Banden mussten Schutz in möglichst unzugänglichem Gelände, also in Wäldern, Sümpfen oder Gebirgen, suchen. Einzelpersonen hingegen konnten zumindest für eine gewisse Zeit unerkannt bleiben oder bei Helfern unterkommen[25].

Die meisten *factiones* scheinen mit rund einem oder wenigen Dutzend Mitgliedern eher klein gewesen zu sein. Sie werden in den Romanen als eine Art Gegenmodell zur offiziellen Ordnung ausgestaltet und einzelne Figuren zu „edlen Räubern" stilisiert. Augustinus vergleicht sogar Staaten ohne Gerechtigkeit mit großen Räuberbanden und bezeichnet Räuberbanden als kleine Staaten. Die Ursprünge von staatlichen Gemeinwesen in bandenartigen Verhältnissen zu sehen, war in der Antike weit verbreitet. Das galt auch für Rom selbst[26].

Frauen treten in den Quellen als Räuber kaum in Erscheinung. Man kann jedoch davon ausgehen, dass die nicht völlig außerhalb der Gesellschaft stehenden männlichen Räuber Partnerinnen hatten. Die Möglichkeit, eine Ehe mit einem solchen Mann scheiden zu lassen, sah das Gesetz vor. Auch konnte es laut Petronius notwendig sein, dass Wachen die Verwandten von gekreuzigten Räubern davon abhalten mussten, diese zu beerdigen. Varro beschreibt robuste Hirtenfrauen, z. B. diejenigen Illyriens, die ihren Männern in nichts nachstünden. In ähnlicher Weise lässt sich auch an Frauen denken, die sich (gleichberechtigt?) in die Räuberbanden einreihten[27].

Die *latrones* standen keinesfalls vollständig außerhalb der Gesellschaft, da sie auf verschiedene Formen der Vernetzung und Unterstützung angewiesen waren. Die Statthalter hatten auch gegen Helfer und Hehler (*receptatores*) vorzugehen, die der Staat als grundlegenden Bestandteil der Infrastruktur einer Bande erkannt hatte. Sie sollten in der Regel wie die Räuber selbst bestraft werden. Wie im Fall der Viehdiebstähle gibt es auch in anderen Bereichen zahlreiche Hinweise auf das Mitwirken von Personen aus der Oberschicht, besonders in den Reihen der Großgrundbesitzer bzw. den mit der Verwaltung ihres Besitzes betrauten Personen. Diese konnten ihre privaten Mannschaften zum Schutz der eigenen Güter einsetzen, aber auch genauso gut für kriminelle Aktivitäten, wie z. B. Schutzgelderpressung, heranziehen. Besonders in den durch Städte geprägten Regionen kann das Zerrbild von weitgehend selbstversorgenden und auf sich allein gestellten Räuberbanden nicht der Wirklichkeit entsprochen haben. Es fanden sich immer und überall Freunde oder Verwandte, die den Räubern gegen Beteiligung an der Beute Unterschlupf, Dienstleistungen oder eine Art Schwarzmarkt zur Verfügung stellten. Auf diese Weise wurden sie zu Mittätern, wenn sie nicht von den Räubern zur Zusammenarbeit gezwungen wurden. Viele Räuber lebten also keineswegs parasitär, sondern waren für andere durchaus von Nutzen[28].

Wie sehr prägte nun das Räuberunwesen das Leben der Menschen in der Antike? Ein seltenes Phänomen war es zumindest nicht, wie die angeführten Quellenbelege zeigen. So wurden Raubüberfälle zu den üblichen Todesursachen gezählt oder mit Naturkatastrophen in eine Reihe gestellt. Auch im Neuen Testament sind zahlreiche Bezüge zu finden. Um nur einige Beispiele zu nennen: Der gute Samariter hilft dem Opfer eines Raubüberfalls, Jesus wird zusammen mit zwei Räubern gekreuzigt, und Paulus gerät bei seinen Reisen in die Gefahr von Überfällen. In der Spätantike gehörte die Bekehrung von Räubern zum Formelschatz der Heiligenviten, so wie der Räuber zum Sinnbild des Sünders wurde[29]. Exaktere quantitative Aussagen und eine Antwort auf die Frage, wieweit die Sicherheit im Römischen Reich durch *latrocinium* tatsächlich beeinträchtigt war, sind jedoch schwierig. Möchte man einigen antiken Autoren glauben, muss das Räubertum unabhängig von bestimmten Situationen und Regionen eine allgegenwärtige Gefahr gewesen sein. Dem gegenüber stehen die formelhaften Aussagen in der Tradition kaiserlicher Friedenspropaganda, die das Gegenteil suggerieren. Laut Velleius Paterculus habe die *pax Augusta* dafür gesorgt, dass man überall frei von Furcht vor Räuberunwesen (*metus latrociniorum*) habe leben können[30]. Die inschriftlichen Belege sind zur Klärung der Frage kaum heranzuziehen. Die Papyri hingegen deuten auf ein eher hohes Maß an kleineren Raubdelikten hin, vor allem unter Beteiligung von einander bekannten Tätern und Opfern, etwa innerhalb einer Dorfgemeinschaft. Konkrete Nachweise von Bandenkriminalität und schwerer Gewaltanwendung bei Raubüberfällen sind auch bei dieser Quellengattung seltener (Abb. 2). In seiner Auswahlliste papyrologischer Quellen mit Raub- und Diebstahlpetitionen von 31 v. Chr. bis ins 4. Jahrhundert n. Chr. führt W. Riess insgesamt 155 Fälle an. 44 davon beinhalten die Anwendung von Gewalt, sind also als Raub zu klassifizieren. Nur viermal wird ein Totschlag verzeichnet[31]. Die Papyri machen deutlich, dass einige der Schilderungen in den literarischen Quellen doch übertrieben sind. Die bisweilen anklingenden Ängste vor einer Auflösung der inneren Ordnung und darauf folgender Anarchie waren jedoch keineswegs völlig unberechtigt. Die *vita sancti Severini* des Eugippius beschreibt die Zustände in der Provinz Noricum, als die staatlichen Ordnungsorgane in spätrömischer Zeit zusammenbrachen und äußere wie innere Bedrohungen schließlich den Abzug der Romanen notwendig machten. Allerdings war die Mehrheit der Menschen niemals oder nur am Rande von schwerwiegenden Raubüberfällen betroffen. Anderenfalls wäre die relative Stabilität der römischen Gesellschaft nicht denkbar. Man wird jedoch davon ausgehen können, dass die regionalen und zeitlichen Unterschiede beträchtlich waren[32].

Von E. J. Hobsbawm wurde der „social bandit" als Forschungsbegriff definiert. Ein solcher wird von der Obrigkeit als kriminell eingestuft, jedoch von Angehörigen der unteren Schichten bewundert und unterstützt[33]. Dadurch wird er für die Herrschenden zu einer Bedrohung, und seine Taten werden in Geschichten verklärt. Zahlreiche fiktive und reale Beispiele lassen sich hier nennen: Robin Hood, Johannes Bückler („Schinderhannes") oder Francisco „Pancho" Villa (Abb. 3) gehören zu den bekanntesten. Letztlich kann ein solcher Aufstieg aber nur vereinzelt gelingen.

Dass einzelne Räuber auch in römischer Zeit beträchtliche Macht erlangen konnten, belegen die Quellen jedoch deutlich. Dort finden sich formelhafte Anekdoten, in denen mehr oder weniger reale Persönlichkeiten eine wichtige Rolle spielen[34]. Einige davon seien kurz genannt: Der Numider Tacfarinas machte eine Karriere von einfachen Anfängen zum Deserteur, Räuber und schließlich zum Heerführer[35]. Augustus soll von dem spanischen Räuber Caracotta so beeindruckt gewesen sein, dass er ihm die auf seinen Kopf ausgesetzten 1 Million Sesterzen selbst ausgehändigt habe[36]. Iohannes ben Levi stieg durch seine Fähigkeiten zu einem mächtigen Bandenführer auf, bevor er im Jüdischen Aufstand gegen die Römer kämpfte[37]. Ein gewisser Maternus habe ein ganzes Heer von Räubern plündernd durch Gallien und Spanien geführt und schließlich sogar geplant, Commodus vom Thron zu stürzen[38]. Septimius Severus (193–211 n. Chr.) bezeichnete sich als „Feind der Räuber allerorts" (*latronum ubique hostis*). Er sei dennoch durch einen frechen Auftritt des Räuberanführers Claudius, der in Iudäa und Syrien sein Unwesen trieb, persönlich hinters Licht geführt worden[39]. Später habe Severus mit dem Räuber Bulla Felix zu tun gehabt, der mit 600 Männern zwei Jahre lang Italien geplündert haben soll. In dessen Heer seien viele Freigelassene gewesen, die zuvor nur schlecht oder gar nicht bezahlt worden waren, offensichtlich also durch die Not zu ihrem Handeln getrieben wurden. Bulla Felix habe über ein ausgezeichnetes Informantennetz verfügt, das ihm genaue Daten über die potentiellen Opfer zukommen ließ und somit fast schon an organisierte Kriminalität erinnert[40]. Die Vorfahren des Usurpators Proculus seien durch Raub von Vieh, Menschen und Gütern reich geworden. Er habe in Gallien 2000 Sklaven bewaffnen können, bevor er von Probus niedergerungen wurde[41]. Arrian schließlich soll sogar eine Biographie eines Räubers Namens Tilliborus verfasst haben, die allerdings nicht erhalten ist[42].

Die emporgekommenen Räuberpersönlichkeiten mit ihren Gefolgschaften stellten vereinzelte, zeitlich und in der Regel auch lokal begrenzte Probleme für die römische Ordnung dar. Eine größere Bedrohung waren Volksgruppen oder soziale Verbünde innerhalb des römischen Territoriums, über die der Staat die Kontrolle über längere Zeit nicht erlangen konnte. Zu nennen wären hier etwa die Boukoloi in Ägypten, die Isaurier in Kleinasien, die Dardaner auf dem Balkan oder jüdische Gruppen. Auch die Bacaudae in Gallien können hier angeschlossen werden[43]. Die Bessi Illyriens seien laut Strabo sogar von den „Räubern Räuber genannt" worden[44].

Abb. 2 Papyrus P.Lips. Inv. 595 aus Hermupolis vom 5. Mai 389 n. Chr. Flavios Isidoros erstattet Anzeige bei Aurelios Zenodotos, dem Propoliteuomenos, wegen eines Raubüberfalles, den die Hirten Ionas und Hatres auf einen seiner Bediensteten verübt haben.

Zumindest in den grenznahen Gebieten, ab dem 3. Jahrhundert n. Chr. zunehmend auch andernorts im Römischen Reich, waren die Menschen den oben skizzierten Gefahren durch äußere Feinde ausgesetzt. Zahlreiche römische, als Beute interpretierte Funde im freien Germanien zeugen davon. Das bekannteste in der Diskussion stehende Ensemble ist der so genannte „Barbarenschatz" aus dem Rhein bei Neupotz. Es soll sich dabei um verloren gegangenes Plünderungsgut aus der zweiten Hälfte des 3. Jahrhunderts n. Chr. handeln. Beispielsweise die Knochen mehrerer Erschlagener in zwei Brunnen einer *villa rustica* in Regensburg-Harting werden als Überreste von Opfern germanischer Plünderungszüge interpretiert. Auch Entführungen und regelrechter Menschenhandel sind gut belegt. Beispiele sind Menschenraub durch die Iouthungi im Jahr 260 n. Chr., belegt durch den „Augsburger Siegesaltar", und der bei Ammianus Marcellinus erwähnte Überfall der Alamanni unter Rando auf Mainz 368 n. Chr. Basilius beschreibt die Straßen Thrakiens Ende der 370er Jahre infolge der Gotenunruhen als mit Räubern und Deserteuren verseucht. Für die Bewohner der Grenzgebiete an Rhein und Donau machte es im Ernstfall letztlich keinen Unterschied, wer die Gewalt gegen sie verübte. So verwundert es nicht, dass auch Plünderer von jenseits der Reichsgrenzen als *latrones* galten[45].

Abb. 3 Francisco „Pancho" Villa, mexikanischer Bandit und Revolutionär, 1911. Charismatische Persönlichkeiten wie er konnten auch in römischer Zeit zu Anführern großer Banden oder sogar Aufständen werden.

Gegenmaßnahmen und Bestrafung

Die unmittelbarste Gefahr drohte einem Räuber durch seine Opfer selbst. Plinius d. Ä. berichtet von Hunden, die ihre Herren gegen Räuber verteidigt hatten. Andere wiederum vertrauten auf magischen Schutz. So sollen, ebenfalls laut Plinius d. Ä., das Herz eines Geiers oder der rechte Vorderfuß eines Chamäleons, eingewickelt in ein Hyänenfell, vor Räubern schützen[46]. Selbstjustiz scheint häufig vorgekommen zu sein und war in der frühen und mittleren Kaiserzeit zumindest geduldet, in der Spätantike auch erlaubt[47]. So beschreibt Apuleius, wie die Übeltäter bei der Vereitelung eines Einbruchs kurzerhand mit dem Schwert niedergemacht werden. Dies war ohne weitere Konsequenzen möglich. Denn als *latrones* gebrandmarkte Personen verfügten über keinerlei Rechte mehr[48]. Galenos etwa beschreibt die Überreste eines Räubers am Straßenrand. Der Reisende, den er überfallen wollte, hatte ihn getötet. Niemand habe ihn begraben wollen[49]. Häuser konnten durch Schlösser, Fenstergitter etc. gesichert werden (siehe P. Kienzle in diesem Band). Auf Reisen tat man sich am besten zum Schutz vor Räubern und anderen Gefahren in Gruppen zusammen. Städte legten ihre Mauern laut Seneca auch zum Schutz vor Räuberübergriffen an[50].

Die Statthalter hatten die Aufgabe, die ihnen anvertrauten Gebiete von Räubern freizuhalten. Sie mussten das Vorgehen organisieren, wobei sie aus einer Reihe von Möglichkeiten schöpfen konnten. Ein großer Teil der Verantwortung für das jeweils eigene Territorium wurde an die Städte delegiert[51]. Seit Augustus und Tiberius (14–37 n. Chr.) sollten die Reisenden durch Straßenposten (*stationes*) mit bewaffnetem Wachpersonal geschützt werden. Bezeugt ist dies literarisch vor allem für Italien und den Alpenraum[52]. Inschriften von mehreren Fundorten am Pannonischen Limes in Ungarn (Abb. 4),

Calceus Herculis (El Kantara, Algerien) und Troesmis (Rumänien) bezeugen solche Baumaßnahmen unter Commodus[53]. Die grenznahen Anlagen dürften jedoch zumindest teilweise dem Schutz vor Banden gedient haben, die von der anderen Seite der Grenze kamen. Im niederrheinischen Hinterland können in diesem Zusammenhang die zahlreichen *burgi* genannt werden, die ab der zweiten Hälfte des 3. Jahrhunderts vor allem an der Route Köln–Tongeren–Bavay angelegt wurden. Nicht nur der Schutz vor äußeren Feinden, auch die Sicherung des Reiseverkehrs gegen Räuberbanden muss bei der Planung dieser Anlagen eine wesentliche Rolle gespielt haben[54].

Unter verschiedenen Bezeichnungen (etwa *stationarii*, *beneficiarii*, *evocati*, *viatores*, *nocturni*, *eirenarchai* oder *phylakes*) waren in den Provinzen des Römischen Reiches Wachposten, Nachtwachen und Schutzleute mit der Sicherung der Verkehrsverbindungen betraut. Da diese jedoch nicht mit einer organisierten Polizei verglichen werden können, waren sie nur eingeschränkt zur aktiven Räuberbekämpfung tauglich (siehe R. Schiavone in diesem Band). Somit ergaben sich im Kampf gegen Räuber Verdienstmöglichkeiten für Kopfgeldjäger, spezialisierte Söldner und private Sicherheitsdienste (*vigilantes*, *diogmitai*). Maximinus Thrax (235–238 n. Chr.) beispielsweise soll der Historia Augusta zufolge in seiner Jugend der Anführer einer Gruppe junger Männer gewesen sein und Räubern aufgelauert haben – bevor er bis an die Spitze des römischen Staates gelangte[55].

Zu umfassenden Maßnahmen kam es in der Regel jedoch erst, wenn die Umstände es notwendig erscheinen ließen. Man beauftragte einen Verantwortlichen und stattete ihn mit den notwendigen Mitteln aus, um den Problemen Herr zu werden: Octavian habe eine Räuberplage in Italien durch C. Calvisius Sabinus beseitigen lassen. M. Cornelius Fronto holte zu seiner Unterstützung bei der Jagd auf Räuber als Statthalter der Provinz Asia seinen Freund Iulius Senex zu sich, der als Experte auf diesem Gebiet galt. Septimius Severus soll zunächst einen Centurio, nach dessen spektakulärem Misserfolg einen Tribun der Garde mit der Beseitigung von Bulla Felix und seiner Bande beauftragt haben. Der germanische Räuberhauptmann Charietto schließlich wurde von Iulian gegen plündernd einfallende Alamannen eingesetzt und stieg bis zum *comes* auf. Unter Tiberius fand man eine Möglichkeit, zwei Probleme auf einmal zu bekämpfen: Man brachte 4000 Juden unter Zwang aus Rom nach Sardinien, um sie dort gegen Räuber einzusetzen[56]. Auch Inschriften belegen mehrere Personen, die gegen Räuber kämpften. Vier Funde aus der Germania Superior und der Gallia Belgica weisen „Präfekten zur Bekämpfung des Räuberunwesens" (*praefecti latrociniis arcendis*) nach. Diese Bezeichnung könnte sich wegen der verhältnismäßig hohen Zahl der Belege innerhalb einer Provinz auf ein institutionalisiertes Amt beziehen. Auch Räuberjäger/-richter (*latrunculatores*) hat es gegeben[57].

Manchmal machte man sich die Fähigkeiten der Räuber auch zunutze. Bekanntestes Beispiel einer Eingliederung ins Heer sind die *latrones Dalmatiae atque Dardaniae*, die Marcus Aurelius laut der Historia Augusta bewaffnet haben soll. Gemeint waren in Illyrien lebende halbnomadische Stämme. Lucceius Albinus, der Statthalter der Mauretania Caesariensis und Mauretania Tingitana, befehligte nach Tacitus neben regulären Truppen auch eine große Zahl an Mauri, die zuvor durch *latrocinia* und *raptus* zu fähigen Kriegern geformt worden seien. Septimius Severus rekrutierte die Praetorianer nicht mehr nur in Italien, weshalb sich laut Cassius Dio zahlreiche junge Männer unter anderem dem Räuberhandwerk zugewandt hätten. Iulian (360–363 n. Chr.) schließlich soll sein Heer mit plündernd umherziehenden Soldaten des besiegten Usurpators Magnentius verstärkt haben[58].

Wurde ein Räuber oder Entführer letztlich gefangengenommen, konnte er nicht mit Gnade rechnen. Zwar konnte es leichte Strafmilderung für Räuber geben, die ihre Komplizen verraten hatten. Die als rechtlos eingestuften *latrones* erwartete jedoch in aller Regel Folter und die Todesstrafe – sei es durch Kreuzigung, wilde Tiere oder andere grausame Hinrichtungsarten. Die öffentlichkeitswirksam als Exempel statuierten Hinrichtungen sollten nicht zuletzt der Abschreckung dienen (siehe D. Schmitz in diesem Band). Dies galt besonders für berüchtigte Räuber (*latrones famosi*). So soll es beispielsweise dem „Sohn des Aetna" genannten Räuberhauptmann Selourus und Bulla Felix gegangen sein[59]. Die oben erwähnten Maratocupreni in Syrien teilten dieses Schicksal in größerem Stil. Ihre Siedlung wurde vollständig zerstört und alle Männer, Frauen und Kinder getötet.

Man kann davon ausgehen, dass die Karrieren der meisten *latrones* früher oder später ein gewaltsames

Abb. 4 Bauinschrift aus Intercisa (Dunaújváros, Ungarn), aufbewahrt im Ungarischen Nationalmuseum, 184/185 n. Chr. Commodus ließ an der pannonischen Grenze Kleinbefestigungen (*burgi* und *praesidia*) zum Schutz vor Plünderern (*latrunculi*) anlegen.

Ende fanden. Bis zu diesem Zeitpunkt standen sie jedoch nicht außerhalb der römischen Gesellschaft, sondern waren ein Teil von ihr. Daher konnte es dem Staat letztlich nie gelingen, für umfassende Sicherheit auf dem Land und in den Städten zu sorgen.

Anmerkungen

1 An jüngerer Grundlagenliteratur sind vor allem die Beiträge Burian 1984; Shaw 1984; Shaw 1991; van Hooff 1988; Grünewald 1999; Wolff 1999; Riess 2001; Lafer 2004 zu nennen. – Überblicke bei Grünewald 1999, 14–20 und Lafer 2004, 100. 104–106 Anm. 1–2. – Siehe auch RE XII 1 (1924) 978–980 s. v. Latrocinium (I. Pfaff); RE Suppl. VII (1940) 1240–1244 s. v. Straßenraub (G. Mickwitz).

2 Zu methodischen Problemen: Grünewald 1999, 4. 8–14; Riess 2001, 12–18.

3 Shaw 1991, 365–375; Hopwood 1998; Riess 2001, 262–312.

4 Dio Cass. 55,28,2–3. – Amm. 26,1,1.

5 Jaritz u. a. 1979, 131 f. Nr. G 6 Taf. 20.

6 Dig. 49,15,24 (Ulp.); Dig. 50,16,118 (Pomp.); Liv. 21,35,2.

28,12,9. 29,6,2; Sall. hist. 2,71=2,88 M. 2,75=2,92 M. – Opelt 1965, 132 f.; Flam-Zuckermann 1970, 456. 469 f.; Burian 1984; Shaw 1984, 22 f. 26–28; van Hooff 1988, 108. 113; Sünskes Thompson 1990, 192 f.; Shaw 1991, 340–344; Grünewald 1999, 3 f. 7 f. 22–26. 29 f. 104–129. 260 f.; Riess 2001, 32–44; Lafer 2003, 78–81; Lafer 2004, 102 f.

7 CIL XI 4639. – Grünewald 1999, 25.

8 Vgl. ausführlich Wolff 1999; Riess 2001, 45–89.

9 HA Pesc. 3,4 (siehe Alföldy 1971, 369 f.). – Shaw 1984, 29 f.; Burian 1984, 19 Anm. 4; Shaw 1991, 352 f.

10 Iuv. 10,19–22; Sen. epist 14,9; vgl. Apul. met. 1,15; Lib. or. 50,26. – Cic. Att. 7,9,1. – Sen. benef. 4,35,2. – Symm. epist. 2,22. – Dig. 12,4,5,4. – Vgl. Apul. met. 1,7.

11 CIL VIII 2728 = CIL VIII 18122; Übersetzung nach B. Beyer/H. Grewe, aus: Grewe 1985, 70. – Vgl. Grünewald 1999, 31 f. Anm. 53.

12 CIL XIII 6429. – Tudor 1953; Shaw 1984, 10 f. Anm 25; van Hooff 1988, 115 Anm. 76; Gunnella 1995; Grünewald 1999, 38 Anm. 91.

13 Plin. epist. 6,25.

14 Plin. nat. 19,59; Apul. met. 3,5. 3,27–28; vgl. Lib. or. 23,18. – Shaw 1984, 41.

15 CIL VIII 15881. – Cypr. epist. 68,3,3; Lib. or. 33,40. 45,6. – AE 1934, 72.

16 CIL III 2399; VI 5302.

17 Sen. benef. 5,14,2; vgl. Petron. 107,11. – Lib. or. 19,58. – Gal. usu part. 3,4 (Kühn 3, 188). – Amm. 28,2,11–14; vgl. Lib. or. 48,35–36. – Drexhage 1988, 315. 317f. – Suet. Aug. 27,4 (vgl. App. civ. 3,95); HA Comm. 5,12; HA Carac. 3,8; vgl. Dig. 13,6,5,4 (Ulp.).

18 Shaw 1984, 41. – Sünskes Thompson 1990, 193–198. – Lafer 2003, 84.

19 CIL III 9054; CIL III 14587. – Mócsy 1968, 350 Nr. 2f. 353. – P.Erasm. 1,2; P.Ryl. 2,144 (Grünewald 1999, 46).

20 Drexhage 1988, 315–318. – Grünewald 1999, 44. – Riess 2001, 103f.

21 CIL III 2544.

22 Hierzu vor allem Herz 1988. – Siehe auch: Mócsy 1968, 353f.; Shaw 1984, 7 Anm. 12; 31f. 42f.; Shaw 1991, 355; Riess 2001, 58–62; Lafer 2003, 80; Lafer 2004, 103f.

23 Dig. 47,14. – Vgl. Auson. epist. 4,22–27.

24 Strab. 6,2,6 (273). 16,1,26 (747). 16,2,20 (756); Plin. nat. 6,162. – Aur. Vict. epit. 28,4. – HA Marc. 21,7. – Cod. Theod. 9,31,1. – Cod. Theod. 9,30,1–2.

25 Cic. off. 2,40; Cic. leg. 5,5,13; vgl. Dio Cass. 77,10,7. – Etwa Iuv. 3,302–308; Dio Cass. 36,20,3; Apul. met. 4,6. 7,4.

26 Aug. civ. 4,4; Liv. 1,4,9. 1,5,3–4. – Flam-Zuckermann 1970, 461; Shaw 1984, 23 Anm. 58; van Hooff 1988, 122–124; Shaw 1991, 340f. 369–372.

27 Cod. Iust. 5,17,8; Petron. 111; Varro rust. 2,10,6–9. – Drexhage 1988, 314; Grünewald 1999, 45 (Papyri).

28 Dig. 1,18,13pr. (Ulp.); Dig. 47,16,1–2 (Marc.); Dig. 47,16,2 (Paul.); Dig. 48,16,2 (Paul.); Dig. 48,19,6 (Ulp.); Dig. 48,19,27,1–2 (Callist.); Cod. Theod. 1,29,8. 9,29,1–2. 9,42,24; Auson. epist. 14,22–27; Apul. met. 4,1. – Rostowzew 1905; Shaw 1984, 14–16. 36–41; Shaw 1991, 361–364. 374; Riess 2001, 181f. Anm. 50.

29 Etwa Dig. 13,6,18pr. (Gaius). – Lukas 10,30–37. 23,33–43; 2. Korinther 11,26; Shaw 1984, 23f. mit weiteren Stellen. – Etwa Sulp. Sev. Mart. 5. 11; van Hooff 1988, 114f.; Riess 2001, 187; vgl. Bartelink 1967.

30 Etwa Dio Cass. 36,20,1; Cypr. Donat. 6. – Vell. 2,126,3; Grünewald 1999, 26 Anm. 25 mit einer Auswahl der Quellen.

31 Zu den papyrologischen Quellen: Drexhage 1988, 314–318. – Sünskes Thompson 1990, 191f. Anm. 180. – Grünewald 1999, 39–48. – Riess 2001, 375–395.

32 Shaw 1984, 8f.; Shaw 1991, 348f.; Grünewald 1999, 26–39. 47f.; Riess 2001, 47. 41–94.

33 Hobsbawm 2000, 20. – Kritik an Hobsbawms Thesen z. B. durch Blok 1972.

34 Siehe Shaw 1984, 47–52; van Hooff 1988, 120–122; Riess 2001, 187f.

35 Tac. ann. 2,52. – Grünewald 1999, 70–80.

36 Dio Cass. 56,43,3. – Shaw 1984, 44; Shaw 1991, 375; Riess 2001, 183.

37 Ios. bel. Iud. 2,585–594. 614–631. – Horsley 1979, 59.

38 Herodian. 1,10. – Alföldy 1971; Shaw 1984, 44–46; Shaw 1991, 375f.; Sünskes Thompson 1990, 194f.; Grünewald 1999, 178–194.

39 HA Sev. 18,6; Dio Cass. 75,2,4. – Shaw 1984, 43; Shaw 1991, 375; Sünskes Thompson 1990, 196.

40 Dio Cass. 77,10 (vgl. die Zustände beschrieben in Suet. Aug. 32,1). – Flam-Zuckermann 1970, 463f.; Shaw 1984, 46f.; Shaw 1991, 376–378; Grünewald 1999, 13f. 157–178.

41 HA quatt. tyr. 12,1–2. – Flam-Zuckermann 1970, 463; Sünskes-Thompson 1990, 195.

42 Lukian. Alex. 2. – Grünewald 1999, 9 Anm. 19.

43 Flam-Zuckermann 1970, 465; Horsley 1979; Hopwood 1983; Drinkwater 1984; Drinkwater 1989; Drinkwater 1992; Isaac 1984; Shaw 1984, 42f.; Hellenkemper 1986; Drexhage 1988, 320; Hopwood 1989; Van Hooff 1988, 109f.; Shaw 1991, 345; 350–352; Zimmermann 1996; Grünewald 1999, 130–156; Riess 2001, 52–62.

44 Strab. 7,5,12 (318).

45 Künzl 1993, 473–504; Barbarenschatz 2006 passim. – Schröter 1984. – AE 1993, 1231. – Amm. 27,10,1–2. – Bas. epist. 268; vgl. Zos. 5,22,3. – Alföldi 1941.

46 Plin. nat. 8,144. 28,115. 29,77. – Van Hooff 1988, 117.

47 Dig. 9,2,7 (Ulp.); Cod. Theod. 9,14,2 = Cod. Iust. 3,27,1; Cod. Theod. 7,18,14 = Cod. Iust. 3,27,2; Cod. Iust. 9,16,3. – Vgl. Apul. met. 4,10. – Riess 2001, 192–194.

48 Apul. met. 2,32,1; Dig. 5,1,61pr. 1 (Ulp.); Dig. 49,15,24 (Ulp.); Cod. Iust. 5,17,8.2–3. – Shaw 1984, 22f.

49 Gal. anatom. admin. 1,2 (Kühn 2, 221–222); vgl. 3,5 (Kühn 2, 386).

50 Epikt. 4,1,92–95. – Sen. benef. 6,15,8.

51 Dig. 1,18,13pr. (Ulp.); Dig. 48,13,4,2 (Marc.); Dig. 48,19,27,2 (Callist.); vgl. App. civ. 4,28; Cic. ad Q. fr. 1,1,25. – Shaw 1984, 19; Shaw 1991, 355f.; Grünewald 1999, 24; Riess 2001, 180.

52 Suet. Aug. 32,1; Suet. Tib. 37,1; App. civ. 5,132; Strab. 4,6,6 (204); Tert. apol. 2,8. – Sünskes Thompson 1990, 200.

53 CIL VIII 2494–2495; CIL III 12483. – Alföldi 1941; Shaw 1984, 12; van Hooff 1988, 110; Shaw 1991, 349; Grünewald 1999, 32; Kovács 2008, bes. 127 Anm. 5–10.

54 Brulet 1995, 102 Abb. 101. 108f.; vgl. Isaac 1984, 184–196.

55 Etwa CIL XI 6107 (agens at [sic] latrunculum); HA Maximin. 2,1. – Shaw 1984, 16–18; Shaw 1991, 357f. 380; Grünewald 1999, 33f.; Riess 2001, 190. 201–207.

56 App. civ. 5,132. – Fronto ad Ant. 8. – Dio Cass. 77,10,4–7. – Zos. hist. 3,7; Amm. 17,10,5. 27,1,2–6; Welwei/Meier 2003, 41–56. – Tac. ann. 2,85.

57 CIL XIII 5010; CIL XIII 6211; AE 1978, 501; AE 1978, 567; Flam-Zuckermann 1970; Shaw 1984, 12 Anm. 26; Grünewald 1999, 33; Riess 2001, 204; Grzybek 2002. – Dig. 5,1,61,1 (Ulp.); Grünewald 1999, 33f.

58 HA Marc. 21,7. – Burian 1960; Mócsy 1968; Shaw 1984, 34f.; Herz 1988, 236 Anm. 36; Shaw 1991, 359f.; Sünskes Thompson 1990, 195f. – Tac. hist. 2,58. – Dio Cass. 75,2,4–6; Sünskes Thompsen 1990, 196; Riess 2001, 183. – Lib. or. 18,104. – Riess 2001, 178–188; Grünewald 1999, 35.

59 Dig. 4,6,9 (Callist.); Dig. 48,19,11,2 (Marc.); Dig. 48,19,16,10; Dig. 48,19,28,10 (Callist.); Dig. 48,19,28,15 (Callist.); Dig. 49,1,16 (Mod.); Dig. 49,16,5,8 (Men.); Cod. Theod. 9,18,1. 9,35,7; Philostr. Soph. 541; Sen. epist. 7; Sen. de ira 3,19,2; Strab. 6,2,6 (273); Dio Cass. 77,10,3;7. – Shaw 1984, 20–23; van Hooff 1982; van Hooff 1988, 112; Shaw 1991, 360f.; Grünewald 1999, 100–102; Riess 2001, 216–236; Lafer 2003, 79 Anm. 16.

Literaturverzeichnis

ALFÖLDI 1941
A. ALFÖLDI, Epigraphica IV. Die latrunculi der Bauinschriften der unter Commodus gebauten burgi et praesidia. Arch. Ért. 3, 1941, 40–48.

ALFÖLDY 1971
G. ALFÖLDY, Bellum Desertorum. Bonner Jahrb. 171, 1971, 367–376.

BARBARENSCHATZ 2006
Geraubt und im Rhein versunken. Der Barbarenschatz [Ausstellungskat. Speyer 2006] (Stuttgart 2006).

BARTELINK 1967
G. J. M. BARTELINK, Les démons comme brigands. Vigiliae Christianae 21, 1967, 12–24.

BLOK 1972
A. BLOK, The Peasant and the Brigand. Social Banditry Reconsidered. Comparative Stud. Soc. and Hist. 14, 1972, 494–503.

BRULET 1995
R. BRULET, Das spätrömische Verteidigungssystem zwischen Mosel und Nordseeküste. In: T. Bechert/W. J. H. Willems (Hrsg.), Die römische Reichsgrenze zwischen Mosel und Nordseeküste (Stuttgart 1995) 103–119.

BURIAN 1960
J. BURIAN, Latrones milites facti (Ad SHA Marc. 21.7). Eunomia 2, 1960, 47–49.

BURIAN 1984
J. BURIAN, Latrones. Ein Begriff in römischen literarischen und juristischen Quellen. Eirene 21, 1984, 17–23.

DREXHAGE 1988
H.-J. DREXHAGE, Einbruch, Diebstahl und Straßenraub im römischen Ägypten unter besonderer Berücksichtigung der Verhältnisse in den ersten beiden Jahrhunderten n. Chr. In: I. Weiler (Hrsg.), Soziale Randgruppen und Außenseiter im Altertum [Symposion Graz 21.–23. Sept. 1987] (Graz 1988) 313–323.

DRINKWATER 1984
J. F. DRINKWATER, Peasants and Bagaudae in Roman Gaul. Class. Views N. S. 3, 1984, 349–371.

DRINKWATER 1989
J. DRINKWATER, Patronage in Roman Gaul and the problem of the Bagaudae. In: A. Wallace-Hadrill (Hrsg.), Patronage in ancient society. Leicester-Nottingham Stud. Ancient Society 1 (London, New York 1989) 189–203.

DRINKWATER 1992
J. F. DRINKWATER, The Bacaudae of fifth-century Gaul. In: J. Drinkwater/H. Elton (Hrsg.), Fitfth-century Gaul. A crisis of identity? (Cambridge 1992) 208–217.

FLAM-ZUCKERMANN 1970
L. FLAM-ZUCKERMANN, À propos d'une inscription de Suisse (CIL XIII, 5015). Étude du phénomène de brigandage dans l'empire romain. Latomus 29, 1970, 451–473.

GREWE 1985
K. GREWE, Planung und Trassierung römischer Wasserleitungen. Schriftenr. Frontinus-Ges. Suppl. 1 (Wiesbaden 1985).

GRÜNEWALD 1999
TH. GRÜNEWALD, Räuber, Rebellen, Rivalen, Rächer. Studien zu latrones im Römischen Reich. Forsch. ant. Sklaverei 31 (Stuttgart 1999).

GRZYBEK 2002
E. GRZYBEK, Nyon à l'époque romain et sa lutte contre le brigandage. Genava N. S. 50, 2002, 309–316.

GUNNELLA 1995
A. GUNNELLA, Morti improvvise e violente nelle iscrizioni latine. In: F. Hinard (Hrsg.), La mort au quotidien dans le monde romain. Actes du colloque organisé par l'Université de Paris IV (Paris – Sorbonne 7 – 9 octobre 1993) (Paris 1995) 9–22.

HELLENKEMPER 1986
H. HELLENKEMPER, Legionen im Bandenkrieg. Isaurien im 4. Jahrhundert. In: Studien zu den Militärgrenzen Roms III. 13. Internat. Limeskongreß Aalen 1983. Forsch. u. Ber. Vor- u. Frühgesch. Baden-Württemberg 20 (Stuttgart 1986) 625–634.

HERZ 1988
P. HERZ, Latrocinium und Viehdiebstahl. Soziale Spannungen und Strafrecht in römischer Zeit. In: I. Weiler (Hrsg.), Soziale Randgruppen und Außenseiter im Altertum [Symposion Graz 21.–23. Sept. 1987] (Graz 1988) 221–241.

HOBSBAWM 2000
E. J. HOBSBAWM, Bandits (New York 2000⁴) [1. Auflage 1969].

VAN HOOFF 1982
A. J. L. VAN HOOFF, Latrones famosi. Bandieten tussen rovers en rebeilen in het Romeinse keizerrijk. Lampas 15, 1982, 171–194.

VAN HOOFF 1988
A. J. L. VAN HOOFF, Ancient Robbers. Reflections behind the Facts. Ancient Society 19, 1988, 105–124.

HOPWOOD 1983
: K. HOPWOOD, Policing the Hinterland. Rough Cilicia and Isauria. In: St. Mitchell (Hrsg.), Armies and Frontiers in Roman and Byzantine Anatolia. Proceedings of a colloquium held at University College, Swansea, in April 1981. Brit. Inst. Arch. Ankara Monogr. 5 = BAR Internat. Ser. 156 (London 1983) 173–187.

HOPWOOD 1989
: K. HOPWOOD, Bandits, elites and rural order. In: A. Wallace-Hadrill (Hrsg.), Patronage in ancient society. Leicester-Notthingham Stud. Ancient Soc. 1 (London, New York 1989) 171–187.

HOPWOOD 1998
: K. HOPWOOD, All that may become a man. The bandit in the ancient novel. In: L. Foxhall/J. Salmon (Hrsg.), When men were men. Masculinity, power and identity in classical antiquity. Leicester-Notthingham Stud. Ancient Soc. 8 (London, New York 1998) 195–204.

HORSLEY 1979
: R. A. HORSLEY, Josephus and the Bandits. Journal Stud. Judaism 10, 1979, 37–63.

ISAAC 1984
: B. ISAAC, Bandits in Judaea and Arabia. Harvard Stud. Class. Phil 88, 1984, 171–203.

JARITZ u. a. 1979
: H. JARITZ/H. MAEHLER/K.-TH. ZAUZICH, Inschriften und Graffiti von der Brüstung der Chnumtempel-Terrasse in Elephantine. Mitt. DAI Kairo 35, 1979, 125–154.

KOVÁCS 2008
: P. KOVÁCS, Burgus building inscriptions of Commodus from Pannonia. Sylloge Epigr. Barcinonensis 6, 2008, 125–138.

KÜNZL 1993
: E. KÜNZL, Die Alamannenbeute aus dem Rhein bei Neupotz. Plünderungsgut aus dem römischen Gallien. Monogr. RGZM 34 (Mainz 1993).

LAFER 2003
: R. LAFER, Epigraphische Zeugnisse von *latrones* in der *regio X* und in Dalmatien. In: K. Strobel (Hrsg.), Der Alpen-Adria-Raum in Antike und Spätantike. Die Geschichte eines historisch-geographischen Raumes im Spiegel der epigraphischen, literarischen, numismatischen und archäologischen Quellen. Akten der IV. Internationalen Table Ronde zur Geschichte der Alpen-Adria-Region in der Antike. Altertumswiss. Stud. Klagenfurt 1 (Klagenfurt 2003) 75–92.

LAFER 2004
: R. LAFER, Zu den *latrones* im Römischen Reich und ihrer Rezeption in der Forschung. Einige Überlegungen zur Methodik. In: L. Ruscu u. a. (Hrsg.), Orbis Antiquus. Studia in honorem Ioannis Pisonis. Bibl. Mus. Napocensis 21 (Cluj-Napoca 2004) 100–108.

MÓCSY 1968
: A. MÓCSY, Latrones Dardaniae. Acta Antiqua 16, 1968, 351–354.

OPELT 1965
: I. OPELT, Die lateinischen Schimpfwörter und verwandte sprachliche Erscheinungen (Heidelberg 1965).

RIESS 2001
: W. RIESS, Apuleius und die Räuber. Ein Beitrag zur historischen Kriminalitätsforschung. Heidelberger Althist. Beitr. u. Epigr. Stud. 35 (Stuttgart 2001).

ROSTOWZEW 1905
: M. ROSTOWZEW, Die Domänenpolizei in dem römischen Kaiserreiche. Philologus 64, 1905, 297–307.

SCHRÖTER 1984
: P. SCHRÖTER, Skelettreste aus zwei römischen Brunnen von Regensburg-Harting als archäologische Belege für Menschenopfer bei den Germanen der Kaiserzeit. Arch. Jahr Bayern 1984, 118–120.

SHAW 1984
: B. D. SHAW, Bandits in the Roman Empire. Past & Present 105, 1984, 3–52.

SHAW 1991
: B. D. SHAW, Der Bandit. In: A. Giardina (Hrsg.), Der Mensch der römischen Antike (Frankfurt/M., New York, Paris 1991) 337–381.

SÜNSKES THOMPSON 1990
: J. SÜNSKES THOMPSON, Aufstände und Protestaktionen im Imperium Romanum. Die severischen Kaiser im Spannungsfeld innenpolitischer Konflikte (Bonn 1990).

TUDOR 1953
: D. TUDOR, „Interfecti a latronibus" in inscriptile din Dacia. Studii si cercetari de istorie veche 4, 1953, 583–595.

WELWEI/MEIER 2003
: K.-W. WELWEI/M. MEIER, Charietto. Ein germanischer Krieger des 4. Jahrhunderts n. Chr. Gymnasium 110, 2003, 41–56.

WOLFF 1999
: C. WOLFF, Comment devient-on brigand? Rev. Études Anciennes 101, 1999, 393–403.

ZIMMERMANN 1996
: M. ZIMMERMANN, Probus, Carus und die Räuber im Gebiet des pisidischen Termessos. Zeitschr. Papyr. u. Epigr. 110, 1996, 265–277.

Abbildungsnachweis: Introbild Foto K. Grewe/H. Lilienthal, mit Veränderung durch H. Stelter; Abb. 1 Umzeichnung H. Stelter nach Jaritz u. a. 1979 Taf. 20; Abb. 2 Universitätsbibliothek Leipzig, P. Lips. I 37; Abb. 3 Foto George Grantham Bain Collection (Library of Congress), LC-DIG-ggbain-09255; Abb. 4 Ungarisches Nationalmuseum, Foto: Ortolf Harl.

Dr. Patrick Jung
LVR-Archäologischer Park Xanten
LVR-RömerMuseum
patrick.jung@lvr.de

CONST BREVCV
MIL EX COH VIII
BREVC ANN XXXV
STIP XII H S E

C IVL IG D...
PR MO TR E...
EQ ALA EN...
STATORIAN...
STIP VII H A S...

MARCUS REUTER

Steinerne Zeugnisse antiker Gewaltverbrechen – Mord und Totschlag in römischen Grabinschriften

Von der einst reichen epigraphischen Kultur Roms haben sich heute noch über 400 000 Inschriften in griechischer und lateinischer Sprache erhalten; der ursprüngliche Bestand wird sogar auf 20–40 Millionen Denkmäler geschätzt. Die weitaus größte Gruppe unter den Inschriften bilden Grabtexte, die in der Regel den Namen, das Lebensalter, gelegentlich auch die geographische Herkunft sowie den Beruf des Verstorbenen überliefern – nähere Angaben über die Todesumstände finden sich dagegen nur äußerst selten[1]. Gleiches gilt auch für Mord- oder Totschlagsdelikte: bislang sind nur etwa 50 Grabinschriften bekannt geworden, in denen Kapitalverbrechen konkret erwähnt werden. Diese relativ kleine Zahl spiegelt sicher nicht die tatsächlichen Verhältnisse in den Provinzen des Römischen Reiches wider, da die historischen Quellen für die Kaiserzeit ein gänzlich anderes Bild von der inneren Sicherheit im Imperium Romanum zeichnen (siehe P. Jung in diesem Band). Die Ermordung durch Straßenräuber war z. B. ein so alltägliches Delikt geworden, dass in einer römischen Rechtsquelle des frühen 3. Jahrhunderts n. Chr. ein derartiger Vorfall (neben hohem Alter und Krankheit) als eine allgemeine Todesursache definiert wurde[2]. Es mag daher überraschen, dass trotz der großen Häufigkeit solcher Delikte bislang nur relativ wenige Grabinschriften für Mordopfer vorliegen – der Informationsgehalt dieser Texte ist für die antike Kriminalgeschichte zudem recht unterschiedlich, da in einigen Fällen lediglich die Tatsache eines gewaltsamen Todes vermerkt wurde[3], während andere Beispiele recht detaillierte Schilderungen des jeweiligen Verbrechens enthalten. Dieser insgesamt sehr heterogene Inschriftenbestand soll im Folgenden kurz aus verschiedenen Blickwinkeln beleuchtet werden: Welche Informationen bieten uns die Grabtexte über Opfer, Täter und Tatmotive? Was erfahren wir über die Verbrechen selbst? Wo fanden die Untaten statt?

Die Opfer

Bei der Betrachtung der Grabinschriften mit Erwähnung von Kapitalverbrechen fällt zunächst auf, dass sowohl Täter als auch Opfer fast ausschließlich Männer waren; Frauen sind dagegen in beiden Gruppen nur sehr spärlich vertreten[4]. Dieser Umstand ist zweifellos auf mehrere Ursachen zurückzuführen: generell waren römische Frauen im öffentlichen Leben – und damit auch in den antiken Inschriften – stark unterrepräsentiert. Dennoch dürfte das ungleiche Geschlechterverhältnis ein durchaus realistisches Bild der tatsächlichen Verhältnisse widerspiegeln, zumal zahlreiche Opfer bei auswärtigen Reisen überfallen und getötet wurden – ein Milieu, in dem in der Antike vorwiegend Männer anzutreffen waren. Dass es sich bei den Ermordeten tatsächlich oft um Reisende bzw. um Ortsfremde gehandelt hat, überliefern diverse Grabtexte: so stammte etwa das Opfer Clodius Perigenes, dessen Grabstein 1868 im hessischen Weiterstadt gefunden wurde[5], aus der Stadt Teanum Sidicinum in Kampanien (Italien) (Abb. 1). Ein gewisser Campanus, der am 28. Mai 194 n. Chr. im heutigen Saint-Bertrand-de-Comminges (Frankreich) zusammen mit einem zweiten Opfer von Räubern getötet wurde, war gebürtiger Spanier und in der Stadt Iulia Nova Karthago – heute Cartagena in Spanien – beheimatet[6]. Auch der kaiserliche Kurier, der im 4. Jahrhundert n. Chr. an der Residenz in Trier seinen Dienst versah und der *deceptus fraude latronum* – „durch räuberischen Frevel umgebracht" wurde, dürfte sein Ende wohl bei einem auswärtigen Botengang gefunden haben[7]. Dasselbe Schicksal widerfuhr dem Legionscenturionen Antonius Valentinus, der in den iulischen Alpen bei einem Raubüberfall ermordet wurde[8]. Da sich die Tat weit entfernt von seiner Heimatgarnison Vindobona, dem heutigen Wien, ereignete, dürfte sich der Mann wohl ebenfalls auf einer dienstlichen Reise

Abb. 1 Gewaltsamer Tod in Südhessen – Grabstein eines Mordopfers aus Weiterstadt. Der nicht mehr ganz vollständig erhaltene lateinische Text lautet in Übersetzung: „[Den Totengeistern … des Clodius Perigenes …], Räuber erschlugen ihn hier, der aus Teanum Sidicinum in Campanien stammte. Das eine Land deckt ihn mit Erde, das andere gab ihm das Leben. Perigenes hat nun seinen Grabstein, Secundus hat sein Gelübde erfüllt. Seinem geliebten Bruder ließ Publius Clodius Secundus (den Grabstein) setzen." Die Stadt Teanum Sidicinum, aus der der Tote stammte, liegt nördlich von Neapel.

befunden haben. Wie die Grabinschriften zeigen, waren gerade Soldaten – trotz ihrer Bewaffnung – offenbar häufig das Ziel von Raubüberfällen[9]. Dazu mag einerseits der Umstand beigetragen haben, dass die Männer oft einzeln oder in kleinen Gruppen bei dienstlichen Außeneinsätzen unterwegs waren; andererseits stellten die Militärangehörigen in der mittleren und späten Kaiserzeit eine finanziell privilegierte Gruppe dar, so dass auch die Aussicht auf eine reichhaltige Beute zu entsprechenden Überfällen animiert haben mag. Hierbei scheinen vor allem Kavalleristen, die häufig als Meldereiter oder Kuriere unterwegs waren, besonders gefährdet gewesen zu sein[10].

Unter den Opfern finden sich interessanterweise aber nicht nur Einzelpersonen; die Grabinschriften überliefern ebenso auch Überfälle, bei denen mehrere Personen ausgeraubt und getötet wurden. Besonders tragisch ist der Fall des Iulius Timotheus, der unmittelbar vor den Toren Roms zusammen mit sieben Zöglingen von Räubern umgebracht wurde[11]. Auch die Begleitung durch bewaffnetes Personal bot keineswegs umfassende Sicherheit, wie der Tod des städtischen Beamten Condonius zeigt, der zusammen mit fünf Soldaten ermordet wurde[12]. Da der Mann als Aedil tätig war, könnte er sogar während einer Maßnahme zur Verbrechensbekämpfung sein Leben verloren haben.

Wer waren die Täter?

Interfectus a latronibus – „getötet von Räubern"; diese knappe Formel findet sich in den Grabinschriften von Mordopfern mit Abstand am häufigsten[13], ohne dass die Texte noch weitere Informationen über die Identität der erwähnten *latrones* enthalten. Dieser Umstand dürfte vor allem auch darauf zurückzuführen sein, dass in vielen Fällen die Mörder tatsächlich unerkannt entkommen waren, zumal nicht wenige Verbrechen in eher abgelegenen Gebieten verübt wurden. Der in den Inschriften fast regelhaft verwendete Begriff des *latro* bietet aus sprachlicher Sicht jedoch nur wenig Aufschluss über die Täter, da dieser ganz allgemein einen bewaffneten Menschen bezeichnete, der auf gewaltsamen Raub ausging[14]. Auffallend ist jedoch, dass in den Grabinschriften stets von mehreren Tätern – *latrones* – die Rede ist, obwohl man offenbar häufig keine Hinweise auf die Identität des/der Mörder hatte. Auch in der Lyoner Grabinschrift eines 61-jährigen Veteranen, der nicht von *latrones*, sondern von *hominibus mali(s)* – also von „schlechten Menschen" – getötet wurde (Abb. 2), waren offenbar mehrere Täter am Werk. Diese Beobachtung passt recht gut zu den historischen Quellen, wo bei Raubüberfällen stets Banden agieren; Einzeltäter sind dagegen, anders als heute, für die römische Zeit nicht überliefert.

Dass bei Reisen durch die Provinzen aber nicht nur von Räuberbanden Gefahren drohten, zeigt der Fall des 25-jährigen Euplus, dessen in Salona (Kroatien) gefundene Grabinschrift knapp vermerkt: *occisus a viatoribus* – „getötet von (Mit-)Reisenden"[15]. Sehr wahrscheinlich dürfte der Mann nachts in einer Herberge ermordet worden sein, da man bei einem gewaltsamen Tod auf der Landstraße sonst wohl eher die dort allgegenwärtigen *latrones* für die Tat verantwortlich gemacht hätte. Nach den zahlreichen literarischen Schilderungen zu urteilen, standen die Unterkünfte entlang der römischen Fernstraßen ohnehin in keinem guten Ruf; auch die Gastwirte scheinen immer wieder in dubiose Geschäfte bis hin zu Kapitalverbrechen verwickelt gewesen zu sein[16]. Ob die Mörder des Euplus je gefasst wurden, bleibt offen.

Nicht alle Morde wurden jedoch an Reisenden verübt – und nicht alle Mörder bleiben für die Nachwelt anonym. Vor allem bei Beziehungstaten, von denen sich durchaus einige Fälle in den Grabinschriften finden, waren die Täter in der Regel bekannt: so ist auf einem in Lyon gefundenen Grabstein zu lesen, dass Iulia Maiana nach 28 Jahren Ehe von ihrem Gatten umgebracht wurde[17]. Ernsthafte Beziehungsprobleme gab es anscheinend auch bei einem gewissen Montanus im italischen Aquinum, dessen Schicksal mit *raptus iniqua feminaeque manu* – „dahingerafft durch

Abb. 2 Im Ruhestand ermordet. Die in Lyon gefundene Grabinschrift lautet in Übersetzung: „Den Totengeistern des Iulius Aventinus, des Veteranen aus der 1. Legion Minervia, 61 Jahre alt, hat Iulia Frigia (diesen Grabstein) gesetzt, die Gattin, was den Beruf angeht, ihrem Ernährer, was die Liebe angeht, ihrem Vater, was die Güte angeht, ihrem Patron und Lucia, noch ein kleines Kind, voller Qual, weil es ihm nicht vergönnt war, mit seinen Händen die Augen des Vaters zu schließen, als dessen Leben von schlechten Menschen aus dem Weg geräumt worden ist. Frigia, die Gattin, und Lucia, die Tochter, haben ihm, der 20 Jahre mit mir gelebt hat, das Grab bestellt und unter der Ascia geweiht."

die verbrecherische Hand einer Frau" beschrieben wird[18]. Der Offizier Aggaeus hingegen fand sein Ende *vi militum interempto* – „umgekommen durch die Gewalt von Soldaten"; er war vermutlich das Opfer einer Soldatenschlägerei[19]. Persönliche Motive dürften auch für die Ermordung des Mainzer Viehzüchters Iucundus ausschlaggebend gewesen sein, der von seinem Sklaven umgebracht wurde (Abb. 3). Der Täter beging anschließend Selbstmord[20]. Ein ähnlicher Fall ereignete sich in der Nähe des südfranzösischen Ortes Apt, wo ein Mann namens Gaius Severianus von seinem Freigelassenen getötet wurde[21]. Welche zwischenmenschlichen Dramen diesen Taten vorausgegangen waren, erzählen die Grabinschriften leider nicht. In jenen Fällen, in denen Freigelassene oder Sklaven ihre (ehemaligen) Besitzer töteten, bedarf es jedoch nur wenig Fantasie, um sich mögliche Motive der Täter vorzustellen.

Die Tat

Nur sehr selten geben die Grabinschriften nähere Auskunft über die Art und Weise, wie die Mordopfer zu Tode kamen. Von Clodius Macer, der im Alter von 20 Jahren in Nordafrika getötet wurde, berichtet dessen Grabtext in äußerst knapper Form: *iugulatus* – „er wurde erwürgt"[22], während auf dem Grabstein eines in Spanien getöteten Opfers zu lesen ist: *dolo [la]tronum manu o<c>cisus* – „durch die Arglist einer räuberischen Hand getötet"[23]. Und eine in Karthago gefundene Inschrift berichtet von einem Mann, der am 31. Dezember 382 n. Chr. einem Mord zum Opfer fiel, Folgendes: *ab inimico suasus* [sic!]

Abb. 3 Vom eigenen Sklaven erschlagen – das Ende des Mainzer Viehzüchters Iucundus. Der Grabtext lautet in Übersetzung: „Iucundus, Freigelassener des Marcus Terentius, Viehzüchter (ruht hier). Wer du auch immer vorbeigehst, lies, bleib stehen, Wanderer, und sieh, wie schmachvoll dahingerafft unnütz ich klage. Nicht mehr als 30 Jahre konnte ich leben, denn (mein) Sklave raubte mir das Leben, und er selbst stürzte sich kopfüber in den Fluss. Ihm entriss der Main, was er dem Herrn geraubt hatte. Der Patron ließ (das Grabmal) von seinem Geld setzen."

gladio interfectus – „er wurde von seinem Feind mit einem Schwert getötet"[24]. In vielen Fällen scheinen die Hinterbliebenen keine genauen Informationen über das Schicksal des Opfers besessen zu haben, zumal auch in den Schriftquellen immer wieder erwähnt wird, dass Reisende einfach spurlos verschwanden[25]. Ungeklärt blieb auch das Schicksal des Gaius Tadius Severus, der im Alter von 35 Jahren von Räubern entführt wurde (*abducto a latronibus*) und der offenbar nie mehr wieder auftauchte, so dass dessen Angehörige ihm im dalmatischen Salona schließlich einen Grabstein setzen ließen[26].

Manchmal gelang es einzelnen Opfern aber auch, einem Raubüberfall lebend zu entkommen. So berichtet der Veteran Nonius Datus in einer Inschrift, er sei bei einer Reise in die Stadt Saldae (Algerien) zusammen mit seinen Leuten überfallen worden, den Räubern jedoch mit Wunden bedeckt entkommen[27]. Auf einen ähnlichen Vorfall könnte vielleicht auch die in Vrgovrac (Kroatien) gefundene Iupiterweihung eines Centurionen der *legio I Minervia* zurückzuführen sein, der *hoc in loco maiestate et numine eius servatus* – der also „an dieser Stelle durch dessen [Iupiters] Macht und göttliches Wirken gerettet" wurde[28].

Die Tatmotive

Über die Beweggründe der Täter erzählen die Grabinschriften der Mordopfer nur wenig; in der Mehrzahl der Fälle – vor allem bei Verbrechen an Reisenden – dürfte es sich jedoch um gewöhnliche Raubmorde gehandelt haben. Materielle Motive werden explizit für den Mord an der nur 10-jährigen Iulia Restituta im dalmatischen Salona genannt, deren Schicksal mit *interfectae causa ornamentor(um)* – „umgebracht wegen ihres Schmuckes" beschrieben wurde[29]. Ein klassischer Raubmord könnte auch im Fall des 40-jährigen Lucius Iulius Bassus vorliegen, da der Mann nicht nur Ratsherr, sondern auch Kassenverwalter des Municipiums von Drobeta in Dakien war, als er von Räubern erschlagen wurde[30].

Nicht alle Morde wurden (und werden) jedoch aus Habsucht verübt. Persönliche Motive wie Hass, Eifersucht oder Missgunst führten ebenfalls immer wieder zu tödlichen Gewaltakten; einige Beispiele solcher Beziehungstaten wurden bereits oben im Abschnitt über die Straftäter angeführt.

Die Tatorte

Ein erster Blick auf die Fundorte der Grabinschriften zeigt das (wenig überraschende) Ergebnis, dass aus nahezu allen Provinzen des Römischen Reiches inschriftliche Belege für Gewaltverbrechen vorliegen. Auch in Italien, dem Kernland des Reiches, scheint es um die öffentliche Sicherheit nicht viel besser bestellt gewesen zu sein als in den Randgebieten des Imperiums. Die Anzahl einschlägiger Grabinschriften ist jedoch insgesamt viel zu gering, um anhand deren geographischer Verteilung besonders unsichere Regionen identifizieren zu können[31]. Die etwa in den Schriftquellen immer wieder erwähnten berüchtigten „Hochburgen" des Räuberunwesens im Balkanraum – aber auch das in Kleinasien gelegene Isaurien erfreute sich eines entsprechenden Rufes – lassen sich im Inschriftenmaterial allenfalls vage erkennen.

Wo die einzelnen Verbrechen genau geschahen, ist aus den Grabtexten meist nicht sicher zu erschließen: Tatort und Aufstellungsort eines Grabsteines müssen nicht zwingend identisch sein, sofern der Ort des Verbrechens den Hinterbliebenen überhaupt bekannt und das Opfer nicht spurlos verschwunden war.

Gelegentlich geben die Grabtexte jedoch sehr genaue Auskunft über den Tatort, vor allem dann, wenn das Mordopfer direkt am Ort des Verbrechens bestattet wurde. Dies scheint nach Ausweis der Inschriften durchaus häufiger vorgekommen zu sein: *Hic interfectus est. Sit tibi terra levis* – „Hier ist er ermordet worden. Möge dir die Erde leicht sein!" wurde etwa in der Grabinschrift des Lucius Caesius Maximus vermerkt, der im spanischen Ostippo im Alter von 21 Jahren ums Leben kam[32]. *Hic est occisus* – „Hier ist er getötet worden" ist auch auf dem Grabstein eines Veteranen zu lesen, der bei Burnum in Dalmatien gefunden wurde, wobei der Text noch präzisierend ausführt: *finibus Varvarinorum in agello secus Titum flumen ad Petram longam*, also „im Gebiet der Varvarini, in der Nähe des Flusses Titus am ‚Langen Stein'"[33]. Auch der oben bereits erwähnte Grabstein des Clodius Perigenes aus dem hessischen Weiterstadt war direkt am Ort des Verbrechens aufgestellt worden, wie der Text unmissverständlich überliefert: *Hic interfecere latrones...* – „Hier ermordeten Räuber..."[34].

Sicher nicht am Tatort bestattet wurde dagegen der 18-jährige Clementianus, dessen in Emona (Pannonien) gefundene Grabinschrift folgendes Schicksal

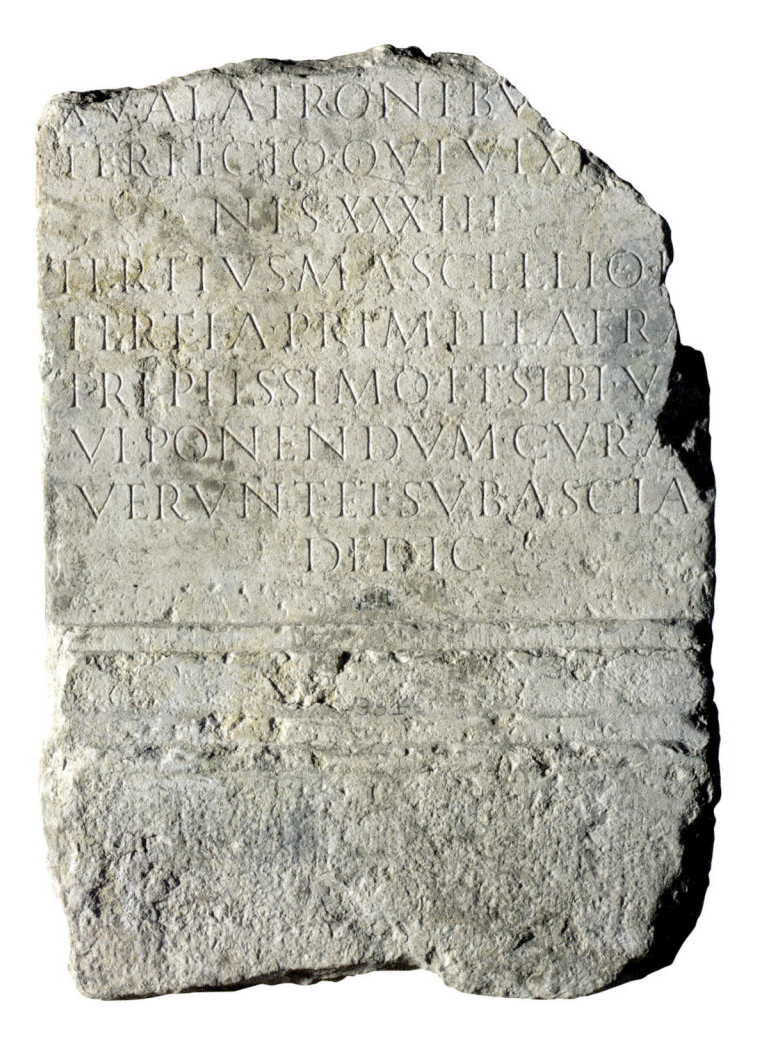

Abb. 4 Ein Soldat als Opfer eines Raubmordes. Der nicht mehr vollständig erhaltene Grabtext aus Lyon lautet in Übersetzung: „[Für … Tertius … Soldat mit] 15 Dienstjahren, erschlagen von Räubern; er lebte 33 Jahre. Tertius Mascellio und Tertia Primilla haben für ihren äußerst liebevollen Bruder und für sich zu Lebzeiten (das Grab) anlegen lassen und unter der Ascia geweiht."

berichtet: *occisus in stabulo scelere* – „getötet in einem Stall durch ein Verbrechen"[35]. Gerne wüsste man Näheres über die Umstände, unter denen der junge Mann dort umgebracht wurde. Ob die Tat in einer der Herbergen entlang der Fernstraßen begangen wurde, wie vermutet wurde[36], ist durchaus möglich, jedoch nicht sicher zu beweisen.

Eine deutliche Distanz zwischen Tatort und dem Aufstellungsort des Grabsteines war auch bei dem bereits erwähnten Centurionen Antonius Valentinus gegeben, dessen Denkmal im heutigen Triest gefunden wurde[37]. Der Mord geschah jedoch nach Auskunft der Inschrift *in Alpes Iulias, loco quod appellatur Scelerata* – also „in den Iulischen Alpen, an einem Ort, der Scelerata genannt wird." Der Grabstein dagegen dürfte wohl am Heimatort des Toten aufgestellt worden sein, wofür auch die Tatsache sprechen könnte, dass die Errichtung des Denkmals durch dessen Sohn besorgt wurde.

In diesem Zusammenhang erhebt sich die Frage, wie die Identifizierung von ortsfremden Mordopfern erfolgte, da die lokale Bevölkerung die Durchreisenden namentlich kaum gekannt haben dürfte. Häufig werden daher die ausgeplünderten Leichname, die man an und auf den Fernstraßen vorfand, anonym bestattet worden sein. Bis das Verschwinden einer Person den Angehörigen auffiel und diese entsprechende Suchmaßnahmen einleiten konnten, vergingen sicher mehrere Tage, manchmal vielleicht sogar Wochen. Ob die sterblichen Überreste der Opfer tatsächlich so lange unbestattet an den Orten der Verbrechen liegen blieben, erscheint aus heutiger Sicht nur schwer vorstellbar. Andererseits erwähnt der kaiserliche Leibarzt Galen, dass er den Körper eines getöteten Räubers am Straßenrand studiert habe, der durch die Vögel bereits nach wenigen Tagen teilskelettiert war und ihm dadurch einen lehrreichen anatomischen Anblick bot[38]. Nicht immer war die örtliche Bevölkerung also gewillt, die Toten zu bestatten; vor allem dann nicht, wenn es sich um Angehörige von Räuberbanden handelte.

Fazit

Obwohl die Grabinschriften von Mordopfern lediglich punktuelle „Momentaufnahmen" darstellen und die Verbrechen zudem oft nur mit sehr knappen Worten erwähnt werden (Abb. 4), bieten die Texte mitunter aufschlussreiche Einblicke in römische Lebensschicksale. Die vielleicht bemerkenswerteste Grabinschrift eines Mordopfers wurde in Vrbica in Serbien gefunden, das in der Antike zur Provinz Moesia Superior gehörte. Dort kam im 3. Jahrhundert n. Chr. ein Mann unter recht ungewöhnlichen Umständen ums Leben: *interfectus a [sta]tionari(is) cum Diurpagisa filio suo, qui vixit ann(os) XVIII* – „er wurde zusammen mit seinem Sohn Diurpagisa, der 18 Jahre alt war, von *stationarii* getötet"[39]. Die *stationarii* waren römische Sicherheitskräfte, die die Provinzbevölkerung eigentlich vor kriminellen Übergriffen schützen sollten[40]. Tatsächlich geschah im vorliegenden Fall genau das Gegenteil. Wie andere Quellen (vor allem Papyri) zeigen, war dies wohl kein singulärer Vorgang: Immer wieder wird von Ordnungskräften berichtet, die besonders im 3. Jahrhundert n. Chr. die eigene Zivilbevölkerung mit Gewaltakten drangsalierten, um sich so widerrechtlich Dienstleistungen und Sachgüter anzueignen[41]. Dabei kam es manchmal sogar zu Todesfällen. Die römische Staatsführung scheint diesen Missständen weitgehend hilflos gegenüber gestanden zu haben, denn die Klagen über derartige Vorfälle rissen nicht ab und reichen bis weit in die Spätantike hinein.

Anmerkungen

1 Vgl. z. B. die Grabinschrift eines nur 8-jährigen Jungen, der in Rom bei einem Badeunfall ums Leben kam, in ILS 8518 (*balneo Martis piscina periit*); den Fall eines Soldaten, der beim Löschen eines Brandes sein Leben verlor (*quod incendio restinguendo interit*) in AE 1912, 250 oder den Tod durch einen Schlangenbiss (*a vipe[ra] percussus*) in ILS 8521.
2 Dig. 13,6,5.4 (Ulp.).
3 So z. B. in AE 1982, 512: *M(arci) Clodi Rufini an(norum) / XXIII [a]b latroni/b(us) oc[c]isus est s(it) t(ibi) t(erra) levis* („Dem Marcus Clodius Rufinus, 23 Jahre alt, er wurde von Räubern getötet. Möge dir die Erde leicht sein!") oder in CIL II 2353: *Acidus / ann(orum) XXII / h(ic) s(itus) e(st) s(it) t(ibi) t(erra) l(evis) / occisus* („Acidus, 22 Jahre alt, hier ist er begraben. Möge dir die Erde leicht sein! Er wurde getötet").
4 Zu den sehr seltenen Belegen für weibliche Todesopfer durch Räuber zählt die Grabinschrift CIL III 8081 = AE 1960, 339.
5 CIL XIII 6429 = CSIR II 13, 202 Nr. 396 Taf. 136.
6 CIL XIII 259.
7 Pfohl 1976, 89 f. Nr. 221.
8 ILS 2646.
9 Siehe z. B. CIL XIII 2282; CIL XIII 2667; AE 1959, 48; CIL VIII 9964.
10 Vgl. z. B. die ermordeten Reitersoldaten in AE 1960, 20; AE 1986, 598; AE 1986, 599. Auch im Pridianum (Tagesmeldung) der *cohors II Hispanorum veterana* vom 17. September 100/ 105 n. Chr. wird unter den Personalabgängen (mindestens) ein Kohortenreiter aufgeführt, der von Räubern erschlagen worden war; vgl. Fink 1971, Nr. 64 Col. II.
11 ILS 8505 = CIL VI 20 307 (*decepto a latronibus cum alumnis n(umero) VII*).
12 AE 1926, 23 (*occisus quom* [sic!] *quinq(ue) milites*).
13 Tudor 1953, 583–595.
14 Vgl. RE XII 1 (1924) 978–980, bes. 978 s. v. Latrocinium (I. Pfaff); Burian 1984; Grünewald 1999, 22–26.
15 CIL III 9054.
16 Vgl. Kleberg 1963, 23–27.
17 CIL XIII 2128 = ILS 8612.
18 CIL X 5495.
19 So Piccotini 1996, 74 f. Nr. 33.
20 CIL XIII 7070 = ILS 8511.
21 CIL XIII 1128; vgl. auch Gascou/Leveau/Rimbert 1997, 170 f. Nr. 131 (gefunden 1856 bei Roussilon).
22 CIL VIII 8036.
23 AE 1989, 480.
24 AE 1997, 1648.
25 Siehe etwa den von Plin. epist. 4,25 geschilderten Fall des Metilius Crispus, der als angehender Centurio bei einer Reise zusammen mit seinen Sklaven und 40000 Sesterzen spurlos verschwand und nie wieder auftauchte. Dabei blieb ungeklärt, ob der Mann von seinen Begleitern ermordet oder ob diese mit ihm zusammen getötet wurden.
26 CIL III 2544.
27 ILS 5795: *[...] profectus sum et inter vias latrones sum passus nudus saucis evasi cum meis [...]* – „[...]. Ich reise ab und wurde unterwegs von Räubern überfallen, beraubt und mit Wunden bedeckt entkam ich mit meinen Leuten. [...]."
28 CIL III 1918.
29 ILS 8514.
30 IDR III 1 Nr. 71.
31 So etwa der Versuch bei Mócsy 1970, 195 f. Kritisch zu derartigen Ansätzen auch Lafer 2004, 101 f.
32 ILS 8509.
33 CIL III 6418 = ILS 2259.
34 CIL XIII 6429.
35 Hoffiller/Saria 1938, 100 Nr. 220.
36 Šašel Kos 1997, 304–306 Nr. 101.
37 ILS 2646.
38 Gal. anatom. admin. 1,2 (Kühn 2, 221 f.).
39 CIL III 14574 = AE 2001, 1728.
40 RE III A,2 (1929) 2213 s. v. Stationarius (F. Lammert).
41 Siehe hierzu den Abschnitt „Beschwerden wegen Unterdrückungen durch Militär und Behörden" bei Sünskes Thompson 1990, 166–176 sowie Herrmann 1990.

Literaturverzeichnis

BURIAN 1984
J. BURIAN, *Latrones*. Ein Begriff in den römischen literarischen und juristischen Quellen. Eirene 21, 1984, 17–23.

FINK 1971
R. O. FINK, Roman military records on Papyrus (Princeton 1971).

GASCOU/LEVEAU/RIMBERT 1997
J. GASCOU/PH. LEVEAU/J. RIMBERT, Inscriptions Latines de Narbonaise (I.L.N.) IV. Apt. XLIV supplément à Gallia (Paris 1997).

GRÜNEWALD 1999
TH. GRÜNEWALD, Räuber, Rebellen, Rivalen, Rächer. Studien zu *latrones* im römischen Reich. Forsch. ant. Sklaverei 31 (Stuttgart 1999).

HERRMANN 1990
P. HERRMANN, Hilferufe aus den Provinzen. Ein Aspekt der Krise des Römischen Reiches im 3. Jahrhundert. Berichte aus den Sitzungen der Joachim Jungius-Gesellschaft der Wissenschaften e.V. Hamburg 8,4 (Hamburg, Güttingen 1990).

HOFFILLER/SARIA 1938
V. HOFFILLER/B. SARIA, Antike Inschriften aus Jugoslavien. H. 1. Noricum und Pannonia Superior (Zagreb 1938).

KLEBERG 1963
T. KLEBERG, In den Wirtshäusern und Weinstuben des antiken Rom (Berlin 1963).

LAFER 2004
R. LAFER, Zu den *latrones* im Römischen Reich und ihrer Rezeption in der Forschung. Einige Überlegungen zur Methodik. In: L. Ruscu u. a. (Hrsg.), Orbis Antiquus. Studia in honorem Ioannis Pisonis. Bibl. Mus. Napocensis 21 (Cluj-Napoca 2004) 100–108.

LAMMERT 1929
F. LAMMERT s. v. Stationarius. In: RE III A,2 (München 1929) 2213.

MÓCSY 1970
A. MÓCSY, Gesellschaft und Romanisation der römischen Provinz Moesia superior (Budapest 1970).

PFAFF 1924
I. PFAFF, s. v. Latrocinium. In: RE XII, 1 (1924) Sp. 978.

PFOHL 1976
G. PFOHL, Römische Grabinschriften (München 1976²).

PICCOTINI 1996
G. PICCOTINI, Die Römersteinsammlung des Landesmuseums Kärnten (Klagenfurt 1996).

ŠAŠEL KOS 1997
M. ŠAŠEL KOS, The Roman Inscriptions in the National Museum of Slovenia (Ljubljana 1997).

SÜNSKES THOMPSON 1990
J. SÜNSKES THOMPSON, Aufstände und Protestaktionen im Imperium Romanum. Die severischen Kaiser im Spannungsfeld innenpolitischer Konflikte (Bonn 1990).

TUDOR 1953
D. TUDOR, „Interfecti a latronibus" in inscriptile din Dacia. Studii si cercetari de istorie veche 4, 1953, 583–595.

Abbildungsnachweis: Introbild Axel Thünker DGPh; Abb. 1 Hessisches Landesmuseum Darmstadt; Abb. 2, 4 Christian Thioc, Musée gallo-romain, Lyon; Abb. 3 Landesmuseum Mainz (Ursula Rudischer).

Dr. Marcus Reuter
LVR-Archäologischer Park Xanten
LVR-RömerMuseum
marcus.reuter@lvr.de

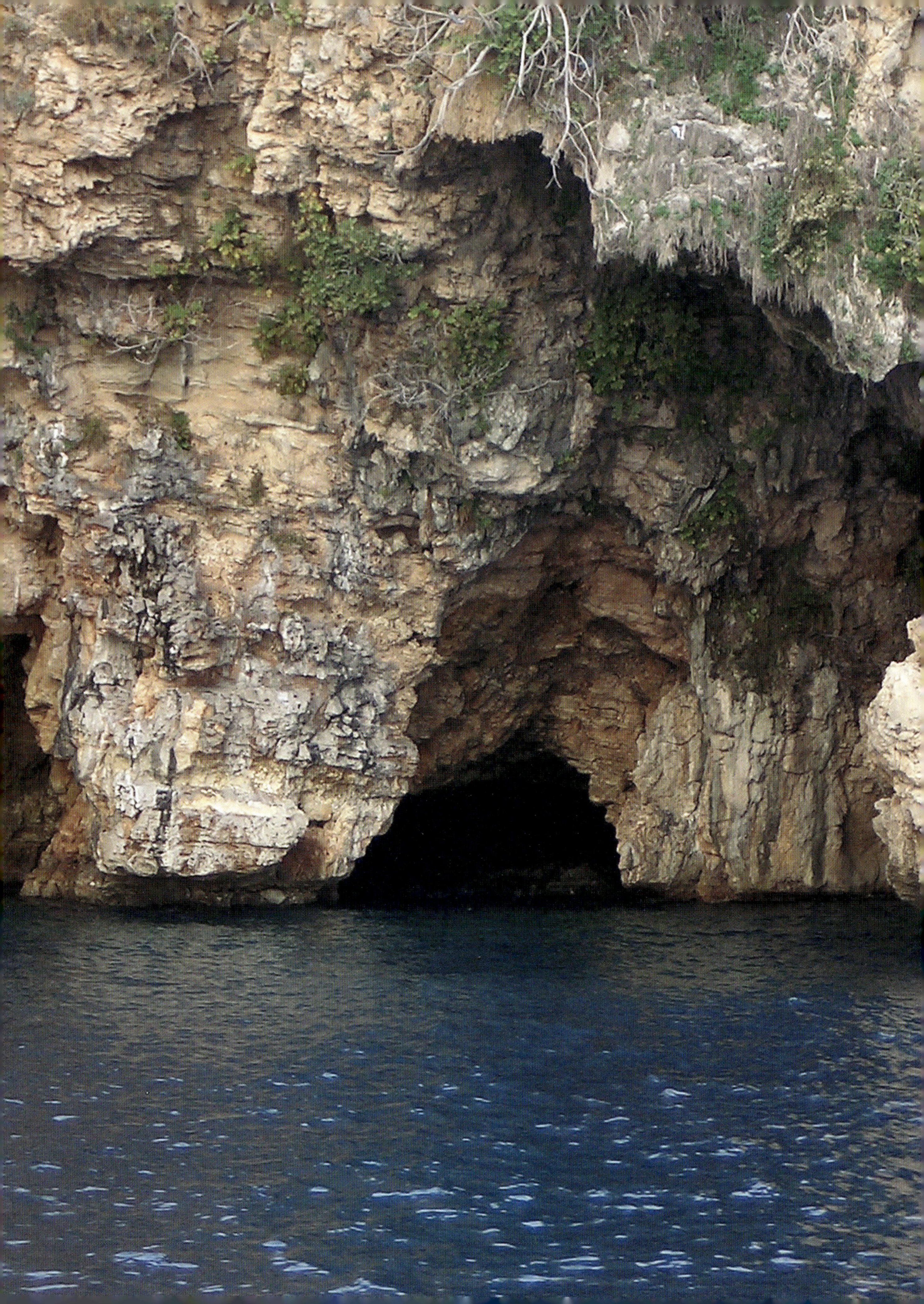

CHRISTIAN GOLÜKE

Mare pacavi a praedonibus – Die römische Vision von einem piratenfreien Meer

Die Gefahren für die Seefahrt sind vielfältig: es drohen Naturgewalten (Unwetter), menschliches Unvermögen (Feuer an Bord, Kollision) und zu allem Überfluss auch die Seeräuberei. Letztere ist so alt wie die Seefahrt selbst und findet bereits in den homerischen Epen Erwähnung. Odysseus übernimmt hier die Rolle des Erzpiraten, der sich schamlos bereicherte, wo er anlandete[1].

Die Bekämpfung der Piraterie nahm in der antiken Geschichtsschreibung seit klassischer Zeit einen festen Platz ein. Besonders wenn es um die Stärkung der eigenen Machtposition auf See ging, war diese Aufgabe – auch in der Wahrnehmung Verbündeter und Feinde – von hoher Bedeutung und wurde schriftlich festgehalten; daher sind wir über die großangelegten Maßnahmen gegen die Seeräuberei relativ gut informiert. Zu nennen sind hier beispielsweise das minoische Kreta[2], das archaische Korinth[3], das klassische Athen[4] und das hellenistische Rhodos[5].

Die bereits von griechischer Seite gewonnenen Erkenntnisse, wie man dieser Aufgabe gerecht wird, konnten also in die römischen Maßnahmen zur Bekämpfung des Seeraubes einfließen. Eigene Erfahrungen und Erfolge gegen Piraten hatte Rom bereits in der Adria beim Konflikt mit der illyrischen Königin Teuta und ihrem ‚Seeräuberstaat' gesammelt, der im Friedensvertrag von 228 v. Chr. endete[6]. Es dauerte mehr als 100 Jahre bis zum nächsten größeren Einsatz der römischen Marine gegen seeräuberische Völker: Q. Caecilius Metellus verdiente sich durch seinen Triumph im westlichen Mittelmeer den Beinamen Balearicus[7]. Auch der Einsatz von M. Antonius Orator 102 v. Chr. in Kilikien (Türkei) verlief erfolgreich[8]. Eine Inschrift aus dem Jahr 100 v. Chr. gewährt einen Einblick in den römischen Umgang mit dem Piratenunwesen in dieser Zeit: Zum einen wurde die Einrichtung der Provinz Cilicia als Maßnahme zur Sicherung der Seefahrt erklärt, zum anderen den Verbündeten jegliche Unterstützung für Seeräuber untersagt[9]. Nach einem erfolglosen Vorgehen seines Sohnes M. Antonius Creticus 73–71 v. Chr. gegen die Piraten Kretas[10] wurde diese Insel erst von Q. Caecilius Metellus Creticus befriedet.

Zur gleichen Zeit agierte Cn. Pompeius (Abb. 1) im restlichen Mittelmeer gegen die ‚Piratenplage' – eine ungeheure Aufgabe, aber auch Machtfülle, mit der er vom Senat betraut wurde. Als gesetzliche Grundlage für sein *imperium infinitum* diente die *lex Gabinia de bello piratico* aus dem Jahr 67 v. Chr., die ihm die umfassende Bekämpfung der Piraterie zu Lande und zu Wasser ermöglichte[11]. Das Gesetz resultierte aus einer Notsituation im Zuge des Piratenunwesens während der kriegerischen Auseinandersetzungen mit Mithradates VI., als die Getreidelieferungen immer seltener durchkamen und die Seeräuber sich bis Ostia vorwagten. Dass Pompeius' Feldzug bereits drei Monate später erfolgreich endete[12], hatte mehrere Gründe: ihm standen ausreichend Schiffe und Legionen zur Verfügung[13], mit denen er auch die Stützpunkte an Land systematisch bekämpfen konnte; zudem gewann er mit einem verlockenden Amnestieangebot schlagartig eine riesige Klientel neu angesiedelter Ex-Piraten[14]. Die angeblich 1 300 eroberten Piratenschiffe bezeugen das Ausmaß seines Erfolges[15].

Es bleibt unklar, ob das Mittelmeer nach dem Vorgehen des Pompeius tatsächlich piratenfrei war. Er selbst wusste um die Gefahr einer erneuten Ausbreitung der Seeräuberei, aber auch um die zu ergreifenden Gegenmaßnahmen. Ein schneller Erfolg war oft nicht nachhaltig, doch sollte das Problem mit der Kontrolle der Küsten und dem Einsatz von Kriegsschiffen bewältigt werden. Pompeius gab vor, was in der Kaiserzeit weitestgehend Realität werden sollte; doch zunächst brachen unruhige Zeiten über das republikanische Rom herein.

◀ Die pamphylische Felsküste bei Antalya.

Abb. 1 Cn. Pompeius Magnus: 67 v. Chr. erfolgreich im Kampf gegen die Mittelmeerpiraterie (Ny Carlsberg Glyptothek Kopenhagen Inv. 733).

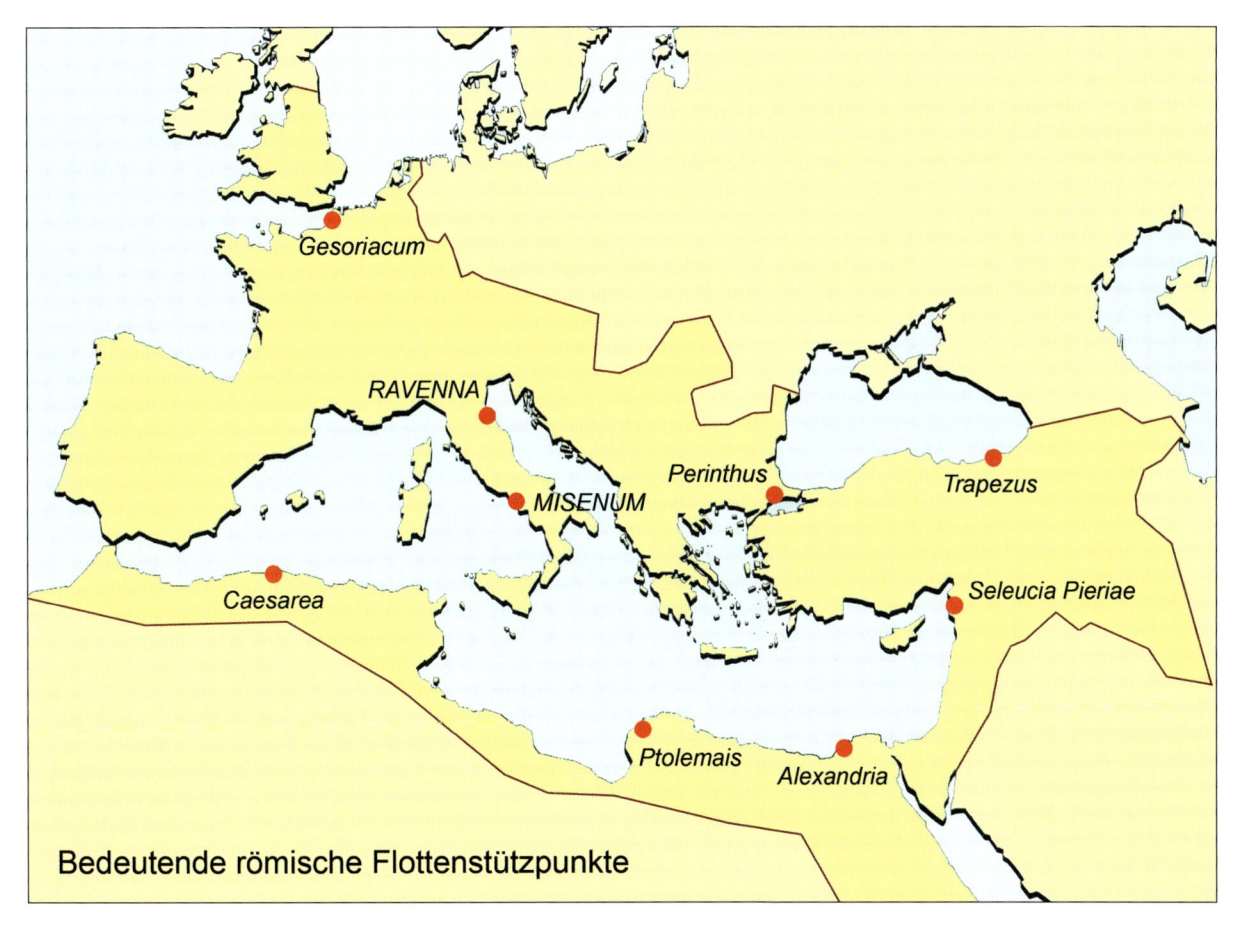

Abb. 2 Die wichtigsten Seeflottenstützpunkte in der römischen Kaiserzeit.

Die enge Bindung der Klientel an die Familie verhalf seinem Sohn Sex. Pompeius zwanzig Jahre später im Bürgerkrieg zu seiner Stärke zur See, gestützt auf die ehemaligen Feinde Roms. Octavian, der sich besonders wegen seines Sieges über Sex. Pompeius rühmte, das Meer von *praedones* befreit zu haben, verhandelte zunächst mit diesem ‚Piratenführer'. Der Bürgerkrieg in Sizilien war aber nicht die einzige Auseinandersetzung des späteren Augustus mit Seeräubern. Appian überliefert ebenso Siege in Malta, Korkyra, Illyrien und über die Liburnier[16]. Die Erfahrungen aus diesen Kämpfen und der von den Piraten übernommene Schiffstyp *liburna*[17] konnten Octavian und Agrippa in die Schlacht von Actium 31 v. Chr. erfolgreich einbringen.

Augustus selbst stellte sich nach seinen Erfolgen zur See als Befreier des Meeres von Piraten dar – ein Bild, das von späteren Autoren ebenfalls tradiert wird[18]. Epiktet relativiert die Gültigkeit dieser Aussage, indem er dabei explizit von „größerer Räuberei und Piraterie spricht"[19]. In einem gewissen Umfang ist in der Kaiserzeit also weiterhin mit Seeraub zu rechnen, der jedoch wenig Spuren in der Überlieferung hinterließ. Im Jahr 6 n. Chr. musste sich Augustus intensiv mit Sardinien befassen, das in die Hände von Seeräubern geraten war[20]. In Kilikien trieb ein gewisser Troxoborus zur Zeit des Claudius sein Unwesen[21] und Vespasian musste sich während des jüdischen Aufstandes mit einer Piratenflotte auseinandersetzen, die sehr effektiv von Jaffa aus agierte[22]. Der entscheidende Schlag gegen diese als Piraten bezeichneten Aufständischen wurde maßgeblich von einer Sturmflut begünstigt. Iosephus zählt am Ende 4 200 tote Feinde[23]. Sie hatten wichtige Handelswege und damit die Getreideversorgung Roms ernsthaft gefährdet, was Vespasian Grund gab, diesen ‚Seesieg' gebührend zu feiern[24]. Auch im Kampf gegen Vitellius musste er sich mit Piraten unter der Führung von Anicetus auseinandersetzen; sie konnten die römische Schwarzmeerflotte in Trapezus besiegen[25].

Für die severische Zeit wurde eine immense Bedrohung des Reiches durch Piraten angenommen, die sich aber bei genauer Überprüfung der Inschriften nicht verifizieren lässt[26].

Die Verteilung der kaiserzeitlichen Flotte auf ihre wichtigsten Stützpunkte (Abb. 2)[27] erweckt den Eindruck, dass im Mittelmeer in Ermangelung ‚militärischer' Feinde die bereits als Brennpunkt seeräuberischer Aktivität in Erscheinung getretenen Gebiete bei der Auswahl berücksichtigt wurden. Besonders die Kontrolle über das östliche Mittelmeer und die Adria, aber auch das Schwarze Meer wurde offensichtlich angestrebt. Ab dem 3. Jahrhundert n. Chr. nutzten Goten und Skythen die nautischen Kenntnisse der Schwarzmeerpiraten für eigene Raubzüge bis weit ins Mittelmeer[28].

Von Bedeutung ist in den Nordwestprovinzen die Sicherung von Ärmelkanal, Nordsee und Rhein durch die *classis Britannica* und die *classis Germanica*. Bereits im 1. und 2. Jahrhundert n. Chr. hatten Chauken immer wieder plündernd auf römische Provinzen übergegriffen[29]. Die Übernahme der *classis Britannica* im Jahr 285 n. Chr. durch Carausius mit dem Auftrag, die Plünderungen durch Sachsen und Franken an den Nordseeküsten einzudämmen, zeigt einen neuen Aspekt im Umgang mit Seeräubern. Eutropius[30] überliefert das Vorgehen als eine Art Piraterie gegen Piraten: Carausius nahm den Plünderern auf deren Heimfahrt die Beute ab – und bereicherte sich auf diesem Wege selbst.

Im 5. Jahrhundert n. Chr. traf erneut eine Welle groß angelegten Seeraubs das Mittelmeer; besonders die Raubzüge der Vandalen unter Geiserich stehen hierbei für die Plünderung ganzer Landstriche über den Seeweg[31]. Von Piraterie zu sprechen, hat hier seine Berechtigung, denn die Überfälle hatten – besonders im östlichen Mittelmeer – nicht die Eroberung der Gebiete zum Ziel.

Quellen zum Seeraub

Piraterie lässt sich mit archäologischen Methoden bislang nicht eindeutig belegen. Dies gilt sowohl für Spuren von Angriffen an Land, wie auch für (Piraten-)Siedlungen in Kiliken, die durch einen großflächigen Survey untersucht wurden[32]. Die Interpretation von Schiffswracks als Zeugnisse räuberischer Angriffe ist selbst bei Kampfspuren oder Waffenfunden nicht eindeutig[33]; letztere dokumentieren nur die Bedrohung, werden aber wegen ihres Wertes nach einem erfolgreichen Piratenangriff nicht im Meer versenkt worden sein. Die Anzahl submariner Schiffsfunde wurde als Beweis für den Höhepunkt der Mittelmeerpiraterie zwischen 150 und 50 v. Chr. herangezogen[34], die Statistik zeigt jedoch keinen evidenten Rückgang bis in das 3. Jahrhundert n. Chr.[35]. In den meisten Fällen werden wohl die Naturgewalten der Grund für den Untergang gewesen sein.

Weitaus ergiebiger als die archäologischen Quellen ist die schriftliche Überlieferung zur antiken Seeräuberei. Mit dem Wort λῃστής (Leistes) beschreiben die griechischen Quellen von der frühesten Zeit an das, was wir gemeinhin als Piraten oder Seeräuber betiteln würden[36], seltener wird ab dem 4. Jahrhundert v. Chr. der Begriff καταποντιστής (Katapontistes) verwendet. Die Bezeichnung πειρατής (Peirates) wird erst ab dem 3. Jahrhundert v. Chr. gebräuchlich und stellt zweifelsohne die Urform des im Lateinischen auftretenden *pirata* dar. In den lateinischen Quellen findet neben den *piratae* der Ausdruck *praedo (maritimus)* für Seeräuber Verwendung, im Kontrast zum *latro*, der seinem räuberischen Handwerk an Land nachging[37] (siehe P. Jung in diesem Band).

Die Art der Texte reicht von Inschriften über die Geschichtsschreibung bis hin zu fiktionalen oder mythologischen Erzählungen. Die epigraphischen Zeugnisse zur Piraterie aus der römischen Kaiserzeit benennen meist zuständige Beamte, akzeptieren in einem Fall aber auch die Entschuldigung für die Verspätung von (See-)Raubopfern[38].

Die meisten historiographischen Quellen zum antiken Seeraub stammen aus der römischen Kaiserzeit und schildern vorwiegend die Verhältnisse im Mittelmeer in republikanischer Zeit. Bei den Autoren in der Blütezeit der romantischen Novelle im 2. Jahrhundert n. Chr. muss man ebenfalls feststellen, dass sie in einer Zeit schreiben, in der die Piraterie zwar noch bekannt war, für die mediterrane Schifffahrt aber keine allzu große Bedrohung mehr darstellte[39]. Die wenigsten Autoren dürften also aus eigener Anschauung mit den gefährlichen Piratenabenteuern konfrontiert worden sein[40], die ihre Protagonisten zu meistern hatten.

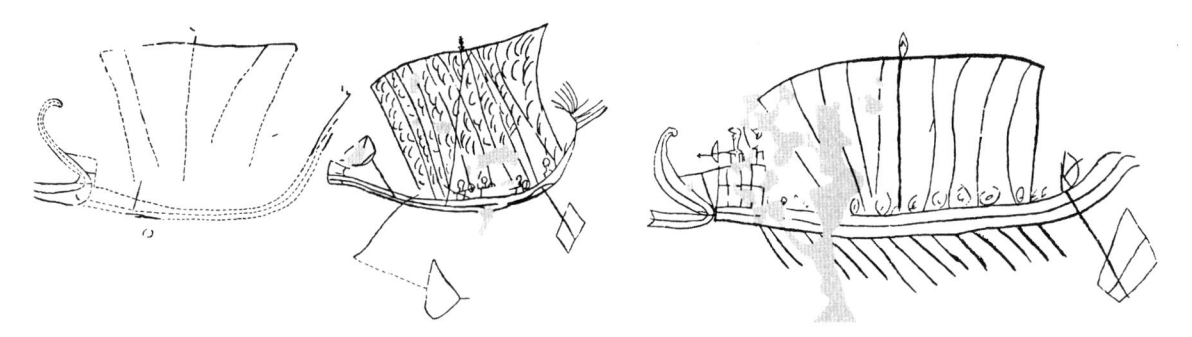

Abb. 3 Piratenboot mit Bogenschützen beim Angriff auf zwei Handelssegler. Graffito (40–30 v. Chr.) im Jasonsgrab in Jerusalem.

Täter und Tatorte

Als berüchtigt für das Piratenunwesen galten Kilikien, Kreta[41], Illyrien und die Balearen[42], außerhalb des Mittelmeeres auch das Schwarze Meer, die Nordsee und das Rote Meer. In jeder dieser Regionen waren römische Flottenverbände im Laufe der Geschichte intensiv mit der Bekämpfung von Piraterie beschäftigt.

Besonders Kilikien wird als Hochburg der Seeräuberei hervorgehoben. Die rauen, felsigen Küsten Kleinasiens (Introbild) boten Piraten vor und nach dem Angriff Verstecke, wodurch sie sich dem Zugriff möglicher Verfolger entziehen konnten[43]. Nur die genaue Kenntnis der Felsküste und der Riffs erlaubte ein sicheres Anlanden.

Die Ausstattung kilikischer Kaperschiffe nahm nach Plutarch im frühen 1. Jahrhundert v. Chr. seltsame Formen an: Reichtum und extravaganter Lebensstil äußerten sich in Vergoldungen, silbernen Beschlägen und dem Einsatz purpurner Stoffe[44]. Im Falle einer Gefangennahme drohte römischen Bürgern eine Demütigung durch die Kilikier: Sie wurden, demonstrativ mit Toga und Stiefeln bekleidet, ins Meer befördert[45]. Dieses Vorgehen spiegelt die Verachtung wider, die man diesen entgegenbrachte. Weitaus geschäftstüchtiger wäre ein Verkauf der Opfer als Sklaven gewesen, am lukrativsten die Forderung von Lösegeld. Für P. Clodius Pulcher[46] verlangten Piraten im Jahr 67 v. Chr. zwei Talente Silber – eine stolze Summe, aber kein Vergleich zum Preis, der für Caesar gefordert wurde. Dieser geriet 75 v. Chr. in die Gefangenschaft kilikischer Piraten und sollte für seine Freilassung 50 Talente aufbringen[47].

Die von Strabon[48] für kilikische Piraten beschriebene Taktik des Aushorchens der Kaufleute im Hafen zur gezielten Auswahl der Opfer wurde nach Heliodor ebenso auf Kreta angewandt. Er lieferte im 3. Jahrhundert n. Chr. in seinem Roman *Aethiopica* den detailliertesten Bericht über einen Piratenangriff[49]: Vor dem Angriff wurde die Felsküste als Versteck und Fischer als Späher genutzt, während einer Flaute erfolgte dann die Annäherung mit einem schnellen Ruderboot (Abb. 3)[50]. Die Seeräuber übernahmen schließlich kampflos das Handelsschiff, ließen aber einige Seeleute mit dem Beiboot entkommen. Ein Sturm trieb das Schiff nun an die ägyptische Küste, wo es auf Grund lief. Kaum an Land, kam es zu Streit und Gewalt unter den Piraten, von der letztlich ägyptische Strandräuber profitieren konnten[51].

In den römischen Erzählungen mit Seeräubern spielen Frauen eine wichtige Rolle. Für sie – Jungfrauen fanden besondere Erwähnung – war es gefährlich, in die Gefangenschaft von Piraten zu geraten. Ohnehin für den Verkauf in die Sklaverei vorgesehen, konnten sie leicht Opfer sexueller Übergriffe durch die Mannschaft werden. In den antiken Quellen findet dies zwar nur in fiktionalen Geschichten Erwähnung[52], es besteht jedoch kein Anlass, an der Realitätsnähe zu zweifeln.

Stürmische See war besonders im Winter ein ernsthaftes Problem der antiken Seefahrt im Mittelmeer. Auch Seeraub war ein Saisongeschäft, das im Winter aufgrund der Witterungsverhältnisse und des Seeganges wenig Beute bei hohem Risiko erwarten ließ. Diesen Umstand konnten sich Handelssegler zunutze machen, um zwar bei rauer See, aber ohne Gefährdung durch Piraterie ihre Transporte durch-

Abb. 4   Germanisches Boot mit Stechpaddeln. Terra Sigillata-Schale mit Barbotinedekor (Landesmuseum Trier Inv. ST 14812).

zuführen[53]. Die experimentelle Archäologie hat den Nachweis erbracht, dass Segelschiffe im Winter einen klaren Vorteil gegenüber den ruderbetriebenen Kaperschiffen hatten, die viel leichter kenterten[54]. Der Geschwindigkeitsvorteil der leichteren Boote bei ruhiger See und Flaute kam dann nicht zum Tragen[55].

Das Schwarze Meer entzog sich durch seine Randlage zur griechisch-römischen Welt einer flächendeckenden militärischen Kontrolle[56]. Umgekehrt führten Raubzüge pontische Seeräuber immer wieder in das östliche Mittelmeer. Die römischen Garnisonen der Kaiserzeit an der Küste des Schwarzen Meeres lassen sich daher als Schutzmaßnahme vor diesen Übergriffen verstehen[57]; die Entwicklung der Piraterie an der östlichen Grenze des Reiches offenbart jedoch den geringen Erfolg des militärischen Einsatzes.

Im Schwarzmeergebiet kamen kleine, wendige Boote (*camarae*)[58] zum Einsatz, die durch das dachartige Abdecken des Innenraumes mit Brettern auch hohen Wellen standhalten konnten. Die *camarae* waren eine einfache aber praktische Konstruktion, die das Anlanden mit beiden Seiten erlaubte.

Das Rote Meer und der angrenzende Indische Ozean waren für den Indienhandel des Römischen Reiches von entscheidender Bedeutung, aber durch die weiten Entfernungen von Rom nicht zu kontrollieren. So boten sich den Piraten dieser Region trotz oder gerade wegen der Blüte des Reiches beste Einnahmequellen. Der Einsatz von römischen Kriegsschiffen konnte hier wenig bewirken, da ein Eskortieren der Handelsschiffe nicht möglich war. So versuchten sich die Handelssegler durch die Mitnahme von Bogenschützen selbst vor Angriffen zu schützen[59].

Jede Schwäche des Römischen Reiches hatte besonders auf die Sicherheitslage der Grenzprovinzen Auswirkungen; dies betraf auch die Küstengebiete der Nordsee[60]. Ab dem späten 3. Jahrhundert n. Chr. nutzten Sachsen und Franken die Möglichkeiten zu Plünderungen am daraufhin so genannten *litus saxonicum* in Britannien, der Gallia Lugdunensis sowie der Gallia Belgica. Die Installation eines ausgedehnten Befestigungssystems der Küsten wurde als Schutzmaßnahme gegen diese Raubzüge interpretiert[61]. Germanische Plünderer verwendeten nach Plinius Einbäume für ihre Beutezüge, wobei es sich vermutlich um gespreizte Baumstämme mit angesetzter Bordwand handelte (Abb. 4); nur so war Platz für die angegebene Zahl von 30 Menschen, kaum jedoch für reiche Beute[62]. Diese Boote waren einem Seegefecht mit römischen Kriegsschiffen nicht gewachsen; die Angreifer mussten sich also unbemerkt dem Ziel nähern und sich ganz auf den Überraschungseffekt verlassen[63]. Die germanischen Piraten konnten sich jederzeit in für Rom nicht kontrollierbare Gebiete in direkter Nachbarschaft zu den Provinzen an der Nordsee zurückziehen.

Recht und Ordnung

Können Inschriften zur Klärung der Frage dienen, wer für die lokale Bekämpfung von Seeraub in der Kaiserzeit zuständig war? Die Überlieferung ist dürftig. Der im späten 2. bis frühen 3. Jahrhundert n. Chr. epigraphisch erwähnte *praefectus arcendis latrociniis* kommt theoretisch für diese Aufgabe in Frage; mit Bois l'Abbé liegt aber nur einer der Inschriftenfundorte an der Meeresküste[64].

Sicherlich nie ganz piratenfrei war die kleinasiatische Küste, wo das Amt des Irenarchen vermutlich auch mit der Bekämpfung lokaler Ausprägungen von Seeraub in Verbindung zu bringen ist[65]. Wahrscheinlich gehörte die Piratenbekämpfung auch zum Aufgabenbereich des *praefectus orae maritimae*[66], dessen Wirkungsfeld jedoch noch nicht vollständig geklärt ist. Aelius Alexander hat in severischer Zeit laut einer rhodischen Inschrift[67] als Stratege das Meer gegen Piraterie gesichert. Unklar ist die Funktion, die T. Valerius Proclus als *procurator* zur Zeit des Tiberius im Kampf gegen Piraten am Hellespont eingenommen hat[68].

Die Bekämpfung der Piraterie hatte oftmals die Dimensionen eines Krieges, der jedoch auf römischer Seite nicht als *bellum iustum*[69] verstanden, sondern mit anderen Termini wie etwa *bellum servile* belegt wurde. Zum offiziellen Feind Roms wurde man durch Kriegserklärung. Nach römischem Recht waren alle anderen, die sich gegen das römische Volk stellten, Banditen oder Piraten (*latrunculi vel praedones*)[70], die dementsprechend auch in gleicher Weise zu behandeln waren. Unter Seeraub ist dabei zu verstehen, was sich mit „armed robbery normally involving the use of ships"[71] beschreiben lässt.

Leider fehlen Gesetzestexte zur Piraterie in der Antike fast völlig. In den Digesten findet sich zumindest eine Regelung, die die Entrechtung bei Gefangennahme durch Piraten verhindern sollte[72].

Der Gefahr für alle zur See fahrenden Menschen, nach einem Aufeinandertreffen mit Piraten ihr Leben als Sklave fristen zu müssen oder getötet zu

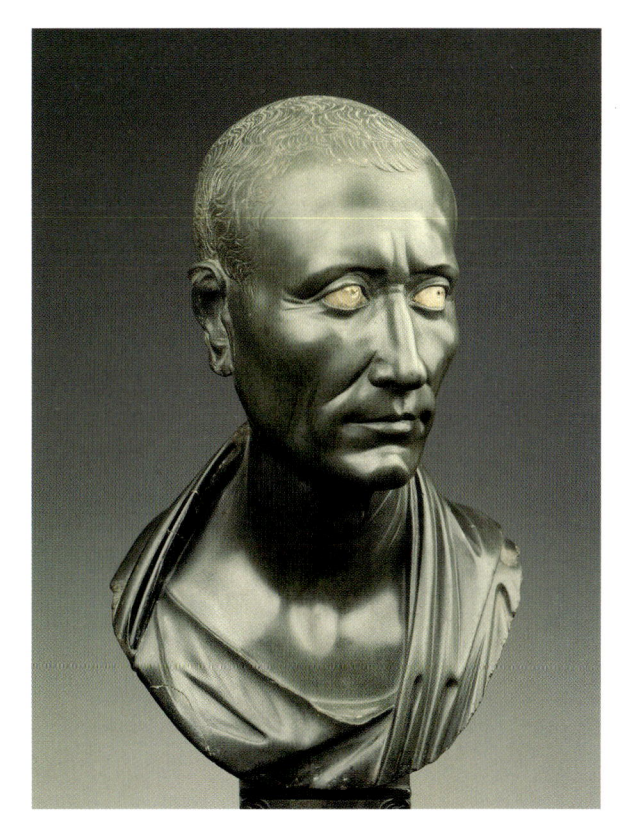

Abb. 5 C. Iulius Caesar: 75 v. Chr. die wertvollste Geisel in Piratenhänden (Antikensammlung, SMB Inv. SK 342).

werden, stand für die Täter im Falle einer Gefangennahme generell die Hinrichtung entgegen. Es fehlt aber die Kenntnis über die Rechtsgrundlage, die für die Verurteilung diente[73]. Es muss sie gegeben haben, denn selbst Caesar (Abb. 5) hat nach der Gefangennahme seiner Entführer in Pergamon zunächst ein Urteil des Statthalters der Provinz Asia angefordert[74]. Erst als dieses zu lange auf sich warten ließ, griff er mit der Kreuzigung der Gefangenen der Entscheidung vor, wobei er den Piraten allerdings einen schnellen Tod gewährte[75]. Das Vorgehen Caesars wirft rechtliche Fragen auf, die sich aber anhand der vorliegenden Quellen nicht eindeutig beantworten lassen[76].

Die Berichte lassen keinen Zweifel daran, dass die Exekution dem Verlangen der Bevölkerung entsprach, die unter der Seeräuberei zu leiden hatte. Aus der Verurteilung und Hinrichtung gefangener Piraten konnten so leicht Großveranstaltungen mit Sensationscharakter werden, die rechtlich sogar gefordert waren[77]. Wer als Statthalter gegen dieses

Abb. 6 Darstellung aus dem 7. Homerischen Hymnos mit der Gefangennahme des Dionysos durch tyrrhenische Piraten, die der Gott nicht mit Lösegeld entlohnt, sondern mit Wahnsinn straft und in menschenfreundliche Delphine verwandelt. Mosaik aus Dougga, 3. Jh. n. Chr. (Bardo-Museum Tunis Inv. 2884 B).

öffentliche Interesse handelte, zog nicht nur den Unmut der Bevölkerung auf sich, sondern musste sich auch den Vorwurf des Amtsmissbrauchs gefallen lassen[78].

In Charitons Roman Kallirhoe wird das Geständnis des Verdächtigen durch Folter erwirkt, es folgt die Kreuzigung vor großem Publikum[79]. Gewiss meint Sallust die Strafe für Piraten, wenn er vom Auspeitschen am Mastbaum und der Kreuzigung verstümmelter Körper schreibt[80]. Im Vergleich mit anderen Hinrichtungsarten galt die Kreuzigung als besonders entehrend. Es bleibt spekulativ, ob manche Piraten nach ihrer Gefangennahme auch im Amphitheater zu kämpfen hatten[81]. Selbst die härtesten Strafen konnten aber nicht bewirken, dass der Seeraub zu irgendeiner Zeit völlig zum Erliegen kam.

Die Auswirkungen der Bedrohung durch Piraterie aber auch Schiffbruch lassen sich an den gesetzlichen Regelungen des Seehandels ablesen und vermitteln uns damit indirekt Erkenntnisse über deren Ausmaß[82]. Die enormen Gewinnerwartungen bei erfolgreichem Transport, sowie die relativ große Gefahr, Schiff und Ladung zu verlieren, spiegeln sich in den hohen Zinsen wider. Das System der privaten Finanzierung versprach den Geldgebern hohe Rendite[83], eröffnete den auf See Mitwirkenden allerdings auch Betrugsmöglichkeiten, weswegen der Ruf der Seeleute nicht zu den besten gehörte. Zum eigentlichen Frachtvertrag zwischen Auftraggeber und Reeder konnte ein *receptum nautarum* hinzugefügt werden, das die Verantwortung für den Verlust der Ladung auf den Schiffseigner übertrug[84]. Das Scheitern des Transports durch Piratenangriff war aber – gewissermaßen als ein Akt höherer Gewalt – von dieser Regelung ausgenommen[85]. Gewiss nicht nur Phantasie ist die Beschreibung der Piraterie bei Chariton[86]. Hier wird Seeraub unter dem Deckmantel eines Frachtunternehmens betrieben und somit ein scheinbar legaler Weiterverkauf der Beute ermöglicht.

Nicht immer erfolgte die Finanzierung durch private Geldgeber: Bei der lebenswichtigen Versorgung Roms mit Getreide (*annona*) übernahm der Staat diese Aufgabe und hatte dabei mit einem Frachtverlust von etwa 20 % zu rechnen.

Schlussbetrachtung

Nicht nur die antiken Quellen, sondern auch die Sekundärliteratur[87] ermöglichen durch ihre Vielfalt einen differenzierten Blick auf die antike Piraterie.

In der griechischen Welt reichte die Wahrnehmung des Seeraubes von der ehrbaren Jagd auf Beute mit Risikofaktor über die Akzeptanz als Mittel der Kriegsführung bis hin zum lukrativen Wirtschaftszweig. In einigen Regionen konnte man dabei auf eine seit Generationen gepflegte Tradition der Piraterie zurückschauen. Besonders das Fehlen größerer Kontrollmächte führte immer wieder zum Aufblühen der Seeräuberei.

Mit der Ausdehnung des römischen Einflussbereiches über das gesamte Mittelmeer erhöhte sich für römische Bürger die Wahrscheinlichkeit eines Aufeinandertreffens mit Piraten. Nicht von Ungefähr wurden die Handelswege Roms ab dem 2. Jahrhundert v. Chr. zu einem Hauptziel der Seeräuber. Beim Einsatz von Kaperfahrten als Mittel kriegerischer Auseinandersetzungen wurde nicht mehr zwischen lohnend oder wertlos, sondern nach Freund oder Feind unterschieden. So waren Annonafahrten hinsichtlich der Beute kein attraktives Ziel, im Kriegsfall aber ein gutes Mittel, um die Versorgungslinien Roms lahmzulegen. Pompeius hat gezeigt, dass zur Bekämpfung der Seeräuberei die offene Seeschlacht als alleiniges Mittel nicht ausreicht[88]. Erst die Kontrolle über die gesamte Küste des Mittelmeeres, und damit auch über potentielle Piratenstützpunkte an Land, ermöglichte die Beschränkung der Piraterie durch Rom auf ein Minimum.

Seit Augustus übernahm der Princeps diese wichtige und prestigeträchtige Aufgabe. Sie ist eine der Säulen der *pax Romana*, der propagierten Vision einer reichsweiten Sicherheit unter der Kontrolle des Kaisers[89]. Es ist eine beachtliche Leistung Roms, zumindest das Mittelmeer durch die Verdrängung der Piraten über einen langen Zeitraum dieser Vorstellung angenähert zu haben. Piraterie ist kein Phänomen, das in der Blütezeit des Reiches eine ernsthafte Rolle spielte. Die vorhandenen Quellen – hierunter die Inschriften, die Rechtstexte und die romantischen Novellen des 2. bis 3. Jahrhunderts n. Chr. – geben keinen Grund, Seeraub im Zentrum des Reiches zu einem alltäglichen Vorgang zu erklären.

Das Piratenproblem ist jedoch zu keinem Zeitpunkt komplett getilgt worden, sondern an die Grenzen des Römischen Reiches verschoben. Die Angriffe von Seeräubern kamen nun meist aus Gebieten, die von Rom nicht direkt kontrolliert werden konnten. Die Plünderungen durch Barbaren in den peripheren Provinzen hatten oftmals Dimensionen, die kriegerischen Auseinandersetzungen gleichkamen. Die Angriffe zielten allerdings nicht auf die Einnahme von Land ab, sondern auf den Abtransport von Beutegut.

Es bleibt festzuhalten, dass die Anwendung seeräuberischer Mittel durchaus unterschiedliche Gründe haben konnte. Nicht immer stand die persönliche Bereicherung im Vordergrund, es gab auch politisch motivierte Piraterie[90]. Der zeitweise inflationäre Gebrauch der Bezeichnung ‚Piraten' für beinahe alle, die mit einer Flotte gegen Rom agierten, legt die Vermutung nahe, dass hier auch die Diskreditierung von Gruppen, die sich selbst (zu recht) als Feinde Roms sahen, bezweckt wurde[91]. Wo hört Piraterie auf und wo fängt eine offene Opposition gegen die Beherrschung durch Rom oder ein Angriff auf die Grenzen des Reiches an? Manchmal entschied nur der Maßstab, in dem man vorging, über die Einstufung als recht oder unrecht, als Krieg oder Verbrechen[92]. Für einige der literarisch erwähnten Piraten dürfen wir den Kampf für die eigene Unabhängigkeit von Rom als maßgeblich betrachten[93], andere wurden von Armut oder auch der Abenteuerlust getrieben. Die Suche nach Motiven für die Zuwendung zum Seeraub darf nicht darüber hinwegtäuschen, dass die meisten Piraten einem brutalen und menschenverachtenden ‚Handwerk' nachgingen, das mit den Handelsschiffen und Küstensiedlungen überwiegend zivile Ziele traf. Es lässt sich nicht mehr nachhalten, wie viele ihrer Opfer durch sie die Freiheit oder das Leben verloren haben. Daher verwundert es nicht, dass Piraten in der Antike gerne als Feinde aller Menschen bezeichnet wurden[94].

Mit Weitblick schrieb Cassius Dio im frühen 3. Jahrhundert n. Chr.: Οὐ γὰρ ἔστιν ὅτε ταῦτ' οὐκ ἐγένετο, οὐδ' ἂν παύσαιτό ποτε, ἕως δ' ἂν ἡ αὐτὴ φύσις ἀνθρώπων ᾖ – „Sie [die Seeräuberei] ist von jeher betrieben worden und wird stets betrieben werden, solange die menschliche Natur dieselbe bleibt"[95]. Der Blick auf die Weltmeere zeigt, dass diese Aussage auch heute noch Gültigkeit besitzt[96].

Anmerkungen

[1] Hom. Od. 4,90. – Hierzu passend die fast obligatorische Frage an Fremde, ob sie als Seeräuber kommen: Hom. Od. 3,71–74. 9,252–255; Hymn. Hom. Ap. 452–455; siehe auch Thuk. 1,5,1. – Vgl. auch Archil. fr. 54 D zu den Trägern der griechischen Kolonisation.

[2] Thuk. 1,4. 1,8 berichtet, dass Minos der erste Befreier des Meeres von Piraten (hier Karer und Lelager) war. Das minoische Kreta hatte seine Seemacht derart etabliert, dass keine Befestigung der Paläste notwendig war. In späterer Zeit festigte Kreta seinen Ruf als Piratenhochburg.

[3] Thuk. 1,13,5.

[4] Hervorgehoben bei der Bekämpfung der Piraterie werden Kimon (Plut. Kim. 8) und (fragwürdigerweise) Themistokles (Nep. Them. 2,3). – Für einen Gesamtüberblick über die Quellen zur klassischen Zeit siehe Ferone 1997, 181–187.

[5] Diod. 20,81–83. 20,97,5–6. 27,3. Braund 1993, 203: „Rhodes built an imperial identity upon the suppression of piracy." Siehe auch de Souza 2008, 74–76. Wie weit Anspruch und Wirklichkeit hier jedoch auseinander liegen, zeigt Wiemer 2002, 137–142. – Rhodos setzte zur Piratenverfolgung eigens konstruierte Schnellsegler ein, so Kaletsch 1986, 485.

[6] Polyb. 2,4,8–5,2. Ausführlich zu diesem Thema Pohl 1993, 58–94.

[7] Strab. 3,5,1 (167) lässt Zweifel an der grundsätzlich kriminellen Ausrichtung der Balearen zu. Interessant ist auch der Blick auf die Bewaffnung dieser ‚Piraten' mit Steinschleudern, von der Flor. epit. 1,43,4 berichtet. Zu Details siehe de Souza 1999, 92–96.

[8] Siehe hierzu de Souza 1999, 102–108; Pohl 1993, 208–216.

[9] Das Gesetz ist durch zwei fragmentarische Kopien in Knidos und Delphi erhalten und wird in der Forschung bezeichnet als *lex de piratis persequendis* oder *lex de provinciis praetoriis*. Vgl. Hassall u. a. 1974, 195–220 (mit Text und engl. Übers.); Giovannini/Grzybek 1978, 33–47; Sumner 1978, 211–225; de Souza 1999, 108–115; Pohl 1993, 216–256.

[10] De Souza 1999, 141–148.

[11] Cic. imp. Cn. Pomp. 52. Zum Widerstand im Senat siehe Gelzer 1949, 77–79.

[12] Besonders Dio Cass. 36,20–37. Zu Pompeius' Kampf gegen die Piraten siehe Gelzer 1949, 74–86; de Souza 1999, 149–178; Deininger 2001, 8–27. Eine Analyse seines Vorgehens aus dem Blickwinkel moderner Außenpolitik liefert Tröster 2009.

[13] Die Angaben zu den Schiffen gehen weit auseinander, z. B. Beresford 2009a, 26 (60 exzellente Kriegsschiffe); Kammerer-Grothaus 2000, 25 (200 Schlachtschiffe und 70 kleinere); Gelzer 1949, 79 (bis zu 500 Schiffe, dazu 120 000 Mann und 5 000 Reiter); de Souza 1999, 170 (für Kilikien 100 Schiffe, insgesamt 30 000 Mann).

[14] Plut. Pomp. 28,3–4. Zu Pompeius' Ansiedlung von Piraten im ebenen Kilikien im Zuge der Neuordnung des Ostens siehe zuletzt Esch 2011 [im Druck].

[15] Strab. 14,3,3 (665); Gelzer 1949, 82f.; Höckmann 1985, 94.

[16] App. Ill. 16.

[17] Curt. 4,5,18 spricht von *piratici lembi*; siehe Veg. mil. 4,37 mit dem Hinweis, dass Liburnen im militärischen Einsatz auch Tarnfarbe nutzten. Beresford 2009a, 22. Oft erwähnt wird auch die *myoparo* als leichtes Kaperschiff, ihre schematische Form kennen wir durch das Schiffsmosaik von Althiburos, am besten zu erkennen auf der Umzeichnung, siehe Ferone 1997 Taf. 11; Pekáry 1999, 363; Detalle 2002 Taf. 12. – Zur schriftlichen Erwähnung der *myoparo* siehe z. B. Cic. Verr. 2,3,186. 2,4,116. 2,5,97; Oros. 6,2,24; Paul. Nol. epist. 49,15; Val. Max. 2,8,5.

[18] R. Gest. div. Aug. 25,1 (*mare pacavi a praedonibus*), mit gleicher inhaltlicher Aussage Philon leg. 146 und Strab. 3,2,5 (144). – Flor. epit. 1,41,15 will allerdings schon nach Pompeius keinen Piraten mehr im Mittelmeer gesehen haben.

[19] Epikt. diatr. 3,13,9

[20] Dio. Cass. 55,28,1. Siehe Tramonti 1994, 149.

[21] Sein Vorgehen (Tac. ann. 12,55) konzentriert sich aber nicht nur auf das Meer, sondern fordert zudem die Ansprache als Räuberei. Vgl. Tramonti 1994, 151 f.

[22] Ios. bell. Iud. 3,416 nennt die Schiffe πειρατικὰ σκάφη. Die Herabwürdigung der Feinde zu Piraten entspricht in diesem Falle der römischen Sichtweise auf die Aufständischen und ist nicht nur als Ausdruck für ihre Kampfesweise zu sehen, wie Gichon 2002, 107f. vermutet. Strab. 16,2,28 (759) zufolge ist Jaffa bereits zuvor ein Piratennest gewesen.

[23] Ios. bell. Iud. 3,427. Darunter wohl auch viele aus Jaffa geflohene Bewohner.

[24] Dies findet 71 n. Chr. Ausdruck beim Triumphzug in Rom, der auch den Sieg gegen feindliche Schiffe thematisiert, sowie in der flavischen Münzprägung (Gichon 2002, 105).

[25] Zur Diskussion um die Vergangenheit dieses Anicetus vgl. Woods 2006, 641–649 und de Souza 1999, 208.

[26] AE 1948, 201 = BE 1946/47, 156. Herz 1995, 195–198 (ihm folgt Riess 2001, 107 Anm. 89) widerspricht von Domaszewski 1903, 384 f., der in der Inschrift CIG 2509a den Inhaber eines *imperium infinitum* auf See erkennen möchte.

[27] Vgl. Viereck 1975, 252–258; Tramonti 1997, 125 Abb. 2.

28 HA Gall. 12,6. 13,6; Zos. hist. 1,32–34. 1,42. Vgl. REDDÉ 1986, 608–618.
29 Tac. ann. 11,18 (für das 1. Jh. n. Chr.); HA Did. 1,7 (für das 2. Jh. n. Chr.). Siehe TRAMONTI 1994, 153–155 zu weiteren Auseinandersetzungen, die aber nicht als Piraterie einzustufen sind.
30 Eutr. 9,21; Aur. Vict. 39,20–21; Paneg. 8,12. In der Folge entsteht für kurze Zeit ein Sonderreich in Britannien und der Küstenregion Galliens mit Carausius als Gegenkaiser zu Maximian.
31 Besonders anschauliche Darstellungen finden sich bei Prok. Vand. 1,5,22–25. 1,7,26. 1,22,16–18; Sidon. carm. 2,348–356; siehe auch DE SOUZA 1999, 231–238 (mit Lit.).
32 RAUH 2003, 179: „Nothing about the remains so far examined by the survey team allows for direct association with pirates, however". Zu Details siehe RAUH u. a. 2000, 157–177 und die Homepage des Projekts: <https://engineering.purdue.edu/~cilicia/>.
33 CAVAZZUTI 2004, 53–57.
34 Die schriftlichen Quellen lassen kaum einen Zweifel an dieser Einschätzung zu. HÖCKMANN 1985, 94; einige Beispiele bei GIANFROTTA 1981, 235–237; CAVAZZUTI 2004, 57 hebt zu Recht den mit etwa 20% relativ hohen Anteil aus dem 1.–2. Jh. n. Chr. hervor.
35 Siehe die Tabelle bei PARKER 1992, 10–15. Für die besonders gefährliche kilikische Küste kann PARKER 1992, 6f. und Karte 1 kein erhöhtes Wrackaufkommen feststellen. Er bemerkt kritisch, dass die Publikationslage regional sehr unterschiedlich ist. Das Bild könnte sich also noch deutlich verändern.
36 Zur Diskussion der Begrifflichkeiten siehe DE SOUZA 1999, 2–13; FERONE 1997, 30. 46–57.
37 Zum gemeinsamen Gebrauch von *praedo* und *latro* siehe Dig. 49,15,24 (Ulp.). Vgl. auch TRAMONTI 1994, 159; RIESS 2001, 17 Anm. 55.
38 Zu den Beamten siehe den Abschnitt ‚Recht und Ordnung' in diesem Beitrag. – Zur Inschrift aus Olympia aus dem 2. Jh. n. Chr.: DITTENBERGER/PURGOLD 1896, 118–126 Nr. 56. – In keinem Fall wird auf einem Grabstein explizit die Ermordung durch Piraten erwähnt. Vgl. hierzu die Beiträge von P. Jung und M. Reuter in diesem Band.
39 DE SOUZA 1999, 214–218. Zur Diskussion um die Historizität dieser Novellen siehe BRAUND 1993, 207–210. Der Grad der Bedrohung hängt dabei vom Aufenthaltsort ab.
40 Auch außerhalb der romantischen Literatur konstruiert Seneca d. Ä. im 1. Jh. n. Chr. Konfliktsituationen, in denen Piraten eine wichtige Rolle spielen (Sen. contr. 1,2. 1,6–7. 3,3. 7,1. 7,4). Vgl. DE SOUZA 2008, 92; ORMEROD 1924, 264–266.
41 Zum schlechten Ruf der Kreter siehe Anth. Gr. 7,654; Polyb. 4,8,11; PERLMAN 1999, 137–139.
42 Oros. 5,13,1; Diod. 5,17,3; PRIETO ARCINIEGA 1987/88.
43 Die erfolglose, weil zu gefährliche Verfolgung von Piraten durch die römische Flotte beschreibt Liv. 37,27. So verschwanden 15 Piratenschiffe unbehelligt in ihrem Unterschlupf unter den Klippen der Myonnesos. Zur Interpretation siehe WIEMER 2002, 124. – Zur Eignung der Landschaft für Piratenstützpunkte siehe RAUH u. a. 2000, 151–157.
44 Plut. Pomp. 24,3–4.
45 Plut. Pomp. 24,7–8. Zum Umgang der Piraten mit der römischen Nobilität siehe auch RAUH 2003, 196f.
46 App. civ. 2,23; Dio Cass. 36,17,3 ; Strab. 14,6,6 (684).
47 Suet. Iul. 4,2; Val. Max. 6,9,15; Vell. 2,42; Plut. Caes. 2. Angeblich wurde die Forderung von 20 Talenten von Caesar selbst auf 50 angehoben. Ein Talent entsprach ca. 26 kg Silber. – Weitere Quellen und Analyse bei GÜNTHER 1999, 321–329. – Im 4. Jh. v. Chr. forderten Piraten für die Freilassung eines Geschäftsmannes 26 Minen (12 kg) Silber (Demosth. 53,6–7).
48 Strab. 14,1,32 (644).
49 Heliod. Aeth. 5,20–32.
50 Ein Graffito aus dem 1. Jh. v. Chr. in der Eingangshalle des Jasongrabes in Jerusalem gibt möglicherweise den Angriff eines Piratenschiffs auf zwei Handelssegler wieder. Siehe PEKÁRY 1999, 148 Kat. IL-18; LANGNER 2001 Kat. 2211 (mit Lit.) Taf. 143.
51 Heliod. Aeth. 5,31–32 gewährt auch einen Einblick in die hierarchische Struktur der Piratenbande. Alexandrinische Strandräuber kannte bereits Caes. civ. 3,112. – Zu den römischen Gesetzen gegen Strandräuberei siehe Dig. 47,9,3–7; Dig. 47,9,12. – Speziell zu falschen Warnfeuern: Dig. 47,9,10–11. – Die Gelegenheit zum Einsammeln von Treibgut wurde gerne wahrgenommen, siehe Petron. 114. – Zu Gelegenheitspiraterie siehe BRAUND 1993, 206 mit Beispielen.
52 Sen. contr. 1,2 thematisiert die Glaubwürdigkeit einer Jungfrau nach ihrer Gefangennahme durch Piraten, ebenso Ach. Tat. 6,21–22. Siehe auch DE SOUZA 1999, 214f.
53 Cic. imp. Cn. Pomp. 31; Plin. nat. 2,125. Es gibt jedoch Ausnahmen: Dio Cass. 36,21,2.
54 Siehe BERESFORD 2009b, 143–145, der den Beweis für die klassisch-hellenistische Zeit liefert.
55 Heliod. Aeth. 5,23–24; Anth. Gr. 7,640.
56 Erfolge bei der Eindämmung der Schwarzmeerpiraterie durch griechische und bosporanische Dynasten sind aus klassisch-hellenistischer Zeit überliefert (HÖCKMANN 2010, 363f.), so etwa Eumelos 310 v. Chr. (Diod. 20,25,2). Für einen kurzen Überblick über die Entwicklung der Seeräuberei im Schwarzen Meer bis in die Kaiserzeit siehe TSETSKHLADZE 2000/01.
57 BRAUND 1994, 171–178; TSETSKHLADZE 2000/01, 12f.
58 Tac. hist. 3,47; Strab. 11,2,12 (495–496); vgl. HÖCKMANN 2010, 364; TSETSKHLADZE 2000/01, 11; DE SOUZA 1999, 207–209. Ausführlich diskutiert bei CHARACHIDZÉ 1998, 261–270.
59 Plin. nat. 6,101. 6,176 (Piraten mit vergifteten Pfeilen); HÖCKMANN 1985, 95; TRAMONTI 1994, 155f.
60 Zu den Belegstellen für Raubzüge von Chauken, Sachsen und Franken in römischer Zeit siehe RECH 2000, 120–125.
61 Siehe z. B. BISCHOP 2000, 21; DE SOUZA 1999, 225f. Dagegen PEARSON 2005, 78–81. 84f. (mit Lit.), der für Britannien keine ernsthafte Bedrohung durch sächsische Seeräuber sieht.
62 Zu den Booten des 1. Jhs. n. Chr. siehe Plin. nat. 16,203; vgl. auch Vell. 2,107,1. – Zu den Kapazitäten siehe DETALLE 2002, 81f.
63 Von TRAMONTI 1994, 164 mit dem modernen Begriff „hit-and-run" umschrieben.
64 Nyon: CIL XIII 5010 = ILS 7007 und AE 1978, 567; Bingen: CIL XIII 6211; Bois l'Abbé: AE 1978, 501 = AE 1982, 716. Ausführlich zu diesem Thema GRZYBEK 2002; siehe auch RIESS 2001, 204f.
65 So zu interpretieren ist IGRR III 481 = ILS 8870; vgl. RIESS 2001, 205f.

⁶⁶ Vgl. REDDÉ 1986, 417–223; DE SOUZA 1999, 206 Anm. 86.
⁶⁷ AE 1948, 201 = BE 1946/47, 156 (engl. Übers. bei DE SOUZA 1999, 218). Siehe oben Anm. 26.
⁶⁸ CIG 3612 = IGRR IV 219 = FRISCH 1975, 207–209 Nr. 102 (mit Übers.). Der Einsatz eines Verwalters gegen Seeräuber ist ein ungewöhnlicher Fall, befindet zu Recht BRAUND 1993, 205 Anm. 5.
⁶⁹ Zur richtigen Definition des Begriffs als echter Krieg statt als gerechter Krieg vgl. SHAW 1984, 6f. mit Anm. 10; vgl. DE SOUZA 2008, 84f. Eine Gegenbeispiel wäre etwa das *bellum servile* (Tac. hist. 3,47–48) gegen Anicetus. Interessant ist in diesem Zusammenhang der Aufstieg des Maternus vom Banditen zum Feind, wie ihn Herodian. 1,10,1 beschreibt.
⁷⁰ Dig. 49,15,24 (Ulp.); Dig. 50,16,118 (Pomp.): *latrones aut praedones*. In direkter Nähe werden die Begriffe auch verwendet bei Dig. 47,9,3,1–2. (Ulp.). Auch im deutschen Strafgesetzbuch (§§ 249–251) wird zwischen Raub und Seeraub nicht unterschieden.
⁷¹ DE SOUZA 2008, 71. Zu einer modernen rechtlichen Eingrenzung der Piraterie siehe Artikel 100–107 des Seerechtsübereinkommens (SRÜ) der Vereinten Nationen von 1982 sowie das Übereinkommen zur Bekämpfung widerrechtlicher Handlungen gegen die Sicherheit der Seeschifffahrt von 1988.
⁷² Spätestens ab severischer Zeit hat nach Dig. 49,15,19,2 (Paul.) und Dig. 49,15,24 (Ulp.) nicht als Sklave zu gelten, wer in Gefangenschaft von Piraten gerät. Vgl. ZIEGLER 1980, 98.
⁷³ RE II A (1921) 1042 s. v. Seeraub (W. KROLL) erklärt das Fehlen von speziellen Piratengesetzen mit der Gleichsetzung von Krieg und Seeraub. Dies mag in republikanischer Zeit richtig sein, in der Kaiserzeit sehe ich jedoch die Gleichstellung von Räubern und Piraten als Hauptgrund. Zu beiden Möglichkeiten siehe ZIEGLER 1980, 99.
⁷⁴ Plut. Caes. 2. Er erklärt das Zögern des Praetors Iuncus mit dessen Gier nach der Beute der Piraten. Diese streicht Caesar selbst ein.
⁷⁵ „[…], *iugulari prius iussit, deinde suffigi*; […]". Suet. Iul. 74, 1 rühmt dieses Vorgehen als Zeichen für Caesars *clementia*.
⁷⁶ Siehe GÜNTHER 1999, 332–337.
⁷⁷ Cic. Verr. 2,5,66. Ganz in diesem Sinne ist auch die Forderung nach einem schnellen (Todes-)Urteil für berüchtigte Räuber bei Dig. 49,1,16 (Mod.) zu verstehen.
⁷⁸ So etwa C. Verres, der als Statthalter von Sicilia in die Kritik gerät (Cic. Verr. 5,63–79); zusammenfassend DE SOUZA 1999, 150–157.
⁷⁹ Chariton 3,3–4.
⁸⁰ Sall. hist. fr. 3,9.
⁸¹ Für das 3. Jh. n. Chr. vermutet dies VON DOMASZEWSKI 1903, 390.
⁸² Nach HÖCKMANN 1985, 170–174, dort auch ein allgemeiner Überblick zu rechtlichen Aspekten des Seehandels in der Antike.
⁸³ Siehe hierzu Petron. 76.
⁸⁴ MEYER-TERMEER 1978, 185–190. Diese Zusatzverträge sind auf private Auftraggeber beschränkt.
⁸⁵ Dig. 4,9,3,1 (Ulp.) bezieht sich hier auf Labeo. Siehe MEYER-TERMEER 1978, 197; ZIEGLER 1980, 100.
⁸⁶ Chariton 1,7,1.
⁸⁷ Eine vollständige Liste der Schriften zu diesem Thema würde den Rahmen sprengen. Es sei daher für ältere Literatur exemplarisch verwiesen auf die Zusammenstellungen bei: DE SOUZA 1999, 243–253; POHL 1993, 1–14. Speziell zur Seeräuberei in der römischen Kaiserzeit siehe TRAMONTI 1994; BRAUND 1993; DETALLE 2002 (Nordwestprovinzen).
⁸⁸ Vgl. GICHON 2002, 107.
⁸⁹ Die Bedeutung der vom Kaiser garantierten *securitas* in der frühen Kaiserzeit veranschaulicht INSTINSKY 1952, 15–26. Nach Epikt. diatr. 3,13,9–10 schützt der Kaiser zwar vor Seeraub, nicht aber vor der Natur. REDDÉ 1986, 326–330 betont die Zerbrechlichkeit dieses ‚Friedens'.
⁹⁰ Nach Hdt. 3,39 lautete das Motto des samischen Tyrannen Polykrates, dass man die zuverlässigsten Freunde dadurch gewinnt, dass man ihnen ihr geraubtes Eigentum wieder zurückgibt. – Vgl. auch die zusammenfassenden Betrachtungen von BRULÉ 1978, 181f. zum hellenistischen Kreta.
⁹¹ So auch DE SOUZA 2008, 93f.; vgl. POHL 1993, 28f.; CLAVEL-LÉVÊQUE 1978.
⁹² Besonders passend hierzu ist Aug. civ. 4,4; siehe auch CLAVEL-LÉVÊQUE 1978. – Vgl. die Sichtweise des Mithradates bei Sall. hist. fr. 4,69.
⁹³ SHAW 1991, 338–342; RIESS 2001, 52f. Nach Dio Cass. 36,22,4 gab es unter den Piraten zu Zeiten des gemeinsamen Feindbildes Rom (vgl. SCHULZ 2000, 433f.) auch finanzielle Unterstützung für unbekannte Mitstreiter auf der eigenen Seite. Das zeigt deutlich, dass wir es hier nicht nur mit einfachen Gaunern zu tun haben. Durch die Einbindung in die Kriegsführung Mithradates' VI. erhält das Piratenunwesen zusätzlich Struktur (App. Mithr. 92). Mit Q. Sertorius findet er im westlichen Mittelmeer einen Kenner Roms als Verbündeten. – Piraten als käufliche Mitstreiter in Kriegszeiten kennt beispielsweise Xen. Hell. 2,1,13. In diesem Fall steht aber nur die Beute im Vordergrund. Die Grenze zwischen Söldnern und Piraten ist besonders im 4. Jh. v. Chr. fließend.
⁹⁴ Cic. off. 3,107: *… communis hostis omnium, …*; Plin. nat. 2,117: *… piratis etiam, omnium mortalium hostibus, …* Ein glaubwürdiges Beispiel wäre der Erzpirat Dikaiarchos, der überall vor eigens errichteten Altären für Ἀσεβεία (Gottlosigkeit) und Παρανομία (Gesetzlosigkeit) betete (Polyb. 18,54,10; KALETSCH 1986, 487). Vermittelt wird dies auch über (fiktionale) Greueltaten, wie etwa bei Ach. Tat. 5,7.
⁹⁵ Dio. Cass, 36,20,1 (Übers. nach KALETSCH 1986, 500).
⁹⁶ BERESFORD 2009a, 22 verzeichnet allein in 2008 über 100 Piratenangriffe vor der Küste von Somalia. Die Tendenz ist steigend. Weltweit waren es 2009 bereits über 400 Fälle (Quelle: <http://de.statista.com/statistik/daten/studie/75315/umfrage/anzahl-der-piratenueberfaelle-weltweit-seit-2006/>).

Literaturverzeichnis

BERESFORD 2009a
J. BERESFORD, Pirates of the Ancient Mediterranean: Echoes of the Past in the Present. Minerva 20, H. 3, 2009, 22–26.

BERESFORD 2009b
J. BERESFORD, The Seasonality of Trade, Warfare and Piracy on the Graeco-Roman Mediterranean. Skyllis 9, 2009, 138–147.

BISCHOP 2000
D. BISCHOP, Siedler, Söldner und Piraten. Bremer Arch. Bl. Beih. 2 (Bremen 2000).

BRAUND 1993
D. BRAUND, Piracy under the principate and the ideology of imperial eradication. In: J. Rich/G. Shipley (Hrsg.), War and society in the Roman world (London, New York 1993) 195–212.

BRAUND 1994
D. C. BRAUND, Georgia in Antiquity (Oxford 1994).

BRULÉ 1978
P. BRULÉ, La piraterie crétoise hellénistique (Paris 1978).

CAVAZZUTI 2004
L. CAVAZZUTI, La pirateria nella navigazione antica. In : M. Giacobelli (Hrsg.), Lezioni Fabio Faccenna. Conferenze di archeologia subacquea (III–V ciclo) (Bari 2004) 45–58.

CHARACHIDZÉ 1998
G. CHARACHIDZÉ, Les pirates de la Mer Noire. Comptes Rendus Séances Acad. Inscript. 1998, 261-270.

CLAVEL-LÉVÊQUE 1978
M. CLAVEL-LÉVÊQUE, Brigandage et piraterie: représentations idéologiques et pratiques impérialistes au dernier siècle de la République. Dialogues d'histoire ancienne 4, 1978, 17–31.

DEININGER 2001
J. DEININGER, Pompeius und die Beendigung der Seeräuberplage im antiken Mittelmeerraum (67 v. Chr.). In: H. Klüver (Hrsg.), Piraterie – einst und jetzt, Beitr. zur Schiffahrtsgesch. 3 (Düsseldorf 2001) 8–27.

DETALLE 2002
M.-P. DETALLE, La Piraterie en Europe du Nord-Ouest à l'Époque Romaine. BAR Internat. Ser. 1086 (Oxford 2002).

DITTENBERGER/PURGOLD 1896
W. DITTENBERGER/K. PURGOLD, Die Inschriften von Olympia (Berlin 1896).

VON DOMASZEWSKI 1903
A. VON DOMASZEWSKI, Die Piraterie im Mittelmeere unter Severus Alexander. Rheinisches Museum 58, 1903, 382–390.

ESCH 2011
T. ESCH, Zur kommunalen Neuordnung Kleinasiens durch Pompeius: Kilikia Pedias und Pontos – Ein Vergleich. In: E. Schwertheim (Hrsg.), Studien zum antiken Kleinasien 7. Asia Minor Stud. 66 (Bonn 2011) [im Druck].

FERONE 1997
C. FERONE, Lesteia. Forme di predazione nell'Egeo in età classica (Neapel 1997).

FRISCH 1975
P. FRISCH, Die Inschriften von Ilion. Inschr. griechischer Städte aus Kleinasien 3 (Bonn 1975).

GELZER 1949
M. GELZER, Pompeius (München 1949).

GIANFROTTA 1981
P. A. GIANFROTTA, Commerci e pirateria: prime testimonianze archeologiche sottomarine. Mél. École Française Rome 93, 1981, 227–242.

GICHON 2002
M. GICHON, Piratika Skafé (Piratenschiffe) und der Krieg zur See im Bellum Iudaicum 66–73/74 u. Z. In: K. Kuzmová/K. Pieta/J. Rajtár (Hrsg.), Zwischen Rom und dem Barbaricum. Festschrift für Titus Kolník zum 70. Geburtstag (Nitra 2002) 105–109.

GIOVANNINI/GRZYBEK 1978
A. GIOVANNINI/E. GRZYBEK, La lex de piratis persequendis. Mus. Helveticum 35, 1978, 33–47.

GRZYBEK 2002
E. GRZYBEK, Nyon à l'époque romain et sa lutte contre le brigandage. Genava N. S. 50, 2002, 309–316.

GÜNTHER 1999
L.-M. GÜNTHER, Caesar und die Seeräuber – eine Quellenanalyse. Chiron 29, 1999, 321–337.

HASSALL u. a. 1974
M. HASSALL/M. CRAWFORD/J. REYNOLDS, Rome and the Eastern Provinces at the End of the Second Century B.C. Journal Roman Stud. 64, 1974, 195–220.

HERZ 1995
P. HERZ, Kampf den Piraten? Zur Deutung zweier kaiserzeitlicher Inschriften. Zeitschr. Papyr. u. Epigr. 107, 1995, 195–200.

HÖCKMANN 1985
O. HÖCKMANN, Antike Seefahrt (München 1985).

HÖCKMANN 2010
O. HÖCKMANN, Zur antiken Schiffahrt im Schwarzen Meer. Kölner Jahrb. 43, 2010, 345–369.

INSTINSKY 1952
H. U. INSTINSKY, Sicherheit als politisches Problem des römischen Kaisertums. Dt. Beitr. zur Altwiss. 3 (Baden-Baden 1952).

KALETSCH 1986
H. KALETSCH, Seeraub und Seeräubergeschichten des Altertums. 2000 Jahre antiker Seefahrt und Piraterie zwischen Adria und Ostmittelmeer. In: H. Kalcyk/B. Gullath/A. Graeber (Hrsg.), Studien zur Alten Geschichte [Festschr. S. Lauffer] (Rom 1986) 469–500.

KAMMERER-GROTHAUS 2000
H. KAMMERER-GROTHAUS, Von Argonauten und Piraten in der Antike. In: H. Roder (Hrsg.), Piraten. Die Herren der Sieben Meere (Bremen 2000) 22–25.

LANGNER 2001
M. LANGNER, Antike Graffitizeichnungen. Motive, Gestaltung und Bedeutung. Palilia 11 (Wiesbaden 2001).

MEYER-TERMEER 1978
A. J. M. MEYER-TERMEER, Die Haftung der Schiffer im Griechischen und Römischen Recht (Zutphen 1978).

ORMEROD 1924
H. A. ORMEROD, Piracy in the ancient world (Liverpool 1924).

PARKER 1992
A. J. PARKER, Ancient Shipwrecks of the Mediterranean & the Roman Provinces. BAR Internat. Ser. 580 (Oxford 1992).

PEKÁRY 1999
I. PEKÁRY, Repertorium der hellenistischen und römischen Schiffsdarstellungen. Boreas Beih. 8 (Münster 1999).

PERLMAN 1999
P. PERLMAN, Krētes aei lēistai? In: V. Gabrielsen/P. Bilde/T. Engberg-Pedersen/L. Hannestad/J. Zahle (Hrsg.), Hellenistic Rhodes: Politics, Culture and Society (Aarhus 1999) 132–161.

PRIETO ARCINIEGA 1987/88
A. PRIETO ARCINIEGA, Un punto oscuro en la invasion romana de las Baleares: la pirateria. Habis 18/19, 1987/88, 271–275.

POHL 1993
H. POHL, Die römische Politik und die Piraterie im östlichen Mittelmeer vom 3. bis zum 1. Jh. v. Chr. (Berlin, New York 1993).

RECH 2000
M. RECH, Chauken und Sachsen in der schriftlichen Überlieferung. In: BISCHOP 2000, 119–134.

REDDÉ 1986
M. REDDÉ, Mare Nostrum. Les infrastructures, le dispositif et l'histoire de la marine militaire sous l'Empire Romain (Rom 1986).

RAUH u. a. 2000
N. K. RAUH/R. F. TOWNSEND/M. HOFF/L. WANDSNIDER, Pirates in the Bay of Pamphylia: an Archaeological Inquiry. In: G. J. Oliver/R. Brock/T. J. Cornell/S. Hodkinson (Hrsg.), The Sea in Antiquity. BAR Internat. Ser. 899 (Oxford 2000) 151–180.

RAUH 2003
N. K. RAUH, Merchants, sailors & pirates in the Roman world (Stroud 2003).

RIESS 2001
W. RIESS, Apuleius und die Räuber. Ein Beitrag zur historischen Kriminalitätsforschung. Heidelberger Althist. Beitr. u. Epigr. Stud. 35 (Stuttgart 2001).

SCHULZ 2000
R. SCHULZ, Zwischen Kooperation und Konfrontation. Die römische Weltreichsbildung und die Piraterie. Klio 82, 2000, 426–440.

SHAW 1984
B. D. SHAW, Bandits in the Roman Empire. Past & Present 105, 1984, 3–52.

SHAW 1991
B. D. SHAW, Der Bandit. In: A. Giardina (Hrsg.), Der Mensch der römischen Antike (Frankfurt a. M., New York, Paris 1991) 337–381.

DE SOUZA 1999
P. DE SOUZA, Piracy in the Graeco-Roman World (Cambridge 1999).

DE SOUZA 2008
P. DE SOUZA, Rome's Contribution to the Development of Piracy. In: R. L. Hohlfelder (Hrsg.), The Maritime World of Ancient Rome (Ann Arbor 2008) 71–96.

SUMNER 1978
G. V. SUMNER, The ‚Piracy Law' from Delphi and the Law of the Cnidos Inscription. Greek Roman and Byzantine Stud. 19, 1978, 211–225.

TRAMONTI 1994
S. TRAMONTI, La pirateria in età imperiale romana. Fenomenologia di una struttura. Ravenna Studi e Ricerche 1, 1994, 137–175.

TRAMONTI 1997
S. TRAMONTI, La pirateria Adriatica e la politica navale Augustea (36–31 A.C.). Ravenna Studi e Ricerche 4, 1997, 89–130.

TRÖSTER 2009
M. TRÖSTER, Roman Hegemony and Non-State Violence: A Fresh Look at Pompey's Campaigne against the Pirates. Greece & Rome 56, 2009, 14–33.

TSETSKHLADZE 2000/01
G. R. TSETSKHLADZE, Black Sea Piracy. Talanta 32/33, 2000/01, 11–15.

VIERECK 1975
H. D. L. VIERECK, Die römische Flotte (Herford 1975).

WIEMER 2002
H.-U. WIEMER, Krieg, Handel und Piraterie. Untersuchungen zur Geschichte des hellenistischen Rhodos, Klio N. F. Beih. 6 (Berlin 2002).

Woods 2006
D. Woods, Tacitus, Nero and the "Pirate" Anicetus. Latomus 65, 2006, 641–649.

Ziegler 1980
K.-H. Ziegler, Pirata communis hostis omnium. In: M. Harder/G. Thielmann (Hrsg.), De iustitia et iure. Festgabe für Ulrich von Lübtow zum 80. Geburtstag (Berlin 1980) 93–103.

Abbildungsnachweis: Introbild u. Abb. 6 Christian Golüke; Abb. 1 bpk; Abb. 2 Horst Stelter, LVR-Archäologischer Park Xanten / LVR-RömerMuseum; Abb. 3 nach Langner 2001, Taf. 143; Abb. 4 Rheinisches Landesmuseum Trier, Foto: Thomas Zühmer; Abb. 5 bpk / Antikensammlung, SMB / Jürgen Liepe.

Christian Golüke M.A.
LVR-Archäologischer Park Xanten
LVR-RömerMuseum
christian.golueke@lvr.de

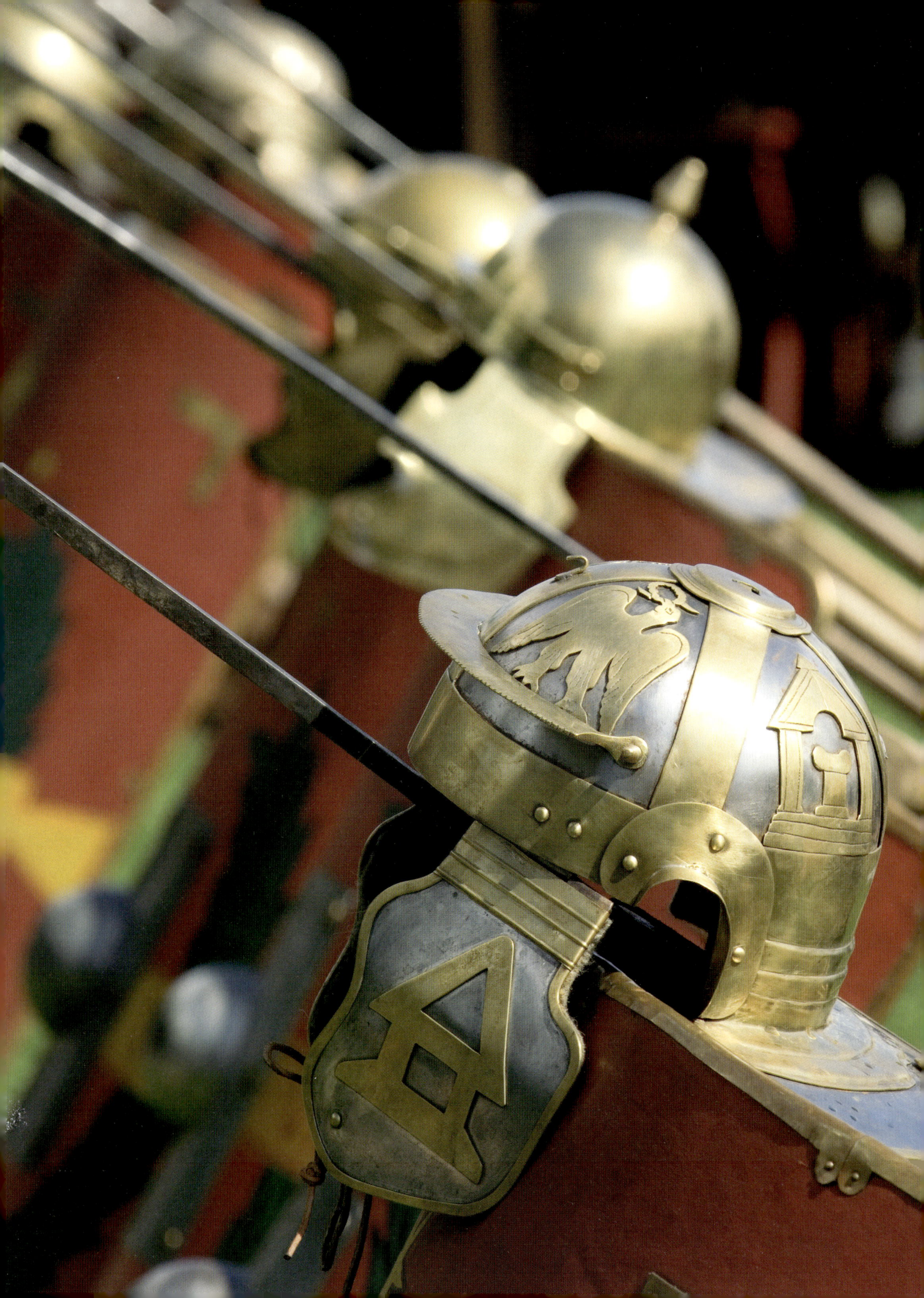

MICHAEL A. SPEIDEL

Römische Soldaten auf Abwegen – Amtsmissbrauch, Korruption und Fahnenflucht

„Nun komme ich zur besonderen Zierde und zum Pfeiler der römischen Herrschaft: das bis auf unsere Zeit durch heilbringende Beständigkeit ursprünglich und unverändert erhaltene, unzerreissliche Band der militärischen Disziplin (*disciplina militaris*), in dessen schützendem Schoss der heitere und ungetrübte Zustand des glücklichen Friedens ruht." So pries der Autor Valerius Maximus in der Regierungszeit des Kaisers Tiberius (14–37 n. Chr.) die Bedeutung der militärischen Disziplin für den friedlichen Zustand des Römischen Reichs[1]. An einer anderen Stelle seiner Sammlung denkwürdiger Taten und Aussprüche ergänzte er, „der zuverlässigste Wächter der römischen Herrschaft ist die strenge Heeresdisziplin (*disciplina castrorum*)"[2]. Solche und ähnliche Aussagen finden sich bei vielen antiken Autoren unterschiedlichster Herkunft. Sie waren eine in der römischen Welt von der Republik bis in die Spätantike allgemein verbreitete Erklärung für die Überlegenheit des römischen Heeres und für den dauerhaften Erfolg der römischen Herrschaft[3]. Politisch verantwortlich für die Heeresdisziplin war seit Augustus der Kaiser, der auch für reichsweit einheitliche Vorschriften sorgte[4]. Oft verkündeten die Kaiser und ihre Lobredner deshalb den herrschenden oder wieder hergestellten Zustand der Disziplin im römischen Heer. Auch die großen öffentlichen Denkmäler und ihre Reliefs, wie etwa die Traianssäule, vermittelten diese Botschaft immer wieder. Weilte der Kaiser nicht beim Heer in den Provinzen, so waren ihm die Statthalter, denen auch die Kapitalgerichtsbarkeit über die Soldaten oblag, für die Einhaltung der *disciplina* verantwortlich. Sie hatten auch dafür zu sorgen, dass einzelne Soldaten ihren Stand nicht dazu missbrauchten, um sich Zivilisten gegenüber persönliche Vorteile zu verschaffen oder sich zu bereichern[5]. Im militärischen Alltag gehörte die Durchsetzung solcher Vorschriften jedoch zu den Aufgaben vor allem der Truppenbefehlshaber und der Offiziere. Um die Einhaltung der Heeresdisziplin zu garantieren, drohten bei Übertretungen schwere Strafen, deren härteste, die Dezimierung, in der Kaiserzeit allerdings kaum mehr verhängt wurde[6]. Die Liste bekannter Strafen reichte von der Geldbuße bis zur Todesstrafe und umfasste etwa auch die öffentliche Demütigung (z. B. das Tragen von Frauenkleidern[7]), die Abkommandierung zu harter Arbeit, körperliche Züchtigung, Degradierung oder die unehrenhafte Entlassung[8]. Auf Fahnenflucht standen schwere Strafen, in Kriegszeiten der Tod[9]. Zudem unterstand der Soldat für alle Straftaten, die nicht als spezifisch militärische Vergehen eingestuft wurden, den üblichen Gesetzen. Daraus konnte es sich aber ergeben, dass selbst kleinere Delikte, wie der Diebstahl in einem Bad, den Soldaten besonders schwer trafen, denn eine Verurteilung zog im genannten Fall die unehrenhafte Entlassung (und mithin den Verlust der Entlassungsprivilegien und -prämien) nach sich[10]. Auch sonst sahen die Gesetze bei bestimmten Vergehen für Soldaten besonders harte Strafen vor, während dieselbe Tat bei Zivilisten sogar ungeahndet bleiben konnte. So drohte etwa Soldaten, die als Schauspieler auftraten oder sich selbst in die Sklaverei verkauft hatten, die Todesstrafe[11]. Auch auf dem Ausbruch aus dem Gefängnis stand der Tod, falls der Soldat dabei eine Waffe trug[12]. Die hohen Strafen sollten natürlich abschreckend wirken. Sie zeigen aber auch, welche Bedeutung das Rechtsempfinden des römischen Gesetzgebers der *disciplina militaris* beimaß. So führte Frontin in seinen „Kriegslisten" noch unter Kaiser Domitian (81–96 n. Chr.) den Ausspruch des Titus Manlius Torquatus vom Jahre 340 v. Chr. auf, wonach „das Leben keines Menschen so viel Wert sei, dass seinetwegen die Disziplin untergraben werden dürfe"[13].

So prägen antike Texte und Bilder, aber auch die hierarchische Ordnung des römischen Heeres und die sich reichsweit nach demselben Grundprinzip wiederholende, rechtwinklig angelegte Innenstruktur der Truppenlager ein Bild vom streng geordneten militärischen Alltag des römischen Soldaten, der vor allem von einer strikten Disziplin geprägt war. Das war jedenfalls auch das Bild, das der aus dem Westen Kleinasiens stammende griechische Redner Aelius Aristides um die Mitte des 2. Jahrhunderts n. Chr. von den römischen Soldaten verkündete, indem er von ihnen sagte, dass sie Tag für Tag bei ihrer Einheit lebten, ohne dass jemals einer Befehle missachte[14].

Wer sich freilich eingehender mit den Quellen zum Alltag der kaiserzeitlichen Soldaten beschäftigt, kann leicht einen gegenteiligen Eindruck gewinnen. Denn trotz der strengen Gesetze zu Verstößen gegen die *disciplina militaris* sind Vergehen und Straftaten von Soldaten und Offizieren zahlreich überliefert[15]. Tacitus berichtet etwa von Legionssoldaten an Rhein und Donau, die im Jahr 14 n. Chr. klagten, sie müssten sich von den Misshandlungen durch Centurionen und von der Einteilung zu harter Arbeit loskaufen[16]. Bis zu einem Viertel der Mannschaften soll sich so vom Dienst freigekauft haben, denn auch die Tüchtigen wurden so lange zu harten Diensten eingeteilt, bis sie schließlich einwilligten, Urlaub zu „kaufen"[17]. Die Praxis wurde zwar im Jahr 69 n. Chr. dadurch beendet, dass die Staatskasse die Urlaubszahlungen übernahm, doch die Korruption war damit aus dem Heer keineswegs verbannt. So beklagte sich im frühen 2. Jahrhundert n. Chr. ein Flottensoldat, der sich vergeblich um eine Versetzung in eine Kohorte beworben hatte, in einem auf Papyrus überlieferten Brief an seinen Vater, dass im römischen Heer nichts ohne Geld zu erreichen sei[18]. Wer genügend Geld hatte, konnte etwa dafür sorgen, dass ihm eine Dienstreise zugeteilt wurde und einen „Abstecher"[19] zum Haus der Eltern unternehmen, oder sich gar das römische Bürgerrecht kaufen, wie die bekannte Episode aus der Apostelgeschichte nahelegt[20]. Der jüngere Plinius jedenfalls, der unter Domitian als Tribun bei der *legio III Gallica* in Syrien vom dortigen Statthalter den Auftrag erhielt, die Rechnungsbücher der Hilfstruppen zu prüfen, erklärte, nicht selten unverschämte Habsucht oder Verschwendung vorgefunden zu haben[21]. In einem Fall ist selbst die Veruntreuung der Spareinlagen von Legionssoldaten zur Finanzierung eines Aufstandes gegen den Kaiser überliefert[22]. Aber auch Plinius hat seinen Dienst beim Heer keineswegs ausschließlich militärischen Aufgaben gewidmet.

Ihn scheint vielmehr die Bekanntschaft berühmter Philosophen interessiert zu haben, denen er in dieser Zeit seine persönliche Aufwartung machte[23]. Darin unterschied er sich freilich kaum von manch anderem jungen Senator und Ritter, die, so Tacitus, ihre Zeit als Militärtribune beim Heer gerne zu Ausschweifungen benutzten und als vergnüglichen Urlaub betrachteten[24].

Ähnliche Schilderungen haben die antiken Autoren auch vom Dienstverständnis einfacher Soldaten überliefert[25]. So wird von solchen berichtet, die sich die Körperhaare rasiert und sich mit Blumen im Haar in vornehme Gewänder gekleidet hätten, das Fell ihrer Pferde aber vernachlässigten. Korrupt, aufsässig und anmaßend hätten sie die Tage nicht im Lager oder auf ihren Posten verbracht, sondern im Theater, in den Schenken und in den Bädern (teils in Begleitung von Dirnen oder Lustknaben). Die Nachtwache hätten sie im Bett oder beim Wein verbracht. Manch einer sei dem Würfelspiel verfallen gewesen, und selbst während einer Belagerung sollen sich Soldaten nachts zu ausschweifenden Gelagen zusammengefunden haben. Es soll vor allem im Osten des Reiches sogar viele Soldaten gegeben haben, die niemals Wache gestanden hätten, sondern ihren Dienst als kleine Geschäftsleute in den Städten verbrachten, ohne Helm oder Rüstung. Wall und Graben hätten sie als sonderbare Neuerungen betrachtet. Von den Truppenlagern wird zudem berichtet, man habe dort Gesellschafts- und Bankettträume, aber auch Wandelhallen und Ziergärten finden können[26].

Zu den Vorteilen des Dienstes im römischen Heer zählte der Dicher Iuvenal im späten 1. oder im frühen 2. Jahrhundert n. Chr. den Umstand, dass man ungestraft Zivilisten verprügeln könne, weil die Militärgerichte stets zugunsten der Soldaten entschieden[27]. Etwa zu derselben Zeit gab der aus dem Westen Kleinasiens stammende Philosoph Epiktet den Rat, sich nicht zu wehren, wenn Soldaten einem den Maulesel beschlagnahmten, da man sonst nur verprügelt werde und das Tier dennoch verlöre. Er weiß auch von als Zivilisten verkleideten Soldaten zu berichten, die in Rom ihre ahnungslosen Gesprächspartner dazu anstifteten, den Kaiser zu schmähen, nur um sie sogleich dafür zu verhaften[28]. Die juristischen Quellen, aber auch manche Berichte antiker Historiker, legen ferner die Vermutung nahe, dass das römische Heer immer wieder durch fahnenflüchtige Soldaten geschwächt wurde. Solche Texte vermitteln den Eindruck, dass viele Soldaten, denen der Dienst zu hart oder die Gefahr zu groß erschien, ihre Truppen trotz der drohenden schweren Strafen bei der ersten sich bietenden Gelegenheit einfach wieder verließen[29]. Auch für das 4. Jahrhundert n. Chr. berichtet der Historiker Ammianus Marcellinus, der als Offizier das römische Heer aus eigener Erfahrung kannte, dass sich die Soldaten nicht selten durch ihre Disziplinlosigkeit, ihren Hang zum Luxus und ihre Lust am Plündern auszeichneten[30]. Weitere Autoren der Spätantike berichten Ähnliches[31].

Vor allem dokumentarische Quellen enthalten aber auch konkretere Berichte von gesetzeswidrigen Handlungen und Vergehen römischer Soldaten und Offiziere. So kann man etwa aus einer auf Papyrus erhaltenen Klageschrift erfahren, dass sich im Jahr 31 n. Chr. ein Soldat names Titius zusammen mit mehreren Komplizen an der Einschüchterung eines Fischteichbesitzers beteiligte, um ihn anschließend durch den Fang einer großen Zahl seiner Fische zu berauben[32]. Ganz ähnlich klagte auch in der Mitte des 4. Jahrhunderts n. Chr. ein Mann über eine Gruppe von Soldaten und Zivilisten, die ihm einige Ferkel gestohlen und nachts elf seiner Schafe geschoren hatten[33]. Beim Hilfstruppenlager in Vindolanda am Hadrianswall wurde ein Händler von Heeresangehörigen mit Ruten geschlagen, obwohl er, wie er in seiner auf einem hölzernen Schreibtäfelchen erhaltenen Klageschrift beteuerte, unschuldig sei und aus Übersee komme[34]. Seine wiederholten Proteste waren erfolglos geblieben. Klagen über Misshandlungen und den widerrechtlichen Einsatz von Schlagstöcken durch Soldaten, selbst gegen römische Bürger, überliefert auch eine Inschrift aus dem Jahr 182 n. Chr. aus Nordafrika[35]. Sollten die schuldigen Soldaten die römischen Bürger hier, wie einst den Apostel Paulus[36], „aus Versehen" und nicht in voller Absicht geschlagen haben, so schmälert das ihre Schuld weniger als der Umstand, dass sie auf Befehl des zuständigen Prokurators handelten. Wie schnell manche Soldaten allerdings zu prügeln bereit waren, zeigt auch die Klageschrift eines 84-jährigen ägyptischen Dorfbewohners auf einem Papyrus aus dem Jahr 284 n. Chr.[37]. Der alte Mann hatte einen Soldaten, bei dem er ein entlaufenes Schwein seiner Tochter vermutete, aufgefordert, über den Verbleib des Tieres Auskunft zu geben und erhielt dafür sogleich schwere Schläge. In weiteren Papyri aus Ägypten liest man etwa von einem Unteroffizier (*optio*), der mit jemandem „sein Spiel treibt" oder von einem vagabundierenden Soldaten, der das Leben im Dorf unerträglich mache[38].

Neben Diebstahl und Misshandlungen gehörten auch Erpressungen zu den bekanntesten Vergehen römischer Soldaten. So musste im Jahr 37 n. Chr. ein ägyptischer Dorfschreiber beim Kaiser schwören, dass er von keinen erpresserischen Übergriffen durch einen bestimmten Soldaten oder dessen Leute wisse[39]. Eine auf Papyrus erhaltene Liste privater Ausgaben vom 2. Jahrhundert n. Chr., die auch Zahlungen an Soldaten enthält, legt jedoch den Verdacht nahe, dass es immer wieder zu solchen Erpressungen kam[40]. Auch Deserteure begegnen in den dokumentarischen Quellen und bestätigen so die aus den literarischen und juristischen Quellen bekannten Probleme des römischen Heeres mit dieser Erscheinung[41].

In einigen Fällen trug die Disziplinlosigkeit einzelner römischer Heeresangehöriger gar erheblich zu gefährlichen Unruhen oder zu Aufständen gegen die römische Herrschaft bei. So soll der große Aufstand der Pannonier in den Jahren 6–9 n. Chr. durch das Verhalten der Vertreter Roms ausgelöst worden sein, die sich nicht wie Hirtenhunde, sondern wie Wölfe verhalten hätten[42]. Ähnliches mussten auch die Friesen erleben[43]. Dieser Stamm hatte Ochsenhäute für den Kriegsbedarf an Rom abzuliefern, wobei weder die Größe noch die Dicke der Häute festgelegt waren. Im Jahre 28 n. Chr. ordnete ein hochrangiger Centurio eigenmächtig an, dass die Größe der abzuliefernden Häute denen von Auerochsen zu entsprechen hätten. Die harte Durchsetzung dieser willkürlichen Entscheidung führte, so Tacitus, schließlich zum bewaffneten Aufstand der Friesen. Auch an der Zunahme der Spannungen, die zum großen jüdischen Aufstand von 66–70 n. Chr. führten, hatten Übergriffe römischer Soldaten offenbar einen bedeutenden Anteil. So berichtet Flavius Iosephus von einem Ereignis in der Mitte des 1. Jahrhunderts, als in Jerusalem beim Fest der ungesäuerten Brote Soldaten als Wachen aufgestellt waren. Auf einmal zog „einer der Soldaten seinen Mantel in die Höhe, kehrte mit einer unanständigen Verbeugung den Juden das Gesäß zu und gab einen seiner Stellung entsprechenden Laut von sich"[44]. Die Wut der Versammelten führte zu einem Tumult und schließlich zu einer Massenpanik, bei der zahllose Einwohner den Tod fanden. Unweit von Jerusalem fand wenig später ein Soldat während der Verfolgung von Straßenräubern bei einer Hausdurchsuchung in einem Dorf das heilige

Gesetz der Juden, zerriss das Buch und warf es ins Feuer. Eine empörte Menge zog zum Statthalter nach Caesarea und verlangte die Bestrafung des Soldaten. Nur durch dessen Verurteilung zum Tode gelang es dem Statthalter, einen größeren Aufstand zu verhindern[45]. Zu einem Aufstand ganz anderer Art kam es in den Jahren 185/186 n. Chr., als es einem Fahnenflüchtigen namens Maternus gelang, eine große Schar von Deserteuren und Abenteurern unter seinem Kommando zu einer schlagkräftigen Truppe zu sammeln. Plündernd zog dieses „Heer" vor allem durch Obergermanien und belagerte dabei sogar die *legio VIII Augusta* in ihrer Festung Argentorate (Straßburg). Erst durch den Einsatz weiterer Legionen und Hilfstruppen konnte dieser als *bellum desertorum* bekannt gewordene Bandenkrieg beendet werden[46].

Selbst über schändliches und gesetzwidriges Verhalten höchster Offiziere sind Klagen überliefert. So berichtet Ammianus Marcellinus voller Abscheu von den korrupten Machenschaften des Romanus, des Befehlshabers der mobilen Eingreiftruppen in Nordafrika (*comes per Africam*) während der Regierungszeit des Kaisers Valentinian I. (375–383 n. Chr.). Dieser hochrangige Offizier war von der Stadt Leptis Magna zu Hilfe gerufen worden, weil ihr Umland durch Raubzüge verheert wurde[47]. Als der Befehlshaber mit seinen Truppen ankam, verlangte er jedoch zunächst von den Bewohnern der Stadt reichlich Lebensmittel und viertausend Kamele, um überhaupt gegen die räuberischen Banden im Hinterland vorzugehen. Als die entsetzten Stadtbewohner sich dazu außerstande erklärten, verblieb der Heerführer zum Schein vierzig Tage in der Region und zog dann unverrichteter Dinge wieder ab. Die Klagen der Stadt beim Kaiser blieben erfolglos, weil es Romanus gelang, sie durch üble und korrupte Schliche zu hintertreiben, während das Gebiet der Stadt Leptis weiterhin von räuberischen Überfällen verwüstet wurde. Selbst gegen die eigenen Kameraden und den Kaiser konnten sich kriminelle Handlungen von Soldaten richten. So berichtete im frühen 2. Jahrhundert n. Chr. ein Soldat in einem auf Papyrus erhaltenen Brief an seinen Vater, dass ihm, während er krank auf einem Schiff lag, Matratze und Kissen gestohlen worden waren, anscheinend von einem Kameraden[48]. Vor allem von jenen Heeresangehörigen, die für die Lebensmittelzufuhr verantwortlich waren, wird mehrfach überliefert, dass sie sich auf Kosten anderer unrechtmäßig bereichert hätten[49]. Bei zwei bekannten Gelegenheiten im dritten Jahrhundert n. Chr. sollen sie sogar durch eine absichtlich herbeigeführte Lebensmittelknappheit die Unzufriedenheit ihrer Mitsoldaten soweit gesteigert haben, dass diese in ihrer Wut schließlich den Kaiser (den sie dafür für verantwortlich hielten) ermordeten[50].

Die überwiegende Mehrzahl der überlieferten Vergehen römischer Heeresangehöriger hatte freilich weniger dramatische Folgen. Für die Betroffenen waren sie dennoch oft unerträglich. Die vielleicht bekanntesten Fälle von Machtmissbrauch durch römische Soldaten, einzeln sowie in kleineren oder grösseren Gruppen, sind im Zusammenhang mit offiziellen Reisen überliefert, sei es bei der Benutzung des von Augustus eingerichteten Nachrichten- und Transportsystems (*vehiculatio* oder *cursus publicus*), dem Dienst in einer Eskorte oder im Kontext von Truppenverschiebungen[51]. Der Grund dafür lag in den besonderen Bestimmungen, die für solche Reisen galten. So bestand das Nachrichten- und Transportwesen im Kern aus zwei Verpflichtungen, welche die lokale Bevölkerung entlang bestimmter Straßen (den *viae militares*) zu erfüllen hatte: Sie musste den nutzungsberechtigten Personen (mehrheitlich, aber keineswegs ausschließlich, Soldaten), die für ihre Mission im Besitz eines Berechtigungsschreibens (*diploma* oder *evectio*) waren, auf einer vorgegebenen Route, in einem bestimmten Umfang und gegen einen festgesetzten Mietpreis Transportmittel zur Verfügung halten und denselben Personen bei Bedarf unentgeltlich Unterkunft (*hospitium*) gewähren. Auch hatten die Gemeinden durchmarschierenden Truppen aus öffentlichen Mitteln Proviant, Holz und Stroh bereitzustellen. In Kriegszeiten drohten zusätzliche Abgaben[52]. Die damit gegebene Möglichkeit, unter bestimmten Umständen Dienstleistungen, Transportmittel und Waren rechtmäßig zu requirieren, verleitete offenbar nicht wenige Heeresangehörige dazu, sich solche Vorteile auch dann zu erzwingen, wenn sie über keine konkrete Berechtigung verfügten. In seinem Lehrbuch zur Landwirtschaft warnte der aus eigener Erfahrung mit dem Heer vertraute Autor Columella schon um die Mitte des 1. Jahrhunderts n. Chr. davor, einen Gutshof (*villa*) mit Anschluss an eine *via militaris* zu bauen[53]. Zu Recht, denn trotz der wiederholten Warnungen von Kaisern und Statthaltern, sind missbräuchliche und durch Gewalt erzwungene Forderungen in diesem Zusammenhang seit der frühen Kaiserzeit und bis in die Spätantike besonders häufig bezeugt.

Aber auch solche Einsätze römischer Soldaten, die in direktem Zusammenhang mit ihrem Auftrag standen, konnten zur Ausübung maßloser Gewalt oder zu korrupten Handlungen führen. So berichtet Herodian, wie sich Caracalla beim Besuch eines Wagenrennens zutiefst über einige Zuschauer geärgert habe, die den von ihm bevorzugten Lenker lauthals verspotteten[54]. In seiner Wut befahl der Kaiser deshalb den anwesenden Soldaten, diese zu verhaften und zu töten. Da die Soldaten aber die Schuldigen in der Menge nicht ausmachen konnten, sollen sie jeden, den sie zu fassen bekamen, verhaftet und getötet – oder wenigstens vollständig ausgeraubt – haben. Dass es vor allem während Kriegszügen auch immer wieder zu Greueltaten kam, ist kaum erstaunlich. Oft, wenn auch nicht immer, wurden solche Exzesse bewusst zugelassen, um eine dauerhafte Erinnerung an die römische Dominanz zu schaffen[55]. Zahlreiche, von beiden Kriegsparteien begangene Untaten überliefert etwa Flavius Iosephus in seiner Geschichte des großen jüdischen Aufstandes von 66–70 n. Chr. Das seiner Ansicht nach schlimmste Verbrechen, das damals an Juden begangen wurde, verübten Soldaten römischer Hilfstruppen aus Syria und Arabia[56]. Zusammen mit einigen Legionssoldaten sollen diese in einer einzigen Nacht während der Belagerung Jerusalems etwa 2000 jüdischen Überläufern den Bauch aufgeschnitten haben, weil sie hofften, in den Gedärmen der Flüchtlinge verschluckte Goldmünzen zu finden. Das habe aber selbst die auf Rache für den Aufstand sinnenden Römer schockiert. Entrüstet drohte Titus, der Befehlshaber der römischen Truppen, jedem mit dem Tod, der künftig bei einer solchen Tat entdeckt werde. Dennoch sollen nicht wenige Syrer und Araber aus Geldgier heimlich weiter gemordet haben. Mit Empörung warf auch Tacitus den Soldaten immer wieder brutale Raubgier vor. So beschreibt der Historiker etwa, wie im Jahr 69 n. Chr. Soldaten der 21. Legion während der Bürgerkriegswirren nach dem Tod Neros einen Soldtransport der Miliz der Helvetier überfielen und aus Habsucht beschlagnahmten[57]. Dieser Stamm hatte sich in Unkenntnis der Ermordung Galbas geweigert, sich dem neuen Kaiser Vitellius anzuschließen. Als die Helvetier daraufhin einen Centurionen und einige Soldaten gefangen nahmen, die mit Briefen an das Pannonische Heer unterwegs waren, gaben sie sich endgültig als Feinde des Vitellius in dessen Kampf um die Macht im Reich zu erkennen. Die römischen Truppen antworteten mit einem brutalen Straffeldzug, bei dem zahllose Helvetier getötet oder in die Sklaverei verkauft und viele ihrer Siedlungen zerstört wurden. Angeblich hätten die Soldaten gar die völlige Vernichtung des Stammes gefordert. Die überlebenden Helvetier entgingen diesem Schicksal. Weniger Glück hatten aber die Bewohner dreier ägyptischer Dörfer, wie eine auf Papyrus erhaltene Aufstellung von Steuerrückständen aus den Jahren zwischen 180 und 192 n. Chr. erkennen lässt[58]. Denn als Grund für die Rückstände wird das „harte Durchgreifen" der Soldaten genannt: die Dorfbewohner, so der Text, „sind von der dorthin entsandten militärischen Macht getötet worden, und die Dörfer sind menschenleer."

Solche Beispiele, die sich noch vermehren ließen, zeigen sehr deutlich, dass der Durchsetzung der *disciplina militaris* im römischen Heer zu keiner Zeit ein vollständiger Erfolg beschieden war. Auch hatten Zivilisten im Römischen Reich – in Rom und in Italien ebenso wie in den Provinzen – offensichtlich immer wieder unter Übergriffen und Gewalttaten von römischen Soldaten zu leiden. Schwieriger zu beurteilen ist jedoch die Frage, welche Schlüsse solche Berichte darüber hinaus zulassen, welche allgemeinen Aussagen sie zum Alltag im römischen Heer und im Römischen Reich beitragen, und ob sie regionale und zeitliche Entwicklungen widerspiegeln[59]. Zumeist führt die Sammlung solcher Zeugnisse zur Vorstellung von einer Lebenswelt, in der gewaltbereite und undisziplinierte Soldaten überall und regelmäßig (und seit dem späten 2. Jahrhundert in zunehmendem Maße) unschuldige Zivilisten und friedliche Einheimische bedrohten, ausplünderten und unterdrückten[60]. Doch das bloße Aneinanderreihen von Berichten über Gewalttaten und Vergehen römischer Soldaten und Offiziere ist kaum ein geeignetes Mittel, ein realistisches Gesamtbild vom Zustand der Disziplin im römischen Heer oder vom Zusammenleben von Zivilisten und Heeresangehörigen zu gewinnen. Dazu müsste man zunächst den Berichten über ausschließlich negative (und als solche empfundene) Verhaltensweisen auch die (durchaus vorhandenen) entsprechenden positiven Schilderungen gegenüber stellen[61]. Dass das Verhältnis der zivilen Bevölkerung zu den Truppen des Heeres auch von ganz anderen Eindrücken und Erlebnissen geprägt sein konnte, zeigt etwa die Inschrift auf einem Denkmal, das die Gemeinde der Treverer im Jahr 197 n. Chr. zu Ehren von Septimius Severus und Caracalla für die 22. Legion in Mainz errichten ließ[62]. Dieser Text verkündet die

Dankbarkeit der Treverer nach einer Belagerung für den Schutz, den ihr die Mainzer Legion gewährt hatte. Auch eine entsprechende Durchsicht der papyrologischen Quellen erbrachte vor Kurzem das Ergebnis, dass diese Schriftstücke als „Anzeichen eines grundsätzlichen Vertrauens der Bevölkerung in die Militärs und ihre Möglichkeit zu helfen" zu werten seien[63].

Vor allem aber sind die spezifischen Voraussetzungen zu berücksichtigen, die der Entstehung der überlieferten Klagen über Missbräuche und Vergehen der Militärs zu Grunde lagen. So dienten den kaiserzeitlichen und spätantiken Geschichtsschreibern Schilderungen disziplinloser Soldaten und gewaltsamer Übergriffe regelmäßig als Mittel zur Kritik vor allem am verantwortlichen Feldherrn oder Kaiser (oder einer bestimmten Personengruppe, wie im zitierten Fall der Syrer und Araber) sowie zum besonderen Lob für jenen, der solche Missstände beendete. Aus den oft stark übertriebenen, überwiegend tendenziös verfassten und gelegentlich auch als eigentliche Fälschungen erkennbaren Berichten lässt sich deshalb meist weniger über den tatsächlichen Zustand der Disziplin im römischen Heer erfahren als über den rhetorischen Wert solcher Aussagen[64]. Aber auch die kumulative Evidenz der dokumentarischen Quellen kann nicht ohne Einschränkungen zu allgemein gültigen Aussagen über das Verhalten und das Ansehen der römischen Soldaten führen. Denn einerseits sind auch diese Texte trotz ihrer Anzahl statistisch kaum verwertbar (zumal Klagen über als unerträglich empfundene Handlungen und Zustände weit häufiger zu schriftlichen Äußerungen führten als der gewohnte und vertraute Alltag, und nicht alle Klagen notwendigerweise begründet waren)[65] und andererseits bestätigen sie die Rechtswidrigkeit der beklagten Übergriffe sowie die grundsätzliche Erwartung, dass schriftliche Klagen zur Bestrafung der Schuldigen führen würden.

Aufschlussreicher scheint es deshalb, die glaubwürdig überlieferten Klagen im weiteren zeitgenössischen Kontext der Anwendung von Gewalt und des Missbrauchs von Macht zu beurteilen. Gewalttaten und Machtmissbrauch waren keiner Armee der Antike fremd. In dieser Hinsicht kann aber das stehende römische Heer der Kaiserzeit, in dem weit weniger als ein Prozent der Reichsbevölkerung diente, keineswegs als besonders anfällig gelten. Zudem waren Korruption und Amtsmissbrauch, aber auch Diebstahl, Misshandlungen und Erpressungen im Römischen Reich nicht auf das Heer beschränkte Erscheinungen[66]. Auch waren die Soldaten nicht grundsätzlich vor gewalttätigen Übergriffen von Zivilisten sicher. So berichtet etwa Appian von zahlreichen Soldaten Caesars, die auf Handelsschiffen aus Nordafrika abziehen wollten, dann aber von den Händlern nachts ausgeraubt und über Bord geworfen wurden[67]. Mehrfach sind auch Berichte erhalten, nach denen Soldaten und Veteranen des römischen Heeres von Zivilisten verprügelt, betrogen und übervorteilt wurden oder bei Überfällen innerhalb des Reiches zu Schaden oder zu Tode kamen[68]. Besonders aber konnten bewaffnete Massen selbst für die ausgebildeten römischen Soldaten eine tödliche Gefahr bedeuten[69].

Eine allgemeine und für heutiges Empfinden deutlich erhöhte Bereitschaft, Gewalt anzuwenden, sowie die jeder Macht innewohnende Gefahr, missbraucht zu werden, waren sicherlich wichtige Gründe, die zu wiederholten gewaltsamen Übergriffen und korrupten Handlungen römischer Soldaten und Offiziere führten. Auch dürften das Kriegshandwerk und die im Heer weit verbreiteten Prügelstrafen das Verhalten der Soldaten besonders dann beeinflusst haben, wenn diese glaubten, berechtigten Zorn zu verspüren und zu strafen ermächtigt zu sein[70]. Ausbrüche exzessiver Gewalt im Krieg sind dagegen oft als Reaktion auf traumatische Angst- und Ohnmachtgefühle zu erklären, denen Soldaten besonders bei Feldzügen und Belagerungen ausgesetzt sind. Unter Missachtung sittlicher und rechtlicher Schranken dienten sie dem Einzelnen dazu, Gefühle von Dominanz und Sicherheit zurückzugewinnen, dem Heerführer aber, der dies duldete oder dazu ermutigte, als Mittel, Herrschaft gewaltsam und dauerhaft durchzusetzen[71]. Von großer Bedeutung war sicherlich auch das Verhältnis der kaiserzeitlichen Berufssoldaten zum Staat, dessen Möglichkeiten der Kontrolle beschränkt und oft unzureichend waren. Denn der Dienst im römischen Heer war mit dem Versprechen verbunden, das eigene Leben auf Befehl und zugunsten des Staates, d. h. auch der zivilen Reichsbevölkerung, im Kampf zu riskieren und notfalls zu opfern[72]. Zwar bestand diese Gefahr im Alltag sehr vieler Soldaten vor allem während der ersten beiden Jahrhunderte n. Chr. vergleichsweise selten, doch gerade in Zeiten, in denen sie zunahm, wie dies besonders seit dem späteren 2. Jahrhundert n. Chr. vielerorts geschah, konnte sich daraus vermehrte Fahnenflucht und eine wachsende Kluft zwischen Zivilisten und Militärs entwickeln⁷³. Mancher Soldat scheint in solchen Zeiten seine Bereitschaft, Entbehrungen, Verwundungen und den Tod hinzunehmen, überdacht zu haben (besonders wenn Zweifel an den Fähigkeiten und der Fürsorge der militärischen Führung bestanden). Andere glaubten vom Staat, von seinen Führern und von den Reichsbewohnern größere Anerkennung und Unterstützung erwarten oder einfordern zu dürfen⁷⁴, während die Zivilisten von den Soldaten ein entbehrungsreiches Leben im ausschließlichen Dienst ihrer militärischen Pflichten verlangten⁷⁵.

Gerne haben kaiserzeitliche Autoren, in Anlehnung an Platon, den Herrscher und seine Soldaten sinnbildlich mit einem Schäfer und seinen Hirtenhunden verglichen, um deren Aufgabe, den Schutz der ihnen anvertrauten Herde, zu verdeutlichen⁷⁶. Auch wenn die Disziplin im römischen Heer und das Zusammenleben von Soldaten und Zivilisten zu keiner Zeit ein getreues Abbild dieses Ideals waren, so haben die römischen Bemühungen darum dennoch während Jahrhunderten insgesamt zu einem vergleichsweise hohen Grad militärischer Disziplin und zu überaus langen Zeiten des inneren und äußeren Friedens wesentlich beigetragen. Im interkulturellen Vergleich war das Lob der römischen *disciplina militaris* trotz der zahlreich überlieferten Vergehen römischer Soldaten und Offiziere somit zweifellos gerechtfertigt.

Anmerkungen

1. Val. Max. 2,7: *Venio nunc ad praecipuum decus et ad stabilimentum Romani imperii, salutari perseverantia ad hoc tempus sincerum et incolume servatum, militarisdisciplinae tenacissimum vinculum, in cuius sinu ac tutela serenus tranquillusque beatae pacis status adquiescit.*
2. Val. Max. 6,1,11: *certissima Romani imperii custos severa castrorum disciplina.*
3. Siehe etwa Polyb. 6,37,7–6,38,4; Liv. 8,7,16; Frontin. strat. 4,1–2; Quint. decl. 3,14; Ios. bel. Iud. 2,20,7; 3,5,1–8. 4,1,6; Ios. ant. Iud. 19,1,15; Aristeid. or. 26,86–87; Dio Cass. 38,45,4–5; Amm. 16,12,47; Paneg. 12,24,2; HA Alex. 53,5; Veg. mil. 1,1.8. Zum Thema zuletzt PHANG 2008; SPEIDEL 2009a, 26–35, jeweils mit weiterer Literatur.
4. SPEIDEL 2009a, 27 f.
5. Dig. 1,18,6,6 (Ulp.).
6. SPEIDEL 2009a, 675 f.
7. Dazu SPEIDEL 2009a, 244.
8. Dazu etwa WESCH-KLEIN 1998, 150–156.
9. WESCH-KLEIN 1998, 163–168; WESCH-KLEIN 2004.
10. Dig. 47,17,3 (Paul.).
11. Siehe auch Dig. 48,19,14 (Macer und Menander).
12. Dig. 48,19,38,11 (Paul.).
13. Frontin. strat. 4,1,41. Manlius hatte als Heerführer seinen eigenen Sohn töten lassen, weil sich dieser gegen den Befehl seines Vaters in ein Gefecht mit dem Feind eingelassen hatte.
14. Aristeid. or. 26,87.
15. Aus der umfangreichen Literatur zum Thema siehe etwa MACMULLEN 1963, 77–98; MACMULLEN 1988, 129–132. 171–177; ISAAC 1992, 269–310; ELTON 1997; WESCH-KLEIN 1998, 135–138; POLLARD 2000, 85–167; POTTER 2004, 125–173; ADAMS 2007, 217–219; FEAR 2007 etc.
16. Tac. ann. 1,17. 1,35.
17. Tac. hist. 1,46. 1,58.
18. P.Mich. VIII 468 Z. 38 f.: *hic a[ut]em sene aer[e] / [ni]hil fiet [...]* Dazu jetzt STRASSI 2008, 19–24. 79–97. Einen möglicherweise ähnlichen Fall bezeugt O.Krok. 95 aus demselben Zeitraum.
19. P.Mich. III 203 = SB IV 7356 (Anfang 2. Jh. n. Chr.).
20. Apg. 22,27–28.
21. Plin. ep. 7,31.
22. Suet. Dom. 7,3 (Mainz, 88/89 n. Chr.).
23. Plin. ep. 1,10. 3,11.
24. Tac. Agr. 5.
25. Zum folgenden siehe Tac. ann. 13,35; Tac. hist. 4,36; Fronto epist. 2,1,22 (p. 122 VdH); Fronto princ. hist. 12 (p. 196 VdH); HA Hadr. 10,3; HA Avid. 5,5–12; HA Alex. 53 sowie die wichtigen Beobachtungen bei WHEELER 1996.
26. HA Hadr. 10,4.
27. Iuv. 16.
28. Epikt. 4,1,79. 4,13,5.
29. Siehe etwa WESCH-KLEIN 1998, bes. 163–168; WESCH-KLEIN 2004, 475–487; FEAR 2007, 435–437.
30. Amm. 16,2,1. 18,6,2. 18,8,2. 27,9,1. 27,9,6. 29,4,6.
31. Siehe etwa Lib. or. 2,38. 47,6; Claud. in Eutrop. 2,580; Veg. mil. 1,20. 2,3; HA Tac. 2,4; Symm. epist. 6,73. 7,38.
32. P.Oxy. 2234.
33. P.Abinn. 48.
34. Tab. Vindol. 344.
35. CIL VIII 10570 = 14464 = ILS 6870 = ILTun 1237.
36. Apg. 22,25–27.
37. SB 7464 = Sel. Pap. II 291 mit BL IX 247. X 188. XI 202.
38. PUG I 16 = SB 9805, Z. 4–6 (2./3. Jh. n. Chr.) mit BL VII 274; P.Abinn. 28 (Mitte 4. Jh. n. Chr.).
39. P.Oxy. 240.
40. SB 9207.
41. Siehe z. B. BIRLEY 2002, 83.
42. Dio Cass. 56,16,3.
43. Tac. ann. 4,72.
44. Ios. bel. Iud. 2,12,1; Ios. ant. Iud. 20,5,3.
45. Ios. bel. Iud. 2,12,2; Ios. ant. Iud. 20,5,4.
46. Dazu bes. ALFÖLDY 1989, 69–80; WESCH-KLEIN 1998, 164 mit weiterer Literatur.
47. Amm. 28,6,6; dazu COŞKUN 2004.
48. P.Mich. VIII 468.
49. Tac. Agr. 19; Aur. Vict. 33,13.
50. HA Gord. 29,2–3; Zos. hist. 1,18–19; Zonar. 12 (Gordian III., 244 n. Chr.); Aur. Vict. 33,13 (Victorinus, 270 n. Chr.); dazu etwa MACMULLEN 1988, 131 f.
51. Zum folgenden bes. MITCHELL 1976; HAUKEN 1998; KOLB 2000, 117–122 und passim; SPEIDEL 2009a, 255–271. 486–500. 501–513; SPEIDEL 2009c; HAUKEN/MALAY 2009.

⁵² Durchmarsch: Sic. Flacc. div. 165. Kriegsabgaben: P.Yale 137 (216 oder 217 n. Chr.); dazu Schubert 2001, 6–9; Speidel 2009a, 255–271.
⁵³ Colum. 1,5,6; dazu Speidel 2009a, 501–513.
⁵⁴ Herodian. 4,6,4.
⁵⁵ Dazu etwa Zimmermann 2009 mit weiterer Literatur.
⁵⁶ Ios. bel. Iud. 5,13,4–5.
⁵⁷ Tac. hist. 1,67–69.
⁵⁸ P.Thmouis 1, Kol. 99,6–11 mit BL X 278.
⁵⁹ Siehe zum Folgenden auch die methodischen Überlegungen in Speidel 2009a, 32–34. 44–51. 473–500.
⁶⁰ So z. B. von Dahlheim 1992, 197–220; Campbell 1984, 243–263, bes. 253; MacMullen 1988, 130–132. 175; Isaac 1992, 269–310; Pollard 2000, 85; Adams 2007, 217–219; Fear 2007.
⁶¹ Siehe bes. AE 1931, 36 = IAM 307 mit Erkelenz 2007.
⁶² ILS 419: In h(onorem) L(uci) Septimi / Severi Pii Pertina/cis Aug(usti) Invicti Imp(eratoris) / et M(arci) Aureli Anto/nini Caes(aris) / legioni XXII Pr(imigeniae) P(iae) F(ideli) / honoris virtutisq(ue) / causa civitas Tre/verorum / in obsidione ab ea / defensa.
⁶³ Palme 2006, 327; siehe auch Speidel 2009a, 493–496.
⁶⁴ Dazu etwa Carrié 1991, 137–139. 147f.; Wheeler 1996; Wesch-Klein 1998, 139; Carrié/Janniard 2000; Speidel 2009a, 32f. 430. 518f.
⁶⁵ Siehe jedoch Speidel 2009a, 485–500; Speidel 2009c.
⁶⁶ Siehe die Beiträge in Schuller 1982, ferner Brunt 1990, 53–95; MacMullen 1986.
⁶⁷ App. civ. 2,46 (49 v. Chr.).
⁶⁸ Siehe z. B. BGU 180; CIL VIII 20857; CIL XII 149; LRIB 3218; CIL XIII 1828. 2667; ILS 2259. 2646. 5795; RIU 1148. 1248; SB 7523 = Sel.Pap. II 254; O.Krok. 6. 47. 87; P.Abinn. 12; Speidel 2009b.
⁶⁹ Siehe z. B. Dio Cass. 71,4; HA Aur. 21; Herodian. 7,11–12,7; HA Max. Balb. 9–10; P.Mich. VIII 477 und P.Mich. VIII 478; P.Ross. Georg. III 1; etc.
⁷⁰ Siehe nur Tac. ann. 1,20–23.
⁷¹ Siehe etwa Zimmermann 2009; Ziegler 1998.
⁷² Veg. mil. 2,5; vgl. Serv. Aen. 8,1. 8,614; dazu Speidel (im Druck) mit weiterer Literatur.
⁷³ Dazu etwa Speidel 2009a, 537f. mit weiterer Literatur.
⁷⁴ Dazu bes. Birley 2007.
⁷⁵ Carrié 1991, 135–139; Speidel 2009, 518. 544.
⁷⁶ Siehe bes. Dion Chr. 1,28; Dio Cass. 56,16,3. Auch Aelius Aristides beschreibt in seiner Romrede die Rolle des Kaisers und des römischen Heeres in diesem Sinn.

Literaturverzeichnis

Adams 2007
C. Adams, War and Society. In: P. Sabin/H. van Wees/M. Whitby (Hrsg.), The Cambridge History of Greek and Roman Warfare II (Cambridge 2007) 198–232.

Alföldy 1989
G. Alföldy, Die Krise des Römischen Reiches (Stuttgart 1989).

Birley 2002
A. R. Birley, Garrison Life at Vindolanda (Stroud 2002).

Birley 2007
A. R. Birley, Making Emperors. Imperial Instrument or Independent Force. In: P. Erdkamp, A Companion to the Roman Army (Oxford 2007).

Brunt 1990
P. A. Brunt, Roman Imperial Themes (Oxford 1990).

Campbell 1984
J. B. Campbell, The Emperor and the Roman Army 31 B.C.–A.D. 235 (Oxford 1984).

Carrié 1991
J.-M. Carrié, Der Soldat. In: A. Giardina (Hrsg.), Der Mensch in der römischen Antike (Frankfurt a. M. 1991) 117–157.

Carrié/Janniard 2000
J.-M. Carrié/S. Janniard, L'armée romaine tardive dans quelques travaux récents. Ant. Tard. 8, 2000, 321–341.

Coşkun 2004
A. Coşkun, Der comes Romanus, der Heermeister Theodosius und die drei letzten Akte der ‚Lepcis-Magna-Affaire' (a. 373–377). Ant. Tard. 12, 2004, 293–308.

Dahlheim 1992
W. Dahlheim, Die Armee eines Weltreiches: Der römische Soldat und sein Verhältnis zu Staat und Gesellschaft. Klio 74, 1992, 197–220.

Elton 1997
H. Elton, Off the Battlefield: The Civilian's View of Late Roman Soldiers. Expedition 39/2, 1997, 42–50.

Erkelenz 2007
D. Erkelenz, Die administrative Feuerwehr? Überlegungen zum Einsatz ritterlicher Offiziere in der Provinzialadministration. In: R. Haensch/J. Heinrichs (Hrsg.), Herrschen und Verwalten (Köln 2007) 289–305.

Fear 2007
A. Fear, War and Society. In: P. Sabin/H. van Wees/M. Whitby (Hrsg.), The Cambridge History of Greek and Roman Warfare II (Cambridge 2007) 424–458.

Hauken 1998
T. Hauken, Petition and Response. An Epigraphic Study of Petitions to the Roman Emperors 181–249 (Bergen 1998).

Hauken/Malay 2009
T. Hauken/H. Malay, A New Edict of Hadrian from the Province of Asia. Setting Regulations for Requisitioned transport. In: R. Haensch (Hrsg.), Selbstdarstellung und Kommunikation. Die Veröffentlichung

staatlicher Urkunden auf Stein und Bronze in der Römischen Welt (München 2009) 327–348.

Isaac 1992
B. Isaac, The Limits of Empire. The Roman Army in the East (Oxford 1992²).

Kolb 2000
A. Kolb, Transport und Nachrichtentransfer im Römischen Reich. Klio Beih. N.F. 2 (Berlin 2000).

MacMullen 1963
R. MacMullen, Soldier and Civilian in the Later Roman Empire (Cambridge, London 1963).

MacMullen 1988
R. MacMullen, Corruption and the Decline of Rome (New Haven, London 1988).

Mitchell 1976
S. Mitchell, Requisitioned Transport in the Roman Empire: A new Inscription from Pisidia. Journal Roman Stud. 66, 1976, 106–131.

Palme 2006
B. Palme, Zivile Aufgaben der Armee im kaiserzeitlichen Ägypten. In: A. Kolb (Hrsg.), Herrschaftsstrukturen und Herrschaftspraxis. Konzepte, Prinzipien und Strategien der Administration im römischen Kaiserreich. Akten der Tagung an der Universität Zürich. 18.–20.10.2004 (Berlin 2006) 299–328.

Phang 2008
S. E. Phang, Roman Military Service: Ideologies of Discipline in the Late Republic and Early Principate (Cambridge 2008).

Pollard 2000
N. Pollard, Soldiers, Cities, and Civilians in Roman Syria (Michigan 2000).

Potter 2004
D. S. Potter, The Roman Empire at Bay, A.D. 180–395 (London 2004).

Schubert 2001
P. Schubert, A Yale Papyrus (P. Yale III 137) in the Beinecke Rare Book and Manuscript Library III (Oakville 2001).

Schuller 1982
W. Schuller (Hrsg.), Korruption im Altertum (München u. a. 1982).

Speidel 2009a
M. A. Speidel, Heer und Herrschaft im Römischen Reich der Hohen Kaiserzeit (Stuttgart 2009).

Speidel 2009b
M. A. Speidel, Wirtschaft und Moral im Urteil Diokletians. Historia 58, 2009, 486–505.

Speidel 2009c
M. A. Speidel, Les longues marches des armées romaines: Les réflets épigraphiques dans la province d'Asie du trafic militaire au IIIème s. ap. J.-C. Cahiers Centre Glotz 20, 2009, 199–210.

Speidel [im Druck]
M. A. Speidel, Being a Roman soldier: Expectations and Responses. In: Y. Le Bohec/C. Wolff (Hrsg.), Le métier de soldat dans le monde romain. Actes du cinquième congrès sur l'armée romaine à Lyon, jeudi 23 – samedi 25 septembre 2010.

Strassi 2008
S. Strassi, L'archivio di Claudius Tiberianus da Karanis (Berlin 2008).

Wesch-Klein 1998
G. Wesch Klein, Soziale Aspekte des römischen Heerwesens in der Kaiserzeit (Stuttgart 1998).

Wesch-Klein 2004
G. Wesch-Klein, Hochkonjunktur für Deserteure? Fahnenflucht in der Spätantike. In: Y. Le Bohec/C. Wolff (Hrsg.), L'armée romaine de Dioclétien à Valentinien Ier (Paris 2004) 475–487.

Wheeler 1996
E. Wheeler, The laxity of Syrian legions. In: D. Kennedy (Hrsg.), The Roman Army in the East. Ann. Arbor 1996, 229–276.

Ziegler 1998
K.-H. Ziegler, Vae victis. Sieger und Besiegte im Lichte des Römischen Rechts. In: O. Kraus (Hrsg.), Vae victis! – Über den Umgang mit Besiegten (Göttingen 1998) 45–66.

Zimmermann 2009
M. Zimmermann, Zur Deutung von Gewaltdarstellungen. In: M. Zimmermann. (Hrsg.), Extreme Formen von Gewalt in Bild und Text des Altertums (München 2009) 7–45.

Abbilungsnachweis: Introbild Axel Thünker DGPh.

Dr. Michael A. Speidel
Universität Bern
Historisches Institut
Abteilung Alte Geschichte
mspeidel@sunrise.ch

STRAFVERFOLGUNG UND RECHTSPRECHUNG

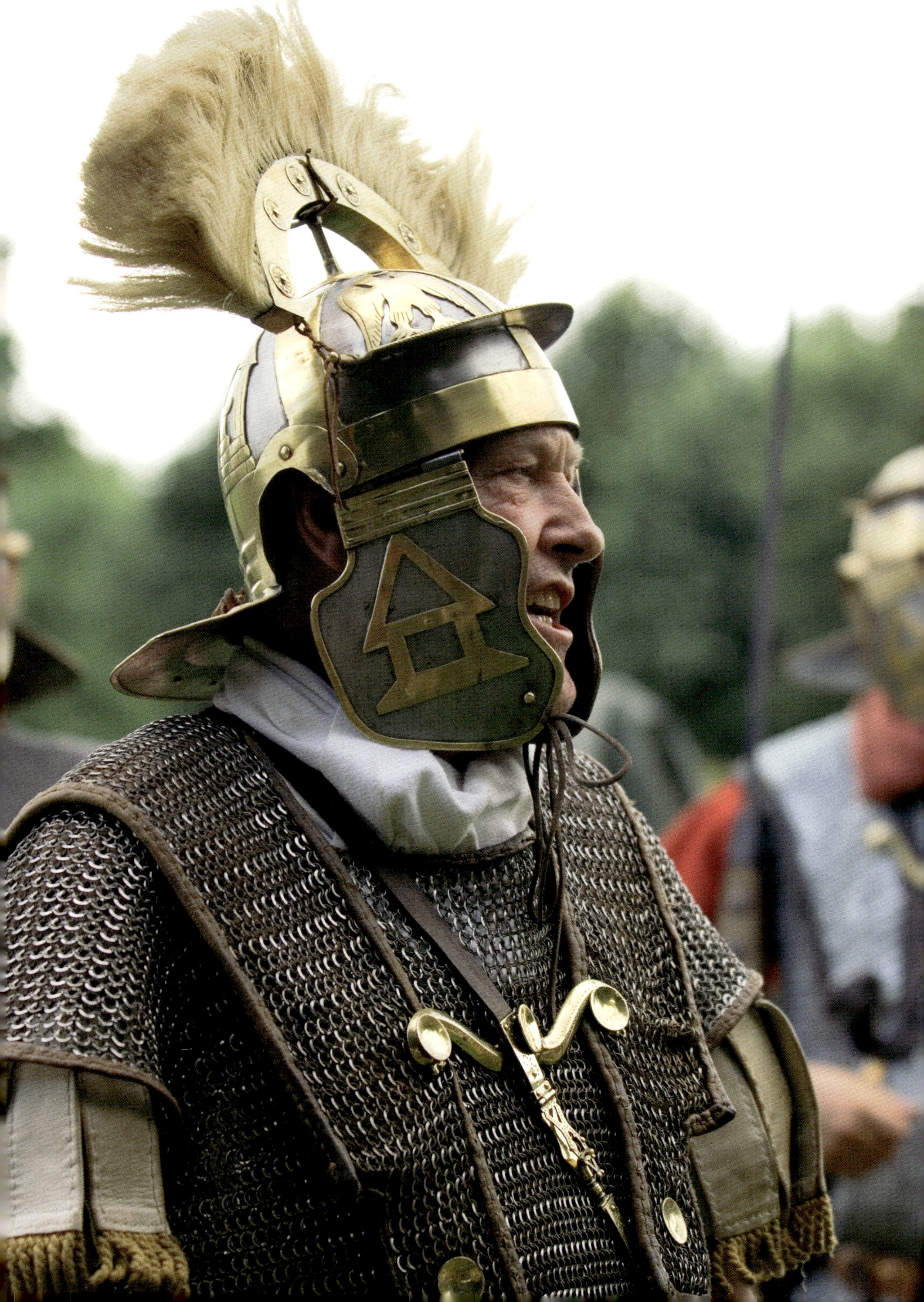

ROMINA SCHIAVONE

Agens at latrunculum – Strafverfolgung im Römischen Reich

„Nun aber ist dem Erdkreis selbst und seinen Bewohnern eine allgemeine und jedem erkennbare Sicherheit geschenkt", bemerkt Aelius Aristides in seiner Romrede aus der Mitte des 2. Jahrhunderts n. Chr.[1]. Dass die Realität jedoch durchaus anders aussah, dokumentieren nicht nur zeitgenössische Quellen, sondern auch unzählige archäologische und papyrologische Zeugnisse sowie vor allem die umfangreiche römische Gesetzgebung (siehe D. Liebs in diesem Band). Sie entführen in eine Welt krimineller Machenschaften unterschiedlichster Art: von der Herstellung von Falschgeld über Mord, Diebstahl und Raub zu Grabschändung, Korruption und Steuerflucht, um nur eine Auswahl zu nennen. Gleichzeitig spiegeln sie aber auch die Sicherheitsvorkehrungen und Gegenmaßnahmen einer Gesellschaft wider, die einen modernen Polizeiapparat nicht kannte.

Nicht anders als heute gingen in römischer Zeit einzelne Personen, aber auch organisierte Gruppen illegalen Machenschaften nach. Dazu zählten selbst Angehörige der kaiserlichen Familie. Sueton berichtet beispielsweise von der kriminellen Energie des jugendlichen Nero: „Er pflegte Leute, die von einem Gastmahl heimkehrten, zu verprügeln und, wenn sie sich zur Wehr setzten, sogar zu verwunden und in Kloaken zu tauchen"[2]. Insbesondere nachts boten die Straßen der römischen Hauptstadt zwielichtigen Gestalten ein weites Feld für kriminelle Umtriebe. Während Nero sich allerdings vor einer Strafverfolgung nicht fürchten musste (siehe M. Clauss in diesem Band), erging es den gemeinen Straftätern durchaus anders.

Doch mit welchen Mitteln versuchten Einzelne, aber auch der römische Staat, dem täglichen Verbrechen entgegen zu wirken, sich zu schützen und Straftaten zu ahnden?

Zur Sicherheit – Wachtposten, Wachtürme, Räuberjäger

Seit der römischen Kaiserzeit waren in Rom dauerhaft Truppen stationiert, die auch ‚polizeiliche' Aufgaben übernahmen. Dies waren zum einen die so genannten *vigiles* (sieben Kohorten von etwa je 500, später verdoppelt auf ca. 1000 Mann), die in erster Linie für die Feuerbekämpfung zuständig waren. In den Aufgabenbereich des *praefectus vigilum* fiel nicht nur die Verurteilung von Brandstiftern, Hauseinbrechern, Dieben, Räubern und Hehlern in Rom, sondern auch die Fahndung nach entflohenen Sklaven[3], mit der Ausnahme, dass der Straftäter aufgrund der Schwere des begangenen Verbrechens dem Stadtpräfekten zu übergeben war[4]. Für die Verfolgung von Straftaten in Rom und in einem Umkreis von 100 Meilen (heute etwa 148 km) war der Stadtpräfekt, dem drei *cohortes urbanae* (Stadtkohorten) unterstanden, verantwortlich. Jenseits dieser Grenze war der Prätorianerpräfekt mit seinen Soldaten für die Verfolgung von Kriminellen zuständig[5]. Folglich nahmen sowohl die Stadtkohorten als auch die Prätorianer ‚polizeiliche' Aufgaben wahr.

Zur Sicherung der Reisewege in Italien wurden bereits seit Augustus Wachtposten (*stationes*) angelegt und mit Angehörigen des Militärs (*stationarii*) besetzt[6]. Der Ausbau dieser strategischen Einrichtungen in den Provinzen des Römischen Reiches erfolgte ab dem 2. Jahrhundert n. Chr. Sie lagen zumeist an den wichtigsten Handelswegen und Verkehrsknotenpunkten sowie in Häfen, im Osten des Reiches vor allem in den Städten, aber auch an den Reichsgrenzen sowie an weiteren neuralgischen Punkten im Imperium. Den *stationes* kam eine wichtige Stellung in der provinzialen Sicherheitskonzeption zu, was sich beispielsweise an der erheblichen Ausweitung der Straßenstationen nach

Abb. 1 Grabstein für C. Lucconius Tetricus, *praefectus arcendis latrociniis*, aus Nyon.

den Markomannenkriegen zeigt[7]. Ein Gesuch des bithynischen Statthalters Plinius an Kaiser Traian gibt Aufschluss über die Sicherheit, die von derartigen Posten ausging: Er bat nämlich den Kaiser für die an der großen Verkehrsstraße gelegene Stadt Iuliopolis um eine ähnliche Einrichtung, wie sie in Byzanz bereits bestehe. Obwohl Plinius beteuerte, dass Iuliopolis am Eingang zu Bithynien liege, vielen Reisenden als Durchgangsstation diene und eine derartige Einrichtung der ganzen Provinz zugute käme, lehnte Traian das Gesuch ab. Mit dem Hinweis, damit einen Präzedenzfall zu schaffen, plädierte der Kaiser an die Fähigkeiten seines bithynischen Statthalters und wies darauf hin, dass „Personen, die gegen meine Disziplinargewalt verstoßen haben, [...] auf der Stelle zu bestrafen [sind]"[8].

Dass die Einrichtung von *stationes* nicht zwingend von Erfolg gekrönt war, illustrieren sowohl die zeitgenössischen Schriftquellen als auch ein ausgeprägtes Räuberwesen (siehe P. Jung in diesem Band).

Für städtische Einrichtungen, die im Imperium Romanum mit der Ahndung von Verbrechen beschäftigt waren, sind neben den für Lugdunum (Lyon, Frankreich) und Karthago (bei Tunis, Tunesien) belegten Kohorten nur einzelne Ämter belegt. Dazu zählt der *praefectus arcendis latrociniis*[9], dessen Kampf gegen das Räuberunwesen epigraphisch belegt ist. Allerdings sind bislang aus dem gesamten römischen Imperium lediglich vier solcher Inschriften überliefert: Während aus der Colonia Iulia Equestris/Noviodunum (Nyon, Schweiz) gleich zwei Denkmäler vorliegen, die beide in die Jahre bzw. Jahrzehnte vor 212 n. Chr. datieren (Abb. 1–2)[10], ist eine zeitgleiche dritte Inschrift aus Augum (Bois l'Abbé nahe Eu, Frankreich) belegt[11]. Auch aus der Spätantike findet sich noch ein Hinweis auf einen mit der Räuberbekämpfung beschäftigten Präfekten, nämlich den in Bingium (Bingen) stationierten Marcus Pannonius Solutus[12]. Dennoch scheint dieses Amt offenbar weder institutionalisiert noch flächendeckend eingerichtet gewesen zu sein.

Aus einer Weihinschrift an den Kaiser Philippus Arabs, die an der Via Flaminia in der Nähe des Furlo-Tunnels (Italien) gefunden wurde und in das Jahr 246 n. Chr. datiert, erfahren wir ein wenig mehr über die Personen, die mit der Bekämp-

Abb. 2 Ehreninschrift für Q. Severus Marcianus, *praefectus arcendis latrociniis*, aus Nyon.

fung des Räuberunwesens betraut waren: Aurelius Munatianus, ein ehemaliger Soldat der 6. Prätorianerkohorte befand sich damals zusammen mit 20 Soldaten der ravennatischen Flotte bei der Jagd auf Räuber – *agens at* [sic] *latrunculum*[13].

Es wirkt aus heutiger Sicht etwas befremdlich, dass ein ehemaliger Prätorianer, ein Veteran der Garde, mit 20 Marinesoldaten im Umfeld der Via Flaminia auf Räuberjagd ging. Gibt es dafür eine Erklärung? Wie oben bereits kurz geschildert, waren in der römischen Kaiserzeit in Rom vor allem mit den Stadtkohorten und den *vigiles* verschiedene militärisch organisierte Apparate entstanden, die zum Teil auch ‚polizeiliche' Aufgaben übernahmen. Dazu zählten in gewisser Weise auch die Prätorianer, wenngleich sie in erster Linie dem persönlichen Schutz des Kaisers dienten. Zu ihren Aufgaben gehörte es aber auch, in Rom Unruhen zu unterbinden sowie jenseits der 100-Meilen-Grenze unter dem Kommando des Prätorianerpräfekten Straftaten zu verfolgen[14]. Prätorianer wurden also durchaus auch mit ‚polizeilichen' Aufgaben betraut, auch wenn dies ganz sicher nicht ihre zentrale Tätigkeit darstellte.

Als Prätorianer hatte Munatianus möglicherweise bereits Erfahrungen auf dem Gebiet der Ermittlungstätigkeit bzw. Verbrecherjagd und eignete sich somit für die Verfolgung umherstreifender Banden. Bei den Marinesoldaten handelte es sich nicht um Seeleute, sondern um Infanteristen. Der Grund für den Abzug derselben ist vermutlich darin zu sehen, dass der Flottenstützpunkt Ravenna nicht weit vom Operationsgebiet (Intercisa-Pass) entfernt lag. Vielleicht spiegelt sich in diesem Fall aber auch lediglich der flexible Einsatz von Soldaten im Zuge der Verbrechensbekämpfung wider, ohne dass hier eine besondere Eignung vorgelegen haben muss. Truppen wurden dort abgezogen, wo man sie gerade nicht benötigte, um sie andernorts für verschiedenste Aufgaben einzusetzen; dies war keine außergewöhnliche Maßnahme im römischen Militäralltag.

Das römische Imperium bemühte sich aber nicht nur um die innere Sicherheit, sondern ebenfalls um den Schutz seiner Reichsgrenzen vor kriminellen Banden wie beispielsweise ein unter Kaiser Commodus in Pannonien durchgeführtes Bauprogramm zeigt. Insgesamt 16 Bauinschriften (siehe P. Jung in diesem Band, S. 181 Abb. 4) entlang der Limesstrecke zwischen Aquincum (Budapest, Ungarn) und Intercisa (Dunaújváros, Ungarn) geben einen Einblick in die Überwachungsmaßnahmen an der Donaugrenze: Hier wurden so genannte *burgi* (Wachtürme) und *praesidia* (kleinere Kastelle) errichtet. Der in den Inschriften verwendete Terminus *latrunculorum* muss mit den Sarmaten – bzw. den räuberischen Banden – auf der anderen Donauseite in Zusammenhang gebracht werden. Durch die Errichtung der Wachtürme und Kleinkastelle wollte man sie am heimlichen Übertritt des Flusses und so an räuberischen Überfällen im Römischen Reich hindern[15].

An diesen wenigen Beispielen zeigt sich bereits, dass man durchaus bemüht war, Maßnahmen zur inneren Sicherheit zu ergreifen. Allerdings ging es dabei eher um die öffentliche Sicherheit und Ordnung, weniger um die Belange des Einzelnen. Gefahren sah man vor allem in größeren Verbänden wie Räubergruppen und Piraten, aber auch in den jenseits der Reichsgrenzen lebenden Stämmen. Zudem stand die Unterdrückung von (politisch motivierten) Unruhen – und damit die Sicherung der kaiserlichen Herrschaft – im Vordergrund.

Ruf die Polizei! – Voraussetzungen

Mit diesem Hilferuf wird man sich in der römischen Antike kaum Gehör verschafft haben. Eine ‚Polizei' – nach heutigem Verständnis eine einheitlich organisierte und flächendeckend operierende staatliche Institution – sucht man in der römischen Republik und in der Kaiserzeit vergebens. Ein äquivalenter lateinischer Terminus zu ‚Polizei' existiert nicht. Auch die heute bei uns übliche Trennung von Armee und Polizei sowie die gesetzliche Regelung der polizeilichen Gewalt sind nicht auf die römische Kaiserzeit übertragbar[16]. Dies führt allerdings zur Frage, wer mit der Aufrechterhaltung der öffentlichen Sicherheit und Ordnung sowie der Verfolgung strafbarer und ordnungswidriger Handlungen betraut war.

Was tun, wenn ein Bekannter, Verwandter oder Familienangehöriger spurlos verschwunden war, wie es in einem Brief des Plinius d. J. an Hispanus überliefert ist? „Du schreibst, Robustus, ein angesehener römischer Ritter, sei gemeinsam mit meinem Freund Atilius Scaurus bis nach Oriculum gereist; darauf habe er sich nirgends mehr sehen lassen. Du bittest mich, den Scaurus kommen zu lassen, damit er uns womöglich auf irgendwelche Spuren bei einer Nachforschung führe. Er wird kommen; aber ich fürchte, vergeblich. [...]. Wir wollen dennoch einen Versuch machen; lassen wir den Scaurus kommen"[17]. Plinius vermutet, dass Robustus etwas Ähnliches zugestoßen sei, wie einst seinem Landsmann Metilius Crispus, dem Plinius die Stelle eines Centurio verschafft und ihn mit 40 000 Sesterzen auf die Reise geschickt hatte. Seit der Abreise hatte er nichts mehr von ihm gehört; Crispus blieb verschwunden. Die zitierte Stelle zeigt ein typisches Phänomen der Ermittlungstätigkeiten: Plinius und Hispanus wenden sich nicht direkt an die öffentlichen Behörden, sondern forschen zunächst selbst nach, indem sie den Reisegefährten des Vermissten kommen lassen und ihn zu dieser Angelegenheit befragen möchten.

Die Selbsthilfe spiegelt sich auch in zahlreichen, an öffentliche Behörden gerichteten Eingaben wider, die neben der Identifikation des Petenten nicht nur den Sachverhalt der Anzeige, sondern oft auch den Straftäter benennen. Aus einer von W. Riess publizierten Zusammenstellung von Raub- und Diebstahlpetitionen, die einen Zeitraum zwischen 31 v. Chr. und 300 n. Chr. erfasst, ergibt sich, dass bei fast zwei Dritteln der Strafanzeigen die Täter namentlich bekannt waren; von diesen wiederum wurden bei einem Drittel sogar deren Beruf bzw. deren Tätigkeit angegeben[18] – ein eindeutiges Indiz für vorangegangene Ermittlungstätigkeiten der Geschädigten. Es erschien den Opfern mehr Aussicht auf Erfolg zu versprechen, die Angelegenheit erst dann zur Anzeige zu bringen, wenn nähere Informationen zum Vorfall und den Tätern in Erfahrung gebracht waren.

Um den Tätern habhaft zu werden, schreckte man auch vor der Anwendung bzw. Inanspruchnahme magischer Praktiken nicht zurück. Die Not der Geschädigten bot Scharlatanen und Betrügern ein gewinnbringendes Betätigungsfeld, wie dies etwa Lukian überliefert[19]: Im 2. Jahrhundert n. Chr. hatte der Lügenprophet Alexander im kleinasiatischen Paphlagonien ein Orakel begründet und ließ bis in entfernte Länder verkünden, das Orakel mache unter anderem Entflohene ausfindig und überführe Diebe und Räuber. Wie zuverlässig diese Vorhersagen gewesen sein mögen, sei dahin gestellt. Der Jurist Ulpian spricht sich jedenfalls dafür aus, dass Astrologen oder andere Wahrsager, die Unschul-

Abb. 3
Anzeige eines
Viehdiebstahls
aus dem
ägyptischen
Verwaltungs-
bezirk Oxy-
rhynchites
vom 5. Juli
190 n. Chr.
(P.Köln III
143).

dige als Diebe bezichtigt hatten, dafür vor Gericht gebracht werden können[20].

Dass die Geschädigten bei der Verfolgung der Straftäter nicht immer allzu optimistisch waren, zeigt eine Reihe von Fluchtäfelchen, in denen sich die Opfer mit ihren zum Teil bösen Wünschen an die Götter der Unterwelt und Dämonen wandten (siehe M. Scholz in diesem Band). In einem Fluchtäfelchen aus Schramberg-Waldmössingen (Baden-Württemberg, 75–200 n. Chr.) verwünscht die bestohlene Gnata einen Fibeldieb beispielsweise mit den Worten, „dass doch die Götter jenen oder jene verkehrt machen möchten"[21].

Entschloss sich ein Geschädigter für den amtlichen Weg einer Eingabe, so konnte er dies entweder mündlich oder schriftlich vorbringen[22], wie es etwa die Anzeige eines Viehdiebstahls vom 5. Juli 190 n. Chr. aus dem ägyptischen Verwaltungsbezirk Oxyrhynchites wiedergibt (Abb. 3)[23]. Unbekannte waren nachts in einen Gutshof eingebrochen, hatten zu diesem Zweck die Mauer niedergerissen und zwei Jungrinder gestohlen. Solche Delikte waren, wie weitere Eingaben zeigen, kein Einzelfall[24].

Aber an wen richtete man die Anzeige, wenn es keine Polizeibehörde gab? Zur Beantwortung dieser Frage bietet die Überlieferungslage Ägyptens aufgrund zahlreicher auf Papyri niedergeschriebener Petitionen die besten Voraussetzungen und gewährt gleichzeitig einen Einblick in die Verwaltungspraxis der römischen Kaiserzeit.

Ein Blick auf die Adressaten der Eingaben macht deutlich, dass vor allem bei den Strategen und Centurionen Anzeigen eingereicht wurden[25], also Personen mit ziviler, im zweiten Fall mit militärischer Amtsgewalt[26].

Der Stratege war in der römischen Kaiserzeit das Oberhaupt der zivilen Gauverwaltung (siehe P. Sänger in diesem Band) und für die Einleitung der Ermittlungsverfahren zuständig: Entgegennahme von Bittschriften, Aufnahme und Untersuchung von Kriminalfällen, Anhörung der Parteien, Überstellung von Personen an höhere Behörden. Im Falle einer Ermächtigung durch den Präfekten konnte der Stratege selbst die Jurisdiktion ausüben[27], andernfalls, so geht aus einem Kommentar zu dem Papyrus P.Strasb. II 118 aus dem Jahr 22 n. Chr. hervor: „Dass der römische Stratege keine selbstständige Gerichtsbarkeit besitzt, ist bekannt, seine Tätigkeit ist nur eine helfende und versöhnende oder, falls die Einigung der Parteien ihm nicht gelingt, eine vorbereitende für den statthalterlichen Konvent"[28]. Dies besagt, dass der Leiter der Gaubehörde aus heutiger Sicht die Funktion eines Schlichters innehatte und auf außergerichtliche Einigungen hinwirken konnte[29]. Scheiterten die Vermittlungsbemühungen, wurde die Angelegenheit an den Statthalter weitergeleitet[30]. Diesem wiederum fiel als administrativem Oberhaupt einer römischen Provinz die Aufgabe zu, mit seinen Truppen für Ruhe und Ordnung zu sorgen. Neben der Fahndung nach Räubern, Dieben und Menschenjägern hatte er Verbrecher, die *sacrilegia* (Tempelraub) begangen hatten, aufzuspüren[31].

Das zweite Standbein der Strafverfolgung war das Militär. Dieser Umstand ergab sich aus der bestehenden zivilen Verwaltungsorganisation[32]. Zur Unterstützung ziviler Beamter konnten auch Angehörige der Armee vorübergehend zu administrativen Aufgaben abkommandiert werden. Dazu gehörte auch die Erfüllung von ‚Polizeifunktionen', die mit den heutigen Aufgaben der Polizei durchaus vergleichbar sind: Straßenpatrouillen, Sicherung unruhiger Städte[33], Überwachung von Verkehrsknotenpunkten, Eskortierung von Personen, Festnahmen.

Aus den zahlreich erhaltenen Eingaben geht hervor, dass nicht nur die Strategen häufig um Hilfe gebeten wurden, sondern auch Centurionen und andere Truppenkommandeure. Besonderen Umständen ist es zu verdanken, dass sogar ganze Archive überliefert sind, zu denen auch die Urkundensammlung des in Dionysias (Qasr-Qarun, Ägypten) stationierten Alenpräfekten Flavius Abinnaeus gehört[34]. Insgesamt haben sich 82 Eingaben erhalten, darunter allein 20 Anzeigen von Kriminaldelikten, die in die Zeit zwischen 342 und 351 n. Chr. datieren. Stellvertretend sei hier eine Petition wiedergegeben, bei der bereits zuvor vom Geschädigten privat ermittelt worden war: „An Flavius Abinnaeus, *praefectus alae* der Truppen in dem Lager Dionysias, von Aurelia Maria, gesetzliche Tochter von Akiar, einem Soldaten, der unter dem Befehlshaber Colluthus in Memphis stationiert ist, Landbesitzer in dem Dorf Theoxenis. Am zweiten Tag des Monats Epeiph, Herr, haben aus unbekanntem Grund und in der Manier von Dieben gewisse Übeltäter bei Nacht meine Schafweide attackiert und einige meiner Schafe geschoren, neun an der Zahl, drei weitere Schafe lebend weggebracht. Und als die Feldwache des Dorfes Theoxenis wegen des Scherens und Wegbringens der Schafe ermittelte, fanden sie in den Feldern von Narmuthis Ioannes und Elias, welche wegen des Scherens und des Wegbringens unter Verdacht stehen. Daher bitte und flehe ich an Deine Menschlichkeit, diese Männer festzunehmen und sie zu zwingen, das Scheren und Wegbringen der Schafe zu gestehen. Dann bringe meine Aussage zur Kenntnisnahme an den Herrn, denn seine Funktion ist es, Vergeltung an den Tätern solcher Vergehen zu nehmen. Wenn dieses erreicht ist, soll meine Dankbarkeit Dir gelten, Herr. Lebewohl. Ich, Aurelia Maria, gesetzliche Tochter von Akiar, Soldat, habe diese Aussage gemacht. Viertes Konsulat des Herrn Constantius und drittes Konsulat des Constans, der Augusti, Epeiph 11." (= 5. Juli 346 n. Chr.)[35].

Wir haben den Dieb – Fahndung und Verhaftung

Nachdem eine Anzeige bei dem entsprechenden Amtsträger eingereicht worden war und der Geschädigte den Übeltäter (und im Idealfall auch noch dessen Aufenthaltsort) benennen konnte, wurde daraufhin entweder ein Überstellungs- oder ein Vorführbefehl ausgestellt oder aber die gesuchte Person zur Fahndung ausgeschrieben.

In einer Eingabe aus Oxyrhynchos (Ägypten, 3. Jh. n. Chr.) beklagt eine Herrin die Flucht ihres Sklaven und verlangt, nachdem sie sein Versteck ausfindig gemacht hatte, dessen Rückkehr (Abb. 4)[36]. Da Sklaven in der römischen Antike als Sachgut galten, hatte dieser sich somit selbst gestohlen, und die Besitzerin hatte sich auf die Suche nach ihrer entwendeten Ware begeben.

War die eigene Ermittlung (eventuell unter Mithilfe von Freunden und Sklaven) nicht erfolgreich, boten sich dem Geschädigten verschiedene Möglichkeiten, dem Flüchtigen wieder habhaft zu werden: Er konnte beispielsweise einen *fugitivarius* – einen auf entflohene Sklaven spezialisierten Detektiv – mit der Suche beauftragen[37] oder sich die Unterstützung von Wahrsagern und Traumdeutern erkaufen. Weitaus effektiver dürfte jedoch die öffentliche Suche

Abb. 4 Eingabe einen geflohenen Sklaven betreffend, aus Oxyrhynchos (Ägypten), 3. Jh. n. Chr. (P.Turner 41).

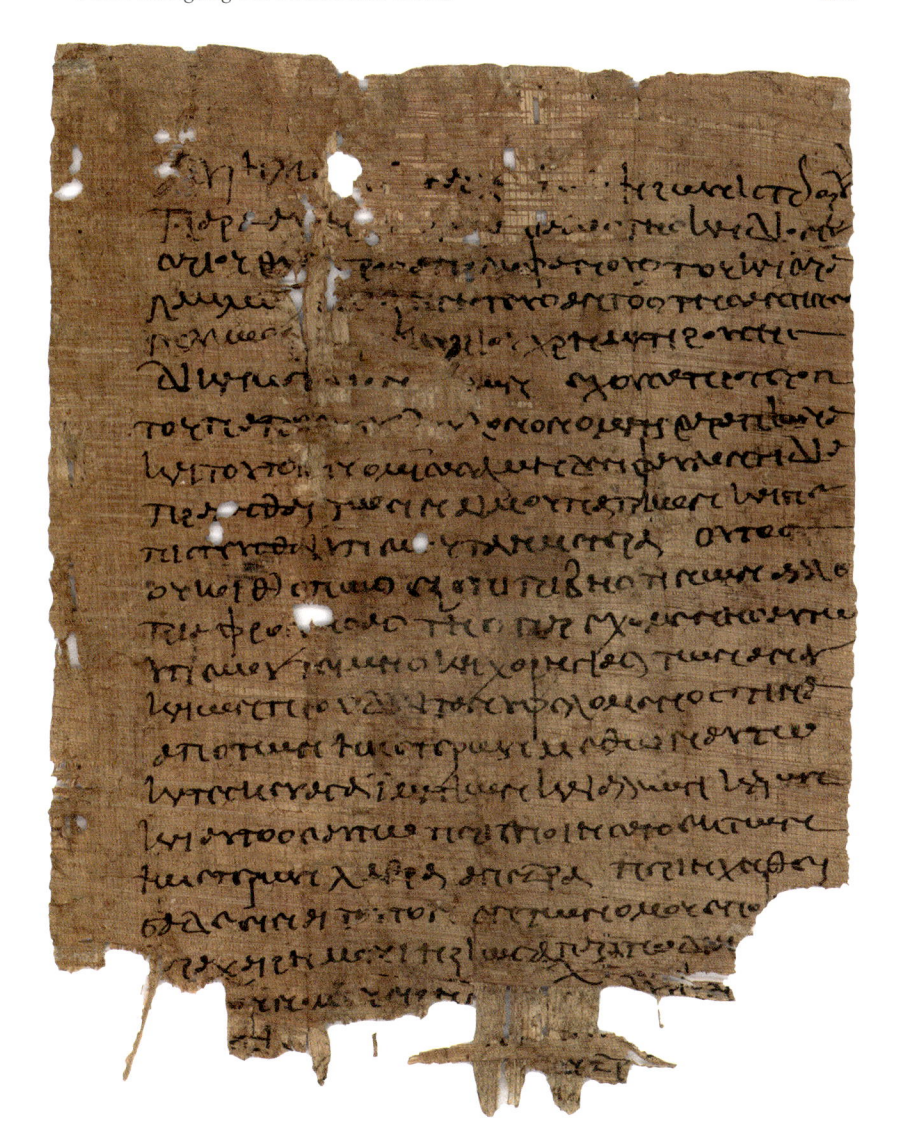

mittels Ausrufung oder mit Fahndungsblättern gewesen sein, wobei die häufig versprochene Belohnung selbstverständlich einen attraktiven Anreiz für intensive Nachforschungen darstellte[38].

Eine allgemein gültige Regelung für die staatliche Hilfe bei der Suche nach entflohenen Sklaven wurde unter Antoninus Pius veranlasst, indem das für Rom und Italien gültige System auf die Provinzen übertragen wurde. Dabei versuchte man vor allem die staatliche Initiative sowie die Unterstützung bei privaten Ermittlungen festzulegen. Denn jeder Reichsbewohner hatte die Pflicht, fremde flüchtige Sklaven festzunehmen und sie den städtischen Behörden zu übergeben. Diese wiederum waren dazu angehalten, die Flüchtigen in Gewahrsam zu nehmen und sorgfältig zu bewachen. Meldeten sich ihre Herren nicht, mussten die *fugitivi* entweder an den *praefectus vigilum* in Rom oder den entsprechenden Provinzstatthalter überführt werden[39].

Die Bestrafung des entflohenen Sklaven durch Brandmarkung hatte aus Sicht des Besitzers den Vorzug, den *fugitivus* als solchen weithin kenntlich zu machen[40] und war somit auch eine Präventivmaßnahme gegen zukünftige Fluchtversuche. Fluchtverdächtige Unfreie konnten jedoch auch dazu angehalten werden, Halsbänder oder Sklavenmarken zu tragen, auf der zumeist der Imperativ *tene me* („Halte mich auf") oder *revoca me* („Rufe mich zurück") sowie der Name des Besitzers und/oder dessen Adresse genannt werden (Abb. 5)[41].

Die Suche nach einem flüchtigen Kriminellen oblag formell dem Statthalter der jeweiligen Provinz,

Abb. 5 Sklavenmarke aus Rom mit der Inschrift *Fugi tene me / cum revoc<a=V>/veris me d(omino) m(eo) / Zonino accipis / solidum* – „Ich bin geflohen, halte mich auf. Wenn du mich zu meinem Herren Zoninus zurückbringst, wirst du einen Solidus erhalten." (CIL XV 7194).

Abb. 6 Erinnerung an die Pflichterfüllung, den Behörden bei der Fahndung nach Verbrechern behilflich zu sein. Papyrus aus Soknopaiu Nesos, 3. Jh. n. Chr. (BGU I 325).

Abb. 7 Überstellungsbefehl aus Nesla (Ägypten), 2./3. Jh. n. Chr. (P.Iand. Inv. 236 = SB 11034).

der sie freilich von den ihm unterstehenden Institutionen durchführen ließ. Dass auch den unteren Verwaltungsebenen, die mit der Fahndung beauftragt waren, Hilfskräfte zur Seite gestellt wurden, beleuchtet ein Papyrus aus Soknopaiu Nesos (Arsinoites, Ägypten) aus dem 3. Jahrhundert n. Chr. Mit Nachdruck wurde auf die Pflichterfüllung der Männer hingewiesen: „Dorf Soknopaios-Insel. Es wird den unten angegebenen Diebesfängern befohlen, den Dorfbehörden beim Aufsuchen der Verbrecher, nach denen man fahndet, behilflich zu sein. Wenn sie diese Pflicht vernachlässigen, sollen sie gefesselt zu unserem hochedlen Statthalter gesandt werden."[42] (Abb. 6).

Es muss allerdings einschränkend darauf hingewiesen werden, dass die Kompetenz des Statthalters allein auf seine Provinz beschränkt war; ein Umstand, der für Kriminelle nur vorteilhaft sein konnte[43]. Eine reibungslose Zusammenarbeit der Statthalter war also unabdingbar, um Verbrecher erfolgreich aufspüren zu können. Dies galt natürlich auch für die lokalen Institutionen. Eine Petition aus Karanis (Arsinoites, Ägypten) aus den Jahren zwischen 41 und 68 n. Chr. illustriert, dass dem nicht immer so war: Ein Mann, dem zwei Esel entwendet worden waren, machte sich gemeinsam mit dem *archepodos* von Karanis, dem ‚Polizeichef' des Dorfes, auf die Suche nach den Dieben. Sie verfolgten ihre Spur bis nach Bakchias. Dort wurden sie von den örtlichen Behörden nicht nur festgehalten und für drei Tage inhaftiert, sondern auch noch beraubt und geschlagen[44]. Die flüchtenden Diebe waren dadurch für den Geschädigten und den ‚Polizisten' endgültig außer Reichweite geraten.

War der Schuldige jedoch einmal ausfindig gemacht, so wurde ein Überstellungs- oder Vorführbefehl ausgestellt, wie er beispielsweise aus Nesla (Oxyrhynchites, Ägypten) aus dem 2./3. Jahrhundert n. Chr. überliefert ist: „An den Polizeikommissar aus Nesla. Schicke herüber Pekysios, Sohn des ---, und zwar sofort."[45] (Abb. 7). Die Überstellungsbefehle konnten verschiedene Gründe haben: so z. B. die Anhörung eines Beschuldigten vor dem Strategen, der die Petition eines Geschädigten erhalten und die Ermittlungen aufgenommen hatte. Es gab aber auch Aufforderungen, vor Gericht zu erscheinen[46].

Im Falle einer Verhaftung konnten auch Fesseln (*catenae*) in Form von Handschellen sowie Fußoder Halseisen zum Einsatz kommen, was in der

Abb. 8 Eine Doppelfessel aus dem Fundkomplex von Neupotz (Mitte) sowie zwei weitere aus Heidenheim (oben und unten), alle 3. Jh. n. Chr. Sie wurden als Fußfesseln verwendet.

Öffentlichkeit offenbar Aufsehen erregte, wenn man dem antiken Juristen Ulpian glauben darf. Er spricht jedenfalls davon, dass man sich ‚ohne Schande' mit Fesseln in der Öffentlichkeit nicht blicken lassen könne[47].

Archäologisch sind zwei Fesseltypen überliefert: Während bei der Doppelfessel die beiden Fesselringe direkt am Schloss sitzen (Abb. 8), ist der ovale Fesselbügel der Einzelfessel an einer langen Eisenkette verankert, an deren Ende ein Vorhängeschloss angebracht sein konnte (Abb. 9–10)[48]. Die Doppelfessel, die den modernen Polizeihandschellen ähnelt, war im zivilen Kontext, die Einzelfessel hingegen im militärischen Bereich vorherrschend[49]. Eine Möglichkeit des Gebrauchs der Einzelfessel geht aus einer Darstellung auf dem Bogen des Septimius Severus in Rom hervor, auf dem gefangene Perser an den Händen gefesselt abgeführt werden (Abb. 11). Aus dem *praetorium* des Kastells Pfünz ist eine andere Variante überliefert: In einer eisernen Fußfessel steckten noch die Unterschenkelknochen eines Menschen, der wohl eine Strafe zu verbüßen hatte und in dieser Lage bei der Eroberung des Kastells sein Ende fand[50].

Strafverfolgung im Römischen Reich

Abb. 9 Einzelfesseln aus dem Militärlager Künzing, um die Mitte des 3. Jhs. n. Chr.

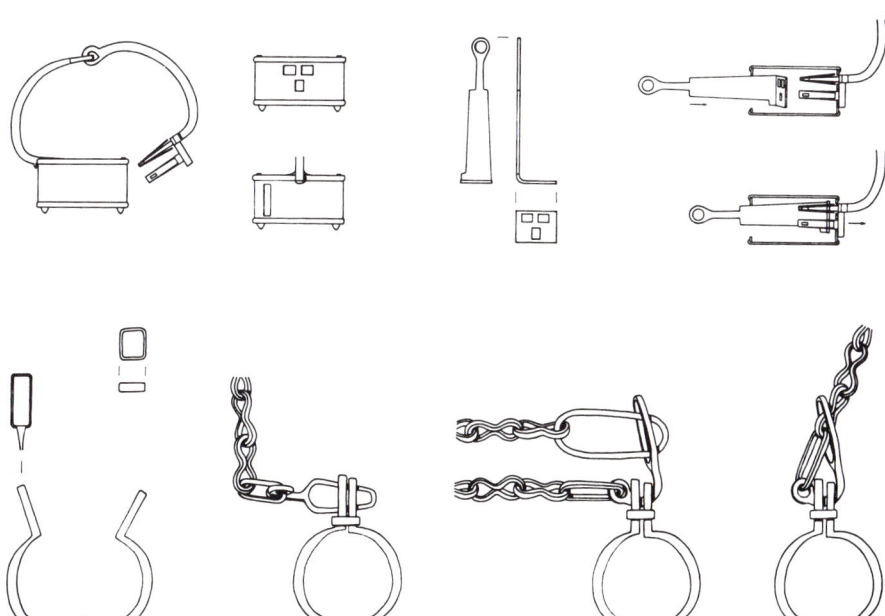

Abb. 10 Funktionszeichnung einer Einzelfessel aus dem Militärlager Künzing (nach F.-R. Herrmann 1972).

Abb. 11 Ein gefangener Perser wird von einem römischen Soldaten in Fesseln abgeführt. Umzeichnung einer Szene auf dem Bogen des Septimius Severus auf dem Forum Romanum in Rom.

Strafe muss sein – Untersuchungshaft

Gefängnishaft als Strafe existierte im Römischen Reich noch nicht. Im Wesentlichen dienten Gefängnisse dem Zweck der Untersuchungshaft bzw. der Unterbringung von Verurteilten bis zur Urteilsvollstreckung[51]. In einem Urteil der Kaiser Gratian, Valentinian II. und Theodosius I. vom 30. Dezember 380 n. Chr. wurde verordnet, dass die Gefängnisinsassen „entweder – wenn sie überführt worden sind – rasch bestraft werden oder – wenn sie freigesprochen werden müssen – keine lange Gefängnishaft sie quält." Unter Androhung einer Geldstrafe von 20 Pfund Gold wurde dem Oberaufseher befohlen, dass er dem Statthalter alle 30 Tage Meldung über die Verhafteten machen solle: Er hatte dabei die Zahl der Personen, die Art der Delikte, die Reihenfolge der Verhafteten und das Alter der Gefangenen zu melden[52].

Der Ankläger musste dem Angeklagten nach Erhebung der formellen Anklage eine Abschrift der gegen ihn erhobenen Vorwürfe übergeben lassen[53]. Zu diesem Zeitpunkt entschied der Statthalter, ob der Angeklagte in Haft genommen oder unter militärische Bewachung gestellt werden sollte[54]. Um die Untersuchungshaft zu umgehen, bestand grundsätzlich die Möglichkeit, einen Bürgen zu stellen. Allerdings nahmen verschiedene Faktoren auf diese Entscheidung Einfluss, und es lag letztlich im Ermessen des Statthalters, einen bestimmten Bürgen zu akzeptieren oder ihn abzulehnen[55]. Ob die Schwere des Verbrechens das einzige und entscheidende Kriterium zur Inhaftierung eines Beschuldigten darstellte, sei dahin gestellt.

Die Bürgenstellung spielte im Bereich der Untersuchungshaft also eine große Rolle. Erst Kaiser Iustinian regelte dieses Verfahren näher und differenzierte dabei einzelne Delikte: Bei Kriminalverfahren beispielsweise war es dem Angeklagten gestattet, einen Bürgen zu stellen. War er dazu jedoch nicht in der Lage, so blieb er maximal sechs Monate in Untersuchungshaft, es sei denn, er hatte sich eines Kapitalverbrechens schuldig gemacht[56].

War die Straftat des Beschuldigten aus Sicht der Richter hinreichend bewiesen oder hatte der Angeklagte ein Geständnis abgelegt, wurde die Verhaftung vollzogen[57]. Ein geständiger Verbrecher war so lange in Gewahrsam zu halten, bis ein Urteil über ihn gesprochen war[58].

In denselben Gefängnissen, in denen die Untersuchungshäftlinge einsaßen, warteten auch bereits verurteilte Straftäter auf die Vollstreckung ihres Urteils, etwa auf die Hinrichtung (siehe D. Schmitz in diesem Band), Verbannung oder Zwangsarbeit. In der römischen Republik und der frühen Kaiserzeit fand in Rom eine große Zahl von Hinrichtungen bereits im Gefängnis statt[59]: Sueton berichtet für die Zeit des Kaisers Tiberius, dass an einzelnen Tagen bis zu 20 Menschen hingerichtet wurden[60].

Exkurs: Auf dem Weg zum Kaiser – Beispiel eines Ermittlungsverfahrens

Den Verlauf eines Ermittlungsverfahrens schildert z. B. Plinius d. J. (Statthalter in Bithynien) in einem Brief an Kaiser Traian, der gleichzeitig die gesetzlichen Bestimmungen im Umgang mit entflohenen Sklaven (*fugitivi*) widerspiegelt[61]. Der Soldat, der die Meldung einreichte, war ein *stationarius* (*miles, qui est in statione Nicomedensi*): „Apuleius, der als Wachsoldat in Nikomedien stationiert ist, o Herr, hat mir folgendes schriftlich gemeldet: Ein Mann namens Callidromus sei von Maximus und Dionysius, zwei Bäckern, bei denen er im Dienst stand, gewaltsam festgehalten worden. Daraufhin habe er sich zu Deiner Statue geflüchtet und sei vor die Behörden gebracht worden. [...] Mehrere Jahre habe er in Parcorus' [König der Parther] Diensten gestanden, dann sei er geflohen und sei so nach Nikomedien gekommen. Ich habe mir den Mann vorführen lassen, und da er bei seinen Aussagen blieb, glaubte ich, ihn Dir schicken zu müssen"[62]. Zuvor hatte Plinius jedoch noch nach Beweisstücken – einer Gemme mit dem Bild des Pacorus, die dem Mann angeblich entwendet worden war sowie einem kleinen Goldklumpen, den der Flüchtige aus einem parthischen Bergwerk mitgebracht hatte – gesucht, um sie Kaiser Traian ebenfalls zuzusenden. Die Angelegenheit sollte in möglichst vollständiger Dokumentation vor den Kaiser gebracht werden, und so bemühte sich Plinius um die Ermittlung und die Zusammenführung aller verfügbaren Indizien.

Die Bearbeitung dieses Falles war somit klar geregelt: Nachdem der Entflohene Zuflucht an der Statue des Kaisers gesucht hatte, wurde er zunächst vor die städtischen Vertreter Nikomedias, den Magistrat, gebracht und verhört. Anschließend wurde dem Statthalter schriftlich von dem Vorfall Bericht erstattet, woraufhin dieser entschied, sich den Flüchtigen persönlich vorführen zu lassen. Da er sich aufgrund der unklaren Beweislage nicht in der Lage sah, ein Urteil zu fällen und es zudem um die Existenz eines mutmaßlich freien Bewohners des römischen Imperiums ging, sandte er den Fall mitsamt dem ‚Beweismaterial' an den Kaiser.

Anmerkungen

[1] Aristeid. or. 26,104.
[2] Suet. Nero 26,1–2.
[3] Dig. 1,15,4 (Ulp.); BELLEN 1971, 12f.
[4] Dig. 1,15,3,1–2 (Paul.).
[5] Dig. 1,12,1pr. (Ulp.); KRAUSE 1996, 27; KRAUSE 2004, 45.
[6] Suet. Aug. 32; Suet. Tib. 37.
[7] OTT 1995, 202.
[8] Plin. epist. 10,77–78 (Übers. H. Philips).
[9] GRZYBEK 2002, 311 möchte lieber von *praefectus arcendorum latrociniorum* sprechen.
[10] CIL XIII 5010 = ILS 7007; AE 1978, 567.
[11] AE 1982, 716.
[12] CIL XIII 6211; GRZYBEK 2002, 315 bringt die vier Inschriften mit Piraterie in Verbindung.
[13] CIL XI 6107 = ILS 509.
[14] Dig. 1,12,1pr. (Ulp.); KRAUSE 1996, 27; KRAUSE 2004, 45.
[15] KOVÁCS 2008.
[16] OTT 1995, 115.
[17] Plin. epist. 6,25 (Übers. H. Philips)
[18] RIESS 2001, 375–395; dazu auch DREXHAGE 1988, 954f.
[19] Lukian. Alex. 24.
[20] Dig. 47,10,15,13 (Ulp.).
[21] NUBER 1984 mit der Übersetzung.
[22] DAVIES 1973, 211.
[23] P.Köln III 143.
[24] KRAMER 1980, 83.
[25] RIESS 2001, 195; DAVIES 1973, 211f.
[26] Die Adressaten spätantiker Petitionen lassen darauf schließen, dass die militärischen Ämter als Empfänger immer mehr von zivilen ersetzt wurden. RIESS 2001, 196 mit Anm. 137.
[27] RIESS 2001, 196f. mit Anm. 139.

28 Zitiert nach Riess 2001, 197 Anm. 140.
29 Riess 2001, 197 umschreibt die Tätigkeit „als eine Art ‚Vorgericht'". Viele Geschädigte wandten sich aus diesem Grund an den Strategen, da sie eine außergerichtliche Lösung suchten. Dies erkläre auch, dass die meisten von ihm nur die Kompensation des Schadens, nicht aber eine Bestrafung des Täters erwarteten.
30 Riess 2001, 197.
31 Dig. 1,18,13pr. (Ulp.).
32 Riess 2001, 190 mit Anm. 96 führt die „Schwäche des Staates" bei der Verbrechensbekämpfung auf „die mangelnde Verwaltungsdichte" zurück und gibt zu bedenken, dass „auch das Militär die grundsätzliche Verwaltungsschwäche nicht ausgleichen konnte."
33 P.Mich. VIII 477 und P.Mich. VIII 478 (Alexandria), frühes 2. Jh. n. Chr.
34 Bell u. a. 1962.
35 P.Abinn. 49 (nach der englischen Übersetzung bei Bell u. a. 1962).
36 P.Turner 41.
37 Bellen 1971, 1 Anm. 5. 7.
38 Bellen 1971, 7–9. Aus dem Jahr 156 v. Chr. ist aus Memphis sogar ein Steckbrief gegen entlaufene Sklaven überliefert, worin auch eine Belohnung versprochen wird (P.Par. 10 = UPZ I 121).
39 Bellen 1971, 10–12 mit Anm. 57–61 mit den entsprechenden Gesetzesnachweisen.
40 Zur Brandmarkung: Bellen 1971, 23–26.
41 Bellen 1971, 27–29 nennt 14 Halsbänder und 20 Marken, davon drei aus Nordafrika und die restlichen aus Rom und Umgebung.
42 BGU I 325; Übersetzung nach Ermann/Krebs 1899, 144.
43 Krause 2004, 51 f.
44 P.Mich. VI 421.
45 P.Iand. Inv. 236 = SB 11034; Sijpesteijn 1972, 133 mit der Übersetzung; zu den Überstellungsbefehlen Drexhage 1989; zum Formular Hagedorn 1979.
46 Zu den möglichen Inhalten der Anschuldigungen Drexhage 1989, 117 f.
47 Dig. 4,6,10 (Ulp.).
48 Rabold 2009, 465 f.; Hanemann 2006, 142 f.; Künzl 2008, 368–378; Herrmann 1969, 139–141.
49 Künzl 2008, 375. 377; Hanemann 2006, 142.
50 ORL 73, 7, 26 Nr. 47 Taf. 18,15.
51 Krause 1996, 64; zur Strafhaft Krause 1996, 83–91.
52 Cod. Iust. 9,4,5 = Cod. Theod. 9,3,6 (Übers. G. Härtel/F.-M. Kaufmann).
53 Paul. Sent. 5,16.
54 Krause 1996, 64.
55 Krause 1996, 66–72.
56 Cod. Iust. 9,4,6.
57 Krause 1996, 65.
58 Dig. 48,3,5 (Ven.).
59 Krause 1996, 80 mit Anm. 76.
60 Suet. Tib. 61,4.
61 Dig. 11,4,1,2 (Ulp.); Dig. 11,4,4 (Paul.); Hirschfeld 1913, 597.
62 Plin. epist. 10,74 (Übers. H. Philips).

Literaturverzeichnis

Bell u. a. 1962
H. I. Bell/V. Martin/E. G. Turner/D. van Berchem, The Abinnaeus Archive. Papers of a Roman Officer in the Reign of Constantius II. (Oxford 1962).

Bellen 1971
H. Bellen, Studien zur Sklavenflucht im römischen Kaiserreich (Wiesbaden 1971).

Davies 1973
R. W. Davies, The Investigation of Some Crimes in Roman Egypt. Ancient Soc. 4, 1973, 199–212.

Drexhage 1988
J. Drexhage, Eigentumsdelikte im römischen Ägypten (1.–3. Jh. n. Chr.). Ein Beitrag zur Wirtschaftsgeschichte. In: ANRW II 10,1 (Berlin, New York 1988) 952–1004.

Drexhage 1989
H.-J. Drexhage, Zu den Überstellungsbefehlen aus dem römischen Ägypten (1.–3. Jahrhundert n. Chr.). In: H.-J. Drexhage/J. Sünskes (Hrsg.), Migratio et Commutatio. Studien zur alten Geschichte und deren Nachleben. Festschrift Thomas Pekáry (St. Katharinen 1989) 102–118.

Erman/Krebs 1899
A. Erman/F. Krebs, Aus den Papyrus der königlichen Museen. Handbücher der Königlichen Museen zu Berlin (Berlin 1899).

Grzybek 2002
E. Grzybek, Nyon à l'époque romaine et sa lutte contre le Brigandage. Genava N. S. 50, 2002, 309–316.

Hagedorn 1979
U. Hagedorn, Das Formular der Überstellungsbefehle im römischen Ägypten. Bull. Am. Soc. Papyr. 16, 1979, 61–74.

Hanemann 2006
N. Hanemann, Römer in Fesseln? In: Geraubt und im Rhein versunken. Der Barbarenschatz [Ausstellungskat. Speyer 2006] (Speyer 2006) 142 f.

Herrmann 1969
F.-R. Herrmann, Der Eisenhortfund aus dem Kastell Künzing. Vorbericht. Saalburg-Jahrb. 26, 1969, 129–141.

Herrmann 1972
F.-R. Herrmann, Die Ausgrabungen in dem Kastell Künzing/Quintana. Kleine Schr. röm. Besetzungsgesch. Südwestdeutschlands 8 (Stuttgart 1972).

Hirschfeld 1913
O. Hirschfeld, Die Sicherheitspolizei im römischen Kaiserreich. In: O. Hirschfeld, Kleine Schr. (Berlin 1913) 567–612 = Sitzungsber. Berliner Akad. 1891, 845–877.

KOVÁCS 2008
P. KOVÁCS, Burgus building inscriptions of Commodus from Pannonia. Sylloge Epigr. Barcinonensis 6, 2008, 125–138.

KRAMER 1980
B. KRAMER, Kölner Papyri 3 (P.Köln). Papyrologica Coloniensia 7,3 (Opladen, Wiesbaden, Paderborn 1980).

KRAUSE 1996
J.-U. KRAUSE, Gefängnisse im Römischen Reich. Heidelberger Althist. Beitr. u. Epigr. Stud. 23 (Stuttgart 1996).

KRAUSE 2004
J.-U. KRAUSE, Kriminalgeschichte der Antike (München 2004).

KÜNZL 2008
E. KÜNZL, Schlösser und Fesseln. In: E. Künzl (Hrsg.), Die Alamannenbeute aus dem Rhein bei Neupotz. Plünderungsgut aus dem römischen Gallien. Teil 1: Untersuchungen. Monogr. 34,1 (Mainz 2008²) 365–378.

NUBER 1984
H. U. NUBER, Eine Zaubertafel aus Schramberg-Waldmössingen, Kreis Rottweil. Fundber. Baden-Württemberg 9, 1984, 377–383.

OTT 1995
J. OTT, Die Beneficiarier. Untersuchung zu ihrer Stellung innerhalb der Rangordnung des Römischen Heeres und zu ihrer Funktion. Historia Einzelschr. 92 (Stuttgart 1995).

PALME 2006
B. PALME, Zivile Aufgaben der Armee im kaiserzeitlichen Ägypten. In: A. Kolb (Hrsg.), Herrschaftsstrukturen und Herrschaftspraxis. Konzepte, Prinzipien und Strategien der Administration im römischen Kaiserreich. Akten der Tagung an der Universität Zürich. 18.–20.10.2004 (Berlin 2006) 299–328.

RABOLD 2009
B. RABOLD, Lange gesammelt – und plötzlich verloren. Der römische Schmiedefund aus Heidenheim a. d. Brenz. In: J. Biel/J. Heiligmann/D. Krause (Hrsg.), Landesarchäologie. Festschrift für Dieter Planck zum 65. Geburtstag. Forsch. u. Ber. Vor- und Frühgesch. Baden-Württemberg 100 (Stuttgart 2009) 449–468.

RIESS 2001
W. RIESS, Apuleius und die Räuber. Ein Beitrag zur historischen Kriminalitätsforschung. Heidelberger Althist. Beitr. u. Epigr. Stud. 35 (Stuttgart 2001).

SIJPESTEIJN 1972
P. J. SIJPESTEIJN, Einige Papyri aus der Giessener Papyrussammlung. Aegyptus 52, 1972, 119–151.

Abbildungsnachweis: Introbild Axel Thünker DGPh; Abb. 1 Foto A. Moccia, Musée Romain, Nyon; Abb. 2 Foto D. und S. Fibbi-Aeppli, Grandson; Abb. 3 Papyrussammlung, Institut für Altertumskunde, Universität zu Köln, inv. 1597 Recto (P.Köln III 143); Abb. 4 Papyrussammlung, Institut für Altertumskunde, Universität zu Köln, inv. 7921 Recto (P.Turner 41); Abb. 5 bpk | Scala / AO: Rom, Terme di Diocleziano – Museo Nazionale Romano; Abb. 6 P. 6915 = BGU I 325. Staatliche Museen zu Berlin – Preußischer Kulturbesitz. Ägyptisches Museum und Papyrussammlung; Abb. 7 Gießen, Universitätsbibliothek, P.Iand. inv. 236; Abb. 8 Peter Haag-Kirchner, Historisches Museum der Pfalz Speyer (Mitte); Archäologisches Landesmuseum Baden-Württemberg, Fotos: Matthias Hoffmann, Rastatt (oben und unten); Abb. 9 Archäologische Staatssammlung München, Manfred Eberlein; Abb. 10 Nach F.-R. Herrmann, Die Ausgrabungen in dem Kastell Künzing/Quintana (Stuttgart 1972) Abb. 34; Abb. 11 Umzeichnung Horst Stelter, LVR-Archäologischer Park Xanten / LVR-RömerMuseum.

Romina Schiavone M.A.
Feldbergstr. 71
61389 Schmitten
romina.schiavone@gmx.net

... φαν ... εμεσμεσ ...
... ητον ...
... τησ ... ηνονχρησ ...
... ος α[..]ν αυτωι ...
... ον ... ωιον αυτ[
                              ]τς
... ιτ[   ]ηχανα[
... των δ ... κςα[
... τη ... μηνα[

PATRICK SÄNGER

Das Sicherheitswesen im römischen Ägypten nach den Papyri

I. Einleitung

Für viele Aspekte des antiken Lebens, vor allem soziale, ökonomische, juristische und administrative Fragestellungen, bieten die in Ägypten gefundenen Papyri für den Historiker die verlässlichste und gleichzeitig konkreteste Quelle. Dieser Umstand gilt auch für die Erforschung des antiken Sicherheitswesens, dessen Organisation und Funktionsweise mit Fokus auf der römischen Kaiserzeit (1. bis 3. Jahrhundert n. Chr.) in diesem Beitrag skizziert werden soll. Bevor dies geschieht, ist es angebracht, drei grundsätzliche Punkte zu erörtern.

1. In der gegenwärtigen althistorischen Forschung ist die Tendenz zu beobachten, Ägypten, das im Jahr 30 v. Chr. römische Provinz wurde, eine Sonderstellung innerhalb des Imperium Romanum zuzuweisen. Diese Auffassung beruht einerseits auf der Verwaltungsstruktur des Nillandes. Die Administration Ägyptens war nämlich traditionell durch eine straffe Beamtenhierarchie gekennzeichnet, und dessen Territorium war seit pharaonischer Zeit in νομοί, also – gemäß der traditionellen Übersetzung von νομός – Gaue gegliedert, ein Prinzip, das nach der Eroberung durch Alexander den Großen unter den Ptolemäern und in weiterer Folge auch von den Römern (bis zum Beginn des 4. Jahrhunderts n. Chr.) unangetastet blieb. Im Gegensatz dazu setzten sich die übrigen römischen Provinzen überwiegend aus Gebietskörperschaften zusammen, die jeweils durch ein städtisches Zentrum inklusive seines Umlandes repräsentiert wurden und deren Amtsträger für die Lokalverwaltung verantwortlich zeichneten – ein Organisationsmodell, das die Römer im Übrigen mit den Griechen teilten, für die die Polis von jeher das zivilisatorische Zentrum darstellte. Andererseits stand an der Spitze Ägyptens im Unterschied zu anderen römischen Provinzen kein Statthalter aus dem Senatoren-, sondern aus dem Ritterstand (*praefectus Aegypti*). Dass der Gouverneur Ägyptens ein Mann aus der zweiten und nicht der ersten sozialen Klasse der Römer war, geht auf Octavian (den späteren Augustus) zurück, der das Nilland (im Jahr 30 v. Chr.) als neue Provinz einrichtete. Die von dem ersten römischen Kaiser getroffene Maßnahme sollte diesem (und seinen Nachfolgern) die direkte Kontrolle über Ägypten sichern, das sich im Verlauf der Kaiserzeit zum wichtigsten Getreidelieferanten Roms entwickelte.

Nun besteht aber aufgrund der geschilderten Gegebenheiten bzw. „Eigentümlichkeiten" kein Grund, der Erforschung der Administration des römischen Ägypten die allgemeine Relevanz abzusprechen, was auch in Hinblick auf das Sicherheitswesen getan wurde[1]. Die Römer regierten diese Provinz nämlich wie jede andere auch, und zwar unter der Prämisse, trotz unvermeidbarer Veränderungen an den Strukturen der dem Staatsgebiet einverleibten Gebiete so wenig wie möglich zu modifizieren. Wollte man also die vermeintliche „Ausnahmeerscheinung" Ägyptens im Gefüge des Imperium Romanum positiv betrachten, dann könnte man sie als Musterbeispiel dafür heranziehen, wie römische Provinzverwaltung funktionierte und wie ein bereits vorhandenes System adaptiert wurde. Tatsächlich wird man auch nirgendwo anders bessere Einblicke in diese Thematik bekommen, was der besonderen Quellenlage geschuldet ist, die man in Ägypten antrifft, denn Papyri sind zu einem überwiegenden Teil nur aus dieser Region überliefert. Somit soll die Betrachtung des Sicherheitswesens im römischen Ägypten nicht unter das Schlagwort „Sonderfall" gestellt, sondern vielmehr als willkommenes Exempel für römische Herrschaftspraxis angesehen werden.

2. Die innere Sicherheit im römischen Ägypten – wie auch in anderen Provinzen – lag in den Händen militärischer und ziviler Funktionäre, wobei es sich um zwei geschlossene Systeme handelt, die nebeneinander stehen und voneinander weitgehend unabhängig sind. Der beträchtliche Beitrag, den

◂ Detail des Papyrus Abb. 1.

das römische Heer durch seine über das Nilland verteilten Kastelle und Wachposten (*stationes*) sowie in Gestalt der *centuriones*, *decuriones* und *beneficiarii*, die „polizeiliche" Befugnisse besaßen und in den Papyri auch als lokale Ansprechpartner der Bevölkerung entgegentreten, zum Sicherheitswesen leistete[2], soll nicht unerwähnt bleiben, wird aber in dieser Studie nicht weiter beleuchtet. Zwar würden gerade die „polizeilichen" Aufgaben des Militärs ein anschauliches Beispiel dafür abgeben, dass die für Ägypten dokumentierten Verhältnisse auch auf andere Provinzen umlegbar sind[3]. Allerdings sind es nicht die Aufgabenstellungen der kaiserzeitlichen Armee, zu denen bis zu einem gewissen Grad auch die Aufrechterhaltung der inneren Sicherheit der Provinzen – vor allem an strategisch wichtigen Punkten wie etwa an bedeutenden Verkehrswegen, bei kaiserlichen Betrieben (z. B. Steinbrüchen) oder in Grenzgebieten – gehörte, die uns hier interessieren. Es sind stattdessen „zivile" Strukturen und die dort anzutreffenden Organe, die im Bereich des Sicherheitswesens angesiedelt waren, denen unsere Aufmerksamkeit gilt, was dem modernen Verständnis der Institution „Polizei" entgegenkommt, die hierzulande in ihrer Gesamtheit eine vom Militär getrennte Einrichtung ist[4].

3. Trotz der soeben getroffenen Eingrenzung, die aus heutiger Sicht einleuchtet, wäre es unreflektiert, bei der Umschreibung des antiken Sicherheitswesens ohne Weiteres von den modernen Begrifflichkeiten „Polizei" oder „Polizeiwesen" Gebrauch zu machen. Zwar ist dieser Analogieschluss angesichts des uns vertrauten staatlichen Exekutivorgans nur allzu verständlich. Dennoch muss man sich bewusst sein, dass die Übertragung unserer Vorstellung von „Polizei" auf den römischen Staat einem Anachronismus gleichkommt, und das schon allein aus einer staatsrechtlichen Perspektive heraus, da das Prinzip der Gewaltenteilung in der Antike unbekannt war. Dementsprechend ist der vom griechischen Wort πολιτεία, der Umschreibung für das städtische Gemeinwesen, abgeleitete Polizeibegriff, wie wir ihn heute auffassen, erst mit dem Übergang zum Verfassungsstaat geprägt worden, der seit dem Beginn des 19. Jahrhunderts in Deutschland zunächst in Form der konstitutionellen Monarchie Gestalt annahm[5]. Unter dem Wort „Polizei", das in Deutschland im 15. Jahrhundert aufkam, verstand man bis in das 17. Jahrhundert noch ganz allgemein „die Regierung, Verwaltung und Ordnung, besonders eine Art Sittenaufsicht in Staat und Gemeinde und die darauf bezüglichen Verordnungen und Maßregeln, auch den Staat selbst, sowie die Staatskunst, Politik"[6]. Im Allgemeinen Landrecht für die Preußischen Staaten (§ 10 II 17) von 1794 wurde dann eine uns vertraut wirkende Definition vorweggenommen[7], die später im Preußischen Polizeiverwaltungsgesetz von 1931 (§ 14 I) in präzisierter Form festgehalten wurde und dergestalt prägend auf das Polizeirecht der Bundesrepublik Deutschland wirkte. Die Bestimmung liest sich folgendermaßen: „Die Polizeibehörden haben im Rahmen der geltenden Gesetze die nach pflichtmäßigem Ermessen notwendigen Maßnahmen zu treffen, um von der Allgemeinheit oder dem Einzelnen Gefahren abzuwehren, durch die die öffentliche Sicherheit oder Ordnung bedroht wird."

Unser moderner Polizeiapparat ist aber nicht nur aufgrund seiner Einbettung in einen Verfassungsstaat von seinen römischen „Vorläufern" zu unterscheiden. Als wesentliches Distinktionsmerkmal hat auch der Umstand zu gelten, dass es im Imperium Romanum keine professionellen Ordnungshüter gab[8]. Die Amtsträger, die in Ägypten auf jeweils unterschiedlichen Ebenen als höchste Autoritäten auf dem Gebiet des (zivilen) Sicherheitswesens zu gelten haben – nämlich, wie noch zu erläutern ist, der Statthalter sowie der Epistratege und Stratege – gehörten zwar einem Personenkreis an, dessen Angehörige mehr oder minder berufsmäßig Verwaltungsposten bekleideten[9]. Jedoch waren diese Funktionäre alles andere als „Sicherheitsexperten". Sie waren vielmehr Organe der allgemeinen Administration des Landes, woraus sich auch – vor allem als Begleiterscheinung von richterlichen Kompetenzen – die Aufsicht über das Sicherheitswesen ergab. Auf der anderen Seite beobachten wir in der Ämterhierarchie unterhalb des Strategen die nicht nur auf den Bereich des Sicherheitswesens beschränkte Vorgehensweise des kaiserzeitlichen Staates, Funktionen in der Zivilverwaltung zwangsweise und für einen begrenzten Zeitraum in die Verantwortung geeigneter Personen zu legen[10]. Je größer die mit dem Amt verbundene Verantwortung war, desto höher musste die soziale Position bzw. der finanzielle Rückhalt derjenigen sein, die die betreffende Aufgabe erfüllen sollten. Deswegen kann von einem willkürlichen System kaum die Rede sein, weil zumindest jeder nach seinen materiellen Möglichkeiten und seinem Sozialprestige eingesetzt wurde. Dennoch ist evident, dass auf der Basis dieses Prinzips ein als eigene Berufsgruppe organisierter und speziell ausgebildeter Polizeiapparat, der in sich weiter nach Zuständigkeiten differenziert ist, im römischen Staat nicht realisiert war. So musste beispielsweise ein Bewohner eines ägyptischen Dorfes, der der niedrigsten Vermögensklasse angehörte und wahrscheinlich in der Landwirtschaft tätig war, prinzipiell damit rechnen, zur Bekleidung des Amtes eines Dorfwächters (*phylax*) herangezogen zu werden.

Nun haben wir gesehen, dass es unter dem Blickwinkel des Staatsrechts und aufgrund unterschiedlicher Verwaltungsorganisation nicht angebracht erscheint, das heutige Sicherheitswesen mit dem des römischen Ägypten zu vergleichen. Wo sich allerdings große Gemeinsamkeiten auftun, das sind die Aufgabenbereiche. In Bezug auf die Polizei der Länder der Bundesrepublik lassen sich diese laut der Mitteleuropäischen Polizeiakademie (MEPA), die zum Zweck der Fortbildung von Polizeikräften der beteiligten Staaten Deutschland, Österreich, Polen, Schweiz, Slowakei, Slowenien, Tschechien und Ungarn gegründet wurde, zusammenfassend grundsätzlich folgendermaßen aufgliedern:

„– Gefahrenabwehr (präventiv und repressiv)
– Schutz privater Rechte, soweit diese sonst nicht rechtzeitig zu erlangen sind
– Vollzugshilfe
– Verfolgung von Straftaten und Ordnungswidrigkeiten"[11].

Wie sich zeigen wird, sind es mehr oder weniger diese Aufgabenbereiche, die die im Sicherheitswesen beschäftigten Amtsträger auch im römischen Ägypten abdeckten. Zusätzlich ist es möglich, bei der Beurteilung des Profils der antiken Funktionäre die moderne Unterscheidung zwischen schutz- und kriminalpolizeilicher Tätigkeit vorzunehmen. Während erstere „die Gefahrenabwehr, die Bekämpfung und Ermittlung leichter bis mittlerer Kriminalität sowie die Überwachung des Straßenverkehrs" umfasst, zeichnet sich zweitere durch „die Bekämpfung und Verfolgung gefährlicher Straftaten und Verbrechen" aus[12]. Aufgrund der erkennbaren Parallelitäten im Bereich der Dienstaufgaben, soll es in dem sich nun anschließenden Überblick über das Sicherheitswesen des römischen Ägypten gestattet sein, mit Vorbehalt die Begriffe „Polizei" und „polizeilich" zu verwenden.

II. Das Sicherheitswesen im römischen Ägypten

Es ist vorauszuschicken, dass die hier gebotene Darstellung keinen Anspruch auf Vollständigkeit erhebt. Eine Auswertung des gesamten, zum Thema verfügbaren Quellenmaterials würde den vorgegebenen Rahmen sprengen. Ein solches Vorhaben ist ferner bislang auch noch nie durchgeführt worden und bleibt somit ein Desiderat der Forschung[13]. Was bis dato ebenfalls ausgeblieben ist, ist eine schematische Erläuterung der Systematik und Funktionsweise des (zivilen) Sicherheitswesens im römischen Ägypten, welche an dieser Stelle realisiert werden soll. Zu diesem Zweck werden die wichtigsten bzw. prägnantesten Amtsträger jeder Verwaltungsebene vorgestellt.

a. Provinzebene

Der höchste militärische und zivile Amtsträger der Provinz Ägypten war der ritterliche Statthalter, der *praefectus Aegypti*. Dementsprechend war er auch die erste Instanz des Sicherheitswesens und konnte jederzeit eine „Polizeiaktion" in Auftrag geben, für deren Durchführung die Funktionäre der untergeordneten Verwaltungsebenen zu sorgen hatten. Diese wurden etwa dann zur Pflicht gerufen, wenn der Präfekt in seiner Funktion als oberster Richter der Provinz in Auftrag gab, ein beklagtes Unrecht zu untersuchen, beschuldigte Personen aufzuspüren und diese gegebenenfalls an seinen Gerichtshof zu überstellen[14].

An der Spitze der Provinzverwaltung wurde der Präfekt von Prokuratoren unterstützt, die eigene Ressorts verwalteten. Unter ihnen findet sich aber kein Funktionär, der spezielle „polizeiliche" Aufgaben gehabt hätte. Somit gab es auf der obersten Verwaltungsebene keinen Spezialisten, der für das Sicherheitswesen der gesamten Provinz verantwortlich gewesen wäre – eine Feststellung, die auch auf die anderen Provinzen des Römischen Reiches zutrifft.

b. Epistrategie

Die Epistrategie war eine regionale Verwaltungseinheit, die mehrere Gaue vereinigte. In römischer Zeit gab es zunächst drei, ab der zweiten Hälfte des 2. Jahrhunderts n. Chr. vermutlich vier Epistrategien[15]. Der Vorsteher dieser Einheiten war der Epistratege, ein Funktionär, der bereits in der ptolemäischen Zeit begegnet, wo er auch militärische Vollmachten hatte[16]. Unter den Römern wurde das Amt, das sich im Verlauf der Kaiserzeit zu einer ritterlichen Prokuratur entwickelte[17], zu einem rein zivilen. Der Epistratege war Vorgesetzter der Strategen seines Amtssprengels und in Analogie zu deren Stellung als Vorsteher des Sicherheitswesens des Gaues (vgl. dazu im Anschluss) sicherlich auch in diesem Bereich weisungsberechtigt. Wir haben zwar keinen klaren Beleg für eine „Polizeiaktion", zu deren Abwicklung der Epistratege auf ziviles Verwaltungspersonal zurückgegriffen hätte[18]. Der Umstand, dass er richterliche Kompetenzen besaß und, wie wir aus den Papyri ersehen, die Vollmacht hatte, Festnahmen anzuordnen, Personen vor Gericht zu laden und Strafen zu verhängen, verdeutlicht aber fraglos seine weitreichenden „polizeilichen" Befugnisse[19]. Diese erlaubten ihm anscheinend sogar – trotz seiner Beschränkung auf die Zivilverwaltung –, Soldaten mit Aufgaben im Sicherheitswesen zu befehligen. Augenfällig ist in diesem Zusammenhang die an einen Epistrategen gerichtete Petition P.Mich. VI 426 (Arsinoites, 198 n. Chr.), in der der Bittsteller darum ansucht, der Adressat solle den vor Ort befindlichen *centurio* anschreiben, um den Beschuldigten in Gewahrsam zu nehmen. Ohne Zweifel wird man daher den Epistrategen als „Polizeichef" der ihm unterstehenden Gaue bezeichnen dürfen.

c. Gau

Die Unterteilung Ägyptens in Gaue geht auf die Zeit der Pharaonen zurück, und die nachfolgenden Herren des Landes, respektive die Ptolemäer und Römer, änderten nichts an diesem administrativen Grundgerüst. Der Gau, der vorwiegend als Steuerbezirk aufzufassen ist[20], bildete bis zum Ende des 3. Jahrhunderts n. Chr. das Rückgrat der lokalen Verwaltung, bis am Beginn des 4. Jahrhunderts n. Chr. die überkommene Struktur zugunsten der Pagusordnung aufgegeben wurde[21]. Seitdem gliederte sich auch Ägypten (wie die anderen Regionen des nunmehr spätantiken Staates) in *civitates*, d. h. in Städte, die sich selbst und ihr Umland verwalteten. Repräsentiert wurden diese Einheiten von den alten Gauhauptstädten, deren Territorium der jeweilige Gau blieb: Die neue Ordnung änderte somit wenig an der administrativen Geographie Ägyptens.

Das Oberhaupt der Gauverwaltung war in der Kaiserzeit der Stratege. Wie die Epistrategie hat auch dieses Amt seine Wurzeln in ptolemäischer Zeit. Um die Mitte des 3. Jahrhunderts v. Chr. entwickelte sich der Stratege von einem militärischen Befehlshaber zu einem weitgehend zivilen Funktionär[22]. Die Römer übernahmen die Strategie in ihre Provinzverwaltung und definierten das Amt rein zivil.

Bereits im 2. und 1. Jahrhundert v. Chr. war der Stratege im Rahmen seiner allgemeinen Verwaltungsaufgaben auch „Polizeichef" des Gaues[23]. Diese Position hatte er auch in römischer Zeit inne. Vergleichbar mit den Epistrategen werden auch die Strategen von Privatpersonen mittels Bittschriften bzw. Petitionen in Privat- oder Kriminalsachen angegangen, um das Einschreiten des Adressaten zu erwirken[24]. Im Kontext der Strafverfolgung ist außerdem erwähnenswert, dass die Strategen Drehscheibe des *parangelia*-Verfahrens (παραγγελία) waren, durch das der Kläger den Beklagten vor das Tribunal des Präfekten auf dem Konvent[25] lud. Zu diesem Zweck musste der Kläger dem zuständigen Strategen, in dessen Amtssprengel der Beklagte wohnhaft war, ein Gesuch einreichen, in dem er einerseits die Gegenpartei zum Erscheinen gemahnt und andererseits um Weiterleitung der Akte an diese bittet; letzteres erledigte ein Hilfsfunktionär des Strategen. Ein Beispiel für eine derartige Vorladung zum Konvent stellt P.Heid. IV 324 (Hermupolites, 247 n. Chr.) dar (Abb. 1).

Einen besonders instruktiven Einblick in die von Strategen getätigten Vollzugsmaßnahmen, die freilich auch auf einen Befehl von übergeordneter Stelle (Präfekt, Epistratege) zurückgehen konnten[26], gewähren die sogenannten Überstellungsbefehle. Bei diesen handelt es sich um schriftliche Anweisungen an untergeordnete Amtsträger. Die Befehle stammen großteils aus dem Büro des Strategen und dokumentieren für gewöhnlich die Abwicklung von Verfahren, die durch Bittschriften initiiert wurden[27]. P.Oxy. XXXI 2576 (Oxyrhynchites, 3. Jahrhundert n. Chr.) überliefert etwa folgende Anweisung:

Ἀρχεφόδῳ Μερμέρθων. | Πέμψον Ἔρωτα οἰ[ν]έμ|πορον ἐντυχόντος Διοσ|κόρου.

„An den *archephodos* von Mermertha. Schicke Eros, den Weinhändler, anlässlich der Petition des Dioskoros."

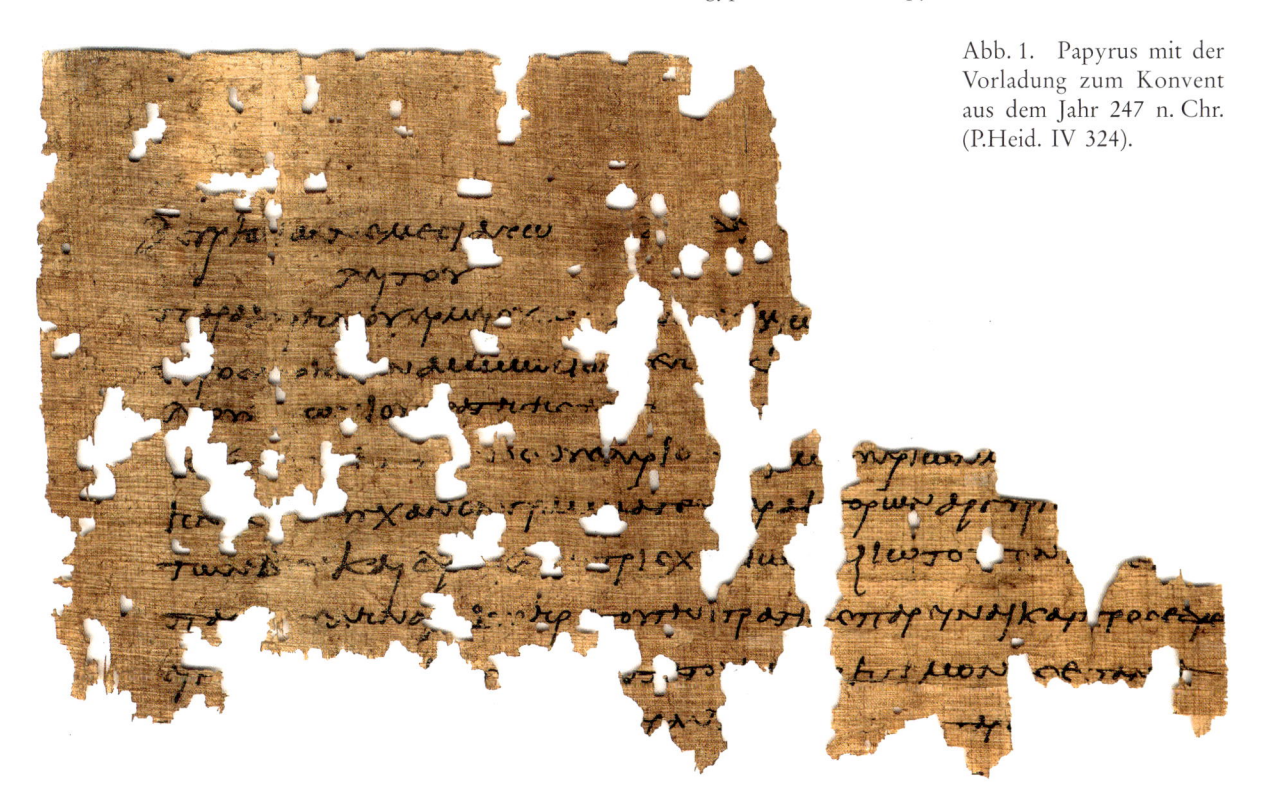

Abb. 1. Papyrus mit der Vorladung zum Konvent aus dem Jahr 247 n. Chr. (P.Heid. IV 324).

Hier ist es also der *archephodos* bzw. der dörfliche „Polizeichef" – ein Amtsträger, auf den wir weiter unten noch einmal zurückkommen werden – des im Oxyrhynchites gelegenen Dorfes Mermertha, der für die Überstellung der angeforderten Person, eines Weinhändlers namens Eros, sorgen soll. Begründet wird die Aktion mit dem Bittgesuch eines gewissen Dioskoros, der gegen den Angeforderten wahrscheinlich Klage geführt hat.

Über weite Strecken der Kaiserzeit stand der Stratege alleine an der Spitze des zivilen Sicherheitswesens. In der ersten Hälfte des 1. Jahrhunderts n. Chr. und im 3. Jahrhundert n. Chr. gab es allerdings spezialisierte Amtsträger, die auf Gauebene ausschließlich in diesem Verwaltungszweig tätig waren. Es handelt sich zum einen um den *epistates phylakiton* (ἐπιστάτης (τῶν) φυλακιτῶν), den „Vorsteher der Phylakiten", zum anderen um den *eirenarches* (εἰρηνάρχης), dessen Titel sich in etwa mit „Friedensherrscher" (im Sinne von „Friedensstifter") übersetzen lässt.

Das Amt des *epistates phylakiton* existierte bereits in ptolemäischer Zeit und wurde von den Römern – wie der Epistratege und Stratege – übernommen, dürfte aber um die Mitte des 1. Jahrhunderts n. Chr. abgeschafft worden sein[28]. Unter den Ptolemäern war der *epistates phylakiton* für einen Gau zuständig und, wie bereits sein Name sagt, Chef der dort tätigen Phylakiten. Die Phylakiten waren über das Land verstreut und bildeten eine paramilitärisch organisierte Truppe von staatlichen Beamten, deren Beruf es war, in den Dörfern und Städten als Vollzugs- und Wachorgane bereitzustehen[29]. Es bietet sich an, die Phylakiten mit Friedrich Oertel als eine Art „Gendarmerie" zu bezeichnen[30]. Dass es sich bei ihnen um professionelle Ordnungshüter handelte, dürfte dazu geführt haben, dass sie am Beginn des 1. Jahrhunderts n. Chr. verschwanden[31], denn sie mussten zwangsläufig der von Augustus betriebenen Politik zum Opfer fallen, die Provinzen – was das Vorhandensein von einheimischen Verbänden anbelangt – zu demilitarisieren[32]: Neben der römischen Armee sollte es keine militärischen Strukturen geben. Aber auch aus einem anderen Grund würden die Phylakiten einen Widerspruch zur römischen Organisation des Sicherheitswesens darstellen. Diese setzte nämlich nicht, wie weiter oben erläutert wurde, auf die Expertise einer eigenen Berufsgruppe, was sie vom ptolemäischen System unterschied.

Die Abschaffung der Phylakiten führte kurioserweise nicht dazu, dass man zeitgleich auch die

Funktion ihrer Vorsteher, der *epistatai phylakiton*, gestrichen hätte. Dies geschah erst ein halbes Jahrhundert später. In diesem Zeitraum scheint der *epistates phylakiton* in der Strafverfolgung mit denselben Fällen befasst gewesen zu sein wie der Stratege (und der *centurio*), was die aus den Jahren 28 bis 42 n. Chr. stammenden Bittschriften P.Ryl. II 125–152 (Arsinoites) eindrucksvoll vor Augen führen. Nicht anders als in ptolemäischer präsentiert sich der *epistates phylakiton* somit auch in römischer Zeit als eigenständiges Organ der Gauverwaltung, das nur im Bereich des Sicherheitswesens tätig war, bei Bedarf von Privatpersonen konsultiert wurde und befugt war, lokale Amtsträger mit den erforderlichen Vollzugsmaßnahmen zu beauftragen. Der Unterschied bestand jetzt nur darin, dass ihm – zumindest seit dem Beginn des 1. Jahrhunderts n. Chr. – keine eigene Polizeitruppe mehr zur Verfügung stand. Es mögen seine ihm traditionell zukommenden richterlichen Befugnisse gewesen sein, dem das Amt seinen weiteren Bestand in der ersten Hälfte des 1. Jahrhunderts n. Chr. verdankt. Diese ließen es aber auch in Konkurrenz mit den Strategen sowie den *centuriones*, *decuriones* und *beneficiarii*, den lokalen Vertretern der militärischen Ordnungsmacht, treten. Da es vermutlich die Anwesenheit der römischen Armee war, die das Verschwinden der Phylakiten nach sich zog, könnte die Abschaffung des *epistates phylakiton* als letzte Konsequenz dieser Entwicklung verstanden werden[33]. Gleichzeitig muss aber präzisierend festgehalten werden, dass wenigstens nach dem Wegfall der Phylakiten der *epistates phylakiton* als rein ziviler Funktionär anzusehen ist. Deswegen könnten es letztlich die hervorgehobene Stellung des Strategen innerhalb der Gauverwaltung und die breit gefächerten Zuständigkeiten dieses Funktionärs gewesen sein, die es als überflüssig erscheinen ließen, das spezialisierte Amt des *epistates phylakiton* fortzuführen. Für diese Überlegung spricht vielleicht P.Ryl. II 152 (Arsinoites, 42 n. Chr.), die jüngste unter den zuvor schon angesprochenen Bittschriften. Sie ist adressiert an einen Tib. Claudius Philoxenus, der unter dem Titel στρατηγὸς καὶ ἐπιστάτης φυλακιτῶν firmiert – er ist also Stratege und gleichzeitig *epistates phylakiton*. Dies könnte als Hinweis darauf interpretiert werden, dass letzteres Amt schließlich von ersterem absorbiert wurde.

Es vergehen schließlich über 200 Jahre, bis an der Seite der Strategen wieder Amtsträger auftauchen, deren Aufgaben ausschließlich im Bereich des Sicherheitswesens angesiedelt sind. Es sind die Eirenarchen (εἰρηνάρχαι bzw. *eirenarchai*), die erstmals in der Regierungszeit des Kaisers Gordian III. (238–244 n. Chr.) begegnen[34].

Diese Amtsträger, von denen normalerweise zwei pro Gau tätig waren, sind aus mehreren Gründen in scharfem Kontrast zum *epistates phylakiton* zu sehen. Zunächst aufgrund ihrer institutionellen Einbettung: Bei dem Amt der Eirenarchie handelte es sich nämlich um ein Zwangsamt, das Mitglieder der Stadträte, also der städtischen Oberschicht, zu übernehmen hatten[35]. Dies setzt verständlicherweise die Existenz von Stadträten voraus, die es in Ägypten erst seit dem Jahr 199/200 n. Chr. gab, als Septimius Severus den ägyptischen Gauhauptstädten sowie Alexandrien die Einrichtung dieses Gremiums gewährte. Das stellte einen ersten Schritt in Richtung der im übrigen griechischen Osten üblichen städtischen Selbstverwaltung dar, auch wenn die Gauordnung bis zum Beginn des 4. Jahrhunderts n. Chr. weiterhin in Kraft blieb. Somit kann die Einführung der Eirenarchie als eine Folge der nun auch in Ägypten vorhandenen Stadträte gesehen werden. In Ägypten war die Eirenarchie, die im 2. Jahrhundert n. Chr. unter den kleinasiatischen Städten weit verbreitet war[36], also eine Neuschöpfung, die aus einer Verwaltungsreform resultierte. Ganz im Gegenteil zum *epistates phylakiton*: Er war ein ptolemäischer Amtsträger, der unter den Römern leicht verändert fortbestand und seinen Ursprung im alten Gausystem hatte. Dementsprechend dürfte die Funktion des *epistates phylakiton* – wie die der Epistrategen und Strategen – kein Zwangsamt gewesen, aber immerhin in Übereinstimmung mit der Eirenarchie von Mitgliedern der sozialen Oberschicht Ägyptens bekleidet worden sein[37].

Als wesentlicher Unterschied zwischen dem *epistates phylakiton* und dem Eirenarchen hat weiter zu gelten, dass ersterer ein eigenständiger Amtsträger war. Das zeigt sich daran, dass er Bittschriften erhielt und daraufhin selbst tätig wurde, indem er Maßnahmen anordnete. Demgegenüber handelten die Eirenarchen erst auf Weisung des Strategen (oder anderer übergeordneter Funktionäre). Daran sieht man deutlich, dass der Eirenarch in seiner Amtsausübung keine Eigenständigkeit besaß. Seine Einsetzung galt in erster Linie der Entlastung des Strategen, für den er die erforderlichen „Polizeiaktionen" – etwa den Zugriff auf Personen oder die Beschlagnahmung von mobilem Privateigentum und dessen Rückgabe an den rechtmäßigen Besitzer –

durch die Einschaltung lokaler Funktionäre organisierte bzw. koordinierte.

Zusammenfassend ist demnach zu konstatieren, dass der *epistates phylakiton* in der administrativen Hierarchie zwar unterhalb des Strategen, mit seinen Kompetenzen jedoch parallel zu diesem stand, währenddessen der Eirenarch den Strategen zur Bewältigung der in den Bereich des Sicherheitswesens fallenden Aufgaben nach entsprechender Anordnung unterstützte. Hinsichtlich der Befugnisse kam es im letzteren Fall somit zu keinen Überschneidungen, was weiter dadurch unterstrichen wird, dass bislang keine an Eirenarchen gerichteten Bittschriften überliefert sind und diese Funktionäre auch keine richterlichen Kompetenzen besessen zu haben scheinen. Das bedeutet also, dass der Stratege auch nach der Einführung der Eirenarchie auf Gauebene das unangefochtene Oberhaupt des Sicherheitswesens blieb: „Polizeiliches" Einschreiten konnte von Privatpersonen nur über seine Vermittlung (oder die eines höheren Amtsträgers) erreicht werden.

Ein schönes Beispiel für die Hierarchie der Befehlsübertragung liefert die Bittschrift P.Stras. I 5 (Hermupolites, 262 n. Chr.), die ein Kläger, der unter anderem Opfer eines Diebstahls geworden war, an den Strategen richtete und diesem nach der Darlegung des Sachverhalts den Richterspruch des Präfekten zu seiner Causa zur Kenntnis brachte. Der Statthalter habe bestimmt, dass „dem Strategen und den Eirenarchen Auftrag gegeben werde, dass, falls etwas gewalttätig fortgenommen worden sei, dieses möglichst rasch zurückgegeben werde" (Z. 18–19)[38]. Der Kläger schließt mit dem Ansuchen an den Adressaten, demgemäß zu handeln und die Eirenarchen einzuschalten.

P. Stras. I 5 führt einerseits eindringlich vor Augen, was ohnehin selbstverständlich ist, und zwar die Vollmacht des Präfekten, eine „polizeiliche" Vollzugsmaßnahme anzuordnen. Der Umstand, dass sich der Kläger an den Strategen wandte, und die abschließende Bitte verdeutlichen andererseits, dass die Eirenarchen von Privatpersonen nicht direkt zu erreichen waren. Bemerkenswerterweise beließ es der Stratege aber zunächst dabei, nur die Amtsgehilfen (*hyperetai*) seines Büros einzuschalten, um die Beklagten über die Direktive des Statthalters zu informieren. Die Eirenarchen wurden wahrscheinlich erst dann involviert, wenn eine „Polizeiaktion" erforderlich war[39]. Das vorläufige Handeln des Adressaten ist insofern beachtenswert, weil es unmissverständlich dokumentiert, dass die Lenkung des Verfahrens in den Händen des Strategen lag: Dieser konnte von sich aus entscheiden, ob und wann er die Eirenarchen benachrichtigte.

Das Modell, das Sicherheitswesen des Gaues durch ein Zusammenspiel zwischen Stratege und Eirenarchen zu organisieren, war von keiner langen Dauer. Das Ende der Gauordnung und die Unterteilung Ägyptens in *civitates* führten nicht nur zur Abschaffung des Strategen, sondern auch zu der der Eirenarchen[40]. Dies ist einmal mehr ein Zeugnis für die enge Bindung zwischen beiden Ämtern und dafür, dass die Eirenarchie an der Seite des Strategen in das System der Gauverwaltung eingepasst wurde. Dennoch ist es unverkennbar, dass ihre Einführung im Kontext der nach 199/200 n. Chr. einsetzenden Tendenz zu betrachten ist, verschiedene Funktionen der leitenden Gaufunktionäre – also des Strategen und des Königlichen Schreibers – im Gewand von Zwangsämtern auf Mitglieder der Stadträte zu übertragen, eine Entwicklung, die schließlich in die Verwaltungsreform am Beginn des 4. Jahrhunderts n. Chr. mündete.

Obwohl wir damit unseren chronologischen Rahmen verlassen, sei noch kurz auf die Folgezeit eingegangen, zumal diese eine einschneidende Neuerung für das Sicherheitswesen in Ägypten mit sich brachte. Um die Mitte des 4. Jahrhunderts n. Chr. etablierte sich an der Spitze dieses Verwaltungszweiges nämlich ein Funktionär, dessen Profil die logische Konsequenz aus dem Prinzip der *civitas* darstellte. Es handelt sich um den *riparius*, dessen Name vielleicht von *ripa* (Flussufer) herzuleiten ist[41]. Dieses Amt wurde – wie die Eirenarchie – pro *civitas* zwei Mitgliedern des Stadtrates zwangsweise übertragen und war innerhalb der neuen Verwaltungseinheiten ausschließlich für „polizeiliche" Angelegenheiten zuständig. Der *riparius* erhielt Petitionen und war eigenständig handlungsfähig, so dass er das höchste Maß an Professionalität darstellt, das der römische Staat auf dem Gebiet des zivilen Sicherheitswesens hervorzubringen vermochte.

d. Gauhauptstädte und Dörfer

Bis zum Jahr 199/200 n. Chr. sind die Gauhauptstädte und Dörfer in administrativer Hinsicht nicht zu unterscheiden. Beide stehen unter der Aufsicht der obersten Funktionäre des Gaues, der Strategen und Königlichen Schreiber, und stellen keine selbstständigen Verwaltungseinheiten dar. An diesem Prinzip änderte sich auch nichts, nachdem den Hauptstädten der Gaue die Konstituierung von Stadträten zugestanden worden war. Zwar wurden die Gauhauptstädte dadurch rechtlich gesehen zu autonomen Städten bzw. Poleis. Dieser Schritt führte aber, wie bereits öfters betont, erst am Beginn des 4. Jahrhunderts n. Chr. zu einer Abschaffung der Gauordnung. Somit ist es gerechtfertigt, städtische und dörfliche Ebene im administrativen Gerüst des kaiserzeitlichen Ägypten zusammen zu behandeln.

Mit Ausnahme des *nyktostrategos* bzw. „Nachtstrategen" (νυκτοστράτηγος) gab es über die gesamte Dauer der Kaiserzeit hinweg keinen Amtsträger, der innerhalb des städtischen Sicherheitswesens, das unter der Oberaufsicht des Strategen stand, eine leitende Position eingenommen hätte[42]. Für Alexandrien ist der „Nachtstratege" durch den um die Wende vom 1. Jahrhundert v. Chr. zum 1. Jahrhundert n. Chr. wirkenden Geschichtsschreiber und Geograph Strabon überliefert. Dieser nennt bei der Aufzählung von alexandrinischen Amtsträgern, die es schon unter den Ptolemäern gab, auch den νυκτερινὸς στρατηγός (17,1,12 [797]). Ein solcher Funktionär amtierte nach Ausweis von P.Fam.Tebt. 41 im Jahr 176 n. Chr. offenbar auch in Antinoupolis, wo er als νυκτοστράτηγος bezeichnet wird. An dieser Stelle ist einschränkend festzuhalten, dass Alexandrien und Antinoupolis in der Verwaltungsstruktur Ägyptens eine Sonderrolle einnahmen. Alexandrien geht wie Naukratis (im Delta) und Ptolemais Hermiu (in der Thebais) auf eine griechische Städtegründung zurück, und Antinoupolis wurde im Jahr 130 n. Chr. von Kaiser Hadrian gegründet. Entscheidend ist, dass diese Städte bereits vor der Reform des Septimius Severus als Poleis konzipiert waren und separate Verwaltungseinheiten bildeten. Prinzipiell sind ihre Strukturen daher nicht mit denen der Gauhauptstädte zu vergleichen. Dies bestätigt sich auch im Fall des *nyktostrategos*, der vor der Einführung der Stadträte in keiner Gauhauptstadt belegt ist. Dafür tritt er nach dieser Reform in Erscheinung. In einigen wenigen Papyri aus Herakleopolis, Hermupolis, Oxyrhynchos und Panopolis ist er (gesichert) zunächst in der zweiten Hälfte des 3. Jahrhunderts n. Chr. dokumentiert[43]. Zufriedenstellend setzt die Evidenz jedoch erst mit dem Beginn des 4. Jahrhunderts n. Chr. ein, als die Gaue in *civitates* umgewandelt worden waren. Die „Nachtstrategie" präsentiert sich als ein Zwangsamt, das – vergleichbar mit der Eirenarchie und dem Amt des *riparius* – gleichzeitig von mehreren Mitgliedern des Stadtrates übernommen wurde. Der Amtssprengel der *nyktostrategoi*, die den *riparii* untergeordnet waren, umfasste das urbane Siedlungsgebiet. Zu deren Aufgabenbereichen gehörte wohl die Aufsicht über das städtische Wachpersonal. Petitionen, die an diese Funktionäre gerichtet waren, bescheinigen zudem ihre Kompetenzen in der Strafverfolgung.

Offensichtlich hatte sich das Amt des *nyktostrategos* im Verlauf der zweiten Hälfte des 3. Jahrhunderts n. Chr. in den Gauhauptstädten entwickelt, um sich am Beginn des 4. Jahrhunderts n. Chr. endgültig zu etablieren. Wie bei den Eirenarchen haben wir als wesentliche Voraussetzung für diesen Prozess das Vorhandensein eines Stadtrates zu erachten. Ebenso dürfte die Einsetzung der *nyktostrategoi* als administrative Entlastung des Strategen zu interpretieren sein. Dass diese Funktionäre anders als die Eirenarchen nach der Abschaffung der Gauordnung weiter bestanden, dürfte daran liegen, dass ihr Amtssprengel von dieser Veränderung unbehelligt blieb: Sie konnten ohne Probleme in das neue System der *civitas* übernommen werden, in dem Strategen und Eirenarchen als Gaufunktionäre keinen Platz mehr hatten.

Verlässt man die *nyktostrategoi*, so gelangt man unmittelbar in die Sphäre der unteren Verwaltungsebenen des Sicherheitswesens. Hier tut sich ein weites und kaum überschaubares Feld verschiedenster Amtsträger auf. Was folgt, kann daher nur einer groben Skizze gleichkommen. Vor allem das dörfliche Sicherheitspersonal ist besonders gut dokumentiert, so dass eine Auswertung aller zu dieser Thematik verfügbaren Quellen hier nicht zu leisten ist. Auch fehlt bislang eine Studie, die sich diesem Vorhaben widmet und den Zugang zur Materie erleichtern würde.

Hervorzuheben ist in diesem Kontext die breite Gruppe der *phylakes* bzw. „Wächter" (φύλακες). Diese Amtsträger, die der gewöhnlichen Bevölkerung angehörten und ihren Dienst zwangsmäßig ableisteten, lassen sich je nach ihrem Einsatzort grob unterteilen in *phylakes*, die entweder in den Gauhauptstädten oder in den Dörfern tätig waren[44]. Die Aufgabenbereiche dieser beiden Kategorien von *phylakes* weisen keine Unterschiede auf. Sie lassen sich sowohl auf Seiten der *phylakes* der Gauhauptstädte als auch auf der der Dörfer gemäß Clemens Homoth-Kuhs in folgende drei Bereiche gliedern[45]:

1) Wachdienste, Personen- und Objektschutz
2) Durchführung von Fahndungen, Festnahmen, Arrestierungen und Gestellungen
3) Transport- und Kurierdienste.

Demnach hatten die *phylakes* eine große Bandbreite an Tätigkeitsfeldern. Sie waren reine Befehlsempfänger und jene lokalen Vollzugsorgane, die eine „Polizeiaktion" durch eigenen Körpereinsatz in die Tat umzusetzen hatten. Durch sie werden wir auch zum ersten Mal mit Funktionären konfrontiert, die aufgrund ihrer Wach- und Schutzfunktion unter anderem mit der Gefahrenabwehr befasst waren. Diese ist freilich nur von Personen zu realisieren, die sich direkt am Ort des Geschehens aufhalten und selbst eingreifen können. Dass ein „schutzpolizeiliches" Element erst bei den untersten Vollzugsorganen greifbar wird, ist durch die hierarchische Strukturierung des mit dem Sicherheitswesen befassten Amtsapparates bedingt: Die hohen Funktionäre der Provinz, der Epistrategie und des Gaues beschränkten sich verständlicherweise darauf, auf Anfragen nach „polizeilichem" Einschreiten zu reagieren und die Vollzugsmaßnahme von ihrem Büro aus zu organisieren, womit ihr Tätigkeitsprofil ausschließlich „kriminalpolizeiliche" Züge trägt.

In den Gauhauptstädten waren die *phylakes* bestimmten Stadtvierteln zugewiesen. Dort konnten sie an wichtigen Punkten wie auf Straßen oder bei öffentlichen Gebäuden (z. B. Heiligtümern) Posten beziehen. Überdies konnten sie auch dem Strategen zur Ausübung von Wach- oder Kurierdiensten zugeordnet sein[46]. Die Anzahl der *phylakes* richtete sich nach der Größe der jeweiligen Gauhauptstadt. Die verfügbaren Daten ergeben Schätzungen, die von 30 bis 60 *phylakes* in einer kleineren Gauhauptstadt wie Apollonopolis Heptakomias und 60 bis 100 (oder mehr) *phylakes* in einer größeren Gauhauptstadt wie Oxyrhynchos oder Hermupolis ausgehen. In Verhältnis gesetzt zur geschätzten Bevölkerungszahl dieser Ortschaften ergibt sich, dass auf einen *phylax* durchschnittlich 362 Stadtbewohner kamen[47].

Es ist einleuchtend, dass sich bei dörflichen *phylakes* naturgemäß andere Dienstorte als bei ihren Kollegen in den Gauhauptstädten ergaben. Im Dorf waren *phylakes* zur Unterstützung bzw. zum Schutz von Funktionären abgestellt, die mit der örtlichen Steuer- oder Zollverwaltung betraut waren[48]. Weitere Einsatzbereiche der dörflichen *phylakes* lassen sich von den Titeln einiger spezialisierter *phylakes* ableiten. Unmissverständlich hinsichtlich ihrer Aufgabenstellung sind die *nyktophylakes* („Nachtwächter"), *pediophylakes* („Flurwächter"), *magdolophylakes* („Turmwächter"), *halonophylakes* („Tennenwächter") und *potamophylakes* („Flusswächter"), weniger klar zuordenbar die *nomophylakes* („Gesetzeshüter") und *eirenophylakes* („Friedenswächter"). Clemens Homoth-Kuhs konnte herausarbeiten, dass die Zahl spezialisierter *phylakes* mit der Größe der Dörfer zunimmt: „Während in den kleinsten Dörfern mit wenigen hundert Einwohnern nur einfache Phylakes auftreten, wächst mit der Größe der Dörfer auch die Vielfalt der Spezialphylakes"[49]. Somit ist einerseits festzuhalten, dass die verschiedenen Einsatzbereiche der *phylakes* in ausgedehnten dörflichen Siedlungen aufgeteilt wurden, wobei – und das sei betont – die spezialisierten *phylakes* zusätzlich zu den (und nicht anstatt der) einfachen *phylakes* eingesetzt wurden. Andererseits zeigt sich, dass die von dörflichen *phylakes* zu leistenden Wachdienste durch die Agrarwirtschaft oder durch die die Siedlung umgebende Landschaft geprägt waren. Im letzteren Fall könnte man auch auf die spärlich überlieferten *oreophylakes* (ὀρεοφύλακες) verweisen, bei denen es sich um Funktionäre handeln dürfte, die in der Wüste bzw. auf Straßen in Wüstengebieten patrouillierten[50].

Was nun das Verhältnis zwischen der Zahl der in den Dörfern beschäftigten *phylakes* und der Bevölkerung anbelangt, so ergibt eine Schätzung interessanterweise die durchschnittliche Quote von 1:89[51]. Das würde bedeuten, dass die relative „Polizeidichte" in dörflichen Gebieten höher als in städtischen war. Dieses Phänomen, das unseren heutigen Vorstellungen völlig widerspricht, deutet auf ein erhebliches Sicherheitsbedürfnis in den Dörfern hin, das vielleicht aus der dortigen Konzentration auf landwirtschaftliche Erwerbstätigkeit resultierte[52], weswegen dem Schutz der Agrarflächen und Erträge ein besonderer Stellenwert eingeräumt wurde. Angesichts der weitläufigen ländlichen Gebiete sollte man in die Überlegungen aber auch einbeziehen, dass die subjektive Wahrnehmung der Wachorgane seitens der Dorfbewohner vielleicht geringer war als in einem städtischen Ballungsraum.

Das Sicherheitswesen der Gauhauptstädte und Dörfer lastete allerdings nicht nur auf den Schultern der *phylakes* und der Strategen. Zwischen der untersten und obersten Ebene der lokalen „Polizei" gab es weitere Abstufungen in der Hierarchie. Im Hinblick auf die Gauhauptstädte war bereits ausführlich von den *nyktostrategoi* die Rede, die dort ab der zweiten Hälfte des 3. Jahrhunderts n. Chr. aufscheinen. Obgleich es einen Amtsträger mit einem derartigen Amtssprengel zuvor nicht gab, so dürften die Gauhauptstädte doch zumindest in einzelne „Polizeireviere" mit eigenen Vorstehern gegliedert gewesen sein[53]. Über diese Funktionäre, denen die *phylakes* freilich unterstellt waren, ist bis zum Ende des 3. Jahrhunderts n. Chr. allein aus P.Brem. 23 Genaueres zu erfahren: Diesem Zeugnis zufolge war die Gauhauptstadt Apollonopolis Heptakomias in zehn „Polizeireviere" unterteilt, die jeweils von einem *archon* bzw. „Chef" (ἄρχων) beaufsichtigt wurden. Besser sind wir für die erste Hälfte des 4. Jahrhunderts n. Chr. unterrichtet, wo zumindest in Hermupolis jeweils zwei *archephodoi* (zu ihnen vgl. im Folgenden) an der Spitze eines Stadtviertels zu stehen scheinen[54]. In Oxyrhynchos dürfte ein *archiphylax* („Oberwächter") eine Gruppe von sechs oder sieben *phylakes* befehligt haben[55]. Es wäre möglich, dass diese Konstellationen zumindest bereits am Ende des 3. Jahrhunderts n. Chr. existierten. Gewissheit haben wir aber nicht.

Zufriedenstellender ist unsere Sichtweise des dörflichen Sicherheitswesens, dessen Organisation klar zu rekonstruieren ist[56]. Vorgesetzter der *phylakes*, unter denen es einen *archiphylax* gab, ist der *archephodos*, der sein Amt ebenfalls zwangsweise verrichtete. Er nahm die von höherer Stelle an die dörfliche Ebene gerichteten „polizeilichen" Anweisungen für gewöhnlich entgegen und sorgte für ihre Umsetzung, indem er die *phylakes* einschaltete – hier sei an den weiter oben vorgestellten Überstellungsbefehl P.Oxy. XXXI 2576 erinnert. Selbstverständlich hatten auch die obersten Vertreter der Dorfverwaltung, militärische Funktionäre wie ein *centurio* und der Stratege selbst direkten Zugriff auf die Dienste der dörflichen *phylakes*.

e. Zusammenfassung

Die in diesem Rahmen gebotene Darstellung vermag es freilich lediglich, einen überblicksartigen Eindruck von der Organisation des (zivilen) Sicherheitswesens im römischen Ägypten zu vermitteln, bietet gleichzeitig aber eine Anleitung für zukünftige, umfassendere Studien. Auf der Ebene der Provinz, der Epistrategie und des Gaues haben wir als oberste „Polizeichefs" den *praefectus Aegypti*, den Epistrategen und den Strategen kennen gelernt. Sie waren Funktionäre mit allgemeinen Aufgaben in der Administration. Vor allem ihre richterlichen Befugnisse erforderten eine Befehlsgewalt über die zur Verfügung stehenden Sicherheitskräfte. Ab der Gauebene begegnen Funktionäre, die ausschließlich „polizeiliche" Aufgabenbereiche hatten. Bis um die Mitte des 1. Jahrhunderts n. Chr. amtierte der *epistates phylakiton*, der seine Wurzeln in der ptolemäischen Administration hatte. Aufgrund seines Tätigkeitsprofils musste er in Konkurrenz mit dem Strategen treten, was letztlich wahrscheinlich zu seiner Abschaffung Ausschlag gab. Zur Entlastung des Strategen in „polizeilichen" Belangen wurde im zweiten Viertel des 3. Jahrhunderts n. Chr. das Zwangsamt der Eirenarchie eingeführt. Die Eirenarchen waren in ihrer Amtsausübung unselbstständig und wurden erst nach ausdrücklicher Weisung tätig. In den Gauhauptstädten gab es mit den *nyktostrategoi* erst ab der zweiten Hälfte des 3. Jahrhunderts n. Chr. „Polizeifunktionäre", deren Vollmachten sich über das gesamte urbane Siedlungsgebiet erstreckten; auch sie wurden zwangsweise zum Dienst herangezogen. Generell dürften die meisten Gauhauptstädte in „Polizeireviere" mit eigenen Vorstehern unterteilt gewesen sein, zu denen aber keine genauen Angaben gemacht werden können. Sicher ist hingegen, dass die Ordnungshüter auf unterster Ebene die *phylakes* waren. Sie übernahmen die Bewachung der Gauhauptstädte und setzten die von oberen Stellen angeordneten „Polizeiaktionen" in die Tat um. Das Amt der *phylakes* war von Personen aus der Normalbevölkerung zwangsweise zu übernehmen und begegnet in dieser Form auch in den Dörfern, wo es auch spezialisierte Formen annahm. Im Dorf unterstanden die *phylakes* (bzw. der aus ihren Reihen stammende *archiphylax*) dem *archephodos*, dem höchsten „polizeilichen" Amtsträger des Dorfes, der für gewöhnlich die Anweisungen übergeordneter Funktionäre entgegennahm und mithilfe der ihm zur Verfügung stehenden *phylakes* für die Durchführung des Einsatzes sorgte.

Wenngleich, wie eingangs hervorgehoben wurde, die römische Verwaltung keinen professionellen „Polizeiapparat" kannte, legt die Organisation des Sicherheitswesens in der Provinz Ägypten doch Zeugnis für ein ausdifferenziertes und straffes System ab, das zumindest in groben Zügen jene Aufgabengebiete abdeckte, die auch unserer heutigen Polizei zufallen. Es wurden kriminal- wie auch schutzpolizeiliche Erfordernisse erfüllt, und in Verbindung mit den in der Provinz stationierten Soldaten konnte der Staat die Sicherheit des

Einzelnen in gebührender Weise garantieren. Dass das hier gezeichnete System auf uns vielleicht eher behelfsmäßig wirken mag, liegt daran, dass wir es durch die Brille eines Individuums betrachten, das in der modernen demokratischen Staatenwelt verwurzelt ist. Diese Voreingenommenheit lässt sich nicht vermeiden. Sie sollte unsere Augen aber nicht davor verschließen, dass es den Römern gelang, mit ihren Prinzipien ein Weltreich für mehrere Jahrhunderte lang mit großer Stabilität zu administrieren bzw. zu regieren. Somit darf auch die Organisation des Sicherheitswesens bedenkenlos als Ausdruck römischer *ars regendi* betrachtet werden.

Um die hierarchische Gliederung des im römischen Ägypten anzutreffenden Sicherheitswesens zu visualisieren, seien die behandelten Amtsträger abschließend noch einmal tabellarisch zusammengefasst.

AMTSSPRENGEL	VERTRETER DES SICHERHEITSWESENS (1.–3. JH. N. CHR.)
Provinz	*praefectus Aegypti*
Epistrategie	Epistratege
Gau	Stratege *epistates phylakiton* (bis um die Mitte des 1. Jhs. n. Chr.) Eirenarch (ab 2. Viertel des 3. Jhs. n. Chr.)
Gauhauptstadt Polizeirevier/Stadtviertel unterste Ebene	*nyktostrategos* (ab 2. Hälfte des 3. Jhs. n. Chr.) *archon* (?) / *archephodos* (?) *archiphylax* (?) *phylax*
Dorf	*archephodos* *archiphylax* *phylax*

Anmerkungen

1. Vgl. Brélaz 2005, 335–337; dagegen Sänger 2010, 105f. 107–122.
2. Vgl. dazu Alston 1995, 81–96; Palme 2006, 325–328 und Peachin 2007.
3. Die Auffassung von Brélaz 2005, 327, wonach die römische Armee in Ägypten eine besonders dominierende Stellung einnehme, ist unberechtigt; vgl. dazu Sänger 2010, 103–105.
4. Anders ist die Situation beispielsweise in Italien, wo sich der Polizeikörper aus einer zivilen Polizei (Polizia di Stato) und einer militärischen Gendarmerie (Carabinieri) zusammensetzt.
5. Zur Geschichte der Polizei in Deutschland vgl. Boldt/Stolleis 2007.
6. DWB, Bd. 13, Sp. 1981. Vgl. auch Kluge 2002 s. v. Polizei.
7. „Die nöthigen Anstalten zur Erhaltung der öffentlichen Ruhe, Sicherheit und Ordnung und zur Abwendung der dem Publiko oder einzelnen Mitgliedern desselben bevorstehenden Gefahr zu treffen, ist das Amt der Polizey."
8. Vgl. Brélaz 2007.
9. Das Amt des *praefectus Aegypti* war eines der höchsten Funktionen, die ein Angehöriger des römischen Ritterstandes im Verlauf seiner Ämterkarriere erlangen konnte. Die Epistrategie ist (zumindest nach einer Übergangsphase) ebenfalls dem ritterlichen *cursus honorum* zuzuordnen; vgl. im Haupttext bei Anm. 17. Dafür, dass die beiden höchsten Amtsträger der römischen Gauverwaltung, und zwar der Stratege und ihm nachgeordnet der Königliche Schreiber, die der sozialen Oberschicht Ägyptens angehörten, als Berufsämter anzusehen seien, hat zuletzt Kruse 2002, 899–905 ausführlich argumentiert.
10. Zu diesem System, das man unter dem Schlagwort Zwangsdienst oder Liturgie subsumiert, vgl. etwa Oertel 1917; Thomas 1983 und Lewis 1997. Hinsichtlich der Organisation des Sicherheitswesens in Ägypten erweist es sich als programmatisch, wenn der Archeget der historischen Papyrusforschung Ulrich Wilcken (1912, 414) bemerkt: „Seitdem in Ägypten die Liturgie eingeführt war, sind diese Polizeistellen, wie es scheint, sämtlich als Liturgien behandelt worden."
11. Zitat nach dem unter http://www.mepa.net/Deutsch/publikationen/mepabuch/Seiten/MepaBuch2.aspx abrufbaren MEPA-Buch (Stand Juni 2007), Kap. B.II (S. 1).
12. Zitate nach MEPA-Buch, siehe Anm. 11 (S. 2).
13. Einen Einblick in die Entwicklung des „Polizeiwesens" im ptolemäischen, römischen und byzantinischen Ägypten bietet Wilcken 1912, 411–416. Zum Sicherheitswesen des römischen Kleinasien vgl. jetzt einschlägig Brélaz 2005.
14. Ein schönes Beispiel für die Befehlshierarchie bietet die weiter unten besprochene Petition P.Stras. I 5 (Hermupolis, 262 n. Chr.).
15. Vgl. Thomas 1975–82, Bd. 2, 29–39.
16. Vgl. Thomas 1975–82, Bd. 1, 55–59.
17. Vgl. Haensch 2008, 88–90.
18. Zu den unsicheren Zeugnissen vgl. Thomas 1975–82, Bd. 2, 163f.
19. Zu diesem und folgendem vgl. Thomas 1975–82, Bd. 2, 162f.

20 So PALME 1989, 22.
21 Vgl. dazu ausführlich MARESCH 2007.
22 Vgl. BENGTSON 1952, 32–42 und HOHLWEIN 1969, 11 f.
23 Vgl. BENGTSON 1952, 82–86.
24 Vgl. MITTEIS 1912, 28 f. und ANAGNOSTOU-CAÑAS 1991, 192–195.
25 Am Konvent (lat. *conventus*: „Zusammenkunft") hielt der Statthalter Gerichtstage an ausgewählten Orten der Provinz ab.
26 Wie Anm. 14.
27 Zu dieser Urkundengattung vgl. HAGEDORN 1979.
28 Der späteste Beleg ist P.Hamb. IV 272, 2 (Arsinoites [?], 41–68 n. Chr.).
29 Zu den Phylakiten und ihren Vorstehern vgl. KOOL 1954.
30 Vgl. OERTEL 1917, 51.
31 Letzter Beleg P.Col. VIII 209 (Arsinoites, 3 n. Chr.).
32 Vgl. hierzu mit Blick auf Kleinasien BRÉLAZ 2005, 26–34.
33 In diesem Tenor bereits WILCKEN 1912, 413.
34 Der erste Beleg ist P.Oxy. I 80 = W.Chr. 473 (Oxyrhynchites, 238–244 n. Chr.).
35 Zum Amt der Eirenarchie in Ägypten vgl. SÄNGER 2005.
36 Vgl. dazu einschlägig BRÉLAZ 2005, 90–122.
37 Dafür dürfte sprechen, dass in P.Ryl. II 134. 136–140 (Arsinoites, 34–36 n. Chr.: C. Arrius Priscus); P.Ryl. II 147–148. 150–151 (Arsinoites, 39–40 n. Chr.: C. Iulius Pholus) sowie P.Ryl. II 152 (Arsinoites, 42 n. Chr.: Tib. Claudius Philoxenus) Personen mit römischem Bürgerrecht in der Funktion des *epistates phylakiton* belegt sind.
38 Entgegen dem Herausgeber Friedrich Preisigke (P.Stras. I, Einleitung zu Text 5, S. 22, Anm. 1) ist der Amtssprengel der Eirenarchen nicht ein Dorf, sondern der Gau; vgl. BL I 404 zu Z. 19.
39 Vgl. SÄNGER 2005, 176, Anm. 103.
40 Der letzte genau datierte Beleg ist P.Panop.Beatty 1 Kol. V, 128–130 (Panopolis, 298 n. Chr.).
41 Zum *riparius* z. B. OERTEL 1917, 284–286; TORALLAS TOVAR 2000, 115–117 und 119 f. sowie SÄNGER 2010, 120 f.
42 Zum „Nachtstrategen" vgl. etwa OERTEL 1917, 281–283; THOMAS 1969; TORALLAS TOVAR 2000, 117–120 und HENNIG 2002, 288–295.
43 Vgl. für Herakleopolis P.Oxy. L 3571, 12 (286 n. Chr. [?]); für Hermupolis SPP V 103, 2 (Ende 3. Jh. n. Chr.) und SPP XX 40 und 48 = SB XX 14710 Kol. II, 10 (ca. 266 n. Chr.); für Oxyrhynchos P.Oxy. VI 933 (3. Jh. n. Chr.) und P.Oxy.Hels. 26, 6 (296 n. Chr.) sowie für Panopolis P.Panop.Beatty 1 Kol. VII, 195; Kol. VIII, 213 und 342 (298 n. Chr.).
44 Zu den *phylakes* vgl. die monographische Studie von HOMOTH-KUHS 2005. Im Zuge der vorgenommenen Unterscheidung spricht er von „Metropolenphylakes" und „Dorfphylakes".
45 Vgl. HOMOTH-KUHS 2005, 75–81 und 135–141.
46 Vgl. HOMOTH-KUHS 2005, 45–51.
47 Vgl. HOMOTH-KUHS 2005, 54–56.
48 Vgl. HOMOTH-KUHS 2005, 92–94.
49 Zitat nach HOMOTH-KUHS 2005, 114.
50 Zu diesen Amtsträgern vgl. HENNIG 2006.
51 Vgl. HOMOTH-KUHS 2005, 103–117.
52 In diese Richtung tendiert HOMOTH-KUHS 2005, 114.
53 Vgl. dazu HOMOTH-KUHS 2005, 51–53.
54 Vgl. CPR XVII.A 3 (Hermupolis, 314 n. Chr.).
55 Vgl. P.Oxy. XIV 1627 (Oxyrhynchites, 342 n. Chr.) mit HOMOTH-KUHS 2005, 53.
56 Vgl. HOMOTH-KUHS 2005, 94–102.

Literaturverzeichnis

ALSTON 1995
R. ALSTON, Soldier and Society in Roman Egypt. A Social History (London, New York 1995).

ANAGNOSTOU-CAÑAS 1991
B. ANAGNOSTOU-CAÑAS, Juge et sentence dans l'Égypte romaine. Rechtsphil. u. rechtshist. Stud. 6 (Paris 1991).

BENGTSON 1952
H. BENGTSON, Die Strategie in der hellenistischen Zeit. Ein Beitrag zum antiken Staatsrecht. Münch. Beitr. Papyrusforsch. u. ant. Rechtsgesch. 36 (München 1952).

BRÉLAZ 2005
C. BRÉLAZ, La sécurité publique en Asie Mineure sous le Principat (Ier–IIIème s. ap. J.-C.). Institutions municipales et institutions impériales dans l'Orient romain. Schweizer. Beitr. Altertumswiss. 32 (Basel 2005).

BRÉLAZ 2007
C. BRÉLAZ, Lutter contre la violence à Rome: attributions étatiques et tâches privées. In: C. Wolff (Hrsg.), Les exclus dans l'Antiquité. Actes du colloque organisé à Lyon les 23–24 septembre 2004. Collect. Centre Etudes et Rech. Occident Romain N.S. 29 (Paris 2007) 219–239.

BOLDT/STOLLEIS 2007
H. BOLDT/M. STOLLEIS, Geschichte der Polizei in Deutschland. In: E. Denninger/H. Lisken (Hrsg.), Handbuch des Polizeirechts (München 2007⁴) 1–41.

HAENSCH 2008
R. HAENSCH, Die Provinz Aegyptus: Kontinuitäten und Brüche zum ptolemäischen Ägypten. Das Beispiel des administrativen Personals. In: I. Piso (Hrsg.), Die römischen Provinzen. Begriff und Gründung (Colloquium Cluj-Napoca, 28. September–1. Oktober 2006) (Cluj-Napoca 2008) 81–105.

HAGEDORN 1979
U. HAGEDORN, Das Formular der Überstellungsbefehle im römischen Ägypten. Bull. Am. Soc. Papyr. 16, 1979, 61–74.

HENNIG 2002
D. HENNIG, Nyktophylakes, Nyktostrategen und die παραφυλακὴ τῆς πόλεως. Chiron 32, 2002, 281–295.

HENNIG 2006
D. HENNIG, Oreophylakes in Ägypten. Chiron 36, 2006, 1–10.

HOHLWEIN 1969
N. HOHLWEIN, Le stratège du nome. Pap.Brux. 9 (Bruxelles 1969).

HOMOTH-KUHS 2005
C. HOMOTH-KUHS, Phylakes und Phylakon-Steuer im griechisch-römischen Ägypten. Ein Beitrag zur Geschichte des römischen Sicherheitswesens. Archiv Papyrusforsch. u. verwandte Gebiete Beih. 17 (München, Leipzig 2005).

KLUGE 2002
F. KLUGE, Etymologisches Wörterbuch der deutschen Sprache (Berlin 2002²⁴).

KOOL 1954
P. KOOL, De phylakieten in Grieks-Romeins Egypte (Amsterdam 1954).

KRUSE 2002
TH. KRUSE, Der Königliche Schreiber und die Gauverwaltung. Untersuchungen zur Verwaltungsgeschichte Ägyptens in der Zeit von Augustus bis Philippus Arabs (30 v. Chr.–245 v. Chr.). Archiv Papyrusforsch. u. verwandte Gebiete Beih. 11 (München, Leipzig 2002).

LEWIS 1997
N. LEWIS, The Compulsory Public Services of Roman Egypt. Pap.Flor. 28 (Firenze 1997²).

MARESCH 2007
K. MARESCH, Vom Gau zur Civitas. Verwaltungsreformen in Ägypten zur Zeit der Ersten Tetrarchie im Spiegel der Papyri. In: R. Haensch/J. Heinrichs (Hrsg.), Herrschen und Verwalten. Der Alltag der römischen Administration in der Hohen Kaiserzeit (Köln, Weimar, Wien 2007) 427–437.

MITTEIS 1912
L. MITTEIS, Grundzüge und Chrestomathie der Papyruskunde 2: Juristischer Teil, Erste Hälfte: Grundzüge (Leipzig 1912).

OERTEL 1917
F. OERTEL, Die Liturgie. Studien zur ptolemäischen und kaiserlichen Verwaltung Ägyptens (Leipzig 1917).

PALME 1989
B. PALME, Das Amt des ἀπαιτητής in Ägypten. Mitt. Papyrusslg. Österr. Nationalbibl. N.S. 20 (Wien 1989).

PALME 2006
B. PALME, Zivile Aufgaben der Armee im kaiserzeitlichen Ägypten. In: A. Kolb (Hrsg.), Herrschaftsstrukturen und Herrschaftspraxis. Konzepte, Prinzipien und Strategien der Administration im römischen Kaiserreich. Akten der Tagung an der Universität Zürich. 18.–20.10.2004 (Berlin 2006) 299–328.

PEACHIN 2007
M. PEACHIN, Petition to a Centurion from the NYU Papyrus Collection and the Question of Informal Adjudication Performed by Soldiers. In: A. J. B. Sirks/K. A. Worp (Hrsg.), Papyri in Memory of P. J. Sijpesteijn. American Stud. Papyr. 40 (Oakville, Conn. 2007) 79–97.

SÄNGER 2005
P. SÄNGER, Die Eirenarchen im römischen und byzantinischen Ägypten. Tyche 20, 2005, 143–204.

SÄNGER 2010
P. SÄNGER, Zur Organisation des Sicherheitswesens im kaiserzeitlichen Kleinasien und Ägypten: Rezension eines neuen Buches und komparative Studie zur Eirenarchie. Tyche 25, 2010, 99–122.

THOMAS 1969
J. D. THOMAS, The Nyktostrategia in the Egyptian Metropoleis. Chronique d'Égypte 44, 1969, 347–352.

THOMAS 1975–1982
J. D. THOMAS, The Epistrategos in Ptolemaic and Roman Egypt 1: The Ptolemaic Epistrategos 2: The Roman Epistrategos. Pap.Colon. 6 (Opladen 1975–1982).

THOMAS 1983
J. D. THOMAS, Compulsory Public Service in Roman Egypt. In: Das römisch-byzantinische Ägypten. Akten des internationalen Symposions. Trier, 26.–30. September 1978. Aegyptiaca Treverensia 2 (Mainz am Rhein 1983) 35–39.

TORALLAS TOVAR 2000
S. TORALLAS TOVAR, The Police in Byzantine Egypt: The Hierarchy in the Papyri from the Fourth to the Seventh Centuries. In: A. McDonald/C. Riggs (Hrsg.), Current Research in Egyptology 2000. BAR Internat. Ser. 909 (Oxford 2000) 115–123.

WILCKEN 1912
U. WILCKEN, Grundzüge und Chrestomathie der Papyruskunde 1: Historischer Teil, Erste Hälfte: Grundzüge (Leipzig 1912).

Abbildungsnachweis: Introbild u. Abb. 1 © Institut für Papyrologie, Universität Heidelberg.

Dr. Patrick Sänger
Ruprecht-Karls Universität Heidelberg
Zentrum für Altertumswissenschaften
Institut für Papyrologie
patrick.saenger@zaw.uni-heidelberg.de

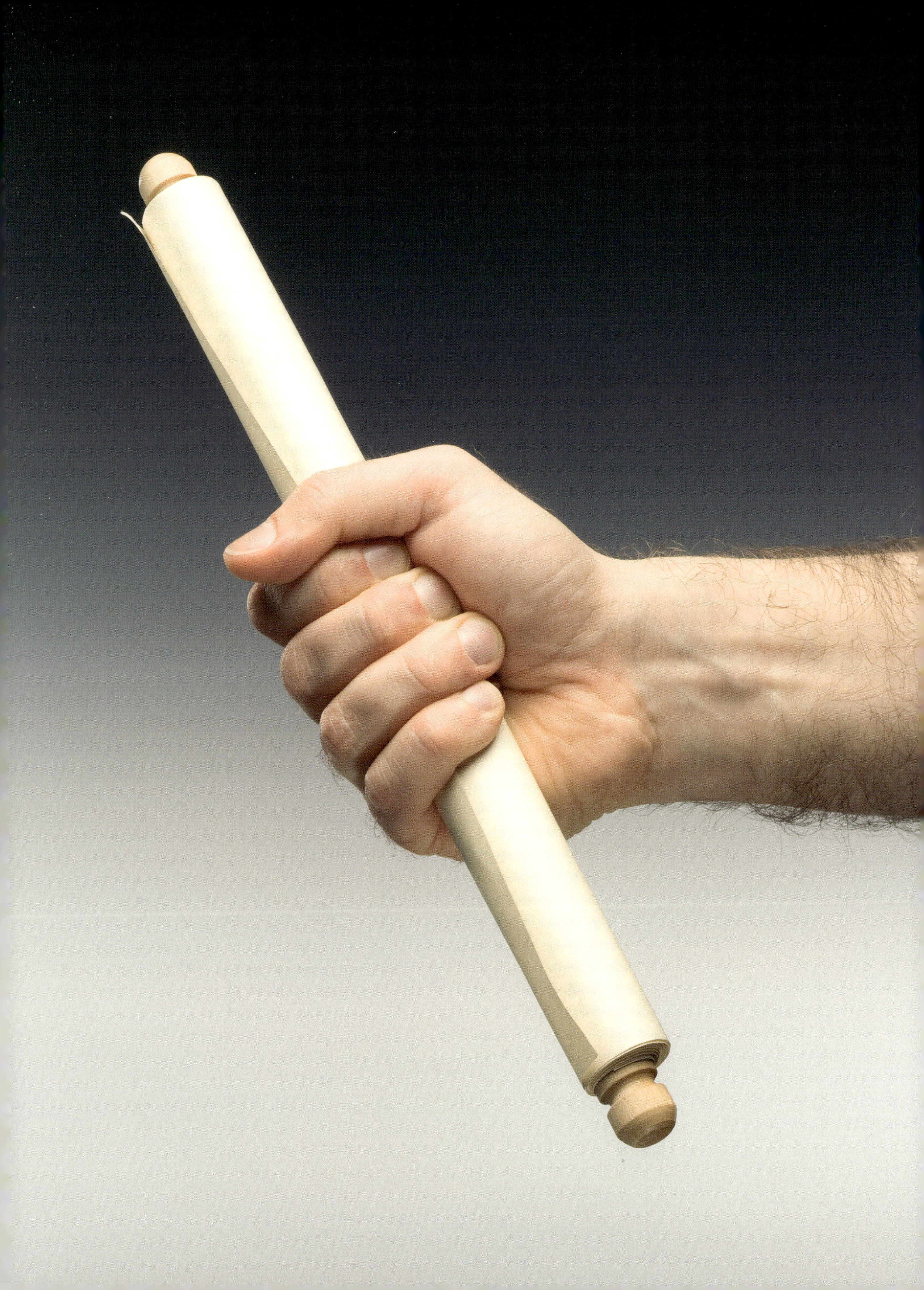

DETLEF LIEBS

Vor den Richtern Roms – Rechtsprechung, Gesetze, Strafen

1. Rechtsprechung

Im Jahr 6 v. Chr. wandte sich ein Ehepaar aus der griechischen Stadt Knidos hilfesuchend an Kaiser Augustus (27 v.–14 n. Chr.) in Rom. Knidos lag am Ende des Südwestzipfels von Kleinasien, war mit Rom verbündet und frei, hatte also seine eigene Gerichtsbarkeit. Dem Paar war die Flucht aus seiner Heimatstadt gelungen, wo die Eheleute wegen Totschlags eines Mitbürgers verurteilt worden waren. Alsbald erschienen auch Gesandte der Stadt vor dem Kaiser, um die beiden nun vor ihm wegen besagten Totschlags anzuklagen. Er beauftragte den Prokonsul der römischen Provinz Asia (das westliche Kleinasien) mit der Vernehmung der Tatzeugen. Dabei handelte es sich um Sklaven des Paares, und da man Sklaven für grundsätzlich unglaubwürdig hielt, zu jeder Ausrede bereit, wurden solche Zeugen gewöhnlich unter Folter vernommen. Gegen ihre Eigentümer durften sie allerdings nur vernommen werden, wenn diese zustimmten[1]. Den Behörden von Knidos, die dem Paar gegenüber von Anfang an feindselig aufgetreten waren, hatten sie das offenbar nicht erlaubt, weil sie fürchteten, hier würde man die Folter missbrauchen, um Aussagen nach Wunsch zu erpressen. Nach römischem Recht war die Anwendung der Folter genau geregelt. Vorgesehen waren Stockhiebe und als Steigerung ein bestimmtes Folterinstrument, das sogenannte Füllen (*eculeus*), auf dem das Opfer gestreckt werden konnte; außerdem konnten Haken die Lenden aufreißen (Abb. 1) und schlimmstenfalls half man durch Feuerchen nach. Vor allem sollte zurückhaltend gefoltert werden, ohne bestimmten Anfangsverdacht überhaupt nicht[2]. Der Prokonsul waltete seines Amtes und fand heraus, dass der Bruder des Getöteten das Haus der Eheleute drei Nächte lang unrechtmäßig belagert hatte; die Belagerten versuchten, mit dem Angreifer ins Gespräch zu kommen, jedoch ohne Erfolg. In der dritten Nacht zog der Belagerer seinen später getöteten Bruder hinzu; sie waren schon im Begriff, in das Haus einzudringen, als die bedrängten Eheleute einem ihrer Sklaven befahlen, die Belagerer mit hinabgeworfenen Exkrementen zu vertreiben. Dabei traf ein Topf den Bruder und verletzte ihn so schwer, dass er an der Wunde starb; ob der Sklave den Topf absichtlich geworfen oder ob er ihn nur, wie er beharrlich aussagte, versehentlich hatte fallen lassen, ließ sich nicht mehr klären. Augustus hielt das auch für unerheblich und sprach die Angeklagten frei, weil sie in berechtigter Notwehr gehandelt hätten; die Justiz von Knidos tadelte er als voreingenommen, wenn auch in schonender Form, und befahl der Stadt, sein Urteil in ihren Akten festzuhalten, was bedeutete, es zu respektieren. Die Stadt ist dem zweifellos nachgekommen.

Wir kennen den Fall durch eine griechische Inschrift mit der ausführlich begründeten Entscheidung des Kaisers in einer unweit gelegenen, gleichermaßen freien Stadt, der Heimatstadt der Frau[3]. Nach dem Tod ihres Mannes hatte sie sich aus Knidos dorthin zurückgezogen und hier wurde der für die Nachbarstadt wenig schmeichelhafte Bescheid verewigt. Voreingenommene, gar parteiische Richter, die statt Recht zu sprechen das Recht beugen, kommen auch heute vor. Das Bemerkenswerte an diesem Vorgang ist, dass am Ende beide Seiten den römischen Kaiser in Rom anriefen, in seinem Verfolgungseifer auch der an sich souveräne Stadtstaat Knidos. Die Möglichkeit, kurzerhand die Auslieferung der verurteilten Verbrecher zu verlangen, kam gegenüber Rom nicht in Betracht, dessen streitbeilegendes Judizieren sich in der oft zerstrittenen Mittelmeerwelt seit langem bewährt hatte[4]. Das ihm entgegengebrachte Vertrauen rechtfertigte Augustus durch besonnenes und gründliches Vorgehen, ein gerechtes Urteil und seine effektive, gleichzeitig alles Provozierende vermeidende Durchsetzung.

Abb. 1
Rekonstruktion eines *eculeus* (römisches Folterinstrument).

Wie ernst viele Kaiser – gewiss nicht alle – ihre Aufgabe als oberster Richter nahmen, beleuchtet ein Bericht des griechischen, in die römische Aristokratie aufgestiegenen Historikers Cassius Dio über Marc Aurel (161–180 n. Chr.), der auch während des zweiten Markomannenkrieges in den frühen 170er Jahren – Feldzüge implizierten damals wie heute kürzere und längere Wartezeiten – viel Zeit der Rechtsprechung widmete: „So oft der Kaiser nicht durch den Krieg in Anspruch genommen war, hielt er Gericht. Und er ließ den Anwälten die Wasseruhren reichlich füllen und nahm sich für die Voruntersuchungen und Verhöre genug Zeit, um eine in jeder Hinsicht gewissenhafte Justiz zu gewährleisten. So untersuchte er ein und denselben Fall, obwohl die Gerichtssitzungen manchmal sogar nachts stattfanden, oft elf oder zwölf Tage lang. Denn er war fleißig und widmete sich den Aufgaben seines Amtes mit der größten Sorgfalt"[5]. Und über Septimius Severus, der von 193 bis 211 n. Chr. herrschte, sagt er aus eigener Anschauung: „Severus pflegte in Friedenszeiten folgende Lebensweise. Stets erledigte er einiges noch vor Tagesanbruch. Dann ging er gewöhnlich spazieren, wobei er Reichsangelegenheiten besprach oder sich berichten ließ. Danach saß er zu Gericht außer an hohen Festtagen. Diese Aufgabe erfüllte er wirklich vorbildlich, denn er räumte den Parteien genügend Zeit ein und wir, seine Beisitzer, genossen volle Redefreiheit (bei der anschließenden Entscheidungsfindung im *secretarium*)[6]. Bis zum Mittag widmete er sich der Rechtspflege"[7].

Vor dem Kaiser konnte nur ein verschwindend kleiner Teil der insgesamt anfallenden Prozesse geführt werden. Freie Stadtstaaten wie Athenae (Athen) oder Massilia (Marseille) gab es im Römischen Reich nicht wenige, aufs Ganze gesehen war das aber die Ausnahme. Im Übrigen war das riesige Gebiet rund ums Mittelmeer in rund 50 Provinzen gliedert. Die Provinzen waren unterteilt in Städte (*civitates*), denen das ländliche Umland gewöhnlich zugeschlagen war. Auch wo sich noch keine regelrechte Stadt organisieren ließ, wie im heutigen Breisgau zwischen dem Stadtgebiet von Augusta Raurica (Augst) im Süden und dem heutigen Offenburg im Norden, wurde das ländliche Gebiet zu einer *civitas* zusammengeschlossen, die wenigstens einen Vorort bekam, hier vermutlich Badenweiler mit den wichtigsten Tempeln, einem Rathaus (*curia*) und Badeanlagen. All diese *civitates* hatten Selbstverwaltung, auch eine eigene Justiz, wenn diese auch nur für kleine Sachen zuständig war; die städtischen Strafgerichte konnten höchstens Geld- und Prügelstrafen verhängen und vollstrecken, keinesfalls Todesstrafen. Außerdem konnte gegen ihre Urteile der Statthalter der Provinz, in der die Stadt lag, angerufen werden (*appellatio*), dessen Urteil dann endgültig war. Größere Sachen kamen von vornherein vor ihn. Er konnte auch Todesurteile verhängen und gegenüber Provinzialen ohne römisches Bürgerrecht ohne Weiteres vollstrecken; bei römischen Bürgern kam es darauf an, ob es sich um Soldaten der dort stationierten, ihm unterstellten Truppen handelte, über die er gleichfalls die volle Gerichtsbarkeit hatte, oder um Zivilpersonen, wozu auch die nach 20jähriger Dienstzeit ehrenvoll entlassenen und mit Land und Geld belohnten Veteranen gehörten. Sie konnten verlangen, bei drohender Todesstrafe nach Rom überstellt zu werden, und an den Kaiser appellieren wie der Apostel Paulus[8]. Seit dem 2. Jahrhundert n. Chr. durften auch Angehörige der provinzialen Oberschicht nur hingerichtet werden, wenn der Statthalter das Einverständnis des Kaisers eingeholt hatte; und seit dem späten 2. Jahrhundert n. Chr. hatte der Statthalter den Kaiser überdies zu fragen, wenn er jemanden zu Zwangsarbeit verurteilen oder auch nur verbannen wollte[9]. Zwar hatte Augustus zumindest in den zivilisierteren, dem Senat unterstellten Provinzen Ansätze unternommen, das römische Geschworenensystem, das für ganz Italien galt, auch hier einzuführen[10]. Aber da sehr oft nicht hinreichend viele Bürger präsent und bereit waren, sich für den Geschworenendienst zur Verfügung zu stellen, begnügten sich die meisten Statthalter mit einem nach Lage zusammengesetzten, von ihm als Vorsitzendem mehr oder minder abhängigen *consilium*, um die Schuldfrage zu klären.

2. Gesetz

Nach altem römischen Verfassungsrecht konnte Gesetze (*leges*) nur die Volksversammlung erlassen, die ein Magistrat ordnungsgemäß einberufen und der er seinen Gesetzesvorschlag unterbreitet hatte. Augustus hat sie zwar noch mehrmals zusammengerufen; in der späteren Kaiserzeit geschah das aber kaum mehr. Die Kaiser brachten auch die Rechtssetzung zwar nicht alsbald offen, aber nach und nach an sich. Kaiserliche Äußerungen, seit dem 2. Jahrhundert n. Chr. zusammenfassend *constitutiones principum* genannt, wurden im Laufe der Zeit wie Gesetze geachtet. Auch der Senat war an der Rechtssetzung beteiligt, wenngleich er in der Kaiserzeit meist ohne Widerspruch beschloss, was der Kaiser einbrachte oder auch einbringen ließ. Seit Konstantin (306/312–337 n. Chr.) wurden kaiserliche Gebote offen *leges* genannt.

Die Strafgesetze, und zwar schon die nach republikanischem Verfassungsrecht zustande gekommenen, sahen sehr verschieden aus, je nachdem, ob sie nur leichte oder schwere Kriminalität betrafen. Beim Diebstahl beließ man es grundsätzlich bei der Sanktion der archaischen Rechtskodifikation der Zwölf Tafeln um 450 v. Chr., wonach den gewöhnlichen, nur indirekt überführten Dieb lediglich eine Geldbuße in Höhe des doppelten Sachwertes traf, die dem Bestohlenen zu entrichten war. Auch Sachbeschädigung, leichte Körperverletzung und Beleidigung wurden mit Geldbußen an den Verletzten geahndet. Ungleich härter waren die für schwere Kriminalität vorgesehenen Sanktionen (siehe D. Schmitz in diesem Band). Offenbar schon nach dem alten Zwölftafelgesetz sollte, wer einen engen Verwandten getötet hatte, gesäckt, nämlich mit einer Schlange, einem Hahn und einem Affen oder Hund in einen ledernen Sack genäht und in den Tiber geworfen werden; der vorsätzliche Brandstifter lebendig verbrannt; wer ein falsches Zeugnis abgelegt hatte, vom Tarpejischen Felsen am Kapitol gestürzt; unkeusche Vestalinnen (Priesterinnen der Göttin Vesta, die im Vestatempel das ewige Feuer hüten) lebendig begraben; wer nächtens heimlich fremde Saat zerstörte oder unreife Frucht abschnitt, für Ceres, die Göttin der Fruchtbarkeit, gehenkt; auch Schadenzauber, wozu das Absingen böser Lieder gehörte, wurde mit dem Tode bestraft; und der offenkundige Dieb wurde einst dem Bestohlenen in ewige Knechtschaft gegeben[11]. An die Stelle dieser harten Bestimmungen und für eine Reihe neuer Verbrechen traten in der späten Republik umfangreiche Strafgesetze für die verschiedenen Deliktsgruppen. Sie umschrieben die zu bestrafenden Taten sehr genau und sahen verhältnismäßig milde Strafen vor: Todesstrafe, später auch Exil in Verbindung mit Einziehung des ganzen oder eines Bruchteils des Vermögens und hohe Geldstrafen.

In diesen Gesetzen war auch das Verfahren in bemerkenswert rechtsstaatlichem Sinn geregelt. Die einzelnen Gesetze betrafen[12]: Verwandtenmord, sonstige Tötungsdelikte, Hoch- und Landesverrat, Sakrileg, Fälschungen aller Art einschließlich Falschmünzerei und falschem Zeugnis vor Gericht, Gewaltdelikte, Anmaßung des Herrenrechtes, Ehebruch nebst Schändung, Unterschlagung von Staats- und Sakralvermögen, Ausplünderung der Provinzialen, unlauteren Wahlkampf, Gefährdung der Lebensmittelversorgung Roms und schwere Injurien. Für all diese Deliktgruppen wurde je ein Gerichtshof unter einem vom Volk gewählten Magistrat eingerichtet. Wurde jemand eines schweren Verbrechens angeklagt, so wurde nach einem komplizierten Verfahren mit vielen Varianten eine Geschworenenbank von rund 20 Geschworenenrichtern gebildet, die zu entscheiden hatte, ob der Angeklagte das ihm vorgeworfene Verbrechen begangen hatte oder nicht. Eine Staatsanwaltschaft gab es nicht; vielmehr war es Sache der Bürger, eine Anklage zu erheben, für welche Mühe der Ankläger aus dem Vermögen des Verurteilten belohnt wurde. Scheiterte er, so konnte er seinerseits wegen böswilliger Anklage vor Gericht gestellt werden; ebenso, wenn er eine Anklage grundlos fallen ließ oder sich gar mit dem Angeklagten abgesprochen hatte.

Tötung naher Verwandter (*parricidium*) war nach der *lex Pompeia* (eingebracht wohl 55 v. Chr. von Pompeius) *de parricidiis* zu bestrafen. Das Gesetz steckte den Kreis der besonders geschützten Verwandten genau ab und sah nach wie vor Säckung vor[13]; sonstige Tötungsdelikte in der *lex Cornelia* (eingebracht 81 v. Chr. von L. Cornelius Sulla) *de sicariis et veneficis*, also über Dolchmänner und Giftmischer. Sie bezog unabhängig vom Ausgang Taten ein, die das Leben anderer ernsthaft bedrohten[14]:

– Durch wessen Arglist eine Feuersbrunst entfacht worden sein wird (*cuius dolo malo incendium factum erit*).

– Wer mit einer Waffe umhergegangen ist oder sein wird, um einen Menschen zu töten oder einen Raub zu begehen, oder einen Menschen getötet hat oder haben wird, oder durch wessen Arglist das geschehen ist oder sein wird (*qui cum telo ambulavit ambulaverit hominis necandi furtive faciendi causa hominemve occidit occiderit cuiusve dolo malo id factum est erit*).

– Wer um einen Menschen zu töten, Gift hergestellt hat oder haben wird, verkauft hat oder haben wird, gekauft hat oder haben wird, bei sich gehabt hat oder haben wird, eingegeben hat oder haben wird (*qui hominis necandi causa venenum malum fecit fecerit, vendidit vendiderit, emit emerit, habuit habuerit, dedit dederit*).

– Wer als Militärtribun der ersten vier Legionen, Quästor, Volkstribun, kurulischer Ädil, Prätor oder Konsul darauf hingewirkt hat oder haben wird, im Senat sein Votum abgegeben hat oder haben wird, wer von diesen sich zusammengetan hat oder haben wird, vereinbart hat oder haben wird, Einvernehmen hergestellt hat oder haben wird, oder arglistig ein falsches Zeugnis abgegeben hat oder haben wird, so dass jemand in einem Kriminalstrafverfahren gesetzwidrig zum Tode verurteilt wird (*qui tribunus militum legionibus quattuor primis, quaestor, tribunus plebis, aedilis curulis, praetor, consul fuit fuerit inve senatu sententiam dixit dixerit, qui eorum coiit coierit, convenit convenerit, consensit consenserit, falsumve testimonium dolo malo dixit dixerit, quo quis publico iudicio rei capitalis condemnaretur, quod legibus permissum non sit*).

– Wer darauf hingewirkt hat, dass jemand eine falsche Anzeige macht, damit ein Unschuldiger belangt und verurteilt wird (*qui operam dedisset, quo quis falsum indicium profiteretur, ut quis innocens conveniretur condemnaretur*).

– Wer als Magistrat oder Geschworenenrichter in einem Strafgerichtshof wegen eines Kapitalverbrechens Geld angenommen hat, damit jemand vor einem solchen Gericht angeklagt wird (*qui magistratus iudexve quaestionis ob capitalem causam pecuniam acceperit, ut publica lege reus fieret*).

Als Strafe war Todesstrafe vorgesehen, was damals bedeutete: Enthauptung mit dem Beil, an dessen Stelle später das Schwert trat; Unfreie und einfache Provinziale wurden gekreuzigt[15]. Schon in der frühen Kaiserzeit fügte der Senat weitere Tatbestände hinzu, die, wenn nichts anderes bestimmt ist, ebenso zu bestrafen seien[16]:

- Wer einen Abtreibungs- oder Liebestrank, obwohl ohne böse Absicht, verabreicht hat, wenn dadurch eine Frau oder ein Mann gestorben ist (*qui abortionis aut amatorium poculum dederit, etsi id dolo non fecerit, si ex hoc mulier aut homo perierit*).

- Salbenhändler, die jemandem mutwillig Schierling, Salamander, Eisenhut, Fichtenraupen oder Buprestis, Alraun, spanische Fliegen oder ein Mittel zur Erregung der Wollust gegeben haben (*pigmentarii, si cui temere cicutam, salamandram, aconitum, pituocampas aut buprestim, mandragoram, cantharidas et id quod lustramenti causa parata est dederint*).

- Eine Frau, die zwar ohne böse Absicht, jedoch mit schlechtem Beispiel eine Arznei zur Förderung der Empfängnis verabreicht hat, wodurch die Frau, die es eingenommen hat, gestorben ist, wird verbannt (*quae non quidem malo animo, sed malo exemplo medicamentum ad conceptionem dedit, ex quo ea quae acceperat decesserit, relegatur*).

- Wer eine Arznei zum Wohle eines Menschen oder, um ihn zu heilen, verabreicht hat, wenn der Mensch dadurch gestorben ist, wird auf eine Insel verbannt (*qui medicamen ad salutem hominis vel ad remedium dederit, si ex eo homo perierit, in insulam relegatur*).

- Wer frevelhafte oder nächtliche Opfer dargebracht oder dafür gesorgt hat, dass sie dargebracht werden, um jemand zu verzaubern, zu bannen oder zu binden (*qui sacra impia nocturnave ut quem obcantaret, defigeret, obligaret fecerit facienadve curaverit*).

- Wer einen Menschen geopfert, von seinem Blut getrunken, ein Heiligtum oder einen Tempel besudelt hat (*qui hominem immolaverit exve eius sanguine litaverit, fanum templumve polluerit*).

Wie diese Bestimmungen zeigen, wurde die Tötung eines Menschen auch bestraft, wenn der Täter ihn nicht hatte töten wollen, dann allerdings zumeist wesentlich milder. Die Zwölf Tafeln hatten bestimmt, dass bei Tötung mit einer Waffe, die dem Täter eher aus der Hand geglitten war als dass er sie geworfen hätte (*si telum manu fugit magis quam iecit*), lediglich ein Sühnebock gestellt werden muss[17]. Ulpian berichtet 213 n. Chr., wie Kaiser Hadrian um 125 n. Chr. an Hand eines konkreten Falles guthieß, auf welche Weise ein Statthalter das in die Verhältnisse seiner Zeit umgesetzt hatte. Wörtlich schreibt der Jurist: „Als jemand leichtsinnig den Tod eines andern verursacht hatte, wurde das Vorgehen von Egnatius Taurinus, dem Statthalter der Baetica (Südspanien), vom göttlichen Hadrian gebilligt. Anfrage und Bescheid lauten: ‚Zu dem Zwischenfall zwischen Claudius, edelster Kaiser, und Euaristus habe ich festgestellt, dass Claudius, der Sohn des Lupus, bei einer Zecherei, als man ihn mit einem Mantel hochprellte, durch die Schuld des Marius Euaristus so schlecht aufgefangen wurde, dass er fünf Tage später starb. Und es stellte sich heraus, dass er mit Euaristus in keiner Weise verfeindet war. Trotzdem habe ich geglaubt, Euaristus wegen seines unverantwortlichen Übermutes bestrafen zu sollen, damit sich die übrigen jungen Leute dieses Alters in Acht nehmen. Deshalb habe ich Marius Euaristus aus Rom, Italien und der Provinz Baetica für fünf Jahre verbannt und angeordnet, dass er dem Vater des Claudius zur Erstattung der Unkosten (Pflege-, Beerdigungs- und eventuell Prozesskosten) 2000 Sesterzen zahlen soll, da seine Armut offenkundig war. Ich bitte um Deinen Bescheid.' Hier der Bescheid wörtlich: ‚Die Strafe für Marius Euaristus hast Du, Taurinus, richtig nach seiner Schuld zugemessen; es macht nämlich auch bei größeren Vergehen einen Unterschied, ob eine Tat absichtlich begangen wird oder ein Unfall passiert ist'"[18].

Unzurechnungsfähigkeit und deshalb etwa notwendige Sicherungsverwahrung kommen in einer Konstitution Marc Aurels an einen Statthalter um 178 n. Chr. zur Sprache. Der Jurist Aemilius Macer schrieb um 220 n. Chr.: „Der göttliche Marcus und Commodus [sein Sohn, nominell seit 177 n. Chr. Mitkaiser] haben Scapula Tertullus mit den Worten beschieden: ‚Wenn Du zuverlässig feststellen konntest, dass Aelius Priscus so geisteskrank war, dass er immerzu von Sinnen war, keinerlei Einsicht hatte und nicht der leiseste Verdacht besteht, dass er, als er seine Mutter umbrachte, nur vorgespielt hat, geisteskrank zu sein, dann kannst Du Dir die Zumessung seiner Strafe ersparen, da er mit seiner

Geisteskrankheit genug bestraft ist. Jedoch ist er sehr sorgfältig zu bewachen und, wenn Du es für richtig hältst, auch in Fesseln zu legen, was zwar eine Strafe ist, aber zugleich seinem eigenen Schutz und der Sicherheit seiner Umgebung dient. Wenn er aber, was sehr oft vorkommt, zeitweise wieder bei klarem Verstand ist, wirst Du sorgfältig ermitteln, ob er das Verbrechen in einem solchen Moment begangen hat und keine Nachsicht wegen seiner Krankheit verdient; und wenn Du etwas in dieser Richtung herausgefunden hast, wende Dich an Uns, damit Wir beurteilen können, ob er in Anbetracht der abscheulichen Tat, wenn er sie begangen hat, als er bei Sinnen war, mit dem Tode zu bestrafen ist. Da Wir nun aus Deinem Bericht ersehen, er sei so gut gestellt und von solchem Stand, dass er von seinen Angehörigen und sogar im eigenen Landhaus bewacht wird, wirst Du, wie Wir meinen, richtig handeln, wenn Du diejenigen, von denen er seiner Zeit bewacht worden war, vor Dein Gericht lädst, die Umstände ihrer Achtlosigkeit herausfindest und gegen jeden von ihnen je nach dem, wie leicht oder schwer Du ihre Schuld beurteilst, Strafen verhängst. Denn Geisteskranke bekommen nicht nur deshalb Wärter, damit sie sich selbst nichts Schlimmes antun, sondern auch, damit sie andern nicht zum Verderben werden; passiert das aber, dann ist es mit Recht der Schuld derer zuzuschreiben, die ihre Aufgabe allzu leicht genommen haben"[19].

Wie dieses Beispiel noch einmal zeigt, war Marc Aurel nicht nur bei der Rechtsprechung, sondern auch bei der in einer antiken Monarchie, wo der Monarch zugleich oberster Richter war, damit untrennbar verbundenen Rechtssetzung besonders sorgfältig. In der Spätantike hat die Konzentration der Rechtssetzung beim Kaiser allerdings zu populistischen Blüten geführt. Als Konstantin „der Große", wie ihn die Christen dankbar nennen sollten, am 1. Dezember 312 n. Chr. gegen Anzeigenerstatter vorging, die legal handelten, im antiken System der privaten Anklage sogar unerlässlich, und trotzdem verständlicherweise verhasst waren, verkündete er folgendes Edikt: „Die Anzeigenerstatter, diese ernste Bedrohung für das menschliche Leben, dieses verdammenswerte Unheil, sollen unterdrückt und ihnen sogleich beim ersten Versuch die Kehle zugeschnürt und die Zunge der Bosheit an der Wurzel abgeschnitten und herausgerissen werden, so dass die Richter die bösartige Anzeige und Stimme der Missgunst gar nicht erst zulassen dürfen, sondern, wenn ein Anzeigenerstatter erscheint, ihn zum Tode verurteilen sollen"[20]. Es wird die Auffassung vertreten, damit seien nur Denunzianten dem Fiskus verfallener Güter gemeint gewesen[21]. Aber Vermögenskonfiskation war nun einmal Begleitstrafe der meisten schweren Verbrechen. Nach Konstantins überraschendem, nur einen Monat zurückliegenden Sieg an der Milvischen Brücke vor Rom über seinen Rivalen Maxentius mochten viele versucht gewesen sein, Parteigänger des Besiegten, den Konstantin zum Tyrannen gestempelt hatte[22], des Hochverrats anzuzeigen und sich dadurch zu bereichern. Allerdings hätten sie eine *delatio*, worum es in diesem Text allein ging, dann auch als Ankläger in einem Prozess vertreten müssen. Der Text ist also leicht irreführend, aber das störte diesen Kaiser nicht. 19 Jahre später ging er gegen Bestechlichkeit der unteren Beamten mit folgendem Edikt vor: „Aufhören sollen endlich die raubgierigen Hände der Geschäftsstellenbeamten; sie müssen aufhören, habe ich gesagt; denn wenn sie nach dieser Ermahnung nicht aufhören, wird das Schwert sie abhauen. Nicht käuflich darf die Tür des Richters sein, nicht der Eintritt bezahlt, nicht berüchtigt durch Versteigerung an den Meistbietenden der Gerichtssaal, nicht sogar der Anblick des Gouverneurs nur für Geld zu haben. Die Ohren des Rechtsprechenden müssen den Ärmsten ebenso wie den Reichen offen stehen. Wer klagen will, darf in keiner Weise vom Vorgesetzten der Geschäftsstelle geplündert werden. Dessen Mitarbeiter sollen sich unterstehen, die Parteien zu erpressen; ein für alle Mal müssen die unerträglichen Überfälle der Obersekretäre und der anderen Geschäftsstellenbeamten, die Großes und Kleines fordern, aufhören; und die unstillbare Gier derer, welche den Streitparteien die Akten aushändigen, muss in die Schranken gewiesen werden. Der Statthalter selbst muss beständig darauf achten, dass niemand von diesen Subjekten etwas von einer Prozesspartei annimmt. Wenn sie aber in einem Zivilprozess meinen, etwas fordern zu müssen, wird die bewaffnete Rüge bereitstehen, um Kopf und Hals der Schändlichen abzuschlagen; und überhaupt soll jeder, der erpresst worden ist, das Recht haben, den Statthalter darüber in Kenntnis zu setzen. Für den Fall aber, dass dieser ein Auge zudrückt, eröffnen wir allen die Klage bei sämtlichen in den Provinzen anzutreffenden Männern meines Gefolges und, wenn sie näher zu erreichen sind, bei den Präfekten, damit wir, durch ihren Vortrag unterrichtet, wegen solcher Räubereien die Todesstrafe verhängen"[23]. Unterbeamte waren

Abb. 2   Hinrichtung eines *damnatus ad bestias*. Ein Panther reißt das Gesicht des Sträflings und schlägt seine Tatzen in dessen Brust, Schulter und Schenkel; dessen Hände werden von einem Henkersknecht hinter seinem Rücken fixiert; Blut trieft. Fußbodenmosaik in Thysdrus (El Djem, Tunesien), Domus Sollertiana, um 200 n. Chr.

in der Spätantike zahlreich, wurden jedoch vom Staat nur unzureichend besoldet; Sporteln waren für viele Amtshandlungen üblich, was beide Seiten jedoch leicht ins Unangemessene steigern konnten. Konstantin hat mit diesem für das Schaufenster erlassenen Gesetz gegen die zumal damals im aufgeblähten Beamtenapparat grassierende Korruption nichts erreicht[24]; und die späteren Kaiser haben sich damit begnügt, Höchstsätze einzuführen, aus denen unsere Gerichtsgebühren hervorgegangen sind[25].

Im 5. Jahrhundert n. Chr. wird die kaiserliche Gesetzgebung wieder besser, vor allem sachlicher; doch bleiben die Kaisergesetze wortreich und voller Selbstlob; sie dienen weiterhin zugleich der Reichs- oder vielmehr der Kaiserpropaganda.

3. Strafen

Am Ende der Republik, im 1. Jahrhundert v. Chr. war die Todesstrafe – wie gesagt – je nach Stand Enthauptung oder Kreuzigung nach vorheriger Geißelung, praktisch abgeschafft. Wurde jemand eines Verbrechens für schuldig befunden, wodurch er von Gesetzes wegen sein Leben verwirkt hatte, so gab man ihm Gelegenheit, ins Ausland zu fliehen, wofür insbesondere die freien Städte in Betracht kamen. Das Kaisertum nun war das Ergebnis von Bürgerkriegen, die besonders nach Caesars Tod 44 v. Chr. lange angedauert und zu immer neuen Grausamkeiten geführt hatten. Zwar ging es in den ersten drei Jahrhunderten, dem Principat,

Abb. 3 Hinrichtung einer *damnata ad bestias*. Nackte Frauengestalt, die Hände hinter dem Rücken gefesselt; rechts von ihr die Vordertatzen und das aufgerissene Maul eines Löwen. Tonscherbe aus Caesarodunum (Tours), 2. Jh. n. Chr., heute im Musée de Tours.

Abb. 4 Hinrichtung eines *damnatus ad bestias*. Der Sträfling ist rittlings auf einen Stier gebunden, die Hände hinter seinem Rücken gefesselt, und wird von einer Raubkatze angegriffen, die auf den Stier gesprungen ist, ihre Vordertatzen in seinen Brustkorb schlägt und nach seiner Kehle schnappt. Terrakotta, gefunden bei Hadrumetum (Sousse, Tunesien), 3./4. Jh., heute Paris, Louvre.

noch verhältnismäßig milde zu, doch wurden die Todesstrafen jetzt wieder vollstreckt; und im Laufe der Zeit kamen neue Strafen auf, für niedrig gestellte Verbrecher (*humiliores*) insbesondere weitere geschärfte Todesstrafen.

Die Römer liebten auch Theater und Konzerte, die Massen aber eher grausame Spiele: Gladiatorenkämpfe und den Kampf von Menschen mit wilden Tieren in der Arena, bis eine Seite tot war. Und diese Volksbelustigungen gab es nicht nur in Rom, sondern sie zogen in allen romanisierten Gebieten ein, im ganzen Westen des Reiches und zumeist auch im hellenistischen Osten. Die blutigen Spiele strapazierten allerdings die Finanzen der Spielgeber, Honoratioren der jeweiligen Städte. Gute Gladiatoren waren teuer, ebenso Tierkämpfer und die Tiere selbst, wenn man sich nicht mit heimischen Arten begnügte. Nach den Markomannenkriegen, wofür

Marc Aurel auch Gladiatoren zu den Streitkräften eingezogen hatte, waren die Preise kräftig gestiegen. Deshalb erwirkte dieser Kaiser 177 n. Chr. einen Senatsbeschluss, der Gladiatoren wieder erschwinglich machen sollte und die Preise festlegte, aber das hatte nur zur Folge, dass kaum mehr welche angeboten wurden. So erlaubte er seinem für die südlichen Provinzen Galliens zuständigen Finanzprokurator, Verbrecher, die zu geschärfter Todesstrafe verurteilt waren, statt sie zu kreuzigen oder lebendig zu verbrennen, für die Volksfeste zum äußerst günstigen Preis von sechs Goldmünzen pro Kopf abzugeben. Die *ad bestias*-Verurteilten wurden zur Unterhaltung der Volkmassen an einen Pfahl gebunden oder anderweitig gefesselt und hungrigen Panthern, Löwen oder Bären ausgesetzt (Abb. 2–5); Nero (54–68 n. Chr.) hatte ein Jahrhundert zuvor spielerisch vorgemacht, wie man auf diese Weise die Massen begeistern konnte[26]. Seit diesem Kaiser,

Abb. 5 Hinrichtungsversuch einer *damnata ad bestias*. Bekleidete Frauengestalt auf einem kleinen Podium, an einen Pfahl gebunden mit Siegeskranz. Ein Bär greift mit seinen Tatzen nach ihren Schultern, wendet aber den Kopf ab. Wohl Darstellung einer zum Martyrium bereiten Christin, deren Glauben den Instinkt des Raubtiers besiegt. Teller aus Terra Sigillata aus Africa, 4. Jh. n. Chr., heute Köln, Sammlung Löffler.

genauer seit 64 n. Chr., galt das Bekenntnis zum christlichen Glauben als todeswürdiges Verbrechen, auch wenn es seit Traian (98–117 n. Chr.) nicht systematisch, sondern nur auf eine spontane Anklage aus der Bürgerschaft hin verfolgt wurde. Kaiserliche Beamte durften nicht etwa dazu ermuntern und keinesfalls waren anonyme Anzeigen zu beachten. Vor allem aber war dem einzelnen Christen großzügig Gelegenheit zu geben, sich eines Besseren zu besinnen und doch noch den Staatsgöttern bzw. dem Kaiser zu opfern[27]. Da nun die Nachfrage nach geeigneten Verbrechern auch das kaiserliche Angebot bald überstieg, waren eifrige Bürger, die sich beim Volk ihrer Heimatstadt beliebt machen wollten, etwa um in ein Gemeindeamt gewählt zu werden, versucht, zum Tode bestrafte Verbrecher niedrigen Standes zu produzieren; und das war am einfachsten mit Christen zu bewerkstelligen. So wurde der (an sich besonders rechtstreue) Marc Aurel für die Kirchenväter einer der schlimmsten Verfolger[28]. Eusebius berichtet, in diesem Jahr 177 n. Chr. hätten zehntausende Christen durch die Hetze der Massen vor allem in Gallien mit einem qualvollen Tod Zeugnis für ihren Glauben abgelegt[29]. In Africa dagegen hatte man gefangene Räuber zur Verfügung; die südlich der Provinz siedelnden Berberstämme ließen nicht davon ab, die reichen Römersiedlungen heimzusuchen, hatten dabei aber nicht immer Glück (auf Abb. 2 ist das Opfer ein Berber).

Abb. 6 Vollzug der Prügelstrafe an einer Frau: Elia Afanacia, wie die Inschrift rechts besagt. An den Füßen hält sie ein älterer, vorne ein jüngerer Mann hoch, ihr Hinterteil nach oben gekehrt und entblößt; hinter ihr der Scharfrichter, eine Peitsche schwingend. Links drei Personen mit Kerzen in der Hand, ein vierter mit Krug auf der Schulter. Rechts drei Personen, einer mit Palmzweig und einer mit Standarte. Relief auf einer Marmorplatte. Rom, Katakombe des Prätextatus, zweite Hälfte 3. Jh. n. Chr.

Auch die Verbannung, die sich erst am Ende der Republik zu einer Strafe entwickelt hatte, wurde in der Kaiserzeit weiterentwickelt, vor allem mannigfach abgestuft[30]: auf Zeit oder lebenslang, Festsetzung in einem bestimmten Gebiet oder auf einer Insel oder auch nur Verweisung aus der Heimatprovinz und Italien, oft (aber nicht notwendig) verbunden mit dem Verlust der Freiheit oder doch des Bürgerrechts und der Konfiskation des ganzen oder eines Bruchteils des Vermögens. Daneben trat die Verurteilung zu Zwangsarbeit. Wer zu lebenslanger Arbeit in einem Bergwerk (*opus metalli*) oder auch Steinbruch verurteilt wurde[31], verlor durch das Urteil die Freiheit und wurde Staatssklave (*servus poenae*). Die Verurteilung zu Zwangsarbeit (*opus publicum*) etwa im Straßenbau, in den Thermen oder zur Reinigung der Kloaken führte, wenn lebenslänglich, zu Verlust des Bürgerrechts; diese Strafe konnte aber auch zeitlich begrenzt verhängt werden. Während all diese entehrenden Strafen nur niedrig Gestellte (*humiliores*) trafen, wurde höher Gestellten (*honestiores*) solche Demütigung erspart. Sie konnten auf eine Insel verbannt werden (*deportatio*), in welchem Fall sie auch das römische Bürgerrecht und ihr Vermögen, oder zumindest einen Teil davon verloren, oder auch zu bloßer Verweisung (*relegatio*), mit oder ohne Festsetzung in einer bestimmten Region oder auf einer Insel.

Mildere Strafen waren für niedrig Gestellte Prügel und Peitschenhiebe (Abb. 6), während für die Oberschicht Geldstrafen, Berufsverbot und Ausstoßung aus dem Stadtrat und damit der Oberschicht, zeitig oder für immer, in Betracht kamen.

Anmerkungen

[1] Dazu (und zu den immer zahlreicheren Ausnahmen von diesem Grundsatz) siehe LIEBS 1980.

[2] Zu den römischen Grundsätzen, die seit Augustus entwickelt wurden: Ulpian, *de officio proconsulis* 8 (Dig. 48,18,1pr.-1).

[3] Astypalaia auf der gleichnamigen Insel ungefähr in der Mitte zwischen Knidos und der Insel Santorin nördlich von Kreta. Inschrift mit deutscher Übersetzung: BLÜMEL 1992, 34–37 Nr. 34; Abb. in: BLÜMEL 2010; kommentiert von WANKERL 2009, 2–16.

[4] Bekannt durch Inschriften, siehe die Tafel von Alcalà de los Gazules in Südspanien (um 189 v. Chr.), z. B. in: RICCOBONO u. a. 1941, 305 Nr. 51; die Inschrift von Magnesia am Mäander (143 v. Chr.), in: RICCOBONO u. a. 1943, 501–504 Nr. 162; die Sententia Minuciorum (117 v. Chr.), RICCOBONO u. a. 1943, 504–509 Nr. 163; die Tafel von Alcántara in Westspanien (104 v. Chr.): NÖRR 1989.

⁵ Dio Cass. 71(72),6,1–2: Ὁ δ᾿αὐτοκράτωρ ὁσάκις ἀπὸ τοῦ πολέμου σχολὴν ἦγεν, ἐδίκαζε, καὶ ὕδωρ πλεῖστον τοῖς ῥήτορσι μετρεῖσθαι ἐκέλευε, τάς τε πύστεις καὶ τὰς ἀνακρίσεις ἐπὶ μακρότερον ἐποιεῖτο, ὥστε πανταχόθεν τὸ δίκαιον ἀκριβοῦν. Καὶ κατὰ τοῦτο καὶ ἕνδεκα πολλάκις καὶ δώδεκα ἡμέρας τὴν αὐτὴν δίκην, καίπερ νυκτὸς ἔστιν ὅτε δικάζων, ἔκρινε. Φιλόπονος γὰρ ἦν, καὶ ἀκριβῶς πᾶσι τοῖς τῇ ἀρχῇ προσήκουσι προσεφέρετο, [...].

⁶ Näher darüber unterrichtet uns der Jurist Iulius Paulus in seiner Sammlung der Entscheidungen des Kaisergerichts, an denen er teilgenommen hatte; siehe etwa Liebs 2010, 52–56.

⁷ Dio Cass. 76(77),17,1–2: [...] ἐχρῆτο δὲ ὁ Σεουῆρος καταστάσει τοῦ βίου εἰρήνης οὔσης τοιᾷδε. Ἔπραττε τι πάντως νυκτὸς ὑπὸ τὸν ὄρθρον, καὶ μετὰ τοῦτ᾿ ἐβάδιζε καὶ λέγων καὶ ἀκούων τὰ τῇ ἀρχῇ πρόσφορα· εἶτ᾿ ἐδίκαζε, χωρὶς εἰ μή τις ἑορτὴ μεγάλη εἴη. Καὶ μέντοι καὶ ἄριστα αὐτὸ ἔπραττε· καὶ γὰρ τοῖς δικαζομένοις ὕδωρ ἱκανὸν ἐνέχει, καὶ ἡμῖν τοῖς συνδικάζουσιν αὐτῷ παρρησίαν πολλὴν ἐδίδου. ἔκρινε δὲ μέχρι μεσημβρίας, [...].

⁸ Acta apost. 25,11–12. 24–27; siehe auch 26,32.

⁹ Dazu etwa Liebs 1981; Nogrady 2006, 223–230.

¹⁰ Das bezeugen die inschriftlich auf Griechisch erhaltenen Edikte von Augustus nebst Senatsbeschluss für Kyrene aus den Jahren 6 und 4 v. Chr.: Riccobono u. a. 1941, 403–414 Nr. 68 (mit lateinischer Übersetzung); dazu Kunkel 1962, 81–83. 127.

¹¹ In den gängigen Rekonstruktionen des Zwölftafelgesetzes, z. B. von Düll 1995 Taf. 8 Nr. 16. 5. 4; schwere Verbrechen: Düll 1995 Taf. 8 Nr. 10. 23. 9. 24b. 1. 14.

¹² Überblick in RE XXIV (1963) 720–786 s. v. quaestio (W. Kunkel), bes. 740–776.

¹³ Schilling 2010, 109–115.

¹⁴ Zusammengestellt nach Cic. Cluent. 148; Ulpian, de officio proconsulis 7 (coll. 1,3,1 u. Dig. 48,8,4pr.); Marcian, institutiones 14 (Dig. 48,8,1).

¹⁵ Schilling 2010, 110–112.

¹⁶ Nach Marcian, institutiones 14 (Dig. 48,8,3,2); Modestin, pandectae 12 (Dig. 48,8,13); Paul. sent. 5, 23,14–19.

¹⁷ Lex XII tab. 8,24a.

¹⁸ Ulpian, de officio proconsulis 8: Ad legem Corneliam de sicariis et veneficis (coll. 1,11,1–3): *Cum quidam per lasciviam causam mortis praebuisset, comprobatum est factum Egnati Taurini proconsulis Baeticae a divo Hadriano, quod eum in quinquennium relegasset. Verba consultationis et rescripti ita se habent: "Inter Claudium, optime imperator, et Euaristum cognovi, quod Claudius Lupi filius in convivio, dum sago iactatur, culpa Mari Euaristi ita male acceptus fuerit, ut post diem quintum moreretur. Atque adparebat nullam inimicitiam cum Euaristo ei fuisse. Tamen cupiditatis culpa coercendum credidi, ut ceteri eiusdem aetatis iuvenes emendarentur. Ideoque Mario Euaristo urbe Italia provincia Baetica in quinquennium interdixi et decrevi, ut impendi causa duo milia sestertium patri eius persolveret Euaristus, quod manifesta eius fuerat paupertas. Velis rescribere". Verba rescripti: "Poenam Mari Euaristi recte, Taurine, moderatus es ad modum culpae; refert enim et in maioribus delictis, consulto aliquid admittatur an casu*"; dazu Wacke 2008, 1–62, zu diesem Fall Wacke 2008, 21–26, zu den tödlichen Arzneien Wacke 2008, 27–31; Höbenreich 1990, 305–313 zu diesem Fall; Höbenreich 1990, 283–287 zu den tödlichen Arzneien.

¹⁹ Macer, de publicis iudiciis 2 (Dig. 1,18,14): *Divus Marcus et Commodus Scapulae Tertullo rescripserunt in haec verba: „Si tibi liquido compertum est Aelium Priscum in eo furore esse, ut continua mentis alienatione omni intellectu careat, nec subest ulla suspicio matrem ab eo simulatione dementiae occisam, potes de modo poenae eius dissimulare, cum satis forore ipso puniatur. Et tamen diligentius custodiendus erit ac si putabis etiam vinculo coercendus, quoniam tam ad poenam quam ad tutelam eius et securitatem proximorum pertinebit. Si vero, ut plerumque adsolet, intervallis quibusdam sensu saniore, non forte eo momento scelus admiserit nec morbo eius danda est venia, diligenter explorabis; et si quid tale compereris, consules nos, ut aestimemus, an per immanitatem facinoris, si, cum posset videri sentire, commiserit, supplicio adficiendus sit. Cum autem ex litteris tuis cognoverimus tali eum loco atque ordine esse, ut a suis vel etiam in propria villa custodiatur, recte facturus nobis videris, si eos, a quibus illo tempore observatus esset, vocaveris et causam tantae neglegentiae excusseris et in unumquemque eorum, prout tibi levari vel onerari culpa eius videbitur, constitueris. Nam custodes furiosis non ad hoc solum adhibentur, ne quid perniciosius ipsi in se moliantur, sed ne aliis quoque exitio sint; quod si committatur, non immerito culpae eorum adscribendum est, qui neglegentiores in officio suo fuerint"*. Dazu Höbenreich 1990, 281 f.

²⁰ Cod. Theod. 10,10,2: *Conprimatur unum maximum humanae vitae malum delatorum exsecranda pernicies et inter primos conatus in ipsis faucibus stranguiletur et amputata radicitus invidiae lingua vellatur, ita ut iudices nec calumniam nec vocem prorsus deferentis admittant, sed si qui delator exstiterit, capitali sententiae subiugetur.*

²¹ So Spagnuola Vigorita 1984, 1–117; zustimmend Horstkotte 1986, 249 f.

²² Siehe Cod. Theod. 5,8,1.

²³ Cod. Theod. 1,16,7: *Cessent iam nunc rapaces officialium manus, cessent, inquam; nam nisi moniti cessaverint, gladiis praecidentur. Non sit venale iudicis velum, non ingressus redempti, non infame licitationibus secretarium, non visio ipsa praesidis cum pretio. Aeque aures iudicantis pauperrimis ac divitibus reserentur. Absit ab inducendo eius qui officii princeps dicitur depraedatio; nullus litigatoribus adiutores eorundem officii principum concussiones adhibeant; centurionum aliorumque officialium parva magnaque poscentium intolerandi inpetus oblidantur eorumque, qui iurgantibus acta restituunt, inexpleta aviditas temperetur. Semper invigilet industria praesidalis, ne quicquam a praedictis generibus hominum de litigatore sumatur. Qui si de civilibus causis quodquam putaverint esse poscendum, aderit armata censura, quae nefariorum capita cervicesque detruncet, data copia universis qui concussi fuerint, ut praesiduum instruant notionem. Qui si dissimulaverint, super eodem conquerendi vocem omnibus aperimus apud comites provinciarum aut apud praefectos praetorio, si magis fuerint in vicino, ut his referentibus edocti super talibus latrociniis supplicia proferamus.*

²⁴ Dazu Kolb 1982; Hahn 1982; Schmidt-Hofner 2008, 37–80, letzterer allerdings mit leicht verharmlosender Tendenz, siehe Liebs 2011, 668 f.

²⁵ Siehe Merkel 1888.

²⁶ Dazu Liebs 2007, 105–112.

²⁷ Im Einzelnen Liebs 2007, 115–126, bes. 122–124. Sein Vorgänger Claudius hatte als Erster diese Strafe verhängt (Suet. Claud. 14).

[28] Dazu und zu den christlichen Martyrien unter Marc Aurel, vor allem den Märtyrern von Lyon 177 n. Chr., näher LIEBS 2002, 20f. 26–35.

[29] Eus. hist. eccl. 5pr.-1: zumal in Lugdunum (Lyon) und Vienna (Vienne).

[30] Näher dazu bes. SCHILLING, 2010, 40–69.

[31] Was diese konkret zu leiden hatten, beleuchtet etwa Cypr. epist. 76 (Trostbrief des Bischofs an 257 n. Chr. deportierte Christen), bes. 1,2. 2,1. 3–4; Cypr. epist. 77 (Antwort), bes. 3,1: Das Haupthaar der Gefangenen war geschoren, an Füßen und Gliedern waren sie gefesselt, mussten ihre Arbeit in Düsternis und Staub verrichten, wurden unzureichend ernährt, konnten ihren vor Dreck starrenden Körper nicht baden, mussten mit ihren zerschundenen Gliedern auf dem nackten Erdboden schlafen und ihre zerfetzte Kleidung wärmte nicht mehr.

Literaturverzeichnis

BLÜMEL 1992
W. BLÜMEL, Die Inschriften von Knidos 1. Inschriften griechischer Städte aus Kleinasien 41 (Bonn 1992).

BLÜMEL 2010
W. BLÜMEL, Die Inschriften von Knidos 2. Inschriften griechischer Städte aus Kleinasien 42 (Bonn 2010).

DÜLL 1995
R. DÜLL, Das Zwölftafelgesetz. Texte, Übersetzung und Erläuterungen (Zürich 1995).

HAHN 1982
I. HAHN, Immunität und Korruption der Kurialen in der Spätantike. In: W. Schuller (Hrsg.), Korruption im Altertum (München 1982) 179–199.

HÖBENREICH 1990
E. HÖBENREICH, Überlegungen zur Verfolgung unbeabsichtigter Tötungen von Sulla bis Hadrian, Zeitschr. Savigny-Stiftung Rechtsgesch., Romanist. Abt. 107, 1990, 249–314.

HORSTKOTTE 1986
H.-J. HORSTKOTTE, Rez. zu SPAGNUOLA VIGORITA 1984, Gnomon 58, 1986, 249–252.

KOLB 1982
F. KOLB, Die Adäration als Korruptionsproblem in der Spätantike. In: W. Schuller (Hrsg.), Korruption im Altertum (München 1982) 163–178.

KUNKEL 1962
W. KUNKEL, Untersuchungen zur Entwicklung des römischen Kriminalverfahrens in vorsullanischer Zeit (München 1962).

LIEBS 1980
D. LIEBS, Der Schutz der Privatsfäre in einer Sklavenhaltergesellschaft: Aussagen von Sklaven gegen ihre Herren nach römischem Recht. Bull Ist. diritto romano 83, 1980, 147–189.

LIEBS 1981
D. LIEBS, Das ius gladii der römischen Provinzgouverneure in der Kaiserzeit. Zeitschr. Papyr. u. Epigr. 43, 1981, 217–223.

LIEBS 2002
D. LIEBS, Umwidmung. Nutzung der Justiz zur Werbung für die Sache ihrer Opfer in den Märtyrerprozessen der frühen Christen. In: W. Ameling (Hrsg.), Märtyrer und Märtyrerakten. Altwiss. Koll. 6 (Stuttgart 2002) 19–46.

LIEBS 2007
D. LIEBS, Vor den Richtern Roms. Berühmte Prozesse der Antike (München 2007).

LIEBS 2010
D. LIEBS, Hofjuristen der römischen Kaiser bis Justinian (München 2010).

LIEBS 2011
D. LIEBS, Rez. zu Schmidt-Hofner 2008, Zeitschr. Savigny-Stiftung Rechtsgesch., Romanist. Abt. 128, 2011, 665–676.

MERKEL 1888
J. MERKEL, Ueber Römische Gerichtsgebühren. In: J. Merkel, Abhandlungen aus dem Gebiete des Römischen Rechts 3 (Halle 1888) 121–171.

NOGRADY 2006
A. NOGRADY, Römisches Strafrecht nach Ulpian. Buch 7 bis 9 De officio proconsulis (Berlin 2006).

NÖRR 1989
D. NÖRR, Aspekte des römischen Völkerrechts (München 1989).

RICCOBONO u. a. 1941
S. RICCOBON/G. BAVIERA/C. FERRINI/ G. FURLANI/ V. ARANGIO-RUIZ (Hrsg.), Fontes iuris Romani antejustiniani 1 (Florenz 1941).

RICCOBONO u. a. 1943
S. RICCOBONO/G. BAVIERA/C. FERRINI/G. FURLANI/ V. ARANGIO-RUIZ (Hrsg.), Fontes iuris Romani antejustiniani 3 (Florenz 1943).

SCHILLING 2010
A. SCHILLING, Poena extraordinaria. Zur Strafzumessung in der frühen Kaiserzeit. Freiburger Rechtsgesch. Abhandl. N. F. 61 (Berlin 2010).

SCHMIDT-HOFNER 2008
S. SCHMIDT-HOFNER, Regieren und Gestalten. Der Regierungsstil des spätrömischen Kaisers am Beispiel der Gesetzgebung Valentinians I. (München 2008).

SPAGNUOLA VIGORITA 1984
T. SPAGNUOLA VIGORITA, Exsecranda pernicies. Delatori e fisco nell'età di Costantino (Neapel 1984).

WACKE 2008
A. WACKE, Unius poena metus multorum. Abhandlungen zum römischen Strafrecht (Neapel 2008).

WANKERL 2009
V. WANKERL, Appello ad principem. Urteilsstil und Urteilstechnik in kaiserlichen Berufungsentscheidungen (München 2009).

Abbildungsnachweis: Introbild Stefan Arendt, LVR-Zentrum für Medien und Bildung; Abb. 1 nach A. Gallonio, Trattato degli instrumenti di martirio (Paris 1904) [Original Rom 1591]; Abb. 2 El Jem Museum; Abb. 3 Collection de la Société Archéologique de Touraine; Abb. 4 Umzeichnung Horst Stelter, LVR-Archäologischer Park Xanten / LVR-RömerMuseum; Abb. 5 Köln, Römisch-Germanisches Museum / Rheinisches Bildarchiv; Abb. 6 D-DAI-ROM-32.120 mit Genehmigung der Pontificia Commissione di Archeologia Sacra.

Prof. Dr. Detlef Liebs
Rosenau 10
79104 Freiburg i. Br.

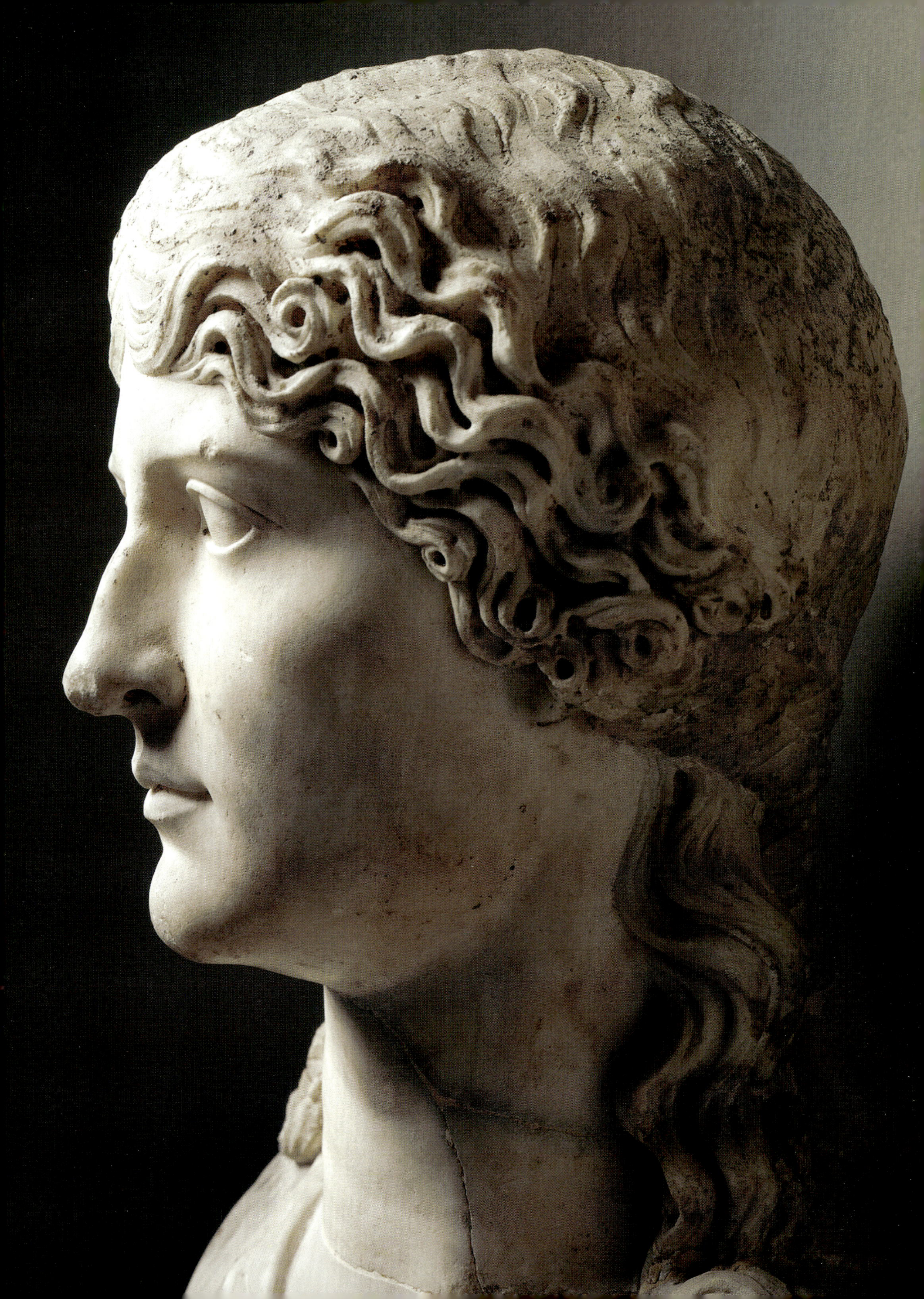

ELKE HARTMANN

Das „schwache Geschlecht" im römischen Recht – Frauen und Rechtsprechung

Feminae pro infirmitate sexus minus ausurae esse credentur. – „Bei Frauen nimmt man an, dass sie wegen der Schwäche ihres Geschlechts weniger wagen werden"[1].

Die in diesem Rechtssprichwort angenommene Schwäche des weiblichen Geschlechts spielt in der römischen Jurisprudenz eine wichtige Rolle. Sie wird als Grund dafür angesehen, dass Frauen ein *tutor* zugewiesen wurde, der über ihre Belange zu entscheiden hatte[2]. Formal standen nämlich Frauen in Rom, auch wenn sie mündig waren, unter einem *tutor* aus der männlichen Verwandtschaft, der insbesondere in Vermögensfragen seine Zustimmung geben musste[3]. Diese Einrichtung entsprach laut Cicero den Sitten der Vorfahren: „Die Vorfahren wollten, dass alle Frauen wegen der Schwäche ihrer Einsicht in der Gewalt eines Vormundes ständen"[4]. Im alltäglichen Leben der späten Republik und frühen Kaiserzeit aber hatte dieses Rechtsinstitut kaum noch eine Bedeutung, und der Jurist Gaius hält die Rechtfertigung der Institution eher für einen Vorwand, der nicht in der Sache begründet sei: „Dass aber volljährige Frauen unter Vormundschaft stehen, dafür spricht in der Regel kein einleuchtender Grund, denn wenn gewöhnlich angenommen wird, es geschehe, weil sie wegen ihres Leichtsinns oft getäuscht würden und es daher angemessen wäre, dass sie durch die Autorität eines Vormundes geleitet würden, so ist das mehr Schein als Wahrheit"[5]. Und doch findet sich die Vorstellung von der „Schwäche" (*infirmitas*) des weiblichen Geschlechts nicht nur in juristischen Texten, sondern ebenso in der römischen Literatur und in der Geschichtsschreibung[6]. Aus der allgemeinen Verbreitung solcher Geschlechterbilder jedoch zu schließen, dass Frauen tatsächlich harmlosere oder weniger Verbrechen begingen als Männer, oder jeweils milder bestraft worden seien, wäre verfehlt[7].

Gleichwohl fällt aus moderner Perspektive und vor dem Hintergrund einer heutzutage idealisierten Gleichberechtigung der Geschlechter zunächst ins Auge, dass Frauen im römischen Recht zwar als juristische, aber dennoch nicht in jeder Hinsicht als Männern gleichwertige Personen behandelt werden. Für die Beurteilung der antiken Rechts- und Lebensverhältnisse aber ist es trügerisch, anzunehmen, dass die entscheidende Kluft zwischen Männern und Frauen verlaufen sei oder gar davon auszugehen, dass alle Frauen (oder auch alle Männer) die gleiche Stellung im Recht hatten.

Ausschlaggebend für die Möglichkeiten, juristische Instanzen in Anspruch zu nehmen, war in Rom nämlich vor allem der Rechtsstatus eines Menschen: An das römische Bürgerrecht war eine Reihe rechtlicher Privilegien gekoppelt, die auch für Frauen galten; über die Frauen ohne Bürgerrecht und unfreie Sklavinnen jedoch nicht verfügten. Gleichfalls hing die juristische Handlungsfähigkeit eines jeden Menschen (unabhängig vom Geschlecht) auch von der Altersreife ab (allerdings wandelte sich die Vorstellung von Reife im Laufe der Zeit). Und schließlich war auch die mentale Gesundheit eine formale Voraussetzung, um als rechtlich handlungsfähige Person zu gelten. In der Praxis war darüber hinaus vor allem der soziale Hintergrund einer Frau entscheidend für die rechtlichen Handlungsspielräume: Es machte einen großen Unterschied, ob eine Frau zu einer *familia* gehörte, ob sie unter der *potestas* ihres Vaters oder Ehemannes stand oder auf sich allein gestellt war. Aber auch ob ihre Familie arm oder vermögend war, ob sie zu den oberen Ständen oder der *plebs* gehörte, bestimmte die Chancen, erlittenes Unrecht zu rächen oder gar zur Anzeige zu bringen und strafrechtlich zu verfolgen. Ein Mord an einer Senatorengattin zum Beispiel wurde von ihren Angehörigen mit großer Wahrscheinlichkeit vor Gericht gebracht, der Mord an einer Prostituierten hingegen, die in einem Bordell für einen Zuhälter arbeitete, wurde wohl kaum strafrechtlich verfolgt[8]. Prostituierte

◀ Bildnis der Agrippina der Älteren, um 40 n. Chr., Musei Capitolini, Rom.

galten darüber hinaus als infam, was wiederum gewisse rechtliche Folgen implizierte, etwa dass sie nicht vor Gericht als Zeugin aussagen durften[9]. Es wird also deutlich, dass nicht alle Frauen im Römischen Reich dieselbe Stellung innerhalb der Rechtsordnung hatten, sondern dass auch in diesem Kontext ganz verschiedene Komponenten zum Tragen kamen, die in der römischen Antike generell entscheidend den Platz eines Menschen im sozialen Gefüge bestimmten.

Die Problematik der Quellen

In der Forschung zu Frauen im römischen Recht stehen oft die juristischen Quellen im Vordergrund der Betrachtung[10]. Sie sind selbstverständlich eine äußerst wichtige Quellengruppe, die jedoch aufgrund ihres normativen Charakters eine unzureichende Grundlage für die Beantwortung nach Fragen der konkreten alltäglichen Strafpraxis und der Umsetzung von Recht bildet[11]. Die Rechtsquellen, aus denen sich unsere Kenntnis des Rechtes speist, sind inhomogen und stammen aus unterschiedlichen Epochen, in deren Verlauf die Rechtspraxis einem enormen Wandel unterlag. Sie spiegeln vor allem bestimmte Diskurse ihrer geistigen Urheber, der *iuris prudentes*, wider. Oft ist unklar, welche Bevölkerungsteile in welchem Ausmaß von den ersonnenen Regelungen betroffen waren; denn obwohl das römische Recht für alle Bürger im gesamten Reich galt, bestanden doch in den Provinzen Unterschiede in der Rechtspraxis[12].

Papyri, die in konkreten Streitfällen benutzte Dokumente überliefern (etwa Petitionen, Strafanzeigen, Prozessakten etc.), sind auf den ersten Blick alltagsnäher. Hier erfahren wir von Frauen, die Anzeigen vorbringen oder selbstbewusst ihre Eigenständigkeit betonen. Doch auch sie beleuchten nur einzelne Aspekte der Rechtspraxis, die sich nicht verallgemeinern lassen.

Auch die literarischen Quellen können für die jeweiligen Rechtspraktiken in unterschiedlichen Regionen des Reiches aufschlussreich sein; viele beziehen sich auf die Stadt Rom. Die Autoren haben aber häufig kein Interesse, juristische Verfahren technisch korrekt und nachvollziehbar zu beschreiben: So werden etwa in den Geschichtswerken des Livius oder des Tacitus und auch in den Briefen des Plinius zwar viele Prozesse erwähnt, doch fällt es im Einzelnen oft schwer, die juristischen Feinheiten zu rekonstruieren. Erhaltene Gerichtsreden wiederum (etwa von Cicero) sind nachträglich ediert worden und entstellen die jeweiligen Belange zu Ungunsten des Gegners und zu Gunsten des eigenen Mandanten.

Im Folgenden sollen schlaglichtartig einige Kontexte beleuchtet werden, in denen Frauen mit Rechtsprechung in Berührung kamen, sei es als Angeklagte, sei es als Klägerin. Dabei sind die Bereiche des Strafrechtes und des Zivilrechtes gesondert zu behandeln. Ein systematischer Überblick kann in diesem Rahmen freilich nicht erfolgen; vielmehr sollen hier in aller Kürze und exemplarisch einige spektakuläre Fälle und – aus heutiger Sicht – ungewöhnliche Delikte vorgestellt werden, die sich maßgeblich auf die Stadt Rom beziehen und allesamt in literarischen Texten aus der Zeit vom 1. Jahrhundert v. Chr. bis zum 2. Jahrhundert n. Chr. erwähnt werden.

Die Strafgewalt der Väter und der Kultskandal der Bacchus-Anhängerinnen

Als eine Besonderheit des römischen Rechtes gilt die Strafgewalt des *pater familias*, welche das ‚Recht über Leben und Tod' (*ius vitae necisque*) seiner Angehörigen umfasste[13]. Im Falle der Verhängung der Todesstrafe war die Mitwirkung eines Familiengerichts vorgesehen[14]. Die dem Vater zugestandene Strafgewalt ist ein juristisch äußerst interessantes Phänomen, dessen konkrete Relevanz für das alltägliche Leben jedoch äußerst schwer einzuschätzen ist und in der Forschung kontrovers beurteilt wird[15]; zumal nur wenige Beispiele überliefert sind, dass Väter ihre Söhne oder Töchter tatsächlich mit dem Tode bestraften[16]. Auch wenn wir die alltägliche Umsetzung der väterlichen Gewalt kaum rekonstruieren können, deutet dieser Anspruch doch zumindest auf das dem Vater zugesprochene Disziplinierungspotential innerhalb der Familie hin.

Als ein skandalumwobener Rechtsfall, in den zahlreiche Frauen involviert waren und der zugleich den hohen Stellenwert des Hausgerichts veranschaulichen kann, gilt der so genannte Bacchanalia-Skandal des Jahres 186 v. Chr., der die Verfolgung von mehreren Tausend Anhängern eines Kultes zu Ehren des Rauschgottes Bacchus (im Griechischen Dionysos) in Italien zur Folge hatte. Der Geschichtsschreiber Livius berichtet im 39. Buch seines Werkes ausführlich über diesen Skandal; über die Maßnahmen, die der römische Senat zur Kontrolle dieser Kultgemeinschaften ergriff, informiert darüber hinaus eine Inschrift[17]. Was genau den Anhängern des Kultes vorgeworfen wurde, bleibt unklar. Livius gibt an, die Anhänger dieses Kultes (ursprünglich ausschließlich Frauen, später aber auch Männer) hätten nachts in einer Höhle Sex-Orgien abgehalten, in denen Männer miteinander und mit Frauen verkehrten; sogar Morde seien vorgekommen, die Gewalt sei aber unentdeckt geblieben, „da man in dem Geheul und dem Lärm der Tamburine und der Becken keinen Laut der bei den Schändungen und Mordtaten um Hilfe schreienden Opfer hören konnte"[18]. Der Kult wurde, zumal er sich nicht nur in Rom, sondern auch in ganz Italien ausgebreitet habe, als Bedrohung des römischen Gemeinwesens, ja als Verschwörung (*coniuratio*) aufgefasst. Diese Darstellung des Livius spiegelt wahrscheinlich die offizielle Begründung der Verfolgung seitens der römischen Behörden wider. Aus Sicht der modernen Forschung könnte das eigentliche Problem darin bestanden haben, dass innerhalb dieser Kultvereinigung traditionelle Werte und Rollenbilder untergraben wurden, indem etwa Frauen ihre Söhne initiierten. Auch war es vermutlich suspekt, dass diese Kulte von Männern und Frauen, Sklaven und Freien gemeinsam ausgeübt wurden und dadurch die für die Gesellschaft fundamentalen Statushierarchien in Frage gestellt wurden[19]. Die Anzeige der obskuren Praktiken durch eine Freigelassene veranlasste den Senat im Rahmen eines außergewöhnlichen Verfahrens, die Versammlungen und Kulthandlungen zu untersagen[20]. Für die Zukunft wurde die Ausübung solcher Kulte nur mit Genehmigung des Prätors oder Senates gestattet und die Teilnehmerschaft sowie die Struktur der Kultvereine einem strikten Reglement unterworfen[21]. Die ergriffenen Maßnahmen der Behörden führten zu zahlreichen Festnahmen und Hinrichtungen. Dabei ist interessant festzuhalten, dass man die Bestrafung der beteiligten Frauen durch ihre Väter befahl. Auf diese Weise wurde die Rückkehr zur patriarchalen Ordnung sinnfällig zum Ausdruck gebracht[22].

Frauenkriminalität?

Heute können Straf- und Zivilrecht recht klar voneinander abgegrenzt werden und sind kodifiziert; auch die Unterscheidung zwischen einer öffentlichen Strafverfolgung, die der Staatsanwalt vornimmt, und einer zivilrechtlichen Klage eines Geschädigten ist recht klar. In Rom wurde das Recht erst sehr spät kodifiziert[23]; auch hatte die Privatstrafe einen viel höheren Stellenwert als in modernen Rechtsordnungen[24]. So wurde selbst Mord nicht von offizieller Seite verfolgt, sondern es oblag den geschädigten Personen – meist den Familienangehörigen des Mordopfers – eine Klage beim zuständigen Magistrat, dem Prätor, einzubringen, um ein öffentliches Gerichtsverfahren (*iudicium publicum*) zu eröffnen[25]. Dieser überwies die Sache an ein Geschworenengericht (*quaestio*), das über Schuld oder Unschuld entschied. Der Prätor lieferte dann den Täter an den Verletzten aus, der im gesetzlich bestimmten Maß Vergeltung üben, den Schuldigen gegebenenfalls sogar töten konnte. Da es keine Instanz gab, die Straftatbestände wie Gewalt oder Mord im Dienste der Allgemeinheit verfolgte, kamen keineswegs alle Straftaten vor Gericht, aber dies gilt zweifellos auch in modernen Rechtssystemen, wo vieles von Anzeigen abhängt.

Eine ganze Reihe von oft skandalumwobenen Strafprozessen lässt sich gut rekonstruieren und einordnen[26]. Es fällt auf, dass diese Kriminalfälle fast ausschließlich Angehörige der oberen Stände und politisch relevante Vergehen betreffen – in der Republik etwa Wahlbestechung (*ambitus*) oder unzulässig erpresste Gelder in den Provinzen (*repetundae*), ein Delikt, das auch in der Kaiserzeit vielfach angezeigt wurde. Da diese Delikte im Zusammenhang mit der Übernahme politischer Ämter standen, die nur von Männern bekleidet werden konnten, waren die Angeklagten in solchen Strafverfahren überwiegend männlich, selten wurde auch eine Ehefrau mit angeklagt. Allein Anklagen wegen so genannter Majestätsvergehen (*crimen maiestatis*, worunter in der Kaiserzeit meist die Beleidigung des Kaisers verstanden wurde) wurden auch gegen Frauen der oberen *ordines* angestrengt, wobei die meisten Fälle hier sicherlich im Kern gleichfalls politisch motiviert waren[27]. Der Vorwurf des Majestätsvergehens wurde oft mit dem Vorwurf unerlaubter magischer Praktiken oder Giftmischerei und Verstößen gegen die Sittengesetze kombiniert. Da das Delikt hier wohl in den meisten Fällen als Vorwand im Rahmen einer Intrige diente, um eine mächtige Person auszuschalten, verweisen solche – gerade für die frühe Kaiserzeit zahlreich bezeugten Fälle – auf die mächtige Stellung der davon betroffenen Frauen. Die Beurteilung solcher Fälle oblag in der Kaiserzeit dem (mehr oder weniger) vom Kaiser beeinflussten Senatsgericht[28].

Als Anklägerinnen in Kriminalprozessen jenseits der großen politischen Gerichtsverfahren sind Frauen im Übrigen durchaus bezeugt. In den Briefen des Plinius sind mehrere Beispiele für Verfahren gegeben, in denen sich Personen in Kriminaldelikten an den Kaiser wandten. Bei Plinius haben solche Erwähnungen sicherlich vor allem die Funktion, die potentielle Erreichbarkeit des vorbildlichen Kaisers Traian als rechtliche Instanz zu würdigen. In einem von ihm eher am Rande erwähnten Beispiel geht es um eine römische Bürgerin, die nach dem Tod ihres Sohnes eine Klage gegen seine zu Miterben bestimmten Freigelassenen vornimmt, in der sie die Freigelassenen des Betrugs und des Giftmordes bezichtigt. Nachdem die Angeklagten bereits vor dem vom Kaiser beauftragten Gericht für schuldlos befunden waren, wandte sie sich erneut an Kaiser Traian[29].

Ehebruch als Straftat

Eine Sonderstellung im Strafprozess nehmen Anzeigen und Anklagen wegen der Verstöße gegen die augusteischen Ehe- und Sittengesetze ein. Während es in der Zeit der Republik dem väterlichen Hausgericht oblag, das Delikt des Ehebruchs zu verfolgen und zu bestrafen, erhob das so genannte Ehebruchsgesetz des Augustus (*lex Iulia de adulteriis coercendis*, 18 v. Chr.) Ehebruch (*adulterium*) zum strafrechtlich zu verfolgenden Delikt. Der Begriff *adulterium* meint dabei den Einbruch eines Mannes in eine fremde Ehe[30]. Die Regelung sprach dem Vater einer Ehebrecherin[31] das Recht zu, den auf frischer Tat in seinem Haus oder in dem seines Schwiegersohnes ertappten Ehebrecher und die eigene Tochter zu töten. Sie eröffnete aber auch die Möglichkeit, den Ehebrecher festzuhalten, um Zeugen zu holen und ihn vor Gericht einem öffentlichen Strafverfahren (*iudicium publicum*) zu unterziehen, was in der Forschung als entscheidende Neuerung im Sinne der intendierten Einschränkung eigenmächtiger Gewaltanwendung verstanden wird[32]. Neu war auch, dass der gehörnte Ehemann verpflichtet war, sich innerhalb einer Frist von sechzig Tagen von der ehebrecherischen Gattin zu trennen, da er ansonsten wegen Kuppelei (*leocinium*) beklagt werden konnte[33]. Da eine entsprechende Anklage auch von Unbeteiligten vorgebracht werden konnte, stand der gehörnte Ehemann unter einem erheblichen Druck, die drohende Klage durch eine Scheidung von der untreuen Gattin abzuwenden, die aber oft mit finanziellen Komplikationen oder gar Einbußen verbunden und gar nicht erwünscht war. Augustus verfolgte mit dieser Gesetzgebung das Ziel, die Moral und die Geschlossenheit des Senatorenstandes zu verbessern, gleichzeitig sollte dem Problem der zunehmenden Kinderlosigkeit innerhalb des Senatorenstandes begegnet werden. In der Forschung wird davon ausgegangen, dass sich die Maßnahmen im Hinblick auf die Steigerung der Geburtenrate jedoch als wenig wirksam erwiesen[34]. Allerdings führte die Neuregelung zur verstärkten sozialen Kontrolle der Elite, gerade auch seitens Personen, die in der sozialen Hierarchie unter ihnen standen. In der frühen Kaiserzeit häufen sich daher auch die Beschwerden über Denunzianten (so genannte *delatores*), die Verstöße gegen die Ehegesetze zur Anzeige brachten; noch zu Beginn des 3. Jahrhunderts n. Chr. berichtet der Historiker Cassius Dio, dass unter seinem Konsulat in Rom 3000 Anklagen wegen Ehebruchs eingegangen seien, von denen aufgrund von Personalmangel nur ein kleiner Teil verfolgt werden konnte[35].

Nach Ausweis der zeitgenössischen Quellen stand die durch die gesetzlichen Vorgaben beförderte Überwachung des ehelichen Lebens im Zentrum der allgemeinen Kritik. Während es Frauen der Elite zuvor offenbar möglich war – mit oder ohne Einvernehmen des Ehegatten – ein recht freizügiges Sexualleben zu führen, konnte ihnen nun die Überwachung zum Verhängnis werden. Und den Ehemännern war es nicht freigestellt, wie sie es mit der ‚Aufsicht' hielten; vielmehr bestand für sie sogar die Gefahr einer Anklage, wenn sie es damit nicht so genau nahmen. Die gegenseitige Überwachung wurde durch die im Gesetz vorgesehenen Prämien im Falle einer erfolgreichen Anklage noch gefördert. Außereheliche Affären waren für Frauen daher riskanter als jemals zuvor. Tacitus berichtet in den Annalen vom Fall der Senatorentochter Vistilia, die dem neuen Druck auf raffinierte Art begegnete, indem sie sich bei den Ädilen als Prostituierte registrieren ließ, um so ihre Ehebrüche zu legalisieren. Ihr Mann hatte damit offenbar kein Problem, bis von ihm gefordert wurde, aus den nachweislich begangenen Ehebrüchen seiner Frau die Konsequenzen der Scheidung zu ziehen, zumal für Senatoren auch Eheschließungen mit Prostituierten verboten waren. Vistilia wurde schließlich der Prozess gemacht, und sie wurde auf eine Insel verbannt[36]. Laut Sueton war Vistilia kein Einzelfall: „Es kam mittlerweile vor, dass sich berüchtigte Frauen für Kupplerinnen ausgaben, um sich von der Würde einer verheirateten Frau freizumachen und sich so den Strafen, die die Gesetze vorsahen, zu entziehen"[37].

Giftmörderinnen

Ein plötzlicher Tod oder eine tödliche Krankheit wurde in Rom oft auf eine gezielte Vergiftung zurückgeführt. Solche Anschuldigungen zu entkräften war schwer, da im Rahmen der gängigen medizinischen Methoden der Nachweis einer Vergiftung kaum zu erbringen war. Anhand von Hautverfärbungen und einem spezifischen Gestank der Leichen glaubte man feststellen zu können, ob jemand Opfer eines Giftmordes geworden war[38]. Interessanterweise wurde vor allem gegen Frauen der Vorwurf des Giftmordes erhoben, ja man kann fast sagen, dass dieses Delikt in der öffentlichen Wahrnehmung geradezu weiblich konnotiert war. Zwar sind durchaus auch Anklagen gegen Männer wegen Giftmordes bezeugt, aber diesem Verbrechen wurde im antiken Schrifttum geradezu eine verweiblichende Wirkung auf den Täter attestiert. Echten Männern wurde also eher direkte Gewalt, Frauen und verweichlichten Männern hingegen die heimtückische und hinterlistige Verabreichung von Giften unterstellt. Berühmte ‚Archetypen' für des Giftmischens kundige Frauen finden sich bereits in der griechischen Mythologie (z. B. Medea) wie auch in der römischen Dichtung, etwa in Gestalt der vom Dichter Horaz besungenen, giftkundigen Hexe Canidia[39]. Tacitus erwähnt verschiedene, in seiner Zeit offenbar stadtbekannte Giftmischerinnen, z. B. Martina[40]. Insbesondere aus der Naturgeschichte Plinius' d. Ä. lassen sich gewisse Einblicke in die Praktiken der Bereitung von Giften und Zaubertränken in der frühen Kaiserzeit gewinnen. Auch der Mediziner Galen beschreibt die Verbreitung der Giftmischerei[41] und setzt sich dezidiert von solchen Mitteln ab, die nur durch Verbrechen erprobt werden könnten[42]. Anweisungen wurden sowohl mündlich wie auch schriftlich überliefert. Der römische Arzt Scribonius Largus (1. Jahrhundert n. Chr.) erläutert in seinen *compositiones* die Symptome der Vergiftungen der am meisten gebrauchten Gifte, zu denen unter anderem Schierling, Opium, Bilsenkraut und Bleiweiß zählen[43]. Rechtsgrundlage für Strafanzeigen war die aus dem 1. Jahrhundert v. Chr. stammende *lex Cornelia de sicariis et veneficis*, welche die Todesstrafe für Personen vorsah, die auch nur Gift bereit hielten, verkauften oder erwarben[44].

In zwei Gerichtsreden des Cicero wird besonders deutlich, wie stark die gedankliche Verbindung von Frauen und Gift war. Dem Redner gelingt es nämlich darin, jeweils den gegenüber einem Mann erhobenen Vorwurf des Giftmordes rhetorisch so geschickt zu wenden, dass die Aufmerksamkeit der Geschworenen von den Angeklagten auf die jeweils nur als Zeuginnen im Prozess anwesenden Frauen umgelenkt wird, um diese zu desavouieren. Cicero nutzt also die Anwesenheit der Frauen im Gericht, um sie mit dem Vorwurf zu belasten, der eigentlich gegen seine Mandanten erhoben worden war. Dies geschieht in der Rede für M. Caelius, indem Cicero der berüchtigten Clodia Giftmord an ihrem Gatten unterstellt und damit den gegnerischen Vorwurf umdreht, der Angeklagte habe seinerseits versucht, Clodia zu vergiften[45]. Ganz ähnlich geht er im Fall der Verteidigungsrede für Cluentius Habitus vor, wo gleichfalls eine Frau mit dem Vorwurf des Giftmordes belastet wird, um so von dem eigentlich Angeklagten abzulenken[46]. Vielleicht konnte diese rhetorische Taktik gerade hier funktionieren, weil der Giftmord im Verständnis der Zeitgenossen so stark ‚weiblich konnotiert' war, dass Cicero dem Richtergremium diese verdrehten Fakten recht leicht ‚unterjubeln' konnte.

Auch bei Tacitus, der von zahlreichen skandalumwobenen Giftmorden berichtet, die immer im Zusammenhang mit Machtkämpfen stehen, sind es meistens Frauen, die das Gift verabreichen: So wird im Falle der vermeintlichen Vergiftung des Germanicus auch maßgeblich die Gattin des Piso, Plancina, verantwortlich gemacht, der schließlich auch der Prozess gemacht wird[47]. Der gegenüber Frauen der Elite erhobene Vorwurf der Giftmischerei steht bei Tacitus oft in Verbindung mit weiteren Delikten, insbesondere Verstößen gegen die Ehegesetze und Majestätsbeleidigung[48]. Giftmischerei wird allerdings mitunter auch männlichen Freigelassenen griechischer Abkunft unterstellt, denen allerdings auch in anderen Zusammenhängen verweiblichte Verhaltensweisen attestiert werden – etwa die Neigung zu Tanz und Musik wie auch zu verweiblichter Kleidung[49].

Laut Tacitus war die wahrscheinlich aus Gallien stammende Giftmischerin Lucusta für den Tod einer ganzen Reihe von Männern im Umfeld des Kaiserhauses verantwortlich. Sie lieferte im Jahr 54 n. Chr. das Gift für die Ermordung des Claudius und war Nero bei der Beseitigung des Britannicus behilflich; von Nero wurde Lucusta freigesprochen, nachdem sie eigentlich wegen Giftmords verurteilt worden war. Bei seinem Selbstmord soll Nero auf von ihr zubereitetes Gift zurückgegriffen haben. Galba ließ sie schließlich hinrichten[50].

Da im Umkreis der kaiserlichen *domus* einige Personen durch Gift getötet wurden, blühte dort das Misstrauen. Das Amt des Vorkosters (*praegustator*) wurde eingeführt. Der Kaiser Claudius aber soll gerade an einem Gift gestorben sein, das ihm sein Vorkoster Halotus (ein griechischer Freigelassener) auf Befehl Agrippinas gegeben haben soll[51]. Nero soll – nach Ausweis Suetons – ausführlich mit Giften und deren Wirkung experimentiert haben, um dies gegen zahlreiche missliebige Personen einzusetzen[52]. Er selbst schützte sich durch ein von seinem griechischen Leibarzt kreiertes universelles Gegengift und Allheilmittel[53], das auch noch von Marc Aurel prophylaktisch eingenommen wurde.

Lebendig begraben – die Verurteilung unkeuscher Priesterinnen

Exzeptionell sind auch jene in der öffentlichen Wahrnehmung besonders spektakulären Verfahren wegen Verstößen gegen die kultisch begründeten Keuschheitsvorschriften der Priesterinnen der Vesta. Die römische Göttin Vesta wurde als Schützerin des Feuers seit alter Zeit in einem Rundtempel am Rande des Forum Romanum verehrt, wo sich der Herd des römischen Gemeinwesens befand, dessen Flamme nie verlöschen sollte[54]. Den Kult versahen sechs jungfräuliche Priesterinnen (*sacerdotes*), die in unmittelbarer Nähe des Heiligtums lebten. Die Vestalinnen waren während ihres Dienstes gleichsam aus dem üblichen römischen Sozialgefüge herausgenommen und unterstanden als religiöse Funktionsträgerinnen dem *pontifex maximus* (obersten Priester), der auch das Recht hatte, die Vestalinnen bei Vergehen im Amt zu bestrafen. Auf den Verlust der Jungfräulichkeit einer Vestalin (als *incestum* bezeichnet), der als ein gravierendes schlechtes Omen für das gesamte Gemeinwesen gedeutet wurde, stand die Todesstrafe: die Vestalin sollte lebendig begraben, der beteiligte Mann (so überführt) zu Tode gepeitscht werden. Dass Vestalinnen, die des Verlustes der Jungfräulichkeit oder des Erlöschens des Feuers für schuldig befunden und verurteilt wurden, ist mehrfach überliefert[55]. Der jüngere Plinius berichtet in einem seiner Briefe vom Fall der Vestalin Cornelia, die auf Anordnung des Kaisers Domitian in eine unterirdische Kammer eingemauert wurde, weil sie sich der Unkeuschheit schuldig gemacht habe[56]. Die Schilderung des Plinius suggeriert, dass er selbst als Augenzeuge bei der Hinrichtung dabei gewesen ist. Er zitiert wörtlich, was die Verurteilte auf dem Weg zu ihrer Hinrichtung gesagt habe: „Mich hält der Caesar für unkeusch, wo er doch, während ich die heiligen Handlungen vollzog, gesiegt und triumphiert hat!" Indem die Vestalin den Sieg und Triumph des Kaisers als Indiz für ihre Unschuld anführt, bestätigt sie die grundlegende Annahme, dass das Wohl des Gemeinwesens von der Amtsführung und dem keuschen Lebenswandel der Vestalinnen abhing. Plinius übt in seinem Bericht deutliche Kritik an dem Kaiser, indem er ihn tyrannischer Willkür anklagt und auf prozessrechtliche Verfahrensfehler bei der Verurteilung hinweist.

Heiratsschwindel und Erbstreitigkeiten im Zivilprozess

Im Unterschied zu den öffentlich besonders beachteten Strafprozessen dürfte die Zahl der Zivilprozesse um private Streitigkeiten auch in der römischen Geschichte bei weitem größer gewesen sein[57]. Bereits im Zwölftafelgesetz (um 450 v. Chr.) werden einzelne privatrechtliche Anliegen als gerichtlich durchsetzbar anerkannt; in der Folgezeit entwickelte sich eine ausgeprägte Rechtskultur zur juristischen Klärung von Besitzverhältnissen, Erbstreitigkeiten, Schulden etc. teils im Rückgriff auf Schiedsrichter, teils unter Einbeziehung von eigenen Gerichten. Im Principat waren auch die Kaiser mit der Zivilgerichtsbarkeit befasst[58].

Frauen waren in solche Prozesse nachweislich in größerem Ausmaß involviert als in den öffentlichen Strafprozessen. Vor dem in der frühen Kaiserzeit für Erbschafts- und Eigentumsprozesse zuständigen Centumviralgericht, das in der am Forum Romanum gelegenen Basilica Iulia tagte, war die Anwesenheit von Frauen selbstverständlich. Auch hier waren es allerdings wiederum Frauen aus den besten Kreisen, die mit Hilfe von Anwälten wie Plinius ihre Erbschafts- und Vermögensstreitigkeiten ausfochten, welche sich nicht vor einem Einzelrichter (*iudex privatus*) entscheiden ließen. In dem Fall, den Plinius in Brief 6,33 näher schildert, geht es um Erbstreitigkeiten wie sie für die damalige Zeit typisch waren. Ein Mann hatte im Alter von 80 Jahren zum zweiten Mal geheiratet. Offenbar war er nur kurz nach seiner Hochzeit gestorben und hatte seine Tochter aus erster Ehe enterbt, stattdessen im Testament seine zweite Frau und deren Sohn aus ihrer ersten Ehe bedacht. Solche Eheschließungen mit alten, verwitweten aber vermögenden Personen werden im Schrifttum dieser Zeit häufig erwähnt. Anders als im vorliegenden Fall sind es allerdings meistens männliche Heiratsschwindler, die an das Vermögen der Witwen herankommen wollten[59]. Es lag für die Zeitgenossen klar auf der Hand, dass es den jüngeren Partnern jeweils vor allem darum ging, an das Vermögen der reichen Alten zu kommen. Es ist daher ironisch gemeint, wenn Plinius die zweite Ehe des 80-Jährigen hier als „Liebesheirat" bezeichnet. Plinius verteidigte vor dem Gericht die Ansprüche der enterbten Tochter, die er als Dame der besten Kreise und Ehefrau eines ehemaligen Prätors charakterisiert. Der Fall erregte nach der Schilderung große Aufmerksamkeit. Da die Verhandlungen öffentlich waren, sammelte sich dort oft ein großes Publikum, um die Streitigkeiten der Prominenten zu verfolgen und die rhetorischen Künste der Anwälte zu bejubeln[60]. Zu der am Prozess teilnehmenden Öffentlichkeit zählten auch Frauen (teilweise mit kleinen Kindern), für die möglicherweise sogar auf den Emporen der Basilika ein eigener Bereich reserviert war[61].

In einem anderen Brief sagt Plinius einem Freund die Vertretung der Interessen der Tochter eines Freundes im Rahmen einer Klage zu[62]. Es ist nicht klar, um was es bei der Klage ging, doch vermutlich handelte es sich auch um einen Zivilprozess. Man sieht hier sehr deutlich, auf welche Weise der Frau namens Corellia das persönliche Netzwerk ihres Vaters zugute kommt, sofern unterstellt werden kann, dass die Anklage überhaupt in ihrem Sinne stattfand und sie in der Sache nicht wiederum nur für Interessen der Männer instrumentalisiert wurde, um mit der Anklage das Ansehen eines missliebigen Zeitgenossen oder Konkurrenten zu beschädigen.

Eine weibliche Leiche und der Kaiser am Tatort – ein buntes Bild und offene Fragen

Von dem schwer zu rekonstruierenden Gewicht familiärer Netzwerke zeugt auch eine Passage in den Annalen des Tacitus, in der Frauen der Oberschicht gleich zweimal – einerseits als vermeintliches Opfer, andererseits als mutmaßliche Täterin – im Zusammenhang mit Straftaten erwähnt werden.

„Um die gleiche Zeit stürzte der Prätor Plautius Silvanus aus unbekannten Gründen seine Gemahlin Apronia aus dem Fenster herab. Als ihn sein Schwiegervater L. Apronius vor den Caesar schleppte, sagte er verstörten Sinnes aus, er sei schlaftrunken gewesen und habe nichts gemerkt. Seine Gemahlin habe Selbstmord begangen. Unverzüglich eilte Tiberius in die Wohnung, besichtigte das Schlafzimmer, in dem sich Spuren dafür fanden, dass sie sich gewehrt und man auf sie eingeschlagen hatte. Er trug es dem Senat vor, und als ein Gerichtshof gebildet wurde, sandte Urgulania, die Großmutter des Silvanus, dem Enkel einen Dolch. Man wollte darin einen Wink des Princeps erblicken, weil ja Augusta mit Urgulania befreundet war. Der Angeklagte machte mit dem Dolch einen Selbstmordversuch und ließ sich die Adern öffnen. Bald darauf wurde Numantina, seine erste Gemahlin, beschuldigt, durch Zaubersprüche und Giftmischerei ihren Mann wahnsinnig gemacht zu haben. Doch wurde sie für unschuldig befunden"[63].

Auch in diesem Kontext wird es als selbstverständlich dargestellt, dass die Familie auf ihre Weise zur ‚Lösung' des Konfliktes beiträgt. Hier ist es nicht der Vater, der die Anweisung zum Selbstmord gibt, sondern die betagte Großmutter des Prätors. Die Geschichte mutet sehr skurril an[64]. Die angeführten Personen scheinen geradezu den Figurentypen einer römischen Schmierenkomödie zu entsprechen. Dem Autor Tacitus geht es hier auch nicht um die Dokumentation eines Kriminalfalls, sondern vielmehr darum, den Kaiser Tiberius zu charakterisieren. Konkret möchte er zeigen, wie es der Kaiser mit der Rechtsprechung hält, die zu seinen genuinen Aufgaben zählte. Auf den ersten Blick scheint Tiberius seine Sache gar nicht schlecht zu machen: Er glaubt nicht sofort dem entsetzten Senator, der seinen verstörten Schwiegersohn – den für juristische Belange zuständigen Prätor! – vor den Kaiser zerrt, weil er seine Ehefrau aus dem

Fenster gestürzt haben soll. Er geht der Sache höchst persönlich nach und besichtigt den Tatort, um anhand von Spuren seine eigenen Schlüsse zu ziehen. Dann delegiert er die Sache an den Senat, der als Gerichtshof fungiert. So weit entspricht alles dem Bild eines guten Herrschers, doch wird das vordergründig positive Bild subtil durch negative Schlagworte konterkariert. Sie vermitteln den Eindruck von blutigem Chaos und lassen unterschwellig die dem Tiberius unterstellte Grausamkeit aufscheinen. Da ist von einem „Dolch" die Rede, der von Tacitus „als Wink des Kaisers" gedeutet wird, und der zum Selbstmordversuch des Prätors führt, der dem Gerichtsurteil auf diese Weise entging. Dann wird auch noch – im Grunde sachlich völlig unmotiviert – die erste Frau des verstörten Prätors erwähnt, die angeklagt, aber auch vom Vorwurf freigesprochen wurde, ihren Mann mit Gift und Hexerei in den Wahnsinn getrieben zu haben.

Hat der Prätor seine Frau umgebracht oder beging sie Selbstmord? Hatte der Kaiser seine Hand im Spiel? Solche Fragen, die auf die Rekonstruktion der Ereignisse abzielen, müssen ebenso unbeantwortet bleiben wie manche Fragen nach juristischen Details – etwa der Zusammensetzung des Gerichts. Andere Fragen aber können dazu anregen, vorwiegend aus rechtlichen Quellen gespeiste Vorstellungen zu hinterfragen: Warum kann Tacitus den Lesern ohne Weiteres glaubhaft machen, dass die Großmutter des Prätors über genügend Autorität verfügte, um den Enkel zum Selbstmord zu bewegen? Dient die Erwähnung der Giftmischerin der Entlastung des mutmaßlichen Mörders? Ist mit dem Hinweis darauf, dass der Prätor es zunächst nicht schafft, sich selbst zu töten, eine Anspielung auf fehlende männliche Tatkraft (*virtus*) verbunden? Versucht man auf diese Weise zwischen den Zeilen zu lesen, erweisen sich auch solche literarischen Texte – gerade im Hinblick auf die implizit angenommen Selbstverständlichkeiten – als wichtige Dokumente einer Kriminalitätsgeschichte, welche die Relevanz der Geschlechterunterschiede in der damaligen Gesellschaft zu bestimmen sucht.

Anmerkungen

1. Cod. Iust. 9,8,5,3 (Arcadius) (Übers. LIEBS 1982, 73).
2. Zur Einrichtung des *tutors* aufgrund der Schwäche der Frau: Dig. 11,1.
3. Frauen, die nicht der persönlichen Herrschaft des Familienvaters oder Ehemannes unterworfen und daher „eigenen Rechts" (*sui iuris*) waren, unterstanden der so genannten Geschlechtsvormundschaft (*tutela mulierum*). Als gesetzlicher Vormund (*tutor legitimus*) waren nach dem Zwölftafelgesetz (Taf. 5–6, ca. 450 v. Chr.) die nächsten männlichen agnatischen Verwandten (Brüder, Onkel von Vaterseite) berufen. Der Tutor einer Frau konnte auch vom Vater testamentarisch oder vom Magistrat bestimmt werden. Die faktische Bedeutung der *tutela* nahm im Laufe der Zeit ab und scheint bereits zur Zeit der späten Republik gering gewesen zu sein; dazu KASER/KNÜTEL 2005, 414 f. Als entscheidender juristischer Schritt in diesem Prozess gilt das so genannte Privileg der Kinder wegen (*ius liberorum*), welches im Rahmen der Ehegesetze des Augustus (1. Jh. v. Chr.) geregelt wurde: Seitdem waren freigeborene Frauen nach drei, freigelassene nach vier ehelichen Geburten von der *tutela* befreit.
4. Cic. Mur. 27.
5. Gaius Inst. 1,190: *Feminas vero perfectae aetatis in tutela esse fere nulla pretiosa ratio suaisse videtur. Nam quae vulgo creditur, quia levitate animi plerumque decipiuntur et aequum erat eas tutorum auctoritate regi, magis his speciosa videtur quam vera […]*.
6. Vgl. dazu DIXON 1984, 343–371; GARDNER 1995, 30; STAHLMANN 1997, 30–39; weitere Belege bei KROLL 1963, 149 Anm. 4.
7. Diese Annahme klingt an bei KRAUSE 2004, 189. Das Phänomen der realen Frauenkriminalität in Rom ist besonders schwer zu beurteilen, da die ohnehin geringe Quellenlage auch noch von Vorurteilen über die vermeintlich geringere Neigung zur Straffälligkeit von Frauen im Unterschied zu Männern geprägt sein könnte. Zu den kriminologischen Versuchen der Einordnung von Frauenkriminalität vgl. G. SCHMÖLZER 2003.
8. Zu den in der Jurisprudenz konstruierten Fällen im Zusammenhang mit Gewalt gegen Prostituierte: STUMPP 1998, 338 f.
9. Zur Infamie der Prostituierten vgl. den Forschungsüberblick bei STUMPP 1998, insbes. 306.
10. Vgl. insbesondere GARDNER 1995; HÖBENREICH/RIZELLI 2003.
11. Zur Quellenlage der althistorischen Kriminalitätsforschung siehe den Überblick bei KRAUSE 2004, 9–11; RIESS 2001, 9.
12. In den Provinzen war die Gerichtsbarkeit nach Ausweis der kaiserzeitlichen Überlieferung vom Statthalter dominiert, wobei jedoch davon auszugehen ist, dass die konkrete Rechtspraxis auch von lokalen Traditionen geprägt war. Vgl. grundlegend STAHL 1978; einführend HORSTKOTTE 1999, insbes. 306–308 zu Ägypten; zu Ägypten als Sonderfall SEIDL 1973.
13. Erst in der Kaiserzeit wurde die *patria potestas* Gegenstand differenzierter Rechtssatzungen, indem etwa im 4. Jh. n. Chr. das Recht des Vaters über das Leben der Kinder abgeschafft wurde und eine dennoch erfolgte Tötung durch den Vater strafrechtlich verfolgt und mit dem Tode bestraft werden konnte. Cod. Theod. 9,15,1. Zur *patria potestas* grundlegend KASER/KNÜTEL 2005, 299 f.
14. Ein Hinweis auf ein Hausgericht gegenüber der Ehefrau eines Senators, der dubiose Kultpraktiken (möglicherweise die Ausübung der christlichen Religion) vorgeworfen wurden (im Jahr 57 n. Chr.), findet sich noch bei Tac. ann. 13,22. Dazu auch GARDNER 1995, 12.

15 Vgl. zu den unterschiedlichen Positionen von Mommsen und Kunkel etwa STAHLMANN 1997, 52.
16 Zu den Fällen der Anwendung des Rechtes über Leben und Tod vgl. GARDNER 1995, 12. Der in der Zeit des Tiberius wirkende Rhetoriklehrer Valerius Maximus überliefert zahlreiche Beispiele von väterlichen Kapitalsentenzen aus republikanischer Zeit gegen unkeusche oder von der Verführung bedrohte Töchter. Diese verweisen auf bestehende normative Ansprüche im Hinblick auf die Zuständigkeit der Hausgerichtsbarkeit gegenüber jungen Frauen. Dazu ausführlich STAHLMANN 1997, 51–53.
17 Liv. 39,8–19. Ein unter Bezugnahme auf den Senatsbeschluss erlassenes Edikt der amtierenden Konsuln des Jahres 186 v. Chr. für eine Gemeinde in Süditalien (Bruttium) ist auf einer Bronzetafel erhalten, die zu den frühesten im Original erhaltenen römischen Rechtsdokumenten zählt: CIL I² 581. Die Deutung ist äußerst umstritten. Dazu CANCIK-LINDEMAIER 1996, 77–96 mit Übersetzung der Inschrift und bei Liv. 39.
18 Liv. 39,8,8.
19 NIPPEL 1997, 65–73.
20 Liv. 39,14,8. Zur Besonderheit der Vorgehensweise des Senates in diesem Fall NIPPEL 1997, 70f.
21 Liv. 39,18,7–9. Vgl. NIPPEL 1997, 67 zu den Nachwirkungen des Beschlusses.
22 Liv. 39,18,5–6. So SCHEID 1993, 438f.; dazu auch NIPPEL 1997, 70 mit Anm. 33.
23 Erst im 6. Jh. n. Chr. entstand die große Kodifikation des oströmischen Kaisers Iustinian, des erst seit der frühen Neuzeit so genannten Corpus Iuris Civilis, einem viergliedrigen, teils als Lehrbuch und teils als Gesetzessammlung konzipierten Werk. Es umfasst die Sammlung der Kaiserkonstitutionen des 2.–6. Jhs. n. Chr. (*codex Iustinianus*), die *institutiones* als juristisches, von Gaius beeinflusstes Einführungslehrbuch mit Gesetzeskraft, die Novellen (eine Sammlung von Nachtragsgesetzen aus der Regierungszeit Iustinians) und die Sammlung der klassischen Juristenschriften, Digesten (von *digesta* = geordnet, Ordnung) oder Pandekten (von *pandectae* = Sammlung). In diesem zentralen, 50 Bücher umfassenden Teil spiegelt sich eine mehrhundertjährige Rechtsentwicklung wider. Es handelt sich um eine bunte Mischung aus Fallentscheidungen, Rechtsgutachten, Rechtsregeln und Auszügen aus Lehrbüchern. Die kürzeren oder längeren Ausschnitte, so genannte Fragmente, die ihren Text bilden, stammen aus den rechtswissenschaftlichen Schriften von etwa vierzig römischen Juristen der Zeit zwischen ca. 100 v. Chr. und 250 n. Chr. Sie wurden in den Digesten gesammelt, um vorwiegend das Privatrecht neu zu ordnen.
24 Zum Folgenden zusammenfassend HORSTKOTTE 1999; KRAUSE 2004, 68.
25 Grundlegend KUNKEL 1962. Zur Kritik an Kunkel NIPPEL 1988, insbes. 36–40.
26 Vgl. die Sammlung bei MANTHE/UNGERN-STERNBERG 1997.
27 Ein vermeintlich frühes, aber gänzlich exzeptionelles Beispiel dafür, dass eine Frau im Rahmen eines *maiestas*-Vergehens verurteilt wurde, wird bei verschiedenen Autoren erwähnt (Suet. Tib. 2,3; Gell. 10,6,2–3; Liv. perioch. 19; Val. Max. 8,1 damn. 4. Es handelt sich um eine anekdotische Skandalgeschichte, die im Jahr 246 v. Chr. angesiedelt wird. Claudia, die Schwester des für die verheerende Niederlage in der Seeschlacht bei Drepana verantwortlichen Konsuls, sei von der Menge auf dem Forum bedrängt worden und habe ausgerufen, ihr (inzwischen verstorbener) Bruder möge noch einmal die Gelegenheit bekommen, den Pöbel in eine Seeschlacht zu führen. Sie wurde – laut Sueton – wegen Verstoßes gegen die Majestät des römischen Volkes in einem öffentlichen Verfahren zu einer Geldbuße verurteilt. Zu dem Beispiel ausführlich NIPPEL 1988, 32f. (mit Literatur).
28 Dazu BLEICKEN 1962.
29 Plin. epist. 7,6,8–13; zu dem Beispiel vgl. MILLAR 1977, 525.
30 METTE-DITTMANN 1991, 34. Des Ehebruchs strafbar machte sich der Mann, der mit der Ehefrau eines anderen Mannes verkehrte, ebenso die verheiratete Frau, die mit einem anderen Mann außerehelichen Verkehr hatte, nicht jedoch der verheiratete Mann, der außerehelichen Verkehr mit einer unverheirateten Frau hatte.
31 METTE-DITTMANN 1991, 62 stellt heraus, dass der Ehemann nach der *lex Iulia* seine Frau grundsätzlich nicht töten darf (anders als nach republikanischem Recht) und interpretiert diesen Entzug des Tötungsrechtes als entscheidenden Bruch mit dem traditionellen Familienrecht. Vermutlich trägt diese Regelung dem Sachverhalt Rechnung, dass in der Zeit der ausgehenden Republik und des frühen Prinzipats die meisten Römerinnen eine so genannte *manus*-freie Ehe eingingen und sich daher ohnehin unter der Gewalt des Vaters, nicht des Ehemannes befanden. Zu den so genannten Ehegesetzen des Augustus KASER/KNÜTEL 2005, 287f.
32 METTE-DITTMANN 1991, 62f.
33 Zu den Behörden, welche für Anklagen in diesem Zusammenhang zuständig waren siehe GARDNER 1995, 133.
34 NÖRR 1977.
35 Dio Cass. 76 (77),16,4; KRAUSE 2004, 178.
36 Tac. ann. 2, 85; dazu SPÄTH 1994, 159–205, 177 mit Anm. 52.
37 Suet. Tib. 35.
38 Cic. Cluent. 10,30; AM (2005) 360f. s. v. Giftmord (M. Stamatu); AM (2005) 358–360 s. v. Gift (S. Ihm).
39 Hor. epod. 5.
40 Tac. ann. 2,74.
41 Gal. (Kühn 11,336–338).
42 Gal. (Kühn 12,251–252).
43 Scrib. Larg. 177–179.
44 Cic. Cluent. 54,148; MOMMSEN 1899, 636; für die Kaiserzeit: Dig. 48,8,3,3 (Marc.).
45 Cic. Cael. 60.
46 Vgl. insbes. Cic. Cluent. 188–190. 199.
47 Tac. ann. 2,71; zum Prozess gegen Plancina: Tac. ann. 3, insbes. 17.
48 Vgl. den Prozess gegen Lepida: Tac. ann. 3,22. Die Anklage gegen Claudia Pulchra: Tac. ann. 4,52.
49 Eine eingehende Untersuchung der Frage nach geschlechtsspezifischen Konstruktionen des Kriminellen in der antiken Literatur wäre interessant. Vgl. für die Moderne z. B. methodisch anregend SIEBENPFEIFFER 2005.
50 Plin. nat. 22,92; vgl. Suet. Claud. 44,2–3; Tac. ann. 12,67.
51 Tac. ann. 12,66–67.
52 Suet. Nero 33. 35,5.
53 Gal. (Kühn 14,32–42).
54 Zum folgenden grundlegend LATTE 1960, 108–111; CANCIK-LINDEMAIER 1990; SCHEID 1993, 417–449. 421–424.
55 Dion. Hal. 2,69; Plut. Num. 10,4–7; Suet. Dom. 8; Tac. ann. 15,22,2.

[56] Plin. epist. 4,11,6–9.
[57] Liebs 2007, 179.
[58] Millar 1977, 516–518 (zu den strafrechtlichen Fällen). 528–530 (zu den zivilen Fällen); Honoré 1981; Kaser/Hackl 1996, 540f.
[59] Vgl. zum Thema der Erbschleicherei Champlin 1991; Verboven 2002.
[60] Vgl. Plin. epist. 2,14,1–2.
[61] Neumeister 1991, 78 nimmt dies – in Analogie zur Sitzordnung im römischen Theater – an. Zu Martials Epigramm 6,38, das wahrscheinlich auf einen Zwischenruf eines dreijährigen Jungen beim Plädoyer seines Vaters vor dem Centumviralgericht Bezug nimmt, vgl. Neumeister 1991, 79.
[62] Plin. epist. 4,17.
[63] Tac. ann. 4,22.
[64] Vgl. auch Quint. inst. 7,2,24. Krause 2004, 125.

Literaturverzeichnis

Bleicken 1962
J. Bleicken, Senatsgericht und Kaisergericht: eine Studie zur Entwicklung des Prozeßrechtes im frühen Prinzipat (Göttingen 1962).

Cancik-Lindemaier 1990
H. Cancik-Lindemaier, Kultische Privilegierung und gesellschaftliche Realität. Ein Beitrag zur Sozialgeschichte der virgines Vestae. Saeculum 41,1, 1990, 1–16.

Cancik-Lindemaier 1996
H. Cancik-Lindemaier, Der Diskurs Religion im Senatsbeschluß über die Bacchanalia von 186 v. Chr. und bei Livius (B. XXXIX). In: H. Cancik/H. Lichtenberger/P. Schäfer (Hrsg.), Geschichte – Tradition – Reflexion, Festschrift für Martin Hengel zum 70. Geburtstag 2: Griechische und römische Religion (Tübingen 1996) 77–96.

Champlin 1991
E. Champlin, Final judgments: duty and emotion in Roman wills, 200 B.C. – A.D. 250 (Berkeley 1991).

Dixon 1984
S. Dixon, Infirmitas sexus: Womanly Weekness in Roman Law. Tijdschrift voor Rechtsgeschiedeneis 52, 1984, 343–371.

Eck 1999
W. Eck (Hrsg.), Lokale Autonomie und römische Ordnungsmacht in den kaiserzeitlichen Provinzen vom 1. bis 3. Jahrhundert. Schr. hist. Kollegs Koll. 42 (München 1999).

Gardner 1995
J. F. Gardner, Frauen im antiken Rom. Familie, Alltag, Recht (München 1995).

Höbenreich/Rizelli 2003
E. Höbenreich/G. Rizelli, Scylla. Fragmente einer juristischen Geschichte der Frauen im antiken Rom (Wien 2003).

Honoré 1981
T. Honoré, Emperors and Lawyers (London 1981).

Horstkotte 1999
H. Horstkotte, Die Strafrechtspflege in den Provinzen der römischen Kaiserzeit zwischen hegemonialer Ordnungsmacht und lokaler Autonomie. In: Eck 1999, 303–318.

Kaser/Hackl 1996
M. Kaser/K. Hackl, Das römische Zivilprozessrecht (München 1996²).

Kaser/Knütel 2005
M. Kaser/R. Knütel, Römisches Privatrecht (München 2005^18).

Krause 2004
J.-U. Krause, Kriminalgeschichte der Antike (München 2004).

Kroll 1963
W. Kroll, Die Kultur der ciceronischen Zeit (Darmstadt 1963) [Original Leipzig 1933].

Kunkel 1962
W. Kunkel, Untersuchungen zur Entwicklung des römischen Kriminalverfahrens in vorsullanischer Zeit (München 1962).

Latte 1960
K. Latte, Römische Religionsgeschichte (München 1960).

Liebs 1982
D. Liebs, Lateinische Rechtsregeln und Rechtssprichwörter, zusammengestellt, übersetzt und erläutert von Detlef Liebs (München 1982).

Liebs 2007
D. Liebs, Vor den Richtern Roms. Berühmte Prozesse der Antike (München 2007).

Manthe/Ungern-Sternberg 1997
U. Manthe, J. v. Ungern-Sternberg (Hrsg.), Große Prozesse der römischen Antike (München 1997).

Mette-Dittmann 1991
A. Mette-Dittmann, Die Ehegesetze des Augustus. Eine Untersuchung im Rahmen der Gesellschaftspolitik des Princeps (Stuttgart 1991).

Millar 1977
F. Millar, The Emperor in the Roman World (31 BC – AD 337) (London 1977).

Mommsen 1899
> Th. Mommsen, Römisches Strafrecht. Systemat. Handb. Dt. Rechtswiss. 1,4 (Leipzig 1899).

Neumeister 1991
> C. Neumeister, Das antike Rom: ein literarischer Stadtführer (München 1991).

Nippel 1997
> W. Nippel, Orgien, Ritualmorde und Verschwörung? Die Bacchanalien-Prozesse des Jahres 186 v. Chr. In: Manthe/Ungern-Sternberg 1997, 65–73.

Nippel 1988
> W. Nippel, Aufruhr und „Polizei" in der römischen Republik (Stuttgart 1988).

Nörr 1977
> D. Nörr, Planung in der Antike. Über die Ehegesetze des Augustus. In: H. Bayer (Hrsg.), Freiheit und Sachzwang. Festschrift zu Ehren von Helmut Schelsky (Opladen 1977) 309–334.

Riess 2001
> W. Riess, Apuleius und die Räuber. Ein Beitrag zur historischen Kriminalitätsforschung. Heidelberger Althist. Beitr. u. Epigr. Stud. 35 (Stuttgart 2001).

Scheid 1993
> J. Scheid, Die Rolle der Frauen in der römischen Religion. In: P. Schmitt Pantel (Hrsg.), Antike. Gesch. Frauen 1 (Frankfurt a. M. u. a. 1993) 417–449.

Schmölzer 2003
> G. Schmölzer, Geschlecht und Kriminalität: Zur kriminologischen Diskussion der Frauenkriminalität, querelles-net 11, 2003 [urn:nbn:de:0114-qn043207].

Seidl 1973
> E. Seidl, Rechtsgeschichte Ägyptens als römischer Provinz. Die Behauptung des ägyptischen Rechts neben dem römischen (Sankt Augustin 1973).

Siebenpfeiffer 2005
> H. Siebenpfeiffer, Böse Lust. Gewaltverbrechen in Diskursen der Weimarer Republik (Köln 2005).

Späth 1994
> Th. Späth, ‚Frauenmacht' in der frühen römischen Kaiserzeit? Ein kritischer Blick auf die historische Konstruktion der ‚Kaiserfrauen'. In: M. H. Dettenhofer (Hrsg.), Reine Männersache? Frauen in Männerdomänen der antiken Welt (Köln, Weimar, Wien 1994) 159–205.

Stahl 1978
> M. Stahl, Imperiale Herrschaft und provinziale Stadt. Strukturprobleme der römischen Reichsorganisation im 1.–3. Jh. der Kaiserzeit (Göttingen 1978).

Stahlmann 1997
> I. Stahlmann, Der gefesselte Sexus. Weibliche Keuschheit und Askese im Westen des Römischen Reiches (Berlin 1997).

Stumpp 1998
> B. E. Stumpp, Prostitution in der römischen Antike (Berlin 1998).

Verboven 2002
> K. Verboven, The Economy of Friends. Economic Aspects of "amicitia" and Patronage in the Late Roman Republic (Brüssel 2002).

Abbildungsnachweis: Introbild bpk | Scala.

Prof. Dr. Elke Hartmann
Freie Universität Berlin
Friedrich-Meinecke-Institut
hartmanne@zedat.fu-berlin.de

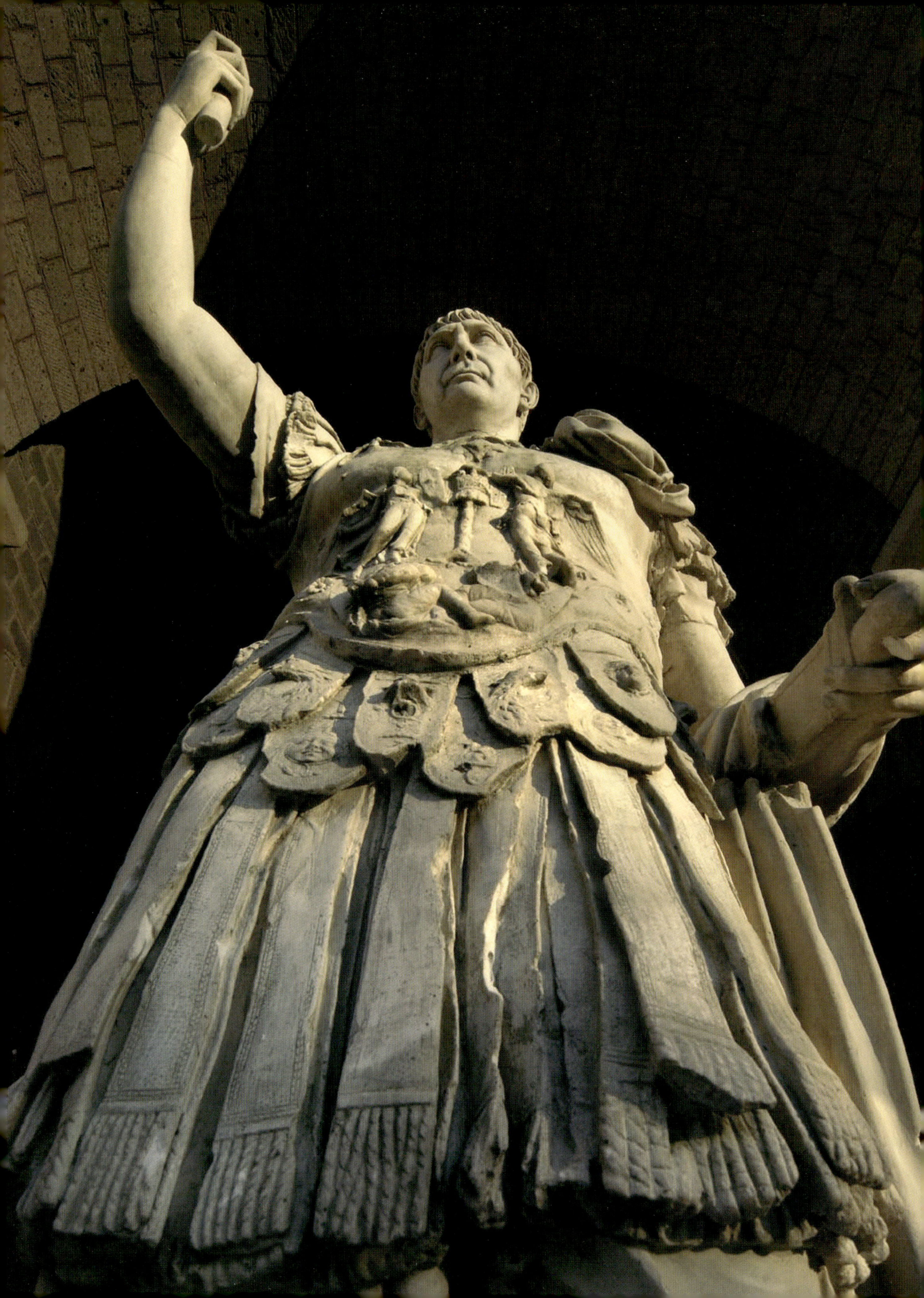

MANFRED CLAUSS

Der römische Kaiser – an keine Gesetze gebunden?

Im Jahr 59 n. Chr. stach von Baiae, dem mondänen Bade- und Villenort am Golf von Neapel, ein seltsames Schiff in See. Es war ein Prunkschiff, angeblich dazu bestimmt, Agrippina, die Mutter des Kaisers Nero (54–68 n. Chr.), nach einem Festbankett, das ihr Sohn für sie ausgerichtet hatte, zu ihrer Villa zurückzubringen. Was Agrippina zu dieser Zeit noch nicht wissen konnte: Das Schiff war mit einem ausgeklügelten Mechanismus präpariert. Ein Teil sollte durch eine besondere Vorrichtung so auseinanderfallen, dass die Insassen ertrinken mussten. Nero wollte auf diese Weise seine Mutter beseitigen, die seinen Heiratsplänen im Wege stand. Der Mechanismus funktionierte allerdings nur zur Hälfte. Zwar stürzte das Kajütendach ein und erdrückte einen der Begleiter Agrippinas, das Schiff selbst aber brach nicht auseinander, so dass sich die Kaisermutter retten konnte[1].

Blenden wir für einen Augenblick zurück: Der Konflikt zwischen Nero (Abb. 1) und seiner Mutter schwelte schon lange vor diesem Mordversuch. Agrippina hatte ihren Gatten, Kaiser Claudius (41–54 n. Chr.), durch Gift beseitigt, um ihren Sohn Nero auf den Thron zu bringen. Als dieser sich in die schöne Poppaea verliebte und sie heiraten wollte, führte dies zu einem ernsten Konflikt mit seiner Mutter. In dieser Situation soll sich Agrippina ihrem Sohn in verführerischer Aufmachung zur Blutschande angeboten haben. Nach anderen antiken Quellen sei die Initiative von Nero selbst ausgegangen; der Philosoph Seneca, einer der damals noch engsten Berater des Kaisers, habe dies mit dem Hinweis verhindert, die Truppen würden die Herrschaft eines Kaisers nicht ertragen, der heilige Gesetze missachte[2]. Kurz nach dem missglückten Attentat zur See ließ Nero seine Mutter auf konventionelle Weise erstechen. Seneca setzte daraufhin ein Schreiben an den Senat auf: Agrippina habe Nero ermorden lassen wollen, sich aber dann selbst gerichtet. Für den Muttermörder Nero beschloss der Senat Dankfeste in allen Tempeln.

Abb. 1   Sesterz mit dem Bildnis des Kaisers Nero (54–68 n. Chr.), Münzkabinett Staatliche Museen zu Berlin.

Was hat die Geschichte mit dem Thema zu tun? Sie zeigt uns eine fremde Welt, deren Spielregeln wir mitunter nur schwer verstehen. Der Beischlaf mit der eigenen Mutter wäre Frevel gewesen, ihre Ermordung beging man durch feierliche Opfer an die Götter. Unsere juristischen Vorstellungen helfen hier nicht weiter. „Der Kaiser ist von den Gesetzen befreit", heißt es bei dem um 200 n. Chr. wirkenden Ulpian, dem zu seiner Zeit bedeutendsten Rechtsgelehrten[3]. Diese ‚Befreiung' des römischen Herrschers von den Gesetzen hat eine juristische und eine soziale Komponente. Betrachten wir zunächst die juristische.

Die Entwicklung hin zu der Einschätzung Ulpians begann mit Augustus (27 v. Chr.–14 n. Chr.,

◄ Panzerstatue des Kaisers Traian (98–117 n. Chr.), Kopie: LVR-Archäologischer Park Xanten.

Abb. 2 Porträt des Kaisers Augustus (27 v. Chr.–14 n. Chr.), Staatliche Antikensammlung und Glyptothek, München.

Abb. 2), den man mit Fug und Recht Kaiser nennen kann, auch wenn er seine Stellung im Staat ‚republikanisch' bestimmte. Im Jahr 24 v. Chr. wollte er der Bevölkerung Roms ein Geldgeschenk machen; dem stand allerdings eine Gesetzesvorschrift entgegen. Augustus beabsichtigte, sich für das kommende Jahr zum Konsul ‚wählen' zu lassen. Nun gab es Gesetze gegen Amtserschleichung, wonach Schenkungen an die Wähler in den beiden, dem Amtsantritt unmittelbar vorausgehenden Kalenderjahren unzulässig waren[4]. Daher wollte sich der Kaiser für dieses eine Mal von diesem Gesetz dispensieren lassen. Das Verfahren war geeignet anzuzeigen, auf welchem Weg der Monarch von geltenden Gesetzen ausgenommen und im Laufe der Zeit über das Gesetz gestellt werden konnte. Denn der Senat nahm die Bitte des Augustus zum Anlass, über die unmittelbare Angelegenheit hinausgehend, ihn von „allem Zwang der Gesetze" zu entbinden.

Im Zusammenhang mit dieser zunächst für einen einzelnen Fall getroffenen Regelung stellt nämlich der griechische Geschichtsschreiber Cassius Dio zu Beginn des 3. Jahrhunderts n. Chr. fest: „Da befreiten sie [die Senatoren] ihn von allem Zwang der Gesetze, damit er [...] unabhängig sei und Herr über sich wie über die Gesetze und so alles, was er wolle, tun, und was er nicht wolle, unterlassen könne"[5]. A. von Premerstein sieht diese Regelung als die Möglichkeit für die Zukunft, Augustus „vollständige Freiheit und Unabhängigkeit in allen seinen amtlichen Verfügungen auf die Dauer zuzuerkennen"[6]. Von dieser Regelung des Jahres 24 v. Chr. verläuft der Weg geradlinig zu der berühmten *lex de imperio Vespasiani*[7].

Anlässlich seines Regierungsantritts im Jahr 69 n. Chr. ließ Vespasian (69–79 n. Chr., Abb. 3) seine Rechtsstellung durch einen Senatsbeschluss, der in der Volksversammlung formal als Volksgesetz genehmigt wurde, festlegen. Wenn K. Christ in diesem Zusammenhang feststellt, Vespasian „verhüllte nichts"[8], so heißt dies, dass fast 100 Jahre nach der für Augustus getroffenen Maßnahme keine Rücksichten mehr auf republikanische Vorstellungen genommen wurden. Der Geschichtsschreiber Tacitus bemerkt dazu im Rückblick: „In Rom beschloss der Senat für Vespasian alles für die Kaiser Übliche"[9]. Dabei wird festgelegt: „dass von [der Beachtung] der Gesetze und Plebiszite, an die, wie schriftlich festgelegt, der Staatsgott Augustus oder Tiberius Iulius Caesar Augustus [14–37 n. Chr.] und Tiberius Claudius Caesar Augustus Germanicus [41–56 n. Chr.] nicht gebunden waren, der Imperator Caesar Vespasianus entbunden sein solle und dass alles, was kraft eines Gesetzes oder Gesetzesantrags der Staatsgott Augustus oder Tiberius Iulius Caesar Augustus oder Tiberius Claudius Caesar Augustus Germanicus tun durften, dass dies alles dem Imperator Caesar Vespasianus Augustus zu tun erlaubt sein solle"[10]. Vespasian wird von den pauschal genannten Gesetzen generell entbunden.

Das galt nicht nur für Regelungen des Jahres 69 n. Chr., sondern auch für diejenigen Gesetze, von denen seine Vorgänger dispensiert worden waren, und diese Rechte gingen auch auf seine Nachfolger über. Solche Regelungen betrafen das Privatrecht; für staatsrechtliche Vorgänge waren die Möglichkeiten des Kaisers so vielfältig, dass ein wie auch immer gearteter Dispens überflüssig gewesen wäre. Aus der Summe derartiger Befreiungen zog man um 200 n. Chr. den Schluss, den der bereits zitierte

Abb. 3 Porträt des Kaisers Vespasian (69–79 n. Chr.), Kopie: LVR-Archäologischer Park Xanten; Original: Museo Nazionale Romano – Museo delle Terme, Rom.

ehemalige Konsul und hohe Staatsbeamte Cassius Dio so formuliert: „Sie [die Kaiser] sind, wie es die Worte in Latein mit aller Deutlichkeit ausdrücken, nicht an die Gesetze gebunden"[11]. Diese von Cassius Dio angesprochenen ‚Worte in Latein' haben wir bei dem etwa zeitgleich wirkenden römischen Juristen Ulpian bereits kennengelernt: *princeps legibus solutus est*.

„Der Kaiser ist von den Gesetzen befreit". Juristisch betrachtet gilt die Feststellung für die Befreiung des Kaisers als Amtsperson[12]. „Seine privatrechtliche Stellung wurde dadurch nicht berührt", bemerkt A. von Premerstein[13], aber ist die Unterscheidung zwischen Amtsträger und Privatperson beim Kaiser überhaupt sinnvoll? Kann ein Kaiser Privatmann sein? „Jeder, der nicht Kaiser ist, war nach Auffassung und Sprachgebrauch der Kaiserzeit *privatus*", stellt L. Wickert fest[14]. Das heißt aber auch, dass der Kaiser eben kein Privatmann war. Alles, was er tat, tat er *qua* Amt.

Kommen wir nochmals auf den Konflikt Neros mit seiner Mutter zurück und nehmen die soziale Komponente der Befreiung von den Gesetzen in den Blick. Seneca hatte den Kaiser vom Inzest mit der Drohung abhalten können, die Soldaten würden keinen Herrscher stützen, der gegen heilige Gesetze verstoße. Der entscheidende Punkt der Drohung, mit der Seneca Erfolg hatte, war der Hinweis auf die Loyalität der Soldaten. Niemand konnte den Herrscher zur Rechenschaft ziehen, solange die politisch führenden Kreise, vor allem aber seine Leibgarde und das Heer hinter ihm standen. Der Kaiser, „der alles kann"[15], war offenbar nur noch über solche Drohungen mit dem Heer einzufangen. Wenn der römische Kaiser aber das Heer hinter sich wusste, konnte er sich über alle Gesetze stellen, war er in einem grundsätzlichen Sinn „von den Gesetzen befreit". Denn der Kaiser agierte nicht in einem rechtsfreien, wohl aber in einem rechenschaftsfreien Raum, wie M. Fuhrmann einmal glänzend formuliert hat[16]. Der Kaiser war oberste Gerichtsinstanz. Wer hätte ihn richten sollen[17]? Blieben noch die Götter, aber zu denen gehörte der Kaiser *qua* Amt auch, er war lebender Gott auf Erden[18].

Der Kaiser war Oberbefehlshaber des Heeres und hatte somit die eigentliche politische Macht inne. Augustus beschenkt, wie er einmal ausdrücklich vermerkt, „meine Soldaten" oder „meine Flotte"[19]. Man kann beinahe von einem Eigentumsverhältnis sprechen; denn überspitzt formuliert, gehörte dem Kaiser alles: die Stadt Rom, das römische Volk, das ganze Reich[20]. Dem Kaiser gehörte der Staat, der Kaiser war der Staat oder der Herr über den Staat. So wird auch der Begriff „Herr" (*dominus*) für den Kaiser geläufig. Der Kaiser war der reichste Mann in seinem Staat, er war der größte Grundbesitzer in seinem Staat, der größte Sklavenhalter und so fort. Wer die öffentlich-rechtliche Verfügungsgewalt über das Eigentum aller Menschen hat[21], wer „die Verfügungsgewalt über den Staat" besaß[21], war „der Herr der Welt"[23].

Wie sinnvoll ist die Frage, ob der Kaiser über den Gesetzen stand? Für Juristen, wie den zitierten Ulpian, oder für das Selbstwertgefühl einiger Senatoren mag sie von Bedeutung gewesen sein. Sicherlich wurde die kaiserliche Herrschaft von der senatorischen Führungsschicht und den meisten Kaisern innerhalb einer Normenordnung gesehen[24]. So schrieb der jüngere Plinius in seiner Lobrede auf den Kaiser Traian (98–117 n. Chr.): „Der Kaiser ist nicht über den Gesetzen, sondern die Gesetze sind über dem Kaiser"[25]. Das klingt gut, und Traian dürfte geschmeichelt gewesen sein, aber auch unter seiner Herrschaft galt: „Was der Kaiser bestimmt, hat Gesetzeskraft"[26] oder: „Die Monarchie ist eine Regierung außerhalb jeglicher Verantwortung, in welcher der Wille des Königs Gesetz ist"[27]. Die meisten Kaiser werden es nach Möglichkeit vermieden haben, das öffentliche Rechtsgefühl zu verletzen. Denn in der oben zitierten Regelung für Vespasian heißt es auch, „dass er, was er für den Staat und für die göttlichen und menschlichen, die öffentlichen und privaten Belange als nützlich ansehen wird, zu tun und zu machen das Recht und die Vollmacht haben soll"[28]. Aber die Unterordnung des Herrschers unter die Gesetze ist freiwillig. Allein der Kaiser kann diese freie Wahl als Verpflichtung ansehen[29].

Trotz dieser allgemein anerkannten Tatsachen werden die antiken Geschichtsschreiber, allesamt Angehörige der Reichsführungsschicht, nicht müde, Beispiele für Kaiser zusammenzutragen und zu tadeln, welche dieses Gleichgewicht zwischen Gesetz und tatsächlichem Handeln zerstörten. Caligula soll einmal gegenüber seiner Mutter geäußert haben: „Denke daran, daß mir alles gegenüber allen erlaubt ist"[30]. Über 300 Jahre später schrieben seine Gegner dem spätantiken Kaiser Constantius II. (337–361 n. Chr.) die Feststellung zu: „Was ich will, das soll als kirchliches Gesetz betrachtet werden"[31]. Beide Äußerungen beschreiben die politische Wirklichkeit, und somit könnte eigentlich das Fragezeichen in der Überschrift entfallen.

Anmerkungen

1. Zu dem Vorgang und den Quellen im Einzelnen vgl. FUHRMANN 1997, 246–248.
2. Tac. ann. 14,2,1: *nec toleraturos milites profani principis imperium.*
3. Dig. 1,3,31 (Ulp.): *princeps legibus solutus est.* Im gleichen Zusammenhang bemerkt Ulpian zur Kaiserin: „Obgleich die Kaiserin aber nicht von den Gesetzen befreit ist, gewähren ihr die Kaiser dieselben Vorrechte, die sie selbst haben" (*Augusta autem licet legibus soluta non est, principes tamen eadem illi privilegia tribuunt, qui ipsi habent*).
4. VON PREMERSTEIN 1937, 183.
5. Dio Cass. 53,28.
6. VON PREMERSTEIN 1937, 183.
7. VON PREMERSTEIN 1937, 180.
8. CHRIST 2009, 256.
9. Tac. hist. 4,3: *at Romae senatus cuncta principibus solita Vespasiano decernit.*
10. CIL VI 930 = Dessau 244: *utique quibus legibus plebeive scitis scriptum fuit ne divus Aug(ustus) Tiberiusve Iulius Caesar Aug(ustus) Tiberiusve Claudius Caesar Aug(ustus) Germanicus tenerentur iis legibus plebisque scitis Imp(erator) Caesar Vespasianus solutus sit quaeque ex quaque lege rogatione divum Aug(ustum) Tiberiumve Iulium Caesarem Aug(ustum) Tiberiumve Claudium Caesarem Aug(ustum) Germanicum facere oportuit ea omnia Imp(eratori) Caesari Vespasiano Aug(usto) facere liceat.* Der lateinische Text ist leicht zugänglich in der ‚Epigraphik-Datenbank Clauss-Slaby' (http://oracle-vm.ku-eichstaett.de:8888/epigr/epigraphik_de) unter dem Beleg ‚D 00244'. Eine Übersetzung des gesamten Textes findet sich bei FREIS 1984, 108–109. In der Liste der Vorgänger Vespasians fehlen Gaius (Caligula) und Nero. Claudius hatte zwar die *damnatio memoriae* seines Vorgängers Gaius verhindert, aber dessen Name wird wie hier in vielen Herrscherlisten übergangen. Neros Andenken war nach seinem Tod offiziell getilgt worden.
11. Dio Cass. 53,18.
12. RE XXII 2 (1954) 2294 s. v. Princeps (L. WICKERT).
13. VON PREMERSTEIN 1937, 183.
14. RE XXII 2 (1954) 2059 s. v. Princeps (L. WICKERT).
15. Sen. clem. 1,8,5: *qui omnia potest.*
16. FUHRMANN 1997, 244: „Erleichtert wurde das Entsetzliche dadurch, dass man im rechenschaftsfreien Bereich des Hofes so viel Übung im Töten hatte".
17. Neros Mord an seiner Mutter blieb ebenso ungesühnt wie derjenige des Christen Konstantins des Großen (306–337 n. Chr.) – „der neue Nero", so Sidon. epist. 5,8 – an Frau und Sohn.
18. CLAUSS 2001.
19. R. gest. div. Aug. 30: *exercitus meus*; 26: *classis mea.*
20. Die entsprechenden Beispiele der antiken Zeugnisse finden sich in RE XXII 2 (1954) 2103–2108 s. v. Princeps (L. WICKERT).
21. Was Caius über die kaiserlichen Schatzbeamten aussagt, gilt selbstverständlich auch für ihn: *quando in omnium hominum bona ius haberent* (Suet. Cal. 47).
22. Suet. Cal. 14: *ius arbitriumque rerum omnium.*
23. DAHLHEIM 2003, 16.
24. BLEICKEN 1978, 41. 43.
25. Plin. paneg. 65,1: *non est princeps supra leges, sed leges supra principem.*
26. Dig. 1,4,1 (Ulp.): *quod principi placuit, legis habet vigorem.*
27. Dion Chr. peri basil. 3,43.
28. *utique quaecunque ex usus rei publicae maiestate divinarum huma(na)rum publicarum privatarumque rerum esse [e] censebit ei agere facere ius potestasque sit* (siehe Anm. 10). Diese Formulierung wird von HURLET 1993, 272 abgeschwächt, wobei er sich auf den Panegyrikus des Plinius beruft (siehe Anm. 25). Aber die Lobrede hat kein Gewicht gegenüber den klaren Formulierungen der *lex de imperio Vespasiani.*
29. BRETONE 1992, 163.
30. Suet. Cal. 29,1: *memento omnia mihi et (in) omnis licere.*
31. Athan. hist. Arian. 33,7; OPITZ 1934, 202.

Literaturverzeichnis

BLEICKEN 1978
J. BLEICKEN, Verfassungs- und Sozialgeschichte des Römischen Kaiserreiches 1 (Paderborn, München, Wien, Zürich 1978).

BRETONE 1992
M. BRETONE, Geschichte des römischen Rechts. Von den Anfängen bis zu Justinian (München 1992).

BRUNT 1977
P. BRUNT, *Lex de imperio Vespasiani*, Journal Roman Stud. 67, 1977, 95–116.

CASTRITIUS 1982
H. CASTRITIUS, Der römische Prinzipat als Republik (Husum 1982).

CHRIST 2009
K. CHRIST, Geschichte der römischen Kaiserzeit (München 2009⁶).

CLAUSS 2001
M. CLAUSS, Kaiser und Gott. Herrscherkult im römischen Reich (München, Leipzig 2001).

DAHLHEIM 2003
W. DAHLHEIM, Geschichte der römischen Kaiserzeit (München 2003³).

FREIS 1984
H. FREIS, Historische Inschriften zur römischen Kaiserzeit von Augustus bis Konstantin (Darmstadt 1984).

FUHRMANN 1997
M. FUHRMANN, Seneca und Kaiser Nero. Eine Biographie (Berlin 1997).

HURLET 1993
F. HURLET, La *lex de imperio Vespasiani* et la légitimité augustéenne. Latomus 52, 1993, 261–280.

OPITZ 1934
H. G. OPITZ, Athanasius Werke (Berlin, Leipzig 1934).

PABST 1989
A. PABST, „... *ageret faceret quaecumque e re publica censeret esse.*" – Annäherungen an die *lex de imperio Vespasiani*. In: W. Dahlheim (Hrsg.), Festschr. Robert Werner zu seinem 65. Geburtstag (Konstanz 1989) 125–148.

VON PREMERSTEIN 1937
A. VON PREMERSTEIN, Vom Werden und Wesen des Prinzipats (München 1937).

Abbildungsnachweis: Introbild u. Abb. 3 Axel Thünker DGPh; Abb. 1 bpk | Münzkabinett, SMB | Arne Psille; Abb. 2 bpk | Jochen Remmer.

Prof. Dr. Dr. Dr. h.c. Manfred Clauss
Hossenberg 2A
53773 Hennef/Sieg
email@manfredclauss.de

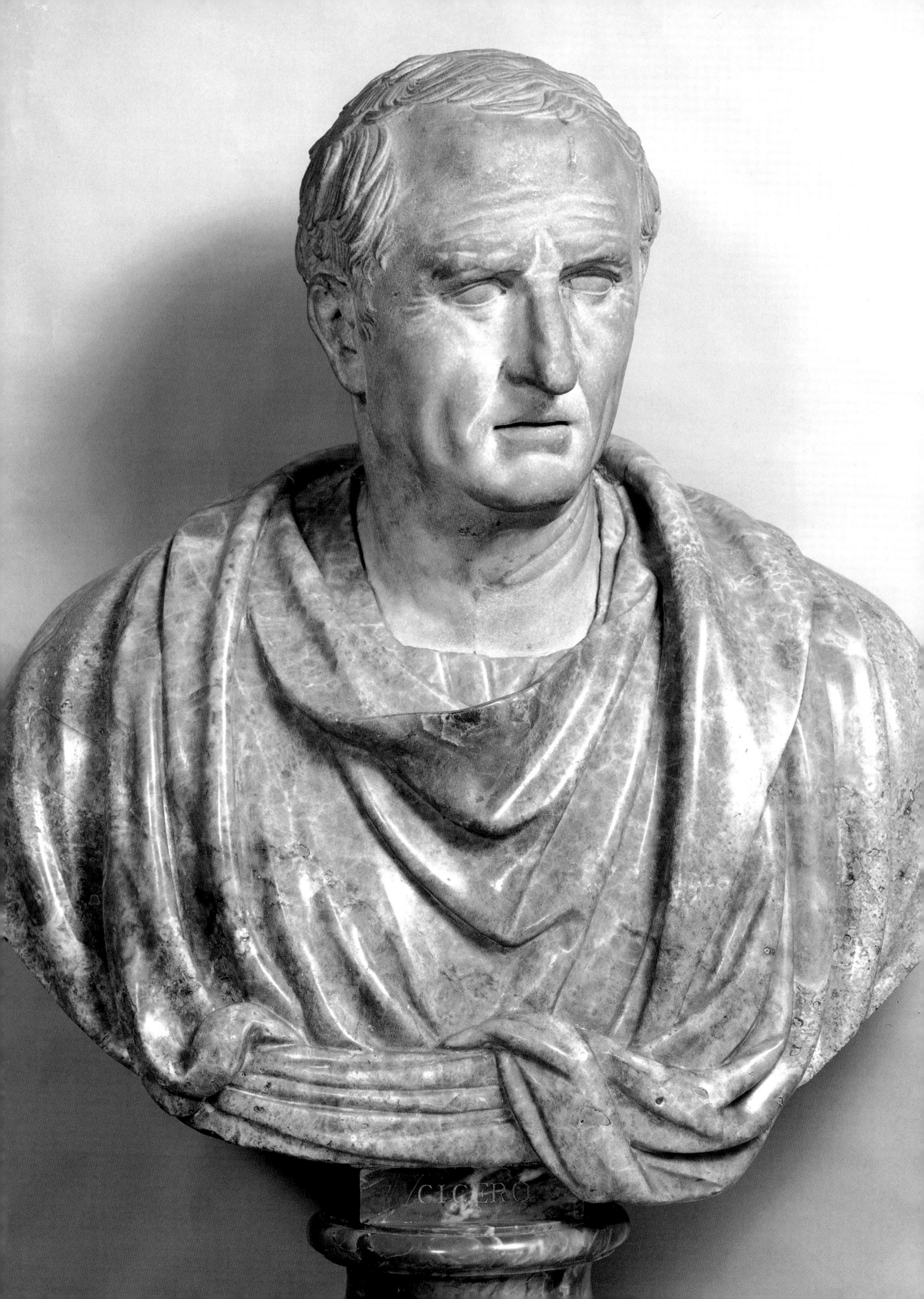
CICERO

RALPH BACKHAUS

Im Dienste des Rechts – Römische Juristen

Das Wirken der römischen Juristen erschließt sich uns nur aus den überlieferten Quellen. Der früheste bedeutsame, freilich nur bruchstückhaft aus späteren Zitaten bekannte römische Rechtstext ist das Zwölftafelgesetz, das wohl auf die Jahre 451 bis 449 v. Chr. zu datieren ist[1]; den Schlusspunkt setzt die – für die europäische Rechtsentwicklung äußerst folgenreiche[2] – Kodifikation des römischen Rechts durch den oströmischen Kaiser Iustinian[3] aus den Jahren 528 bis 534 n. Chr.[4]. Die durch Texte belegte Geschichte des römischen Rechts umfasst damit einen Zeitraum von fast 1 000 Jahren. Schon dies verbietet es, von „den" römischen Juristen zu sprechen. Vielmehr war die römische Rechtskultur einem ständigen Wandel unterworfen, der mit der Änderung der politischen, wirtschaftlichen und sozialen Rahmenbedingungen einherging. Unter Inkaufnahme der unvermeidbaren Verzerrungen, die mit jeder Einteilung einer historischen Entwicklung in einzelne Zeitabschnitte verbunden ist, lassen sich drei Epochen der römischen Rechtswissenschaft unterscheiden, nämlich (I) die Frühzeit (bis zur Mitte des 3. Jahrhunderts v. Chr.), (II) die vorklassische und klassische Periode (Mitte des 3. Jahrhunderts v. Chr. bis zur Mitte des 3. Jahrhunderts n. Chr.) sowie (III) die Entwicklungen in der Spätantike (von der Mitte des 3. Jahrhunderts n. Chr. bis zum Ende des Weströmischen Reichs im Jahr 476 n. Chr. bzw. bis zur Kodifikation Iustinians im Osten):

I) Die Frühzeit

Die Rechtspflege lag in dieser Epoche in den Händen eines Priesterkollegiums (*pontifices*), das von einem Obmann (*pontifex maximus*) geleitet wurde[5]. Denn nur den Priestern waren die Formeln bekannt, die beim Abschluss eines Rechtsgeschäfts oder zur Erhebung einer Klage (*legis actio*) gesprochen werden mussten, um dem Formalakt Wirksamkeit zu verleihen. Der Überlieferung zufolge änderte sich das erst, nachdem um 300 v. Chr. ein Schreiber seinem Patron, einem *pontifex*, diese Formelsammlung entwendet und dem Volk zugänglich gemacht hatte[6]. Wenngleich diese Geschichte kaum den Tatsachen entsprechen dürfte, so steckt in ihr doch ein zutreffender Kern: Im Zuge eines lang andauernden Ständekampfes zwischen dem Adel (Patrizier), aus dessen Reihen sich die *pontifices* zunächst rekrutierten, und den einfachen Leuten (Plebejer) gelang es Letzteren nach und nach, sich Gleichberechtigung zu erkämpfen; der Zugang zum Recht wird einer der Schritte auf diesem Weg gewesen sein. Jedenfalls hat – ebenfalls nach der Überlieferung – der erste plebejische *pontifex maximus*, Tiberius Coruncanius, um 250 v. Chr. damit begonnen, öffentlich Rechtsunterricht zu erteilen[7]; auch diese Geschichte wird zumindest *cum grano salis* zutreffend sein. Damit war die Grundlage für eine säkulare Jurisprudenz geschaffen.

II) Vorklassische und klassische Periode

1) Kennzeichnung

a) Vorklassik:
Die Zeit der Republik (Mitte des 3. Jahrhunderts v. Chr. bis zur Zeitenwende) wird als „vorklassische" Periode der römischen Rechtswissenschaft bezeichnet. Das ist freilich irreführend: Die Juristen des zweiten und ersten vorchristlichen Jahrhunderts haben Vieles von dem erdacht, was die späteren „Klassiker" verfeinert und niedergeschrieben haben. In diese Phase der Rechtsentwicklung fällt auch die bedeutsame „Verwissenschaftlichung" der Jurisprudenz[8]: Die Ausdehnung des römischen Imperiums nach Osten ließ die Juristen mit der griechischen Philosophie in Kontakt kommen, und dies führte zu einem „Ordnen und Sortieren" des zuvor gesammelten Wissens[9] und damit zu einer Systematisierung der Rechtsordnung: Aus Rechtskunde wird in dieser Zeit Rechtswissenschaft.

◀ Büste des Redners Marcus Tullius Cicero (republikanisch), AO: Galleria degli Uffizi, Florenz.

b) Klassik:

Die mit dem Principat des Augustus um die Zeitenwende beginnende[10] und mit dem Tod des letzten Severerkaisers im Jahr 235 n. Chr. endende[11] Periode der Rechtswissenschaft wird als „klassisch" bezeichnet, weil die Jurisprudenz in diesem Zeitraum eine Hochblüte erlebt hat. Die Hauptursache für diese Blütezeit beruht auf der enormen Förderung, die die Kaiser dem Juristenstand angedeihen ließen und die ihnen zahlreiche attraktive Tätigkeitsfelder eröffnete (dazu näher unten II, 3, a–g). Freilich galt das Interesse der Juristen dieser Zeit mehr dem Zivil- als dem Strafrecht; ihre historische Leistung besteht in der Schaffung eines Privatrechts, dessen Grundstrukturen auch 2000 Jahre später noch praxistauglich sind, unser heutiges Bürgerliches Recht prägen und das Rückgrat des in den nächsten Jahrzehnten zu schaffenden europäischen Privatrechts bilden werden. Dagegen wurde eine vergleichbare Strafrechtsdogmatik in Rom nicht entwickelt. Eine Ursache hierfür ist wohl darin zu sehen, dass Vermögensdelikte wie Diebstahl, Unterschlagung, Begünstigung, Hehlerei und das betrügerische Ausnutzen eines fremden Irrtums in Rom keine strafrechtliche Verfolgung des Täters durch den Staat nach sich zogen, sondern dass aus diesen *delicta* dem Verletzten eine Bußklage erwuchs. Der Verletzte musste diese Buße auf eigenes Risiko im Zivilprozess einklagen, durfte dann aber auch die Bußzahlung des Täters – anders als bei der heutigen Geldstrafe, die an die Staatskasse zu leisten ist – in die eigene Tasche stecken; man bezeichnet dies als Privatstrafrecht[12]. Ähnliches galt für weitere Delikte wie die Sachbeschädigung, die Beleidigung, Persönlichkeitsverletzungen und zunächst auch für bestimmte Gewaltdelikte (Raub, Erpressung). Ein öffentliches Strafverfahren gab es jedenfalls in der Republik und im frühen Principat nur bei Delikten, an deren Ahndung ein besonderes öffentliches Interesse bestand (*crimina*), wie etwa dem Hochverrat (*quaestio maiestatis*), der Hinterziehung von Staatseigentum (*quaestio peculatus*), der Erpressung in den Provinzen, wie sie etwa von Cicero (Introbild) dem Verres vorgeworfen wurde (*quaestio repetundarum*), dem Mord (*quaestio de sicariis*) und der Geldfälschung (*quaestio de falsis*)[13].

2) Die Ausbildung der Juristen

Auch eine staatlich reglementierte Ausbildung zum Fachjuristen, wie wir sie heute kennen, gab es in vorklassischer und klassischer Zeit noch nicht; so berichtet etwa der Jurist Pomponius, dass Rechtsgutachten in dieser Zeit von jedem erteilt werden konnten, der sich dies zutraute[14]. Privaten Rechtsunterricht hat es allerdings schon zu Zeiten der Republik gegeben. Dies wissen wir aus einem Bericht Ciceros, aus dem hervorgeht, dass er selbst Hörer des Juristen Q. Mucius Scaevola war[15]. Auch für den berühmten Juristen M. Antistius Labeo, der zur Zeit des Augustus gewirkt hat, ist bezeugt, dass er die Hälfte des Jahres dem Rechtsunterricht gewidmet hat[16]. In dieser Zeit entstanden dann die Rechtsschulen der Sabinianer und der Prokulianer, benannt nach den beiden Schulgründern Massurius Sabinus und Proculus; im 1. und 2. Jahrhundert n. Chr. gehörten die meisten der führenden Juristen Roms einer dieser Schulen an[17]. Dass dort ein lebhafter Unterrichtsbetrieb existierte, belegt schon der Umstand, dass der Schulgründer Sabinus der Überlieferung zufolge so mittellos war, dass er von den Honoraren seiner Schüler leben musste[18]. Auch in der zweiten Hälfte des 2. Jahrhundert n. Chr. gab es Juristen, die nicht in der Rechtspraxis tätig waren, sondern sich neben der Schriftstellerei allein dem Rechtsunterricht gewidmet haben (Sex. Pomponius, Gaius). In dieser Zeit wurde es dann auch offenbar üblich, den Unterricht in besonderen Hörsälen abzuhalten[19]; anscheinend wurden solche Auditorien sogar vom Staat finanziert[20]. Junge Leute aus wohlhabenden Familien wurden von ihren Eltern zum Rechtsstudium nach Rom geschickt; Kinder aus weniger begüterten Familien mussten sich dagegen mit dem Rechtsunterricht vor Ort begnügen, der im späten Principat für Beirut, Alexandria, Caesarea (Palästina), Karthago, Athen und Antiochia bezeugt ist[21]. Zur staatlichen Reglementierung der Juristenausbildung in der Spätantike näher unten III.

3) Die Tätigkeitsfelder der Juristen

a) Erteilung von Rechtsgutachten

Ein zentrales Tätigkeitsfeld der Juristen bildete die Erteilung von Rechtsgutachten. Dies ist in einem ganz weiten Sinn zu verstehen. Die Juristen berieten zum einen Privatleute, die einen Prozess zu führen hatten oder ein wichtiges Geschäft vornehmen wollten[22]; für solche Geschäfte entwarfen sie Vertragsformulare – nicht anders als heute die „Vertragsanwälte", die nicht vor Gericht auftreten, sondern in ihrer Kanzlei komplexe Vertragswerke, etwa Gesellschaftsverträge oder Vereinbarungen über Unternehmensveräußerungen, entwerfen. Bezeugt ist diese „Kautelarjurisprudenz" indirekt durch bestimmte Vertragstypen, die ihren Namen nach ihrem Erfinder, einem besonders angesehenen Juristen, erhalten haben (etwa: *cautio Muciana, stipulatio Aquilinana*)[23]. Daneben haben die Juristen aber auch Amtsträger beraten, in der Republik vor allem die für die Rechtspflege zuständigen Magistrate (Prätoren, Ädile), die oftmals selbst nicht vom Fach, sondern Politiker waren, ferner die oft mit Laien besetzten Gerichte[24]. Im Principat waren sie dann unter anderem als Berater der Kaiser tätig und haben so die zunehmenden Aktivitäten der Kaiser in Gesetzgebung und Rechtsprechung nachhaltig beeinflusst (dazu näher unten II, 3, d).

b) Insbesondere: Das *ius publice respondendi ex auctoritate principis*
Im Principat wurde die Bedeutung dieser Gutachtertätigkeit noch dadurch gesteigert, dass erstmals Augustus, dann aber auch seine Nachfolger besonders angesehenen Juristen das so genannte ius publice respondendi ex auctoritate principis verliehen[25]. Man wird den Hinweis auf die Autorität des Kaisers (auctoritas principis) dahin zu verstehen haben, dass die Gutachten (responsa) der mit diesem Privileg ausgestatteten Juristen nicht nur besonders hohes Ansehen genossen, sondern für die Gerichte, denen sie vorgelegt wurden, verbindlich waren, falls nicht die andere Partei ein Gegengutachten beigebracht hatte[26]. Hierfür spricht vor allem, dass das in der Mitte des 2. Jahrhunderts n. Chr. verfasste Lehrbuch des Gaius, die berühmten „Institutionen", diesen Juristen die Fähigkeit zuspricht, durch ihre Gutachten Recht zu setzen[27].

c) Tätigkeiten in der kaiserlichen Verwaltung
Augustus und die nachfolgenden Kaiser haben den etwas schwerfälligen republikanischen Verwaltungsapparat reformiert, indem sie die ehrenamtlich tätigen Magistrate durch ein besoldetes Berufsbeamtentum ersetzten. Im Zuge dieser Verwaltungsreform wurden neue Ämter geschaffen, die häufig mit Juristen besetzt wurden. So war etwa der Jurist L. Volusius Maecianus im Zuge seiner Karriere Chef der staatlichen Post (*praefectus vehiculorum*) und Leiter der für die Lebensmittelversorgung zuständigen Behörde (*praefectus annonae*), später Statthalter in Ägypten. Die hochklassischen Juristen Cervidius Scaevola und Herennius Modestinus waren Polizeipräsidenten in Rom (*praefecti vigilum*), die großen spätklassischen Juristen Papinian, Paulus und Ulpian bekleideten das einflussreiche und gerade für die Rechtspflege bedeutsame Amt des *praefectus praetorio*[28].

d) Tätigkeit als Berater des Kaisers in dessen consilium
Im 2. Jahrhundert n. Chr. zogen die Kaiser auch die Rechtspflege, für die in der Republik und noch im frühen Principat vornehmlich die Prätoren zuständig gewesen waren, in immer stärkerem Maß an sich. Zum einen nahmen sie zunehmend Einfluss auf die Gesetzgebungstätigkeit des Senats. Daneben kam den Kaisern nun auch eine eigene Zuständigkeit zur Rechtssetzung zu: Durch ihre Entscheidungen (constitutiones) schafften sie Gesetze (edicta) und entschieden einzelne Rechtsfälle, die an sie herangetragen wurden (rescriptum, decretum)[29]. Da sie aber regelmäßig keine Fachkenntnisse hatten, wurden auch hier Juristen gebraucht; sie bereiteten als Mitglieder des kaiserlichen Rates (consilium) die kaiserlichen Entscheidungen vor. So ist etwa überliefert, dass der Jurist Trebatius Testa den Kaiser Augustus bei der Entscheidung einer wichtigen erbrechtlichen Frage (Anerkennung von formlosen Ergänzungen eines Testaments) beraten hat[30]. Auch über den Ablauf eines Gerichtsverfahrens im kaiserlichen consilium, in dem die Parteien und die juristischen Berater des Kaisers zugegen waren, sind wir informiert[31]; der Kaiser Marc Aurel hat in der Entscheidung, die auf diese Verhandlung erging, der damaligen Praxis der Gläubiger, ausstehende Forderungen im Wege des Faustrechts mit Gewalt beim säumigen Schuldner beizutreiben, einen Riegel vorgeschoben, indem er diese Praxis mit dem Verlust der so geltend gemachten Forderung ahndete.

e) Literarische Tätigkeit
Viele der klassischen Juristen haben sich auch schriftstellerisch betätigt; ihre Schriften in der Gestalt, in der sie in den Digesten, dem zweiten Teil der großen Kodifikation Iustinians, überliefert sind, bilden die wichtigste Quelle unseres Wissens um das römische Recht. Dabei ist der größte Teil ihres Schaffens verloren gegangen: Iustinian berichtet, dass die von ihm eingesetzte Gesetzgebungskommission sämtliche im 6. Jahrhundert n. Chr. noch verfügbaren Schriften von etwa 40 klassischen Juristen durchgearbeitet, dann aber nur

5 % dieses Stoffs in das Gesetz, die so genannten Digesten, aufgenommen hat[32]; allein diese Schriften aber nehmen in der verbreiteten Ausgabe der Digesten von Krüger/Mommsen[33] noch einen Raum von nahezu tausend Seiten ein. Diese umfangreiche Rechtsliteratur lässt sich in verschiedene Gattungen einteilen. Im ersten Jahrhundert n. Chr. und in der ersten Hälfte des 2. Jahrhunderts n. Chr. dominieren die Fallsammlungen, in denen die meist in der Rechtspraxis tätigen Juristen die von ihnen erteilten Gutachten veröffentlichen (*digesta, responsa, quaestiones*). Demgegenüber tritt bei den späteren Juristen, die am Ende des 2. und zu Beginn des 3. Jahrhunderts n. Chr. wirkten, die Tendenz zur Sammlung und Ordnung des nun gewaltig angewachsenen Rechtsstoffs in den Vordergrund; darum entstehen nun umfängliche Kommentarwerke. So hat etwa der spätklassische Jurist Ulpian einen Kommentar zum prätorischen Edikt in 83 Büchern und einen (unvollendeten) Kommentar zum Zivilrecht des Juristen Sabinus verfasst (51 Bücher).

f) Juristen als Vertreter in Prozessen
Die römischen Prozessvertreter sind Personen, die einen Prozess anstelle des nach materiellem Recht Berechtigten oder Verpflichteten führen; anders als nach geltendem Recht treten sie nicht im Namen ihres Mandanten auf, sondern führen in eigenem Namen einen Streit über ein fremdes Recht. Die Befugnis hierzu erwächst aus einer Ermächtigung des Vertretenen (*iussum, mandatum*)[34]. Hinsichtlich dieser Ermächtigung ist zu unterscheiden[35]: Der *cognitor* wird vom Vertretenen dem Prozessgegner gegenüber durch förmliche Benennung ausdrücklich legitimiert; hierfür gibt es besondere Formeln, deren Wortlaut überliefert ist[36]. Dagegen verfügt der *procurator* über eine solche förmliche Legitimation nicht; er wird entweder aufgrund einer Weisung des Vertretenen (*negotium gestum*) oder vertraglicher Beauftragung (*mandatum*) tätig. Entwickelt hat sich diese Prokuratur aus der Übung, dass wohlhabende Römer sich seit der späten Republik um ihre wirtschaftlichen Angelegenheiten nicht selbst zu kümmern pflegten, sondern hierfür andere Personen, oft freigelassene Sklaven, einsetzten[37]. Doch ist es sicher auch vorgekommen, dass Fachjuristen als *cognitor* oder *procurator* agiert haben[38].

g) Juristen als Beistände von Prozessparteien
Von den Prozessvertretern sind Beistände zu unterscheiden, die nicht selbst die Parteirolle übernehmen, sondern lediglich die Partei unterstützen, die einen Prozess führt. Diesen Beratern war gestattet, im Verfahren vor dem für die Rechtspflege zuständigen Prätor für die beratene Partei aufzutreten und Anträge zu stellen, etwa für den Kläger die Erteilung einer bestimmten Klage (*actio*) zu beantragen oder als Vertreter der beklagten Partei einem entsprechenden Antrag des Prozessgegners entgegen zu treten[39]. In der Republik hat man anscheinend nach der Qualifikation dieser Beistände unterschieden[40]: War der Beistand ein Redner (*orator*), wurde er als *patronus* bezeichnet; hatte er dagegen fachkundigen Rechtsrat zu erteilen, bezeichnete man ihn als *advocatus*[41]. Es ist auch zu vermuten, dass sich in dieser Zeit die Tätigkeitsfelder von *oratores* und *advocati* unterschieden: Die Bühne des Rhetors wird vornehmlich der Strafprozess vor den Schwurgerichten gewesen sein, während in Zivilprozessen vor dem Einzelrichter das juristische Fachwissen den Ausschlag gab[42]; doch sind Rhetoren auch in Zivilsachen aufgetreten[43]. Im Principat fließen zumindest diese beiden Bezeichnungen, vielleicht aber auch die damit zunächst bezeichneten Funktionen ineinander[44]. Jedenfalls wird man mit einem bunten Bild zu rechnen haben:

Mit Sicherheit haben sich zahlreiche namenlose Juristen als Advokaten betätigt. Sogar für einige der Top-Juristen ist bezeugt, dass sie am Beginn ihrer Karriere als Rechtsbeistand in Prozessen aufgetreten sind. So ist etwa der renommierte spätklassische Jurist Iulius Paulus in einer erbrechtlichen Streitigkeit als Anwalt aufgetreten[45]. Aufschlussreich sind insoweit auch die Briefe des – mit Kaiser Traian[46] befreundeten – jüngeren Plinius, aus denen sich ergibt, dass der angesehene Jurist Titius Aristo[47] häufig als Rechtsbeistand vor Gericht aufgetreten ist, dass er aber seinen Mandanten durch seine Rechtsgutachten noch mehr geholfen hat[48]; demgegenüber spricht Plinius dem vornehmen Iavolenus Priscus, einem Zeitgenossen des Aristo, jegliche forensische Tätigkeit ab[49]. Dies legt nahe, dass jedenfalls die Spitzenjuristen dieser Zeit eine Tätigkeit als Gutachter der des Advokaten vorzogen.

Daneben hat es aber auch Advokaten gegeben, die zwar rhetorisch beschlagen waren, aber vom Recht so wenig Ahnung hatten, dass sie einen berufsmäßigen Rechtsberater (*pragmaticus*) gegen Entgelt beschäftigen mussten[50]. Und es hat Anwälte gegeben, die in Recht und Rhetorik beschlagen waren[51]. Insoweit ist namentlich auf Cicero, den berühmtesten römischen Anwalt, zu verweisen, der neben seinen

Abb. 1   Cicero prangert Catilina vor dem Senat an, Fresko (1882–1888) von Caesare Maccari (1840–1919) im Palazzo Madama, Rom.

herausragenden rhetorischen Fähigkeiten nachweislich über gute Rechtskenntnisse verfügte[52] (Abb. 1), ohne freilich selbst Fachjurist zu sein[53]; wäre er dies gewesen, könnte er auch nicht mit solch deutlicher Ironie auf die Fachjuristen seiner Zeit blicken, wie er dies immer wieder tat[54] – eine Ironie, die freilich von den Fachjuristen erwidert wurde[55].

4) Die Vergütung der Juristen

Der heutige Rechtsanwalt wird aufgrund eines Geschäftsbesorgungsvertrags tätig, der meist Dienstleistungen zum Gegenstand hat[56]. Seine Vergütung richtet sich nach der Bedeutung seiner Tätigkeit (Gegenstandswert) und den hierfür gesetzlich festgelegten Wertgebühren; Vereinbarungen über die Höhe der Vergütung sind nur in engen Grenzen zulässig. Dies war in Rom in verschiedener Hinsicht anders:

Zwar gab es auch damals das Institut des Dienstvertrags (*locatio conductio operarum*), durch den etwa ein Schreiber seine Dienste einem Auftraggeber gegen Entgelt zur Verfügung stellen konnte[57]. Doch war es zu Zeiten der Republik und des frühen Principats ein Gebot der Sitte, höhere Dienste wie die Rechtsberatung oder die Vertretung in einem Gerichtsverfahren unentgeltlich zu leisten[58]. Dies hatte zur Folge, dass in dieser Zeit vor allem die finanziell unabhängigen Angehörigen der Oberschicht als Juristen tätig waren; diese Juristen wurden nicht vom Streben nach Geld, sondern nach sozialer Geltung und nach Kontakten geleitet, die nicht selten die Grundlage einer politischen Karriere bilden konnten[59]. Allerdings war der Mandant – zunächst nur kraft Sitte – verpflichtet, die empfangenen Dienste mit einer freiwilligen Gabe (*honorarium*) zu entgelten[60]. Dass schon zu Zeiten der Republik kraft dieser sittlichen Bindung für Unterstützung in Rechtsangelegenheiten beträchtliche Honorare gezahlt wurden, belegt ein Bericht des Tacitus, wonach als Reaktion hierauf durch die *lex Cincia* aus dem Jahr 204 v. Chr. verboten wurde, Geld oder Geschenke für diese Tätigkeit anzunehmen[61]; viel bewirkt hat dies aber offenbar nicht. In der Zeit des Principats setzte sich dann durch, dass die Honorare in der außerordentlichen Gerichtsbarkeit des Kaisers eingeklagt werden konnten[62].

Spätestens nunmehr versuchten die Kaiser immer wieder, übermäßigen Anwaltshonoraren einen Riegel vorzuschieben. So begrenzte Kaiser Claudius[63] das Honorar der Advokaten nach einem Bericht des Tacitus auf 10 000 Sesterzen und bestrafte die Überschreitung dieses Satzes als Vergehen, das ein öffentliches Strafverfahren nach sich zog[64]. Das galt noch zu Traians Zeit[65]; zudem durften derartige Honorare nicht im Voraus versprochen werden[66]. Noch zu Beginn des 3. Jahrhunderts n. Chr. galt eine Obergrenze für Anwaltshonorare; Honorarversprechen vor dem Rechtsstreit, insbesondere in Gestalt von Erfolgshonoraren, waren nach wie vor unzulässig, nicht dagegen nach Abschluss des Verfahrens[67]. Seit Konstantin wurden diese Verbote jedoch durch zahlreiche Ausnahmen verwässert.

5) Berühmte Juristen

Im 1. Jahrhundert v. Chr.[68] ragen zwei Juristen heraus: Einer davon ist Q. Mucius Scaevola (Konsul 95 v. Chr., ermordet 82 v. Chr. von Anhängern des Marius), der unter dem Einfluss griechischer Wissenschaftslehre das Recht systematisch geordnet (*generatim*) bearbeitet hat[69]; seine Darstellung blieb lange Zeit führend und wurde noch in der Mitte des 2. Jahrhunderts n. Chr. von späteren Juristen kommentiert. Etwas später hat Ser. Sulpicius Rufus gewirkt (Konsul 51 v. Chr., gestorben 43 v. Chr.), ein Zeitgenosse und Freund Ciceros, der ebenso wie dieser seine Karriere als – eher mittelmäßiger – Gerichtsredner begonnen hat[70]. Nach dem Zeugnis Ciceros hat vor allem er die aus der griechischen Philosophie übernommene wissenschaftliche Methode (*ars dialectica*) für die Rechtswissenschaft fruchtbar gemacht[71]. Daneben hat er zahlreiche Schüler ausgebildet, unter anderen den bereits erwähnten Trebatius Testa sowie Alfenus Varus, der seine Rechtsgutachten (*responsa*) gesammelt und publiziert hat.

Die herausragende Juristenpersönlichkeit des 1. Jahrhunderts n. Chr. ist M. Antistius Labeo. Seine politische Karriere endet, als er sich als überzeugter Republikaner weigerte, unter Augustus das Amt des Konsuls auszuüben[72]; auch das *ius respondendi* (dazu oben II, 3, b) erhielt er darum trotz seiner überragenden fachlichen Fähigkeiten nicht. Als Schriftsteller war er außerordentlich produktiv; durch dieses Schrifttum hat er bis in das 3. Jahrhundert n. Chr. erheblichen Einfluss auf die Rechtswissenschaft ausgeübt[73]. Hohes Ansehen genoss ferner Massurius Sabinus, der zusammen mit Cassius Longinus Gründer der sabinianischen Rechtsschule und Inhaber des *ius respondendi* war (dazu oben II, 3, b)[74].

Unter den Juristen des 2. Jahrhunderts n. Chr.[75] nehmen P. Iuventius Celsus und P. Salvius Iulianus eine herausragende Stellung ein. Beide haben zahlreiche Spitzenämter bekleidet. So war Celsus im Jahr 129 n. Chr. (zum zweiten Mal) und Iulianus im Jahr 148 n. Chr. Konsul; hinzu kommen mehrere Statthalterschaften in Provinzen. Celsus ist berühmt für seine Neigung zu bisweilen scharfer Kritik an seinen Fachgenossen und für seine Aphorismen[76]. Iulianus war trotz seiner politischen Ämter als Schriftsteller außerordentlich fruchtbar (Hauptwerk: *Digesta* in 90 Büchern, eine Sammlung seiner Fallentscheidungen) und hat kraft seiner Autorität zahlreiche Streitfragen abschließend entschieden; er gilt bis heute als einer der bedeutendsten Juristen aller Zeiten. Anders als Celsus und Iulianus bekleideten zwei weitere Juristen des 2. Jahrhunderts n. Chr., Sex. Pomponius und Gaius, keine politischen Ämter: Sie widmeten sich ausschließlich der Schriftstellerei und dem Rechtsunterricht. So hat Pomponius drei große Kommentarwerke verfasst, Gaius das berühmte Elementarlehrbuch *institutiones*, in dem die Grundzüge des damaligen Zivil- und Zivilprozessrechts dargestellt sind.

Die wichtigsten Juristen der letzten Phase der klassischen römischen Rechtswissenschaft (so genannte Spätklassik) sind Aemilius Papinianus, Iulius Paulus und Domitius Ulpianus, die alle unter den Severerkaisern wirkten[77]. Sie machten alle Karriere in der kaiserlichen Verwaltung und gelangten in das Spitzenamt des *praefectus praetorio*, dem in dieser Zeit auf dem Gebiet der Rechtspflege die Vertretung des Kaisers zukam.

III) Spätantike

Mit dem Tod des letzten Severerkaisers im Jahr 235 n. Chr. endete die klassische Periode der römischen Rechtswissenschaft. In den unruhigen Zeiten der so genannten Soldatenkaiser (235–284 n. Chr.) setzte sich die schon für die Spätklassik feststellbare Abnahme der Kreativität der Juristen fort[78]; darum haben auch nur wenige Juristenschriften aus dieser Zeit in die Kodifikation Iustinians Eingang gefunden[79]. Aus dem 4. und 5. Jahrhundert n. Chr. sind uns keine bedeutenden Juristenpersönlichkeiten bekannt; das wird allerdings nicht nur auf mangelnder Qualität, sondern auch darauf beruhen, dass die führenden Juristen jetzt in den kaiserlichen Behörden und damit anonym tätig sind[80]. Während sich hieran im Westen nichts mehr änderte, kam es in der östlichen Reichshälfte zu einer Renaissance des klassischen Rechts: Schon für das späte 3. Jahrhundert n. Chr. ist die Rechtsschule von Beirut bezeugt[81], 425 n. Chr. wird die Rechtsschule von Konstantinopel gegründet; weitere Schulen hat es unter anderem in Caesarea und Alexandria gegeben[82]. An diesen Schulen wurde das klassische Recht (dazu oben II, 1) nach einem festen, auf fünf Jahre befristeten Studienplan von besoldeten Professoren gelehrt[83]. Die Bedeutung dieser Schulen ist darin zu sehen, dass ihre Auseinandersetzung mit dem klassischen Recht der Kodifikation Iustinians im 6. Jahrhundert n. Chr. den Boden bereitet hat.

Charakteristisch für die Spätantike ist eine zunehmende staatliche Reglementierung des gesamten öffentlichen Lebens[84]. Diese Tendenz macht auch vor dem Juristenstand, insbesondere vor der Juristenausbildung und dem Zugang zum Beruf des Advokaten, nicht Halt. Es beginnt mit einer Konstitution des Kaisers Iulian aus dem Jahr 362 n. Chr., die die Tätigkeit des (Rechts-)Lehrers von einer Ernennung durch die Gemeinden abhängig macht, die zudem noch der Bestätigung des Kaisers bedarf[85]. Ein Gesetz der Kaiser Valentinian und Theodosius II. aus dem Jahr 425 n. Chr. trennt den staatlichen und den privaten Rechtsunterricht; an den staatlichen Hochschulen von Rom und Konstantinopel sollen nunmehr jeweils auch zwei Juristen lehren[86]. Ein Gesetz des Kaisers Leo aus dem Jahr 460 n. Chr. belegt, dass es bei den höchsten Gerichten in den Reichsteilen ein Kollegium von höchstens 150 Advokaten gab, in das nur aufgenommen werden konnte, wem von seinen Lehrern hinreichende Rechtskenntnis bestätigt wurde[87]. Spätere Gesetze des Kaisers Anastasius lassen erkennen, dass für die Zulassung zur Advokatur bei diesen Gerichten ein Rechtsstudium von bestimmter Dauer und wohl auch mit einem bestimmten Lehrplan gefordert wurde[88]. Iustinian schließlich ordnete die Juristenausbildung in Anknüpfung an die Studienordnungen der Rechtsschulen von Beirut und Konstantinopel neu[89].

Anmerkungen

[1] Mitunter lassen Überlieferungen allerdings auch Einblicke in das Recht vor dem Zwölftafelgesetz zu, siehe dazu MANTHE 2000, 13–35.

[2] Zum Fortleben des römischen Rechts in Mittelalter und Neuzeit KUNKEL/SCHERMAIER 2005, 223–244; zum Einfluss des römischen Rechts auf die Dogmengeschichte der Neuzeit und auch auf das Bürgerliche Gesetzbuch vom 1.1.1900, und dort insbesondere auf das Schuldrecht, HARKE 2008, 36–211.

[3] 527–565 n. Chr.

[4] Diese Kodifikation wird seit dem 16. Jh. als Corpus Iuris Civilis bezeichnet und umfasst drei Teile: ein Einführungswerk (Institutionen), eine Sammlung von Schriften römischer Juristen zwischen dem 1. Jh. v. Chr. und dem 3. Jh. n. Chr. (Digesten) sowie eine Sammlung von Entscheidungen der Kaiser Hadrian bis Iustinian (Codex Iustinianus).

[5] Der Begriff *„pontifex"* bedeutet „Brückenbauer". Möglicherweise stammt der Begriff aus einer frühen Epoche, in der sich die in Rom sesshaft gewordenen Volksstämme noch auf der Wanderschaft befanden und darum mitunter der Bau von Brücken notwendig war, um einen Fluss zu überqueren.

[6] So der Bericht des Juristen Pomponius, der im 2. Jh. n. Chr. einen Abriss der römischen Rechtsgeschichte (*enchiridium*) verfasst hat, überliefert in Dig. 1,2,2,7 (Pomp.).

[7] So Pomponius in Dig. 1,2,2,35 (Pomp.).

[8] Eingehend hierzu WIEACKER 1988, 618–662.

[9] So treffend KUNKEL/SCHERMAIER 2005, 135.

[10] Als genaue „Geburtsstunde" des Principats kann am ehesten die Senatssitzung vom 13. Januar 27 v. Chr. angesehen werden, in der sich Augustus eine zunächst auf zehn Jahre befristete militärische Befehlsgewalt (*imperium*) erteilen ließ, die auch die römischen Polizeiverbände und die Prätorianergarde umfasste, siehe dazu WALDSTEIN/RAINER 2005, § 26 Rn. 6.

[11] Die Severer herrschten von 193–235 n. Chr.

[12] Siehe hierzu und zu den Charakteristika der Strafklagen KASER/KNÜTEL 2008, 250–253.

[13] Siehe dazu den Überblick bei KUNKEL/SCHERMAIER 2005, 84.

[14] Dig. 1,2,2,49 (Pomp.): *[...] qui fiduciam studiorum suorum habebant, consulentibus respondebant* („[...] wer Zutrauen zu seinen Rechtskenntnissen hatte, erstattete Gutachten.").

[15] Cic. Brut. 89,306: *Ego autem iuris civilis studio multum operae dabam Q. Scaevolae [...]* („Ich aber habe für das Studium des Zivilrechts bei Q. Mucius Scaevola viel Mühe aufgewandt [...].").

16 Dig. 1,2,2,47 (Pomp.): *[...] et totum annum ita diviserat, ut Romae sex mensibus cum studiosis esset, sex mensibus secederet et conscribendis libris operam daret* („[...] und er hatte das ganze Jahr so aufgeteilt, dass er sechs Monate mit seinen Studenten in Rom verbrachte, die restlichen sechs Monate aber sich von ihnen trennte und sich mit dem Schreiben seiner Bücher beschäftigte.").

17 So etwa Celsus den Prokulianern, Iulianus dagegen den Sabinianern, WALDSTEIN/RAINER 2005, § 34 Rn. 14, 15.

18 So die Bemerkung des Pomponius in Dig. 1,2,2,50: *huic nec amplae facultates fuerunt, sed plurimum a suis auditoribus sustentatus est* („Er besaß auch kein großes Vermögen, sondern wurde vornehmlich von seinen Schülern unterhalten.").

19 Siehe dazu etwa der Jurist Tryphoninus in Dig. 23,3,78,4: *ego dixi in auditorio [...]* („Ich habe im Hörsaal vorgetragen [...]"). Zweifelnd KNÜTEL u. a. 2005, 202 unter Hinweis darauf, dass mit *auditorium* auch der Gerichtssaal gemeint sein kann.

20 Siehe dazu den Juristen Marcianus, der in Dig. 40,15,1,4 von einem öffentlichen Hörsaal spricht (*in auditorio publico*).

21 Siehe dazu WENGER 1953, 615–616 mit zahlreichen weiteren Nachweisen.

22 Diese Gutachtertätigkeit ist vielfach bezeugt. So teilt uns Cicero mit, der Jurist Q. Mucius Scaevola habe seinen Studenten gestattet, bei der mündlichen Erstattung dieser Gutachten zugegen zu sein, siehe Cic. Brut. 89,306: *consulentibus respondendo studiosos audiendi docebat*. Siehe auch den Bericht des Pomponius in Dig. 1,2,2,49: *[...] consulentibus respondebant* („Die Juristen erteilten den Ratsuchenden Rechtsgutachten [...]"), *...testabantur, qui illos consulebant* („Die Ratsuchenden nahmen über die Gutachten eine Zeugenurkunde auf."). Viele Juristen, etwa Papinian und Paulus, veröffentlichten ihre Gutachten, so dass hieraus eine eigene Literaturgattung entstand (*responsa*).

23 Zur *cautio Muciana*, mit der Q. Mucius Scaevola das Problem der negativen Potestativbedingung löste, KASER 1971, 254; zur *stipulatio Aquiliana*, die auf den republikanischen Juristen Aquilius Gallus zurückgeht und eine Art Generalquittung enthält, KASER 1971, 649.

24 Siehe dazu Dig. 1,2,2,49 (Pomp.): *[...] responsa [...] plerumque iudicibus ipsi scribebant* („Meist schrieben sie ihre Gutachten selbst an die Richter.").

25 Dig. 1,2,2,49 (Pomp.): *primus divus Augustus, ut maior iuris auctoritas haberetur, constituit, ut ex auctoritate eius responderent* („Um die Autorität des Rechts zu steigern, bestimmte als erster der vergöttlichte Augustus, dass Juristen ihre Gutachten kraft seiner Autorität erteilen sollten.").

26 Gaius inst. 1,7: *Quorum omnium, si in unum sententiae concurrunt, id quod ita sentiunt, legis vicem optinet; si vero dissentiunt, iudici licet quam velit sententiam sequi* („Wenn deren Rechtsmeinungen übereinstimmen, erlangt das Gesetzeskraft; wenn sie aber nicht übereinstimmen, ist es dem Richter gestattet, der Meinung zu folgen, die ihm richtig erscheint.").

27 Gaius inst. 1,7: *Responsa prudentium sunt sententiae et opiniones eorum, quibus permissum est iura condere* („*responsa* sind die Entscheidungen und Ansichten der Rechtsgelehrten, denen es gestattet ist, Recht zu setzen.").

28 Einzelheiten und weitere Beispiele bei KUNKEL/SCHERMAIER 2005, 145.

29 Zur Reskriptenpraxis eingehend HONORÉ 1981, 24–53.

30 Iustinian berichtet dies in Cod. Iust. 2,25pr.: *dicitur Augustus convocasse prudentes, inter quos Trebatium quoque, cuius tunc auctoritas maxima erat [...]* („Es wird berichtet, Augustus habe die Rechtsgelehrten zusammengerufen, unter ihnen auch Trebatius, dessen Ansehen damals am größten war [...].").

31 Die Diskussion des Kaisers mit dem Kläger sowie seine Entscheidung sind überliefert in Dig. 4,2,13 (Callist.) und Dig. 48,7,7 (Callist.); dazu BÜRGE 1999, 58–62; LIEBS 2007, 141–147.

32 So § 1 der Constitutio „Tanta" Iustinians aus dem Jahr 533 n. Chr., die auch in Cod. Iust. 1,17,2 überliefert ist.

33 KRÜGER/MOMMSEN 1954, 1–957.

34 KASER/HACKL 1996, 209–210.

35 Zum Folgenden KASER/HACKL 1996, 210–213 (*cognitor*) und 213–217 (*procurator*).

36 Bei Gaius inst. 4,83.

37 KASER/KNÜTEL 2008, § 44 Rn. 13.

38 Vielleicht indirekt bezeugt durch Dig. 17,1,7 (Pap.) (Honorar für einen *procurator*). Weitere Fälle, in denen Juristen wahrscheinlich als Prokuratoren tätig wurden bei KUNKEL 1967, 324 f.

39 Dig. 3,1,1,2 (Ulp.): *Postulare autem est desiderium suum vel amici sui in iure apud eum, qui iurisdictioni praeest, exponere vel alterius desiderio contradicere* („Vor dem Prätor auftreten heißt aber, sein eigenes Begehren oder das eines Freundes vor demjenigen, der die Gerichtsbarkeit innehat, darzulegen oder dem Begehren eines anderen zu widersprechen.").

40 Zum Folgenden Ps.-Asc. div. 11: *Qui defendit alterum in iudicio, aut patronus dicitur, si orator est, aut advocatus, si ius suggerit [...]* („Wer einen anderen in einem Rechtsstreit verteidigt, wird Patron genannt, wenn er Redner ist, oder Advokat, wenn er Rechtsrat erteilt [...]").

41 Wörtlich: „Der Herbeigerufene" (von *advocare*).

42 Zu den Unterschieden zwischen Rednern und Juristen eingehend CROOK 1995, 37–46, allerdings mit abweichender Terminologie: Die Rhetoren werden dort als „Advocates" bezeichnet und den „Jurists" gegenüber gestellt.

43 So etwa in bedeutsamen Prozessen, die von Kollegialgerichten verhandelt wurden, wie etwa der berühmten *causa Curiana*, einem Erbrechtsstreit, in dem der Rhetor Crassus für eine der Parteien (siegreich) vor Gericht aufgetreten ist, der Jurist Q. Mucius Scaevola für die andere Partei, dazu instruktiv LIEBS 2007, 45–52 mit zahlreichen weiteren Nachweisen. Crassus war auch an einem anderen berühmten Zivilprozess als *advocatus* beteiligt, über den Cic. off. 3,16,67, berichtet, dazu LIEBS 2007, 37–44.

44 Siehe dazu ein Reskript der Kaiser Antoninus (Caracalla) und Alexander Severus, überliefert von Ulpian in Dig. 50,13,1,10, wo *patronus* und *advocatus* synonym verwendet werden.

45 Dig. 32,78,6 (Paul.); dazu KUNKEL 1967, 244. 326.

46 98–117 n. Chr.

47 Sein Wirken fällt in die Wende vom 1. zum 2. Jh. n. Chr., sonst ist über ihn außer dem Lob des Plinius (dazu sogleich Anm. 48) nichts bekannt.

48 Plin. epist. 1,22,6: *multos advocatione, plures consilio iuvat* („Er hilft Vielen als Rechtsbeistand, aber noch Mehreren durch seinen Rechtsrat.").

49 Plin. epist. 6,15,3: *adhibetur consiliis atque etiam ius civile publice respondet* („Er wird zu Beratungen hinzugezogen,

und er erteilt auch öffentlich, d. h. mit der kaiserlichen Autorität ausgestattete Rechtsgutachten."). Im Übrigen ist Plinius allerdings auf Iavolenus nicht gut zu sprechen; er meint er sei *dubiae sanitatis* („nicht ganz bei Verstand").

50 Bezeugt bei Quint. inst. 12,3,4; ferner zum *pragmaticus* KUNKEL 1967, 328.
51 Zu den notwendigen Rechtskenntnissen des Redners HARRIES 2006, 111–115.
52 Cicero hat aber seine juristischen Kenntnisse in seinen Gerichtsreden stets in den Dienst der rhetorischen Strategie gestellt, siehe dazu CLASSEN 1985, 368–370.
53 Knapp und treffend hierzu BEHRENDS 1995, 125.
54 Dazu NÖRR 1974, 84–86 mit zahlreichen Nachweisen. Zum lebenslangen Dialog Ciceros mit den Juristen HARRIES 2006, 230–235.
55 Aufschlussreich der Bericht Cic. top. 51, wo er dem Juristen Aquilius Gallus folgende Bemerkung in den Mund legt: *Nihil hoc ad ius; ad Ciceronem* („Das hat nichts mit dem Recht zu tun, frag darum nicht mich, sondern Cicero.").
56 SPRAU 2011, § 675, Rn. 23.
57 So etwa im Fall von Dig. 19,2,19,9 (Ulp.), in dem es um die Folgen des Todes des Dienstherrn vor Ableistung der Dienste ging: Bekommt der Schreiber seinen Lohn gleichwohl oder nicht?
58 Deutlich wird das etwa daraus, dass das freiwillig geleistete Honorar rechtlich als Geschenk eingeordnet wurde, siehe dazu Tac. ann. 11,5.
59 So gelangten die beiden berühmtesten republikanischen Juristen, Q. Mucius Scaevola und Ser. Sulpicius Rufus, in den Konsulat, also in das politische Spitzenamt jener Zeit (dazu näher unten II, 3, g).
60 Das Wort „Honorar" ist vom lateinischen Begriff *honor* abgeleitet, was „Ehre", aber auch „Ehrensold" bedeutet und auf die Freiwilligkeit der Entgeltzahlung hinweist.
61 Tac. ann. 11,5.
62 So deutlich Dig. 17,1,7 (Pap.): *Salarium procuratori constitutum si extra ordinem petere coeperit […]* („Wenn das einem Advokaten versprochene Honorar im Verfahren der außerordentlichen Gerichtsbarkeit eingeklagt wird […].").
63 Er herrschte von 41–54 n. Chr.
64 Tac. ann. 9,7.
65 Er herrschte von 98–117 n. Chr.
66 Plin. epist. 5,9,4: *[…] qui quid negotii heberent, iurare, prius quam agerent, nihil se ob advocationem cuiquam dedisse, promisisse, cavisse* („Jeder, der einen Rechtshandel habe, solle vor Beginn des Prozesses schwören, wegen des Rechtsbeistands vor Gericht niemandem etwas gegeben, versprochen oder garantiert zu haben."). Zur Begründung heißt es dann in Tac. ann. 5,9,6: *[…] rem pulcherrimam turpissime venire non patitur* („Es geht nicht an, dass achtbarste Tätigkeiten [gemeint ist die Rechtsberatung] in schändlichster Weise verhökert werden.").
67 So ein Reskript der Kaiser Antoninus (Caracalla) und Alexander Severus, überliefert in Dig. 50,13,1,12 (Ulp.).
68 Zu den Juristen dieser Epoche („Vorklassiker") Überblicke bei KUNKEL/SCHERMAIER 2005, 138–140; WALDSTEIN/RAINER 2005, § 24 Rn. 12–15.
69 So die Darstellung bei Pomponius in Dig. 1,2,2,41.
70 Cic. Brut. 39,145 bezeichnet ihn als *iuris peritorum eloquentissimus* („der beste Redner unter den Juristen"). Das ist ein zweifelhaftes Kompliment, weil Cicero von den rhetorischen Fähigkeiten der Juristen im Allgemeinen wenig hält, siehe dazu SCHULZ 1961, 64–65 mit zahlreichen Nachweisen.
71 Cic. Brut. 41,152. Er sagt über Servius, dieser habe die Kunst beherrscht, einen Gegenstand in Teile zu zerlegen, den offenkundigen Teil durch eine Definition zu erläutern, den zweifelhaften durch Interpretation zu erhellen, Mehrdeutiges zunächst zu erkennen, sodann zu unterscheiden und schließlich zu einer Regel zu finden, durch die das Rechte vom Falschen unterschieden werden könne (*artem, quae doceret rem universam tribuere in partes, latentem explicare definiendo, obscuram explanare interpretando, ambigua primum videre, deinde distinguere, postremo habere regulam, qua vera et falsa iudicarentur et quae quibus propositis essent quaeque non essent consequentia*). Hierzu BÜRGE 1999, 104–106. Für überzogen hält das Lob Ciceros SCHULZ 1961, 82 f.
72 So der Bericht des Pomponius in Dig. 1,2,2,47; siehe dazu auch dessen Bestätigung bei Tac. ann. 3,75.
73 *Reliquit quadringenta volumina, ex quibus plurima inter manus versantur* („Er hinterließ 400 Bände, von denen die meisten noch oft in die Hände genommen werden."), so 150 Jahre später Pomponius in Dig. 1,2,2,47.
74 Er erhielt dieses Privileg von Kaiser Tiberius als erster Jurist, der „nur" dem Ritterstand angehörte, siehe dazu Dig. 1,2,2,48 (Pomp.); Dig. 1,2,2,50 (Pomp.).
75 Zu ihnen KUNKEL/SCHERMAIER 2005, 155–157; WALDSTEIN/RAINER 2005, § 34 Rn. 10–21.
76 So etwa *ius est ars boni et aequi* („Das Recht ist die Wissenschaft vom Guten und Gerechten."); *scire leges non hoc est verba earum tenere, sed vim ac potestatem* („Die Gesetze zu kennen heißt nicht, ihren Wortlaut zu kennen, sondern ihren Sinn und Zweck."). Auch die noch heute gültige Erkenntnis (§ 275 Abs. 1 BGB), dass man als Schuldner nicht zu einer unmöglichen Leistung verpflichtet sein kann (*impossibilium nulla obligatio est*, Dig. 50,17,185 (Cels.), geht auf ihn zurück.
77 Zu ihnen KUNKEL/SCHERMAIER 2005, 160–162; WALDSTEIN/RAINER 2005, § 34 Rn. 22–27.
78 WIEACKER/WOLF 2006, 159: Die wenigen neuen Juristenschriften aus dieser Zeit beschränken sich auf die Mitteilung festgestellter Ergebnisse.
79 Nämlich die *iuris epitomae* des Hermogenianus (wohl frühes 4. Jh. n. Chr.) und *libri singulares* des Arcadius Charisius (Ende 3. oder Anfang 4. Jh. n. Chr.).
80 LIEBS 1987, 283–287.
81 Cod. Iust. 10,50,1 (Diokletian).
82 Sie wurden allerdings von Iustinian wegen unzureichender Qualität des Unterrichts wieder geschlossen, siehe die *constitutio „omnem"*, 7.
83 Über den Inhalt des Studienplans sind wir vor allem durch einen kritischen, aber wenig klaren Bericht Iustinians informiert, s. *constitutio „omnem"*, 1.
84 Siehe dazu WALDSTEIN/RAINER 2005, § 38 Rn. 1–8; WIEACKER/WOLF 2006, 186 f.
85 Cod. Theod. 13,3,5.
86 Cod. Theod. 14,9,3pr.–1.
87 Cod. Iust. 2,7,11pr.–1.
88 Cod. Iust. 2,7,22,4 aus dem Jahr 505 n. Chr. und Cod. Iust. 2,7,24,4 aus dem Jahr 517 n. Chr.
89 Dazu WENGER 1953, 636–637.

Literaturverzeichnis

BEHRENDS 1995
O. BEHRENDS, Marcus Tullius Cicero. In: M. Stolleis (Hrsg.), Juristen (München 1995) 125–127.

BÜRGE 1999
A. BÜRGE, Römisches Privatrecht (Darmstadt 1999).

CLASSEN 1985
C. J. CLASSEN, Recht – Rhetorik – Politik (Darmstadt 1985).

CROOK 1995
J. A. CROOK, Legal Advocacy in the Roman World (London 1995).

HARKE 2008
J. D. HARKE, Römisches Recht (München 2008).

HARRIES 2006
J. HARRIES, Cicero and the Jurists (London 2006).

HONORÉ 1981
T. HONORÉ, Lawyers and Emperors (London 1981).

KASER 1971
M. KASER, Das Römische Privatrecht 1 (München 1971²).

KASER/HACKL 1996
M. KASER/K. HACKL, Das römische Zivilprozessrecht (München 1996²).

KASER/KNÜTEL 2008
M. KASER/R. KNÜTEL, Römisches Privatrecht (München 2008¹⁹).

KNÜTEL u. a. 2005
R. KNÜTEL/B. KUPISCH/H. SEILER/O. BEHRENDS (Hrsg.), Corpus Iuris Civilis, Text und Übersetzung 4 (Heidelberg 2005).

KRÜGER/MOMMSEN 1954
P. KRÜGER/T. MOMMSEN, Corpus Iuris Civilis (Berlin 1954¹⁶) [Nachdruck].

KUNKEL 1967
W. KUNKEL, Herkunft und soziale Stellung der römischen Juristen (Weimar 1967²).

KUNKEL/SCHERMAIER 2005
W. KUNKEL/M. SCHERMAIER, Römische Rechtsgeschichte (Köln 2005¹⁴).

LIEBS 1987
D. LIEBS, Die Jurisprudenz im spätantiken Italien (Berlin 1987).

LIEBS 2007
D. LIEBS, Vor den Richtern Roms (München 2007).

MANTHE 2000
U. MANTHE, Geschichte des Römischen Rechts (München 2000).

NÖRR 1974
D. NÖRR, Rechtskritik in der römischen Antike (München 1974).

SCHULZ 1961
F. SCHULZ, Geschichte der römischen Rechtswissenschaft (Weimar 1961).

SPRAU 2011
H. SPRAU, Auftrag und Geschäftsbesorgung. In: O. Palandt, Bürgerliches Gesetzbuch (München 2011⁷⁰).

WALDSTEIN/RAINER 2005
W. WALDSTEIN/M. RAINER, Römische Rechtsgeschichte (München 2005¹⁰).

WENGER 1953
L. WENGER, Die Quellen des römischen Rechts (Wien 1953).

WIEACKER 1988
F. WIEACKER, Römische Rechtsgeschichte 1 (München 1988).

WIEACKER/WOLF 2006
F. WIEACKER/J. G. WOLF (Hrsg.), Römische Rechtsgeschichte 2 (München 2006).

Abbildungsnachweis: Introbild u. Abb. 1 bpk | Scala.

Prof. Dr. Ralph Backhaus
Philipps-Universität Marburg
Institut für Rechtsgeschichte und Papyrusforschung
Romanistische Abteilung
backhaus@jura.uni-marburg.de

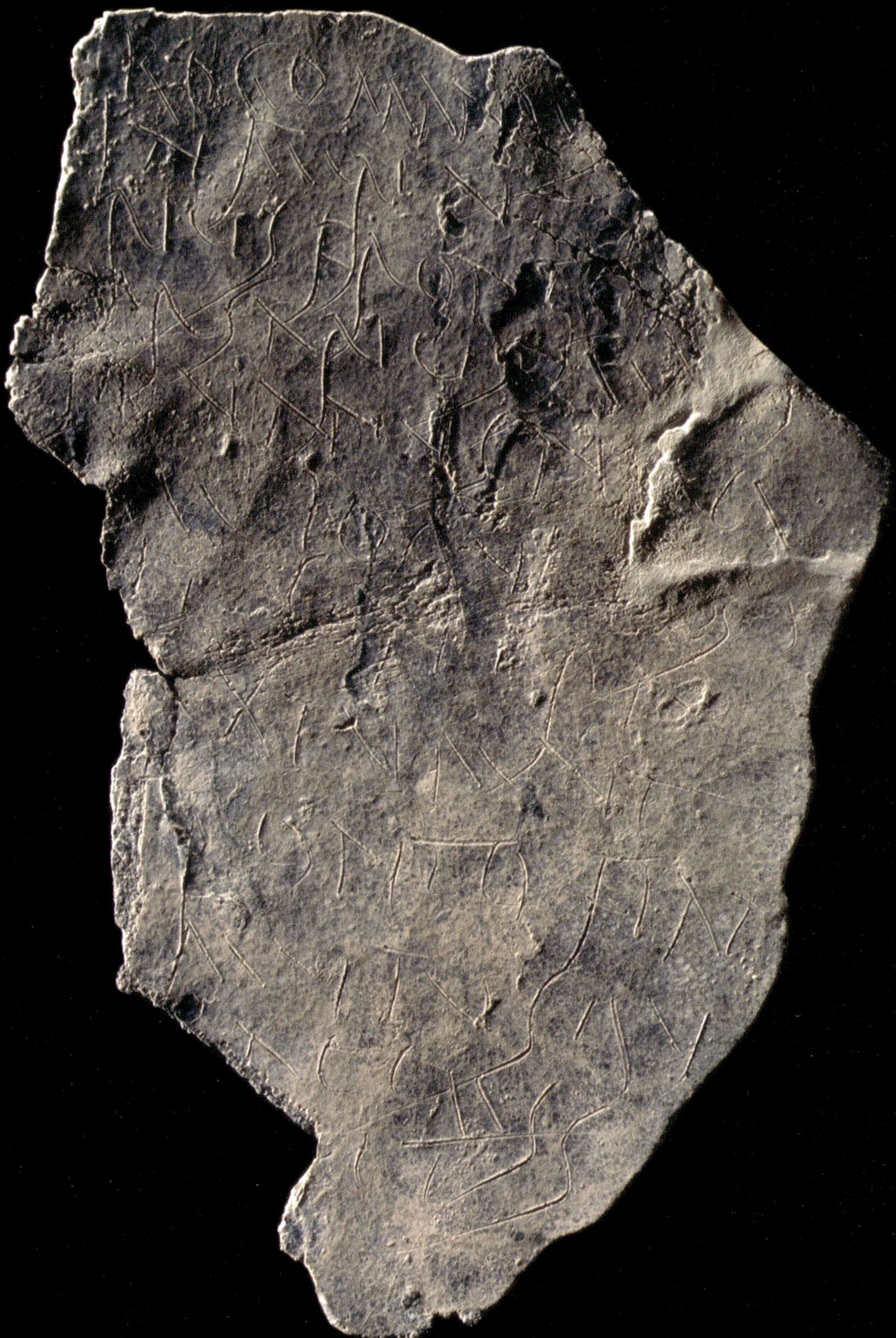

MARKUS SCHOLZ

Verstummen soll er! –
Fluchtäfelchen wider Prozessgegner

So wie Opfer von Dieben und Betrügern versuchten, diese durch Beschwörung göttlicher Hilfe zu überführen, zur Wiedergutmachung zu zwingen oder sich schlicht an ihnen zu rächen (siehe M. Scholz in diesem Band), so hofften Beteiligte an juristischen Verfahren, diese mittels Magie in ihrem Sinne beeinflussen zu können. Die daraus entstandenen Verfluchungen von Prozessgegnern stellen die zweite Gruppe juristischer *defixiones* dar, bei denen es sich ebenfalls um auf Bleitäfelchen geritzte Beschwörungsgebete handelt (*tabulae iudiciariae*), deren quasi-juristische Formulierungen über weite geographische und chronologische Räume erstaunlich ähnlich klingen[1]. Mit reichsweit rund 40 publizierten Exemplaren lateinischer Sprache (Liste 1)[2] ist sie erheblich kleiner als die Gruppe der Diebesverfluchungen und unterscheidet sich in mehrfacher Hinsicht von dieser.

Die Verbreitungsschwerpunkte beider Gruppen verhalten sich geradezu komplementär zueinander: Während die allermeisten Diebe in Britannia rituell verflucht wurden, lancierte man magische Angriffe gegen Prozessgegner vor allem in den mediterranen Reichsteilen, wohingegen aus Britannia bis heute – trotz so vieler Diebstähle – keine Prozesstafel gemeldet wurde. Die unterschiedlichen Verbreitungsschwerpunkte spiegeln also keinesfalls eine unterschiedliche Intensität krimineller oder juristischer Aktivitäten wider, sondern regional divergierendes magisch-religiöses Brauchtum sowie – angesichts der Massenfunde von Karthago und Bad Kreuznach – auch Zufälle der Entdeckung und Überlieferung.

Beide Kategorien juristischer Fluchtäfelchen driften auch chronologisch auseinander. Während die *tabulae iudiciariae* hauptsächlich zwischen der römischen Republik und dem 2. Jahrhundert n. Chr. entstanden sind, und nur das – schwer datierbare – Ensemble aus Karthago auf die mittlere Kaiserzeit bzw. das aus Trier auf die Spätantike entfallen, liegt der Höhepunkt der Diebesverfluchungen erst zwischen dem 2. und 4. Jahrhundert n. Chr. Das nährt die Vermutung, dass letztere im Prinzip als provinziale, jüngere Unterart aus den *tabulae iudiciariae* entstanden sein könnten.

Während bei den Diebstählen in der Regel der gestohlene Gegenstand explizit genannt wird, lassen uns die Gebete wider juristische Gegner über die Sache der Auseinandersetzung stets im Unklaren. Wir erfahren nicht einmal, ob ein Straf- oder Zivilverfahren anhängig war. Lediglich zweimal wird allgemein von *lis* = Streit (Nr. 6; 16) gesprochen. In Richtung finanzielle Angelegenheiten unter Nachbarn weist der Text Nr. 12, in dem ein *aerarius* und ein *vicinus* zu den Widersachern gezählt werden. Das Wort *fiscus* in dem lückenhaft erhaltenen Text Nr. 24 könnte andeuten, dass es hier um ein Steuerverfahren ging. Die Nennung ranghoher Reichsbeamter (Nr. 19–21; 33; 39) lässt ebenfalls auf Fragen von Landbesitz und Steuererhebung schließen – doch dazu weiter unten. Den Göttern wird also anders als bei vielen „Gebeten um Gerechtigkeit", zu denen die Diebesverfluchungen gehören, nicht der Fall/die Straftat (*res, causa*) an sich an Richters statt angetragen, sondern lediglich der/die Kontrahent(en) überantwortet bzw. anvertraut (Nr. 1; 36 *tradere*; 14; 39 *dare, mandare*; 6; 37 *commendare*), gar geweiht (Nr. 14 *vovere*), angezeigt (Nr. 6 *denuntiare*; 26 *indicare*) oder abgeführt (Nr. 15 *deferre*). Fast alle Flüche zielen darauf ab, den/die Gegner oder Zeugen an belastenden Aussagen (*loqui*)[3], Gesprächen (Nr. 35 *sermo*; Nr. 37 *sermonari*), Gegendarstellungen bzw. Antworten (*respondere, responsio*)[4] auf Untersuchungen (*quaestiones*[5]) zu Ungunsten der eigenen Partei zu hindern. Sie sollen verstummen (*obmutescere, mutus esse*)[6], schweigen (Nr. 23 *tacere*), ihre Zungen – eine Spezialität der *defixiones* aus Karthago – sollen festgebunden sein (*deligare linguas*)[7], sie sollen Angst haben (Nr. 27) und sich grundsätzlich

◀ Bleitäfelchen (Vorderseite) mit eingeritzter Verfluchung gegen einen Prozessgegner aus Frankfurt a. M.-Praunheim. AO: Archäologisches Museum Frankfurt.

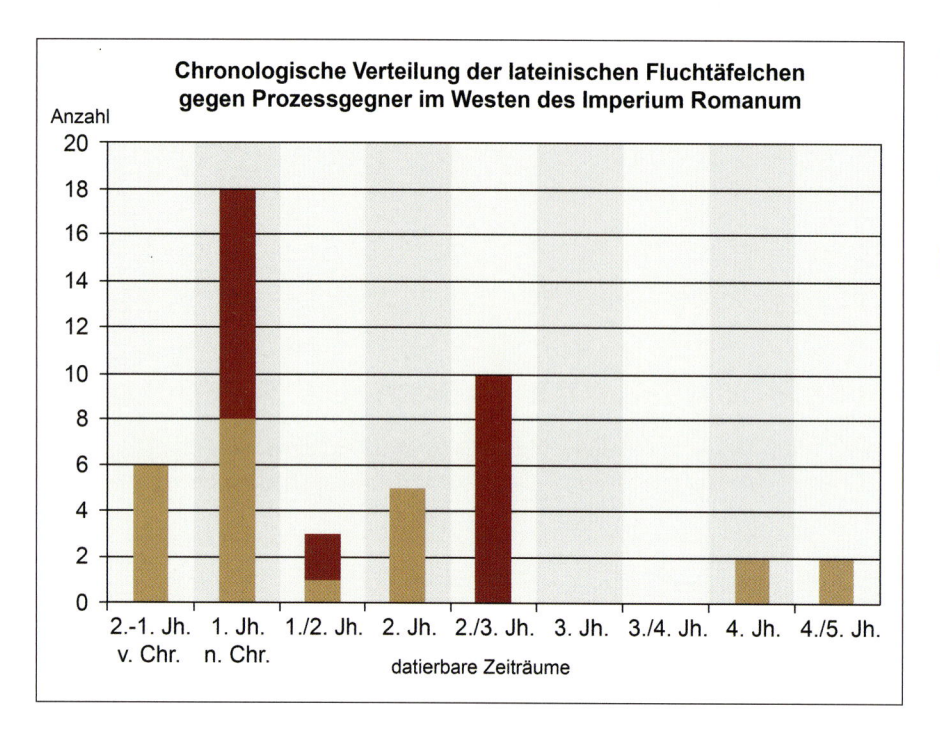

Graphik 1 Chronologische Verteilung der lateinischen *defixiones* gegen Prozessgegner im Westen des Imperium Romanum.

nicht gegen Maßnahmen der eigenen Partei wehren können (*ne agere*). Meistens soll der Erfolg durch den Tod des/der Fluchopfer oder im milderen Fall durch deren Verwirrung[8] sichergestellt werden. Ein weiteres Merkmal der *defixiones iudiciariae* ist die zwar nicht oft, aber zu unterschiedlichen Zeiten in verschiedenen Reichsteilen beschworene, als qualvoll gedachte Schädigung bestimmter oder aller Körperteile (Nr. 31a; 35; 38) bis hin zum Tod, was durch das symbolische Piesacken von Voodoo-Puppen bekräftigt werden kann[9]. Manchmal werden die Beschwörungen mittels magischer Analogien versinnbildlicht, z. B. Nr. 37 (Rom)[10]:

Quomodo mortu<u=O>s qui istic / sepultus est nec loqui / nec sermonar<i=E> potest s{e}ic / Rhodine apud M(arcum) Licinium / Faustum mortua sit nec / loqui nec sermonar<i=E> possit / ita uti mortu<u=O>s nec ad deos / nec ad homines acceptus est / s{e}ic Rhodine apu<d=T> M(arcum) Licinium / accepta sit et tantum valeat / quantum ille mortu<u=O>s qu{e}i // istic sepultus est Dite Pater Rhodine(m) / tib{e}i commendo uti semper / odio sit M(arco) Licinio Fausto / item M(arcum) Hedium Amphionem / item C(aium) Popillium Apollonium / item Vennonia(m) Hermiona(m) / item Sergia(m) Glycinna(m)

„Wie dieser Tote, der hier bestattet ist, soll Rhodine weder aussagen noch plaudern können bei Marcus Licinius Faustus, tot sei sie, weder aussagen noch plaudern soll sie können so wie der Tote [hier] weder bei den Göttern noch bei den Menschen aufgenommen ist, so (wenig) soll Rhodine bei Marcus Licinius aufgenommen sein und es soll ihr nicht besser gehen als jenem Toten, der hier bestattet ist. Dis Pater, dir übergebe ich Rhodine, damit sie immer dem Hass anheim falle durch [den Richter?] Marcus Licinius Faustus. Ebenso [übergebe ich dir] Marcus Hedius Amphio, Caius Popillius Apollonius, Vennonia Hermiona und Sergia Glycinna".

Andere Fluchende (*defigentes*) beließen es nicht beim bloßen Vergleich, sondern setzten diesen in ein magisches Ritual um, z. B. Nr. 6 (Chagnon):

Denuntio personis infra / scri<p=B>tis Lentino et Tasgillo / uti adsin<t> ad Plutonem / <[et] a<d=T> Proserpinam hinc a[beant] / quomodo hic catellus nemin[i] / nocuit sic [---] nec / illi hanc litem vincere possint / quomod<o=I> nec mater huius catelli / defendere potuit sic nec advo/cati eor<u=O>m eo[s de]fendere {non} / possint sic il[<l>o]s [in]imicos / Atracatetracati gal/lara precata egdatara / hehes celata mentis ablata / [[et] a<d=T> Proserpinam *hinc a[beant]} // Aversos ab hac l[i]te esse <debent>(?) qu<o=A>/mod<o=I> hic catellus aversus / est nec surgere potest{i} / sic nec illi sic tra(n)specti sin(t) / quomod<o=I> ille / quomod<o=I> in hoc m[o]n<i=U>m<e=O>nt(o) ani/malia o<b=M>mutuerun(t) nec surge/re possun(t) nec illi mut[i](?) / Atracatetracti gallara / precata egdarata he/hes celata mentis abla/ta*

„Ich drohe den unten stehenden Personen, nämlich Lentinus und Tasgillus, dass sie Pluto und Proserpina anheim fallen, dass sie dorthin (= in die Unterwelt) hinab gehen. So wie dieses Hündchen hier niemandem (mehr) nutzt, so [---] und jene sollen diesen Streitfall nicht gewinnen können. So wie die Mutter dieses Hündchens (dieses) nicht verteidigen konnte, so sollen auch die Anwälte jener sie, jene Feinde, nicht verteidigen können. (Zauberformel?) Gebete (Zauberformel?): das Tückische (ihres) Geistes soll weggetragen sein zu Proserpina. Dorthin sollen sie hinab gehen. Sie müssen von diesem Streitfall abgewendet sein so wie dieses Hündchen abgewendet ist. So wie es nicht mehr aufstehen kann, so sollen jene durchsichtig sein. So wie jener (Tote) in diesem Grabmonument (und so wie diese) Tiere (d. h. das Hündchen) verstummen, so sollen jene nicht aufstehen können, sie sollen stumm sein (Zauberformel?). Das Tückische (ihres) Geistes soll weggetragen sein."

Die rituelle Wiederholung der Fluchwirkung (Pleonasmus) gehört zum Wesen der Magie, besonders aber der Prozessgegner-Verfluchungen. Anders als in den „Gebeten um Gerechtigkeit" wandte man sich nicht an offizielle Staatsgötter, sondern an Götter der Unterwelt (z. B. Proserpina, Pluto, Dis Pater), Dämonen, Totengeister und andere chthonische Wesen, seltener an Wassergottheiten (Liste 1)[11]. Folgerichtig wählte man auch adäquate Übergabeorte dieser Botschaften, nämlich hauptsächlich Gräber[12] (77,5 %), weitaus seltener Gewässer (7,5 %), Wohnhäuser (5–7,5 %) und Amphitheater (5 %), die aber als Stätten des Todes in die Symbolik passen. Im Gegensatz zu den „Gebeten um Gerechtigkeit" mied man jedoch die Öffentlichkeit der Tempel (Ausnahme: Nr. 31a). Die heimliche Zwielichtigkeit der Verstecke sowie die Tatsache, dass sich die Fluchenden nur in einer Minderheit der Fälle selbst nennen[13], sprechen dafür, dass diese Art des Schadenzaubers tatsächlich verboten war, da er nicht auf die Wiederherstellung der gerechten Ordnung abzielte, sondern auf eigennützige Manipulation, die oft mehr durch Furcht vor einem Schuldspruch und Bestrafung als durch „reines Gewissen" motiviert gewesen sein mag. Griffen also in erster Linie bedrängte Angeklagte zum Mittel der Magie? Das geht zwar aus keinem einzigen Text eindeutig hervor, doch fällt auf, dass man sich offenkundig mehr davon versprach, den Gegner negativ zu beeinträchtigen als etwa die numinösen Mächte positiv um die Stärkung des eigenen Auftretens vor Gericht zu ersuchen (Ausnahme: Nr. 27)[14]. Fühlten sich umgekehrt jene Urheber von *defixiones*, die ihre Namen preisgaben, zu Unrecht beschuldigt, suchten also bei den göttlichen Mächten Gerechtigkeit? Ausgerechnet in jenem Fall (Nr. 35), wo von *bona ira* = gutem/gerechtem (?) Zorn die Rede ist, bleibt aufgrund ungedeuteter Textpassagen offen, ob sich der *defigens* im Text selbst offenbare. Der Charakter von Rache haftet dem Wunsch des anonymen Autors der bereits oben vorgestellten Quelle Nr. 37 an, dass Rhodine dem Hass des Richters (?) anheim falle. Tiefer persönlicher Hass blitzt ferner aus zwei Urkunden hervor, in denen die Widersacher mit ehrrührigen Beschimpfungen überzogen werden (Nr. 7; 38).

Man bemühte sich, die Widersacher mit vollem bürgerlichem Namen, im Fall von *peregrini* mit dem Vatersnamen oder bei Freigelassenen und Sklaven mit dem Namen des *dominus* genau und personenrechtlich exakt anzugeben, um Verwechslungen seitens der Gottheit auszuschließen. Gelegentlich gab man auch Berufe (Nr. 10: Handwerker) oder andere „Alleinstellungsmerkmale" an (z. B. Nr. 17 *senex* = Greis). Die Gegner bezeichnete man entweder als *inimici*[15] = persönliche Feinde, als *adversarii*[16] = Gegner oder als *hostis* = öffentlicher (Staats-)Feind (Nr. 1; 14; 31a). Außer Fluchtäfelchen, die sich gegen Einzelpersonen und kleine Personengruppen – so im Fall von Nr. 29 z. B. gegen eine ganze Großfamilie – wenden, die man wohl am ehesten mit den unmittelbaren Gegnern identifizieren darf, gibt es auch längere Aufzählungen von bis zu 21 Namen (Nr. 1; 10; 12; 16; 21; 36). Dabei reicht das Spektrum von bloßen, unkommentierten Namenslisten (Nr. 8; 10; 19–20) bis hin zu solchen, in denen nach Personengruppen gegliedert wird, so z. B. in zwei Gruppen im Falle von Nr. 32 (Nida) bzw. in drei Gruppen im Falle von Nr. 36 (Rom):

D(i) Manes co(m)<e=A>ndo ut / perdant // in{n}imicos me<o=U>s com(m)<e=A>ndo Domi-

Abb. 1 Bleiernes Fluchtäfelchen Nr. 20 mit Verfluchung des Provinzstatthalters, dessen Rates, des Provinzprocurators und der Interessenvertreter einheimischer Stämme. Die Schrift verläuft in magischer Spiegelung von rechts unten nach links oben. FO: Emporiae (Ampurias), Hispania, gefunden in einem Grab. 75–78 n. Chr. Museo d'Arqueologia de Catalunya.

tia / Omonia Menecraatis alius trado Nicea / Cyrus Nice Porista Demo Ascelpiades(!) / Time Ce Philaia Caletic(he) Menotiaa it<e=I>m{m} / a<d=T>versar(ios) annor(um) m<i=E>nor(es)

„Den Totengeistern überantworte ich, auf dass sie verderben, {ich überantworte} meine persönlichen Feinde: Domitia, Omonia Menecraatis (filia/serva?). Ferner übergebe ich: Nicea, Cyrus, Nice, Porista, Demo, Asclepiades, Time, Ce, Philaia, Caletic(he), Menotiaa, außerdem auch die minderjährigen Gegner".

Diese Quelle unterscheidet also zwischen *inimici* und *adversarii*, deren Namen mit „ferner" (*item*) eingeleitet werden. Da es sich bei den minderjährigen *adversarii* kaum um voll strafmündige Angehörige der Gegenpartei (*inimici*) handeln kann, liegt es nahe, den Begriff *adversarius* auf andere an der Wahrheitsfindung beteiligte Personen zu beziehen, vor allem auf Zeugen und juristisches Personal.

Dazu passt, dass die hohen Reichsbeamten, die in Nr. 19–21 (Abb. 1) und Nr. 39 mit Flüchen belegt werden, als *adversarii*, nicht aber als *inimici* definiert werden. Die 16 Namen in der Fluchtafel aus Ateste (Nr. 1) werden zwar nicht getrennt aufgelistet, doch unterscheidet auch dieser Autor *inimici*, *inimicae*, *adversarii* und *hostes*.

Wiederholt haben Fluchende dasselbe Anliegen auf mehrere Bleibleche geritzt und diese unweit voneinander deponiert. In der Regel sind die Texte nicht völlig identisch, sondern stellen entweder Auszüge aus längeren Texten dar (z. B. Nr. 8 von Nr. 9) oder liefern einander ergänzende Informationen (Nr. 19–21; 24–25; 34–35). Exemplarisch seien hier zwei von einem gewissen Sextus verfasste *defixiones* vorgestellt, die an zwei unterschiedlichen Stellen im Bereich des Praunheimer Gräberfeldes vor den Toren des Militärstandortes und späteren *civitas*-Hauptortes Nida (Frankfurt a. M.-Heddernheim) zum Vorschein kamen:

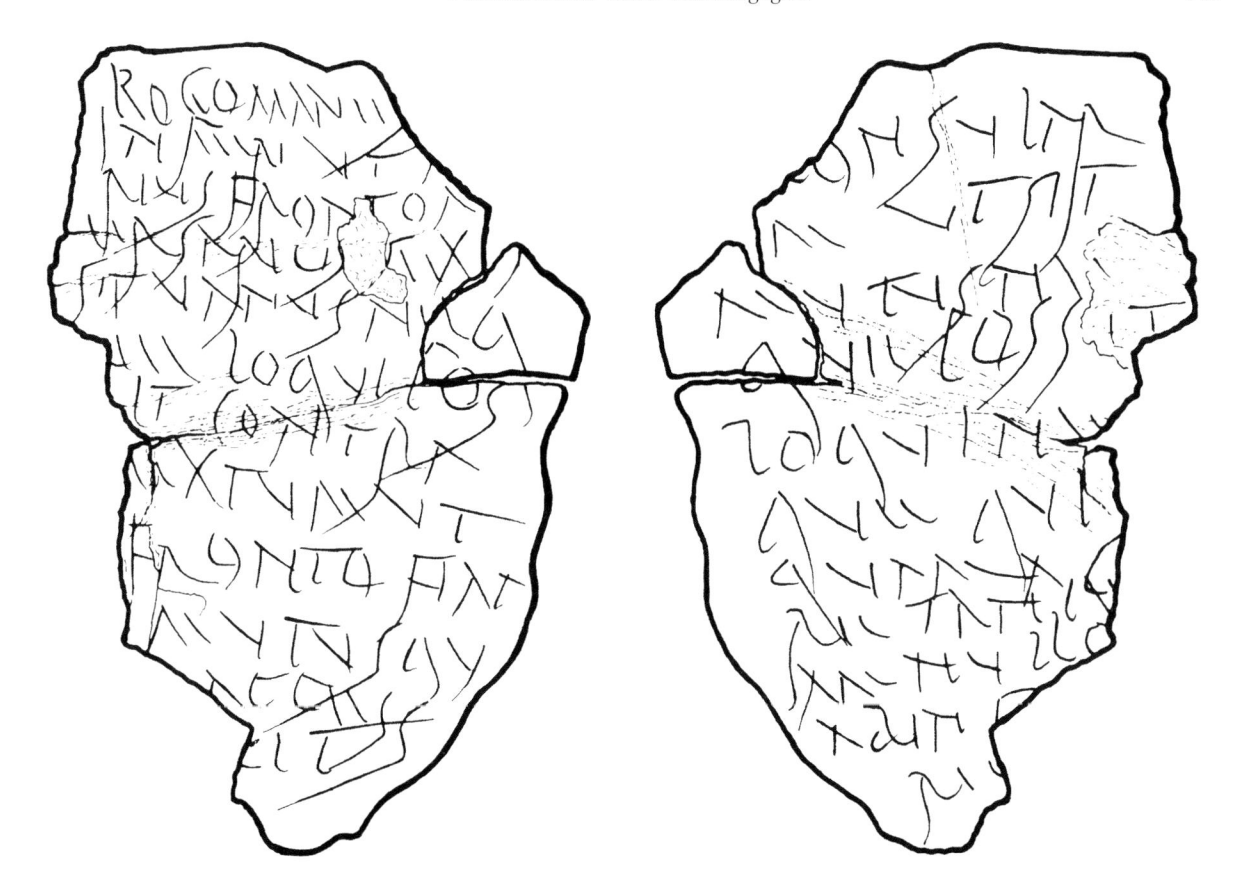

Abb. 2 Bleiernes Fluchtäfelchen Nr. 33 mit Verfluchung eines wichtigen Zeugen, der vor dem obergermanischen Statthalter aussagen soll. FO: Frankfurt a. M.-Praunheim, gefunden in einem Grab. Anfang 2. Jh. n. Chr. Archäologisches Museum Frankfurt a. M.

Nr. 32:
(Defero/Defigo) [i]nimicos Sexti, ut / [h]ic non possint [con/t]ra Sext[i] facu[ndiam] / nec agere [o ?] quicq/u[am] possint, ut sic / vani et muti (sint), q[uomo]/di et illi, qui in / [hoc monument]to [i]ac[ent . . . // [in il]lo tum loqui Va[le]/ntinus et [. . .] tu[. .]/to et Ripanus et Le[. . . .]/ et Iuventinum [. . .]/ et Lucius et [. . . . .] Car[um et]/ F]rontonem [. . .]. / Ali(i) adversari(i) [. . . . .]/ sint vani et m[uti / qu]modi ista gar(r)u[la / avi]s. ----

„(Ich banne) die Feinde des Sextus, so dass sie hier nichts gegen die <Redegabe> des Sextus tun können, so dass sie so vergeblich und stumm (sind), wie auch jene die in diesem Grabe liegen. // (An diesem) Ort zu sprechen (sollen unfähig sein) Va[le]ntinus und [. . . .Fron]to und Ripanus und Le[. . . gegen . . .] Iuventius und Lucius [. . . gegen] Car[us und F]ronto. [Und/Auch] die anderen Gegner sollen vergeblich und stumm sein, wie dieser geschwätzige [Vogel]".

Nr. 33 (Introbild und Abb. 2):
Rogo manes / inferi ut [Ma?]/rius Fronto a[dv]/ersarius Sext[i] / sit vanus neq/ue loqui pos/[s]it contra / [S]extum, ut / Fronto fiat / mutus qu[um] (= cum) *access/[e]rit // consular/[e]m, ut sit / mutus ne/que possit / loqui ne/que qui[c]/quam ag[e]/re, tanqu/am nullo / ab inf[e]/ris.*

„Ich flehe euch an, ihr Götter der Unterwelt, dass Marius(?) Fronto, der Prozessgegner des Sextus, erfolglos sei und gegen Sextus nicht aussagen kann, dass Fronto verstumme, sobald er // beim Statthalter (als Hilfesuchender oder als Zeuge?) vorstellig wird, dass er verstumme und dass er weder aussagen kann noch überhaupt irgendetwas unternehmen! (Er soll nichts reden können) wie keiner von den Unterirdischen!"

Namen verfluchter Personen	Nr. 8	Nr. 9	Nr. 10	Nr. 11	Nr. 12
Fructus	×	×			
Gracilis	×	×			
Adiutor Sintonis (filius)		×	×[17]		
Optatus Silionis (filius)				×	×
Terentius Atisso				×	×
Sinto Valentis (filius)				×	×
Atticinus Ammonis (filius)				×	×
Anzahl der Namen der Verfluchten insgesamt	2	3	19	3	19

Tabelle 1 Namen von Verfluchten, die in zwei oder mehr Fluchtäfelchen aus Cruciniacum (Bad Kreuznach) genannt werden.

	Italia	Hispaniae	Galliae	Germaniae	Britanniae	Raetia	Noricum	Pannonia	Achaia	Africa
defixiones gegen Prozessgegner	7	4	3	11	–	2	–	1	1	13
defixiones gegen Diebe	–	6	3	4	79	2	–	1	–	–

Tabelle 2 Vorkommen lateinischer *defixiones* mit juristischer Relevanz im Westen des Imperium Romanum.

Nr. 33 gilt speziell dem bereits in Nr. 32 genannten Fronto, der evtl. ein Schlüsselzeuge in demselben Prozess war und wohl damit gedroht hatte, vor den obergermanischen Statthalter (*consularis*)[18] zu treten oder dort bereits vorgeladen war. Abweichungen bei den Namen der Verfluchten kennzeichnen die größte europäische Fundkonzentration von Prozessgegner-Verfluchungen aus Bad Kreuznach (Nr. 8–16)[19]. Die Texte von mindestens fünf der insgesamt neun juristischen *defixiones*[20] weisen bestimmte Namen gleichsam als Schnittmengen auf, was ihre Zusammengehörigkeit bestätigt, doch kommen in den einzelnen Täfelchen neue Namen dazu, andere fallen weg (Tabelle 1). Wie ist dieser Befund zu deuten?

Vor dem Hintergrund der ihrerseits von ein und derselben Person verfassten *defixiones* aus Emporiae in der Provinz Hispania Tarraconensis (Nr. 19–21; Abb. 1), die auch das *consilium legati Augusti* betrafen[21], lässt sich die Fluktuation der Namen in Bad Kreuznach vielleicht damit erklären, dass ein Teil von ihnen entweder auf Zeugen, die zu unterschiedlichen Sitzungsterminen vorgeladen waren, oder auf wechselndes juristisches Personal entfällt wie in Nr. 12 (*apparitor* = öffentlicher Diener; *aerarius* = Kassenwart) oder evtl. auf Geschworene. Wurden die einzelnen Täfelchen im Vorfeld des jeweiligen Verhandlungstermins niedergelegt?

Dass Anwälte (Nr. 2; 6; 19–21; 28 *advocati*) oder Informanten (Nr. 13 *qui docent illum*) der Gegenpartei in die Fluchwirkung einbezogen sein sollten, versteht sich von selbst. Unklar bleibt die Rolle gewisser *adiutores* (Nr. 11; 31a), mit denen Helfer der Gegenpartei gemeint sein können oder lokale juristische Beamte (*adiutores tabulariorum*)[22]. In Einzelfällen traf der Fluch aber auch ranghohe Reichsbeamte. Von außerordentlichem öffentlichem Interesse muss zwischen 75 und 78 n. Chr. ein juristisches Verfahren in Emporiae gewesen sein, in das der Provinzstatthalter (*legatus Augusti provinciae*), ein weiterer senatorischer *legatus Augusti* (*legionis* oder *iuridicus*?)[23], der Finanzverwalter der Provinz (*procurator Augusti*) sowie verschiedene Interessensvertreter zweier einheimischer *civita-*

Abb. 3 Bleiernes Fluchtäfelchen Nr. 38 mit Verfluchung und Beschimpfung eines Richters, begleitet von magischen Zeichen und Darstellungen dämonischer Wesen. FO: Rom, Quelle der Anna Perenna. 4. Jh. n. Chr. Museo Nazionale Romano delle Terme.

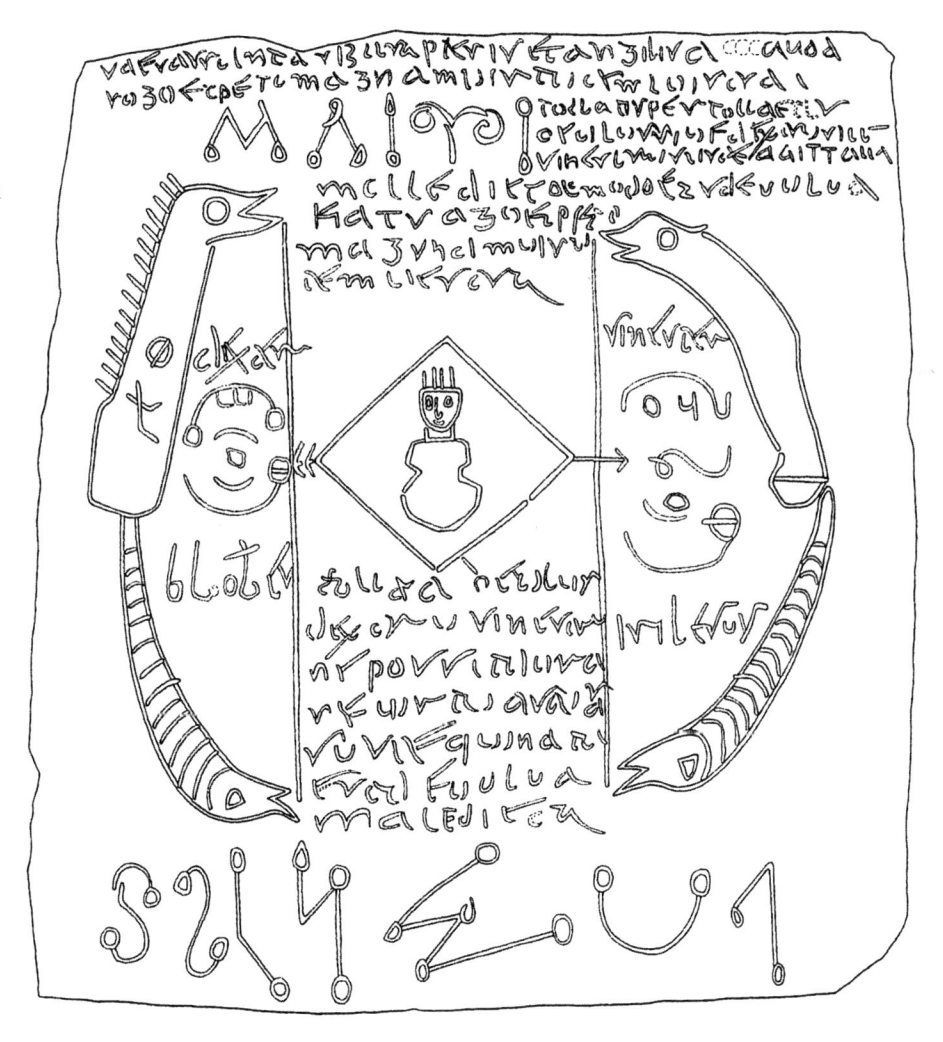

tes, der Indicetani und der Olossitani, verwickelt waren (Nr. 19–21). Vermutlich bildeten Territorialstreitigkeiten zwischen diesen Stämmen und der Stadt Emporiae und sich daraus ergebende Neuverteilungen und steuerliche Neutaxierungen (*census*) den Hintergrund der Fluchtafel[24]. Vergleichbare administrative Maßnahmen, die möglicherweise in bestehende (Land-)Besitzverhältnisse im Raum Siscia (Pannonia) eingriffen[25], nachdem diese kurz zuvor unter Kaiser Domitian zur *colonia* erhoben worden war, dürften vermutlich einheimische *defigentes* dazu getrieben haben, eine Gruppe von sechs teilweise ortsfremden Funktionären zu verfluchen, deren prominentester Vertreter einer der mächtigsten Männer seiner Zeit war, nämlich der Feldherr und enge Vertraute des Kaisers Traian, *consul tertium* und Träger der *ornamenta triumphalia*, Lucius Licinius Sura (Nr. 39)[26]:

Data depr<i=E>menti // ma(n)data data istos / Savo (ut) cura(m) agat / depr<i=E>ma(t) adver(s)ar(i)o(s) / no{s}stro(s) [c]om(m)ut(ent ut) vane[27] */ contra nos l<oq=UC>uia(nt)*[28] *// Advers{s}ar(i)o(s) nos{s}tro(s) / G(aius) Dom<i=E>tiu(s) Secund<us=O> / et Lucius Larci<us=O> / et Secund<us=O> Vacarus / Cyba(lenses) et P(ublius) Citronius / Cicorelliu(s) Narbone*[29] */ et L(ucius) Lic{c}<i>nius Sura (H)is{s}pan(us) / et Luc{c}il{l}ius / Val{l}en{te}(m) ne possi(nt) / contra s{s}e(!) facer<e=I> / avertat illo(s) am{a}e<n>te(s) / c<o=A>ntra lo<q=C>ui ne mali(nt) illoru (! = illos?) mutuo(s) fac*[30] */ G(aius) Dom(i)tius S{s}ecund<us=O> / et Lucius La(r)c(i)o L(ucii filius) Cyba(lenses) / mutat(a) agita*[31] */ bona il(l)orum [4]*

„Dem in die Tiefe Ziehenden (Flussgott) Savus (sei) als Überlassenes anvertraut, dass er sich darum kümmere, dass er diese Leute, unsere Gegner, herabzieht, dass sie erstarren, dass sie vergeblich gegen uns aussagen: Gaius Domitius Secundus und Lucius Larcius und Secundus Vacarus aus Cibale (heute Vinkovci, Kroatien) und Publius Citronius Cicorellius aus Narbo Martius und Lucius Licinius Sura, der Hispanier, und Lucillius Valens sollen nichts gegen (uns) ausrichten können. (Der Gott Savus) soll jene verkehrt machen (und) ihnen das Gedächtnis nehmen, auf dass sie nicht den bösen Willen haben können gegen (uns) auszusagen. Mach, dass sie verstummen, (besonders) Gaius Domitius Secundus und Lucius Larcius, Sohn des Lucius, aus Cibale! Betreibe, dass deren Güter verdorben werden!"

Dass der obskure Zugriff feindlicher Magie auch vor höchsten Repräsentanten des Staates nicht Halt machte, sahen die Zeitgenossen durch den Tod des Germanicus 20 n. Chr. bestätigt, in dessen Haus zahlreiche verborgene Fluchtäfelchen entdeckt worden sein sollen[32]. Noch in einer spätantiken *defixio iudiciaria* aus Rom wird der Wunsch geäußert, ein Richter oder Schlichter (*arbiter*) solle die göttliche Macht der zugunsten der eigenen Partei beschworenen Nymphen nicht aushalten können (Nr. 38; Abb. 3). Wie unerhört man es empfand, öffentliche Amtsträger auf so heimtückische Weise anzugreifen, geht aus einer Weihung an Iupiter Conservator in Tuder (Todi, Mittelitalien) hervor (AE 1985, 364), die davon kündet, dass ein Fluch (*defixa nomina*) gegen den gesamten *ordo decurionum* offenbar erfolgreich abgewehrt werden konnte; die Straftat wird als *infandum latrocinium* eingestuft und dürfte für den überführten Täter auch die entsprechenden Konsequenzen nach sich gezogen haben.

In zwei weiteren Täfelchen schließlich wird ein Beamter jeweils nur erwähnt, aber nicht verflucht. So kann der oben vorgestellte Fall aus Praunheim (Nr. 33; Abb. 2) durch die Einschaltung des Provinzstatthalters (*consularis*) und den bürgerlichen Namen des Fluchopfers Marius Fronto als ein Prozess unter Beteiligung römischer Bürger rekonstruiert werden. Die Formulierung *apud Marcum Licinium Faustum ... loqui* (Nr. 37, Rom) gibt zu erkennen, dass dieser als Richter fungierte, auch wenn sein Amt nicht explizit genannt wird. Trotz der vereinzelten und nur indirekten Hinweise bleibt zu resümieren, dass für die in den vorliegenden Quellen aufscheinenden Prozesse eher zivil- oder verwaltungs- als strafrechtliche Hintergründe anzunehmen sind. Auf Kapitalstrafen finden sich jedenfalls keine Hinweise.

Vorbemerkungen zur Liste: Die *defixiones* sind in alphabetischer Reihenfolge ihrer Fundorte aufgelistet. Die relevanten Textpassagen werden um der Übersicht willen in rekonstruierter, nicht in textkritischer Fassung zitiert. Umgangssprachliche Varianten wurden beibehalten. Für die Nennung römischer Bürger findet die Abkürzung „CR" (civis Romanus/cives Romani) Verwendung. Zwei aufeinander folgende Täfelchen, die mit * gekennzeichnet sind, haben denselben Inhalt und denselben Autor.

Nr.	Opfer der Verfluchung (rechtlicher Stand, soweit anhand der Namen erschliessbar)	Erwünschte Fluchwirkung	Angerufene Gottheit	Fundort, Provinz – Datierung (Fundstelle)	Literatur
1	... *si quis inimicus inimica, adversarius, hostis* ... (16 Gegner, darunter mindestens 7 CR, 1 *libertus*)	... *tibi trado ut tu illum mittas et depremas traditio tuis canibus tricipiti(bus) et bicipitibus ut eripiant capita, cogitata,* ... / dir übergebe ich (jeden einzelnen), damit du ihn zur Ader lässt und niederdrückst, die Übergabe an deine drei- und zweibeinigen Hunde (vollziehst), dass diese (ihre) Köpfe (und damit ihre) Gedanken abreißen ...	Orcus pater, Proserpina, Pluto	Ateste (Este, Italien), regio X, Venetia et Histria – 1. Jh. v. Chr. (Grab)	AE 2002, 562; Kropp 2008 dfx 1.7.2/1

Nr.	Opfer der Verfluchung (rechtlicher Stand, soweit anhand der Namen erschliessbar)	Erwünschte Fluchwirkung	Angerufene Gottheit	Fundort, Provinz – Datierung (Fundstelle)	Literatur
2	... advocatus ... (2 Gegner)	Quidquid adhibent Paganus et advocatus, habes / Was auch immer Paganus und sein Anwalt betreiben – du (Gottheit) hast sie!	?	Augusta Treverorum (Trier), Gallia Belgica – 4./5. Jh. (Amphitheater)	AE 1911, 148; Kropp 2008 dfx 4.1.3/2
3	Inimicum [---] qui [---]	[---] iuvate [6]	Mars et Diana	Augusta Treverorum (Trier), Gallia Belgica – 4./5 Jh. (?) (Amphitheater)	CIL XIII 11340,4; Kropp 2008 dfx 4.1.3/8
4	... adversarii Bruttae ... (4 Gegner, darunter 1 CR, 1 servus)	... et quiquis adversus illam loquitur omnes pereatis, rogo vos omnes qui illi malum paratis dari ... absumi morte ... / und wer auch immer gegen jene (Brutta) aussagt: alle sollt ihr verloren sein. Ich ersuche euch (Götter), dass alle jene, die Schlechtes (vorhaben) den Bereitstehenden (Göttern) übergeben werden ... dass sie durch Tod verzehrt werden	Ogmius	Brigantium (Bregenz), Raetia – 1. Jh. (Grab)	Audollent 1904 Nr. 93; Kropp 2008 dfx 7.1/1
5	(1 Gegner)	... mutus sit Quartus agitatus erret ut mus fugiens aut avis adversus basyliscum ut eius os mutum sit ... ut Erinyis rutus sit ... ad portas aureas / dass Quartus verstumme, als Getriebener herumirre wie eine Mücke oder ein Vogel auf der Flucht vor dem Basilisken, dass sein Gebein stumm sei ... dass er von den Erinyien (Rachegottheiten) niedergerissen sei ... bis zu den goldenen Pforten	Mutae Tacitae	Cambodunum (Kempten), Raetia – Mitte 2. Jh. (Hausfund)	AE 1958, 150; Kropp 2008 dfx 7.2/1
6	Denuntio personis(!) infra scriptis(!) (2 Gegner, peregrini?) ... inimicos ...	... nec hanc litem vincere posstint ... nec defendere... nec surgere ... obmutuerunt ... muti ... (siehe Text)	Pluto, Proserpina	Chagnon, Aquitania – 2. Jh. (Grab)	Audollent 1904 Nr. 112; Kropp 2008 dfx 4.3.1/1-2
7	(1 Gegner)	... desumatur, ut facias illum sine sensu, sine memoria, sine spiritu, sine medulla. Sit vi mutuscus(!) ... demando tibi ut acceptum habeas Silvanum quem peperit vulva facta et custodias ... illum mortuum. Deponas eum ad Tartara / er soll verzehrt werden; mach, dass er ohne Sinne sei, ohne Erinnerung, ohne Denkkraft, ohne Mark. Er verstumme durch Gewalt ... ich übergebe (ihn) dir, dass du Silvanus, den eine Hure gebar, zu dir nimmst, ihn bewachst ... ihn (schließlich) tötest. Deponiere ihn in der Hölle	?	Cirta (Constantine, Algerien), Numidia – 4. Jh. (?) (Grab)	Audollent 1904 Nr. 300; Kropp 2008 dfx 11.3.1/1

Nr.	Opfer der Verfluchung (rechtlicher Stand, soweit anhand der Namen erschliessbar)	erwünschte Fluchwirkung	Angerufene Gottheit	Fundort, Provinz – Datierung (Fundstelle)	Literatur
8*	*Fructus // Gracilis* (2 Gegner)	(der/den Gottheit(en) überlassen?)	Inferi?	Cruciniacum (Bad Kreuznach), Germania Superior – 1./2. Jh. (Grab)	CIL XIII 7555i; Kropp 2008 dfx 5.1.4/1
9*	(3 Gegner, *peregrini*?)	*... defero inferis sic non possit respondere quaestionibus* / ... ich überlasse ihn den Göttern der Unterwelt, dass er auf die Fragen (des Richters) nicht antworten kann	Inferi	Cruciniacum (Bad Kreuznach), Germania Superior – 1./2. Jh. (Grab)	Audollent 1904 Nr. 95; Kropp 2008 dfx 5.1.4/2
10*	*Inimicorum nomina ...* (19 Gegner, darunter CR und Berufsnennungen: *materiarius* = Holzhändler, *lanius* = Fleischer, *offector* = Auffärber)	*... ad inferos ...* / zu den Göttern der Unterwelt hinab	Inferi	Cruciniacum (Bad Kreuznach), Germania Superior – zweite Hälfte 1. Jh. (Grab)	Audollent 1904 Nr. 96; Kropp 2008 dfx 5.1.4/3
11*	*Sinto Valentis sive alii inimici ... et adiutorium eius Sintonis* (3 Gegner genannt, *peregrini*)	*... ad inferos ... sic comdi(!) plumbum subsidet sic ... et quisquis contra Rubrium fratrem et me Quartionem si qui contravenerit ... defero ad inferos sic nusquam contra nos invenisse(!) responsionis(!) cum loquantur ... sic desumat ... tanquam inferos* / So wie Blei sinkt, so (sollen sie sinken) und wer auch immer Rubrius, meinem Bruder, und mir, Quartio, entgegentritt ... ich überlasse (sie) den Göttern der Unterwelt, dass sie niemals gegen unsere Antworten (?) einschreiten, wenn sie reden. So nehme er sie auf ... gleichsam in die Unterwelt	Inferi	Cruciniacum (Bad Kreuznach), Germania Superior – zweite Hälfte 1. Jh. (Grab)	Audollent 1904 Nr. 98; Kropp 2008 dfx 5.1.4/5
12*	*Inimici et inimicae Caranitani ...* (19 Gegner, meist *peregrini*, Berufsnennungen: *apparitor* = öffentlicher Diener, *aerarius* = Kassenwart, *vicinus* = Nachbar)	*... sic te morbo addicant dii Manes ... addicere inferis et punire* / so sollen dich die Totengeister der Krankheit überlassen, den Totengöttern hinzugeben und bestrafen	Dii Manes	Cruciniacum (Bad Kreuznach), Germania Superior – zweite Hälfte 1. Jh. (Grab)	Audollent 1904 Nr. 101; Kropp 2008 dfx 5.1.4/8
13	(2 Gegner, *peregrini*?) *... et omnes qui illi adsunt et docent illum* / und alle jene, die (ihnen) helfen und die jenen unterrichten	(der/den Gottheit(en) überlassen?)	Inferi?	Cruciniacum (Bad Kreuznach), Germania Superior – zweite Hälfte 1. Jh. (Grab)	CIL XIII 7555,4; Kropp 2008 dfx 5.1.4/6

Nr.	Opfer der Verfluchung (rechtlicher Stand, soweit anhand der Namen erschliessbar)	Erwünschte Fluchwirkung	Angerufene Gottheit	Fundort, Provinz – Datierung (Fundstelle)	Literatur
14	*Data nomina ... hostes ... /* folgende Namen ... Feinde	*... ad inferas(!) larvas ... hostes habeo, neca illa nomina /* zu den Göttern der Unterwelt, zu den Gespenstern ... ich habe Feinde, tilge (du Gottheit) ihre Namen	Inferi	Cruciniacum (Bad Kreuznach), Germania Superior – zweite Hälfte 1. Jh. (Grab)	Audollent 1904 Nr. 97; Kropp 2008 dfx 5.1.4/4
15	*... nomina* (2 Gegner, *peregrini*?)	*... defero inferis ... non respondat ... non respondat ... /* ich übertrage den Göttern der Unterwelt ... dass er nicht antworten kann	Inferi	Cruciniacum (Bad Kreuznach), Germania Superior – zweite Hälfte 1. Jh. (Grab)	CIL XIII 7552; Kropp 2008 dfx 5.1.4/9
16	*... adversarius ... data nomina ...* (14 Gegner, *peregrini*, 1 *servus*)	*... ad inferos /* zu den Göttern der Unterwelt	Inferi	Cruciniacum (Bad Kreuznach), Germania Superior – zweite Hälfte 1. Jh. (Grab)	AE 1927, 68; Kropp 2008 dfx 5.1.4/10
17	(21 Gegner, meist CR) *... et si quis alius erit inimicus Tito Paconio /* und wer auch sonst noch Titus Paconius feindlich gesonnen war	(der Gottheit überlassen)	?	Delos (Insel), Achaia – zweite Hälfte 2. Jh. v. Chr. (Grab)	Kropp 2008 dfx 10.1/1
18	*... adversari sunt omnes* (8 Gegner, davon 5 CR, 3 *servi*)	(der Gottheit überlassen)	?	Emona (Ljubljana), regio X – zweite Hälfte 1. Jh. (Hausfund)	Hoffiller/Saria 1938 Nr. 168; Kropp 2008 dfx 8.2/1
19*	*Olossitani, Titus Aurelius Fulvus legatus Augusti, Rufus legatus Augusti, Maturus procurator Augusti, consilium legati, legati Indicetanorum*	(der Gottheit überlassen)	?	Emporiae (Ampurias), Hispania Tarraconensis – 75–78 n. Chr. (Grab)	AE 2005, 883a; Kropp 2008 dfx 2.1.1/2; Simón 2010, 401 Nr. 2
20*	*Consilium Fulvi legati, Olossitani, Campanus Fidentinus Augus[t ---] // Fulvus legatus Augusti, Rufus legatus Augusti, Maturus procurator Augusti, (consilium) legati, advocati Indicetanorum*	(der Gottheit überlassen)	?	Emporiae (Ampurias), Hispania Tarraconensis – 75–78 n. Chr. (Grab)	AE 2005, 882a; Kropp 2008 dfx 2.1.1/3; Simón 2010, 400 Nr. 1

Nr.	Opfer der Verfluchung (rechtlicher Stand, soweit anhand der Namen erschliessbar)	erwünschte Fluchwirkung	Angerufene Gottheit	Fundort, Provinz – Datierung (Fundstelle)	Literatur
21*	*Olossitani ... adversari mei inique ... // Fulvus legatus Augusti, Rufus legatus Augusti, Maturus procurator Augusti, consilium legati, advocati Indicetano(rum)*	(der Gottheit überlassen)	?	Emporiae (Ampurias), Hispania Tarraconensis – 75/78 n. Chr. (Grab)	AE 2005, 883b; Kropp 2008 dfx 2.1.1/4; Simón 2010, 401 Nr. 3
22	*... omnes quei(!) inimeici(!) Senecae* (8 Gegner, darunter mindestens 1 CR und 3 *peregrini*)	(der Gottheit überlassen)	?	Emporiae (Ampurias), Hispania Tarraconensis – 1. Jh. v. Chr. (Wasser)	AE 2004, 834; Kropp 2008 dfx 2.1.1/1
23	(7 Gegner, *peregrini*?)	*... oro vos ex hoc die ut taceant, muti mutili sint* / ich bitte euch (Götter), dass von heute an sie schweigen mögen, verstummen, sie verstümmelt seien	?	Hadrumetum (Sousse, Tunesien), Africa Proconsularis – 1.–4. Jh. (Grab)	AE 1968, 620; Kropp 2008 dfx 11.2.1/42
*24	(mindestens 2 Gegner)	*... fisci, lingua ne contra me dicere nec facere valeant nisi quod ego voluero ... morti ... necessi apud ... patri meo nec adversus me ... irati ...* / ... der Kasse, die Zunge, dass sie nicht stark genug seien, um gegen mich auszusagen oder irgendetwas zu machen, wenn ich es nicht vorher gewollt haben werde ... dem Toten ... dem Getöteten bei ... meinem Vater ... nicht gegen mich ... die Zornigen ...	?	Karthago, Africa Proconsularis – 2./3. Jh. (Grab)	Audollent 1904 Nr. 225; Kropp 2008 dfx 11.1.1/3
*25	(mindestens 7 Gegner, *peregrini*)	*... alligate linguas horum, quos suprascripti, ne adversus nos respondere possint* / (Gottheiten) bindet die Zungen der oben Genannten, dass sie uns nicht antworten können	?	Karthago, Africa Proconsularis – 2./3. Jh. (Grab)	Audollent 1904 Nr. 218; Kropp 2008 dfx 11.1.1/4
26	*... quique imitati ...* / und 5 Nachahmer	*... facias illos mutos adversus Atlosam ac ... obligo linguas illorum ... ne quid possint respondere ...* / lass sie verstummen gegen Atlosa und ... ich binde ihre Zungen, dass sie nichts antworten können	?	Karthago, Africa Proconsularis – 2./3. Jh. (Grab)	Audollent 1904 Nr. 219; Kropp 2008 dfx 11.1.1/5
27	(5 Gegner)	*... accomodes Obsecrae Speratae, custodes ... mutos et metus plenos facias ... (ne) adversus eam loqui possint ...* / widme dich O. S., beschütze sie (vor Gericht) ... lass (jene) verstummen und flöße ihnen Furcht ein ... dass sie nicht gegen sie aussagen können	Domina Terra	Karthago, Africa Proconsularis – 2./3. Jh. (Grab)	Audollent 1904 Nr. 220; Kropp 2008 dfx 11.1.1/6

Nr.	Opfer der Verfluchung (rechtlicher Stand, soweit anhand der Namen erschliessbar)	erwünschte Fluchwirkung	Angerufene Gottheit	Fundort, Provinz – Datierung (Fundstelle)	Literatur
28	(> 2 Gegner) ... advocati ...	... non possint respondere contra patrem meum, contra me advocati ... / dass sie nicht antworten können gegen meinen Vater, und gegen mich nicht die Anwälte	?	Karthago, Africa Proconsularis – 2./3. Jh. (Grab)	AUDOLLENT 1904 Nr. 221; KROPP 2008 dfx 11.1.1/7
29	(8 Gegner, alle CR, davon 7 mit Gentiliz Clodius)	... neque loqui possint, quomodo huic gallo linguam vivo extorsi et defixi sic inimicorum meorum linguae adversus me obmutescant / so wie ich diesem Hahn die Zunge lebend ausgerissen und sie angenagelt habe, so sollen die Zungen meiner Feinde gegen mich verstummen	?	Karthago, Africa Proconsularis – 2./3. Jh. (Grab)	AUDOLLENT 1904 Nr. 222; KROPP 2008 dfx 11.1.1/8
30	?	... occidas, facias ... locutu ... cito, iam, iam, cito, cito ... ex hoc die ex hac hora ... donec ... / du sollst ihn umbringen, mach ... auszusagen ... schnell, schon, schon, schnell, schnell, noch heute, noch zur Stunde ... bevor ...	Daemon	Karthago, Africa Proconsularis – 2./3. Jh. (Grab)	AUDOLLENT 1904 Nr. 229; KROPP 2008 dfx 11.1.1/15
31	(mehrere Gegner)	... colligo ligo linguas ... ne quid respondere facias vanos ... ne auxilium eorum respondere ... ne quid possint mihi ... illos potiora suidi ... mutos ... / ich binde zusammen, ich binde die Zungen ... mach, dass sie nicht irgendwas antworten, es vergeblich (tun) ... nicht zur Hilfe derer antworten ... nicht irgendwas gegen mich (machen) können ... jene sollen dürsten (?) ... verstummen ...	?	Karthago, Africa Proconsularis – 2./3. Jh. (Grab)	AUDOLLENT 1904 Nr. 303; KROPP 2008 dfx 11.1.1/32
31a	*Tiberius Claudius, adiutor (tabulariorum)* ... *hostiam* ...	... *quid aget aginat, sal et aqua illi fiat* ... / was auch immer er tut, es möge ihn schmerzen, es möge ihm zu Salz oder Wasser werden (es folgt die *defixio* von Körperteilen)	Mater Magna	Mogontiacum (Mainz), Germania Superior – 1./2. Jh. (Tempel)	BLÄNSDORF 2010a 173–175 Nr. 8; SIMÓN 2010, 412
32*	... *inimicos Sexti* ... *alii adversarii* ... / (Feinde und 8 Gegner, darunter wahrscheinlich einige CR)	... *non possint contra Sexti facundiam nec agere quicquam possint, ut sic vani et muti sint* / (s. Text)	Manes Inferi?	Nida (Frankfurt a. M.-Praunheim), Germania Superior – Anfang 2. Jh. (Grab)	AE 1978, 546; BLÄNSDORF/ SCHOLZ (im Druck) Nr. 1
33*	... *adversarius Sexti* ... / Gegner des Sextus	... *sit vanus neque loqui possit* ... *mutus cum accesserit consularem* ... *neque quicquam agere* ... / (s. Text)	Manes Inferi	Nida (Frankfurt a. M.-Praunheim), Germania Superior – Anfang 2. Jh. (Grab)	AE 1978, 545; REUTER/ SCHOLZ, 2005, 56 f.; KROPP 2008 dfx 5.1.2/1; SIMÓN 2010, 411; BLÄNSDORF/ SCHOLZ (im Druck) Nr. 2

Nr.	Opfer der Verfluchung (rechtlicher Stand, soweit anhand der Namen erschliessbar)	erwünschte Fluchwirkung	Angerufene Gottheit	Fundort, Provinz – Datierung (Fundstelle)	Literatur
34*	adversarius, adversaria (1 libertus, 2–3 CR)	(der Gottheit überlassen?)	?	Nomentum (Mentana), Latium – erste Hälfte 1. Jh. v. Chr. (Grab)	Audollent 1904 Nr. 133; Kropp 2008 dfx 1.4.2/1
35*	(2–3 CR)	... sermone ... mutus, defigere extam umeros ... caput, oculos describo ... membra omnia: latus, lingua ... talus, extae, ungues, viscres, ... vestigia, flatus ... bona ira ... / (damit) (jener) im Redefluss schweigsam (sei), um sie festzunageln, beschreibe ich die Eingeweide, den Oberarm ... den Kopf, die Augen (kurzum) alle Glieder: die Brust, die Zunge, ... das Sprungbein, die Haut, die Leber, die Fingernägel, die Eingeweide, ... die (Fuß-)spuren, den Atem ... mit redlichem Zorn ...	?	Nomentum (Mentana), Latium – erste Hälfte 1. Jh. v. Chr. (Grab)	Audollent 1904 Nr. 134; Kropp 2008 dfx 1.4.2/2
36	... inimicos meos ... (14 Gegner, einige evtl. CR, einige evtl. Sklaven) ... item adversarios annorum menores(!) – auch die minderjährigen Gegner	... commendo ut perdant ... alius trado ... / ich überantworte, damit sie verloren gehen ... ferner übergebe ich ...	Dis Manes	Rom – erste Hälfte 1. Jh. n. Chr. (Hausfund?)	Kropp 2008 dfx 1.4.4/15
37	5 Gegner (2–5 CR)	Quomodo mortuus qui istic sepultus est nec loqui nec sermonari potest ... ita uti mortuus nec ad deos nec ad homines acceptus est ... tantum valeat quantum ille mortuus ... (s. Text)	Dis Pater	Rom – 1. Jh. v. Chr. (Grab)	Audollent 1904 Nr. 139; Kropp 2008 dfx 1.4.4/3
38	(1 Gegner CR) ... Surae qui natus est de vulva maledicta ... / Sura, der von einer Hure geboren wurde	... tollite oculus(!) dextru(m sive) sinistru(m) ne possit durare virtus arbitri Surae ... / nehmt ihm das Augenlicht, das rechte oder linke ... dass die Standhaftigkeit des Schiedsrichters Sura (eure göttliche Macht) nicht ertragen kann	Nymphen	Rom, Quelle der Anna Perenna – 4. Jh. (Wasser)	Bländsdorf 2010b, 222–227. 236–241 Nr. 7
39	... adversarios nostros ...	(siehe Text)	Savus	Siscia (Sisak, Krotien), Pannonia – Anfang 2. Jh. (Wasser: in der Kupa)	Hoffiller/Saria 1938 Nr. 557; Kropp 2008 dfx 8.1.1; Simón/de Llanza 2008

Anmerkungen

1. Man vergleiche beispielsweise die Wendungen *vanus* oder *vane loqui*: Nr. 16; 31–33; 39.
2. Simón 2010, 410 zählt 67 griechische und 46 lateinische, wobei einige Texte hinsichtlich ihrer Interpretation als *defixiones iudiciariae* oder einfache Konkurrenten-Verfluchungen fraglich sind. In Liste 1 fehlen die schlecht erhaltenen Exemplare Kropp 2008 dfx 11.1.1/9–11 aus Karthago.
3. Nr. 4; 11; 27; 29–30; 33; 37; 39. – Nr. 24 *dicere*.
4. Nr. 9; 11; 15; 25–26; 28; 31.
5. Nr. 9. Mit *quaestio* kann auch das peinliche Verhör gemeint sein, vgl. Haensch 1997, 721f. In diesem Fall gehörte das Fluchopfer möglicherweise der eigenen Partei an und sollte dem Druck der Folter nicht nachgeben.
6. Nr. 5; 7; 23; 26–27; 29; 31–32; 35.
7. Nr. 24–26; 29–31; 35.
8. Nr. 1; 5; 7; 39.
9. Witteyer 2004, 42–47.
10. Ferner Nr. 5–6; 11; 29; 32.
11. Bezüge zur Unterwelt enthalten Nr. 1; 5–7; 9–13; 15; 27; 29–30; 33; 36–37.
12. Man fand sie gleichermaßen in den Urnen im Leichenbrand wie auch als sekundäre Deponierungen in der Nähe von Gräbern. Dahinter steht die Vorstellung, die Totengeister als Boten zu den Göttern einsetzen zu können. Darüber hinaus hört man, dass Fluchtäfelchen auch bei Grabmonumenten von Familien abgelegt wurden, deren lebende Mitglieder man treffen wollte (AE 1985, 364; Simón 2010, 415).
13. Nr. 4; 11–12; 17; 27.
14. Freilich könnte eine diesbezügliche *voti nuncupatio* im Rahmen einer „herkömmlichen" Opferhandlung ausgesprochen worden sein.
15. Nr. 1; 3; 6; 10–12; 17; 22; 36.
16. Nr. 1; 4; 16; 18; 21; 34; 36; 39.
17. Während in Nr. 9 und 10 eindeutig der Name Adiutor bzw. Adiutor Iulii (*filius*) steht, sind die Passagen *adiutorium Sintonis* und *adiutorium eius Sintonis* in Nr. 11 anders zu verstehen: gemeint ist ein namentlich nicht aufgeführter Helfer des Sinto.
18. Tóth 1972.
19. Anders verhält es sich im Falle des Fundensembles aus Karthago, wo von insgesamt elf Prozessgegner-*defixiones* lediglich zwei über einen einzigen Namen (Nr. 24–25 Gula Pudentis bzw. --- Pudentis) miteinander verknüpft sind, wohingegen die übrigen jeweils zahlreiche, aber stets andere Namen aufführen.
20. Zwei weitere Fluchtäfelchen aus Bad Kreuznach sind anderen Inhalts (Kropp 2008 dfx 5.1.4/7: Konkurrenz bzw. 5.1.4/11: unspezifisch).
21. Zur Zusammensetzung des *consilium* vgl. Simón 2010, 403.
22. Simón 2010, 412.
23. Simón 2010, 403 f.
24. Simón 2010, 405–409.
25. Simón/de Llanza 2008, 176 f.
26. Zur Identifikation Simón/de Llanza 2008, 181.
27. Diese Stelle wurde bisher unbefriedigend mit *o<b>mutua(t)* (Kropp 2008, 8.1/1) oder *o<b>mutua(nt)* (Simón/de Llanza 2008, 170) ergänzt, obwohl auf dem dort publizierten Photo die Reste des C zu erkennen sind.
28. Alternativer Lesungsvorschlag mit Korrektur: *lucu<br=I>ia(nt)* = „im Dunklen betreiben".
29. Simón/de Llanza 2008, 171 gehen davon aus, dass die Provinz Gallia Narbonensis gemeint sei und ergänzen Narbone(nsis). Das Wort kommt auch ohne Ergänzung aus, wenn man den Lokativ der Stadt Narbo (Martius) annimmt.
30. Diese auf dem Bleiblech zwar klar lesbare (nach dem Photo in Simón/de Llanza 2008, 169), aber zweifelsohne fehlerhafte und daher schwer verständliche Passage wurde bisher anders ergänzt: *illoru<m=S> mutu(m) o(s) fac* = „(Gottheit) bringe die Knochen derer zum Verstummen". Da auch diese Interpretation nicht ohne mehrere korrigierende Eingriffe auskommt, kann sie nicht mehr Wahrscheinlichkeit beanspruchen. Möglicherweise nahm der unsichere Schreiber das *illorum* der letzten Zeile versehentlich gedanklich statt *illos* vorweg.
31. Diese Passage wurde bisher *muta ta(c=G)ita* aufgelöst, wobei grammatikalisch kein Bezugsobjekt vorhanden ist (*bona* kommt sinngemäß nicht in Frage) und deshalb ein Fehler unterstellt werden müsste. Simón/de Llanza 2008, 173 nehmen daher unter Verweis auf ein Täfelchen aus Kempten (Kropp 2008 dfx 7.2/1) die Gottheit *Muta Tacita* an. Dass hier plötzlich die angerufene Gottheit gewechselt wird – eigentlich richtet sich das Gebet an den Flussgott Savus – wäre ungewöhnlich. Daher sei hier eine andere Lösung vorgeschlagen: *mutat(a) agita bona il(l)orum (sint)* = „(Gottheit) betreibe, dass deren Güter verdorben werden". Der Imperativ *agita* kann an die Parallele *fac* im vorangehenden Satz anknüpfen. Schwachpunkt dieser Lösung ist, dass in *mutata* ein zweites A ergänzt werden muss, dessen Auslassung wegen des nachfolgenden A von *agita* aber zumindest nicht unverständlich wäre.
32. Tac. ann. 2,69,5 (*plumbeis tabulis*).

Literaturverzeichnis

Audollent 1904
    A. Audollent, Defixionum tabellae quotquot innotuerunt tam in Graecis Orientis quam in totius Occidentis partibus praeter Atticas in Corpore Inscriptionum Atticarum editas (Paris 1904).

Blänsdorf 2010a
    J. Blänsdorf, The defixiones from the Sanctuary of Isis and Mater Magna in Mainz. In: Gordon/Simon 2010, 141–189.

Blänsdorf 2010b
    J. Blänsdorf, The texts from the *fons Annae Perennae*. In: Gordon/Simon 2010, 215–244.

Blänsdorf/Scholz (im Druck)
    J. Blänsdorf/M. Scholz, Verfluchter Prozessgegner. Zwei *defixiones* aus dem Praunheimer Gräberfeld. In: P. Fasold, Die Bestattungsplätze des römischen Militärlagers und *civitas*-Hauptortes Nida. Schr. Arch. Mus. Frankfurt a. M. 20/1 (im Druck).

Gordon/Simón 2010
    R. L. Gordon/F. M. Simón (Hrsg.), Magical Practi-

ce in the Latin West. Papers from the International Conference held at the University of Zaragoza 30. Sept.–1. Okt. 2005 (Leiden, Boston 2010).

Haensch 1997
R. Haensch, Capita provinciarum. Statthaltersitze und Provinzialverwaltung in der römischen Kaiserzeit. Kölner Forsch. 7 (Mainz 1997).

Hoffiller/Saria 1938
V. Hoffiller/B. Saria, Antike Inschriften aus Jugoslavien. H. 1. Noricum und Pannonia Superior (Zagreb 1938).

Kropp 2008
A. Kropp, *defixiones*. Ein aktuelles Corpus lateinischer Fluchtafeln (Speyer 2008).

Reuter/Scholz 2005
M. Reuter/M. Scholz, Alles Geritzt. Botschaften aus der Antike. Ausstellungskat. Prähist. Staatsslg 35 (München 2005).

Simón/De Llanza 2008
F. M. Simón/I. R. De Llanza, A latin *defixio* (Sisak, Croatia) to the river god *Savus* mentioning L. Licinius Sura, Hispanus. Vjesnik Arh. Muz. Zagreb 41, 2008, 167–198.

Simón 2010
F. M. Simón, Execrating the Roman power: three *defixiones* from Emporiae (Ampurias). In: Gordon/Simón 2010, 399–423.

Tóth 1972
E. Tóth, Zur Entwicklung der Bezeichnung *consularis* der Statthalter. Alba Regia 13, 1972, 163–165.

Witteyer 2004
M. Witteyer, Verborgene Wünsche. Befunde antiken Schadenzaubers aus Mogontiacum-Mainz. In: K. Brodersen/A. Kropp (Hrsg.), Fluchtafeln. Neue Funde und neue Deutungen zum antiken Schadenzauber (Frankfurt a. M. 2004) 42–47.

Abbildungsnachweis: Introbild Manuela Schreiner, Archäologisches Landesmuseum Konstanz; Abb. 1 Nach Simón 2010, Taf. 21; Abb. 2 Nach M. Reuter/M. Scholz, Geritzt und Entziffert. Schriftzeugnisse der römischen Informationsgesellschaft. Schr. des Limesmus. Aalen 57 (Stuttgart 2004) 49 Abb. 74 b; Abb. 3 Nach J. Blänsdorf, Exposition of four Anna Perenna tablets. In: Roma. Memorie dal sottosuolo. Ritrovamenti archeologici 1980/2006 (Roma 2007) 193 Abb. II.9.

Dr. Markus Scholz
Römisch-Germanisches Zentralmuseum
markus.scholz@rgzm.de

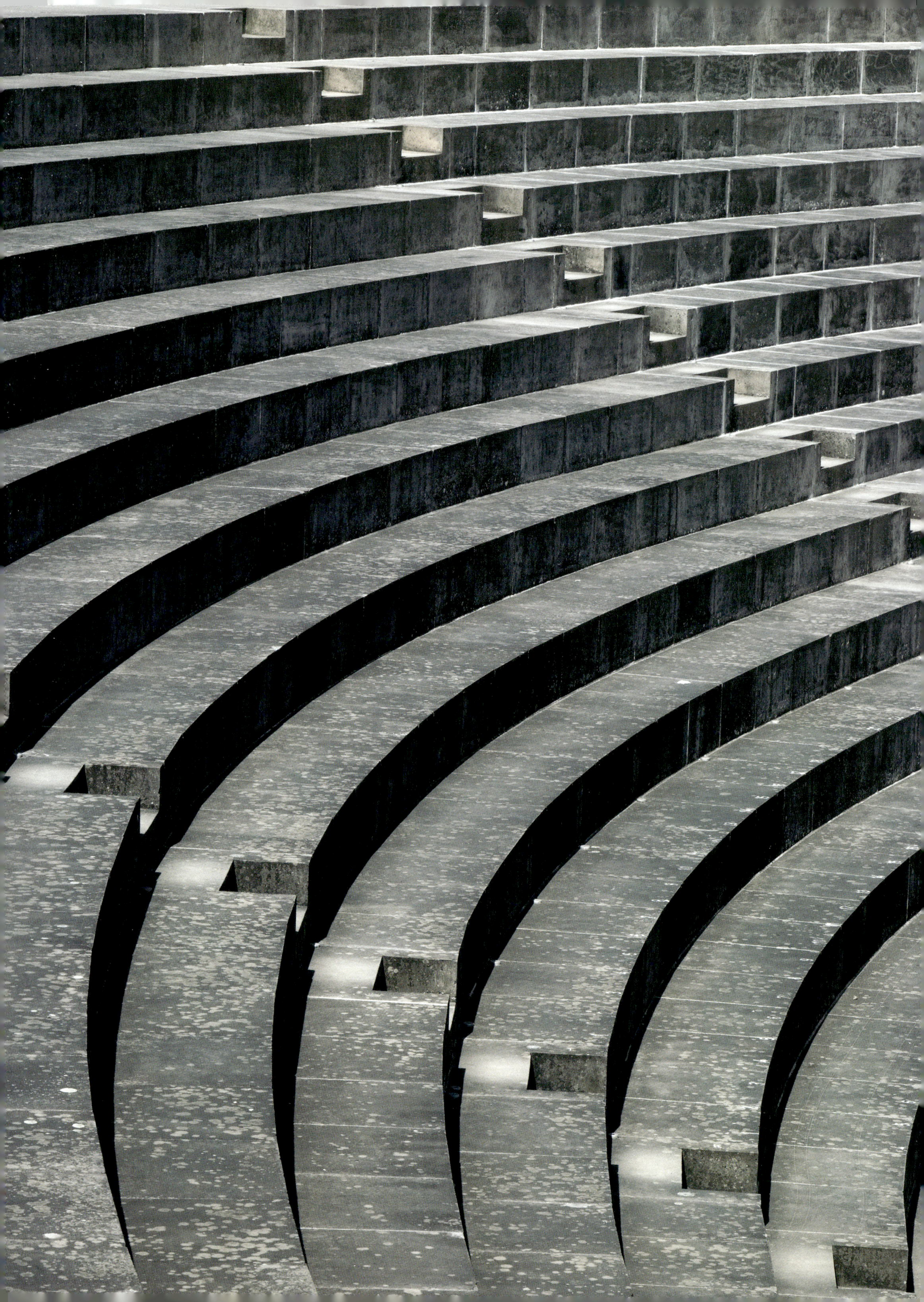

DIRK SCHMITZ

Ad supplicium ducere – Hinrichtungen in römischer Zeit*

„Obgleich unsere [...] Zwölf Tafeln nur sehr wenige Tatbestände mit der Todesstrafe belegt hatten, glaubten sie, unter diesen auch den damit belegen zu müssen, der gegeben war, wenn jemand ein gehässiges Lied gesungen oder wenn er ein Gedicht verfasst hatte, das Schimpf und Schande über einen anderen brachte." Cicero (106–43 v. Chr.) stellt Mitte des 1. Jahrhunderts v. Chr. ein wenig verwundert fest, welche Tatbestände bei den Altvorderen die Todesstrafe zur Folge hatten[1]. Die Hinrichtungsart für dieses Vergehen war das Totschlagen mit dem Knüppel. Doch hatte im 5. Jahrhundert v. Chr. niemand zu fürchten, wegen eines Spottliedes zum Tod verurteilt zu werden; nur wurde dies 400 Jahre nach Aufzeichnung der Gesetze nicht mehr richtig verstanden[2]. Dieses Missverständnis zeigt, dass sich die Bedingungen und Sachverhalte für die Verurteilung zum Tod ändern konnten. Der Vollzug der staatlich angeordneten Exekution, die Hinrichtung, unterlag ebenfalls staatlichen und gesellschaftlichen Entwicklungen. Es hatten sich Hinrichtungsarten für spezielle Delikte und unterschiedliche soziale Gruppen herausgebildet (siehe D. Liebs in diesem Band)[3]. Die verschiedenen Hinrichtungsarten der römischen Antike wurden parallel oder sich ablösend praktiziert. Zur Zeit Ciceros war der lokal agierende Stadtstaat längst zu einem ‚Global Player' geworden. Hinrichtungen an Standesgenossen wurden nicht mehr vollzogen, dagegen wuchs mit der Ausweitung des Herrschaftsgebietes die Zahl an Reichsbewohnern ohne Bürgerrecht, die von nun an römischer Kapitalgerichtsbarkeit unterlagen. Ob römischer Bürger, Peregriner oder Sklave, es gab Menschen mit unterschiedlichem Rechtsstatus. Und während eine Ungleichbehandlung beim Vollzug der Todesstrafe bereits in der Republik zu erkennen ist, verfestigte sich im Laufe der Kaiserzeit die soziale Ungleichheit in der Strafpraxis[4]. Dieser Dualismus zwischen den „Niedrigeren" (*humiliores*) und „Eh-

renhafteren" (*honestiores*) wirkte sich auch auf die Anwendung der Hinrichtungsarten aus, die sich zudem im Laufe der Zeit veränderten. Deren Entwicklungen, ihr Vollzug sowie die gesellschaftliche Implikation sollen im Folgenden skizziert werden. Die Reihenfolge der zu besprechenden Hinrichtungsarten orientiert sich dabei im Wesentlichen an deren chronologischer Abfolge.

Herabstürzen vom Tarpejischen Felsen

Das Herabstürzen vom Tarpejischen Felsen gehört zu den ältesten verbürgten Todesstrafen in Rom. Sie ist im Zwölftafelgesetz aufgeführt, in dem Mitte des 5. Jahrhunderts v. Chr. erstmals das Gewohnheitsrecht der bäuerlichen Gesellschaft Roms kodifiziert wurde. Darin wurde diese Strafe an Sklaven vollzogen, die des Diebstahls auf frischer Tat überführt waren. Auch für den des Meineids überführten Zeugen sah das Gesetz diese Strafe vor[5]. In diesem Fall konnte der Verursacher dem Geschädigten zur Bestrafung übergeben werden[6].

Der Tarpejische Felsen befand sich am steilen Südwestabhang des Kapitolshügels; die genaue Lage ist unklar[7]. Die Delinquenten wurden von diesem Felsen herabgestürzt. Es handelt sich um eine alte Strafe, die in ähnlicher Form bereits den Griechen bekannt war. Der sakrale Ursprung dieser Sanktion lag darin, dem Verbrecher so die Möglichkeit auf ein reguläres Begräbnis zu entziehen. In Griechenland wurden deshalb auch bereits Getötete in eine Schlucht hinabgestürzt[8]. Die ersten, noch legendenhaften Hinrichtungen dieser Art in Rom werden von den Annalisten in das frühe 5. Jahrhundert v. Chr. verlegt. Sie projizierten institutionelle Verhältnisse in eine Zeit, aus der für ihr Geschichtswerk keine Informationen zu Abläufen von Ereignissen vorlagen[9]. Sichere Nachrichten liegen erst aus republikanischer Zeit ab dem zweiten Drittel des 4. Jahrhunderts v. Chr. vor. Offensichtlich vollstreckten damals Volkstribune den Felsensturz in Ermangelung einer magistratischen Exekution, obgleich in einem Fall auch Konsuln anwesend waren[10].

Alle Delikte, die mit dieser Todesstrafe geahndet wurden, waren Verbrechen gegen den Staat[11]. Dies schloss Gewaltanwendung gegen die Liktoren eines Konsuls[12] ebenso ein wie das Erstreben der Königswürde. Ein gewisser L. Pituanius wurde in einem Prozess vor dem Senat wegen Zauberei verurteilt[13]. Dass die von Livius (59 v. Chr.–17 n. Chr.) überlieferten Tötungen so nicht stattgefunden haben, ist evident[14]. Diese Form der Todesstrafe besaß jedoch durch den Hinrichtungsort am *capitolium* einen hohen Symbolwert für die Integrität des Stadtstaates. Ihre Anwendung im ausgehenden 3. Jahrhundert v. Chr. legt nahe, dass sie nie aus dem kollektiven Gedächtnis verschwunden ist[15]. Zumindest seit spätrepublikanischer Zeit galten Sklaven für diese Todesstrafe als unwürdig[16].

Geradezu wie eine Rückbesinnung auf mutmaßlich alte republikanische Traditionen wirkt die Anwendung dieser Hinrichtungsart zur Regierungszeit des Tiberius (14–37 n. Chr.). Damals gehörte die Strafe offensichtlich zum festen Bestandteil der Strafvollstreckung, wobei die Tendenz stieg, vor allem bei Majestätsprozessen häufiger das Todesurteil zu fällen[17]. Es traf „Senatoren wie Ritter, Männer und Frauen"[18]. Zumeist lautete der Vorwurf auf Hochverrat – d.h. ein Vergehen gegen die Würde des Kaisers (*crimen laesae maiestatis*)[19]. Auch Caligula (37–41 n. Chr.) und Claudius (41–54 n. Chr.) ließen die Strafe des Herabstürzens vom Tarpejischen Felsen vollziehen[20]. Danach gibt es keine Belege mehr für den Vollzug dieser Hinrichtungsform[21].

Die Säckung

Die Säckung (*poena cullei*) gehört zu den ältesten Hinrichtungsarten und galt ursprünglich für Mordvergehen allgemein, bis sie irgenwann in vorsullanischer Zeit auf den Tatbestand des Verwandtenmordes (*parricidium*) beschränkt wurde[22].

Dem Delinquenten wurden zunächst mit einem Wolfsfell das Haupt verhüllt und Holzschuhe angezogen[23]. Danach steckte man ihn mit Schlangen und anderen Tieren (Hahn, Hund oder Affe) in einen Sack aus Rinderleder und versenkte ihn schließlich im Tiber[24]. Wie getötete Verbrecher bisweilen in den Fluss geworfen wurden, so sollte die Säckung dem Verurteilten das Grab entziehen und dadurch die Strafe verschärfen. Eine Variante der Säckung widerfuhr einem gewissen Gaius Dillius: Weil er zu den Anhängern des Tiberius Gracchus zählte, wurde er zusammen mit Ottern und Schlangen in einen Käfig gesteckt[25].

Die von Plutarch herangezogenen Quellen vermelden den ersten Verwandtenmörder für die Zeit nach dem zweiten Punischen Krieg (201 v. Chr. beendet)[26]. Weitere Morde an Sohn und Mutter sind für das ausgehende 2. Jahrhundert v. Chr. überliefert[27]. In der späten Republik kam diese Strafe faktisch nicht mehr zum Vollzug[28] und doch verschwand sie in der Kaiserzeit nicht völlig. Die Kaiser Augustus (27 v. Chr.–14 n. Chr.) und Hadrian (117–138 n. Chr.) ließen die Säckung für den Mord an Vater, Mutter, Großvater oder Großmutter als Strafe verhängen[29]. Auch unter Tiberius mussten Senatoren fürchten, dieses Verbrechens angeklagt zu werden[30]. In der Spätantike wurde die Säckung für den Verwandtenmord bestätigt, außerdem kam als weiteres mögliches Delikt der Ehebruch hinzu[31].

Lebendiges Begraben von Vestalinnen

In der Kaiserzeit galt es als archaische Hinrichtungsart, Vestalinnen lebendig auf dem *campus sceleratus* zu begraben. Eine Vestalin sorgte für das ewige Feuer im Tempel der Vesta auf dem Forum Romanum. Während ihrer Priesterschaft war sie zur sexuellen Enthaltsamkeit verpflichtet. Mit sechs bis zehn Jahren für diese Aufgabe bestimmt, war die Jungfräulichkeit eine Grundvoraussetzung. Als todeswürdiges Vergehen galt der Bruch des Keuschheitsgelübdes. Diese erstmals für das 6. Jahrhundert v. Chr. als Legende überlieferte Strafe war bereits sehr lange nicht mehr zur Anwendung gekommen, bevor Domitian (81–96 n. Chr.) in seiner Funktion als *pontifex maximus* diese an der Obervestalin Cornelia vollziehen ließ, um ein Exempel zu statuieren[32]. Über 100 Jahre später wurde diese Strafe unter Caracalla (211–217 n. Chr.) erneut an Vestalinnen vollstreckt[33].

Das entweihte Gebiet des *campus sceleratus* lag im Norden Roms noch innerhalb der Severianischen Mauer in unmittelbarer Nähe zur Porta Collina[34]. Das Grab wird als längliche, unterirdische Kammer mit einem Bett, einer Lampe und einem mit Speisen reich gedeckten Tisch beschrieben, in die die verurteilte Vestalin gelegt wurde³⁵. Die *pontifices* vollzogen die Strafe³⁶.

Hinrichtung mittels der *furca* („Gabelkreuz")

Diese Hinrichtungsart wird einerseits als eine Form der Kreuzigung interpretiert³⁷, andere sehen sie als eine eigenständige Form der Kapitalstrafe³⁸. Eine bemerkenswerte Charakteristik ist, dass diese Art der Tötung in den Quellen explizit als sehr alt vermerkt wird³⁹. Es handelt sich dabei um eine Mischung aus öffentlicher Zurschaustellung und Geißelung bis zum Eintritt des Todes. Der Delinquent wurde nackt mit den Armen an einen hölzernen, wie eine Gabel gespreizten Balken (*furca*) gebunden und mit dem Nacken in die Gabelung geklemmt. So zur Schau gestellt, wurden die Delinquenten öffentlich zu Tode gepeitscht⁴⁰. Es konnte ihm vorher der Kopf verhüllt werden⁴¹. Das Geißeln bis zum Tod unterscheidet diese Strafe von der Kreuzigung, deren Hauptmerkmal in der Dauer der Qualen und im Tod durch das Hängen am Kreuz lag⁴². Zudem wurde die *furca*-Strafe auch an römischen Bürgern vollzogen.

Vorgesehen war die Strafe für Männer, die mit Vestalinnen den Bruch ihres Keuschheitsgelübdes begangen hatten⁴³, doch traf sie auch ebenso Hochverräter und Staatsfeinde⁴⁴. Zudem ist sie in einem Prozess wegen Zauberei als Strafe verhängt worden⁴⁵. Deren erstmalige Erwähnung durch den Geschichtsschreiber Cassius Dio (ca. 150–225 n. Chr.) für die Herrschaftszeit des fünften Königs L. Tarquitius Priscus (616–578 v. Chr.) hat weniger historischen Wert, sondern zeigt lediglich, dass man sich die Strafe damals als ungeheuer alt vorstellte⁴⁶. Die Vollstreckung fand auf dem Versammlungsplatz (*comitium*) statt⁴⁷, war jedoch nicht auf einen bestimmten Ort festgelegt⁴⁸. Unter Tiberius erfolgte diese Hinrichtung außerhalb der Porta Esquilina⁴⁹.

Es ist durchaus möglich, dass nach dem Verbot der Kreuzigung durch Konstantin die *furca*-Strafe in veränderter Form wieder auflebte⁵⁰. In den Gesetzestexten des 3. Jahrhunderts n. Chr. wurde nämlich das Wort *furca* anstelle der Kreuzigung interpoliert⁵¹. Eine damit einhergehende inhaltliche Modifikation der Hinrichtungsart erscheint plausibel. Eine hölzerne Skulptur aus dem 4. bis 5. Jahrhundert n. Chr. zeigt vor den Toren einer befreiten römischen Stadt Anführer der Barbaren, deren Köpfe in eine *furca* eingeklemmt sind (Abb. 1). Cinzia Vismara vermutet, dass die Delinquenten in dieser im Boden befestigten Gabel hingen und das Eigengewicht durch ein von hinten quer befestigtes Brett zum Bruch zweier Halswirbel führte⁵². Demnach kann es sich bei der dargestellten Hinrichtungsart um den spätantiken Ersatz für die Kreuzigung handeln.

Enthauptung durch das Beil

Die Hinrichtung durch das Beil war in der Republik die herkömmliche Strafe für den römischen Bürger. Das Beil galt als Symbol der magistratischen Gewalt über Leben und Tod⁵³. Vor der Exekution wurde der Verurteilte entkleidet, mit den Händen auf dem Rücken an einen Pfahl gebunden und gegeißelt⁵⁴. Diese Hinrichtungsart besaß ursprünglich eine sakrale Dimension, die in der Tötung aufständischer Soldaten noch zu Caesars Zeit anklingt⁵⁵: Die Männer wurden auf dem Marsfeld unter Beteiligung von *pontifices* und Priestern des Mars mit dem Beil enthauptet, ein Zeichen für ursprünglich religiös legitimierte Verurteilungen⁵⁶. Die abgeschlagenen Köpfe stellte man anschließend auf dem Forum Romanum in Nähe der *regia* zur Schau⁵⁷. Die Tötung mit dem Beil wird von Dionysios von Halikarnassos (ca. 54 v. Chr.–8 n. Chr.) für die Söhne des Konsuls L. Iunius Brutus wegen Verschwörung gegen die noch junge römische Republik (der Legende nach ab 509 v. Chr.) überliefert. Der Vater selbst fällte als amtierender Konsul das Urteil; die Hinrichtung wurde auf dem Forum Romanum vollzogen⁵⁸. Dort, auf dem Forum, sollte auch die Enthauptung durch das Beil im Jahr 325 v. Chr. an Quintus Fabius vollstreckt werden⁵⁹. Die Anwendung dieser Strafe ist während der Republik noch mehrfach belegt, für das Principat nur noch vereinzelt. Kaiser Claudius ließ beispielsweise auf dem Esquilin Delinquenten durch das Beil enthaupten⁶⁰. Erst mit dem Principat trat das Beil zugunsten des Schwertes zurück⁶¹. Die Enthauptung blieb zwar vorherrschend, doch fortan hatte das Schwert Vorrang vor anderen Hinrichtungsmethoden⁶².

Erdrosseln

Erdrosselungen wurden im Gefängnis in Rom vorgenommen. Bereits in der römischen Republik gab

Abb. 1 Hölzerne Skulptur mit Darstellung der spätantiken Bestrafung mittels *furca* (Mitte, rechts). 4.–5. Jahrhundert n. Chr.

es mehrere Gefängnisse in Rom[63]. Das bekannteste ist der *carcer Tullianus*; er lag auf dem Forum Romanum am Fuße des Kapitolshügels[64]. Erdrosselt wurde durch den Strang (*laqueus*), doch auch der Haken (*uncus*) gehörte zu den Werkzeugen, an denen die Todesstrafe zu erkennen war[65]. Im *carcer* gab es Personal, die *carnifices* (bei Sallust *vindices rerum capitalium*), die Hinrichtungen vollzogen. Sie fungierten zugleich als Gefängniswärter[66]. Mit Erdrosseln geahndete Delikte waren vornehmlich Verschwörungen gegen den Staat. Unmittelbar nach ihrer Verurteilung wurden Delinquenten von *viatores* ins Gefängnis abgeführt und dort unter Ausschluss der Öffentlichkeit hingerichtet[67]. Tiberius führte eine Frist von zehn Tagen zwischen dem Urteil und dessen Vollstreckung ein[68].

Prominente Opfer waren Anhänger des C. Gracchus (121 v. Chr.) sowie des Catilina (63 v. Chr.)[69], Iugurtha (104 v. Chr.), Vercingetorix (46 v. Chr.) und der Prätorianerpräfekt Seianus (31 n. Chr.)[70]. Auch die Kinder Seians wurden im Gefängnis mit dem Strang hingerichtet[71]. Neben Männern und Kindern wurden auf diese Weise Frauen exekutiert[72]. Insbesondere unter Tiberius sind vermehrt Hinrichtungen im Gefängnis überliefert[73]. Noch an seinem Todestag wurden Verurteilte erdrosselt[74].

Die Öffentlichkeit wurde häufig nach der Vollstreckung in den weiteren Ablauf mit einbezogen, da die Leichname mit einem Haken zu den benachbarten *Gemoniae* geschleift und dort mehrere Tage liegen gelassen wurden, bevor man sie schließlich in den Tiber warf. Caligula ließ zum Tode Verurteilte noch auf diese Weise hinrichten, danach scheint diese Art der Todesstrafe nicht mehr vollzogen worden zu sein[75].

Enthauptung durch das Schwert

Firmicus Maternus fasste im 4. Jahrhundert n. Chr. Strafen zusammen, die durch die Enthauptung mit dem Schwert geahndet werden konnten: Diebstahl, Tempelraub, Raubüberfall oder Mord[76].

Die Enthauptung durch das Schwert war bereits in republikanischer Zeit eine Todesstrafe, mit der römische Bürger belegt wurden. Als Hinrichtungswaffe setzte sich der *gladius* in der Kaiserzeit gegenüber dem Beil durch[77]. Dies hing vermutlich mit dem zunehmenden Einfluss des Militärs beim Strafvollzug nach der Etablierung des Principats zusammen[78].

Der Tod bringende Hieb des Henkers zielte auf den Nacken des Delinquenten[79]. Dabei wurde der Kopf vom Rumpf zumeist abgetrennt (siehe W.-R. Teegen/S. Faust in diesem Band)[80]. Die Körperhaltung des Verurteilten vor dem Schwerthieb war so, dass dem Scharfrichter der Nacken dargeboten wurde[81]. Es war üblich, dem Delinquenten vor der Enthauptung die Augen zu verbinden[82].

Das Enthaupten mit dem Schwert war eine spezielle Tätigkeit, die von so genannten *speculatores* ausgeführt wurde. Dabei handelt es sich um eine militärische Charge, die in die Hierarchie kaiserzeitlicher Legionen eingebunden, jedoch dem Stab (*officium*) des jeweiligen Provinzstatthalters zugeordnet war (Abb. 2)[83]. Eine Legion verfügte über zehn *speculatores*[84]. Sie versahen ihren Dienst in der Provinzhauptstadt und traten entsprechend ihrer gemeinsamen Tätigkeit an demselben *officium* als geschlossene Gruppe auf[85]. Sie konnten auch in Provinzen, in denen keine Legionen stationiert waren (*provinciae inermes*), abgeordnet werden[86].

Für die Tätigkeit der *speculatores* als Scharfrichter gibt es ausreichend Zeugnisse. Ein *speculator* enthauptete Johannes den Täufer wohl um 35 n. Chr.[87]. Kaiser Claudius ließ zahlreiche Senatoren und Ritter hinrichten, vermutlich enthaupten. Ein *centurio* vermeldete den Vollzug[88]. Paulus wurde in Rom unter Kaiser Nero im Jahr 63 n. Chr. enthauptet[89]. In Lyon starben im Jahr 177 n. Chr. Christen den Tod durch das Schwert[90]. In Karthago wurden im Jahr 180 n. Chr. Christen aus einer nahe gelegenen Ortschaft enthauptet[91]. Thascius Caecilius Cyprianus, Bischof von Karthago, wurde 258 n. Chr. zum Tod durch das Schwert verurteilt[92]. Ein Jahr später fand die Enthauptung der Christen Montanus und Lucius ebenfalls in Karthago statt[93]. In Numidien ließ der Statthalter neben Marianus und Iacobus während der Verfolgungen unter Valerian (254–260 n. Chr.) zahlreiche Christen enthaupten[94]. In Caesarea (Syria et Palaestina) starb Marinus, Soldat der *legio X Fretensis* 260 oder 261 n. Chr. den Tod durch Enthauptung[95]. Im Jahr 295 n. Chr. wurde der Rekrut Maximilianus wegen seiner Weigerung, Kriegsdienst zu leisten, zum Tod durch das Schwert verurteilt, 298 n. Chr. der Soldat Marcellus, weil er den Eid verweigerte[96]. Bischof Felix von Tibiuca (Africa Proconsularis) wurde 303 n. Chr. in Karthago, der Veteran Iulius 304 n. Chr. in Durostorum (Moesia Inferior) enthauptet[97], ebenfalls 304 n. Chr. der Bischof Irenaeus von Sirmium (Pannonia Inferior), die Christin Crispina

Abb. 2 Grabstein des P. Urvinus, *speculator* der *legio XIII*. Diese Einheit lag in Vindonissa (CH), Urvinus war dem Stab (*officium*) des Oberkommandierenden des obergermanischen Militärbezirkes in Mainz zugeteilt. Dort verstarb er in der ersten Hälfte des 1. Jhs. n. Chr.

(Tebessa, Africa Proconsularis) und Euplus (Catania, Sicilia)[98]. Im Fall des Maximilian (295 n. Chr.) gab ein Gerichtsbediensteter (*iudex*) nach der Enthauptung den Leichnam zur Bestattung frei[99].

Die Hinrichtungsstätten für die Enthauptung werden in den Quellen nur selten genannt. Pompeius ließ Ende 82 v. Chr. in Lilybaeum auf Sizilien den dreimaligen Konsul Gnaeus Papirius Carbo zu einer Hinrichtungsstätte abführen, die aber nicht näher beschrieben wird[100]. Ebenso wurde Maximilianus zu einem Hinrichtungsort gebracht, der jedoch ungenannt blieb[101]. In einem anderen Fall wird die Hinrichtungsstätte als *locus solitus* beschrieben[102]. Etwas konkreter wird Seneca d. J. bei der Schilderung des folgenden Vorfalles: Der Feldherr Gnaeus Calpurnius Piso ließ einen zum Tode durch das Schwert verurteilten Soldaten außerhalb des Lagers enthaupten[103]. Der Bischof Cyprian wurde dagegen auf einem nicht weiter bekannten Gut eines Sextus (*ager Sexti*) enthauptet[104]. Zur Vollstreckung des Todesurteils an Marianus und Iacobus wurden diese in ein steiles Flusstal außerhalb von Cirta gebracht und dort am Fluss enthauptet[105], während Irenaeus zu einer Brücke an einen Fluss geführt wurde, wo das Todesurteil vollstreckt und der Leichnam anschließend in den Fluss geworfen wurde[106].

Exkurs: Der *speculator* im *officium* der Statthalter

Der Dienst der *speculatores* im *officium* hing mit der Kapitalgerichtsbarkeit der Statthalter zusammen. Ihre Aufgaben beschränkten sich dabei nicht nur auf das Enthaupten von Delinquenten. Das Tätigkeitsfeld erstreckte sich allgemein auf die Strafverfolgung im Rahmen ihrer hierarchischen Stellung. Belegt ist ihre Beteiligung an Verhören zusammen mit *commentarienses*, mit denen sie eng zusammenarbeiteten[107]. Ihre polizeiliche Machtbefugnis als *officiales* im Bereich der Fahndung und öffentlichen Sicherheit verdeutlicht ihre Anwesenheit in *stationes* an den Straßen des Imperium Romanum[108]. Dementsprechend trugen die *speculatores* als Zeichen ihrer Tätigkeit eine Beneficiarierlanze[109].

Im Rang der *principales* stehend, rangierten sie oberhalb der *beneficiarii* und unterhalb der *cornicularii* sowie der *commentarienses*. Diese Dienstposten konnten sie innerhalb des *officium* in ihrer weiteren

Laufbahn erreichen, zudem ist eine Beförderung zum *optio* belegt[110].

Die hierarchischen Verhältnisse bei einer Hinrichtung durch das Schwert im militärischen Bereich überliefert Seneca: Der Feldherr, ausgestattet mit der Befugnis (*imperium*), Kapitalstrafen zu verhängen, fällte das Todesurteil. Ein *centurio* leitete die Exekution, die ein *speculator* als Scharfrichter vollzog[111].

Neben *centuriones* und *speculatores* konnten auch *commentarienses* (als Schriftführer von Prozessakten, siehe unten) und *optiones* (Leitung von Exekutionen) an Hinrichtungen beteiligt sein. Ihnen war gesetzlich verboten, sich an den Opfern zu bereichern[112]. Offensichtlich kam es bisweilen zu Übergriffen auf den Besitz der Verurteilten.

Die Kreuzigung

Der Tod am Kreuz war eine entehrende Strafe, die vor allem politische Verbrecher und Rebellen traf[113], und außerdem als Strafe für Sklaven galt[114]. Das Kreuz (*patibulum*) ähnelte von seiner Form her einem großen „T". Der Verurteilte wurde meistens mit Nägeln an das am Boden liegende Kreuz geschlagen (*cruci figere*), das anschließend aufgerichtet wurde. Anthropologische Beobachtungen legen nahe, dass die Nägel durch Unterarme und Fersen getrieben wurden (siehe Th. Becker in diesem Band)[115]. Diese Tötungsart zielte auf eine Verlängerung der Qualen ab, bis der Tod durch das Hängen eintrat[116]. Zur Kreuzigung gehörte eine vorausgehende Geißelung.

Die Kreuzigung war bereits in vorhellenistischer Zeit bekannt, die Römer wendeten sie in größerem Umfang aber erstmals in den Punischen Kriegen an. Sie diente vor allem dazu, Sklavenunruhen zu verhindern[117]. In den Provinzen unter römischer Herrschaft wurde die Kreuzigung an Sklaven und Nichtbürgern vollzogen. Caesar ließ jene Seeräuber ans Kreuz schlagen, die ihn überfallen hatten[118]. Auch der syrische Statthalter Quinctilius Varus ließ 4 v. Chr. rund 2000 Aufständische kreuzigen – Anlass dazu waren Unruhen nach dem Tod des Herodes[119]. Für das 1. Jahrhundert n. Chr. sind insbesondere für den Nahen Osten zahlreiche Kreuzigungen überliefert, darunter auch die Hinrichtung Jesu[120]. In Rom ließ Tiberius 19 n. Chr. nach einem Skandal um den Ritter Decius Mundus zwei seiner Helfer, Priester des Isis-Kultes, kreuzigen[121]. Im Jahr 61 n. Chr. wurden nach der Ermordung des Stadtpräfekten Pedanius Secundus 400 Sklaven seines Haushaltes vom Senatsgericht zum Tod am Kreuz verurteilt[122]. Petrus wurde unter Nero in der Hauptstadt gekreuzigt[123]. Galba ließ während seiner Statthalterschaft in der Baetica sogar einen römischen Bürger ans Kreuz schlagen[124]. Unter Domitian wurden ferner mehrere Schreiber (*librarii*) und ein „Kassenbeamter" (*auctor summarum*) ans Kreuz geschlagen[125]. Nach Gerichtsurteilen aus dem 3. Jahrhundert n. Chr. traf diese Todesart vor allem „berüchtigte Räuber" (*famosi latrones*), Magier oder Entführer[126]. Auch Christen wurden noch im 3. Jahrhundert n. Chr. nach vorangegangener Folterung gekreuzigt[127]. Insgesamt drohte diese Hinrichtungsart vor allem den *humiliores*, doch wurde dieser Grundsatz im Laufe der Kaiserzeit aufgeweicht. Abgeschafft wurde die Kreuzigungsstrafe erst durch Kaiser Konstantin[128].

Kreuzigungen wurden häufig an exponierten Orten durchgeführt. Golgatha war ein Hügel nahe der Stadt und lag an einer der Hauptausfallstraßen aus Jerusalem. Die Überlebenden des Spartacus-Aufstandes wurden entlang der Via Appia gekreuzigt[129]. Auch das Marsfeld, ursprünglich außerhalb Roms gelegen, kam zur Zeit Ciceros noch als Ort für eine Kreuzigung in Frage. In seiner Verteidigungsrede zugunsten des Gaius Rabirius (63 v. Chr.) prangerte er zum einen an, dass ein römischer Bürger die Kreuzigung erleiden, zum anderen, dass die Exekution an diesem heiligen Ort (*sanctus campus*) stattfinden solle[130]. Räuber wurden nach Gesetzestexten des 3. Jahrhunderts n. Chr. an den Orten gekreuzigt, wo sie ihre Verbrechen begangen hatten[131].

Verbrennen bei lebendigem Leib

Der Feuertod wird als Todesstrafe im Zwölftafelgesetz erwähnt; sie war für Brandstifter vorgesehen[132]. Die Delinquenten wurden bei lebendigem Leibe verbrannt, indem sie unbekleidet an einen Holzpfahl entweder mit Händen auf dem Rücken gebunden oder – in den meisten Fällen – genagelt wurden. Der Pfahl lag dabei auf dem Boden und wurde mit dem Delinquenten – ähnlich wie bei der Kreuzigung – aufgerichtet[133]. Um den Verurteilten herum wurden Reisig und stärkeres Brennholz aufgehäuft und anschließend entfacht[134]. Vereinzelt wird eine *tunica molesta* erwähnt; ein Kleidungsstück, das mit leicht entzündlichen Substanzen imprägniert war[135].

Abb. 3   Hinrichtung *ad bestias*. Ausschnitt aus dem Zliten-Mosaik (Libyen). 1. Jh. v. Chr.

Bei der Verbrennung des Polycarp war ein *confector* zugegen, der verwundeten Kämpfern und Tieren den Todesstoß versetzte, und der in diesem Fall dem Verurteilten einen schnellen Tod mit dem Dolch geben sollte[136]. Ein *centurio*, der möglicherweise die Hinrichtung beaufsichtigte, ließ anschließend den Leichnam verbrennen[137].

In der Republik und der frühen Kaiserzeit wurde diese Todesstrafe nur selten angewandt[138]. Caligula ließ jemanden mitten im Amphitheater bei lebendigem Leib verbrennen, Nero eine Anzahl von Christen, die er für den Brand Roms verantwortlich machte[139]. Das dabei angewandte Gesetz stammte aus der Zeit Sullas, das möglicherweise die Strafzumessung der älteren Gesetzgebung beachtete. Bald darauf fand jedoch eine Ausweitung auch auf andere Delikte statt[140]. Vespasian ließ beispielsweise den in die Provinz Cyrene geflüchteten Sikarier Jonathan, der wegen Aufwiegelung zur Untersuchung nach Rom gebracht worden war, nach vorheriger Folterung verbrennen[141]. In zunehmendem Umfang wurden bei Kapitalverbrechen *humiliores*, Staatsfeinde, Hochverräter, Überläufer, Magier oder Sklaven mit dieser Strafe belegt[142]. Auch der Ehebruch oder Geldfälschung konnten in der Spätantike mit dem Feuertod geahndet werden[143]. Zahlreiche Beispiele lassen sich für den Vollzug der Strafe in unterschiedlichen Provinzen anführen[144].

Nur in seltenen Fällen sind Orte überliefert, an denen dieses Todesurteil vollstreckt wurde. In Smyrna fanden Verbrennungen im Stadion statt, wo mangels Amphitheater auch Gladiatorenspiele durchgeführt wurden. Für Pergamon (Provinz Asia) und Tarragona (Hispania Citerior) ist das Verbrennen im Amphitheater überliefert[145]. Diese Örtlichkeiten hatten einen praktischen Vorteil: Es stand ausreichend Platz sowohl für die Hinrichtung als auch für die Befriedigung des öffentlichen Interesses zur Verfügung. Für die Hinrichtung der Christen nach dem Brand Roms öffnete Nero sogar seine Gärten[146].

Hinrichtungen im Rahmen von Gladiatorenspielen (*munera*)

Im Rahmen von Veranstaltungen im Amphitheater wurden Verurteilte hingerichtet[147]. Solche Verurteilungen „*ad bestias*" bedeuteten für die Betroffenen unweigerlich den Tod. Das Mosaik einer Villa bei Zliten (Africa Proconsularis, heute Libyen) zeigt die enge Verbindung dieser Tötungsart mit den Gladiatorenspielen, obwohl Hinrichtungen nicht zu jedem *munus* gehörten[148]. Die dargestellten Hinrichtungen fanden vermutlich im Amphitheater von Leptis Magna statt[149]. Nur mit einem Schurz be-

Abb. 4 Terra-Sigillata-Schüssel aus Bad-Cannstatt. Gefesselt wird der zum Tod Verurteilte einem Raubtier entgegen getrieben. 2. Jh. n. Chr.

kleidet, wurden die Verurteilten mit den Händen auf dem Rücken an eine hohe Ständerkonstruktion gebunden (Abb. 3). Mittels kleiner zweirädriger Wagen positionierten sie Helfer in der Arena. So wurden die Delinquenten abgerichteten Raubtieren ausgesetzt, die vom Arenapersonal zusätzlich durch Peitschenhiebe gereizt wurden. Damit die Opfer für die Tiere leichte Beute waren, konnten sie auch auf einer Art „Bühne" aus Holz (*pulpitum*) an einen Pfahl gebunden werden. Es gab auch die Variante, die Verurteilten ohne Fesselung den Raubtieren vorzuwerfen. Auspeitschungen waren dabei üblich. Eine Terra Sigillata-Schüssel aus Cannstatt zeigt einen Aufseher, der mit einer hölzernen Gabel den Delinquenten vor sich her in Richtung eines Raubtieres treibt (Abb. 4). Solche *ministri* wurden bisweilen selbst von Tieren attackiert[150]. Für die Zuschauer war es ein Vergnügen, wenn ein wildes Tier einen Verurteilten durch die Arena schleifte[151]. Veranstaltungen, in denen Menschen wilden Tieren vorgeworfen wurden und Menschen gegen Tiere kämpften (*venationes*), fanden generell am Vormittag statt[152].

Die Strafe „*ad bestias*" konnte (Hoch-)Verräter, Räuber, Rädelsführer von Unruhen, Brandstifter, Mörder, Kriegsgefangene oder Sklaven treffen[153]. Sie blieb während der Kaiserzeit eine verbreitete Hinrichtungsart, gelegentlich wurden Kaiser der Willkür im Umgang mit dieser Strafe bezichtigt[154].

Die „*damnatio ad gladium*" zwang den Verurteilten dazu, ohne vorheriges Training in der Arena gegen einen professionellen Gladiator anzutreten. Lediglich mit einem Schwert bewaffnet, bedeutete dies den sicheren Tod[155]. Solche Hinrichtungen wurden mittags durchgeführt. Seneca berichtet als Augenzeuge von einer derartigen Veranstaltung und war von dem „bloßen Hinschlachten von Menschen"[156] schockiert: „Nichts haben sie, mit dem sie sich schützen können, mit dem ganzen Körper sind sie dem Stoß ausgesetzt und niemals ist ein Hieb vergeblich"[157]. Und dennoch gab es Zuschauer, die dieses „Schauspiel" den regulären Kämpfen vorzogen.

Unter Marc Aurel (161–180 n. Chr.) erlangten zum Tode Verurteilte für die Organisatoren von Veranstaltungen größere Bedeutung: In einem Senatsbeschluss des Jahres 177 n. Chr. wurden die Preise für Gladiatoren in Gallien auf 2000 Sesterzen begrenzt, weil die Finanzsituation vieler Städte damals sehr angespannt war. Da zu diesem Preis keine ausgebildeten Gladiatoren auf dem Markt erhältlich waren, wurden die *damnatii ad gladium* auf sechs *aurei* (600 Sesterzen) taxiert, um so preisgünstige Alternativen anbieten zu können (siehe D. Liebs in diesem Band)[158]. Die Folge war eine verstärkte Verfolgung von gesellschaftlichen Außenseitern wie etwa den Christen.

Entschied der Richter „ad ludos", so wurde der Verurteilte in einer Gladiatorenschule ausgebildet und hatte damit wenigstens eine gewisse Chance zu überleben[159].

Die Bandbreite an Varianten des Tötens in der Arena war groß: Verkleidet (die Männer als Saturn, die Frauen als Ceres) waren die Delinquenten Teil eines rituellen Menschenopfers. Sie wurden von „Jägern" mit Schlägen gegeißelt oder an Tiere wie beispielsweise an einen Eber angebunden[160]. In der Arena von Karthago waren während der Hinrichtung von Vibia Perpetua Soldaten anwesend, die vermutlich für die Choreographie zuständig waren[161]. Die Hinrichtung endete damit, dass die Überlebenden von Gladiatoren mit dem Schwert getötet wurden[162]. Im Amphitheater von Lyon gab es einen eisernen Stuhl, auf dem Leiber geröstet und die Zuschauer dadurch in Bratengeruch gehüllt wurden[163].

Mit dem Bau des Amphitheatrum Flavium, heute allgemein als Colosseum bekannt, erhielt die Todesstrafe „ad bestias" ihren festen Ort in Rom. Zuvor wurden Spiele auf dem Marsfeld, im Zirkus oder auf dem Forum veranstaltet[164]. Auch in den Provinzen waren Amphitheater der Ort für diese Hinrichtungsart. Im griechischsprachigen Osten des Reiches, wo nicht jede Stadt über ein Amphitheater verfügte, fanden Gladiatorenspiele auch in umgebauten Theatern oder in Stadien statt[165].

Eine weitere Variante zur Unterhaltung der Arenabesucher waren mythologische Inszenierungen, die stets tödlich endeten[166]. Bekannte Stoffe oder geschichtliche Ereignisse wurden mit zum Tode verurteilten Akteuren nachgestellt, wobei die Handlungstreue nicht vornehmliches Ziel dieser Schauspiele war. Verurteilte und Kriegsgefangene wurden z. B. in nachgestellten Naumachien, also Seeschlachten, in den Tod geschickt. Im Amphitheater von Verona befand sich ein Becken für solche Veranstaltungen; in Rom wurden sogar künstliche Seen ausgehoben wie z. B. auf dem Marsfeld unter Caesar und Caligula oder im südlichen Trastevere zur Zeit des Augustus[167]. Für mehr als 19000 Verurteilte wurde ferner der Lacus Fucinus, ein natürlicher See in den Abruzzen, zur Hinrichtungsstätte[168].

Die Hinrichtung durch wilde Tiere hatte ihren Ursprung im Kriegsrecht der römischen Republik[169]. Ein Feldherr konnte diese Strafe anordnen, die Sklaven, Kriegsgefangene und Überläufer betraf[170]. Beispielsweise brachte der Konsul Aquillius 101 v. Chr. die Überlebenden des Sklavenaufstandes auf Sizilien nach Rom, um sie dort in der Arena gegen wilde Tiere kämpfen zu lassen[171]. Die ersten Hinrichtungen dieser Art sind 167 v. Chr. und 146 v. Chr. überliefert, sie etablierten sich parallel zur Entwicklung der Gladiatorenspiele[172]. Auch in den Provinzen wurde der Tod in der Arena bereits in republikanischer Zeit praktiziert, Opfer waren hier in aller Regel Nichtrömer[173]. Seine Machtbefugnis nutzte der Quästor Balbus 43 v. Chr. und ließ im spanischen Gades sogar römische Bürger den Tieren vorwerfen[174]. In den Provinzen konnte während der Kaiserzeit der Statthalter Nichtbürger bei Delikten wie Mord zu dieser Strafe verurteilen[175]. Von Caligula wird berichtet, dass er zahlreiche „ehrenhafte Männer" (*multi honesti ordinis*), darunter auch Ritter, in der Arena sterben ließ; zudem soll er Verbrecher zur Fütterung der für die Spiele vorgesehenen Raubtiere bestimmt haben[176]. Während der Verfolgungen unter Marc Aurel wurden im Amphitheater von Lyon zahlreiche Christen den wilden Tieren vorgeworfen und auch später kam diese Maßnahme bei ähnlichen Verfolgungen zur Anwendung[177].

Ablauf der Ereignisse nach den Märtyrergeschichten

Um die Abläufe der Ereignisse von einer Anzeige bis zum Vollzug der Todesstrafe zu rekonstruieren, steht mit den christlichen Märtyrerschicksalen eine bemerkenswerte Quellengattung zur Verfügung. Abgesehen davon, dass mit diesen Berichten ein bestimmter Zweck verfolgt wurde, bieten die Texte durch ihre oftmals zeitnahe Niederschrift eine durchaus glaubhafte Schilderung von den Abläufen der Ereignisse und den beteiligten Personen[178].

Die Märtyrerakten sind vor dem historischen Hintergrund unterschiedlicher Christenverfolgungen von Marc Aurel bis Diokletian aufgeschrieben worden. Rechtliche Grundlage für ein Vorgehen gegen Christen waren die Edikte der jeweiligen Kaiser, die von den Christen ein öffentliches Bekenntnis zum römischen Staat durch den Vollzug von Opfern verlangte. Seit der Zeit Traians (98–117 n. Chr.) galt das Geständnis, Christ zu sein, als ausreichend für eine Verurteilung zum Tode[179].

Sowohl bei der Fahndung als auch bei den ersten Verhören von Christen kooperierten munizipale und staatliche Stellen eng miteinander. Polycarp, Bischof von Smyrna, wurde 155 n. Chr. auf Veranlassung des Irenarchen, eines vom Statthalter autorisierten, städtischen Beauftragten, zum Verhör ins örtliche Stadion gebracht[180]. In ähnlicher Weise ließ ein Irenarch den Bischof Nestor von Perge (Pamphylien) 251 n. Chr. den städtischen Behörden vorführen und verhören[181]. Über solche Verhöre wurden Protokolle angefertigt und versiegelt den Statthaltern übergeben (siehe A. Nogrady in diesem Band)[182]. In der Regierungszeit Diokletians (303 n. Chr.) lag die Umsetzung des kaiserlichen Ediktes in Händen der lokalen Autoritäten[183].

Die Verhaftung erfolgte durch spezialisierte Soldaten aus dem *officium* der Statthalter[184]. Bei den *officiales* handelte es sich um niedere Chargen unterhalb des Centurionats, die u. a. im Bereich der Fahndung nach Sklaven, Räubern und eben Christen eingesetzt wurden. Vor allem traten berittene Soldaten, *stationarii*, in Erscheinung[185]. Mit polizeilichen Aufgaben waren auch die *beneficiarii* betraut[186]. Zur berittenen Abteilung im *officium* gehörten der *strator* und der *equistrator*, die gemeinsam Festnahmen durchführten[187]. Ein *equistrator* konnte zugleich das Amt des *a custodiis* bekleiden und war damit für die Gefängnisse verantwortlich[188]. In seltenen Fällen waren außerhalb Roms auch *centuriones* an einer Gefangennahme beteiligt[189]. Vom Kaiser veranlasste Festnahmen fielen dagegen generell in die Zuständigkeit von Tribunen oder Centurionen[190].

Erste Verhöre fanden häufig in der Öffentlichkeit auf dem Forum statt und waren nicht selten von Folterungen begleitet[191]. Städtische und staatliche Funktionsträger arbeiteten zusammen, wobei die Militärangehörigen höher chargiert waren. In Lyon führte der *tribunus militum* (χιλίαρχος) der dort stationierten *cohors urbana* zusammen mit städtischen Vertretern (προεστηκότοι) das Verhör durch[192]. In Cirta waren ein *centurio* sowie städtische Würdenträger während Folter und Verhör anwesend[193]. In Smyrna wurden Pionius und seine Gefährten vom Tempeldiener Polemon zum Tribunal auf das Forum gebracht und dort verhört[194].

Am Ende dieser Verhöre wurden jedoch keine Todesurteile gefällt, da nur der Statthalter selbst bei Kapitaldelikten entsprechende Urteile fällen konnte. Deshalb wurden die Beschuldigten bis zur Ankunft des Statthalters inhaftiert[195]. Auch Ptolemaeus wurde nach seinem Geständnis in Ketten gelegt und ins Gefängnis gebracht, dort jedoch weiter gefoltert[196].

Die vornehme Römerin Vibia Perpetua wurde als Christin in Karthago, den Sitz des Statthalters und zugleich Standort einer *cohors urbana*, zunächst in ein Gefängnis außerhalb der Stadt auf einem Hügel gebracht, das von Soldaten bewacht wurde und offensichtlich direkt dem Statthalter unterstand[197].

Befand sich der Statthaltersitz an einem anderen Ort, wurden die Verdächtigen dorthin überstellt. Diese Maßnahme konnte auch durch städtische Behörden erfolgen. Bischof Felix wurde von einem Abgesandten der *civitas* Tibiuca nach Karthago begleitet, wo er dem *legatus*, möglicherweise dem Kommandeur der *legio III Augusta*, übergeben wurde, der ihn zunächst inhaftierte[198]. Nach einem ersten Verhör durch den Legaten (am nächsten Tag) wurde Felix in Ketten gelegt und 16 Tage im Gefängnis belassen, bevor er vom Prokonsul verhört wurde[199]. Auch Marianus und Iacobus wurden von den städtischen Behörden zur Entscheidung nach Lambaesis vor den Statthalter gebracht und dort nach dem Urteil bis zur Vollstreckung inhaftiert[200]. Ebenso wurde Ptolemaeus in Rom vor das Gericht des Stadtpräfekten gestellt und dort verurteilt[201].

Die Gerichtssitzungen vor dem Statthalter konnten öffentlich sein[202]. Die Verhandlungen fanden auf dem Forum oder auch im Stadion statt[203]. Cyprian wurde vor den Statthalter gebracht, der sich aus gesundheitlichen Gründen auf einem Landgut außerhalb von Karthago befand. Dort hielt er vor zahlreichen Menschen, die zum Landgut gekommen waren, Gericht ab.

Bei öffentlichen Sitzungen waren neben dem Statthalter häufig auch städtische Amtsträger anwesend. In Pergamon erstattete der Irenarch Anzeige gegen Bischof Nestor und übergab das Verhörprotokoll. Dieses Protokoll wurde auf dem Tribunal von einem *adiutor* öffentlich vorgelesen[204]. Dieser nahm bei Gericht protokollarische Aufgaben ähnlich wie ein *commentariensis* wahr, der durch Bekanntgabe der Anklage die Verhandlung eröffnete und den weiteren Verlauf protokollierte[205]. Anschließend verhörte der Statthalter die Beschuldigten.

Die Verhandlungen vor dem obersten Richter der Provinz konnten auch unter Ausschluss der Öffentlichkeit geführt werden. Dieser residierte dann in einem nicht allgemein zugänglichen Gerichtssaal, *secretarium* genannt, auf dem Tribunal[206]. Das Urteil wurde dann später von einem Herold (*praeco*) publik gemacht[207].

Die Verhöre vor dem Statthalter waren manchmal mit der Anwendung von Folter verbunden[208]. Der Statthalter konnte die Gerichtssitzung auch jederzeit unterbrechen und den Beschuldigten zurück ins Gefängnis bringen lassen. Der Richterspruch wurde schließlich auf einer *tabella* oder einem *libellum* schriftlich festgehalten und verlesen[209]. Die Hinrichtungen waren öffentlich, wobei die Verurteilten von Soldaten meistens ohne große zeitliche Verzögerung zur Richtstätte gebracht wurden[210]. Die Aufsicht über die Hinrichtung lag in der Zuständigkeit eines Soldaten im Range eines *centurio* oder eines höheren Dienstgrades. Der Tribun der *cohors urbana* in Karthago führte z. B. bei der Hinrichtung von Vibia, Felicitas und ihren Gefährten die Oberaufsicht; er hatte die Verurteilten zuvor bereits im Gefängnis besucht. Der Procurator Hilarianus war als höchster Würdenträger und Veranstalter im Amphitheater zugegen[211].

Römische Soldaten unter dem Befehl eines *centurio*, vermutlich Angehörige einer bei Jerusalem stationierten militärischen Einheit, kreuzigten Jesus[212]. Bei Verurteilungen zum Feuertod in Smyrna (Pionius) und in Saloniki (304 n. Chr.) sind städtische Henker (δημόσιος) überliefert, die öffentliche Sklaven waren[213].

Die Art der Todesstrafe lag unter Beachtung gesellschaftlicher Normen im Ermessen des Statthalters[214]. Für *humiliores* kam das Verbrennen bei lebendigem Leib, die Kreuzigung oder der Tod in der Arena in Frage. Die Entscheidung konnte von bestimmten Konstellationen oder Situationen beeinflusst werden. Da Tierhetzen in Smyrna gerade vorüber waren, wurde beschlossen, Polycarp stattdessen lebendig zu verbrennen[215]. Vibia und Felicitas wurden nach ihrer Verurteilung zum Tod „ad bestias"[216] in ein spezielles Militärgefängnis (*carcer castrensis*) verlegt, das in der Zuständigkeit eines *optio carceris* lag, denn sie sollten im Rahmen eines für das Militär veranstalteten Kampftages (*castrense munus*) den wilden Tieren vorgeworfen werden[217]. Für die Christen in Lyon wurde eigens ein besonderer Tag für die Tierhetzen zur Unterhaltung der Massen angesetzt[218]. Diokletian ordnete an, dass Personen, die das Opfer vor dem Kaiserbild verweigerten, lebendig verbrannt werden sollten[219]. Dies wurde aber offenbar nicht immer befolgt, wie das Beispiel der Christen Agapios und Thekla vermuten lässt – sie wurden 304/305 n. Chr. in Palästina den wilden Tieren vorgeworfen[220].

Standesunterschiede spielten bei der Auswahl der Todesstrafe eine große Rolle. Prominente Beispiele dafür sind Paulus, der als römischer Bürger enthauptet, und Petrus, der gekreuzigt wurde[221]. In Lyon galt im Jahr 177 n. Chr. eine unterschiedliche Behandlung von römischen Bürgern und Nichtbürgern: Während die Christen ohne Bürgerrecht den wilden Tieren vorgeworfen wurden, starben die Inhaber der *civitas Romana* den Tod durch das Schwert[222]. In Ägypten wurde unter Septimius Severus (193–211 n. Chr.) ein gewisser Leonides enthauptet, der vermutlich das römische Bürgerrecht besaß[223]. Eusebius berichtet zudem von Prozessen im ägyptischen Alexandria, in denen Bürger zum Tod durch Enthaupten, Nichtbürger dagegen zum Tod durch Verbrennen verurteilt wurden[224]. In die Zeit nach der *constitutio Antoniniana* fällt die Hinrichtung des Thascius Caecilius Cyprianus durch das Schwert (258 n. Chr.)[225]. Er stammte aus einer vermögenden Familie Karthagos und wirkte vor seiner Bekehrung zum Christentum als Rhetor. Er war hoch angesehen, auch beim amtierenden Statthalter, und gehörte zu den *honestiores*. Im Jahr 295 n. Chr. verweigerte der Rekrut Maximilianus den Militärdienst. Er galt dennoch als Soldat und wurde als *honestior* zum Tod durch das Schwert verurteilt[226].

Doch gab es vermutlich auch Ausnahmen – in Karthago wurden im Jahr 180 n. Chr. eine größere Anzahl Christen aus einer nahe gelegenen Ortschaft enthauptet. Möglicherweise handelte es sich nicht bei allen Hingerichteten um römische Bürger[227]. Auch der Statthalter von Numidien ließ während der Verfolgungen unter Valerian (254–260 n. Chr.) zahlreiche Christen enthaupten; nicht alle dürften zu den *honestiores* gezählt haben[228]. Andererseits war Vibia Perpetua eine vornehme römische Bürgerin und wurde trotzdem den Tieren vorgeworfen[229].

Schlussbetrachtung

In der Frühzeit des römischen Stadtstaates hatte der Vollzug von Todesstrafen durch die Beteiligung von Priestern und hohen Magistraten einen sakralen Charakter[230]. In der Überlieferung tritt uns ein ausgebildetes Rechtssystem der Römischen Republik entgegen: Hinrichtungen vollzogen Bedienstete (*lictores*) der Magistrate mit *imperium*-Gewalt oder die Volkstribunen[231]. Die Tätigkeit der Liktoren erschöpfte sich nicht in zeremoniellen Aufgaben; sie setzten Beschuldigte fest, führten Geißelungen durch und vollstreckten Todesurteile[232]. Zur Züchtigung, die auf Befehl des Magistraten erfolgte, verwendeteten sie ihre Rutenbündel, die dabei auch zu Bruch gehen konnten[233]. Nachdem in der ausgehenden Republik die Todesstrafe für römische Bürger praktisch abgeschafft war (siehe D. Liebs in diesem Band)[234], nahmen mit dem Beginn des Prinzipats die Hinrichtungen wieder zu[235]. Zusammen mit der Ausweitung der römischen Macht während der Republik veränderte sich der Vollzug der Todesstrafe. Hinrichtungen fanden nicht mehr nur in Rom statt, außerdem nahm der Einfluss des Militärs bei der Strafvollstreckung zu. Der Henker, allgemein als *carnifex* bezeichnet, findet nun in den Quellen häufiger Erwähnung[236]. In der Kaiserzeit war er derart gefürchtet, dass manche Zeitgenossen, die sich von der Todesstrafe bedroht sahen, den Selbstmord vorzogen[237]. Im Laufe des Prinzipats wurden Todesstrafen zunehmend häufiger ausgesprochen, außerdem verschärften sich die Strafen. So war Caligula der erste Kaiser, unter dem Angeklagte von einem Strafgericht *ad bestias* verurteilt wurden[238].

Soldaten übernahmen sowohl in Rom als auch außerhalb der Stadt die Aufgaben von Henkern[239]; in den Provinzen gehörten sie dem *officium* des Statthalters an. Den Märtyrerakten ist zu entnehmen, wie sich das *officium* im Laufe der späteren Kaiserzeit zu einem Fahndungsinstrument entwickelte, das auf allen Ebenen der Ermittlung und des Prozesses bis zur Hinrichtung eingebunden war.

Die Hinrichtungsarten veränderten sich von den Anfängen eines Stadtstaates bis in die Spätantike stetig. Ältere Methoden erlebten in der frühen Kaiserzeit vorübergehend eine kurze Renaissance, andere erwiesen sich als langlebiger und wurden in der Folgezeit ausgeweitet. Die Kreuzigung, *ad bestias* und Verbrennen bei lebendigem Leib waren entehrende Strafen, die ursprünglich nur Peregrine und Sklaven trafen. Es gab hier aber immer wieder Ausnahmen und spätestens ab den Severern traten Veränderungen ein, die auch römische Bürger mit diesen Strafen bedrohten[240]. Während die Anzahl der Tatbestände, die mit dem Tod geahndet wurden, im Laufe der Kaiserzeit zunahm[241], reduzierte sich der Variantenreichtum der angewendeten Hinrichtungsarten. In der Spätantike zählten die Enthauptung und das Verbrennen zu den hauptsächlich praktizierten Formen der Todesstrafe[242].

Anmerkungen

* Für Unterstützung danke ich Frau Dr. Marion Brüggler (Xanten), Herrn Prof. Dr. Detlef Liebs (Freiburg i. Br.) und Herrn Prof. Dr. Clemens Scholten (Köln).
[1] Cic. rep. 4,12 (nach Aug. civ 2,9), zitiert nach FLACH 2004, 120; vgl. auch Aug. civ. 2,12. 2,14.
[2] FLACH 2004, 210f.
[3] Zu den rechtlichen Aspekten im Überblick vgl. SCHILLING 2010, 19–23.
[4] SCHILLING 2010, 229f.
[5] Diebstahl: Gell. 11,18,8. 20,1,7–8; Lex XII tab. 1,19a–c (FLACH 2004, 61f.); die Todesstrafe wurde später in eine Geldstrafe umgewandelt; falsches Zeugnis: Gell. 20,1,53; XII tab. 8,12a (FLACH 2004, 134).
[6] RE Suppl. VII (1940) 1610 s. v. Todesstrafe (K. Latte).
[7] Allgemein RE VIII (1932) 2330 s. v. Tarpeium saxum (R. Taubenschlag); VISMARA 1990, 21; insbesondere WISEMAN 1999, 237 (mit sämtlichen Quellenangaben); das *capitolium* wurde auch *Tarpeia arx* nach einem Beinamen des Iupiter Capitolinus genannt (vgl. Verg. Aen. 8,652–653). Livius bezeichnet die Stelle, an der 387 v. Chr. die Gallier das Kapitol erstürmten, zweimal als Tarpejischen Felsen (Liv. 6,17,4. 20,12); der Aufgang sei steil aber ersteigbar; Quellen bei WISEMAN 1999.
[8] RE Suppl. VII (1940) 1608f. s. v. Todesstrafe (K. Latte).
[9] BLEICKEN 1988, 105–108; FLACH 2004, 6–11; den Einfluss der spätrepublikanischen Zeit, insbesondere die Ereignisse von den Gracchen bis Sulla, auf das Geschichtswerk des Livius hat GUTBERLET 1985 untersucht.
[10] SCHILLING 2010, 42 Anm. 66; die *lictores* waren am Vollzug dieser Todesstrafe nicht beteiligt; Volkstribunen: M. Manlius, der 387 v. Chr. das Capitolium gegen die Gallier verteidigte; Liv. 6,20,1–16; Diod. 15,35,3 (zum Jahr 384 v. Chr.); Dio Cass. 58,15,2–3 (zum Jahr 31 n. Chr.); Volkstribun und Konsuln: 60,18,4 (zum Jahr 43 n. Chr.); Dion. Hal. 8,78,5 erwähnt Quästoren (ταμίαι, um 486 v. Chr.). Die *quaes(i)tores* waren vom *magister populi* eingesetzte Ermittler, die untersuchten, ob eine Tötungstat vorsätzlich geschehen war; bestätigte ihr Ergebnis, dass es sich um Mord handelte, musste die Vollbürgergemeinde zur Abstimmung zusammentreten; vgl. FLACH 2004, 218; Dig. 1,2,2,16; Dig. 1,2,2,23.
[11] Sen. dial. 3,16,5; ungewöhnlich war das Recht des *pontifex maximus*, den Buhlen der Vestalin vom Tarpejischen Felsen zu stürzen; vgl. dazu RE Suppl. VII (1940) 1613f. s. v. Todesstrafe (K. Latte).
[12] Dion. Hal. 9,39,1–6; Liv. 2,55,1–11 (473 v. Chr.).
[13] Tac. ann. 2,32; SCHILLING 2010, 125–127.
[14] Sp. Cassius Vecellinus, Konsul 502, 493 und 486 v. Chr.: Dion. Hal. 8,78,5; der ehemalige Konsul M. Manlius, 387 v. Chr. Verteidiger des Kapitols gegen die Gallier: Liv. 6,20,1–16; Diod. 15,35,3 (zum Jahr 384 v. Chr.). Beide wurden unter dem Verdacht, die Königswürde zu erstreben, vor der Volksversammlung (*contio*) zum Tode verurteilt.

15 Liv. 24,20,6: Die italischen Städte Blanda (Lucanien) und Aeceae (Apulien) wurden 214 v. Chr. von den Konsuln eingenommen. Angeblich 25 000 Feinde wurden gefangen genommen oder getötet. 300 Deserteure, offensichtlich römische Bürger, schickten die Konsuln zur Vollstreckung des Todesurteils nach Rom; Liv. 25,7,11–13: Geflüchtete Kriegsgefangene aus Tarentum und Thurii wurden 212 v. Chr. nach ihrer erneuten Festnahme ebenfalls nach Rom geschickt und dort vom Felsen gestürzt.

16 Dio Cass. 48,34,5: Im Jahr 39 v. Chr. ließ der spätere Augustus einen Sklaven vom Kapitol stürzen, der sich als Prätor ausgegeben hatte. Zuvor wurde er freigelassen; nach Plutarch (Plut. Sull. 10,1) ließ Sulla einen Sklaven, der seinen Herrn verraten hatte, vom Felsen stürzen. Auch Sulla ließ den Sklaven zuvor frei; vgl. App. civ. 3,1,3, der betont, dass es sich um eine Strafe nur für Freie handele. Demgegenüber kommentiert A. Gellius (N. A. 11,18,8) das Zwölftafelgesetz dahingehend, dass Sklaven, die auf frischer Tat bei einem Diebstahl erwischt würden, nach obligatorischer Geißelung vom Tarpejischen Felsen herabzustürzen seien.

17 SCHILLING 2010, 158. 174f.; vgl. Tac. ann. 4,29; das Herabstürzen vom Tarpejischen Felsen wird hier allgemein mit dem Schlagwort *saxum* bezeichnet. Daneben waren das Gefängnis (*robur*) und die Säckung (*parricidarum poenas*) gefürchtete, aber – so wie Tacitus es darstellt – gängige Mittel der Schreckensherrschaft des Kaisers Tiberius.

18 Dio Cass. 58,15,2–3.

19 Mehrere konkrete Beispiele sind überliefert: Ael. Saturninus wurde 23 n. Chr. vom Senat verurteilt, weil er ungebührliche Verse über Tiberius verfasste (Dio Cass. 57,22,5; SCHILLING 2010, 156). Sex. Marius, ein reicher Bürger aus Cordoba, der sein Geld mit spanischen Silber- und Goldbergwerken gemacht hatte, fiel 33 n. Chr. dieser Strafe zum Opfer. Er hatte angeblich Inzest mit seiner Tochter begangen, das Vermögen fiel an den *fiscus* (Tac. ann. 6,19,1; SCHILLING 2010, 180–182); Seneca maior (Sen.contr. 1,3) verarbeite diese Begebenheit in einem fiktiven Streitgespräch. Er machte jedoch die Tochter zu einer Vestalin, die ihr Keuschheitsgelübde gebrochen habe (vgl. auch Quint. inst. 7,8,3. 7,8,5–6). Zur Bestrafung einer Vestalin vgl. oben S. 320f.

20 Dio Cass. 59,18,3 (zum Jahr 39 n. Chr.); Dio Cass. 60,18,4 (zum Jahr 43 n. Chr.).

21 RE VIII (1932) 2330 s. v. Tarpeium saxum (R. Taubenschlag).

22 Sen. dial. 3,16,5; MOMMSEN 1899, 921–923; VISMARA 1990, 19f.; SCHILLING 2010, 108–116; zu weiteren verwandtschaftlichen Konstellationen vgl. Dig. 48,9,9 (Modest.); im Zwölftafelgesetz bezeichnete *parricidium* allgemein das Morddelikt, vgl. dazu die Quellen bei FLACH 2004, 137–146; ebenso SCHILLING 2010, 112.

23 Ablauf nach MOMMSEN 1899, 922.

24 Dig. 48,9,9 (Modest.).

25 Plut. Tib. Gracch. 20; von weiteren Anhängern wird vermeldet, dass sie hingerichtet oder in die Verbannung geschickt wurden. Im Zuge der Untersuchungen gab es auch Freisprüche.

26 Plut. Rom. 22,4.

27 Sohnesmörder Q. Fabius Maximus, 104 v. Chr.: Oros. hist. 5,16,8; Muttermörder P. Malleolus, 101 v. Chr.: Oros. hist. 5,16,23

28 LEVY 1931, 28f.; SCHILLING 2010, 111f.

29 MOMMSEN 1899, 643–646.

30 Tac. ann. 4,29: *Qui scelere vaecors, simul vulgi rumore territus, robur et saxum aut parricidarum poenas minitantium, cessit urbe* – „Dieser [der Ankläger], durch das Verbrechen in den Wahnsinn getrieben, zugleich über das Gerede der Masse erschrocken, die ihm Gefängnis, Sturz vom Felsen oder die Strafe für Verwandtenmörder androhte, verließ die Stadt."

31 Konstitution von 318 n. Chr.: SCHILLING 2010, 109; Ehebruch: Cod. Theod. 11,36,4 (339 n. Chr.); Dig. 48,9,9 (Modest.); vgl. dazu KRAUSE 1996, 117–121.

32 Suet. Dom. 8,4; Plin. epist. 4,11,6–14; zum Prozess vgl. SCHILLING 2010, 270–273; erstmals wird diese Strafe für die Herrschaftszeit des fünften Königs L. Tarquinius Priscus (616–578 v. Chr.) von Dio Cassius (Zonar. 7,8) erwähnt; von einer weiteren Anwendung berichtet Dionysios von Harlikarnass (9,40,4) für das Jahr 472/471 v. Chr.; vgl. zu diesem Jahr Livius (2,56,1–5), der dieses Vorkommnis nicht erwähnt.

33 SCHILLING 2010, 273.

34 VISMARA 1990, 20; zur Lage vgl. COARELLI 1993a.

35 Beschreibung bei Dio Cass. 2 (Zonar. 7,8).

36 Der am Grab tätige Scharfrichter wird von Plinius (epist. 4,11,9) *carnifex* genannt.

37 MOMMSEN 1899, 918.

38 RE Suppl. VII (1940) 1599–1619 s. v. Todesstrafe (K. Latte) sieht darin unter Berücksichtigung von Plin. nat. 18,3,12 Tod durch Erhängen. Ihm ist vor allem daran gelegen, die Kreuzigung auch in der Republik für römische Bürger auszuschließen. Plinius maior spricht davon, dass derjenige nach dem Zwölftafelgesetz mit dem Tode bestraft werde, der nachts Feldfrüchte stehle (*suspensum necari* – „hängend getötet werden"). Der Delinquent hing dann an einem *infelix arbor*. GARNSEY 1970, 128 sieht in der Plinius-Stelle einen frühen Beleg für die Kreuzigung. Er hält die in den Gesetzestexten des 3. Jahrhunderts n. Chr. erwähnte *furca*-Strafe für eine Zurschaustellung des Delinquenten, die Tötung erfolgte dann auf andere Weise. RIESS 2001, 233 Anm. 427 spricht in Anlehnung an Plin. nat. 18,3,12 von der *furca* als *arbor infelix*, der bei VISMARA 1990, 23 durch die *furca* ersetzt wird; VISMARA 1990, 20 unterscheidet sie ohne ersichtlichen Grund die Strafen *more maiorum* von der frühen *furca*-Strafe; SCHILLING 2010, 125 Anm. 324 betont den Tod durch die Geißelung, er bezieht die Plinius-Stelle nicht auf diese Tötungsart. Der Delinquent wird dazu an ein Kreuz gebunden.

39 Suet. Nero 49,2–3; Suet. Dom. 8,4: *more maiorum*; Suet. Claud. 34,1: *antiqui moris*; Tac. ann. 2,32: *more prisco*.

40 Suet. Nero 49,2–3; Suet. Claud. 34,1; Suet. Dom. 8,4; Dio Cass. 1 (Zonar. 7,8); Liv. 1,26,10.

41 Liv. 1,26,6; MOMMSEN 1899, 918 und GARNSEY 1970, 128 Anm. 10 betrachten die bei Livius geschilderte Strafe als Kreuzigung.

42 KUHN 1982, 685.

43 Dio Cass. (Zonar. 7,8); Suet. Dom. 8,4.

44 Suet. Nero 49,2: Nero wurde zum Staatsfeind erklärt.

45 Tac. ann. 2,32; SCHILLING 2010, 125–127.

46 Dio Cass. (Zonar. 7,8).

47 Dio Cass. 1 (Zonar. 8,4); Suet. Dom. 8,4.

48 Vgl. die geplante Tötung des P. Horatius bei Livius (1,26,6): [...] *vel intra pomerium* [...] *vel extra pomerium* – „[...] entweder innerhalb [...] oder außerhalb des *pomerium*

[...]"; Tac. ann. 2,32: *extra portam Esquilinam*; Claudius (Suet. Claud. 34,3) wohnte einer Hinrichtung in Tibur bei.

49 Tac. ann. 2,32; Mommsen verweist darauf, dass auf dem Esquilin von jeher Sklaven exekutiert wurden und auch militärische Urteile umgesetzt wurden; zudem wurden dort bei mangelndem Grabrecht die Leichen hingeworfen (MOMMSEN 1899, 914 Anm. 4); vgl. auch die Stelle bei Tacitus (ann. 15,60,1): *[...] raptus in locum servilibus poenis sepositum [...]* – „[...] an einen Ort geschleppt, der der Bestrafung von Sklaven vorbehalten war [...]"; gemeint ist damit der Esquilin.

50 GARNSEY 1970, 128 hält die *furca* für einen Ersatz für die Kreuzesstrafe.

51 KUHN 1982, 732 Anm. 508.

52 VISMARA 1990, 23; sie räumt allerdings ein, dass auf der hölzernen Skulptur das quer liegende Brett nicht verifizierbar ist.

53 RE Suppl. VII (1940) 1615 s. v. Todesstrafe (K. Latte).

54 MOMMSEN 1899, 918.

55 K. Latte lehnte die Ansicht ab, der Ablauf der Tötung entspräche dem beim Schlachten eines Opfertieres; MOMMSEN 1899, 918; dazu RE Suppl. VII (1940) 1615 s. v. Todesstrafe (K. Latte).

56 BLEICKEN 1989, 172; RE Suppl. VII (1940) 1616 s. v. Todesstrafe (K. Latte) sieht das sakrale Moment in der Auflehnung gegen den von den Göttern geliebten Herrscher.

57 Dio Cass. 43,24,4.

58 Dion. Hal. 5, 8–9; Liv. 2, 5,8.

59 Liv. 8, 33,18–22; Q. Fabius war *magister equitum* des Diktators L. Papirius Cursor; der wollte Fabius hinrichten lassen, weil er befehlswidrig gegen die Samniten gekämpft (und gesiegt) hatte. Das Volk verhinderte jedoch die Verurteilung.

60 Suet. Claud. 25,3.

61 MOMMSEN 1899, 917 f.

62 Dig. 48,19,8,1: *animadverti gladio oportet, non securi vel telo vel fusti vel laqueo vel quo alio modo*.

63 Iuv. 3,312–314 schreibt (Ende 1. Jh. n. Chr.) von den glücklichen Zeiten, in denen es nur einen *carcer* in Rom gab; KRAUSE 1996, 24–26. 248 f.

64 Der *carcer* wurde teilweise in den Fels hineingeschlagen. Das so genannte Tullianum, ein kreisrundes Verlies, zugänglich über ein Loch in der Decke, befindet sich heute im Kellergeschoss der Kirche S. Giuseppe dei Falegnami; dort wurde angeblich auch der Apostel Paulus gefangen gehalten; ausführliche Informationen bei COARELLI 1993b und DI SPIRITO 1993; allgemein zu Gefängnissen im Römischen Reich vgl. KRAUSE 1996.

65 Suet. Tib. 54.

66 KRAUSE 1996, 81; Suet. Tib. 75: *[...] custodes [...] strangulaverunt abieceruntque in Gemonias* – „[...] erdrosselten die Wächter sie und warfen sie auf die Seufzertreppe." Die *carnifices* („Fleischmacher") waren *servi publici* und gehörten zum Personal der *tresviri capitales*, angehende Senatoren, in deren Verantwortungsbereich die Hinrichtungen ab ca. 290 v. Chr. fielen (dazu ECK 1974, 173–175); ursprünglich vollzogen die *carnifices* nur die Hinrichtung von Sklaven, während die *lictores* freie Bürger töteten; vgl. dazu AIGNER 1988, 202.

67 Tac. ann. 3,51 zum Tod des Clutorius Priscus unter Tiberius (21 n. Chr.): *[...] ductus in carcerem et statim exanimatus* – „[...] wurde er ins Gefängnis geführt und sofort getötet"; *viatores* sind bereits in der Republik als Boten überliefert. Sie dienten Diktatoren, Konsuln, Prätoren, Ädilen, Quästoren und Volkstribunen; vgl. JONES 1949, 38–42; KRAUSE 1996, 10.

68 Tac. ann. 3,51,2; KRAUSE 1996, 81.

69 Sall. Catil. 55,3–6; Plut. Caes. 8.

70 Iugurtha: Plut. Mar. 12,3–6; Sall. Iug. 114,3; Vercingetorix: Dio Cass. 43,19,4; Seianus: Dio Cass. 58,3,9–11; Iuv. 10,58–77.

71 Die Schilderung des Tacitus (ann. 5,9) ist sehr drastisch: weil die Tochter noch Jungfrau war und es dafür keinen Präzedenzfall gab, wurde sie vor der Hinrichtung vom Henker (*carnifex*) geschändet; so auch bei Sueton (Tib. 61); zu weiteren Einzelnachweisen von Hinrichtungen im Gefängnis vgl. KRAUSE 1996, 80 Anm. 76.

72 Frauen und Kinder: Suet. Tib. 61; insgesamt scheute man sich jedoch, eine Frau im Gefängnis hinzurichten; vgl. KRAUSE 1996, 171 f.; aus der Stelle bei Plin. nat. 8,145 geht nicht eindeutig hervor, ob auch Sklaven im Gefängnis erdrosselt wurden.

73 Dio Cass. 58,15,3. 59,18,3; Tac. ann. 4,29; das Wort *robur* bezeichnet hier das Gefängnis, vgl. dazu Liv. 38,59,10; Hor. carm. 2,13,19; dass die Hinrichtungen unter Tiberius sehr zahlreich waren, berichtet auch Sueton (Tib. 61): *nullus a poena hominum cessavit dies [...]* – „kein Tag verging ohne Hinrichtungen [...]"; viele entzogen sich der Strafe durch Selbstmord.

74 Suet. Tib. 75.

75 RE Suppl. VII (1940) 1617 f. s. v. Todesstrafe (K. Latte).

76 Firm. math. 4,14,7; der Diebstahl ist erst im Laufe der Kaiserzeit vom Zivil- in das Strafrecht übergegangen; vgl. dazu KRAUSE 1996, 112 f.

77 MOMMSEN 1899, 923; RE Suppl. VII (1940) 1615 s. v. Todesstrafe (K. Latte); in den Quellen findet sich der Ausdruck *cervicem porrigere* (Sen. dial. 3,18; Sen. benef. 3,25), *cervicem amputare* (Firm. math. 8,26), *gladio animadverti* (Dig. 48,19,8,1); *cervicem tendere* (Pass. Iuli Veterani 4,1 [MUSURILLO 1972, 264 f.]); *cervicem extendere* (Pass. S. Crispina 4,2 [MUSURILLO 1972, 308 f.]); *decollari* (Pass. S Felicis Episcopi 30 [MUSURILLO 1972, 270 f.]); *gladio percuti* (Pass. S. Irenaei Episcopi 5,1 [MUSURILLO 1972, 298 f.]).

78 MOMMSEN 1899, 923 f.; RE Suppl. VII (1940) 1615 s. v. Todesstrafe (K. Latte).

79 *Cum iam carnifex immineret et gladius super cervices eius libratus penderet, [...]* – „Und schon war der Scharfrichter zur Stelle und sein in Schwung versetztes Schwert hing über dem Hals, [...]".

80 Firm. math. 8,26: *speculatores [...] nudato gladio hominum amputant cervicem [...]* – „Die Scharfrichter [...] enthaupten die Menschen mit entblößtem Schwert [...]"; Eus. hist. eccl. 5,59 (GUYOT/KLEIN 1993, 90 f.).

81 Cyprian kniete auf seinem Mantel: Acta Procons. S. Cypr. 5,2 (GUYOT/KLEIN 1993, 158 f.); auch Flavian kniete (Pass. Sct. Montani et Lucii 6,5 [MUSURILLO 1972, 238 f.]), jedoch handelt es sich in beiden Fällen um Christen; in der üblichen Bezeichnung kommt das Darreichen des Nackens zum Ausdruck; vgl. Anm. 77 u. 79.

82 Pass. Sct. Mar. et Iac. 12,4 (MUSURILLO 1972, 210 f.): *tunc oculis sub ictu de more velatis, [...]* – „obgleich die Augen der Sitte entsprechend verhüllt waren, [...]"; Acta Procons. S. Cypr. 5,5 (GUYOT/KLEIN 1993, 158 f.); Pass. Sct. Montani

83 et Lucii 15,2 (Musurillo 1972, 228f.); Pass. Iuli Veterani 4,1 (Musurillo 1972, 264f.).
83 Die *speculatores* und deren Aufgaben in der römischen Armee hat eingehend M. Clauss untersucht: Clauss 1973, 46–79; zu den *speculatores legionis* Clauss 1973, 59–79; vgl. auch Aigner 1988, 204; Haensch 1997, 35. 41; Clauss 1999, 79–81.
84 Von Domaszewski 1967 32; Clauss 1973, 60. 63. 69f.; Haensch 1997, 712; zum *officium* vgl. auch Jones 1949, 44–55.
85 Clauss 1973, 63–64. 67; eigene Versammlungs- bzw. Clubräume, so genannte *scholae speculatorum*, sind an mehreren Statthaltersitzen nachgewiesen: Pannonia Inferior: ILS 2375 (Aquincum); Dacia Superior: CIL III 7741 = CIL III 14479 (Apulum); Numidia: ILS 2376 (vermutlich Lambaesis).
86 Clauss 1973, 59f. 62f. 66–69.
87 Ev. Mk 6,17–29; der Begriff σπεκουλάτωρ entstammt der Entstehungszeit des Markus-Evangeliums in der zweiten Hälfte des 1. Jhs. n. Chr.; zum Tod des Täufers vgl. Ios. ant. Iud. 18,5,1–2.
88 Suet. Claud. 29,3–4; Sueton überliefert mindestens 35 Senatoren und über 300 Ritter; vgl. auch Tac. ann. 11,35.
89 Lact. mort. pers. 3,6: *[…] Petrum cruci adfixit, Paulum interfecit* – „[…] Petrus ließ er [Nero] kreuzigen, Paulus hinrichten"; Schilling 2010, 248–250.
90 Eus. hist. eccl. 5,44–47 (Guyot/Klein 1993, 84f.): Der Statthalter ließ einen Delinquenten aus der Arena holen, als er erfuhr, dass es sich um einen römischen Bürger handelte. Basis für die Verurteilung der römischen Bürger war ein Edikt Marc Aurels, das entsprechend den traianischen Vorgaben bei einem christlichen Bekenntnis die Hinrichtung verlangte.
91 Acta Mart. Scilita. 1–17 (Guyot/Klein 1993, 90–95).
92 Acta Procons. S. Cypr. 3–4 (Guyot/Klein 1993, 156–159).
93 Pass. Sct. Montani et Lucii 15 (Musurillo 1972, 228f.).
94 Pass. Sct. Mar. et Iac. 10,1 (Musurillo 1972, 206f.): *interim per dies plurimos effusione sanguinis transmittebatur ad dominum numerosa fraternitas, […]* – „Inzwischen wurden zahlreiche Tage lang durch das Vergießen von Blut unzählige Brüder zum Herrn befördert, […]."
95 Mart. S. Marinus (Musurillo 1972, 240f.); zur Datierung vgl. Musurillo 1972, XXXVI.
96 Acta Maximiliani 1–3 (Guyot/Klein 1993, 166–171); Acta Marcelli (Musurillo 1972, 250–259).
97 Pass. Iuli Veterani 3–4 (Musurillo 1972, 262–265); zum Schauplatz des Geschehens vgl. Musurillo 1972, XXXIX; Pass. S. Felicis Episcopi 31 (Musurillo 1972, 270–271).
98 Pass. S. Irenaei Episcopi 5,1 (Musurillo 1972, 298f.); Pass. S. Crispina 4,1 (Musurillo 1972, 302f.); Mart. Euplus 2,4 (Musurillo 1972, 312f.).
99 Acta Maximiliana 3,4 (Guyot/Klein 1993, 168f.).
100 Plut. Pomp. 10.
101 Acta Maximiliana 3,2 (Guyot/Klein 1993, 168f.): *cum duceretur ad locum, […]* – „Während er zum Ort [seiner Hinrichtung] abgeführt wurde, […]."
102 Pass. Iuli Veterani 4,1 (Musurillo 1972, 264 f).
103 Sen. dial. 3,18: *damnatus extra vallum productus est […]* – „der Verurteilte wurde außerhalb der Wallanlage geführt (…)"; Sen. benef. 3,25: *speculatoribus occurrit […] cervicem porrexit.*

104 Acta Procons. S. Cypr. 5 (Guyot/Klein 1993, 158f.); die Erwähnung des Prätoriums im Text (*et ita Cyprianus in agrum Sexti post praetorium perductus est […]*) halten Guyot/Klein 1993, 393 Anm. 61 für eine spätere Einfügung.
105 Pass. Sct. Mar. et Iac. 11,8–9. 12 (Musurillo 1972, 210f.); der Henker (*carnifex*) wird als erfahren in der Ausführung von Enthauptungen beschrieben.
106 Pass. S. Irenaei Episcopi 5,1–5 (Musurillo 1972, 298–301).
107 Clauss 1973, 72 mit Anm. 155.
108 Clauss 1973, 63. 65. 71; nachgewiesen sind sie in den Provinzen Dalmatia, Moesia Superior oder Dacia; M. Clauss erwägt einerseits die besondere Bedeutung einer speziellen *statio*, andererseits den Mangel an *officiales* in den jeweiligen Provinzofficien. Eine Verbindung ergibt sich jedoch ungezwungen daraus, dass sie wie die *stationarii* in den Prozess der Strafverfolgung eingebunden sind.
109 Clauss 1973, 62. 78f.; aufgrund ihrer polizeilichen Funktion sind die *speculatores* auch mit den im Rang unter ihnen stehenden *frumentarii* verbunden, sie bilden ein gemeinsames sakrales *collegium* (CIL III 3524; von Domaszewski 1967 35).
110 Clauss 1973, 76; seit Septimius Severus (193–211 n. Chr.) wurden sie in Ausnahmefällen zum *centurio legionis* befördert, doch zeigen die Zeugnisse von Veteranen, dass die meisten *speculatores* wenig Aussicht auf Beförderung hatten und mit diesem Dienstgrad ihre Karriere beendeten (von Domaszewski 1967, 32; Clauss 1973, 75–77). Dies verwundert nicht, denn ihr Dienst ausschließlich im *officium* des Statthalters schränkte ihre Verwendung im Militär sehr ein.
111 Sen. dial. 3,18,3.
112 Dig. 48,20,6 (Ulp.).
113 Allgemein zur Kreuzesstrafe vgl. Kuhn 1982; Vismara 1990, 21–25.
114 App. civ. 3,1,3; zahlreiche Nachweise bei Mommsen 1899, 921 Anm. 2–3; vgl. Garnsey 1970, 127.
115 Haas 1970.
116 Kuhn 1982, 679. 683.
117 Zur Geschichte der Kreuzigung vgl. Kuhn 1982, 682–685.
118 Plut. Caes. 2; Suet. Iul. 4. 74; nach Sueton wurden die Piraten als Ausdruck seiner Milde zuvor erdrosselt.
119 Ios. bel. Iud. 2,75; Ios. ant. Iud. 17,295.
120 Nachweise bei Garnsey 1970, 127; zur Kreuzigung Jesu vgl. Schilling 2010, 170–172.
121 Ios. ant. Iud. 18,65–80; Tac. ann. 2,85; Suet. Tib. 36,1; Schilling 2010, 132f.
122 Tac. ann. 14,42–45; Kuhn 1982, 692f.; Schilling 2010, 241–243.
123 Lact. mort. pers. 3,6: *[…] Petrum cruci adfixit [Nero], Paulum interfecit* – „[…] Petrus ließ er [Nero] kreuzigen, Paulus hinrichten." Für Petrus ist die Kreuzigung mit dem Kopf nach unten überliefert: Eus. hist. eccl. 3,1,2.
124 Suet. Galba 9; Garnsey 1970, 127 erwähnt in diesem Zusammenhang die Kreuzigung des Gavius unter der Statthalterschaft des C. Verres in Sizilien (Cic. Verr. 5,162); Schilling 2010, 251f. erklärt dies mit der beginnenden Auflösung unterschiedlicher Strafzumessung an Sklaven bzw. Nichtbürgern und römischen Bürgern.
125 Suet. Dom. 10–11; Schilling 2010, 265 Anm. 1401; zu weiteren Todesurteilen unter Domitian vgl. Schilling 2010, 268–270.

[126] Dig. 48,19,28,15; zu dem in der Rechtsprechung verwendeten Begriff *furca*, der nach Abschaffung der Kreuzesstrafe durch Konstantin anstelle *crux* eingefügt worden ist, vgl. Kuhn 1982, 732 Anm. 508.
[127] Krause 1996, 263 mit Anm. 94.
[128] Garnsey 1970, 128; Kuhn 1982, 685.
[129] App. civ. 1,120.
[130] Cic. Rab. Post. 3,10. 4,11. 10,28; Mommsen 1899, 918 Anm. 5 zählt die bei Cicero dargestellte Tötung zur althergebrachten Hinrichtung mittels der *furca* (siehe oben).
[131] Dig. 48,19,28,15 (Callist.).
[132] Lex XII tab. 8,3; Garnsey 1970, 125.
[133] Mart. Pion. 21 (Musurillo 1972, 162–165); Mart. Carp. etc. 36–46 (Musurillo 1972, 26–29).
[134] Mommsen 1899, 923; vgl. auch das Martyrium des Polycarp, der angebunden wurde: Mart. Polyc. 13,1–3. 14 (Guyot/Klein 1993, 59); angenagelt wurden: Pionius: Mart. Pion. 21 (Musurillo 1972, 162 f.); Carpus, Paphylus u. Agathonicê: Mart. Carp. etc. 36–46 (Musurillo 1972, 26–29).
[135] Vismara 1990, 54 f.
[136] Mart. Polyc. 16,1 (Guyot/Klein 1993, 61); zum *confector* vgl. Suet. Aug. 43,2; Suet. Nero 12,1 (*confectores ferarum*); Sen. dial. 5,43,2.
[137] Mart. Polyc. 18,1 (Guyot/Klein 1993, 63).
[138] Garnsey 1970, 125.
[139] Suet. Cal. 27,4; Tac. ann. 15,44,5; Suet. Nero 16,2; Schilling 2010, 250 f.
[140] Mommsen 1899, 923; Flach 2004, 31; Schilling 2010, 192 schreibt die Lösung des Feuertodes von der Brandstiftung Caligula zu.
[141] Ios. bel. Iud. 7,437–453.
[142] Christen: Lact. mort. pers. 21,7–11; Staatsfeinde und Überläufer: Dig. 48,19,8,2 (Ulp.); Dig. 48,19,38,1; Sklaven und Brandschatzer: Dig. 47,9,12,1; Dig. 48,8,10 (Ulp.); Dig. 48,19,28,11; Dig. 48,19,28,12 (Callist.); Dig. 48,22,6,2 (Ulp.); Magier, Hochverräter: Garnsey 1970, 126.
[143] Ehebruch: Cod. Theod. 11,36,4 (339 n. Chr.); Geldfälschung: Cod. Theod. 9,24,2 (349 n. Chr.).
[144] Pionius wurde nach Folter und Verhör zum Verbrennen bei lebendigem Leib verurteilt: Mart. Pion. 19 (Musurillo 1972, 160–163); in Pergamon Carpus und Paphylus: Mart. Carp. etc. 36–46 (Musurillo 1972, 26–29); im ägyptischen Alexandria unter Septimius Severus (193–211 n. Chr.): Mart. Potamiaena u. Basilides 1–7 (Musurillo 1972, 132–135); zur zeitlichen Ordnung und zur Quellenkritik vgl. Musurillo 1972, XXVII–XXVIII; im Zusammenhang mit dieser Hinrichtung wird erstmals die Verwendung von brennendem Pech erwähnt, mit dem die Verurteilte vom Fuß bis zum Kopf langsam übergossen wurde; im Jahr 259 n. Chr. Fructuosus, der Bischof von Tarragona, und seine Diakone Augurus und Elogus: Pass. Sanct. Mart. Fructuosi Episcopi, Auguri et Eulogi Diaconorum 1–7 (Musurillo 1972, 176–185); 304 n. Chr. in Saloniki (Macedonia): Mart. SS Agapê, Irenê u. Chionê 4,4 (Musurillo 1972, 286 f.); weitere Beispiele bei Garnsey 1970, 126.
[145] Mart. Carp. etc. 36 (Musurillo 1972, 26 f. 32 f.); Pass. Sanct. Mart. Fructuosi Episcopi, Auguri et Eulogi Diaconorum 2,9–3 (Musurillo 1972, 178 f.).
[146] Tac. ann. 15,44,5.
[147] Eine neuere Zusammenstellung der Quellen findet sich bei Hufschmid 2009, 241–244; zu den Vorgängen vgl. auch Vismara 1990, 44–54 (mit Bildmaterial).
[148] Hönle 1982, 26.
[149] Hönle 1982, 27.
[150] Mart. epigr. 2,75.
[151] Eus. hist eccl. 5,38 (Guyot/Klein 1993, 81–83).
[152] Sen. epist. 7,4.
[153] Dig. 48,19,28,15 (Callist.). Überläufer: Dig. 48,19,38,1; Aufrührer, sofern die gesellschaftliche Stellung nicht dagegen sprach: Dig. 48,19,38,2.
[154] Sueton schildert eine Begebenheit, die sich zunächst im Zirkus in Rom abspielte: Domitian habe die abfällige Äußerung eines Familienvaters (*pater familias*) über die von ihm hoch geschätzten *murmillones* als Vergehen gegen seine Würde (*maiestas*) gewertet und ihn unmittelbar in die Arena bringen lassen, wo er den Hunden vorgeworfen wurde (Dom. 10): *e spectaculis in harenam canibus obiecit*. Auf diese Begebenheit bezieht sich möglicherweise Plinius d. J. im Panegyricus auf Traian (33,3–4). Dort spricht er davon, dass es unter Domitian als Majestätsverbrechen galt, bestimmte Gladiatoren abzulehnen. Domitian versammelte „Anklagen auf Hoheitsverbrechen in der Arena" (*crimina maiestatis in arena colligebat*); Willkür im Umgang mit der Todesstrafe wird auch Claudius vorgeworfen, der häufiger das Urteil „ad bestias" aussprach (Suet. Claud. 14). Caligula zwang zahlreiche Männer als Gladiatoren zu kämpfen, sowohl einzeln als auch in einer Art Schlachtordnung. Während einer Veranstaltung, in der Verurteilte wilden Tieren vorgeworfen wurden, ließ er außerdem in seiner Nähe befindliche Zuschauer in die Arena befördern (Dio Cass. 59,10,1–3).
[155] Grossschmidt/Kanz 2002, 63.
[156] Sen. epist. 7,3: *mera homicidia*.
[157] Sen. epist. 7,3: *nihil habent quo tegantur, ad ictum totis corporibus expositi numquam frustra manum mittunt*.
[158] Aes Italicense 1,56–58 (Guyot/Klein 1993, 48 f.); Liebs 2002, 27–29.
[159] Pietsch 2002, 11.
[160] Pass. Perp. 18,9. 19 (Guyot/Klein 1993, 112 f.).
[161] Pass. Perp. 21,1. 4–5 (Guyot/Klein 1993, 114 f.).
[162] Pass. Perp. 21,6–9 (Guyot/Klein 1993, 114 f.).
[163] Eus. hist. eccl. 5,38. 52 (Guyot/Klein 1993, 81–83. 86 f.); vgl. ebd. 5,56 (Guyot/Klein 1993, 88 f.) ein ähnliches Folterinstrument „Bratpfanne", das die Delinquenten qualvoll verbrannte.
[164] Circus, Forum, Saepta Iulia: Suet. Aug. 43,1; Marsfeld: Suet. Nero 12,1; vgl. auch Vismara 1990, 36–41.
[165] Zu Gladiatorenspielen im Osten des Römischen Reiches vgl. Pietsch 2002; Tierhetzen im Stadion von Smyrna sind überliefert: Mart. Polyc. 12,2–3 (Guyot/Klein 1993, 59).
[166] Junkelmann 2000, 96–98; Hufschmid 2009, 243 f.
[167] Caesar: Dio Cass. 43,23,4; Junkelmann 2000, 98; Caligula: Dio Cass. 59,10,5.
[168] Suet. Claud. 21,6; vgl. Junkelmann 2000, 98.
[169] Garnsey 1970, 129–131; Schilling 2010, 192.
[170] Mommsen 1899, 925 f.
[171] Diod. Hal. 36,10,1–2.
[172] RE Suppl. VII (1940) 1617 s. v. Todesstrafe (K. Latte); Vismara 1990, 25.

173 Beispiele bei GARNSEY 1970, 129 f.
174 Cic. ad fam. 10,32 (Asinius Pollio an Cicero); auch unter Marc Aurel ist ein Fall bekannt. Im Jahr 177 n. Chr. wurde in Lyon ein römischer Bürger im Rahmen der Christenverfolgungen den Tieren vorgeworfen: Eus. hist. eccl. 5,43–44. 5,50 (GUYOT/KLEIN 1993, 84–87).
175 Apul. met. 10,28,6.
176 Suet. Cal. 27,3. 27,5.
177 Lyon: KRAUSE 1996, 250 f.; unter Septimius Severus (193–211 n. Chr.): Pass. Perp. 6,6–7 (GUYOT/KLEIN 1993, 106 f.).
178 ROSEN 2002; LIEBS 2002; zur Quellenkritik vgl. auch MUSURILLO 1972, XI–LXXIII; VAN HENTEN 2002, 59–62; zur Funktion und zum „Genre" VAN HENTEN 2002, 70–72; BREMMER 2002, 78–80.
179 Vgl. die „Christenbriefe" bei Plinius d. J. (epist. 10,96 u. 10,97), in denen deutlich wird, dass der Staat eingriff, wenn der Statthalter die Ruhe und Ordnung in einer Provinz gefährdet sah. Im Fall der Christen kamen Anzeigen aus der Bevölkerung. Traian lehnte gezielte Fahndungen ab; anonymen Anzeigen sollte nicht nachgegangen werden. Der Grundsatz, nicht nach Christen zu fahnden, wurde von späteren Kaisern kaum beachtet, nach LIEBS 2002, 29 könnte eine Fahndung durch ein Edikt Marc Aurels gedeckt gewesen sein; vgl. allgemein VITTINGHOFF 1984; LIEBS 2002, 19 f.; LIEBS 2007a; LIEBS 2007b; die Quellen zur Kreuzigung Jesu finden sich bei KUHN 1982; zur Inhaftierung von Christen vgl. KRAUSE 1996, 122–131.
180 Mart. Polyc. 6,2. 8,3. 9,1–2 (GUYOT/KLEIN 1993, 53); zur Quellenkritik: bei dem Bericht zum Martyrium des Polycarp handelt es sich nach GUYOT/KLEIN 1993, 328 um den ältesten erhaltenen Märtyrerbericht, der kurz nach dem Tod Polycarps aufgezeichnet wurde; vgl. auch LIEBS 2002, 24 Anm. 22; im Fall des Bischofs Nestor von Perge (Pamphylien) ermittelte ebenfalls zunächst der Irenarch (251 n. Chr.); vgl. dazu KRAUSE 1996, 262 f.
181 KRAUSE 1996, 262; wie der Prozess gegen Jesus (SCHILLING 2010, 170–172) und die Briefe des Plinius (Anm. 179) zeigen, sind es oftmals die lokalen Eliten, die staatliche Stellen zum Vorgehen gegen unliebsame Mitglieder der städtischen Gesellschaft bewegen.
182 HAENSCH 1992, 283.
183 Bischof Felix von Tibiuca (Africa Proconsularis): Pass. S. Felicis Episcopi 1 (MUSURILLO 1972, 266–267): [...] edictum [...] praepositum est per colonias et civitates principibus et magistratibus [...]; in diesem Fall liegt die Verantwortung bei einem curator civitatis.
184 Der Veteran Iulius wurde 304 n. Chr. von officiales festgenommen und vor den Statthalter gebracht: Pass. Iuli Veterani 1,1 (MUSURILLO 1972, 260 f.).
185 Festnahme Polycarps 155 n. Chr. In der Quelle werden sie als διωγμῖται bezeichnet und von GUYOT/KLEIN 1993, 330 Anm. 26 als stationarii beschrieben. Auch Bischof Nestor wurde den διωγμῖται des Statthalters übergeben; ein stationarius, der die Überführung von Verdächtigen an das Tribunal des Statthalters veranlasste: Mart. SS Agapê, Irenê u. Chionê 3,1 (MUSURILLO 1972, 282 f.); zur Funktion der militärischen stationes vgl. auch Tert. apol. 2,8: latronibus vestigandis per universas provincias militaris statio sortitur – „Zum Aufspüren von Räubern werden über alle Provinzen Militärposten verteilt."
186 Fructuosus, Bischof von Tarragona, hatte sich gerade zur Ruhe gelegt, als er von beneficiarii festgenommen wurde, die in sein Haus eingedrungen waren (259 n. Chr.): Pass. Sanct. Mart. Fructuosi Episcopi, Auguri et Eulogi Diaconorum 1,2 (MUSURILLO 1972, 176 f.); ein weiterer beneficiarius wird in Zusammenhang mit der Überstellung von Verdächtigen an das Tribunal des Statthalters erwähnt; in dem Bericht eines stationarius lässt er Grüße an den Statthalter ausrichten: Mart. SS Agapê, Irenê u. Chionê 3,1 (MUSURILLO 1972, 282 f.); vgl. dazu RANKOV 1994, 221 f.
187 Cyprian (258 n. Chr.): Acta Procons. S. Cypr. 2,2–5 (GUYOT/KLEIN 1993, 154 f.).
188 Mart. Polyc. 2,2 (GUYOT/KLEIN 1993, 156 f.); vgl. KRAUSE 1996, 253.
189 Aufgrund einer privaten Anzeige ließ ein centurio unter Marc Aurel (161–180 n. Chr.) den in Rom lebenden und lehrenden Christen Ptolemaeus festnehmen: Mart. Ptolemaeus und Lucius 10 (MUSURILLO 1972, 40 f.); dies bedeutet natürlich nicht, dass er Ptolemaeus selbst festnahm, er hatte die leitende Befehlsgewalt. Die Märtyrer Marianus und Iacobus sollen im Jahr 259 n. Chr. in einer Vorstadt von Cirta (Numidien) nicht von einem einzelnen stationarius miles, sondern von einer aufgebrachten Schar Centurionen gefangengenommen worden sein: Pass. Sct. Mar. et Iac. 4,3 (MUSURILLO 1972, 198 f.).
190 Tac. ann. 4,27,2: missusque a Caesare propere Staius tribunus cum valida manu ducem ipsum et proximos audacia in urbem traxit, [...] – „Der Tribun Staius wurde rasch von Caesar [Kaiser Tiberius] mit einer starken Mannschaft [nach Brundisium] geschickt und brachte den Anführer [der Verschwörer] selbst sowie seine verwegensten Mitstreiter nach Rom, ..."; Tac. ann. 11,1,3: at Claudius [...] Crispinum Praetorii praefectum misit, a quo repertus est apud Baias vinclisque inditis in urbem raptus – „Aber Claudius [...] schickte den Prätorianerpräfekten Crispinus, von dem er [Valerius Asiaticus] in der Nähe von Baiae gefunden und in Ketten nach Rom gebracht wurde"; Tac. ann. 11,32,1: ceteris passim dilabentibus adfuere centuriones, inditaque sunt vincla, ut quis reperiebatur in publico aut per latebras – „Als sich die übrigen in alle Richtungen zerstreuten, waren Centurionen zur Stelle und legten in Ketten, wen sie gerade in der Öffentlichkeit oder im Versteck fanden"; Tac. ann. 15,55,2: is raptus per milites et defensiorem orsus, [...] – „Dieser [Scaevinus, von Nero als Verschwörer verdächtigt] wurde von Soldaten herbeigeschafft, begann seine Rechtfertigung [...]."
191 Zur Folterung vgl. RIESS 2001, 226–229.
192 Eus. hist. eccl. 5,1,8 (GUYOT/KLEIN 1993, 71–73).
193 Pass. Sct. Mar. et Iac. 4,9. 5,1 (MUSURILLO 1972, 198–201).
194 Zur historischen Einordnung vgl. MUSURILLO 1972, XXVIII–XXX; Mart. Pion. 3–4 (MUSURILLO 1972, 136–139).
195 In Smyrna erwarteten Pionius und seine Gefährten im Gefängnis Proconsul Iulius Proculus Quintilianus: Mart. Pion. 5–11 (MUSURILLO 1972, 140–151); Lyon: Eus. hist. eccl. 5,1,8 (GUYOT/KLEIN 1993, 71–73).
196 Mart. Ptolemaeus et Lucius 11 (MUSURILLO 1972, 40 f.).
197 Pass. Perp. 2,1–3,6. 5,1 (GUYOT/KLEIN 1993, 101–105 mit Anm. 58); GUYOT/KLEIN 1993, 357 f.
198 Pass. S. Felicis Episcopi 21 (MUSURILLO 1972, 268 f.); die Begleitperson war ein decurio civitatis Tibiucensium; zum

199 Legaten vgl. MUSURILLO 1972, XL.
199 Pass. S. Felicis Episcopi 23–26 (MUSURILLO 1972, 268 f.).
200 Pass. Sct. Mar. et Iac. 9,1–5 (MUSURILLO 1972, 206 f.).
201 Mart. Ptolemaeus und Lucius 12–15 (MUSURILLO 1972, 40 f.); vgl. MUSURILLO 1972, XVI–XVII u. 41 Anm. 2 (der *praefectus urbi* war Q. Lollius Urbicus).
202 In der Regel brachten Soldaten die Beschuldigten vor den Richter: Eus. hist. eccl. 5,30 (GUYOT/KLEIN 1993, 80 f.); im Falle des Bischofs Fructuosus von Tarragona war es ein Soldat aus dem *officium* des Statthalters: Pass. Sanct. Mart. Fructuosi Episcopi, Auguri et Eulogi Diaconorum 2,2 (MUSURILLO 1972, 176 f.).
203 Die Verhandlung gegen Vibia und Felicitas fand auf dem Forum unter großer öffentlicher Anteilnahme statt: Pass. Perp. 6,1–2 (GUYOT/KLEIN 1993, 106 f.); der Fall des Maximilianus wurde auf dem Forum von Teveste (Africa Proconsularis) vor dem Statthalter verhandelt (295 n. Chr.): Acta Maximiliani 1–3 (GUYOT/KLEIN 1993, 166–171); in Smyrna hielt der Statthalter im Stadion Gericht über Polycarp.
204 KRAUSE 1996, 262 f.; Beisitzer (συνέδροι) werden auch am Tribunal des Statthalters im ägyptischen Alexandria erwähnt: Eus. hist. eccl. 6,41,23 (GUYOT/KLEIN 1993, 144 f.); vgl. auch Mart. Euplus 2,1 (MUSURILLO 1972, 312 f.); der *adiutor*, auch als Assistent des *commentariensis* überliefert, übernimmt hier dessen Aufgabe; vgl. JONES 1949, 44.
205 Unter Diokletian 304 n. Chr.: Mart. SS Agapê, Irenê u. Chionê 3,1 (MUSURILLO 1972, 282 f.): κομενταρήσιος; Pass. S. Crispina 1,1 u. 3.1 (MUSURILLO 1972, 302–303): *commentariense officium*; die *commentarienses* waren für die wichtigsten schriftlichen Aufzeichnungen des Statthalters zuständig und archivierten diese; vgl. dazu JONES 1949, 44–55; HAENSCH 1992, 218–245; BREMMER 2002, 79 hält die Prozessakten der Märtyrer nach Abschluss der Prozesse für öffentlich zugänglich.
206 Karthago, 180 n. Chr.: Acta Mart. Scilita. 1,1 (GUYOT/KLEIN 1993, 90–93); in einem *secretarium* des Statthalters in Karthago wurde auch der Fall von Montanus und Lucius (259 n. Chr.) verhandelt; zuvor wurden sie von Soldaten zu verschiedenen Stellen auf dem Forum geführt, weil sie nicht wussten, wo der Procurator die Gerichtsverhandlung abhalten wollte; vgl. dazu Pass. SS Montani et Lucii 6,3–4 (MUSURILLO 1972, 218 f.); Tebessa (Africa Proconsularis), 304 n. Chr.: Pass. S. Crispina 1,1 (MUSURILLO 1972, 302 f.); Mart. Euplus 1,1 (MUSURILLO 1972, 310 f.); zur Bedeutung des Wortes *secretarium* vgl. GUYOT/KLEIN 1993, 352 Anm. 203.
207 Karthago, 180 n. Chr.: Acta Mart. Scilita. 16 (GUYOT/KLEIN 1993, 94 f.); Catania, Sizilien, 304 n. Chr.: Mart. Euplus 3,2 (MUSURILLO 1972, 318 f.); ein weiterer Herold des Statthalters ist aus Caesarea überliefert. Dort hatte er die Aufgabe, den angeklagten Soldaten Marinus vor das Tribunal zu rufen: Mart. S. Marinus (MUSURILLO 1972, 242 f.); Herolde dienten bereits in der republikanischen Zeit römischen Magistraten; vgl. JONES 1949, 39–42.
208 In Lyon waren während der Verhöre durch den Statthalter Folterknechte (βασανίσται) im Einsatz: Eus. hist. eccl. 5,21 (GUYOT/KLEIN 1993, 76 f.); Carpus und Paphylus wurden in Pergamon vor den Statthalter gebracht und von ihm öffentlich unter Anwendung von Folter verhört: Mart. Carp. etc. 1–36 (MUSURILLO 1972, 22–27).

209 *Tabella*: Acta Mart. Scilita. 14 (GUYOT/KLEIN 1993, 92 f.); Acta Maximiliana 3,1 (GUYOT/KLEIN 1993, 168 f.); Mart. SS Agapê, Irenê u. Chionê 4,4 (MUSURILLO 1972, 286 f.); Mart. Euplus 3,1 (MUSURILLO 1972, 318 f.); *libellum*: Pass. S. Crispina 4,1 (MUSURILLO 1972, 306 f.).
210 So beispielsweise der Soldat Basilides, der Potamiaena zur Exekution führte und später selbst als Christ hingerichtet wurde; Mart. Potamiaena et Basilides 3 (MUSURILLO 1972, 132 f.); vgl. auch Mart. SS Agapê, Irenê u. Chionê 6,7 (MUSURILLO 1972, 292 f.).
211 Pass. Perp. 16,2–3. 17,5–8 (GUYOT/KLEIN 1993, 108–111).
212 Als einziges Evangelium überliefert Johannes die Anwesenheit von vier Soldaten. Diese Zahl könnte jedoch mit der Teilung des Mantels in vier Stücke zusammen hängen.
213 Smyrna: Mart. Pion. 21 (MUSURILLO 1972, 162 f.); Saloniki: Mart. SS Agapê, Irenê u. Chionê 6,1 (MUSURILLO 1972, 290 f.); zu den δημόσιοι als städtische Bedienstete vgl. JONES 1949, 38; AIGNER 1988, 204.
214 Tacitus schreibt lapidar (ann. 15,44,3), dass Christus durch Pontius Pilatus zum Tode verurteilt wurde (*[…] Christus […] per procuratorem Pontium Pilatum supplicio affectus erat*); vgl. bei Cic. Verr. 5,7: L. Domitius, Prätor der Provinz Sicilia, ließ sofort einen Sklaven kreuzigen, der eine Waffe benutzte, obgleich er damit lediglich gejagt hatte. Die unumschränkte Machtbefugnis eines Promagistraten in der Provinz zeigt die Episode von Verres, der Sklaven von ihren Herren freikaufen ließ; vgl. dazu KRAUSE 1996, 138; vgl. zur Willkür statthalterschaftlicher Rechtsprechung gegenüber Provinzialen: KRAUSE 1996, 189–192.
215 Mart. Polyc. 12,2–3 (GUYOT/KLEIN 1993, 59); der Asiarch Philippos, Vorsteher des *conventus* der Städte in der römischen Provinz Asia, lehnte es ab, Polycarp einem Löwen vorzuwerfen, weil die Tierhetzen bereits vorüber seien. Im Rahmen eines Provinzlandtages war Philippos für die Ausrichtung von Spielen zuständig.
216 Pass. Perp. 6,3–7 (GUYOT/KLEIN 1993, 106 f.); der Procurator Hilarianus verurteilte einige Jahre später einen gewissen Mavilus aus Hadrumentum zum Tod durch wilde Tiere: Tert. spect. 3,5 (GUYOT/KLEIN 1993, 98 f.).
217 Pass. Perp. 7,9. 16,2–4 (GUYOT/KLEIN 1993, 106 f. mit Anm. 75: Das Gefängnis befand sich im Südwesten der Stadt in der Nähe von Amphitheater, Zirkus und Stadion.
218 Eus. hist. eccl. 5,37 (GUYOT/KLEIN 1993, 82 f.).
219 Lact. mort. pers. 11,8 (GUYOT/KLEIN 1993, 172 f.).
220 Mart. Pal. 3,1 (GUYOT/KLEIN 1993, 180 f.).
221 Lact. mort. pers. 3,6: *[…] Petrum cruci adfixit, Paulum interfecit* – „[…] Petrus ließ er [Nero] kreuzigen, Paulus hinrichten"; zum Gericht gegen Paulus vgl. SCHILLING 2010, 248 f.
222 Eus. hist. eccl. 5,44–47 (GUYOT/KLEIN 1993, 84 f.): der Statthalter ließ einen Delinquenten aus der Arena holen, als er erfuhr, dass es sich um einen römischen Bürger handelte. Basis für die Verurteilung der römischen Bürger war ein Edikt Marc Aurels, das entsprechend den traianischen Vorgaben bei einem christlichen Bekenntnis die Hinrichtung verlangte.
223 Eus. hist. eccl. 6,1 (GUYOT/KLEIN 1993, 96 f.).
224 Eus. hist. eccl. 6,41,15–21.
225 Acta Procons. S. Cypr. 3–4 (GUYOT/KLEIN 1993, 156–159).
226 Acta Maximiliani 1–3 (GUYOT/KLEIN 1993, 166–171).

227 Acta Mart. Scilita. 1–17 (Guyot/Klein 1993, 90–95); zwei der sechs Genannten trugen einheimische Namen (Nartzalus und Cittinus); vgl. dazu Guyot/Klein 1993, 352 Anm. 202; auch Liebs 2002, 34 f. bezweifelt, dass alle Verurteilten das römische Bürgerrecht besaßen; der Kaiser (Commodus) war in diesen Prozess vor dem Statthalter offensichtlich nicht involviert. In den überlieferten Akten des Prozesses gegen Iustin und seine Gefährten unter Marc Aurel in Rom (wohl 167 n. Chr.) wird der Eindruck erweckt, dass auch Sklaven enthauptet wurden: Acta Iustini 4,3. 5,8 (Guyot/Klein 1993, 68–71): Euelpistus, ein kaiserlicher Sklave und Gefährte des Iustin, bekannte sich zum Christentum. Später verhängte der Stadtpräfekt Rusticus die Todesstrafe der Enthauptung über alle Anhänger.

228 Pass. Sct. Mar. et Iac. 10,1 (Musurillo 1972, 206 f.): *interim per dies plurimos effusione sanguinis transmittebatur ad dominum numerosa fraternitas [...]* – „Inzwischen wurden zahlreiche Tage lang durch das Vergießen von Blut unzählige Brüder zum Herrn befördert [...]".

229 Pass. Perp. 2,1–3,6. 5,1 (Guyot/Klein 1993, 101–105 mit Anm. 58); Liebs 2002, 36; Bremmer 2002, 87–93.

230 Schilling 2010, 30.

231 Liv. 1,24–26; Liv. 2,5,8; bei Dion. Hal. 5,8,4. 5,9,2 in der Bezeichnung ὑπηέται.

232 Liv. 2,55,4; Jones 1949, 39.

233 Dion. Hal. 9,39,1–3; Liv. 2,55,5. 9.

234 Levy 1931, 27–34. 40; RE Suppl. VII (1940) 1611 s. v. Todesstrafe (K. Latte); Schilling 2010, 41; der Nichtbürger war von dieser Regelung ausgeschlossen, für ihn blieb als Kapitalstrafe die Todesstrafe.

235 Insbesondere seit Tiberius, vgl. Schilling 2010, 187.

236 Aigner 1988, 203.

237 Tac. ann. 6,29,1 zum Tod des ehemaligen Statthalters von Moesien, Pomponius Labeo. Unklar bleibt hier, ob die Grausamkeit der drohenden Strafe Anlass für den Selbstmord war; vgl. Dio Cass. 58,15,3. 59,18,3; zum Selbstmord von Angeklagten vgl. Krause 1996, 180 f.

238 Schilling 2010, 190–193. 213. 218; dies wurde unter Claudius fortgeführt (Dio Cass. 60,13,1).

239 Aigner 1988, 204.

240 Riess 2001, 230.

241 Darunter fallen auch Verschärfungen in der Strafzumessung wie bei Majestätsverbrechen, vgl. Schilling 2010, 85–88.

242 Riess 2001, 231.

Literaturverzeichnis

Aigner 1988
H. Aigner, Zur gesellschaftlichen Stellung von Henkern, Gladiatoren und Berufsathleten. In: I. Weiler (Hrsg.), Soziale Randgruppen und Außenseiter im Altertum [Symposion Graz 21.–23. Sept. 1987] (Graz 1988) 201–220.

Bleicken 1978
J. Bleicken, Verfassungs- und Sozialgeschichte des Römischen Kaiserreiches 1 (Paderborn, München, Wien, Zürich 1978).

Bleicken 1988
J. Bleicken, Geschichte der Römischen Republik. Oldenbourg Grundriss Gesch. 2 (München 1988³).

Bleicken 1989
J. Bleicken, Die Verfassung der Römischen Republik (Paderborn, München, Wien, Zürich 1989⁵).

Bremmer 2002
J. N. Bremmer, Perpetua and Her Diary: Authenticity, Family and Visions. In: W. Ameling (Hrsg.), Märtyrer und Märtyrerakten. Altwiss. Koll. 6 (Stuttgart 2002) 77–120.

Clauss 1973
M. Clauss, Untersuchungen zu den principales des römischen Heeres von Augustus bis Diokletian. Cornicularii, speculatores, frumentarii (Diss. Bochum 1973).

Clauss 1999
M. Clauss, Lexikon lateinischer militärischer Fachausdrücke. Schr. Limesmus. Aalen 52 (Stuttgart 1999).

Coarelli 1993a
F. Coarelli, Campus Sceleratus. In: M. E. Steinby (Hrsg.), Lexicon Topographicum Urbis Romae 1 (Rom 1993) 225.

Coarelli 1993b
F. Coarelli, Carcer. In: M. E. Steinby (Hrsg.), Lexicon Topographicum Urbis Romae 1 (Rom 1993) 236 f.

Davies 1974
R. W. Davies, The daily life of the Roman Soldier under the Principate. In: ANRW II 1 (Berlin, New York 1974) 299–338.

von Domaszewski 1967
A. von Domaszewski, Die Rangordnung des römischen Heeres (Köln, Graz 1967²).

Eck 1974
W. Eck, Beförderungskriterien der senatorischen Laufbahn. In: ANRW II 1 (Berlin, New York 1974) 158–228.

Flach 2004
D. Flach, Das Zwölftafelgesetz. Leges XII Tabularum. Texte Forsch. 83 (Darmstadt 2004).

Garnsey 1970
P. Garnsey, Social status and legal privilege in the Roman Empire (Oxford 1970).

Grossschmidt/Kanz 2002
K. Grossschmidt/F. Kanz, Leben, Leid und Tod der Gladiatoren. Texte und Bilder der Ausstellung. In: Gladiatoren in Ephesos. Tod am Nachmittag. Eine Ausstellung im Ephesos Museum Selçuk seit 20. April 2002 (Istanbul, Wien 2002) 59–74.

GUTBERLET 1985
    D. GUTBERLET, Die erste Dekade des Livius als Quelle zur gracchischen und sullanischen Zeit (Hildesheim 1985).
GUYOT/KLEIN 1993
    P. GUYOT/R. KLEIN, Das frühe Christentum bis zum Ende der Verfolgungen 1. Die Christen im heidnischen Staat (Darmstadt 1993).
HAAS 1970
    N. HAAS, Anthropological observations on the skeletal remains from Giv'at ha–Mivtar. Israel Explor. Journal 20, 1970, 38–59.
HAENSCH 1992
    R. HAENSCH, Das Statthalterarchiv. Zeitschr. Savigny-Stiftung Rechtsgesch., Romanist. Abt. 109, 1992, 209–317.
HAENSCH 1997
    R. HAENSCH, Capita provinciarum. Statthaltersitze und Provinzialverwaltung in der römischen Kaiserzeit. Kölner Forsch. 7 (Mainz 1997).
VAN HENTEN
    J. W. VAN HENTEN, Martyrdom and Persecution Revisited: The Case of *4 Macabees*. In: W. Ameling (Hrsg.), Märtyrer und Märtyrerakten. Altwiss. Koll. 6 (Stuttgart 2002) 59–75.
HÖNLE 1982
    A. HÖNLE, Das Mosaik von Zliten. Ein Munus für höchste Ansprüche. Ant. Welt 13, H. 4, 1982, 22–28.
HUFSCHMID 2009
    TH. HUFSCHMID, Amphitheatrum in Provincia et Italia. Architektur und Nutzung römischer Amphitheater von Augusta Raurica bis Puteoli. Forsch. Augst 43 (Augst 2009).
JONES 1949
    A. H. M. JONES, The Roman Civil Service (clerical and sub-clerical Grades). Journal Roman Stud. 39, 1949, 38–55.
JUNKELMANN 2000
    M. JUNKELMANN, Das Spiel mit dem Tod. So kämpften Roms Gladiatoren (Mainz 2000).
KRAUSE 1996
    J.-U. KRAUSE, Gefängnisse im Römischen Reich. Heidelberger Althist. Beitr. u. Epigr. Stud. 23 (Stuttgart 1996).
KUHN 1982
    H. W. KUHN, Die Kreuzesstrafe während der frühen Kaiserzeit. Ihre Wirklichkeit und Wertung in der Umwelt des Urchristentums. In: ANRW II 25,1 (New York 1982) 648–793.

LEVY 1931
    E. LEVY, Die römische Kapitalstrafe. Sitzber. Heidelberger Akad. Wiss. 1930/31, 5. Abhandl. (Heidelberg 1931).
LIEBS 2002
    D. LIEBS, Umwidmung. Nutzung der Justiz zur Werbung für die Sache ihrer Opfer in den Märtyrerprozessen der frühen Christen. In: W. Ameling (Hrsg.), Märtyrer und Märtyrerakten. Altwiss. Koll. 6 (Stuttgart 2002) 19–46.
LIEBS 2007a
    D. LIEBS, Sie hassen das Menschengeschlecht – Nero verfolgt die Christen 64 n. Chr. In: D. Liebs, Vor den Richtern Roms. Berühmte Prozesse der Antike (München 2007) 105–112.
LIEBS 2007b
    D. LIEBS, Eine kriminelle Vereinigung? – Plinius der Jüngere richtet Christen um 110 n. Chr. In: D. Liebs, Vor den Richtern Roms – Berühmte Prozesse der Antike (München 2007) 122–124.
MOMMSEN 1899
    TH. MOMMSEN, Römisches Strafrecht. Systemat. Handb. Dt. Rechtswiss. 1,4 (Leipzig 1899).
MUSURILLO 1972
    H. MUSURILLO, The Acts of the Christian Martyrs (Oxford 1972).
PIETSCH 2002
    W. PIETSCH, Gladiatoren und Gladiatorenspiele im Osten des Römischen Reiches. In: Gladiatoren in Ephesos. Tod am Nachmittag. Eine Ausstellung im Ephesos Museum Selçuk seit 20. April 2002 (Istanbul, Wien 2002) 9–13.
RANKOV 1994
    N. B. RANKOV, Die Beneficiarier in den literarischen und papyrologischen Texten. In: Der römische Weihebezirk von Osterburken II. Kolloquium 1990 und paläobotanische-osteologische Untersuchungen. Forsch. u. Ber. Vor- u. Frühgesch. Baden-Württemberg 49 (Stuttgart 1994) 219–232.
RIESS 2001
    W. RIESS, Apuleius und die Räuber. Ein Beitrag zur historischen Kriminalitätsforschung. Heidelberger Althist. Beitr. u. Epigr. Stud. 35 (Stuttgart 2001).
ROSEN 2002
    K. ROSEN, Märtyrer – Zeugen der Einheit im Glauben. In: W. Ameling (Hrsg.), Märtyrer und Märtyrerakten. Altwiss. Koll. 6 (Stuttgart 2002) 13–17.
SCHILLING 2010
    A. SCHILLING, Poena extraordinaria. Zur Strafzumessung in der frühen Kaiserzeit. Freiburger Rechtsgesch. Abhandl. N. F. 61 (Berlin 2010).

DI SPIRITO 1993
   G. DI SPIRITO, Carcer Tullianus (In Fonti Agiografiche). In: M. E. Steinby (Hrsg.), Lexicon Topographicum Urbis Romae 1 (Rom 1993) 237–239.

VISMARA 1990
   C. VISMARA, Il supplizio come spettacolo. Vita e costume dei Romani Antichi 11 (Rom 1990).

VITTINGHOFF 1984
   F. VITTINGHOFF, Christianus sum – Das „Verbrechen" von Außenseitern der römischen Gesellschaft. Historia 33, 1984, 331–357.

WISEMAN 1999
   T. P. WISEMAN, Saxum Tarpeium. In: E. M. Steinby (Hrsg.), Lexicon Topographicum Urbis Romae 4 (Rom 1999) 237 f.

Abbildungsnachweis: Introbild Axel Thünker DGPh; Abb. 1 bpk / Skulpturensammlung und Museum für Byzantinische Kunst, SMB / Jürgen Liepe; Abb. 2 Landesmuseum Mainz (Ursula Rudischer); Abb. 3 Archäologisches Museum Tripolis; Abb. 4 Foto: Peter Frankenstein, Hendrik Zwietasch; Landesmuseum Württemberg, Stuttgart.

Dr. Dirk Schmitz
LVR-Archäologischer Park Xanten
LVR-RömerMuseum
Dirk.M.Schmitz@lvr.de

TRIER Stadt
Mutterhaus
EV. 2003,23
BLATT 306

WOLF-RÜDIGER TEEGEN
mit Beiträgen von SABINE FAUST

Rätsel aus der Spätantike – Zwei enthauptete Männer aus dem antiken Stadtgebiet von Trier

Der Befund

Im Vorfeld von Neubauten des Klinikums Mutterhaus der Borromäerinnen in der Trierer Feldstraße 16 führte das Rheinische Landesmuseum Trier unter der Leitung von Dr. Sabine Faust von 2003 bis Anfang 2006 umfangreiche Ausgrabungen durch[1]. Kurz vor Ende der Arbeiten wurde im November 2005 im Bereich der ehemaligen Baustellenzufahrt eine gut erhaltene Doppelbestattung entdeckt und wenige Tage später vom Verfasser vor Ort begutachtet.

Die Bestattung

Die beiden Skelette lagen in einer Grube von 1,10 m Breite im Kopfbereich und von 0,90 m Breite im Fußbereich und etwa 2 m Länge mit den Köpfen etwa im Süden. Beide Skelette sind fast vollständig erhalten und befinden sich in Rückenlage (Introbild). Die Grabgrube war mit Bruchstücken von Ziegelplatten, einem Stück Dachschiefer, einem Marmorplattenfragment, Putzbruchstücken und Bruchstücken aus grünem Sandstein von einem Sarkophag abgedeckt. Bei der Auffindung lagen sie auf den Knochen, ursprünglich aber sicher auf einem hölzernen Sarkophag, zu dem auch Nägel im Bereich der Skelette zu rechnen sind. Bei der Entdeckung wurde mit der Spitzhacke einer der Schädel getroffen und beschädigt. Sie waren nicht mit Steinen überdeckt.

Auffällig war bereits während der Freilegung, dass der Schädel der östlichen Bestattung (Skelett A bzw. Individuum A) ein wenig neben der Wirbelsäule liegt (Abb. 1). Auf den ersten Blick wirkte es so, als ob dies wegen der Enge der Grabgrube bedingt sei. Ein Nachmessen ergab jedoch, dass genügend Platz vorhanden war. Einen Anhaltspunkt für die merkwürdige Lage gab die Struktur der verbliebenen Halswirbelsäule (Abb. 2). Vorhanden sind der dritte bis siebte Halswirbel (C3–C7) sowie ein kleines Fragment des zweiten Halswirbels (C2). Diese Funde deuteten bereits bei der *in situ*-Begutachtung des Grabes auf eine mögliche Enthauptung von Individuum A hin.

Aufgrund der Skelettposition ist eine gemeinsame Beisetzung beider Individuen anzunehmen: Da die linke Hand über dem rechten Unterarm und der Handwurzel der westlichen Bestattung (Skelett B bzw. Individuum B) lag (Introbild), zeichnet sich folgende Reihenfolge der Beisetzung ab: Zuerst wurde der westliche (Individuum B), dann der östliche Leichnam (Individuum A) deponiert. Bei der Begutachtung der Skelette auf der Grabung war bereits erkennbar, dass die Gelenkabschnitte der Langknochen und die Wirbel teilweise postmortal zerdrückt waren, wahrscheinlich bedingt durch die Lage des Grabes unterhalb der ehemaligen Baustellenzufahrt, die Steinabdeckung und die Befahrung mit schweren LKWs.

Archäologische Belege für die Zeitstellung gibt es nur in Form einer Scherbe einer gläsernen Kugelabschnittsschale des 4. Jahrhunderts n. Chr., die beim Waschen im Schädelbereich eines der Skelette gefunden wurde. Daher wurde aus dem linken Oberschenkelbein (Femur) von Skelett A ein etwa 2 cm langer Knochenzylinder für eine Radiokarbondatierung entnommen und an das Leibniz-Labor für Altersbestimmung und Isotopenforschung der Universität Kiel eingesandt. Die Bestimmung durch Prof. P. Grootes und seine Mitarbeiter (KIA 28837) ergab ein Radiokarbondatum von 1671 ± 20 Jahren vor heute (BP), d. h. vor 1950. Kalibriert entspricht dies der Spanne zwischen 330 und 430 n. Chr. bei 89,5 % Wahrscheinlichkeit und zwischen 380 und 420 n. Chr. mit 45,3 % Wahrscheinlichkeit.

(W.-R. Teegen/S. Faust)

◀ Trier, Feldstraße 16. Klinikum Mutterhaus der Borromäerinnen, 2. Bauabschnitt. Doppelbestattung *in situ*.

Abb. 1 Trier, Feldstraße 16. Grabungsbefund des ersten Enthaupteten (Skelett A). Deutlich ist die abweichende Lage des Schädels zu erkennen.

Das Umfeld

Die Fundstelle der Doppelbestattung befindet sich im westlichen Bereich der römischen Stadt Trier, ca. 350 m nordnordöstlich der Römerbrücke und etwa 130 m östlich der Stadtmauer, also innerhalb des römischen Stadtgebietes, in dem normalerweise die Beisetzung Verstorbener verboten war. Sie lag in einem kleinen Hof. In den angrenzenden Steingebäuden ist durch den Einbau kleiner Öfen in der letzten Phase eine gewerbliche Nutzung nachgewiesen.

Im ausgehenden 4. und frühen 5. Jahrhundert n. Chr. beherrschte ein auf der unmittelbar südlich anschließenden Parzelle errichteter Monumentalbau die Insula: Auf einer Grundfläche von ca. 37 × 23,50 m wurde ein Gebäude mit zwei Apsiden von 10 m äußerem Durchmesser errichtet. Bis zu 1,70 m breite Grundmauern geben einen Hinweis auf die beträchtliche Höhe des Bauwerkes. Unter einem bauzeitlichen Estrich lag eine zwischen 367 und 375 n. Chr. geprägte Münze des Gratian, die einen *terminus post quem* für die Fertigstellung des Gebäudes liefert. Als Anbau an das Monumentalgebäude sind die unmittelbar nördlich an dieses anschließenden Bauteile errichtet worden, die den Hof mit der Bestattung im Osten begrenzen.

1992 wurde auf dem Klinikgelände, etwa 170 m ostnordöstlich der Bestattungen, eine große Silberkanne des frühen 5. Jahrhunderts n. Chr. mit Apostelndarstellungen gefunden[2]. Vermutlich gehörte sie zu demselben Komplex wie der im Jahr 1628 an unbekannter Stelle in der Nähe gefundene Hortfund von ca. 50 silbernen Geräten und Gefäßen, der leider eingeschmolzen wurde.

Der Monumentalbau und der in der Nähe vergrabene Silberschatz zeigen, dass in der Spätantike hier im Westen des Stadtgebietes neben handwerklichen Kleinbetrieben mit repräsentativen Verwaltungsbauten und Wohnhäusern zu rechnen ist.

(S. Faust)

Material und Methode

Die Skelette A und B wurden nach ihrer Säuberung mit Hilfe der üblichen anthropologisch-paläopathologischen Methoden untersucht. Diese sind in der ausführlichen wissenschaftlichen Vorlage der Skelettuntersuchungen enthalten, die in der Trierer Zeitschrift erscheinen wird[3]. Die paläopathologische Befundung erfolgte makroskopisch und lupenmikroskopisch. Ausgewählte Befunde wurden fotografisch dokumentiert, die Schläfenbeine und verschiedene Langknochen im Rheinischen Landesmuseum Trier von Restaurator Ludwig Eiden geröntgt.

Ergebnisse

Geschlecht und Alter

Die Geschlechtsbestimmung konnte *in situ* nur für das östliche Skelett A mit einiger Sicherheit erfolgen. Es handelt sich dabei um einen Mann (Unterkiefer, Robustizität, Schambeinwinkel). Das westliche Skelett B ist graziler als das östliche, weist aber beispielsweise recht große Oberschenkelköpfe auf. Die Befundung dieses Skelettes nach der Bergung ergab ebenfalls ein eindeutig männliches Individuum. Damit liegt eine gemeinsame Bestattung von zwei Männern vor.

Bereits bei der Begutachtung auf der Grabung war klar, dass es sich um erwachsene Personen handelt. Während der Bergung und Säuberung der Knochen fiel die geringe Abkauung der Zähne (Zahnabrasion) bei beiden Individuen auf. Dieser Befund steht ganz im Gegensatz zu den übrigen Skelettmerkmalen: Skelett B ist aufgrund des Verschlusses der Schädelnähte und der Struktur der Schambeine als alter Mann anzusprechen (ca. 60–65 [70] Jahre). Skelett A ist dagegen deutlich jünger, die Schädelnähte sind erst am Verschließen; zusammen mit weiteren Merkmalen ergibt sich hier ein Alter von etwa (40) 45–55 Jahren.

Spuren von Manipulationen und krankhaften Veränderungen

Die Enthauptungen

Bei der Untersuchung der Skelettreste im Rheinischen Landesmuseum ergab sich ein überraschender Befund: Nicht nur Individuum A war enthauptet worden, sondern auch Individuum B.

Bei Individuum A erfolgte der Hieb von hinten nach vorne durch den zweiten Halswirbel (Epistropheus, C2): Der Hieb setzte am Oberrand des Dornfortsatzes an, rasierte ihn ab (Abb. 2), ging weiter durch den Wirbelbogen und die Basis der caudalen Wirbelbogengelenke und trennte die Grundplatte ab. Diese wurde noch *in situ* auf der Deckplatte des dritten (C3) Halswirbels gefunden (Abb. 2). Dabei blieb der rechte Seitenfortsatz (Processus transversus) intakt, der linke wurde jedoch bis auf eine Höhe von 2 mm abrasiert, die Hiebachse verläuft somit schräg zur Wirbelsäulenachse (Abweichung 5°) (Abb. 5) und korrespondiert mit dem entsprechenden Befund am Unterkiefer. Der Hieb touchierte nicht den Oberrand der hochgezogenen Seitenteile des folgenden dritten Halswirbels. Der Hieb endete im linken Unterkieferast. Ausweislich der Hiebspur war das Tatwerkzeug wahrscheinlich ein Schwert. Vermutlich beim Herausziehen verkantet, kam es zu einem Ausbrechen des Unterkieferwinkels (Abb. 3).

An Skelett B wurden erst während der anthropologisch-paläopathologischen Untersuchung eindeutige Spuren einer Enthauptung festgestellt. Der craniale Bereich des fragmentierten fünften Halswirbels (C5) weist eindeutige Hiebmarken auf: Der Hieb erfolgte von hinten nach vorne durch den oberen, cranialen Teil des Wirbelbogens und des Wirbelkörpers des fünften Halswirbels. Auf dem cranialen Rand des Wirbelbogens ist er mittig 2,9 mm lang abrasiert, lateral rechts vor dem nicht erhaltenen rechten Wirbelbogengelenk auf 6 mm Breite (Abb. 6). Das linke craniale Wirbelbogengelenk ist abgetrennt; vor der Gefäßöffnung (Foramen transversarium) befindet sich eine Bruchstelle. Auf der rechten lateralen Seite des Wirbelkörpers befindet sich ebenfalls eine Bruchstelle, dorsal davor ist der Wirbelkörper durch den Hieb geglättet. Auf der linken Seite ist nur erkennbar, dass die ersten Millimeter geglättet sind, dann folgt nach ventral eine Bruchfläche. Zeichnet man diese Befunde, wird deutlich, dass die Vorderkante der

Abb. 2 Trier, Feldstraße 16. Grabungsbefund des ersten Enthaupteten (Skelett A). Man erkennt noch die abgeschlagene Grundplatte des zweiten Halswirbels (Pfeil) über dem Wirbelkörper des dritten Halswirbels.

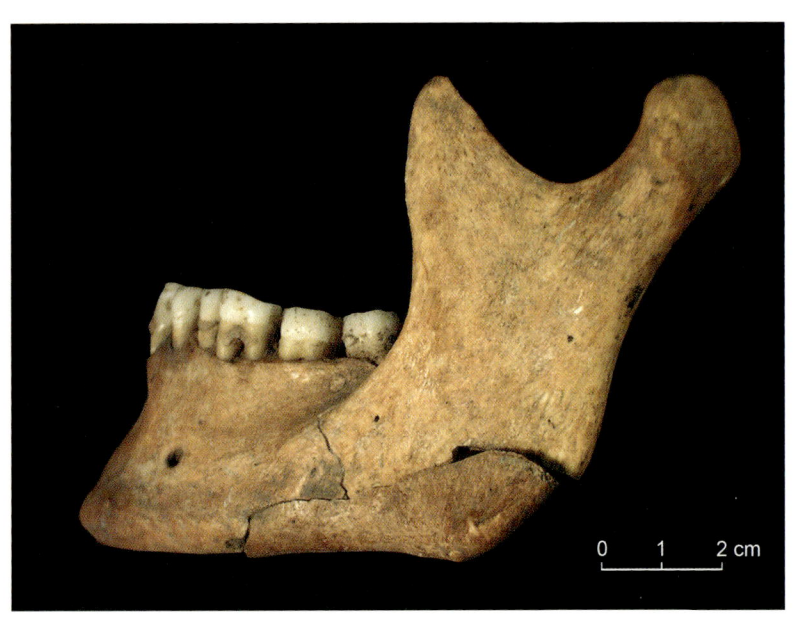

Abb. 3 Trier, Feldstraße 16. Skelett A, Mann (40) 45–55 Jahre. Unterkiefer von links.

Abb. 4 Trier, Feldstraße 16. Skelett A, Mann (40) 45–55 Jahre. Zweiter Halswirbel mit Spuren der Enthauptung. Ansicht von unten (caudal).

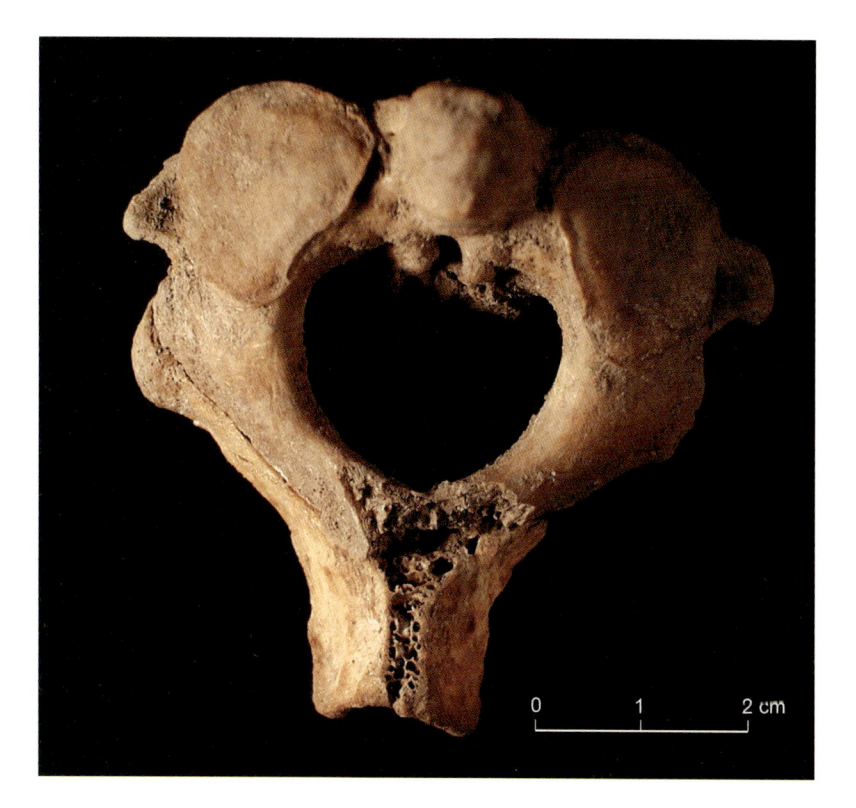

Abb. 5 Trier, Feldstraße 16. Skelett A, Mann (40) 45–55 Jahre. Zweiter Halswirbel: deutlich ist die um etwa 5° verschobene Hiebrichtung erkennbar.

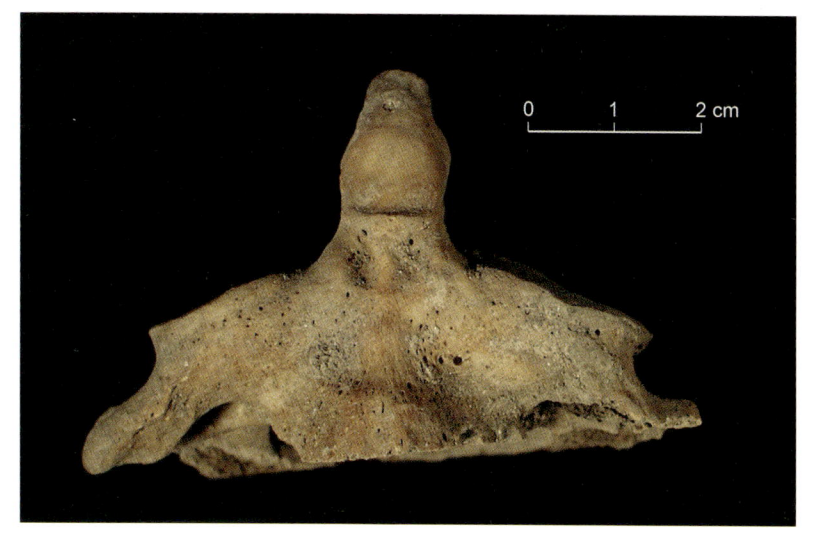

Hiebverletzung vom dorsalen Rand des Foramen transversarium bis zum (nicht vorhandenen) Vorderrand des rechten Foramen transversarium oder etwas weiter nach ventral verläuft. Daraus lässt sich ableiten, dass der Hieb nicht genau von dorsal, sondern leicht nach rechts versetzt verlaufen ist. Diese Abweichung beträgt etwa 5°.

In der Dorsalansicht des Wirbelkörpers (Abb. 7) ist keine durchgängige, sondern jeweils eine nach lateral geringfügig abfallende Schnittführung zu erkennen.

Möglicherweise ist dies ein Hinweis auf zwei Hiebe.

Die an den Wirbeln nachgewiesenen Hiebspuren erlauben auch Aussagen darüber, ob die Halswirbelsäule zum Zeitpunkt des Hiebes nach vorne gebeugt, gerade oder überstreckt gewesen ist. Daraus lässt sich die Position bei der Enthauptung rekonstruieren:

Im Fall von Skelett B kann eine nach vorne gebeugte Position der Halswirbelsäule (à *supplicium*; siehe unten) als wahrscheinlich angesehen werden.

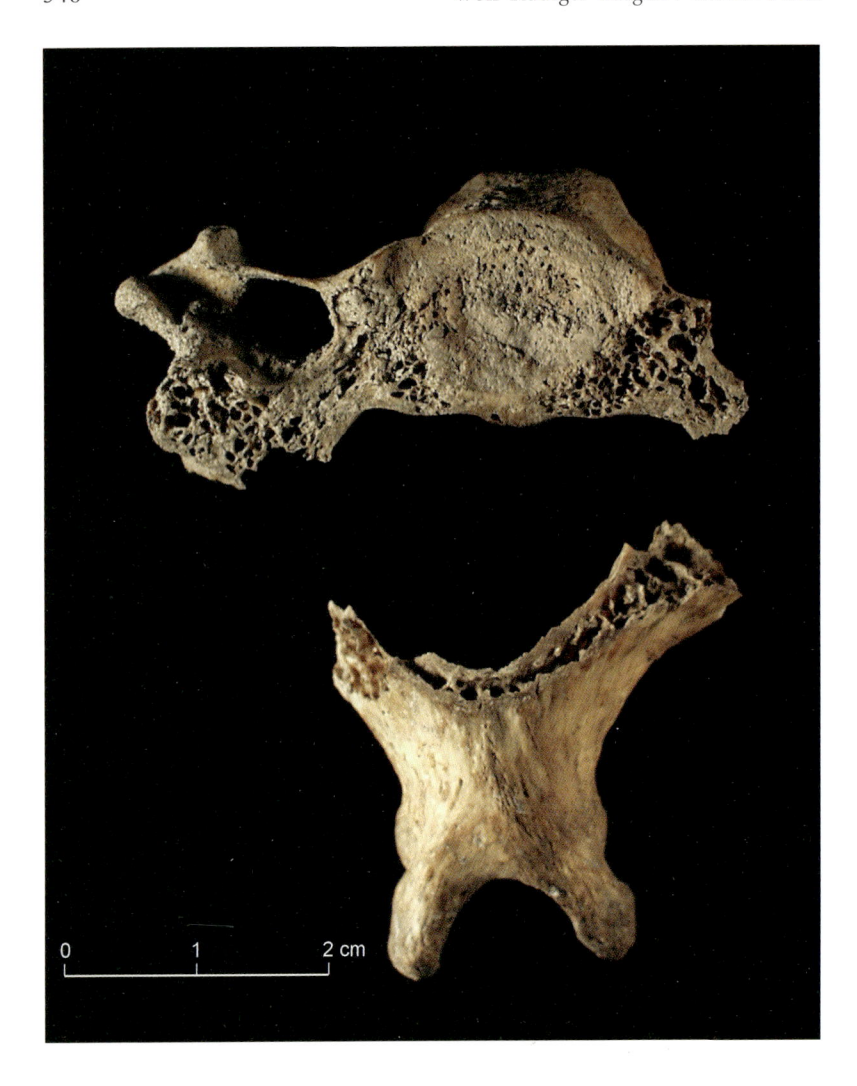

Abb. 6 Trier, Feldstraße 16. Doppelbestattung, Skelett B, Mann 60–65 (70) Jahre. Fünfter Halswirbel mit Spuren der Enthauptung von oben (cranial).

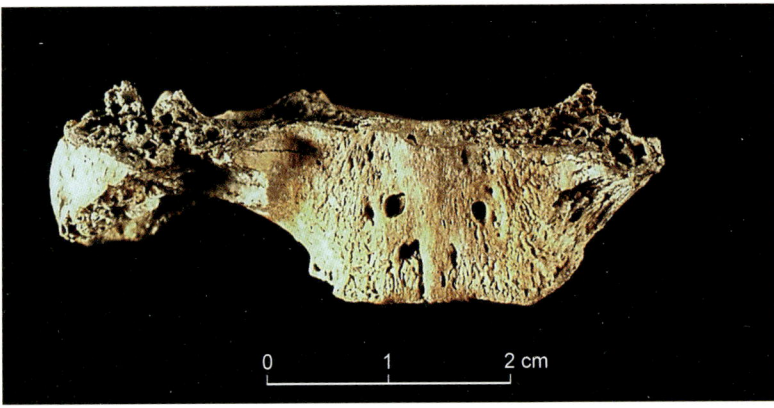

Abb. 7 Trier, Feldstraße 16. Doppelbestattung, Skelett B, Mann 60–65 (70) Jahre. Fünfter Halswirbel von hinten (dorsal).

Für Skelett A muss dies nicht unbedingt der Fall gewesen sein, ist aber auch nicht auszuschließen. Im Fall von Individuum A kam der Hieb von hinten rechts und endete im linken Unterkieferast ohne den rechten zu touchieren. Bei Individuum B kam der Hieb von hinten links und blieb vermutlich im Wirbelkörper stecken. Halswirbelsäule und Schädel befanden sich im Grabungsbefund (Introbild) noch vollständig in anatomischer Ordnung. Dies ist ein Hinweis darauf, dass (partiell?) abgetrennter Kopf und Rumpf noch durch Weichgewebe miteinander verbunden waren. Im Anklang an einen populären Roman kann Individuum B auch als „near headless" bezeichnet werden.

Die übrigen Spuren krankhafter Veränderungen

Zahn- und Kiefererkrankungen

Der Zahnsteinbefall ist bei beiden Individuen an allen erhaltenen Zähnen ausgeprägt. Kariös sind bei Skelett A vier Zähne und bei Skelett B drei Zähne. Bei Skelett A ist ein Zahn zu Lebzeiten ausgefallen, allerdings schon längere Zeit vor dem Tode, da das Zahnfach vollständig verschlossen ist. Der Abszess mit Fistelbildung im Fach des zusätzlichen rechten zweiten Prämolaren, einer anatomischen Variante, könnte sowohl Folge von Karies wie auch übermäßiger Abrasion gewesen sein. Der fehlende Weisheitszahn des rechten Oberkiefers (Zahn 18) bei Skelett B war wahrscheinlich gar nicht erst angelegt worden (anatomische Variante).

Beide Männer weisen am Zahnschmelz z. T. ausgeprägte ringförmige lineare Defekte auf (so genannte Schmelzhypoplasien). Es handelt sich bei ihnen um die Folgen von Wachstumsstillständen in der Zahnentwicklung während der Kindheit. Diese Veränderungen können durch Krankheiten wie auch durch Mangelzustände hervorgerufen werden, eine sichere Diagnose ist nicht möglich[4]. Schmelzhypoplasien finden sich sowohl bei armen wie reichen Individuen in Vergangenheit und Gegenwart[5]. Ihr teilweise gehäuftes Auftreten bei Individuen der Oberschicht kann damit erklärt werden, dass diese in ihrer Jugend oft krank waren, aber infolge der zur Verfügung stehenden Ressourcen (besondere Ernährung, Pflege) Krankheiten öfter überlebten, während die armen Kinder eher starben. Ob sich dies im antiken Trier ebenso verhalten hat, bedarf aber noch weiterer Studien. Die noch unpublizierten Beobachtungen des Verfassers an den Zähnen der reichen spätantiken Sarkophagbestattungen aus St. Maximin zu Trier unterstützen bereits diese Interpretation.

Weitere Erkrankungen am Schädel: Wahrscheinlich litten die beiden Männer auch an Erkrankungen der Nasennebenhöhlen, doch sind die Veränderungen eher schwach bzw. als grenzwertig anzusehen.

Erkrankungen am übrigen Skelett

Beide Individuen weisen an den kleinen und großen Körpergelenken sowie den Wirbeln in der Regel nur leichte arthrotische Veränderungen auf. Setzt man sie in Bezug zum Alter, so sind sie für das erreichte mature bzw. senile Alter relativ schwach ausgeprägt.

Insgesamt sind die degenerativen Veränderungen an den Wirbeln höher als an den Körpergelenken. Die bei beiden Männern an den Wirbeln nachgewiesenen Schmorlschen Knorpelknoten weisen auf eine Degeneration der Bandscheiben, wie sie bei Individuen ihres Alters auch zu erwarten ist.

Die Ansätze der Muskeln sind meist nicht übermäßig stark ausgebildet. Dies korreliert mit dem meist geringen Arthrosegrad. Aus dem Gesamtbefund kann indes auf eine nur geringe körperliche Tätigkeit beider Männer geschlossen werden.

Aufgrund der Oberschenkelmaße[6] lässt sich ein Körpergewicht von mindestens 76 kg bei Individuum A und von 77 kg bei Individuum B rekonstruieren.

An dem zerfallenen Rest des rechten Oberschenkelbeins von Skelett B wurden Reste von Wachstumsstillständen (so genannte Harris-Linien) beobachtet. Eine Röntgenuntersuchung der Schienbeine von beiden Skeletten zeigte in beiden Fällen schwach ausgeprägte Wachstumsstillstands-Linien, die im späteren Kindes- bzw. Jugendalter entstanden sind. Sie sind ein weiterer Beleg für Krankheiten und/oder Mangelzustände in diesem Entwicklungsabschnitt.

Außer den Enthauptungsspuren liegen keinerlei Anzeichen für Gewalteinwirkungen oder Unfälle am Skelett der beiden Männer vor. Auch wurden weder Schnitt- noch Bissspuren an den Knochen entdeckt. Dies belegt, dass keine – osteoarchäologisch erkennbaren – Manipulationen an den Leichen stattgefunden haben dürften. Nach ihrer Enthauptung wurden die Männer sofort beigesetzt.

Diskussion

Ein Doppelgrab mit zwei geköpften Männern ist ein seltener Befund. Wie oben beschrieben, wird Skelett A wohl zwischen 380 und 420 n. Chr. datiert (Spanne 330–430 n. Chr.). Skelett B muss aufgrund des archäologischen Befundes gleichzeitig sein. Die relativ große Unschärfe der Datierung von einem

Jahrhundert ist durch die relative Ungenauigkeit der Kalibrationskurve im 4. Jahrhundert n. Chr. bedingt.

Diese bemerkenswerte Doppelbestattung wirft eine Reihe von Fragen auf: Wer waren diese Männer und welchen sozialen Status hatten sie, welcher Ethnie gehörten sie an, wo kamen sie her, warum wurden sie innerhalb der Stadt begraben? Einige dieser Fragen werden im Folgenden diskutiert, einige können (derzeit?) nicht beantwortet werden.

Gibt es Hinweise auf den sozialen Status der Enthaupteten?

Auffällig ist die starke Diskrepanz zwischen Lebensalterschätzung und Abkauungsgrad der Zähne. Derartig große Differenzen von 20 bis 40 Jahren finden sich überwiegend bei Menschen der sozialen Oberschicht: Entsprechende Befunde sind beispielsweise für keltische Krieger des 4./3. Jahrhunderts v. Chr. aus Moneteau (Frankreich, eigene Beobachtungen) sowie für die slawischen Fürsten aus Starigard/Oldenburg belegt[7].

Bei beiden Männern ist eine Verknöcherung der Kehlkopf- und Rippenknorpel zu beobachten. Beides tritt bei älteren Individuen vornehmlich ab dem maturen Alter auf und ist vor allem im senilen Alter häufig. Verknöcherte Kehlkopfknorpel wurden u. a. bei dem Trierer Erzbischof Jakob von Sierck[8] und Bestattungen aus den Domen von Paderborn und Bremen festgestellt[9]. Aus den aufgeführten Vergleichen, die alle aus einem sozial herausragenden Milieu zwischen ausgehendem Frühmittelalter und früher Neuzeit, d. h. dem 10.–18. Jahrhundert n. Chr. stammen, lässt sich folgern, dass derartige Veränderungen eher typisch für ältere Männer gehobener Gesellschaftsschichten sind.

Beide Individuen besaßen eine Körperhöhe zwischen 170 cm und 173 cm. Vergleichen wir diese Werte mit Untersuchungen aus Raetien und Noricum[10] gehören die beiden Personen zu überdurchschnittlich großen Männern. Im Vergleich mit den Körperhöhen der Männer, die im 4. Jahrhundert n. Chr. im Bonner Legionslager umgekommen sind[11], liegen die Individuen A und B im oberen Viertel der Bonner Männer und etwas über dem Durchschnitt von 170 cm. Gleiches gilt ebenfalls für die Toten des 3. Jahrhunderts aus dem Gräberfeld Stettfeld[12].

Die große gezimmerte Kiste, die auch als hölzerner Sarkophag angesprochen werden kann, bedeutete schon einen gewissen Bestattungsaufwand und ist wohl nur der gehobenen Mittelschicht oder der Oberschicht zuzuweisen.

Bemerkenswert in diesem Zusammenhang könnten wohl auch der benachbarte Monumentalbau[13] und der in der Nähe entdeckte spätantike Silberschatz[14] gewesen sein.

Eine namentliche Identifizierung der beiden Enthaupteten ist derzeit nicht möglich. Vielleicht könnten althistorische Forschungen in Zukunft einen in Frage kommenden Personenkreis benennen. Alle weiteren Untersuchungen werden jedoch durch die unscharfe Datierung erschwert.

Ethnische Deutung?

In der Rechtsmedizin und forensischen Anthropologie erfolgt eine ethnische Differenzierung an Schädel- bzw. Skelettfunden heute immer noch auf der Grundlage von Maßen, verstärkt aber auch mit Hilfe molekularbiologischer Untersuchungen – sofern eine Erhaltung von Erbsubstanz (DNA) gegeben ist. Dies gilt prinzipiell auch für prähistorische Bevölkerungen. Für die Römerzeit ist eine Trennung in nordeuropäisch-germanische und mediterrane sowie westeuropäisch-keltische Gruppen möglich[15]. Aufgrund des Publikationsstandes liegen aber aus dem Rhein-Mosel-Raum nur relativ wenig neuere Vergleichsdaten vor[16].

Die Männer A und B sind durchaus relativ groß und kräftig, so dass an Germanen zu denken wäre. Dabei ist es schwierig, zwischen möglichen Angreifern und in römischen Diensten stehenden Germanen zu unterscheiden. Aufgrund des Grabungsbefundes ist allerdings weitgehend auszuschließen, dass hier fremde Aggressoren so sorgfältig und letztlich aufwendig beigesetzt wurden. Auch die relative Kurzschädeligkeit (Brachykranie) beider Männer spricht eher gegen eine germanische Herkunft, verweist wohl auf eine einheimisch keltisch-römische Herkunft[17].

Wo kommen sie her?

Diese Frage kann – zumindest ansatzweise – mit Hilfe der Analyse stabiler Isotopen geklärt werden[18]. Derartige Untersuchungen zur Herkunftsbestimmung sind für die Zukunft geplant.

Die Enthauptung in der römischen Antike

Antike Quellen

Die Enthauptung *(decollatio, poena capitis, capitis amputatio,* aber auch die Kniebeugung, *supplicium)* als einfache Todesstrafe wurde in der Republik mit dem Beil, seit dem Principat vornehmlich mit dem Schwert vollzogen. Während der Kaiserzeit war sie in der Regel nur noch bei den *humiliores* (Unfreie, Sklaven) öffentlich, erfolgte ansonsten im Kerker. Die Enthauptung war die allgemeine Hinrichtungsart für Standespersonen *(honestiores)*[19] mit Ausnahme der Delikte „Brandstiftung in der Stadt, Tempelraub mit Waffe zur Nachtzeit, Überlauf zum Feinde, Liebestrank mit tödlichen Folgen, Magie schwerster Art und Nächstenmord", für die die verschärfte Todesstrafe in Form von Kreuzigung *(crux),* Verbrennung *(crematio)* oder Volksfesthinrichtung *(bestiis obici)* vorgeschrieben war[20].

Die Hinrichtung konnte sowohl innerhalb wie außerhalb des *pomeriums,* des (rituellen) Stadtgebiets, stattfinden (Liv. 1,26). Für die caesarische Zeit ist die Aufstellung der Köpfe der Enthaupteten an der Regia belegt (Dio Cass. 43,24). Es wäre interessant zu überprüfen, ob sich hier nur ein archaischer Brauch (so MOMMSEN 1899, 913) oder Erfahrungen des Gallischen Krieges (im Sinne der so genannten *Têtes coupés;* siehe unten) widerspiegeln.

Der Vorgang des Enthauptens

Theodor Mommsen (1899, 918) beschreibt das ältere Verfahren so: Es werden „dem Verurteilten die Hände auf den Rücken gebunden, er selbst an einen Pfahl gefesselt, entkleidet und gegeißelt, alsdann auf den Boden hingestreckt und also durch Beilschlag enthauptet." Wichtig ist die Bemerkung, dass das Werkzeug und dieses Verfahren der Tötung eines Opfertieres entspricht und somit auf eine sakrale Wurzel der Hinrichtung weist.

Die Hinrichtung erfolgte durch einen niederen Soldaten, den *speculator.* Bei Firmicus (8,26) finden wir die Notiz, dass der Hieb in die (Hals-)Wirbel erfolgte: *speculatores [...] nudato gladio hominum amputant cervices.*

Bildlichen Quellen entnehmen wir, dass den Delinquenten die Hände auf dem Rücken gefesselt waren, eine Binde um die Augen (oder das Haupt) geschlungen war und sie niederknien und den Nacken zum Empfang des Hiebs *(supplicare)*[21] beugen mussten (Abb. 9). Der *spectator* exekutierte mittels Schwert von hinten mit einem Hieb in die Halswirbelsäule.

Vorschriften wie im Mittelalter und der frühen Neuzeit, dass der Kopf vollständig vom Rumpf getrennt sein musste[22], finden sich für die römische Antike anscheinend nicht. Auch für die Antike ist das Fehlschlagen und die Benötigung mehrerer Hiebe belegt[23].

Bildliche Darstellungen von Enthauptungen in der Antike

In der römischen Kunst finden sich, außerhalb von Militärszenen, selten bildliche Darstellungen von Enthauptungen. Die älteren Quellen hat E. Le Blant[24] zusammengestellt, wobei er sich auf eine Säule des Heiligen Achill (Abb. 8) aus der Domitilla-Katakombe in Rom und ein Fresko aus der Kirche der Märtyrer Johannes und Paulus auf dem Caelius, stützt (Abb. 9). Hinzu kommen Enthauptungen im Zuge von Kriegen.

Archäologische Befunde

A. Boylston und Mitarbeiter[25] fassen aufgrund ethnologisch-archäologisch-historischer Überlieferungen folgende Motive für eine Enthauptung zusammen: 1. Bestrafung, Exekution mit einer scharfen Waffe, 2. Kampfverletzung, 3. Kampftrophäe, 4. Kopfjägerei/Reliquiensammlung, 5. Ausblutenlassen eines Körpers bei Entfernung des Kopfes, 6. Missglücktes Hängen, 7. Entfernung des Kopfes aus magischen Gründen.

Hinzu kommen aufgrund rezenter rechtsmedizinischer Fälle folgende weitere Möglichkeiten: 8. Mord und 9. Selbstmord, 10. Leichenzerstückelung/Leichenschändung sowie 11. Unfall. Das römische Recht erlaubt auch 12. die „postmortale" Hinrichtung.

Von den genannten Möglichkeiten kommt für die Trierer Männer vor allem die Exekution (1) in Frage. Eine Kampfverletzung (2) ist aufgrund des Fehlens weiterer Verletzungen, die bei Kämpfen oftmals entstehen (Abwehrspuren), eher auszuschließen.

Ein Halsschnitt, wie er beim Menschen bei Morden und rituellen Tötungen (für die Antike möglicherweise Moorleichen)[26], bei Tieren infolge Schlachtung per Halsschnitt auftritt, ist aufgrund des Fehlens von Schnittspuren auf der vorderen Wir-

Abb. 8 Darstellungen einer Enthauptung auf einer Säule für den Bischof St. Achill in der Domitilla-Katakombe zu Rom.

belfläche auszuschließen. Mord durch Enthauptung (8) ist wenig wahrscheinlich, auch Selbstmord mit Dekapitation (9) ist auszuschließen. Heute ist diese Selbstmordart in der westlichen Welt sehr selten, ihre Häufigkeit beträgt etwa 0,1 %[27].

Von sehr seltenen Ausnahmen abgesehen, finden sich Enthauptungsspuren ausschließlich an der Halswirbelsäule. Dabei können alle Halswirbel (C1–7) betroffen sein. Allerdings wurde die Region zwischen dem vierten und siebten Halswirbel bevorzugt, da man hier nicht den Unterkieferwinkel und das Zungenbein traf[28]. Eine der wenigen Ausnahmen ist das Skelett einer adulten Frau (Grab 1425) aus dem römischen Gräberfeld von Poundbury (Dorset, England)[29]. Hier finden sich Spuren eines Hiebes von rechts hinten, der das rechte obere Bogengelenk des ersten Brustwirbels sowie den Winkel der ersten rechten Rippe abrasiert hat. Das Grab liegt separiert von den übrigen Bestattungen.

Soweit sich dies dem archäologischen Befund entnehmen lässt, wurden überwiegend Männer enthauptet. Auf die Frau aus Poundbury wurde verwiesen.

Befunde aus den Nordwestprovinzen

Bei der Ausgrabung des Kastells Ellingen wurde in Gebäude C eine Grube mit drei abgeschlagenen Schädeln entdeckt[30]. Aufgrund der Kurzschädeligkeit handelt es sich wohl nicht um Germanen. Die Enthauptungen erfolgten zwischen dem ersten und zweiten, zweiten und dritten sowie dritten und vierten Halswirbel[31]. Das kalibrierte ^{14}C-Datum war überraschend (370–110 v. Chr.) und deutet auf abgeschlagene Köpfe keltischer Art, die so genannten *Têtes coupés*[32].

Im spätantiken Britannien sind Enthauptungen im archäologischen Befund zahlreich nachgewiesen worden[33]. Bei den meisten Bestattungen fand sich der Schädel zwischen den Beinen. Philpott[34] beobachtete nur bei 9 % der Enthaupteten, dass ihr Schädel sich noch in (ungefähr) anatomischer Position befand. Boylston und Mitarbeiter[35] stellten fest, dass das Spurenmuster einer postmortalen Abtrennung des Schädels anders aussieht: Die Schnittführung verläuft im Gegensatz zur gewöhnlichen Enthauptung meist von vorne nach hinten, wobei der Wirbelbogen oftmals aussplittert[36].

Derartige Enthauptungen im Totenkult dienten wohl der Bannung von Wiedergängern. In Britannien ist dieser Brauch in der Spätantike im ländlichen

Abb. 9 Darstellung von zu Enthauptenden auf einem Fresko in Rom.

Raum recht verbreitet und wurde auf mehr als 70 Bestattungsplätzen nachgewiesen.

Die postmortale Enthauptung als Schutz vor Wiedergängern und Vampiren findet sich im Volksbrauchtum Kontinentaleuropas bis in die jüngere Vergangenheit[37]. Eine solche Handlung wurde sowohl an frischen Leichen wie bereits an begrabenen Leichen praktiziert. Als „Tatwerkzeug" diente dabei in der Regel ein (scharfer) Spaten[38].

Aufgrund der Parallelen aus Rom[39] könnte man für Trier als Hinrichtungsorte das Forum und die Mosel mit einiger Sicherheit vermuten.

Hinrichtungen in der spätantiken Rechtspraxis

Die neuere Forschung[40] nimmt an, dass im Gegensatz zu den immer brutaler werdenden Strafen die tatsächlich vorgenommenen Hinrichtungen im Vergleich mit der mittleren Kaiserzeit abnahmen. Nicht jede zu verhängende Strafe wurde vollzogen, nicht jeder zum Tode Verurteilte wurde tatsächlich hingerichtet. Die Strafpraxis war sehr selektiv. Insbesondere für Standespersonen war die Wahrscheinlichkeit, hingerichtet zu werden, eher gering[41]. Die Richter waren oftmals bemüht – auch aus Imagegründen – nicht zu viele Hinrichtungen durchzuführen. Hält man sich diese Rechtspraxis vor Augen, dann ist unser Fall besonders ungewöhnlich. Gräber von nach Volksmeinung zu Unrecht Verurteilten wurden verehrt (Amm. 27,7,5–6)[42]. Vielleicht führte auch dies zur Bestattung innerhalb der Stadt an prominenter Stelle, womit wir zum Problem der intraurbanen Gräber kommen.

Warum wurden die Männer in der Stadt begraben?

Diese Frage ist schwierig zu beantworten, denn eine Bestattung *intra muros* widerspricht den allgemeinen antiken Gepflogenheiten: Das Zwölftafelgesetz (5. Jahrhundert v. Chr.) verbietet ausdrücklich die Bestattung innerhalb des Stadtgebietes: „*hominem mortuum in urbe ne sepelito neve urito*" (Lex XII tab. 10,1). Unter Kaiser Hadrian wurde dieses Bestattungsverbot auf alle Städte des Römischen Reiches ausgedehnt. Diese Bestimmung wurde unter Antoninus Pius, den Severern und 290 n. Chr. von den Kaisern Diokletian und Maximinian sowie 386 n. Chr. von den Kaisern Gratian, Valentinian und Theodosius erneut bekräftigt[43]. Dennoch gab es davon verschiedene Ausnahmen. Cicero und Plutarch berichten gleichlautend, dass Personen, die sich um den Staat verdient gemacht haben, ein Ehrengrab in der Nähe des Forums erhalten konnten; dieses Recht bezog auch Familien und Nachfahren mit ein[44]. Nach Servius konnten Kaiser und Vestalinnen *intra muros* beigesetzt werden[45]. Dies galt auch für die anderen Hauptstädte des Römischen Reiches, denn Kaiser Konstantin wurde bekanntlich im Vorraum der Apostelkirche innerhalb des Stadtgebietes von Konstantinopel beigesetzt.

Aus archäologischer Sicht gibt es für unsere Doppelbestattung keine Hinweise auf ein Ehrengrab. Auch gibt es für eine Bestattung unseres Typs in der antiken Stadt m. W. bislang keine direkten

Vergleiche. Die unscharfe Datierung macht eine Zuordnung zu historischen Ereignisse praktisch unmöglich. Ausgeschlossen werden kann mit einiger Sicherheit nur, dass beide Toten Opfer einer Kriegshandlung wurden (sei es Bürgerkrieg, sei es Germaneneinfall), bei der die Toten liegen gelassen und von Hunden und Krähen angefressen wurden – so wie es der christliche Autor Salvian (gub. 6,84) Anfang des 5. Jahrhunderts n. Chr. beschreibt.

Dass das Bestattungsverbot im spätantiken Trier nicht hundertprozentig eingehalten wurde, darauf weisen Reste von zwei kürzlich im Süden Triers im Bereich des ehemaligen Herz-Jesu-Geländes entdeckten Frauenbestattungen[46].

Zusammenfassung

Die spätantike Doppelbestattung vom Mutterhaus-Gelände enthielt Skelette von zwei (40) 45–55 Jahre (Individuum A) bzw. 60–65 (70) Jahre (Individuum B) alten Männern. Beide waren enthauptet worden: Bei Individuum A erfolgte eine vollständige Durchtrennung der Wirbelsäule, wobei der Hieb bis in den linken Unterkieferwinkel reichte. Bei Individuum B blieb der Hieb im fünften Halswirbelkörper stecken. Für Skelett A liegt ein Radiokarbondatum (KIA 28837, 1671 ± 20 BP) vor: Kalibriert entspricht dies der Spanne zwischen 330 und 430 n. Chr. bei 89,5 % Wahrscheinlichkeit und zwischen 380 und 420 n. Chr. mit 45,3 % Wahrscheinlichkeit.

Bemerkenswert ist die Tatsache, dass beide Männer innerhalb der spätantiken Stadt in der Nähe eines Monumentalbaus bestattet wurden. Die Bestattung der Leichname erfolgte sorgfältig in einer großen, genagelten Holzkiste, einem hölzernen Sarkophag. Zu einer derartigen Doppelbestattung innerhalb einer antiken Stadt gibt es m. W. aus der römischen Welt bislang keine Vergleiche.

Degenerative Veränderungen sind für das erreichte Alter schwach ausgeprägt, dabei sind die Veränderungen an den Wirbeln höher als an den Körpergelenken. Die Muskelmarken sind meist nicht übermäßig stark ausgebildet, was dem Arthrosegrad entspricht. Dies deutet auf geringe körperliche Tätigkeit hin. Die Zahnabrasion ist gering und weist auf die Verwendung von feinem und gereinigtem Mehl. Die Kariesrate ist mäßig, während die meisten Zähne Zahnsteinauflagerungen aufweisen. Auch Parodontopathien, intravitaler Zahnverlust und ein Abszess sind vorhanden. Entwicklungsstörungen an den Zähnen und Wachstumsstillstandslinien an den Langknochen weisen auf Krankheiten und möglicherweise Mangelzustände unbekannter Genese in der Kindheit.

Beide Individuen waren mit einer Körperhöhe von 170–173 cm etwas übermittelgroß. Die Schädelmaße weisen eher auf eine einheimisch keltisch-römische Herkunft denn auf Germanen. Mit Vorsicht sind beide Männer der Oberschicht zuzuweisen. Eine namentliche Identifizierung der beiden Enthaupteten ist derzeit nicht möglich. Vielleicht könnten althistorische Forschungen in Zukunft einen in Frage kommenden Personenkreis benennen. Alle weiteren Untersuchungen werden jedoch durch die unscharfe Datierung erschwert.

Anmerkungen

[1] Faust 2003; Faust 2010.
[2] Vgl. Kaufmann-Heinimann/Martin 2007 u. CD-Rom Katalog Nr. I.11.1.
[3] Teegen 2011.
[4] Schultz u. a. 1998.
[5] Teegen/Schultz 2009.
[6] Vgl. Auerbach/Ruff 2004 (mit weiterer Literatur).
[7] Teegen/Schultz 2009.
[8] Unpubl. Beobachtungen des Verfassers.
[9] Henke 1985.
[10] Wiltschke-Schrotta 2004, 196.
[11] Wahl u. a. 2004, 211.
[12] Wahl 1988.
[13] Faust 2003; Faust 2010.
[14] Kaufmann-Heinimann/Martin 2007.
[15] Schwidetzky/Rösing 1975; Schröter 2000.
[16] Wahl 1988.
[17] Wahl u. a. 2004; Schröter 2000.
[18] Knipper 2004.
[19] DNP 12,1 (2002) 650 s. v. Todesstrafe (G. Schiemann).
[20] Übersicht des Paulus, Anfang 3. Jh. n. Chr.; nach Mommsen 1899, 1044–1049.
[21] Mommsen 1899, 916 Anm. 5.
[22] Hinckeldey 1980, 136.
[23] RE IV 2 (1901) 2287–2289 s. v. Decollatio (H. F. Hitzig), bes. 2288.
[24] Le Blant 1889, 153 f.
[25] Boylston u. a. 2000, 248.
[26] Gebühr 2002.
[27] Byard/Gilbert 2004, 129.
[28] Williams 1995, 516.
[29] Molleson 1993 Taf. 53.
[30] Zanier 1992, 70.
[31] Schröter 1992, 305.
[32] Vgl. dazu auch Guichard/Teegen 2010.
[33] Philpott 1991; Boylston u. a. 2000.
[34] Philpott 1991.

[35] Boylston u. a. 2000.
[36] Boylston u. a. 2000 Abb. 4.
[37] Müller-Bergström 1930 sp. 857f.
[38] Müller-Bergström 1930 sp. 858.
[39] Hinard 1987.
[40] Riess 2002; zusammenfassend Krause 2009, 329–345.
[41] Krause 2009, 345.
[42] Nach Krause 2009, 339 Anm. 25.
[43] Kötting 1965 Anm. 18f.; Cantino Wataghin 1999, 157 Anm. 37.
[44] Gesemann 2004, 319.
[45] Kötting 1965, 11.
[46] Teegen 2008; G. Breitner/J. Hupe, Römisches Wohnen an den Barbarathermen. Die Ausgrabungen im Herz-Jesu-Garten. Vortrag der Gesellschaft für nützliche Forschungen Trier, gehalten am 8. Oktober 2009.

Literaturverzeichnis

Auerbach/Ruff 2004
B. M. Auerbach/C. B. Ruff, Human Body Mass Estimation: A Comparison of „Morphometric" and „Mechanical" Methods. Am. Journal Physical Anthropology 125, 2004, 331–342.

Le Blant 1889
E. Le Blant, De quelques monuments antiques relatifs à la suite des affaires criminelles (partie 2). Rev. Arch., 3ème Série, 13, 1889, 145–162.

Boylston u. a. 2000
A. Boylston/C. J. Knüsel/C. A. Roberts, Investigation of a Romano-British Rural Ritual in Bedford, England. Journal Arch. Scien. 27, 2000, 241–254.

Byard/Gilbert 2004
R. W. Byard/J. D. Gilbert, Characteristic features of deaths due to decapitation. Am. Journal Forensic Medicine and Pathology 25 (2), 2004, 129f.

Cantino Wataghin 1999
G. Cantino Wataghin, The ideology of urban burials. In: G. P. Brogiolo/B. Ward-Perkins (Hrsg.), The idea and ideal of the town between late Antiquity and the early Middle Ages. The Transformation of the Roman World 4 (Leiden 1999) 147–180.

Faust 2003
S. Faust, Ausgrabung eines unbekannten römischen Großbaus am Moselufer in Trier. Arch. Rheinland-Pfalz 2003, 60–63.

Faust 2010
S. Faust, Feldstraße 16. Jahresbericht 2004–2007. Trierer Zeitschr. 73, 2010 [im Druck].

Gebühr 2002
M. Gebühr, Moorleichen in Schleswig-Holstein (Neumünster 2002).

Gesemann 2003
B. Gesemann, Zum Standort der Traianssäule in Rom. Jahrb. RGZM 50, 2003, 307–328.

Guichard/Teegen 2010
V. Guichard/W.-R. Teegen (Hrsg.), Les Gaulois font la tête. Ausstellungskat. Musée de Bibracte. L'Archéologue, hors série 3 (Lacapelle-Marivalle, Glux-en-Glenne 2010).

Henke 1985
W. Henke, Anthropologische Untersuchung der menschlichen Skelettreste. Ausgrabungen im St. Petri-Dom zu Bremen 1 (Stuttgart 1985) 131–152.

Hinard 1987
F. Hinard, Spectacle des exécutions et espace urbain. In: L'Urbs. Espace urbain et histoire (Ier siècle av. J.-C.–IIIe siècle ap. J.-C.). Actes du colloque international organisé par le Centre national de la recherche scientifique et l'École française de Rome. Collection de l'École Française de Rome (Rome 1987) 111–125.

Hinckeldey 1980
Ch. Hinckeldey (Hrsg.), Strafjustiz in alter Zeit. Schriftenreihe des mittelalterlichen Kriminalmuseums Rothenburg ob der Tauber 3 (Rothenburg o. d. T. 1980).

Kaufmann-Heinimann/Martin 2007
A. Kaufmann-Heinimann/M. Martin, Die Trierer Silberkanne. In: A. Demandt/J. Engemann (Hrsg.), Konstantin der Große. Ausstellungskat. Trier 2007 (Trier 2007) 382–385.

Knipper 2004
C. Knipper, Die Strontiumisotopenanalyse: Eine naturwissenschaftliche Methode zur Erfassung von Mobilität in der Ur- und Frühgeschichte. Jahrb. RGZM 51, 2004, 589–685.

Kötting 1965
B. Kötting, Der frühchristliche Reliquienkult und die Bestattung im Kirchengebäude. Arbeitsgemeinschaft Forsch. Nordrhein-Westfalen, Geisteswiss., 123 (Köln, Opladen 1965).

Krause 2009
J.-U. Krause, Staatliche Gewalt in der Spätantike: Hinrichtungen. In: M. Zimmermann (Hrsg.), Extreme Formen von Gewalt in Bild und Text des Altertums. Münchner Stud. Alt. Welt 5 (München 2009) 321–350.

Molleson 1993
T. I. Molleson, The Human Remains. In: D. E. Farwell/T. I. Molleson, Excavations at Poundbury 1966–80. 2. The cemeteries. Dorset Natural Hist. and Arch. Soc. Monograph. Ser. 11 (Dorchester 1993) 141–214.

MOMMSEN 1899
  TH. MOMMSEN, Römisches Strafrecht. Systemat. Handb. Dt. Rechtswiss. 1,4 (Leipzig 1899).

MÜLLER-BERGSTRÖM 1930
  W. MÜLLER-BERGSTRÖM, s. v. enthaupten, köpfen. In: E. Hoffmann-Krayer/H. Bächthold-Stäubli (Hrsg.), Handwörterbuch des deutschen Aberglaubens 2 (Berlin, Leipzig 1930) 852–859.

PHILPOTT 1991
  R. PHILPOTT, Burial Practices in Roman Britain: a Survey of Grave Treatment and Furnishing A.D. 43–410. BAR Brit. Ser. 219 (Oxford 1991).

RIESS 2002
  W. RIESS, Die historische Entwicklung der römischen Folter- und Hinrichtungspraxis in kulturvergleichender Perspektive. Historia 51, 2002, 206–226.

SCHRÖTER 1992
  P. SCHRÖTER, Bestimmung der menschlichen Skelettreste aus dem römischen Kastell Sablonetum-Ellingen. In: W. Zanier, Das römische Kastell Ellingen. Limesforsch. 23 (Mainz 1992) 305 f.

SCHRÖTER 2000
  P. SCHRÖTER, Anthropologie der Römerzeit. In: L. Wamser (Hrsg.), Die Römer zwischen Alpen und Nordmeer. Ausstellungskat. Rosenheim 2000 (Mainz 2000) 176–181.

SCHULTZ u. a. 1998
  M. SCHULTZ/P. CARLI-THIELE/T. H. SCHMIDT-SCHULTZ/U. KIERDORF/H. KIERDORF/W.-R. TEEGEN/K. KREUTZ, Enamel Hypoplasias in Archaeological Skeletal Remains. In: K. W. Alt/F. W. Rösing/M. Teschler-Nicola (Hrsg.), Dental Anthropology. Fundamentals, Limits, and Prospects (Wien, New York 1998) 293–311.

SCHWIDETZKY/RÖSING 1975
  I. SCHWIDETZKY/F. W. RÖSING, Vergleichend-statistische Untersuchungen zur Anthropologie der Römerzeit (0–500 u. Z.). Homo 26, 1975, 193–218.

TEEGEN 2008
  W.-R. TEEGEN, Die menschlichen Skelettreste aus der Grabung auf dem Gelände des ehemaligen Herz-Jesu-Krankenhauses in Trier. Unpubl. Untersuchungsber. Rhein. Landesmus. Trier (Trier 2008).

TEEGEN/SCHULTZ 2009
  W.-R. TEEGEN/M. SCHULTZ, Eine slawische Burg und ihre „fürstlichen" Bewohner: Starigard/Oldenburg (10. Jh.). In: L. Clemens/S. Schmidt (Hrsg.), Sozialgeschichte der mittelalterlichen Burg. Interdisziplinärer Dialog Arch. u. Gesch. 1 (Trier 2009) 13–24.

TEEGEN 2011
  W.-R. TEEGEN, Ein spätantikes Doppelgrab mit enthaupteten Männern vom Gelände des Klinikums Mutterhaus zu Trier. Trierer Zeitschr. 74, 2011 [in Vorb.].

WAHL 1988
  J. WAHL, Osteologischer Teil. A. Menschenknochen. In: J. Wahl/M. Kokabi, Das römische Gräberfeld von Stettfeld 1. Osteologische Untersuchung der Knochenreste aus dem Gräberfeld. Forsch. u. Ber. Vor- u. Frühgesch. Baden-Württemberg 29 (Stuttgart 1988) 46–223.

WAHL u. a. 2004
  J. WAHL/H. G. KÖNIG/S. WAHL, Die menschlichen Skelettreste aus einem Brunnen des Legionslagers in Bonn, ›An der Esche 4‹. Bonner Jahrb. 202/203, 2002/2003, 199–226.

WILLIAMS 1995
  P. WILLIAMS, Gray's Anatomy (New York 1995[38]).

WILTSCHKE-SCHROTTA 2004
  K. WILTSCHKE-SCHROTTA, Perchtoldsdorf-Aspetten, Grabung 1998–2000: Anthropologische Auswertung. In: D. Talaa/I. Herrmann (Hrsg.), Spätantike Grabfunde in der niederösterreichischen Thermenregion (Bezirke Mödling und Baden). Röm. Österreich 24, 2004, 193–221.

ZANIER 1992
  W. ZANIER, Das römische Kastell Ellingen. Limesforsch. 23 (Mainz 1992).

Abbildungsnachweis: Introbild B. Kremer, Rheinisches Landesmuseum Trier; Abb. 1–7 W.-R. Teegen, Ludwig Maximilians-Universität München; Abb. 8 Nach LE BLANT 1889, Abb. S. 153; Abb. 9 Nach LE BLANT 1889, Abb. S. 154.

PD Dr. Wolf-Rüdiger Teegen
Ludwig-Maximilians-Universität München
ArchaeBioCenter und Institut für Vor- und Frühgeschichtliche Archäologie und Provinzialrömische Archäologie
Teegen@vfpa.fak12.uni-muenchen.de

Dr. Sabine Faust
Generaldirektion Kulturelles Erbe
Rheinland-Pfalz
Rheinisches Landesmuseum Trier
Sabine.Faust@gdke.rlp.de

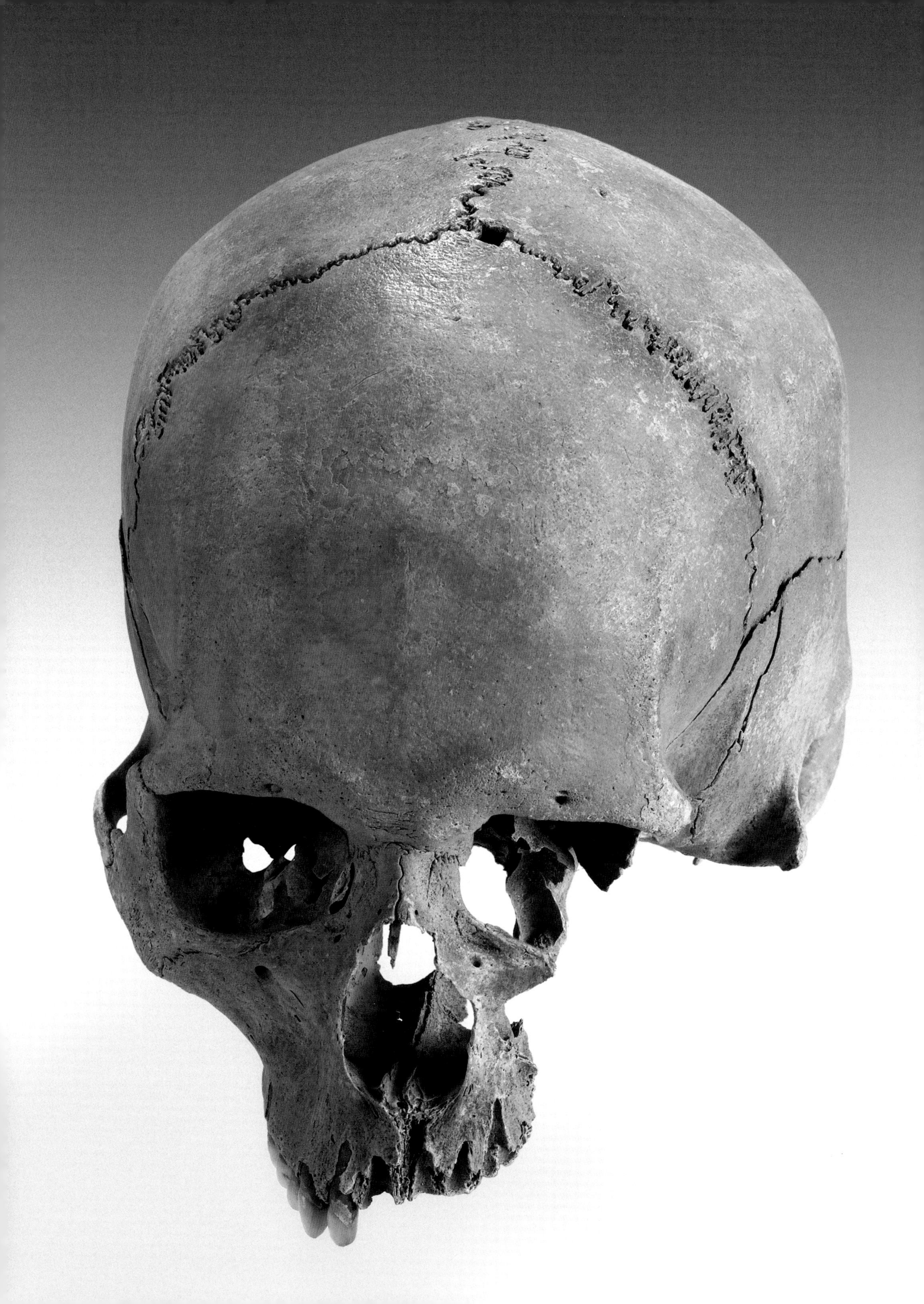

THOMAS BECKER

Kriminalität und Anthropologie – Nachweismöglichkeiten von Verbrechen und Strafe an menschlichen Skelettresten aus römischen Fundkontexten

In der modernen Rechtspraxis spielt die Rechtsmedizin bei der Verfolgung von Straftaten, vor allem bei Kapitalverbrechen, eine bedeutende Rolle. Die Leichenschau und die daraus resultierende Obduktion wie auch verschiedenste Analyseverfahren geben Hinweise zum Tathergang und ermöglichen, den (oder die) mutmaßlichen Täter zu überführen[1]. In Europa werden Kapitalverbrechen heute mit unterschiedlich langen Gefängnisstrafen geahndet. Die Todesstrafe ist aus dem Strafkatalog der europäischen Länder bereits im 18. und 19. Jahrhundert (z. B. Rumänien 1865–1939) verschwunden[2], im 20. Jahrhundert folgten weitere Länder – lediglich in Weißrussland ist sie heute noch offiziell von Gerichten verhängbar[3].

Für die römische Zeit sind sowohl die Taten als auch entsprechende Bestrafungen zahlreich belegt. Die meisten Belege sind uns von antiken Schriftstellern bekannt. Darüber hinaus finden sich in Rechtstexten diverse Hinweise auf Kapitalverbrechen und entsprechende Strafen. Und schließlich überliefern vereinzelte Grabinschriften Morddelikte, die – ob nun gesühnt oder ungesühnt – in den römischen Provinzen verübt wurden (siehe M. Reuter in diesem Band). Aus diesen verschiedenen Quellen lässt sich bereits ein anschauliches Bild von den Verbrechern, Tätern und Opfern im Römischen Reich zeichnen, doch ist zu fragen, ob diesen schriftlich überlieferten Fällen auch direkte anthropologische Belege zugeordnet werden können.

Methodische Grundvoraussetzungen

Grundsätzlich stellt sich bei dem vorliegenden Thema die Frage nach der Nachweisbarkeit und den Interpretationsmöglichkeiten von Gewaltdelikten am römischen Skelettmaterial. Zunächst muss dazu die Voraussetzung erfüllt sein, dass die Straftat Spuren am Skelett hinterlassen hat, da unter normalen Erhaltungsbedingungen lediglich die Knochen eines Individuums erhalten bleiben[4]. Außergewöhnliche Lagerungsbedingungen, die auch für die Erhaltung von Weichteilgeweben sorgen, sind generell äußerst selten und für die römische Zeit bislang nur bei mumifizierten Bestattungen in trockenen Klimagebieten, z. B. Ägypten, belegt. Auswirkungen auf das Skelett haben in der Regel nur „scharfe" und „stumpfe Gewalt", die durch übermäßige Krafteinwirkung zu Schäden am Knochen führen. Prinzipiell können auch Vergiftungen über einen längeren Zeitraum Veränderungen am Knochen hervorrufen, die jedoch von krankheitsbedingten Veränderungen zu unterscheiden sind und nur durch analytische Verfahren nachgewiesen werden können.

Die gängige Bestattungsart während der römischen Republik und der Kaiserzeit war die Brandbestattung, die durch die Verbrennung des Leichnams bei hohen Temperaturen zu einer Veränderung der Knochenoberfläche bzw. einem Zerspringen des Knochens selbst führte. Die Diagnose von pathologischen Veränderungen am Knochen ist daher bei Brandbestattungen generell deutlich schwieriger als bei Körperbestattungen, so dass Spuren von Gewalteinwirkung am Knochen bislang kaum gefunden wurden oder aber in ihrer Erscheinung zweifelhaft bzw. sehr schwer zu deuten sind. Dies zeigt sich daran, dass die Anzahl der nachweisbaren Knochenbrüche Verstorbener auf spätrömischen Körpergräberfeldern deutlich höher liegt als bei mittelkaiserzeitlichen Friedhöfen mit Brandbestattungen. Es kann hier allerdings aufgrund ähnlicher Lebensbedingungen mit vergleichbaren Anteilen gerechnet werden, doch scheint das Bild durch die Zerstörung der Knochen während der Verbrennung verzerrt zu sein[5].

◀ Spätantiker Schädel aus Xanten-Lüttingen mit Lochdefekt.

Beim Nachweis einer Fraktur bzw. einer Gewalteinwirkung auf einen Knochen stellt sich im vorliegenden Zusammenhang die Frage nach der Verletzungsursache und damit nach der Rekonstruktion des Hergangs. Im Fall einer Anwendung von scharfer Gewalt bleibt die Deutung in den allermeisten Fällen unstrittig, während bei stumpfer Gewalt eine bewusste Intention nicht unbedingt gegeben sein muss. Dazu kommt, dass der Nachweis von Körperverletzungen ohne Todesfolge im Hinblick auf den einzelnen Knochen zu einer Verheilung der Beschädigung führte. Trat aber der Tod beim Opfer in direkter Folge der Gewalteinwirkung oder kurz danach ein, kann kein Nachweis von Heilungsspuren – etwa in Form einer beginnenden Kallusbildung – mehr erfolgen. Solche unverheilten Knochenfrakturen sind beim Skelett am Schädel aufgrund der Bruchlinienform belegbar. Am postcranialen Skelett sind sie nur sehr schwer von bodenlagerungsbedingten Brüchen der Knochen zu unterscheiden. Bei Brandbestattungen ist ein solcher Nachweis aufgrund der geschilderten Erhaltungssituation gänzlich unmöglich.

Für den anthropologischen Nachweis von Körperstrafen gelten die gleichen beschriebenen Grundvoraussetzungen. Auch diese entziehen sich bei den Brandbestattungen einer gesicherten Identifikation, während sie bei einem vollständig erhaltenen Skelett gut nachweisbar sind, sofern die Hinrichtungsart eine direkte Auswirkung auf das Skelett hatten.

Verbrechen im anthropologischen Befund

Trotz der oben geschilderten Einschränkungen beim Nachweis von Verbrechen im anthropologischen Befund erstaunt die recht geringe Zahl an belegten Fällen. Immerhin liegen wenige Individuen vor, bei denen aufgrund der anthropologischen Untersuchungsergebnisse von einem Tod durch Gewalteinwirkung ausgegangen werden kann.

Generell können die Ursachen einer intentionellen Gewalteinwirkung am Knochen sowohl in einem kriegerischen als auch in einem verbrecherischen Kontext liegen. Eine Unterscheidung kann – wenn überhaupt möglich – nur durch die Rekonstruktion der Gewalteinwirkung und die Fundumstände der Skelettreste gelingen. Sehr wahrscheinlich als Opfer kriegerischer Auseinandersetzungen anzusprechen sind z. B. Einzelknochen aus Zerstörungs- bzw. Auflassungshorizonten[6], menschliche Überreste von Schlachtfeldern[7] oder Kollektivfunde mehrerer Skelette[8]. Bei einzelnen Individuen oder singulär gefundenen Knochen ohne Fundkontext[9] ist eine entsprechende Deutung möglich, aber nicht abschließend gesichert. Die Forschung tendiert bei der Interpretation solcher Befunde meist in die Richtung eines kriegerischen Kontextes, weniger hingegen in den Bereich krimineller Delikte.

Anders stellt sich die Situation bei Skelettresten mit Spuren von scharfer bzw. stumpfer Gewalteinwirkung dar, die aus dem Kontext regulärer Bestattungen geborgen wurden. Hier ist sowohl eine Deutung als Kriegsopfer wie auch als Verbrechensopfer möglich. Dabei ist in jedem Einzelfall zu prüfen, welche Variante wahrscheinlicher ist.

Im Gräberfeld von Stettfeld (Kr. Karlsruhe, Baden-Württemberg) konnten neben 341 Brandgräbern auch 59 Körperbestattungen ausgegraben werden. Die Mehrzahl der Körperbestattungen waren Kinder, bei denen diese Form der Bestattung nicht unbedingt erstaunt. Bei den 24 erwachsenen Individuen fällt dagegen die Wahl der Körperbestattung aus dem Rahmen der sonst üblichen Brandbestattung, zumal diese Gräber entgegen der Erwartung nicht nur den jüngsten Bestattungshorizont des Gräberfeldes repräsentieren[10]. Bei zwei Skeletten finden sich Spuren von scharfer Gewalteinwirkung[11]. Das Individuum aus Grab 219, ein Mann im maturen Alter (ca. 45 Jahre), wurde während der ersten Belegungsphase des Friedhofes im zweiten Viertel und der Mitte des 2. Jahrhunderts n. Chr. bestattet. Am Skelett konnte ein frontal von oben, wahrscheinlich mit einer schwertähnlichen Waffe geführter Hieb in die rechte Beckenschaufel nachgewiesen werden (Abb. 1), der keinerlei Spuren eines Heilungsprozesses aufwies. Offensichtlich war diese Verletzung für den Mann tödlich. In einem weiteren Grab (Grab 382) aus der vierten Belegungsphase (Mitte 3. Jahrhundert n. Chr.) fand sich ein frühseniler Mann (60–65 Jahre) mit einer dreieckigen, ebenfalls unverheilten Schädelverletzung, die auf einen Hieb mit einem eher spitzen Gegenstand hindeutete. Auffällig bei dieser Bestattung war vor allem die Rücklage mit angewinkeltem Arm, der über den Augen lag. Während dieser Mann aufgrund der Datierung auch im Zusammenhang mit kriegerischen Auseinandersetzungen umgekommen sein könnte, lassen sich bislang für die Bestattungszeit des ersten Individuums keine entsprechenden Aktivitäten belegen. Hier liegt die Annahme eines Verbrechens näher.

Ebenfalls in diesem Kontext ist eine Mumienbestattung aus Hawara in Ägypten zu betrachten, die sich heute im British Museum befindet (Abb. 2). Die Bestattung beinhaltet nach Ausweis der Aufschrift auf dem Mumienportrait die sterblichen Überreste eines gewissen „Artemidoros" und wird aufgrund stilistischer Merkmale in die Zeit um 100–120 n. Chr. datiert. Die anthropologische Untersuchung des männlichen Individuums, das in einem Alter von ca. 18–21 Jahren verstarb, ergab anhand der computertomographischen Aufnahmen die Einwirkung stumpfer Gewalt auf den Hinterkopf, von der aus mehrere Risslinien zur Seite ausgehen[12]. Die Art der Fraktur weist auf eine punktuelle Einwirkung von Gewalt hin, die eher auf einen Schlag als auf eine unfallbedingte Krafteinwirkung (Sturz) hindeutet. Allerdings liegt die Fraktur im Bereich der sogenannten „Hutkrempenlinie", was aus rechtsmedizinischer Sicht eher in Richtung einer Sturzverletzung deutet[13]. Durch den zeitlichen Kontext und die Art der Gewalteinwirkung ist man aber geneigt, an ein Verbrechen als Ursache für die Gewalteinwirkung zu denken.

Die beiden angeführten Beispiele zeigen deutlich, dass durchaus mit Gewaltopfern in römischen Nekropolen zu rechnen ist. Sonderformen bei den Bestattungen, z. B. Körpergräber in einem Brandgräberfeld, stellen jedoch keinen Beleg für Gewaltopfer dar, da für diese Abweichungen von der gängigen Bestattungsart auch andere Erklärungsmöglichkeiten denkbar sind. Es bedarf hier in Zukunft einer noch intensiveren Zusammenarbeit zwischen Archäologen und Anthropologen, um durch kritische Prüfung der einzelnen Bestattungen mit ihren Befunden mögliche weitere Fälle von Verbrechensopfern zu belegen.

Kapitalstrafen und deren Nachweismöglichkeiten

Der anthropologische Nachweis von Hinrichtungspraktiken, sofern sie direkte Auswirkungen auf das Skelett hatten, gelingt bei entsprechenden Erhaltungsbedingungen in der Regel recht gut, da die Durchführung einer Hinrichtung meist standardisiert war und damit die Auffindung von charakteristischen Spuren am Skelett und die Interpretation erleichtert wird. Hinrichtungspraktiken sind

Abb. 1 Beckenschaufel eines männlichen Individuums aus dem römischen Gräberfeld Stettfeld (Baden-Württemberg) mit deutlichen Spuren eines Hiebes.

von anthropologischer Seite bislang vor allem an spätmittelalterlich-frühneuzeitlichen Bestattungen, besonders im Kontext von zeitgleichen Richtstätten, untersucht worden[14].

Führt man sich die Strafpraxis der römischen Kaiserzeit vor Augen (siehe D. Schmitz in diesem Band), so können verschiedene Formen der Todesstrafe anthropologisch nachgewiesen werden[15]. Dies gilt vor allem für das Köpfen und Kreuzigen; bei entsprechend guter Erhaltung ferner auch für das Erhängen. Andere Todesstrafen sind im Rahmen der anthropologischen Untersuchung zwar theoretisch nachweisbar (z. B. Verbrennen) oder entziehen sich vollständig einem Nachweis (z. B. Tod in der Arena).

Am häufigsten durch anthropologische Untersuchungen nachgewiesen ist die Enthauptung (siehe

Abb. 2 Mumienportrait des Artemidoros aus Hawara/Ägypten (heute im British Museum London). Der zugehörige anthropologische Befund legt nahe, dass der Verstorbene Opfer eines Verbrechens wurde.

W.-R. Teegen/S. Faust in diesem Band). Ein ganz ähnliches Bild ergibt sich auch bei der Untersuchung der überlieferten Hinrichtungsarten von christlichen Märtyrern, die oftmals geköpft wurden (Abb. 3)[16]. Selbst vor dem Hintergrund einer nicht in allen Fällen gesicherten Überlieferung zeigt diese Verteilung doch deutlich eine bevorzugte Anwendung dieser Hinrichtungsform.

Beim Köpfen wird dem Verurteilten – nach der Überlieferung mit dem Beil oder dem Schwert – der Kopf vom Rumpf geschlagen. Erfahrungen aus der frühen Neuzeit belegen, dass das Köpfen gewisse Routine im Umgang mit dem Beil (bzw. dem zu dieser Zeit mehrheitlich eingesetzten Richtschwert) voraussetzt. Sowohl die Positionierung des Schlages am Hals als auch das richtige Maß an Schwung sind für das Abtrennen des Kopfes vom Rumpf mit einem Schlag notwendig. Die Überlieferung zeigt, dass dies den damaligen Scharfrichtern nicht immer gelang, was dann zu Missfallen beim anwesenden Publikum führte[17].

In römischer Zeit wurde nach der schriftlichen Überlieferung in der Republik vor allem das Beil für die Durchführung des Köpfens verwendet. Die Enthauptung mit dem Schwert scheint dagegen in der Kaiserzeit die übliche Praxis gewesen zu sein[18]. Voraussetzungen hierfür waren nicht nur eine beidseitig geschärfte Klinge, sondern auch eine ausreichende Länge, um dem Schlag genügend Schwung verleihen zu können und gleichzeitig für einen gewissen Abstand zwischen dem Verurteilten und dem Schlagenden zu sorgen. Im Gegensatz zur frühneuzeitlichen Strafpraxis sind bislang aus römischer Zeit keine speziellen Richtschwerter bekannt geworden; ebenso steht der archäologische Nachweis für spezielle römische Richtbeile nach wie vor aus[19].

Der Schlag wurde ausnahmslos auf den Nacken des Hinzurichtenden geführt. Dies belegen auch die Analysen der durch den Schlag beschädigten Wirbel jener Individuen, bei denen bislang eine Tötung durch Köpfen nachgewiesen werden konnte[20]. Entsprechende Skelette fanden sich vor allem im Westen des Römischen Reiches (Abb. 4, rote Punkte). Dass dieses Bild allerdings nur den aktuellen Forschungsstand widerspiegelt, belegen die historisch überlieferten Enthauptungen in den christlichen Heiligenviten[21], die sich auch auf andere Bereiche des Reichsgebietes erstrecken (Abb. 4, grüne Punkte). Andererseits fällt eine Konzentration von geköpften Individuen in Britannien ins Auge, für die eine Erklärung durch einen guten

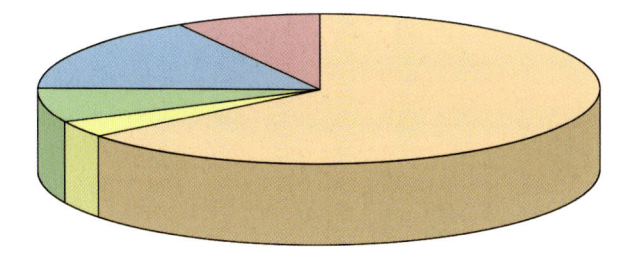

Abb. 3 Prozentuale Verteilung der Hinrichtungsarten bei christlichen Märtyrern in römischer Zeit auf Grundlage der Märtyrerakten. Enthauptungen (ocker), Kreuzigungen (gelb), Ertränkungen (grün), Verbrennungen (blau), sonstige Hinrichtungsarten (rosa). (Datengrundlage vgl. Anm. 16).

Forschungsstand allein nicht ausreichend erscheint. Hier bedarf es eines anderen Ansatzes, zumal solche Befunde dort vom 1. bis zum 4. Jahrhundert nachweisbar sind, wobei sich eine Konzentration im 4. Jahrhundert beobachten lässt. Die Befunde lassen sich in Britannien ausschließlich im Grabkontext nachweisen, so dass hier eine besondere Bestattungssitte postuliert wurde, die sich möglicherweise an einen keltischen Schädelkult angelehnt haben könnte[22]. Diese Erklärung greift bei einem Teil der Bestattungen durchaus, da bei der Grablegung des Individuums der Kopf mit dem Halsansatz an die ursprüngliche anatomische Position gelegt wurde, was auf eine rituelle Abtrennung deuten könnte. Dieser Aspekt ist jedoch noch nicht abschließend erforscht, wobei der zeitübergreifende Vergleich zu den frühneuzeitlich Geköpften reizvoll erscheint, da diese in der Regel mit dem Kopf an separater Stelle im Grab bestattet wurden[23].

Im Folgenden soll der erst jüngst untersuchte Befund eines Enthaupteten aus dem Brunnen einer römischen Straßenstation bei Jüchen (Rhein-Erft-Kreis) vorgestellt werden[24]. Das weitgehend vollständige Skelett des 50–60 Jahre alten Mannes fand sich zusammen mit den Teilskeletten von zwei Rindern, einem jungen Schwein, einem Hund und einem menschlichen Neonaten in einer Brandschuttschicht innerhalb der Brunnenfüllung ca. 1,2 m über der Sohle (Abb. 5). Bei der anthropologischen Untersuchung fanden sich mehrere Auffälligkeiten, die interessante Aspekte zum Leben und zu den Todesumständen des Mannes aufzeigen. Dazu gehört die ungewöhnliche Schädelform sowie eine verheilte Fraktur am rechten Femur (Oberschenkel), die zu einer leichten Veränderung der Beinstellung

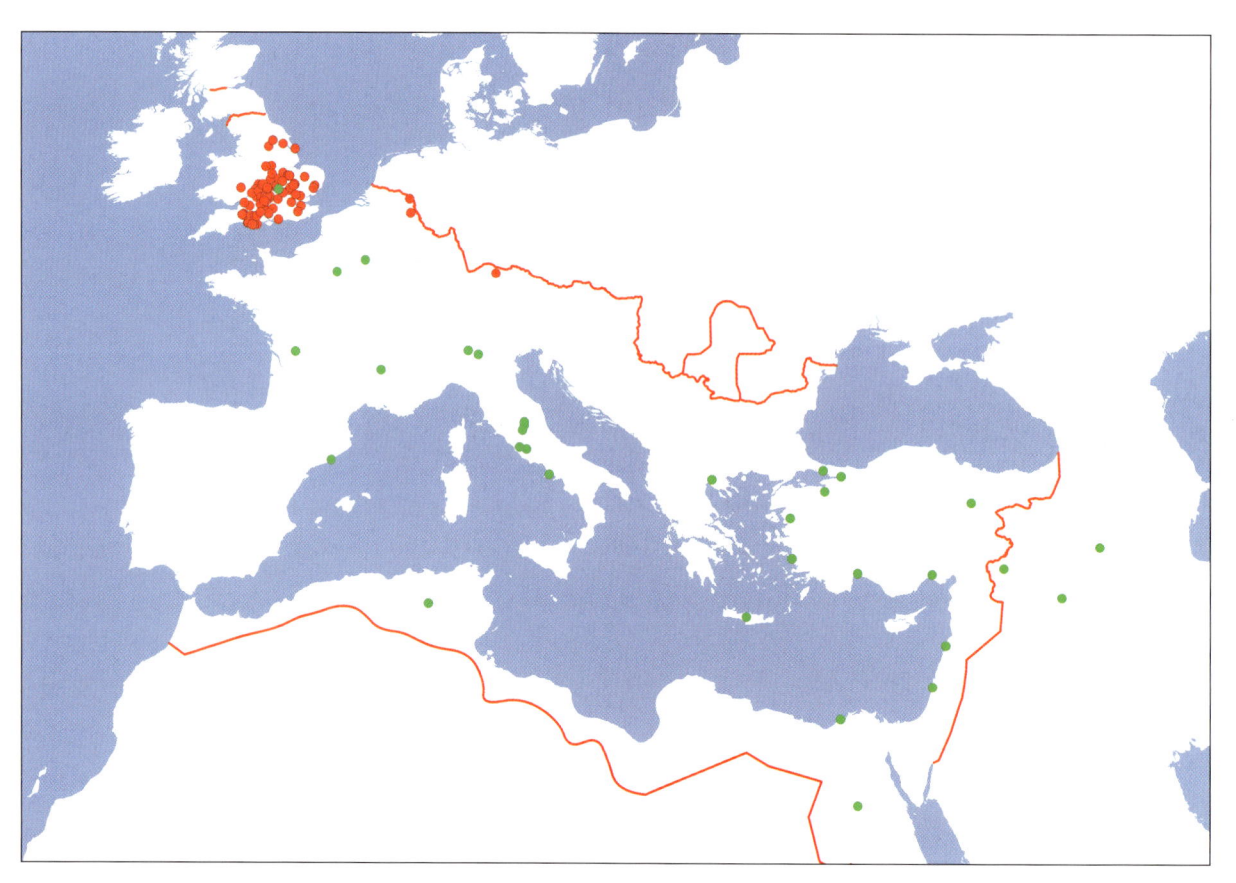

Abb. 4   Verteilung der anthropologisch nachgewiesenen Enthauptungen (rote Kreise) im Vergleich zu ausgewählten, historisch überlieferten Hinrichtungen von christlichen Märtyrern (grüne Kreise).

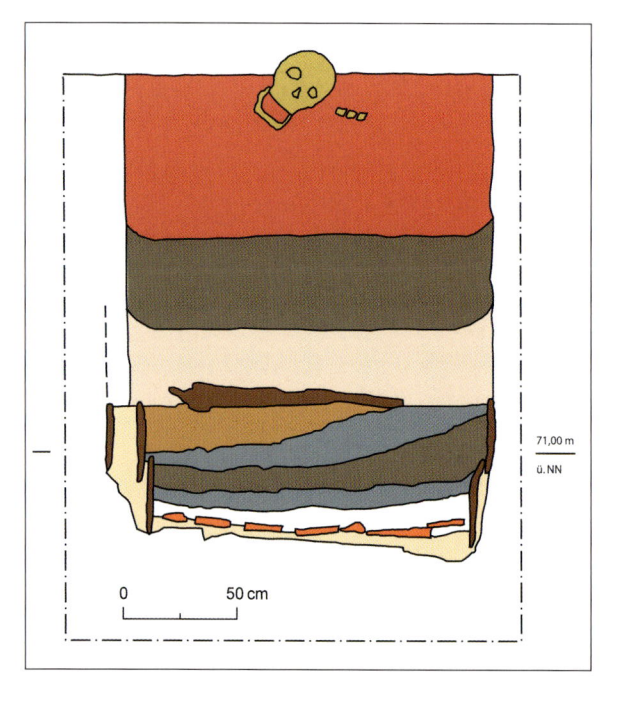

Abb. 5   Profil der Brunnenverfüllung der Siedlungsstelle FR 2005/0107 mit Lage des Skeletts, Jüchen (Rhein-Erft-Kreis).

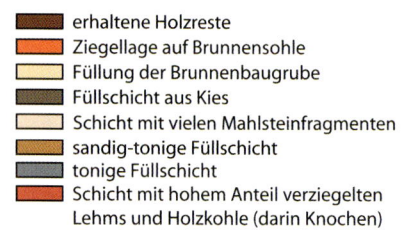

- erhaltene Holzreste
- Ziegellage auf Brunnensohle
- Füllung der Brunnenbaugrube
- Füllschicht aus Kies
- Schicht mit vielen Mahlsteinfragmenten
- sandig-tonige Füllschicht
- tonige Füllschicht
- Schicht mit hohem Anteil verziegelten Lehms und Holzkohle (darin Knochen)

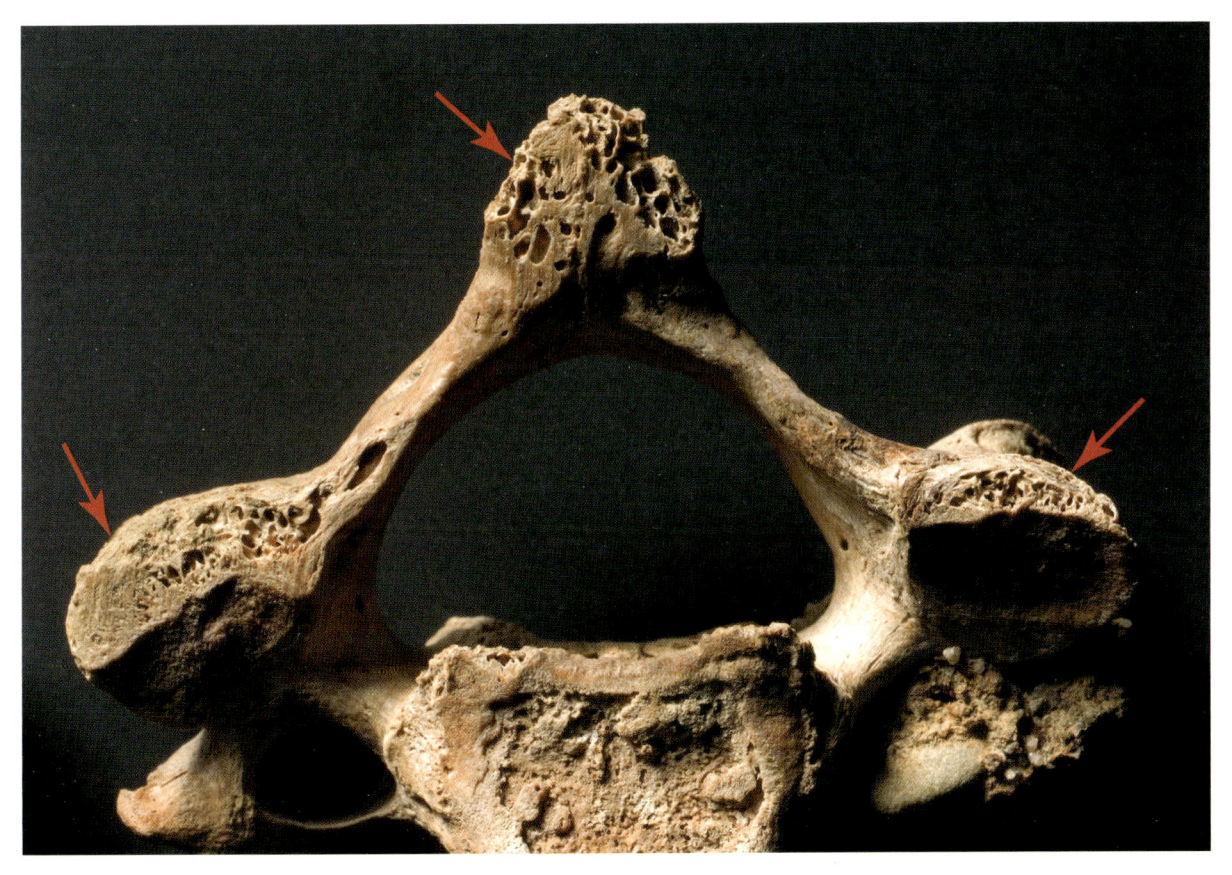

Abb. 6   Aufsicht auf die untere Gelenkfläche vom dritten Halswirbel des im Brunnen gefundenen Skeletts aus Jüchen (Rhein-Erft-Kreis). Die durch den Hieb verursachten Abtrennungsspuren sind mit Pfeilen markiert.

geführt haben muss. Den auffälligsten Befund aber stellt die Hiebspur auf der Unterseite des dritten Halswirbels dar (Abb. 6), die auf einen von hinten geführten Schlag auf den Nacken des Mannes deutet. Dieser Schlag, der von der rechten Körperseite des Mannes aus geführt wurde, reichte bis ungefähr zur Mitte des Wirbels, wo er in den benachbarten vierten Halswirbel überging. Von diesem konnten leider keine Reste mehr gefunden werden, was wahrscheinlich durch die andernorts nachgewiesene Zersprengung eines Wirbels durch den auftreffenden Schlag zu erklären ist[25]. Die Position des Schlages am dritten bzw. vierten Halswirbel entspricht den Befunden an anderen Skeletten geköpfter Individuen. Die saubere Ausführung des Hiebes deutet auf eine gezielte Hinrichtung des Individuums und nicht auf eine Kampfverletzung, da sonst wohl eine deutlich unpräzisere Gewalteinwirkung zu erwarten wäre. Ungewöhnlich bei diesem Skelettfund waren auch die Fundumstände. Die Verfüllschicht aus Brandschutt, in dem das Skelett eingebettet war, könnte nämlich von einer Katastrophensituation stammen. Eine naturwissenschaftliche Datierung des Skeletts steht bislang noch aus, so dass lediglich einige wenige vergesellschaftete Keramikfragmente von der Wende vom 2. zum 3. Jahrhundert als grober Datierungsanhalt dienen können. Eine abschließende Klärung des Befundes ohne guten Datierungsanhalt ist momentan noch nicht möglich, so dass dies später an anderer Stelle vorgenommen werden muss.

Charakteristisch für die Vorgehensweise bei der Hinrichtung des Individuums aus Jüchen ist, wie bei anderen Befunden, die präzise Ausführung des Schlages in einem eng begrenzten Bereich um den vierten Halswirbel. Bei den Grabfunden aus Britannien ist dies besonders deutlich erkennbar, da hier die Erhaltungsbedingungen für Knochen besser sind (Abb. 7). Leider lässt sich heute nicht mehr nachvollziehen, ob die Individuen in aufrechter Kör-

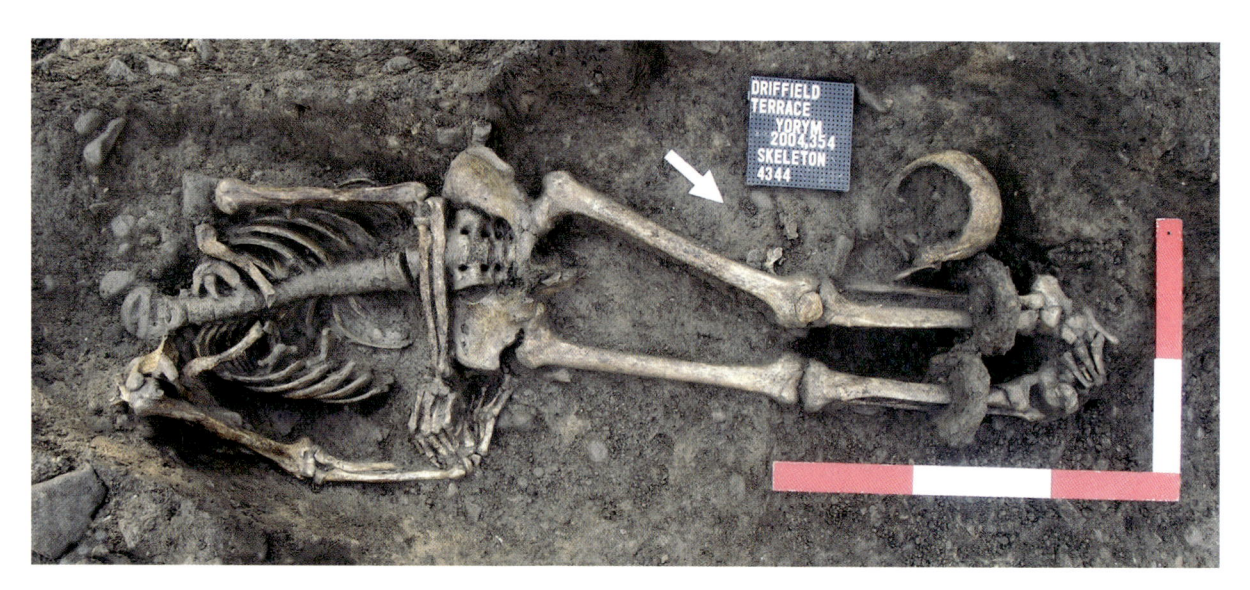

Abb. 7 Bestattung eines enthaupteten Mannes aus dem späten 2. Jahrhundert n. Chr., York/Großbritannien. Die Hinrichtung wird im Zusammenhang mit den Ereignissen des Bürgerkrieges bzw. der Niederlage des Clodius Albinus 196 n. Chr. vermutet.

perhaltung mit einem waagerechten Schlag geköpft oder ob das Urteil am auf einem Hauklotz liegenden Kopf vollstreckt wurde. Die anthropologischen Untersuchungen der Skelettfunde wie auch die Alters- und Geschlechtsverteilung bei den Märtyrerviten zeigt, dass diese Strafe bei allen Bevölkerungsteilen zur Anwendung kam[26].

Die zweite im anthropologischen Befund nachgewiesene Todesstrafe ist die der Kreuzigung. In diesem Zusammenhang wird jedenfalls eine Bestattung aus Giv'at ha-Mivtar bei Jerusalem/Israel gesehen, bei der das rechte Fersenbein (*Calcaneus*) einen eingeschlagenen Nagel aufweist (Abb. 8)[27]. Der Befund zeigt deutlich, dass der Nagel von der Außenseite (lateral) durch das rechte Fersenbein getrieben wurde. Der Abstand zwischen umgebogenem Nagelende und Knochen sowie in diesem Bereich vorhandene Holzreste legen nahe, dass sich hier noch ein Brett befunden haben muss, durch das der Nagel reichte (Abb. 9). Die Dicke dieses Brettes kann aber nicht der des Kreuzbalkens entsprochen haben, so dass entgegen der landläufigen christlichen Darstellungsart – die Füße über kreuz liegend von vorne an den Kreuzbalken zu nageln – eine andere Anbringungsart zu rekonstruieren wäre. Dabei wurde wohl der jeweilige Fuß von der Seite zwischen zwei Bretter genagelt und das untere der beiden im Vorfeld (oder im Nachgang?) zur Nagelung an den Kreuzbalken

Abb. 8 Fersenbein (*Calcaneus*) eines bestatteten männlichen Individuums aus Jerusalem/Israel. Im Knochen steckt noch ein während der Kreuzigung von der Seite eingeschlagener Nagel.

befestigt[28]. Dies impliziert ein Anwinkeln und leichtes Öffnen der Beine. Dadurch wurde verhindert, dass mittels durchgestreckter Beine eine Entlastung des Oberkörpergewichts von den am Querbalken befestigten Armen entstand und der Tod so hinausgezögert werden konnte (Abb. 10). Dieser trat bei der Kreuzigung nämlich entweder durch Ersticken aufgrund der eingeschränkten Atemmöglichkeit oder durch Entkräftung und Kreislaufkollaps des Hingerichteten ein[29]. Da bei dem Individuum aus Giv'at ha-Mivtar an den Armknochen keine gesicherten Nagelungsspuren gefunden wurden, kann nur vermutet werden, ob man diese angenagelt oder eher angebunden hat.

Der Nachweis der übrigen historisch überlieferten Arten von Todesstrafen fällt aus anthropologischer Sicht schwer. Die Verbrennung, die als zweithäufigste Form der Todesstrafe bei den Märtyrern genannt wird (Abb. 4), ließe sich zwar theoretisch am Knochenmaterial in Form einer Teilverbrennung gut belegen. Praktisch jedoch scheitert ihr Nachweis an der Befundlage: Gelegentlich nachgewiesene Einzelknochen mit Verbrennungsspuren[30] können nicht als zweifelsfreier Beleg dienen, da ein solcher nur am vollständigen Skelett geführt werden kann und bei den Einzelknochen auch andere Deutungen denkbar sind. Außerdem besitzen wir keine Informationen über die Dauer und Intensität des Verbrennungsvorgangs, so dass eine Unterscheidung von regulären Bestattungen nicht möglich ist. Auch bei der Untersuchung der frühneuzeitlichen Rechtspraktiken fällt die Identifizierung von Hingerichteten, die auf dem Scheiterhaufen starben, schwer[31].

Das Ertränken als Todesstrafe ist anthropologisch nicht nachweisbar, da im Rahmen des damit verbundenen Erstickungsprozesses keine Auswirkungen auf das Skelett entstehen[32]. Gleiches gilt auch für das Erdrosseln[33], wobei der Tod hier durch die Unterbrechung der Blutzufuhr zum Gehirn eintritt. Anthropologische Auswirkungen können lediglich beim Erhängen – und bei extrem guter Knochenerhaltung im Boden – belegt werden, wenn es bei der Vollstreckung des Todesurteils zu einem Bruch am Zungenbein kam[34]. Daher verwundert es, dass aus Ägypten ein Altfund eines Gehängten nachgewiesen sein soll[35], zumal die Praxis des Hängens im römischen Strafgebrauch nicht überliefert ist[36].

Hinweise auf möglicherweise hingerichtete Individuen könnten außerdem der Bestattungsort und die Bestattungsart liefern. Hier sei stellvertretend auf die 42 Körpergräber hingewiesen, die unmittelbar nordöstlich des Trierer Amphitheaters geborgen werden konnten[37]. Allerdings fanden sich an den Skelettresten erhaltungsbedingt keine sicheren Spuren, die auf eine gewaltsame Tötung hinwiesen. Ferner könnten ungewöhnliche Praktiken ein weiteres mögliches Kriterium für die Hinrichtung eines Individuums sein. Die ungewöhnliche Lage eines

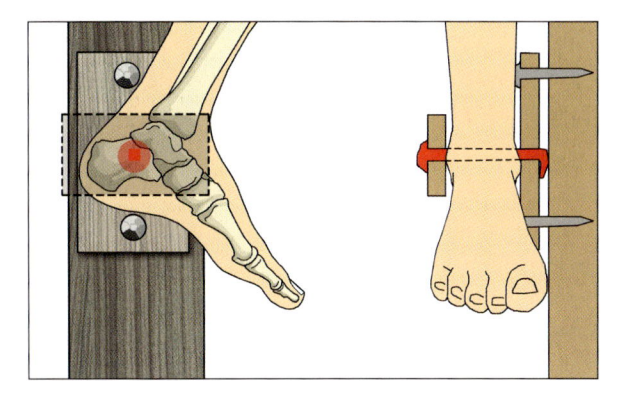

Abb. 9 Detail der Nagelung im Bereich des Fußes beim gekreuzigten Individuum aus Jerusalem.

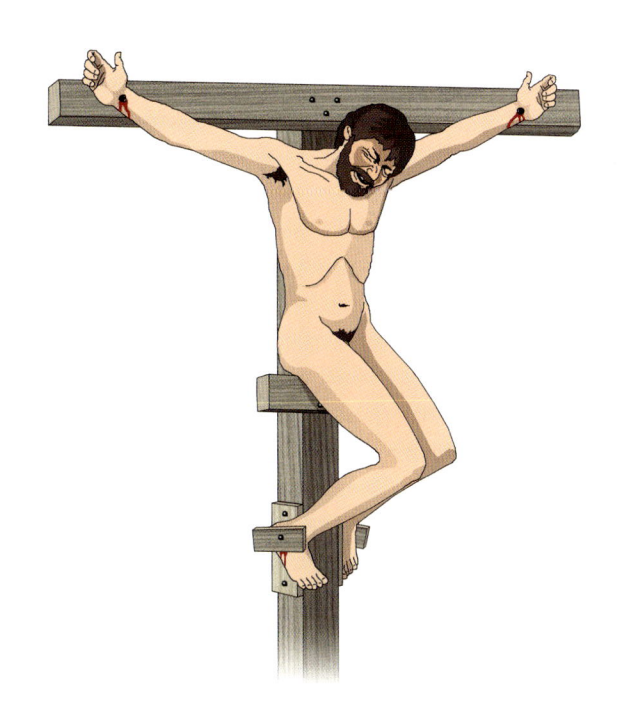

Abb. 10 Rekonstruktion einer Kreuzigung aufgrund des Knochenbefundes aus Jerusalem/Israel.

Toten, beispielsweise in Bauchlage[38], ließe sich einerseits über einen ungewöhnlichen Bestattungsritus erklären. Andererseits ist aber auch eine strafverschärfende Maßnahme über den Tod hinaus, wie sie in der mittelalterlich-frühneuzeitlichen Strafpraxis im Umgang mit den Körpern der Hingerichteten gelegentlich beobachtet werden kann, denkbar. Hierzu müssten aber zunächst die römischen Rechtsquellen entsprechend analysiert werden.

Zusammenfassung

Die vorausgehenden Ausführungen zu den anthropologischen Nachweisen von Kapitalverbrechen und Hinrichtungen in römischer Zeit haben gezeigt, dass sich beide Vorgänge an Skelettresten dieser Zeit nachweisen lassen. Ein generelles Problem bei den Untersuchungen stellt die Verbrennung als vorherrschende Bestattungsform bis zur Mitte des 3. Jahrhunderts n. Chr. dar, da auf diese Weise mögliche Spuren an den Knochen fast vollständig beseitigt wurden. Auch fällt bei dem Nachweis von scharfer wie stumpfer Gewalt am Knochen die Unterscheidung zwischen Verbrechens- und Kriegsopfern schwer, da hier die Übergänge fließend sind und eine exakte Ansprache oftmals unmöglich bleibt. Dagegen ist die Ausführung der verschiedenen Hinrichtungsformen relativ gut bekannt, so dass eine Identifikation – wenn die Vollstreckung der Todesstrafe Auswirkungen auf das Skelett hatte – meist leicht fällt. Vor allem das Enthaupten lässt sich im anthropologischen Befund an diversen Beispielen belegen, zumal dies offenbar, wie auch die frühchristlichen Märtyrerlegenden nahe legen, die häufigste Hinrichtungsart in römischer Zeit war. Aber auch die Kreuzigung – und möglicherweise auch das Hängen – sind durch entsprechende Befunde an Skeletten belegt. Zwar können einige überlieferte Hinrichtungsarten auf anthropologischem Weg nicht nachgewiesen werden, doch deuten besondere Bestattungsorte und -arten an, dass vielleicht auf diesem Weg künftig die Anzahl nachweisbarer Hinrichtungen vergrößert werden könnte. Festzuhalten bleibt, dass das durch historische Quellen überlieferte Bild der Kriminalität in der römischen Antike durch die Anthropologie um einige erkenntnisreiche Facetten erweitert werden kann.

Anmerkungen

[1] Forster/Ropohl 1976, 31–37.
[2] Leder 1986, 239.
[3] Richter 2001 144 f.; Amnesty International 2009, 20.
[4] Berg u. a. 1981, 17–19.
[5] Körpergräberfelder: Valkenburg-Marktfeld (134 Individuen, elf Frakturen = 8,2 %; Smits 2006, 53 f.), Stettfeld (59 Individuen, fünf Frakturen = 8,4 %; Wahl/Kokabi 1988, 174–176), Neuburg (133 Individuen, sieben Frakturen = 5,2 %; Ziegelmeyer 1979, 101 f.), Carnuntum (74 Individuen, sechs Frakturen = 8,1 %; Schweder/Winkler 2004, 25–40).
Brandgräberfelder: Niederrhein (insgesamt 1188 Individuen, vier Frakturen = 0,34 %; Smits 2006, 51 f. 79 f. 98 f. 122–125), Tönisforst-Vorst (196 Individuen, 0 Frakturen = 0 %; Kunter 1996, 266–275), Stettfeld (318 Individuen, 0 Frakturen = 0 %; Wahl/Kokabi 1988, 129), Schankweiler (82 Individuen, 0 Frakturen = 0 %; Wahl 1988, 414), Carnuntum (24 Individuen, 0 Frakturen = 0 %; Schweder/Winkler 2004, 25–40).
Zur Problematik des Nachweises von Frakturen in Leichenbrandserien vgl. Wahl 1982, 111; Grosskopf 2004, 76.
[6] Hanau-Heldenbergen (Czysz 2003, 239–247), Osterburken (Wahl 2005, 347 Abb. 459; Wahl 2007, 107, 111).
[7] Kalkriese (Grosskopf 2007).
[8] Bonn (Wahl u. a. 2005), Jülich-Kirchberg (Becker/Päffgen 2004), Hanau-Heldenbergen (Czysz 2003, 239–247), Bad Cannstatt (Joachim u. a. 2010), Regensburg-Harting (Schröter 1985). Dass die Interpretation eines Befundes auch vom jeweiligen wissenschaftlichen Bearbeiter abhängt, zeigt das Beispiel der drei aus einem Brunnen in Nida-Heddernheim geborgenen Individuen, die als „Mordopfer" betitelt werden (Hampel 2001, 216 f.).
[9] Elsdorf (Gaitzsch/Kunter 2003), Butzbach (Verhoff u. a. 2008), Mundelsheim, Lommersheim, Pforzheim (Wahl 2007, 110 f.).
[10] Beitrag S. Alföldy-Thomas in Wahl/Kokabi 1988, 38–42.
[11] Wahl/Kokabi 1988, 177 f.
[12] Filer 1999, 82 f.
[13] Forster/Ropohl 1976, 68–74.
[14] Zur Anthropologie im Überblick Ulrich-Bochsler/Lanz 2008.
[15] RAC 15 (1991) 342–366 s. v. Hinrichtung (N. Hyldahl/B. Salomonsen).
[16] von Sales Doyé 1929.
[17] Richter 2001, 109.
[18] RAC 15 (1991) 348 f. s. v. Hinrichtung (N. Hyldahl/B. Salomonsen).
[19] Als Richtschwerter käme damit aufgrund der Klingenlängen eher die klassische Spatha in Frage, die Klingenlängen zwischen 600 und 925 mm aufweist (Miks 2007, 19–22). Im Vergleich zum frühneuzeitlichen Richtschwert, dessen Klingenlänge bei 800 bis 900 mm liegt (Boeheim 1890, 103–107), sind diese aber immer noch relativ kurz. Bei den Beilen ist an die Form der so genannten Breitbeile zu denken, deren Nutzung im Bereich der groben Holzbearbeitung zu suchen ist. Ihre Schneide ist zum Teil gerundet und weist eine Breite von bis zu knapp 300 mm auf (Pietsch 1983, 14 f. Kat.-Nr. 36–41).
[20] Großbritannien (Philpott 1991, 77–89). Xanten (Otten 2003, 415 Grab 66/36, Taf. 141,2. 3; freundliche Mitteilung C. Bridger-Kraus, Xanten). Jüchen (Becker 2009; Becker 2010). Furfooz (Nenquin 1953, 90 Grab V). Neuburg (Ziegelmeyer 1979, 101 f.). Hierzu kommt ein weiterer Befund aus Trier im Umfeld des Amphitheaters (Kuhnen 2000, 127 Abb. 31).
[21] von Sales Doyé 1929, 1–105. Für die Kartierung wurde eine willkürliche Auswahl getroffen, bei der nur die auf A anfangenden Märtyrernamen verwendet wurden. Eine Kartierung aller belegten Fälle würde die Verteilung verdichten, die generelle Aussage aber nicht verändern.
[22] Philpott 1991, 77–89; Watts 1998, 74–89.
[23] Ulrich-Bochsler/Lanz 2008, 422.
[24] Becker 2009; Becker 2010.

25 ULRICH-BOCHSLER/LANZ 2008, 422 (mit älterer Literatur).
26 VON SALES DOYÉ 1929; PHILPOTT 1991, 79f. Taf. 14.
27 HAAS 1970; BERG u. a. 1981, 38–44; ZIAS/SEKELES 1985; ESCH 2009.
28 BERG u. a. 1981, 42 Abb. 37–38.
29 BERG u. a. 1981, 43f.
30 WAHL 2007, 108.
31 ULRICH-BOCHSLER/LANZ 2008, 415f.
32 FORSTER/ROPOHL 1976, 94–96.
33 RAC 15 (1991) 349 s. v. Hinrichtung (N. Hyldahl/B. Salomonsen).
34 ULRICH-BOCHSLER/LANZ 2008, 422–425.
35 WOOD JONES 1908.
36 Es sind beispielsweise keine Märtyrer bekannt, die gehängt wurden (VON SALES DOYÉ 1929), wobei hier auch über Veränderungen in der Überlieferung der Viten nachgedacht werden muss, da es sich beim Hängen um eine im mittelalterlich-frühneuzeitlichen Verständnis unehrenhafte Strafe handelte.
37 KUHNEN 2000, 127f.
38 An dieser Stelle sei auf eine Körperbestattung aus Sontheim a. d. Brenz, Baden-Württemberg, hingewiesen, wo sich ein Individuum in Bauchlage mit einem Hahn auf der Schulter im Grab in Randlage zum Gräberfeld fand (NUBER/KOKABI 1993).

Literaturverzeichnis

AMNESTY INTERNATIONAL 2009
AMNESTY INTERNATIONAL, Death sentences and executions in 2008 (London 2009) (http://www.amnesty.org/en/library/asset/ACT50/003/2009/en/0b789cb1-baa8-4c1b-bc35-58b606309836/-act500032009en.pdf vom 30.12.2010).

BECKER 2009
TH. BECKER, Hingerichteter in römischem Brunnen. Arch. Rheinland 2008, 86f.

BECKER 2010
TH. BECKER, 2. Jahrhundert nach Christus: Hingerichteter aus Jüchen, Rhein-Erft-Kreis. In: B. Auffermann/J. Graefe, Galgen, Rad und Scheiterhaufen – Einblicke in Orte des Grauens. Kat. zur gleichnamigen Ausstellung im Neanderthal-Museum Mettmann (Mettmann 2010) 18f.

BECKER/PÄFFGEN 2004
TH. BECKER/B. PÄFFGEN, Menschenskelette aus dem Zerstörungshorizont der mit einem Burgus gesicherten Villa von Jülich-Kirchberg aus der Mitte des 4. Jahrhunderts. Arch. Rheinland 2003, 126–128.

BERG u. a. 1981
ST. BERG/R. ROLLE/H. SEEMANN, Der Archäologe und der Tod (München, Luzern 1981).

BOEHEIM 1890
W. BOEHEIM, Handbuch der Waffenkunde: das Waffenwesen in seiner historischen Entwicklung vom Beginn des Mittelalters bis zum Ende des 18. Jahrhunderts (Wiesbaden 1890).

CZYSZ 2003
W. CZYSZ, Heldenbergen in der Wetterau. Feldlager, Kastell, Vicus. Limesforsch. 27 (Mainz 2003).

ESCH 2009
T. ESCH, Fersenbein mit Kreuzigungsnagel. In: LWL-Römermuseum Haltern (Hrsg.), 2000 Jahre Varusschlacht: Imperium. Kat. zur Ausstellung (Stuttgart 2009) 344f.

FILER 1999
J. M. FILER, Ein Blick auf die Menschen hinter den Porträts. Eine Untersuchung ägyptischer Mumien mit Hilfe von Computertomographie und Gesichtsrekonstruktion. In: K. Parlasca/H. Seemann (Hrsg.), Augenblicke. Mumienporträts und ägyptische Grabkunst aus römischer Zeit. Kat. zur Ausstellung 1999 in der Schirn Kunsthalle Frankfurt (Frankfurt 1999) 79–86.

FORSTER/ROPOHL 1976
B. FORSTER/D. ROPOHL, Rechtsmedizin. Enke-Reihe zur AO, Ä (Stuttgart 1976).

GAITZSCH/KUNTER 2003
W. GAITZSCH/M. KUNTER, Skelett im Brunnen. Arch. im Rheinland 2002 (Stuttgart 2003) 117–119.

GROSSKOPF 2004
B. GROSSKOPF, Leichenbrand. Biologisches und kulturhistorisches Quellenmaterial zur Rekonstruktion vor- und frühgeschichtlicher Populationen und ihrer Funeralpraktiken [Diss. Leipzig 2004].

GROSSKOPF 2007
B. GROSSKOPF, Die menschlichen Überreste vom Oberesch in Kalkriese. In: S. Wilbers-Rost u. a., Kalkriese 3. Interdisziplinäre Untersuchungen auf dem Oberesch in Kalkriese. Röm.-Germ. Forsch. 65 (Mainz 2007) 157–178.

HAAS 1970
N. HAAS, Anthropological observations on the skeletal remains from Giv'at ha–Mivtar. Israel Explor. Journal 20, 1970, 38–59.

HAMPEL 2001
A. HAMPEL, Tatort Nida: Mordopfer in Brunnen gestürzt. In: S. Hansen/V. Pingel (Hrsg.), Archäologie in Hessen. Festschrift F.-R. Herrmann zum 65. Geburtstag. Internat. Arch. 13 (Rahden/Westf. 2001) 213–218.

JOACHIM u. a. 2010
W. JOACHIM/A. THIEL/J. WAHL, Eine Notgrabung im Töpfereibezirk des römischen vicus von Bad Cann-

statt. Arch. Ausgr. Baden-Württemberg 2009 (Stuttgart 2010) 146–150.

Kuhn 2000
H.-P. Kuhn, Morituri. Menschenopfer – Todgeweihte – Strafgerichte. Schriftenr. Rhein. Landesmus. Trier 17 [Ausstellung Trier 2000] (Trier 2000).

Kunter 1981
M. Kunter, Frakturen und Verletzungen des vor- und frühgeschichtlichen Menschen. Arch. u. Naturwiss. 2 (Mainz 1981) 221–246.

Kunter 1996
M. Kunter, Ergebnisse der anthropologischen Untersuchung der Leichenbrände. In: C. Bridger, Das römerzeitliche Gräberfeld „An Hinkes Weißhof" Tönisvorst-Vorst, Kreis Viersen. Rhein. Ausgr. 40 (Bonn 1996) 265–277.

Leder 1986
K. B. Leder, Todesstrafe. Ursprung, Geschichte, Opfer (München 1986).

Miks 2007
Ch. Miks, Studien zur römischen Schwertbewaffnung in der Kaiserzeit. Kölner Stud. z. Arch. röm. Provinzen 8 (Rahden/Westf. 2007).

Nenquin 1953
J. A. E. Nenquin, La Nécropole de Furfooz. Diss. Arch. Gandenses 1 (Brugge 1953).

Nuber/Kokabi 1993
H. U. Nuber/M. Kokabi, Mensch und Tier im römischen Brandgräberfeld von Sontheim/Brenz-„Braike", Kreis Heidenheim. Arch. Ausgr. Baden-Württemberg 1992 (Stuttgart 1993) 198–203.

Otten 2003
Th. Otten, Die Ausgrabungen unter St. Viktor zu Xanten: Dom und Immunität. Rhein. Ausgr. 53 (Mainz 2003).

Philpott 1991
R. Philpott, Burial Practices in Roman Britain. An Archaeological Survey of Grave Treatment and Furnishing AD 43–410. BAR Int. Ser. 219 (Oxford 1991).

Pietsch 1983
M. Pietsch, Die römischen Eisenwerkzeuge von Saalburg, Feldberg und Zugmantel. Saalburg-Jahrb. 39, 1983, 5–132.

Richter 2001
L. Richter, Die Geschichte der Folter und Hinrichtung (Wien 2001).

von Sales Doyé 1929
F. von Sales Doyé, Heilige und Selige der römisch-katholischen Kirche (Leipzig 1929).

Schauber/Schindler 1993
V. Schauber/H. M. Schindler, Heilige und Namenspatrone im Jahreslauf (Augsburg 1993).

Schröter 1985
P. Schröter, Skelettreste aus zwei römischen Brunnen von Regensburg-Harting als archäologische Belege für Menschenopfer bei den Germanen der Kaiserzeit. Arch. Jahr Bayern 1984, 118–120.

Schweder/Winkler 2004
B. I. M. Schweder/E.-M. Winkler, Untersuchungen zu den Gräberfeldern in Carnuntum 2: Die menschlichen Skelettreste des römerzeitlichen Gräberfeldes Petronell-Carnuntum südlich der Zivilstadt (Notgrabungen 1984–1986). Röm. Limes Österr. 43 (Wien 2004).

Smits 2006
L. Smits, Leven en sterven langs de Limes (Amsterdam 2006).

Ulrich-Bochsler/Lanz 2008
S. Ulrich-Bochsler/Ch. Lanz, Mittelalterliche und neuzeitliche Skelettfunde Hingerichteter in der Schweiz. Kat. und anthropologisch-rechtsmedizinische Beurteilung. In: J. Auler (Hrsg.), Richtstättenarch. 1 (Dormagen 2008) 412–433.

Verhoff u. a. 2008
M. A. Verhoff/K. Kreutz/G. Schunk-Larrabee/W. Schunk, Ein Skelettfund des 3. Jahrhunderts auf dem Tennisplatz in Butzbach-Nieder-Weisel. Hessen-Arch. 2007, 102–105.

Wahl 1982
J. Wahl, Leichenbranduntersuchungen. Ein Überblick über die Bearbeitungs- und Aussagemöglichkeiten von Brandgräbern. Prähist. Zeitschr. 57, 1982, 1–125.

Wahl 1988
J. Wahl, Die Leichenbrände des römischen Gräberfeldes von Schankweiler, Kreis Bitburg-Prüm. Trierer Zeitschr. 51, 1988, 367–422.

Wahl 2005
J. Wahl, Der Mensch. Vom Individuum zur Population. In: Imperium Romanum. Roms Provinzen an Neckar, Rhein und Donau (Esslingen 2005) 344–348.

Wahl 2007
J. Wahl, Karies, Kampf und Schädelkult. 150 Jahre anthropologische Forschung in Südwestdeutschland. Materialh. Arch. Südwestdeutschland 79 (Stuttgart 2007).

Wahl/Kokabi 1988
J. Wahl/M. Kokabi, Das römische Gräberfeld von Stettfeld 1. Forsch. u. Ber. Vor- u. Frühgesch. Baden-Württemberg 29 (Stuttgart 1988).

WAHL u. a. 2005
J. WAHL/H. G. KÖNIG/S. WAHL, Die menschlichen Skelettreste aus einem Brunnen des Legionslagers in Bonn, „An der Esche 4". Bonner Jahrb. 202/203, 2002/03, 199–226.

WATTS 1998
D. WATTS, Religion in late Roman Britain: forces of change (London 1998).

WOOD JONES 1908
F. WOOD JONES, The examination of the bodies of 100 men executed in Nubia in Roman times. Brit. Medical Journal 1908, 736–737.

ZIAS/SEKELES 1985
J. ZIAS/E. SEKELES, The crucified man from Giv'at ha Mivtar: A Reappraisal. Israel Exploration Journal 35, 1985, 22–27.

ZIEGELMAYER 1979
G. ZIEGELMAYER, Die anthropologischen Befunde. In: E. Keller, Das spätrömische Gräberfeld von Neuburg an der Donau. Materialh. Bayer. Vorgesch. A 40 (Kallmünz 1979) 71–113.

Abbildungsnachweis: Introbild Axel Thünker DGPh; Abb. 1 RP Stuttgart, LAD; Abb. 2 © Trustees of the British Museum; Abb. 3 Graphik: Thomas Becker, LfDH; Abb. 4 Kartierung Thomas Becker, LfDH; Abb. 5 Graphik: Thomas Becker, LfDH; Abb. 6 M. Thuns/LVR-ABR; Abb. 7 © York Archaeological Trust; Abb. 8 Photo Clara Amit, Courtesy Israel Antiquities Authority; Abb. 9–10 Horst Stelter, LVR-Archäologischer Park Xanten / LVR-RömerMuseum.

Thomas Becker M.A.
Landesamt für Denkmalpflege Hessen
Sachgebietsleitung Limes
t.becker@denkmalpflege-hessen.de

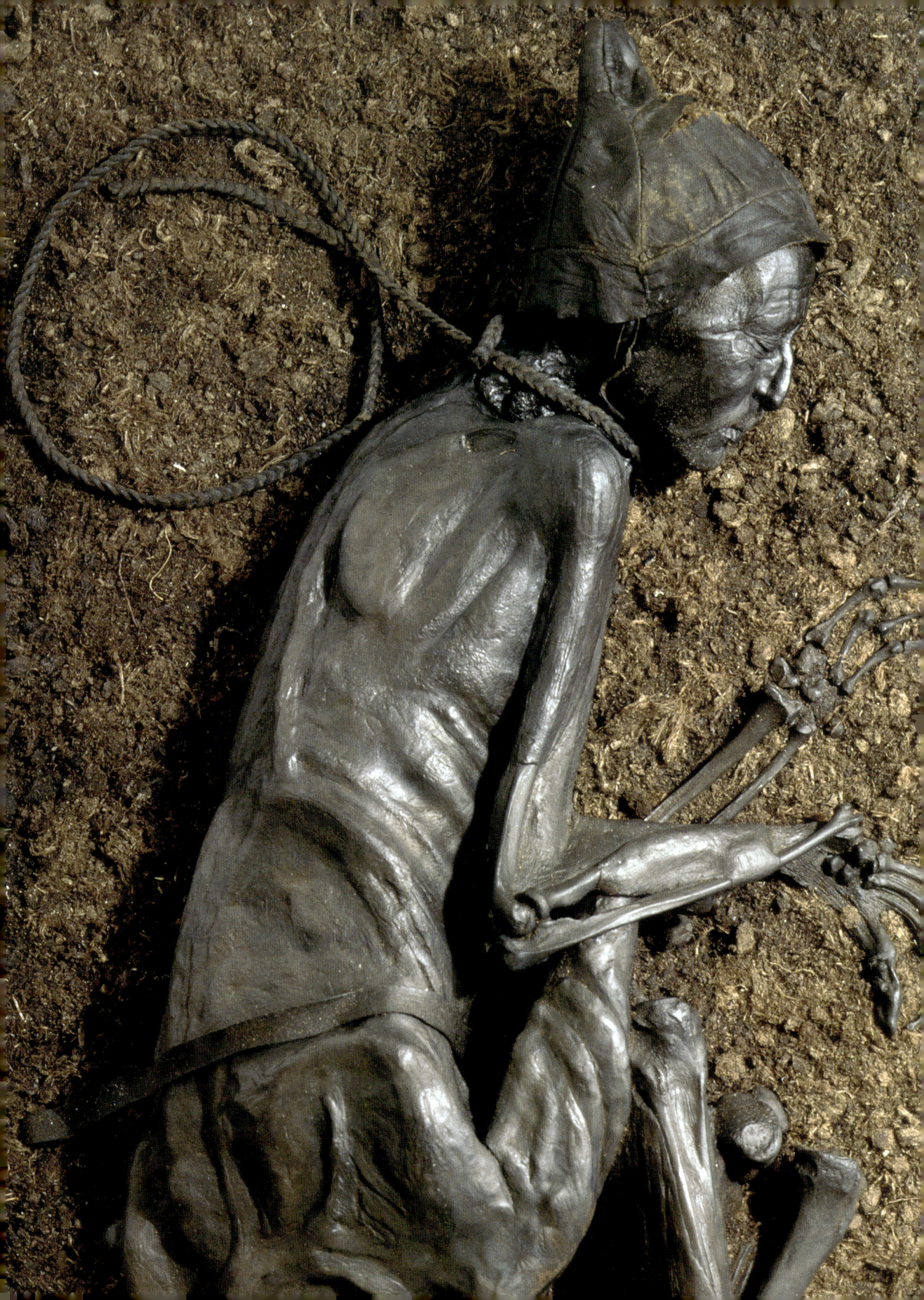

HUBERT FEHR

Jenseits der Grenzen des Imperiums – Kriminalität und Recht in der kaiserzeitlichen Germania und den barbarischen Nachfolgestaaten des Römischen Reiches

Traditionellen Darstellungen zufolge trennte die römische Reichsgrenze nicht nur den Machtbereich des Imperiums von dem der Germanen, sondern sie bildete auch die Scheidelinie zweier unterschiedlicher Rechtskreise. Während auf der einen Seite das aus umfangreichen juristischen Texten und zahlreichen weiteren Quellen gut bekannte römische Recht herrschte, habe östlich des Rheins und nördlich der Donau „germanisches Recht" gegolten. Diesem sprach man eine nicht unbedeutende Rolle für die Rechtsentwicklung Europas zu, besonders für den deutschsprachigen Raum.

In älteren Überblickswerken zur „Deutschen Rechtsgeschichte" findet sich in der Regel einleitend ein Kapitel zum „germanischen Recht"[1]. Bereits die Anordnung legt nahe, dass dieses gewissermaßen die älteste Wurzel unseres heutigen mitteleuropäischen Rechts gebildet habe. Darauf folgt üblicherweise ein Abschnitt zum Recht im Frankenreich, woran sich ein weiterer Teil über das mittelalterliche deutsche Recht anschließt. Erst gegen Ende des Mittelalters sei diese kontinuierliche Entwicklung teilweise unterbrochen worden und zwar durch die verstärkte Rezeption des antiken römischen Rechts[2].

Die Wurzeln dieses Geschichtsbildes liegen vor allem in der Rechtswissenschaft des 19. Jahrhunderts, insbesondere der so genannten „historischen Rechtsschule"[3]. Im Geiste der Romantik interpretierte diese Schule Rechtssysteme nicht als Produkte herrschaftlicher Gesetzgebertätigkeit, sondern als Ausdruck eines jeweils spezifischen Volksgeists. Für die rechtshistorische Forschung wurde diese Lehre von der Wesensverschiedenheit ethnisch bedingter Rechtstraditionen in der Folge derart verbindlich, dass sie sogar zur Grundlage einer Unterteilung der Rechtsgeschichte in drei klassische Zweige wurde: den „romanistischen" Zweig für das antike und sich daraus entwickelnde jüngere Recht, den „kanonistischen" Zweig, der sich mit der Entwicklung des Kirchenrechts auseinandersetzt sowie schließlich den „germanistischen" Zweig.

1. Methodische Vorbemerkungen – Germanisches Recht als Forschungsproblem

In den letzten Jahrzehnten hat die rechtsgeschichtliche Forschung das Bild einer einheitlichen, bis in die römische Kaiserzeit zurückreichenden germanischen Rechtstradition grundlegend erschüttert. „Der Erdrutsch hat stattgefunden" beschreibt der Rechtshistoriker Uwe Wesel die aktuelle Forschungssituation[4]. Viele zentrale Begriffe der germanistischen Rechtsgeschichte des 19. Jahrhunderts, wie die „Markgenossenschaft", die „germanische Treue", die „Gefolgschaft" oder die „Friedlosigkeit", haben endgültig ihre Plausibilität eingebüßt[5]. Allerdings ist an die Stelle der alten vermeintlichen Gewissheiten kein neues abgeschlossenes Lehrgebäude getreten.

Bei der Frage nach dem Recht in der Germania muss heute in erster Linie auf grundlegende Quellenprobleme verwiesen werden. Im Gegensatz zur Überzeugung der älteren rechtshistorischen Forschung hat es nach aktuellem Wissensstand kein einheitliches germanisches Recht gegeben – im Übrigen ebenso wenig wie eine einheitliche „germanische Kultur", die auch in der Archäologie und der Geschichtswissenschaft lange Zeit unhinterfragt vorausgesetzt worden ist[6].

Selbstverständlich gab es auch bei den Bewohnern der Gebiete jenseits der römischen Grenzen an Rhein und Donau rechtliche Regeln; diese bildeten aber kein zusammenhängendes germanisches Recht

◀ Der so genannte „Tollund-Mann" – eine Moorleiche aus dem 4./3. Jh. v. Chr., gefunden in der Nähe von Silkeborg in Dänemark.

mit eigenständigem Charakter. Aus diesem Grund ist es auch nicht möglich, aus jüngeren Quellen, etwa des Mittelalters, auf das Recht in der kaiserzeitlichen Germania zurückzuschließen. Stattdessen gilt es, die verschiedenen Quellen in ihrem jeweiligen zeitlichen und räumlichen Überlieferungskontext zu bewerten.

Das Haupthindernis bei der Rekonstruktion kaiserzeitlicher und frühmittelalterlicher Rechtszustände ist die ausgesprochene Spärlichkeit der Quellen. Für das Recht in der Germania sind überhaupt nur sehr wenige Schriftzeugnisse vorhanden. Diese stammen ausschließlich aus der Feder römischer Autoren und berichten aus der Außenperspektive über die Rechtszustände bei den Germanen. Quellen, die die Selbstsicht der Barbaren wiedergeben, besitzen wir nicht. Wir betrachten die Rechtszustände in der Germania gewissermaßen immer durch eine „römische Brille" – und leider lässt sich diese nicht einfach abnehmen, um ein objektiveres Bild zu gewinnen.

Anders als moderne Ethnologen hatten die antiken Autoren meist gar nicht die Absicht, möglichst unvoreingenommen über ihren Untersuchungsgegenstand zu berichten. Stattdessen wollten sie ihre Leser unterhalten oder im Kleide ethnographischer Berichte über die Barbaren ihren eigenen Landsleuten einen moralischen Spiegel vorhalten. Zudem waren sie gezwungen, die Erwartungen ihrer Leser zu bedienen und bestimmte traditionelle Klischees über Barbaren wiederzugeben. Die Berichterstattung über die Gruppen jenseits der Grenzen bildete ein literarisches Genre mit eigenen Gesetzen. Dabei war es durchaus üblich, bestimmte Motive der Barbarentopik von einer Gruppe auf andere zu übertragen[7].

Entsprechend sind diese Texte zweifellos sehr bedeutende Quellen zur römischen Geistesgeschichte und der Welt- und Selbstsicht ihrer gebildeten Eliten; in welchem Maße sie darüber hinaus verlässliche Informationen über die Gruppen jenseits der Grenzen enthalten, ist nicht leicht abzuschätzen.

2. Caesar und Tacitus über das Recht in der Germania

Die Germanen im Sinne einer eigenständigen ethnographischen Kategorie sind eine Erfindung Caesars[8]. In seinem bekannten Bericht über den Gallischen Krieg beschrieb er als erster antiker Schriftsteller den Rhein als kulturelle Grenze, die die Germanen von den Kelten in Gallien trenne. Hintergrund für diese Unterscheidung waren in erster Linie politische Motive, die mit der Rechtfertigung seiner Eroberungspolitik in Gallien zusammenhingen. Besonders in seinem so genannten Germanenexkurs, den Kapiteln 21 bis 28 im sechsten Abschnitt des Kommentars über den Gallischen Krieg, beschrieb er die Bewohner der Germania als einheitliche Kulturgruppe. Darin berichtet er unter anderem, dass die Germanen in Friedenszeiten keine gemeinsame Regierung besäßen. Stattdessen seien die Vornehmen in den Provinzen und Gauen für die Rechtsprechung zuständig und schlichteten Streitigkeiten. Zudem teilte er mit, dass man in der Germania Fremde nicht misshandeln dürfe, denn als Gast sei man vor allem Unrecht geschützt[9].

Wesentlich ausführlicher als die kurzen Bemerkungen Caesars sind die Angaben des römischen Schriftstellers Tacitus, der sich in seiner kleinen, um 100 n. Chr. verfassten Monographie ‚Germania' recht umfassend mit den Zuständen jenseits des Rheins beschäftigt. Auch Tacitus' Werk ist eine politische Tendenzschrift: In vielen Aspekten idealisiert er die Bewohner der ‚Germania', um die seiner Überzeugung nach dekadente Lebensführung seiner römischen Standesgenossen zu kritisieren[10]. Besonders auffällig ist dies etwa bei seiner Behauptung, dass den Germanen die Ehe heilig sei und Ehebruch nur äußerst selten vorkomme[11]. Gleiches gilt für die angeblich vorbildliche Keuschheit der Germaninnen, die er nachdrücklich hervorhebt[12].

Deutlich schwieriger zu überprüfen sind seine Angaben zum Strafrecht. Tacitus berichtet beispielsweise, nur Priestern sei es erlaubt, Menschen hinzurichten, zu fesseln oder auszupeitschen[13]. Bei der Urteilsfindung schreibt Tacitus die entscheidende Rolle einer Volksversammlung zu, die immer bei Neu- oder Vollmond zusammentrete. Vor dieser könne man Anklagen vorbringen und die Todesstrafe fordern[14]. Allerdings würden nicht alle Konflikte durch Vollstreckung einer Strafe geahndet; vielmehr sei es in der Germania möglich, Totschlag durch die Zahlung einer bestimmten Zahl von Rindern oder Schafen zu sühnen[15].

Wie bereits angedeutet, lässt sich kaum überprüfen, in welchem Maße die von Tacitus geschilderten Rechtspraktiken tatsächlich in der Germania geläufig waren. In manchen Fällen deutet der archäologische Befund darauf hin, dass seine Angaben nicht besonders verlässlich waren. So berichtet Tacitus etwa, dass die Äcker gemeinschaftlich bewirtschaftet und immer wieder neu aufgeteilt würden[16]. Gegen dieses Bild einer landwirtschaftlichen Gütergemeinschaft spricht jedoch, dass archäologisch wiederholt feste Feldgrenzen bzw. Ackerfluren nachgewiesen werden konnten.

3. Die Moorleichen – Zeugnisse germanischer Strafopfer?

In rechtshistorischer Hinsicht besonders intensiv diskutiert werden seit langem Tacitus' Bemerkungen zur Todesstrafe bei den Germanen. In diesem Zusammenhang berichtet der Schriftsteller, dass sich die Art der Vollstreckung nach der Art des Vergehens richte: „Denn Verräter und Überläufer hängt man an Bäumen auf; aber Feiglinge, Kriegsscheue und solche, die ihren Leib entehrt haben, ertränkt man in sumpfigen Mooren, wonach man ein Flechtwerk aus Reisig über ihnen anbringt. Die Verschiedenartigkeit der Hinrichtung basiert auf der Vorstellung, dass man Verbrechen bei der Vollstreckung der Strafe zur Schau stellen muss, wogegen Schandtaten verborgen bleiben müssen"[17].

Zu dieser Überlieferung scheinen nun aus archäologischer Perspektive die zahlreichen Leichenfunde zu passen, die seit langer Zeit in den Hochmooren Norddeutschlands, Skandinaviens und der britischen Inseln gemacht werden[18]. Bereits im frühen 19. Jahrhundert brachte man diese Funde mit der taciteischen Überlieferung in Verbindung. Gegen Ende des 19. Jahrhunderts entwickelte sich daraus eine regelrechte Lehre von den „germanischen Todesstrafen", die im Wesentlichen auf den Rechtshistoriker Karl von Amira zurückgeht. In dieser heute überholten Theorie argumentiert er, dass die vollstreckten Todesstrafen gleichzeitig immer ein Sühneopfer an die Götter dargestellt hätten[19].

Nicht selten wurden Moorleichen Gegenstand reißerischer Funddeutungen; etwa die Leiche von Windeby, die man als ehebrecherisches junges Mädchen interpretierte, das zur Strafe im Moor versenkt wurde[20].

Aus aktueller Sicht sind die Moorleichenfunde jedoch nicht eindeutig mit der Überlieferung des Tacitus in Verbindung zu bringen. Zum einen ist sein Text aus philologischer Perspektive nicht einfach zu interpretieren. So ist etwa letztlich unklar, wer mit den Personen, die ihren Leib entehrt hätten, den *corpore infames*, gemeint sein soll. Hier mangelte es in der Vergangenheit zwar nicht an vorurteilsbeladenen Deutungen, wie Homosexuellen oder ehebrecherischen Frauen; letztlich ist die Stelle aber nicht eindeutig zu klären[21].

Zudem stellen sich auch aus archäologischer Perspektive zahlreiche Interpretationsprobleme: Zum einen beschränken sich die Moorleichenfunde keineswegs auf die Germania, sondern finden sich ebenfalls auf den britischen Inseln. Ferner sind sie zum Teil um Jahrtausende älter bzw. Jahrhunderte jünger als Tacitus' Überlieferung. Die ältesten Moorleichenfunde stammen bereits aus der Steinzeit, die jüngsten erst aus dem Mittelalter[22].

Problematisch ist ferner, dass nur wenige Moorleichenfunde archäologisch gut dokumentiert sind. Fast immer wurden sie zufällig beim Torfabbau entdeckt und nicht fachmännisch geborgen. In einer ganzen Reihe von Fällen zeigten neuere Untersuchungen zudem, dass die ersten archäologischen Interpretationen erheblich von Vorurteilen beeinflusst waren, darunter nicht zuletzt Erwartungen, die man aufgrund der Überlieferung des Tacitus hegte.

Ein typischer Fall ist das bereits erwähnte so genannte „Mädchen von Windeby". Seit ihrer Auffindung 1952 in einem Moor bei Windeby (Lkr. Rendsburg-Eckernförde, Schleswig-Holstein) deutete man diese Moorleiche häufig als Strafopfer einer Ehebrecherin. Den Hintergrund bildete Tacitus' Bemerkung, ehebrecherische Frauen seien von ihren Männern geschoren, entkleidet und anschließend aus dem Haus und durch das Dorf gejagt worden[23]. Zeitlich gesehen passt die Leiche von Windeby tatsächlich gut zu Tacitus' Bericht, stammt sie doch aus dem 1. Jahrhundert n. Chr. Allerdings handelt es sich neueren Untersuchungen zufolge keineswegs um ein Mädchen, sondern mit hoher Wahrscheinlichkeit um einen Jungen. Eine angebliche teilweise Rasur des Haars entpuppte sich bei näherer Betrachtung als eine Beschädigung des Leichnams während der Bergung. Auch die Nacktheit, die bei vielen Moorleichen beobachtet wurde, ist kein Hinweis auf das taciteische Strafritual für Ehebrecherinnen. Vielmehr ist sie darauf zurückzuführen, dass sich Kleidung aus Pflanzenfasern im moorigen Bodenmilieu nicht erhält[24].

Ungeachtet aller Probleme bei der Deutung dieser Fundgruppe gibt es dennoch eine ganze Reihe von Fällen, in denen Moorleichen nachweislich auf grausame Weise zu Tode kamen. Neben Stich- und Schnittverletzungen stellte man auch unterschiedlichste Traumata fest. Nicht selten hätte bereits eine

Abb. 1 Um den Hals des „Tollund-Mannes" war eine dünne Schnur geschlungen.

Verletzung zum Tode geführt; in manchen Fällen scheinen die Leichname sogar nach dem Eintritt des Todes weiter grauenhaft verstümmelt worden zu sein. Auch die von Tacitus beschriebene Abdeckung der Toten mit Ästen oder Reisig wurde mehrfach beobachtet.

Besonders gut erhalten ist der so genannte „Tollund-Mann", den Torfstecher 1950 bei Silkeborg in Mitteljütland (Dänemark) entdeckten (Introbild und Abb. 1). Neueren ^{14}C-Datierungen zufolge stammt die Leiche aus dem 4./3. Jh. v. Chr. Der etwa 40-jährige Mann lag mit geschlossenen Augen zusammengekauert auf der Seite im Moor. Bekleidet war er mit einem Gürtel aus Rindsleder sowie einer Schaffellkappe, die unter dem Kinn mit einer dünnen Lederschnur zusammengebunden war – weitere Kleidungsstücke sind wohl im Moor vergangen. Getötet wurde er mit einer Lederschnur, die fest um den Hals geschlungen war – offensichtlich kam der Mann durch Erdrosseln oder Erhängen zu Tode[25].

Insgesamt muss beim heutigen Kenntnisstand offen bleiben, ob die Moorleichen tatsächlich als Zeugnisse einer archaischen Strafjustiz angesehen werden können. Neben dieser Deutung werden gegenwärtig zahlreiche weitere Erklärungen diskutiert. In manchen Fällen könnte es sich um Mordopfer gehandelt haben, in anderen Fällen um Unfallopfer, die auf dem Weg durchs Moor verunglückten. Die Verankerungen der Leichen mit Ästen und Pfählen im Moor wird immer wieder auf die Furcht vor Wiedergängern zurückgeführt. Möglicherweise sollte sie aber auch einfach das Auftreiben der Leiche an die Oberfläche verhindern. Schließlich wird gegenwärtig ebenfalls diskutiert, ob es sich um Sakralopfer gehandelt hat, die ohne juristischen Hintergrund den Göttern geopfert wurden[26]. Letztlich ist aber auch die erwähnte Erklärung als Strafopfer keineswegs auszuschließen. Wie Peter Kehne aber vor wenigen Jahren nochmals resümierte, kann „bislang kein Moorleichenfund im ehemals germanischen Gebiet dem taciteischen Bericht über germanische Strafpraktiken zweifelsfrei zugeordnet werden"[27].

4. *Leges barbarorum* – Recht in den westeuropäischen Nachfolgestaaten des Römischen Reichs

Während der römischen Kaiserzeit blieb der Einfluss römischer Rechtsvorstellungen auf die Bewohner der Germania insgesamt äußerst gering. Nur punktuell kam es zu Rechtshandlungen zwischen Römern und Germanen, die entsprechend römischer Rechtspraxis schriftlich abgewickelt wurden. Ein bemerkenswertes Zeugnis hierfür bildet ein auf zwei Wachstäfelchen niedergeschriebener Vertrag, den man 1917 in einer kaiserzeitlichen Siedlung in der Nähe von Tolsum (bei Franeker, Prov. Friesland, Niederlande) entdeckte. Eine neue Untersuchung datiert diesen Vertrag in das Jahr 29 n. Chr. Sein Fund weit jenseits der römischen Grenze hängt möglicherweise damit zusammen, dass als Folge eines kurz zuvor erfolgten Friesenaufstands zeitweilig römisches Militär in der Nähe stationiert war[28]. Letztlich ist dieser Fund aber bislang einzigartig.

Erst nach dem Auseinanderbrechen des Römischen Reiches änderte sich die Überlieferung zum „germanischen Recht" grundlegend. Aufgrund einer Vielzahl interner und externer Faktoren trat an die Stelle des einheitlichen Weströmischen Reiches eine ganze Reihe kleinerer Nachfolgestaaten, die nach verschiedenen Barbarengruppen benannt wurden, beispielsweise die Reiche der Franken, Goten, Burgunden oder Vandalen[29].

Der älteren Forschung galten diese Staaten als „Germanenreiche", weshalb auch das in ihnen aufgezeichnete Recht als „germanisch" angesehen wurde. Wie eingangs bereits angedeutet, kann diese Interpretation heute nicht mehr aufrechterhalten werden. Das Territorium dieser Staaten lag ganz überwiegend auf ehemals römischem Boden; ihre Bevölkerung bestand wohl jeweils nur zum kleinen Teil aus Personen, die während der Spätantike aus der Germania zugewandert waren; auch die staatlichen Strukturen und die Verwaltungsinstitutionen führten in wesentlichen Teilen ältere römische Regelungen fort. Allerdings setzte sich in den ehemals römischen Grenzgebieten westlich des Rheins und südlich der Donau sowie im angelsächsischen England die germanische Sprache durch.

Schon bald nach der Etablierung der barbarischen Nachfolgestaaten ließen deren Könige erste Rechtssammlungen aufzeichnen. Das älteste der so genannten „Barbarenrechte" (*leges barbarorum*) stammt aus der zweiten Hälfte des 5. Jahrhunderts n. Chr. Als erster erließ der König der Visigoten Eurich (466–484 n. Chr.) den so genannten *Codex Euricianus*, der die *lex Visigothorum* enthielt. Wenig später folgten das *Edictum Theoderici* des Königs der Ostgoten Theoderich (493–526 n. Chr.), die *lex Burgundionum* des Burgunderkönigs Gundobad (480–501 n. Chr.) und die *lex Salica* des Frankenkönigs Chlodwig (482–511 n. Chr.). Etwas jünger sind dagegen die *lex Ribuaria*, die den rheinischen Franken zugeschrieben wird, das *Edictum Rothari* für die italischen Langobarden sowie die *lex Alamannorum* und *lex Baiuvariorum*. Nochmals deutlich später, um 800, veranlasste Karl der Große schließlich die Aufzeichnung weiterer Regionalrechte, unter anderem das der Friesen, Sachsen, Chamaven und Thüringer[30].

Abgesehen von den altenglischen Rechten, die man seit der Mitte des 7. Jahrhunderts n. Chr. niederschrieb, wurden die *leges* in lateinischer Sprache verfasst. Zudem enthalten bestimmte Bearbeitungen der *lex Salica* zahlreiche volkssprachliche, überwiegend wohl germanische Rechtswörter, die so genannten Malbergischen Glossen[31].

Der antike Einfluss auf die frühmittelalterlichen *leges* beschränkt sich nicht allein auf die lateinische Rechtssprache. Anders als die ältere rechtshistorische Forschung seit dem 19. Jahrhundert angenommen hatte, handelt es sich bei den *leges* inhaltlich betrachtet keineswegs um genuin „germanisches Recht". Wie der Rechtshistoriker Ernst Levy bereits kurz nach dem Zweiten Weltkrieg nachgewiesen hat, sind zahlreiche Bestimmungen vielmehr auf spätantikes römisches Vulgarrecht zurückzuführen[32]. Damit soll aber nicht behauptet werden, dass die *leges* keine Elemente enthielten, die von Rechtsvorstellungen abzuleiten sind, die ihre Wurzeln in der Germania haben. Allerdings ist es der rechtshistorischen Forschung bislang nicht gelungen, in diesem Sinne germanische Rechtselemente überzeugend nachzuweisen[33].

5. Die *lex Salica* als kulturhistorische Quelle

Ungeachtet der Frage nach den rechtshistorischen Wurzeln bieten die *leges* eine Fülle von Informationen über die frühmittelalterliche Rechtspraxis. Besonders ergiebig ist in diesem Zusammenhang die *lex Salica*, das allgemeine Recht, das der Frankenkönig Chlodwig in den letzten Jahren seiner Regierung für die Bewohner der fränkischen Kerngebiete im heutigen Nordfrankreich erließ (Abb. 2). Im Vergleich zu den anderen *leges* besitzt die *lex Salica* einen vergleichsweise archaischen Charakter. Im Wesentlichen handelt es sich um einen umfangreichen Katalog an Geldbußen, die für eine Vielzahl von Delikten festgesetzt wurden.

Die Welt der *lex Salica* ist durch und durch ländlich geprägt. Die ersten Titel widmen sich ausführlich den Viehdiebstählen – bereits Titel 2 behandelt 20 verschiedene Abstufungen von Schweinediebstählen! Ähnlich ausführlich behandelt sie die Entwendung von Rindern (Tit. 3), Pferden, Schafen (Tit. 4), Ziegen (Tit. 5), Hunden (Tit. 6), Vögeln (Tit. 7) und Bienen (Tit. 9). Einen eigenen Paragraphen widmet die *lex* sogar dem unerlaubten Abhäuten eines Pferdes (Tit. 68). Ebenfalls in die ländliche Welt weisen die Bestimmungen zu Schäden in Getreidefeldern (Tit. 10), Überfällen auf Bauernhöfe (Tit. 16), zu Getreidediebstählen in Mühlen (Tit. 24) oder der Zerstörung von Zäunen (Tit. 36).

Behandelt werden aber auch schwere Vergehen wie Menschenraub, Freiheitsberaubung, Brandstiftung, Bandenkriminalität, Meineid und Sexualdelikte. Besonders genau differenziert sind die verschiedenen Abstufungen von Körperverletzungen geregelt. Bei Kopfverletzungen unterscheidet die *lex* mehrere Schweregrade, je nachdem, ob aufgrund der Verletzung Blut zu Boden fließt, ob aus der Wunde Knochensplitter austreten oder ob sogar Gehirn hervortritt (Tit. 19,2–4).

Grundeinheit der Bußen ist das so genannte Wergeld, eine Summe, die der Täter nach dem Totschlag eines freien Mannes an die Familie des Getöteten entrichten musste[34]. Für Amtsträger des Königs, für Frauen oder Kinder gestaffelt nach Alter, oder für Unfreie waren jeweils ein Mehrfaches bzw. ein Teil der festgesetzten Summe zu bezahlen. Angegeben sind die Bußen in römischen Gold- und Silbermünzen, den Solidi und Denaren. Dabei erstaunen vor allem die gewaltigen Summen, die als Wergelder festgelegt sind. So setzt die *lex Salica* für die Tötung eines freien Mannes ein Wergeld in Höhe von 200 Solidi fest[35]. Für die Tötung eines Knaben war der dreifache Satz (600 Solidi) zu entrichten[36]. Noch teurer war die Buße für die Tötung einer schwangeren Frau mit 700 Solidi[37].

Die meisten Bewohner des Merowingerreiches dürften kaum in der Lage gewesen sein, solche enormen Geldbeträge aufzubringen. Meist wird deshalb angenommen, dass die Familien des Totschlägers für den Schaden aufkommen mussten. Letztlich dienten die Wergelder dazu, die weit verbreitete Fehde- bzw. Blutrachepraxis einzudämmen. Diese bestand aber neben der Zahlung von Wergeldern zweifellos fort. Hinzu kamen weitere königliche Einzelgesetze, die so genannten Kapitularien. Diese Pluralität hatte zur Folge, dass etwa ein Mord, der um das Jahr 600 n. Chr. im Frankenreich begangen wurde, drei unterschiedliche Sanktionen nach sich ziehen konnte: Entweder erschlugen die Angehörigen des Mordopfers den Täter im Rahmen einer legitimen Blutrache. Möglich war ferner die Ablösung der Schuld durch die Zahlung des in der *lex Salica* festgesetzten Wergelds an die Familie des Opfers. Schließlich konnte der Täter auch gemäß eines Dekrets, das König Childebert II. 596 n. Chr. erlassen hatte, nach einem vorherigen öffentlichen Todesurteil hingerichtet werden[38].

Allerdings ist letztlich nicht geklärt, welche Bedeutung die *leges* für die Rechtspraxis des Frühmittelalters tatsächlich besaßen. Nur wenige Bestimmungen der *lex Salica* beschäftigen sich mit der Abwicklung der Rechtsverfahren: Titel 1 bestimmt eine hohe Strafe für jene, die einer königlichen Ladung vor Gericht nicht nachkamen. Weitere Paragraphen widmen sich dem Umgang mit Zeugen (Tit. 51) und den Geschworenen (Tit. 60). Diese und weitere Quellen lassen es jedoch nur in beschränktem Maße zu, die Abwicklung von Prozessen zu rekonstruieren.

Vieles deutet darauf hin, dass sich ein öffentliches Strafrecht im Frühmittelalter ausgehend von der königlichen Gerichtsbarkeit entwickelte. Die erzählenden Quellen berichten vor allem im Umfeld der Königsfamilie von regelrechten Prozessen mit Anklagen, Verhaftungen, Untersuchungen, Befragungen und Folter – in dieser Hinsicht sind die Kriminalverfahren der Merowingerzeit stark von spätantiken Vorbildern geprägt. Neben der Todesstrafe sind zahlreiche weitere Sanktionen bekannt, wie die Verbannung, die Einziehung des Vermögens, aber auch Verstümmelungen[39].

Abb. 2
Beginn des Prologs der *lex Salica* mit so genanntem Gesetzgeberbild. Handschrift des späten 8. Jahrhunderts, wohl aus Burgund, heute in der Stiftsbibliothek St. Gallen.

Der überwiegende Teil des Rechts im Frühmittelalter dürfte mündlich abgewickelt worden sein bzw. es dürfte ein ungeregeltes Nebeneinander von mündlichem und schriftlichem Recht geherrscht haben. Nur in wenigen Fällen erlauben es weitere Quellengattungen, Hinweise zur tatsächlichen Rechtspraxis im Frühmittelalter zu gewinnen.

6. Grabraub

Aus archäologischer Perspektive sind vor allem die Bestimmungen zum Grabraub interessant, die in zahlreichen frühmittelalterlichen *leges* enthalten sind[40]. Auch die *lex Salica* umfasst entsprechende Bestimmungen: Titel 17,2 setzt für Personen, die einen toten Menschen ausgraben und plündern, eine Buße von 15 Solidi fest – im Vergleich zum Totschlagvergehen ein geringer Betrag. Eine Ausgleichszahlung in gleicher Höhe setzt Titel 57 für jene Personen fest, die oberirdische Grabmonumente zerstören.

Die verhältnismäßig zahlreichen Bestimmungen zum Grabraub in den frühmittelalterlichen *leges* sind zweifellos kein Zufall. Während Grabstörungen in der kaiserzeitlichen Germania archäologisch nur selten nachzuweisen sind, nehmen sie in der jüngeren Merowingerzeit, d. h. dem 7. und 8. Jahrhundert n. Chr., gewaltige Ausmaße an. In diesen Jahrzehnten werden in manchen Teilen Süddeutschlands die Bestattungen nahezu flächendeckend ausgeräumt.

In manchen Fällen lässt sich anhand der sehr gezielt angelegten Raubschächte nachweisen, dass die Plünderer genau Bescheid wussten, wo im Grab lohnende Beigaben niedergelegt worden waren – möglicherweise waren sie sogar bei der Beerdigung selbst zugegen gewesen. Verlagerungen der Skelette noch im Sehnenverband deuten darauf hin, dass die Beraubung bald nach der Grablegung erfolgte. In anderen Fällen wurden jedoch auch bereits sehr alte Bestattungen systematisch leergeräumt.

Insgesamt stellt sich die Frage, welche Motive hinter dem im Frühmittelalter so weit verbreiteten Grabraub steckten. Üblicherweise werden hierfür materielle Gründe angeführt. Immerhin gaben die Menschen in keiner anderen Periode der europäischen Ur- und Frühgeschichte ihren Toten derart flächendeckend und in nahezu allen sozialen Schichten reiche Ausstattungen mit ins Grab, was den Grabraub tatsächlich zu einem lukrativen Geschäft machen konnte.

Allerdings stellt sich in diesem Zusammenhang ebenfalls die Frage, weshalb es den Menschen nicht häufiger gelang, die Bestattungen ihrer Familienangehörigen, die in der Regel auf großen Friedhöfen in Sichtweite der Siedlungen lagen, effektiver zu schützen.

Möglicherweise waren auch ganz andere Gründe für den weit verbreiteten Grabraub verantwortlich. Quantitativ betrachtet, erreichte die Plünderung von Gräbern in Süddeutschland in den Jahrzehnten um 700 n. Chr. ihren Höhepunkt. In diese Jahrzehnte fällt im gleichen Raum ein grundlegender sozio-politischer Wandel. Heiko Steuer zufolge löste dabei eine neue gesellschaftliche Elite die ältere ‚offene Ranggesellschaft' ab. Die neue Oberschicht errichtete ein neues, grundherrschaftlich organisiertes System zu Lasten anderer, zuvor selbstständig wirtschaftender Gruppen.

Möglicherweise setzte dieser neue grundherrschaftliche Adel in diesem Zusammenhang Grabplünderungen systematisch ein, um die Erinnerung an die alten Familien auszulöschen, die ihre unabhängige Position verloren hatten und nun nicht mehr in der Lage waren, die Gräber ihrer Ahnen zu schützen[41].

Sein Ende fand der weit verbreitete Grabraub schon wenig später, als es im Laufe des 8. Jahrhunderts n. Chr. weithin unüblich wurde, die Verstorbenen mit Beigaben auszustatten. Die großen Reihengräberfelder wurden aufgegeben. Stattdessen bestatteten die Menschen ihre Toten nun ohne Beigaben bei den neu errichteten Kirchen. Damit begann ein neues kulturgeschichtliches Kapitel, das nicht mehr Gegenstand dieses Beitrags ist.

Anmerkungen

[1] Vgl. etwa BRUNNER 1961.
[2] KROESCHELL 1999, 25f.
[3] RÜCKERT 2010, bes. 4f.
[4] WESEL 1997, 261.
[5] KROESCHELL 1995.
[6] RGA XI (1998) 181–483 s. v. Germanen, Germania, Germanische Altertumskunde (D. Timpe u. a.); POHL 2004, 45–65; FEHR 2010, 132–138.
[7] Vgl. dazu mit weiterer Literatur FEHR 2010, 23–26.
[8] LUND 1995.
[9] Caes. Gall. 6,23.
[10] TIMPE 1989.
[11] Tac. Germ. 18–19.
[12] Tac. Germ. 19.
[13] Tac. Germ. 7.

[14] Tac. Germ. 12.
[15] Tac. Germ. 21.
[16] Tac. Germ. 26.
[17] Tac. Germ. 12 (Übers. A. Lund).
[18] Vgl. dazu Brock 2009.
[19] Grundlegend von Amira 1922.
[20] Vgl. dazu Burmeister 2007, 92–95.
[21] Kehne 2001, 116 f.
[22] Brock 2009.
[23] Tac. Germ. 19.
[24] Burmeister 2007, 92–94.
[25] RGA XXXI (2006), 48–51 s. v. Tollund (Ch. Fischer).
[26] Zum Diskussionsstand vgl. Burmeister 2007.
[27] Kehne 2001, 117.
[28] Galestin 2010.
[29] Einen guten Überblick zu den barbarischen Wanderungen und zum Ende des Weströmischen Reichs bietet Halsall 2007.
[30] RGA XVIII (2001) 195–201 s. v. Leges (R. Schmidt-Wiegand).
[31] RGA XIX (2001) 184–186 s. v. Malbergische Glossen (R. Schmidt-Wiegand).
[32] Levy 1951; Levy 1956; vgl. dazu Kroeschell 1995, 70 f.
[33] Kroeschell 1999, 25; RGA XXIV (2003) 209–224, hier 212 s. v. Recht (H. Lück).
[34] RGA XXXIII (2006) 457–463 s. v. Wergeld (R. Schmidt-Wiegand).
[35] L. S. 43,1.
[36] L. S. 26,1.
[37] L. S. 26,4.
[38] Weitzel 1994, 77.
[39] Weitzel 1994, bes. 137 f.
[40] Nehlsen 1978; RGA XXII (1998) 516–527 s. v. Grabraub (H. Steuer u. a.).
[41] Vgl. dazu grundlegend Steuer 2004.

Literaturverzeichnis

von Amira 1922
K. von Amira, Die germanischen Todesstrafen. Untersuchungen zur Rechts- und Religionsgeschichte. Abhandl. Bayer. Akad. Wiss., phil., philol. u. hist. Kl. 31, H. 3 (München 1922).

Brock 2009
Th. Brock, Moorleichen. Zeugen vergangener Jahrtausende. Arch. Deutschland Sonderh. (Stuttgart 2009).

Brunner 1961
H. Brunner, Deutsche Rechtsgeschichte 1 (München, Leipzig 1961³).

Burmeister 2007
S. Burmeister, Moorleichen als Opfer. Deutungsmuster einer problematischen Fundgruppe. In: S. Burmeister/H. Derks/J. v. Richthofen (Hrsg.), Zweiundvierzig. Festschr. für Michael Gebühr zum 65. Geburtstag. Internat. Arch.: Studia Honoraria 25 (Rahden/Westf. 2007) 91–106.

Fehr 2010
H. Fehr, Germanen und Romanen im Merowingerreich. Frühgeschichtliche Archäologie zwischen Wissenschaft und Zeitgeschehen. Ergbd. RGA 68 (Berlin, New York 2010).

Galestin 2010
M. C. Galestin, Tolsum revisited: How the Frisian ox disappeared. Palaeohistoria 51/52, 2009/10, 9–25.

Halsall 2007
G. Halsall, Barbarian migrations and the Roman West, 376–568 (Cambridge 2007).

Kehne 2001
P. Kehne, Tacitus, Germania 12 und der Tod im Sumpf. Eine schwierige und vielschichtige Quelle zum Problem der Kategorisierung ‚germanischer' Moorleichen. Kunde N. F. 52, 2001, 113–122.

Kroeschell 1995
K. Kroeschell, Germanisches Recht als Forschungsproblem. In: K. Kroeschell, Studien zum frühen und mittelalterlichen deutschen Recht. Freiburger Rechtsgesch. Abhandl. N. F. 20 (Berlin 1995) 65–88.

Kroeschell 1999
K. Kroeschell, Deutsche Rechtsgeschichte 1: bis 1250. WV-Studium 8 (Wiesbaden 1999¹¹).

Levy 1951
E. Levy, West Roman Vulgar Law. The Law of Property (Philadelphia 1951).

Levy 1956
E. Levy, Weströmisches Vulgarrecht. Das Obligationenrecht (Weimar 1956).

Lund 1995
A. A. Lund, Die Erfindung der Germanen. Der altsprachliche Unterricht 38, 1995, 4–20.

Nehlsen 1978
H. Nehlsen, Der Grabfrevel in den germanischen Rechtsaufzeichnungen – zugleich ein Beitrag zur Diskussion um Todesstrafe und Friedlosigkeit bei den Germanen. In: H. Nehlsen/H. Jankuhn/H. Roth (Hrsg.), Zum Grabfrevel in vor- und frühgeschichtlicher Zeit. Abhandl. Akad. Wiss. Göttingen, phil.-hist. Kl. 3 F. 113 (Göttingen 1978) 107–187.

Pohl 2004
W. Pohl, Die Germanen. Enzyklopädie dt. Gesch. 57 (München 2004²).

Rückert 2010
J. Rückert, Die historische Rechtsschule nach 200 Jahren – Mythos, Legende, Botschaft. Juristenzeitung 65, H. 1, 2010, 1–9.

Steuer 2004
H. Steuer, Adelsgräber, Hofgrablegen und Grabraub um 700 im östlichen Merowingerreich – Widerspiege-

lung eines gesellschaftlichen Umbruchs. In: H. Steuer/ H.-U. Nuber/Th. Zotz (Hrsg.), Der Südwesten im 8. Jahrhundert aus historischer und archäologischer Sicht. Arch. u. Gesch. 13 (Stuttgart 2004) 193–217.

TIMPE 1989
D. TIMPE, Die Absicht der Germania des Tacitus. In: H. Jankuhn/D. Timpe (Hrsg.), Beiträge zum Verständnis der Germania des Tacitus 1 (Göttingen 1989) 106–127.

WEITZEL 1994
J. WEITZEL, Strafe und Strafverfahren in der Merowingerzeit. Zeitschr. Savigny-Stiftung Rechtsgesch., germ. Abt. 111, 1994, 66–147.

WESEL 1997
U. WESEL, Geschichte des Rechts. Von den Frühformen bis zum Vertrag von Maastricht (München 1997).

Abbildungsnachweis: Introbild u. Abb. 1 © Silkeborg Museum; Abb. 2 Stiftsbibliothek St. Gallen, Handschrift Nr. 731, S. 234.

Dr. Hubert Fehr
Albert-Ludwigs-Universität Freiburg
Institut für Archäologische Wissenschaften
Abteilung Frühgeschichtliche Archäologie
und Archäologie des Mittelalters
hubert.fehr@archaeologie.uni-freiburg.de

AUSBLICK

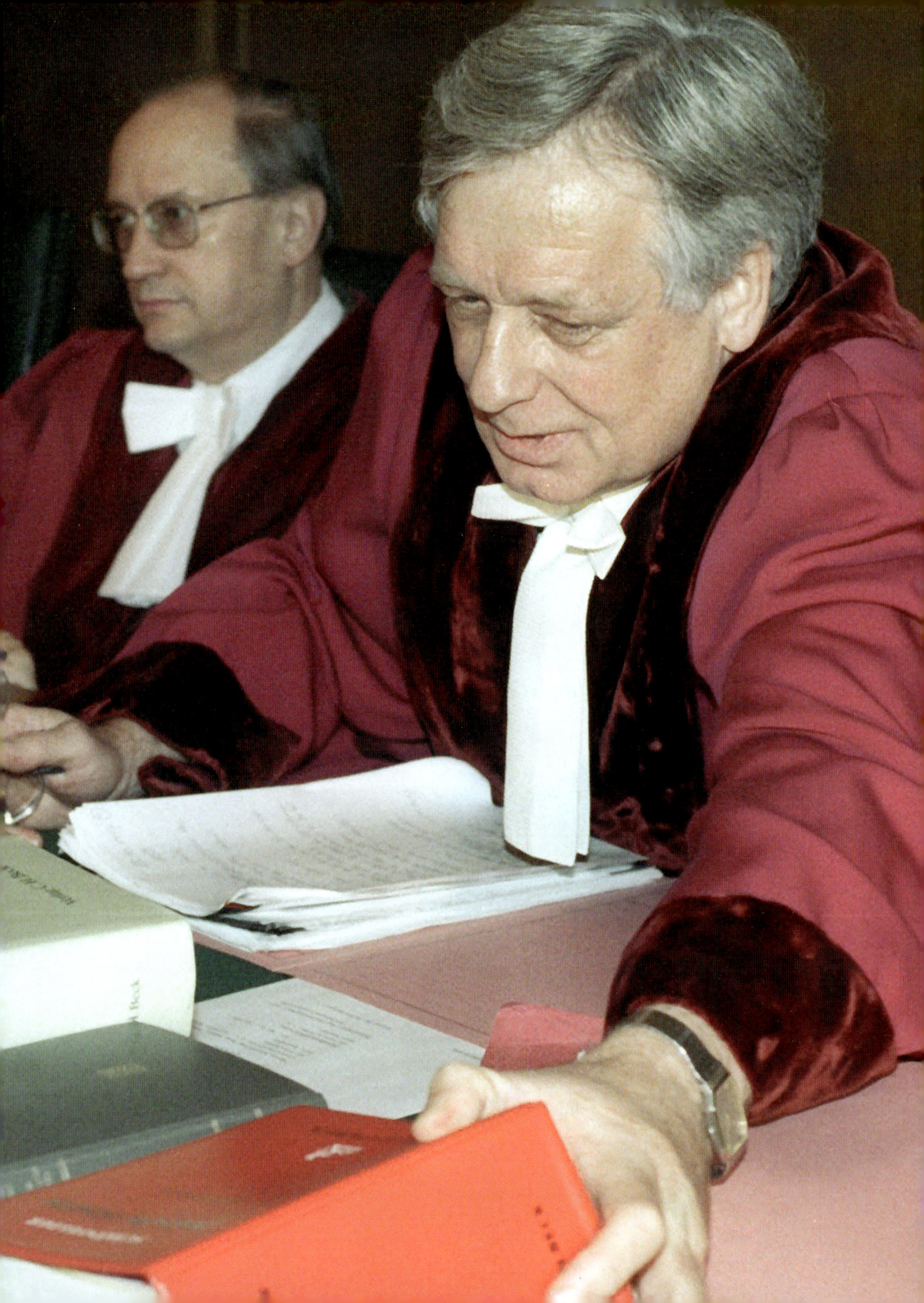

ALEXANDER NOGRADY

Zustände wie im alten Rom?! – Römisches und heutiges Strafrecht im Vergleich

„Zustände wie im alten Rom!" – diese gebräuchliche Redewendung zur Benennung unmöglicher und unhaltbarer Situationen bezeichnet sehr eindeutig, welche Vorstellung wir heutzutage vom Römischen Reich haben: Dekadente und ausschweifende Lebensart, willkürliche Behandlung durch die Obrigkeit, gleichsam rechtlose Zustände. Auch das römische Strafrecht bringen wir hauptsächlich – meist auf der Grundlage so genannter Historienfilme – mit brutalen und blutrünstigen Bestrafungen nach wenig justizförmigen Strafverfahren vor mehr oder weniger geisteskranken Kaisern und ihren willfährigen Beamten in Verbindung. Ist dieses vor allem aufgrund christlicher Überlieferung geprägte Bild des römischen Strafrechts gerechtfertigt?

Im Folgenden wollen wir hierauf eine Antwort finden. Wir werden dabei feststellen, dass heutige Maximen und Grundsätze des Strafens schon in römischer Zeit von Kaisern und Juristen zumindest in Grundzügen entwickelt worden sind (I); ein Blick auf das heutige und damalige Strafverfahren (II) wird in gleicher Weise Parallelen bieten können wie das materielle Strafrecht, also die eigentlichen Straftaten, ihre Begehungsformen und die zu verhängenden Strafen (III). Es wird sich im Ergebnis zeigen, dass im Vergleich zu unserem heutigen, grundsätzlich als rechtsstaatlich zu bezeichnenden Strafrecht das römische Strafrecht gar nicht so schlecht dasteht und wichtige Impulse für die Entwicklung eines „modernen" Strafrechts gesetzt hat.

I. Allgemeine Grundsätze des Strafrechts

1. *Nullum crimen nulla poena sine lege* – „Kein Verbrechen, keine Strafe ohne Gesetz."

Eine Tat kann nur dann bestraft werden, wenn durch eine Gesetzesvorschrift konkret – und schon bevor die Tat begangen wurde – bestimmt war, dass dieses Verhalten strafbar ist. Dieser so genannte Bestimmtheitsgrundsatz stellt ein fundamentales Prinzip heutiger rechtsstaatlicher Strafrechtspflege dar, das sogar Verfassungsrang genießt[1].

Im römischen Strafrecht war dieser Grundsatz nur rudimentär ausgebildet. Zwar gab es bereits *leges* (Gesetze), die Straftaten allgemein formulierten und an ihre Erfüllung bestimmte Strafen knüpften. So enthielt die *lex duodecim tabularum*, das Zwölftafelgesetz des Jahres 449 v. Chr., bereits die Tatbestände des Mordes, der Brandstiftung, falsches Zeugnis und Weiteres, unter anderem auch Schadenzauber[2]. Die spätrepublikanischen und frühkaiserzeitlichen Gesetze der ordentlichen Strafrechtspflege, des *ordo iudiciorum publicorum*, betrafen sogar ausschließlich Straftaten, wobei je ein Gesetz nur einen Tatbestandskomplex behandelte, beispielsweise Hoch- und Landesverrat in der *Lex Iulia maiestatis*, Mord und Brandstiftung in der *Lex Cornelia de sicariis et veneficiis* und Ehebruch in der *Lex Iulia de adulterriis coercendis*. Gerade diese Gesetze galten jedoch nicht für das gesamte Römische Reich, sondern konstituierten auf Rom und Italien beschränkte Geschworenengerichtshöfe, *quaestiones*. Für die Statthalter der Provinzen galten diese *leges* daher nicht unmittelbar. Darüber hinaus kamen die *quaestiones* selbst während der Kaiserzeit auch in Rom und Italien immer mehr zugunsten der kaiserlichen und der Beamtenrechtsprechung ab, die ebenfalls nicht durch die alten *leges* gebunden war. Vielmehr waren die Beamten, in den Provinzen die Statthalter, in Rom vor allem der Stadtpräfekt, zur Sicherung von Ruhe und Ordnung umfassend auf dem Gebiet des Strafrechts zuständig[3] und im Rahmen ihrer außerordentlichen Rechtsprechung[4] in der Lage, auch neue Entwicklungen strafwürdigen Verhaltens aufzunehmen und nach eigener Einschätzung zu ahnden.

◀ Das Bundesverwaltungsgericht prüft den Status von Scientology.

So verurteilte etwa der Schriftsteller Plinius d. J. in seiner Eigenschaft als außerordentlicher Statthalter der Provinz Bithynia et Pontus (der heutigen Nord-Türkei) um 110 n. Chr. ihm als Christen Angezeigte zum Tode, die ihre Zugehörigkeit zur christlichen Gemeinschaft auch unter Todesdrohung bestätigt hatten. Eine Rechtsgrundlage für dieses Vorgehen war ihm nicht bekannt, er hatte aber keinen Zweifel, *qualicumque esset quod faterentur, pertinaciam certe et inflexibilem obstinationem debere puniri* – „dass, was es auch immer gewesen sei, was sie zu gestehen hatten, Starrsinn und unbeugsame Widersetzlichkeit in jedem Fall bestraft werden müssen"[5]. Ganz ohne Grenzen konnten aber auch diese Beamten nicht agieren. Zwar banden sie keine *leges*, jedoch so genannte Kaiserkonstitutionen, *constitutiones principum*, kaiserliche Anordnungen. Diese hatten aufgrund der Machtvollkommenheit des römischen Kaisers allgemeine Gesetzeskraft[6], selbst wenn sie – wie häufig – als Antwort auf schriftliche Eingaben ergingen und eigentlich eine Entscheidung eines Einzelfalls darstellten. In den Dienstanweisungen (*mandata principum*), die die Beamten vor Antritt eines neuen Amts wahrscheinlich in Form von Handbüchlein vom Kaiser erhielten, waren relevante Konstitutionen enthalten und verpflichteten die Magistrate zur Beachtung. Im 2. und 3. Jahrhundert n. Chr. verfassten auch einige römische Juristen spezielle Monographien zum Strafrecht, in denen sie zahlreiche Kaiserkonstitutionen aufnahmen und so über den Einzelfall hinaus bekanntmachten[7]. Die Ahndung weiterer, in den *mandata* oder juristischen Schriften nicht enthaltener Verhaltensweisen war aber weiterhin möglich.

2. Unschuldsvermutung

„Bis zum gesetzlichen Nachweis seiner Schuld wird vermutet, dass der wegen einer strafbaren Handlung Angeklagte unschuldig ist." Diese in Artikel 6 Absatz 2 der Konvention des Europarates zum Schutze der Menschenrechte und Grundfreiheiten vom 04. November 1950 niedergelegte Unschuldsvermutung stellt einen weiteren tragenden Grundsatz des modernen Strafrechts auf. Er führt dazu, dass der Beschuldigte nicht seine Unschuld nachzuweisen hat, sondern dass die staatlichen Strafverfolgungsorgane seine Schuld beweisen müssen. Ein bloßer Verdacht reicht für eine Bestrafung nicht. Wenn letzte Zweifel an der Täterschaft des Beschuldigten oder am Nachweis der Tat verbleiben, muss dies dem Beschuldigten zugute kommen. Diese sich aus der Unschuldsvermutung ergebende Folge ist heute allgemein bekannt unter dem Schlagwort *in dubio pro reo* – „im Zweifel für den Angeklagten."

Ansätze dieser Prinzipien sind bereits im römischen Strafrecht auszumachen: Kaiser Traian beschied während seiner Regierungszeit von 98 bis 117 n. Chr. als Antwort auf eine – nicht erhalten gebliebene – Anfrage des wohl als Strafrichter tätigen Beamten Adsidius Severus: *Sed nec de suspicionibus debere aliquem damnari [...] satius enim impunitum relinqui facinus nocentis quam innocentem damnari* – „Nicht allein aufgrund eines Verdachts darf jemand verurteilt werden [...] es ist nämlich besser, einen einer Übeltat Schuldigen unbestraft zu lassen als einen Unschuldigen zu verurteilen"[8]. Adsidius Severus hatte wohl in einem von ihm durchgeführten Strafprozess zwar Hinweise auf die Täterschaft des Beschuldigten gewinnen können, jedoch konnte er im Endergebnis letzte Zweifel nicht überwinden, weshalb er seine Anfrage an Traian gestellt haben wird. Traian zementiert in seiner Antwort deutlich das Verbot der Verdachtsstrafe sowie den unbedingten Schutz des Unschuldigen auch um den Preis, einen tatsächlich Schuldigen laufen zu lassen[9]. Für Adsidius Severus bedeutete das gewiss, den bei ihm Angeklagten freisprechen zu müssen: er wandte damit praktisch den Grundsatz *in dubio pro reo* an, auch wenn dieser noch nicht explizit ausformuliert war.

II. Strafverfahren

Aus dem Ablauf eines Strafverfahrens wollen wir in der vergleichenden Betrachtung eine kleine Auswahl wichtiger Aspekte herausgreifen, den Anklagegrundsatz, die Befugnis zur Anklage, die Gewährung rechtlichen Gehörs sowie die Rechtskraft von Urteilen.

1. Anklagegrundsatz

Ein gerichtliches Strafverfahren kann nach heute geltendem Strafprozessrecht erst mit der Erhebung einer Anklage beginnen. Das Gericht ist an den in der Anklageschrift dargestellten Sachverhalt gebunden, insbesondere darf es nicht weitere, nicht angeklagte Sachverhalte oder in der Anklage nicht genannte Personen aburteilen[10]. Der Richter soll nicht Ankläger und Urteiler in einer Person sein, vielmehr unvoreingenommen den von ihm nicht selbst ermittelten und angeklagten Sachverhalt bewerten und würdigen.

Grundsätzlich galt der Anklagegrundsatz auch im römischen Strafrecht. Sowohl den Verhandlungen vor den Geschworenengerichtshöfen wie auch den Strafverfahren vor den kaiserlichen Beamten, die als Strafrichter tätig waren, musste eine schriftliche Anklage, eine *subscriptio*, vorausgehen, ohne die das Strafverfahren nicht in Gang gesetzt wurde[11]. In dieser *subscriptio* waren – wie in der heutigen Anklageschrift – der Sachverhalt und die Beweismittel anzugeben. Eine Strafverfolgung der Geschworenengerichte ohne Anklage war grundsätzlich ausgeschlossen; die kaiserlichen Beamten konnten zwar auch eigeninitiativ Straftaten verfolgen (*conquirere*) und dann selbst aburteilen. Diese Vorgehensweise war jedoch nur dann zulässig, wenn Sicherheit und Ordnung, beispielsweise durch Räuberunwesen, Wegelagerei, Entführungen oder Diebstahl, empfindlich gestört waren, etwa weil sich diese Verbrechen häuften[12].

2. Befugnis zur Anklage

Die Anklage war im römischen Strafrecht von Privatpersonen, römischen Bürgern, zu erheben. Grundsätzlich konnten Sklaven, Unmündige, Verurteilte, aber auch Frauen[13] nicht anklagen. Mit der Anklageerhebung übernahm der Ankläger die Verantwortung für den Prozess und konnte wegen wissentlich falscher Anklage, *calumnia*, oder wenn er die Anklage trotz Aufforderung nicht mehr betrieb oder verschleppte, *tergiversatio*, selbst strafrechtlich zur Verantwortung gezogen werden. Ein potenzieller Ankläger hatte darum genau zu prüfen, ob er eine Anklage bis zum Urteil würde aufrecht erhalten können, was im Ergebnis falsche Beschuldigungen eindämmte. Um diese Verantwortlichkeit des Anklägers tatsächlich durchsetzen zu können, waren anonyme Anklagen zumindest seit dem Bescheid Traians an Plinius, Verfahren gegen Christen betreffend, unzulässig und zwar mit der prägnanten Begründung *nam et pessimi exempli nec nostri saeculi est* – „denn das wäre ein sehr schlechtes Beispiel, das nicht in unsere Zeit passt"[14]. Aber selbst wenn der kaiserliche Beamte Straftaten eigeninitiativ verfolgte, musste dem Prozess eine Anklageschrift zugrunde liegen. Mit den eigentlichen Ermittlungen beauftragte er nämlich ihm zu diesem Zweck unterstellte Hilfsbeamte, in Kleinasien lokale Polizeibeamte, Irenarchen genannt, im übrigen Römischen Reich Militärangehörige, die *stationarii* und *beneficiarii*. Diese waren nun gleichfalls verpflichtet, ein der Anklageschrift vergleichbares Protokoll zu verfassen, und hatten die Folgen einer falschen Ermittlung wie ein privater Ankläger strafrechtlich zu verantworten[15]. Das sollte auch die Polizeiorgane zu gewissenhafter Ermittlung anhalten.

Das moderne Strafverfahrensrecht kennt die Anklage von Privatpersonen dagegen nur ausnahmsweise. Die Befugnis zur Anklage ist generell der Staatsanwaltschaft übertragen[16], d. h. einer staatlichen Behörde. Sie ist Herrin des Ermittlungsverfahrens und weist die Polizei an, in welcher Weise die Ermittlungen geführt werden sollen. Als „objektivste Behörde der Welt" ist sie nicht Partei des Strafverfahrens, sondern verpflichtet, be- und entlastende Umstände des einer Straftat Beschuldigten gleichermaßen zu berücksichtigen[17]. Dem einzelnen ist die Anklageerhebung nur gestattet, wenn die Staatsanwaltschaft bei bestimmten leichten Vergehen, beispielsweise Beleidigungen, Sachbeschädigung oder Hausfriedensbruch, das öffentliche Interesse an der Strafverfolgung verneint. Nur wenn also die Allgemeinheit durch die Tat wenig berührt wird, kann der Verletzte selbst im Rahmen der so genannten Privatklage den Beschuldigten anklagen[18].

3. Rechtliches Gehör

Mit Verfassungsrang ist im heutigen Strafverfahrensrecht der Anspruch eines einer Straftat Beschuldigten ausgestattet, sich dem Gericht gegenüber zu den gegen ihn erhobenen Vorwürfen äußern zu können[19]. Eine Ausprägung dieses Anspruchs besteht darin, dass eine gerichtliche Verhandlung in Abwesenheit des Angeklagten nicht durchgeführt werden darf, da er sonst nicht die Möglichkeit erhielte, sich zu den Vorwürfen zu äußern[20].

Im römischen Strafverfahrensrecht liegen insoweit erste Zeugnisse zur Behandlung der Abwesenheit im Strafverfahren aus der Zeit der Republik, genauer in der Anklagerede des Cicero gegen Verres, Statthalter von Sizilien 73 bis 71 v. Chr., vor; Verres hatte in einem Strafprozess den bei der Verhandlung abwesenden Sthenius verurteilt. Das wurde von Cicero zwar, da der Angeklagte keine Verteidigungsmöglichkeit gehabt habe, als moralisch verwerflich, aber nicht als verboten bewertet[21]. Auch die Apostelgeschichte enthält einen Hinweis auf Verurteilung in

Abwesenheit: Festus, Statthalter Palästinas etwa um 60 n. Chr., belehrte in Jerusalem Ankläger des Paulus, der sich zu dieser Zeit in Caesarea in Haft befand, dass es bei den Römern nicht üblich sei, einen Angeklagten ohne Möglichkeit der Gegenüberstellung und Verteidigung abzuurteilen[22]. Eine rechtsverbindliche Festlegung hat dann wohl erst Kaiser Traian bewirkt: Abwesende in Strafsachen dürfen nicht verurteilt werden[23]! Eine Begründung für das Verbot lieferten die Kaiser Septimius Severus und Caracalla: Die *ratio aequitatis*, die Gerechtigkeit, dulde es nicht, jemanden unangehört zu verurteilen[24]. Ganz konsequent hielt man sich daran jedoch nicht. War der Angeklagte trotz mehrfacher Aufforderung und Ladung nicht zum Prozess erschienen, so konnte zumindest bei leichten, mit reinen Geld- oder Ehrenstrafen zu ahndenden Taten eine Verurteilung erfolgen; ausgeschlossen blieb eine Verurteilung Abwesender aber bei schweren, etwa mit Todesstrafe belegten Taten[25]. Interessanterweise fand sich die Möglichkeit der Verurteilung Abwesender bei leichten, nur mit Geldstrafe oder Haft bis zu 6 Wochen zu ahndenden Straftaten bis zum Jahr 1975 auch in der deutschen Strafprozessordnung[26]; heute gilt das Verbot dagegen ausnahmslos.

4. Rechtskraft von Strafurteilen

Kann das durch ein Gericht gesprochene Urteil nicht oder nicht mehr mit Rechtsmitteln angefochten werden, bezeichnet man es als rechtskräftig. Mit Rechtskraft ist eine neue Strafverfolgung gegen denselben Täter wegen derselben Tat unzulässig[27], gleichgültig ob der Täter durch das rechtskräftige Urteil freigesprochen oder verurteilt worden war[28]. Dieser Grundsatz der Einmaligkeit der Strafverfolgung wird auch mit der lateinischen Redewendung *ne bis in idem* ausgedrückt.

In römischer Zeit wurden die Rechtskraft von Strafurteilen und die Möglichkeit nochmaliger Strafverfolgung vor allem bei Freisprüchen diskutiert. Dabei war zu berücksichtigen, dass die Anklage grundsätzlich durch Privatpersonen zu erheben war. Ein Ankläger, der nicht selbst Verletzter der Tat gewesen war, konnte geneigt sein, mit weniger Eifer Beweise zu suchen und die Anklage vor Gericht zu vertreten als der Geschädigte. Die Rechtskraft freisprechender Urteile zugunsten des Verletzten zu durchbrechen, wäre daher sicher vertretbar gewesen. Man entschied jedoch anders, zugunsten des Angeklagten: Für die stadtrömischen Geschworenengerichte galt allgemein eine absolute Rechtskraft freisprechender Urteile[29] und das wurde von Kaiser Antoninus Pius (138–161 n. Chr.) in einem Antwortschreiben an Salvius Valens auch für die außerordentliche Rechtsprechung der kaiserlichen Beamten bestätigt[30]. Ausnahmen waren nur bei Verurteilung des Anklägers wegen *praevaricatio* vorgesehen, wenn nämlich der Ankläger und der Angeklagte böswillig zusammengewirkt und dadurch den Freispruch des Angeklagten erreicht hatten.

III. Materielles Strafrecht

1. Straftaten

Welche Sachverhalte als so verfolgungswürdiges Unrecht angesehen werden, dass eine staatliche Ahndung notwendig erscheint, ist immer eine Frage konkreter gesellschaftlicher Umstände und Entwicklungen, die ständigen Änderungen unterworfen sind. Im Vergleich der im römischen und im heutigen Strafrecht für strafwürdig erachteten Sachverhalte sind trotz der enormen gesellschaftlichen Unterschiede viele Übereinstimmungen zu finden. Damals wie heute wurden beispielsweise Hoch- und Landesverrat, Totschlag, Urkunden- und Geldfälschung, Falschaussage vor Gericht, Freiheitsberaubung, Vergewaltigung oder Brandstiftung, aber auch Bestechlichkeit, das Verrücken von Grenzsteinen oder Stimmenkauf bei Wahlen als Straftaten betrachtet. Andere heute selbstverständlich als Straftaten geltende Taten wie die Sachbeschädigung, Körperverletzung, Beleidigung, der Hausfriedensbruch oder einfacher Diebstahl waren im römischen Recht dagegen nur mit Zivilklagen zu verfolgen, die zu Bußzahlungen verpflichteten[31].

Interessant ist ein Blick auf Sachverhalte, die mit sexuellen Verhaltensweisen zu tun haben. Heutzutage mag man die im römischen Strafrecht in der von Kaiser Augustus auf den Weg gebrachten *lex Iulia de adulteriis coercendis* niedergelegte Strafbarkeit des Ehebruchs und der Kuppelei genauso als antiquiert und rückständig belächeln wie diejenige der – wohl nur mit Geldstrafe zu ahndenden – Homosexualität. Dabei wird aber häufig vergessen, dass diese Sachverhalte sämtlich auch im deutschen Recht unter Strafe gestellt waren: Ehebruch und Kuppelei bis zum Jahr 1969, Homosexualität sogar bis zum Jahr 1994[32].

2. Begehungsformen

Straftaten können auf verschiedene Weisen begangen werden. Jemand kann beispielsweise einen anderen angreifen, um ihn zu töten, erreicht dieses Ziel, aus welchen Gründen auch immer, aber nicht; wegen Unaufmerksamkeit verursacht jemand einen für einen anderen tödlichen Verkehrsunfall; jemand reicht einem Dieb die Leiter, damit dieser leichter in ein Haus einbrechen kann. Diese Begehungsformen von Straftaten, wie in den Beispielsfällen der Versuch, die fahrlässige Tat und die Beihilfe, sind in modernen Kodifikationen des Strafrechts zusammengefasst und abstrakt vor den eigentlichen Straftaten niedergelegt, da sie Bedeutung bei verschiedenen oder sogar allen Straftaten erlangen können[33].

Im römischen Strafrecht war eine vergleichbare Dogmatik nicht vorhanden. Auch in den das Strafrecht betreffenden *leges* waren verschiedene Begehungsweisen nur vereinzelt und oberflächlich anzutreffen. Es ist vor allem das Verdienst fortschrittlicher Kaiser und der römischen Rechtswissenschaft, zumindest Grundlagen für die heutige Dogmatik gelegt zu haben. Als Beispiel soll ein Antwortschreiben Kaiser Hadrians, verfasst zwischen 117 und 138 n. Chr., an einen nicht bekannten Strafrichter dienen: „Auch wer einen Menschen getötet hat, pflegt freigesprochen zu werden, wenn er die Tat ohne Tötungsabsicht begangen hat; und wer keine Tötung begangen, aber zu töten beabsichtigt hat, wird als Totschläger bestraft. Daher ist nach den jeweiligen Tatumständen zu urteilen: Mit welchem eisernen Gegenstand hat Epaphroditus zugeschlagen? Hat er mit einem Schwert oder einem Spieß zugestoßen, wie kann dann zweifelhaft sein, dass er mit Tötungsabsicht zugeschlagen hat? Wenn er aber während einer ungeplanten Rauferei mit einem Schlüssel oder einem Kochtopf geschlagen hat, dann hat er zwar mit einem eisernen Gegenstand zugeschlagen, aber nicht mit Tötungsabsicht. Diese Umstände hast du zu ermitteln und, falls eine Tötungsabsicht bestand, ihn wie einen Totschläger zu bestrafen, falls er Sklave war, mit der Höchststrafe"[34]. Der in der Anfrage an Hadrian mitgeteilte Sachverhalt lautete wohl nur, Epaphroditus habe mit einem eisernen Gegenstand jemanden geschlagen. Ob der andere durch den Schlag gestorben war, war anscheinend genauso unklar wie die Art des Schlagwerkzeugs und die genauen Umstände der Tat. Hadrian nutzt die Unklarheiten, um die Voraussetzungen des in der *lex Cornelia de sicariis et veneficiis* geregelten Tötungsverbrechens zu erweitern, die nur die willentliche Tötung bestrafte und ansonsten zwingend Freispruch vorsah. Er lässt einerseits mit dem Begriff *solet* die Möglichkeit offen, dass in bestimmten Fällen auch unwillentliche Tötungen bestraft werden können und belebt damit verallgemeinernd einen schon im Zwölftafelgesetz angedeuteten Ansatz zur Bestrafung fahrlässig begangener Tötungen neu[35], andererseits entwickelt er die Rechtsfigur der bloß versuchten Tat. Maßgeblich war bei beiden Konstellationen die Feststellung der Tötungsabsicht oder – wie heute gesagt würde – des Vorsatzes. Hier liefert Hadrian Ansatzpunkte, wie anhand der nach außen feststellbaren Umstände – Verwendung einer Waffe im engeren Sinn oder von Gebrauchsgegenständen; versehentlicher Schlag während einer zufällig begonnenen Rauferei – auf das Vorliegen oder Fehlen dieses Vorsatzes geschlossen werden kann. Er gab den Strafrichtern damit das Rüstzeug an die Hand, weitere strafrechtlich relevante Verhaltensweisen einschätzen und entsprechend des verwirklichten Unrechts bestrafen zu können.

3. Strafen

Das moderne deutsche Strafrecht kennt als Hauptstrafen nur die Haftstrafe und die Geldstrafe[36]. Dem gegenüber stehen die im römischen Strafrecht im Laufe der Kaiserzeit sich immer stärker auffächernden Arten von Strafen, die sich in hohem Maße nach dem sozialen Stand des Verurteilten richten. Die Spannbreite reichte von einfacher Prügel- und Geldstrafe über verschiedene Formen von Verbannung bis hin zu den Kapitalstrafen, bei denen es *de capite*, nämlich um den Kopf des Täters, ging: die Todesstrafe, aber auch Strafen, die die Verurteilten zu Sklaven werden ließen oder ihr Bürgerrecht aberkannten[37]. Die Ausdifferenzierung ging so weit, dass verschiedene Formen der Todesstrafe vorgesehen wurden: die Kreuzigung, die Verbrennung, die *damnatio ad bestias*, also Kampf mit den Tieren in der Arena bis zum Tod, und die Enthauptung mit dem Schwert (siehe D. Schmitz in diesem Band). Die im Gefängnis zu verbüßende Freiheitsstrafe gab es demgegenüber nicht, Gefängnisse dienten nur zum Gewahrsam von Beschuldigten bis zu ihrer Verurteilung und gegebenenfalls bis zur Vollstreckung einer verhängten Todesstrafe[38].

Willkürlich und nach Belieben festsetzen sollten die Strafrichter diese Strafen nicht: Vor allem die römische Rechtswissenschaft war bemüht, Systematisierungen, Abstufungen bei unterschiedlichen Begehungsformen von Straftaten und Strafobergrenzen zu entwickeln und dadurch das Strafrecht insgesamt verlässlicher zu machen. So differenzierte beispielsweise der Jurist Ulpian Anfang des 3. Jahrhunderts n. Chr. bei den nun strafrechtlich zu verfolgenden Diebstahlstaten: Diebe, die nachts oder in den Thermen gestohlen hatten, sollten nicht über zeitige Zwangsarbeit hinaus bestraft werden; der Diebstahl mit Waffen konnte dagegen, wegen der größeren Gefährlichkeit, bei den weniger Angesehenen mit der kapitalen Strafe der Zwangsarbeit in den Minen, bei den Höhergestellten zumindest mit Verbannung geahndet werden. Viehdiebe schließlich, deren Taten schlimme Folgen in der Versorgung der Bevölkerung haben konnten, sollten – auch zur Abschreckung – bis zur Todesstrafe durch Enthauptung verurteilt werden können[39].

Bei aller Brutalität und den mannigfachen Arten möglicher Strafen darf schließlich nicht vergessen werden, dass auch im deutschen Strafrecht bis zum Jahr 1953 die durch Enthauptung zu vollziehende Todesstrafe vorgesehen war[40]. Ebenfalls gab es bis zum Jahr 1970 verschiedene, der Schwere nach abgestufte Formen der Freiheitsstrafe, zum Teil verbunden mit Zwangsarbeit: Zuchthaus, Gefängnis, Festungshaft (später Einschließung genannt) und Haft[41].

Anmerkungen

[1] Vgl. Artikel 103 Absatz 2 des deutschen Grundgesetzes, wortgleich in § 1 des deutschen Strafgesetzbuchs wiederholt. Auch Artikel 7 Absatz 2 der Konvention des Europarates zum Schutz der Menschenrechte und Grundfreiheiten vom 04. November 1950 nimmt das Bestimmtheitsgebot auf.

[2] Lex XII tab. 8.

[3] Vgl. Dig. 1,18,13pr. (Ulpian, *de officio proconsulis* 7); Dig. 1,12,1,12 (Ulpian, *liber singularis de officio praefecti urbi*).

[4] Im Gegensatz zur ordentlichen Strafrechtspflege vor den Geschworenengerichtshöfen.

[5] Plin. epist. 10,96,3.

[6] Vgl. Dig. 1,4,1 (Ulpian, *institutionum* 1).

[7] Beispielhaft seien nur Ulpians *de officio proconsulis* („Über das Amt des Provinzstatthalters") in zehn Büchern, davon vier zum Strafrecht, verfasst zwischen 212 und 217 n. Chr., und, etwas später niedergeschrieben, Marcians *institutionum* („Unterweisungen") in 16 Büchern, davon ein Buch zum Strafrecht, genannt. Beide wurden umfangreich in die Digesten Iustinians, einen Hauptteil seines Corpus Iuris Civilis, übernommen.

[8] Dig. 48,19,5pr. (Ulpian, *de officio proconsulis* 7).

[9] Dieser Grundsatz war schon von Aristoteles, Physika 29,13 entwickelt, jedoch noch nicht so prägnant wie von Traian formuliert worden.

[10] Vgl. §§ 151, 155 Absatz 1, 264 Absatz 1 der deutschen Strafprozessordnung.

[11] Vgl. Dig. 48,2,3pr. (Paulus, *de adulteriis* 3) zu den Verfahren vor den *quaestiones*, Dig. 48,2,7pr. (Ulpian, *de officio proconsulis* 7) zu den Verfahren vor den Höchstmagistraten.

[12] In den kaiserlichen Dienstanweisungen (*mandata*) war das ausdrücklich gestattet worden; vgl. Dig. 48,13,4,2 (Marcian, *institutionum* 14); Dig. 1,18,3 (Paulus, *ad Sabinum* 3); Dig. 1,18,13pr. (Ulpian, *de officio proconsulis* 7).

[13] Vgl. Dig. 48,2,8 (Macer, *de publicis iudiciis* 2). Ausnahmen galten für Sklaven bei Delikten wie Hoch- und Landesverrat oder Münzfälschung, bei den übrigen immer dann, wenn sie selbst Verletzte oder Verletzter einer Straftat waren: Dig. 48,2,11pr. (Macer, *de publicis iudiciis* 2).

[14] Plin. epist. 10,97,2.

[15] So explizit vom späteren Kaiser Antoninus Pius etwa im Jahr 135 n. Chr. für die Irenarchen festgelegt: Dig. 48,3,6,1 (Marcian, *de iudiciis publicis* 2.

[16] Vgl. § 151 Absatz 1 der deutschen Strafprozessordnung. Die Institution Staatsanwaltschaft wurde im Zusammenhang mit der Ausformung der Gewaltenteilung Mitte des 18. Jhs. zuerst in Frankreich entwickelt.

[17] Vgl. § 160 der deutschen Strafprozessordnung.

[18] Das Privatklageverfahren ist in §§ 374–394 der deutschen Strafprozessordnung geregelt. Bei der Privatklage handelt es sich um ein Strafverfahren; sie ist daher nicht mit einer Klage vor den Zivilgerichten zu verwechseln.

[19] Artikel 103 Absatz 1 des deutschen Grundgesetzes.

[20] Vgl. § 230 Absatz 1 und § 285 Absatz 1 der deutschen Strafprozessordnung.

[21] Cic. Verr. 2,2,41,101. 2,2,45,110.

[22] Apg. 25,15–16.

[23] In einem Antwortschreiben an einen Iulius Fronto: Dig. 48,19,5pr. (Ulpian, *de officio proconsulis* 7).

[24] Dig. 48,17,1pr. (Marcian, *de iudiciis publicis* 2); es handelt sich um ein Antwortschreiben aus der Samtherrschaft der beiden Kaiser (198–211 n. Chr.).

[25] Vgl. einen Brief Caracallas aus dem Jahr 211 n. Chr. in Cod. Iust. 9,40,1pr. sowie bei Ulpian *de officio proconsulis* 7 (Dig. 48,19,5pr.). Abwesende Beschuldigte wurden bei schweren Taten in eine Liste von Gesuchten (so genannte *adnotatio requirendi*) eingetragen. Nach einem Jahr, ohne dass sich der Beschuldigte gestellt hatte, wurde sein Vermögen eingezogen; vgl. Dig. 48,17,1,1–4 (Marcian, *de iudiciis publicis* 2).

[26] §§ 277–284 der deutschen Strafprozessordnung in der Fassung vom 12. September 1950 (Bundesgesetzblatt I, 1950, 455. 659); aufgehoben durch das Einführungsgesetz zum Strafgesetzbuch vom 02. März 1974 (Bundesgesetzblatt I, 1974, 469. 511).

[27] Diese Folge der Rechtskraft von Strafurteilen ist mit Verfassungsrang ausgestattet: Artikel 103 Absatz 3 des deutschen Grundgesetzes.

[28] Die Rechtskraft von Strafurteilen kann nur in sehr engen Grenzen – aber dann auch zuungunsten des Verurteilten – im Rahmen eines Wiederaufnahmeverfahrens durchbrochen werden; vgl. §§ 359–373a der deutschen Strafprozessordnung.

29 So der von Macer, Dig. 47,15,3,1 (*de iudiciis publicis* 1) wiedergegebene Inhalt der die Organisation der Geschworenengerichtshöfe allgemein regelnden *lex Iulia iudiciorum publicorum*.
30 Bei Ulpian, Dig. 48,2,7,2 (*de officio proconsulis* 7), und erneut in einem Antwortschreiben Kaiser Diokletians an den Statthalter Crispinus aus dem Jahr 292 n. Chr. (Cod. Iust. 9, 2, 11).
31 Qualifizierte Diebstahlstaten wie der Diebstahl von den Göttern geweihten Gegenständen oder staatlichen Gutes waren dagegen strafrechtlich sanktioniert. Beim Diebstahl entwickelte sich im Laufe der Kaiserzeit die strafrechtliche Verfolgung mannigfacher Sachverhalte heraus, beispielsweise des Vieh-, Trick- oder nächtlichen Diebstahls.
32 In den §§ 172 (Ehebruch), 180 (Kuppelei) und 175 (Homosexualität) des deutschen Strafgesetzbuchs (abrufbar unter http://delegibus.com/2010.1.pdf, einer Gegenüberstellung sämtlicher Fassungen des deutschen Strafgesetzbuchs von 1872 bis 2010 [herausgegeben von Th. Fuchs]).
33 Man spricht daher im deutschen Strafgesetzbuch hier vom „Allgemeinen Teil", während die eigentlichen Straftaten im „Besonderen Teil" genannt werden.
34 Coll. 1,6,2–4 (bei Ulpian, *de officio proconsulis* 7): *Et qui hominem occidit, absolvi solet, sed si non occidendi animo id admisit: et qui non occidit, sed voluit occidere, pro homicida damnatur. 3 E re itaque constituendum est: ecquo ferro percussit Epaphroditus? Nam si gladium instrinxit aut telo percussit, quid dubium est, quin occidendi animo prcusserit? Si clave percussit aut cucuma, cum forte rixaretur, ferro percussit, sed non occidendi mente. 4 Ergo hoc exquirite et si voluntas occidendi fuit, ut homicidam servum supplicio summo iure iubete affici.*
35 Vgl. lex XII tab. 8, 24a. Auch bei frühkaiserzeitlichen Erweiterungen des Giftmordes werden unabsichtliche Tötungen angesprochen. Die Bestrafung fahrlässiger Tötungen wird dann später im Rahmen eines Antwortschreibens an den Statthalter der Provinz Baetica (dem heutigen Südspanien), Egnatius Taurinus, hinsichtlich eines tödlichen Unfalls beim so genannten Prellspiel erneut aufgegriffen und weiter vertieft (coll. 1,11,2–3 (bei Ulpian, *de officio proconsulis* 7).
36 Vgl. §§ 38–43 des deutschen Strafgesetzbuchs.
37 Deportierung auf eine Insel führte zur Aberkennung des Bürgerrechts und Vermögensverfall, Zwangsarbeit in den kaiserlichen Minen zu Versklavung; vgl. Dig. 48,19,28pr.–1 (Callistratus, *de cognitionibus* 7).
38 Dig. 48,19,8,9 (Ulpian, *de officio proconsulis* 9).
39 Dig. 47,17,1; Dig. 47,14,1 (Ulpian, *de officio proconsulis* 8).
40 § 13 des deutschen Strafgesetzbuchs in der bis 1953 geltenden Fassung. Die Todesstrafe war durch Artikel 102 des deutschen Grundgesetzes seit 1949 abgeschafft worden.
41 Vgl. §§ 14–18 des deutschen Strafgesetzbuchs in der bis 1970 geltenden Fassung.

Abbildungsnachweis: Introbild picture alliance / dpa / Andreas Altwein.

Dr. Alexander Nogrady
Staatsanwalt
Bahnhofstr. 25
71332 Waiblingen
nogrady@t-online.de

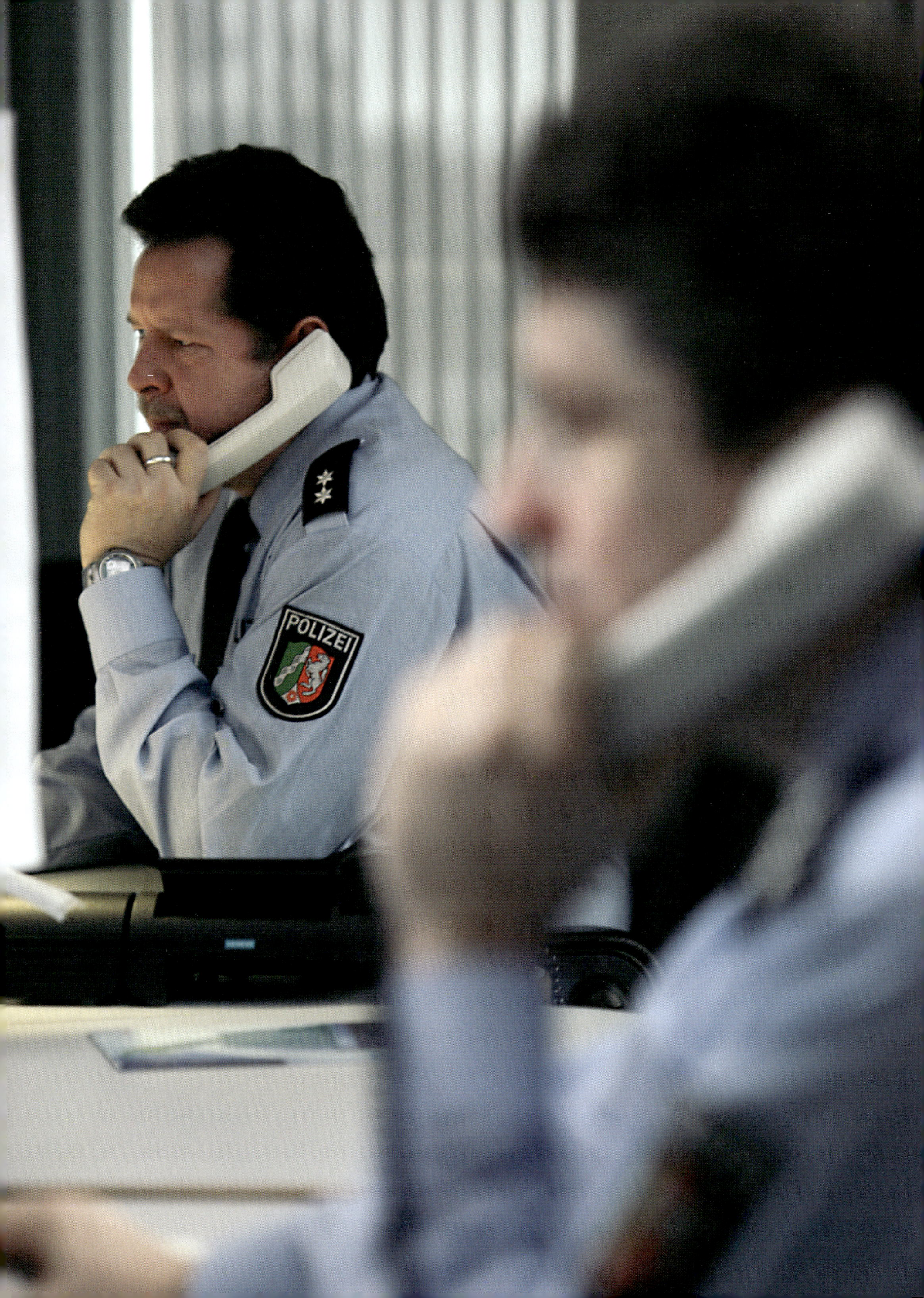
POLIZEI

JÖRG BOCKOW

Strafverfolgung und Verbrechensbekämpfung heute – Die Arbeit der Polizei in Nordrhein-Westfalen: Zahlen, Daten und Fakten

Im Bild der Öffentlichkeit sind sie stets präsent – mal als „Freund und Helfer", mal auf Streife und im Wachdienst, mal im Straßenverkehr als Kontrolleur und mal als Ermittler und Fahnder. Die Polizei hat viele Gesichter und noch viel mehr Aufgaben. Im Einsatz ist ihr Auftritt in der Regel Respekt einflößend: Polizeifahrzeuge mit Martinshorn und Blaulicht sowie Beamtinnen und Beamte in Uniform, das sind unüberhörbare und unübersehbare Signale (Abb. 1).

Als staatliches Organ der Gefahrenabwehr und der Kriminalitätsbekämpfung ist der Erfolg ihrer Arbeit durchaus bemerkenswert. Die Verbrechensbekämpfung ist eine tägliche Herausforderung für die Polizeibeamtinnen und -beamten unseres Landes. Bei Schwerstverbrechen wie Mord und Totschlag liegt die Aufklärungsquote in Nordrhein-Westfalen bei über 94 % – dank einer Kriminalistik, die auf ausgereiften Methoden und modernster Technik gründet.

Ein Blick ins Kriminalwissenschaftliche und -technische Institut (KTI) beim Landeskriminalamt Düsseldorf vermittelt: Es gibt kein Verbrechen ohne Spuren. Diese gilt es teilweise mit Hightech-Instrumenten aufzuspüren, zu sichern, zu dokumentieren und von Experten bewerten zu lassen (Abb. 2). Das KTI unterstützt auf Anforderung die Kriminalkommissariate und die Kriminaltechnischen Untersuchungsstellen (KTU) bei ihrer Ermittlungsarbeit.

Die Leistungsbilanz des KTI kann sich sehen lassen: 200 Beschäftigte, davon mehr als 140 hoch qualifizierte Wissenschaftler, Sachverständige und Assistenten bearbeiteten im vergangenen Jahr mehr als 35 000 Untersuchungsanträge. Dabei wurden fast 90 000 Spurenträger untersucht und 34 148 Gutachten erstellt. Dafür werden rund 100 Labore mit modernster Technik genutzt.

Die Bandbreite der möglichen Untersuchungsverfahren ist groß. Sie reicht von der Sicherung von Fingerabdrücken (Abb. 3) mit physikalischen und chemischen Mitteln bis hin zu DNA-Analysen oder der Untersuchung von Schmauchspuren am Rasterelektronenmikroskop. Bei Beweismitteln mit mehreren Spuren führen die Wissenschaftler in einem abgestimmten Prozess unterschiedliche Prüfungen hintereinander durch, keiner darf den anderen behindern oder gar dessen Spuren beeinflussen oder verändern.

Die hoch spezialisierten technischen Verfahren in der Kriminaltechnik helfen, selbst komplizierte Zusammenhänge zu durchleuchten. Sie kommen vor allem dort zum Einsatz, wo nur mit hochempfindlichen Geräten und sensiblen Instrumenten beweisdienliche Partikel aufgefunden und Indizien bewertet werden können. So werden im Prüfbereich Daktyloskopie mit physikalischen und chemischen Mitteln auch Fingerabdrücke auf saugfähigen Untergründen sichtbar gemacht und ausgewertet, um sie anschließend mit der Fingerabdruckkartei des Bundeskriminalamtes (BKA) abzugleichen (Abb. 4).

Im vergangenen Jahr wurden im Landeskriminalamt in Düsseldorf 700 differenzierte Untersuchungen durchgeführt und erfolgreich Fingerabdrücke gesichert. Von den rund 10 000 Abgleichen von Fingerabdrücken mit der Datei des BKA konnten 23 %, sprich rund 2 300 Personen, ermittelt werden, die bereits mindestens einmal erkennungsdienstlich erfasst worden sind.

◀ Hocheffiziente Organisation: Die Polizei in Nordrhein-Westfalen ist dank einer guten Aufgabenverteilung flächendeckend präsent.

Abb. 1 Jeder Handgriff sitzt: Widerstand ist zwecklos. Ein Zugriff läuft nach einer vielfach geübten Routine ab. Damit wird der gestellte Täter so beeindruckt, dass er sich ohne Gegenwehr ergibt.

Abb. 2 Kleinste Erdpartikel reichen schon, um die Kleidung eines Täters einem bestimmten Tatort zuzuordnen. Im Vergleich mit Bodenproben können Zweifel sicher ausgeräumt werden.

Das Ziel der Polizeiarbeit: Innere Sicherheit

Die Polizei ist ein wesentlicher Garant für die Innere Sicherheit im Land. Die Aufgaben der Gefahrenabwehr, zu der auch die Verkehrssicherheitsarbeit zählt, der Strafverfolgung sowie der Prävention und die jeweiligen Kompetenzen sind auf Länderebene gesetzlich geregelt, denn Polizeiarbeit ist Ländersache. Jedes der 16 Länder verfügt über seine eigene Polizei.

Zusammen beschäftigen die Länderpolizeien mehr als 300 000 Polizeibeamtinnen und -beamte sowie Verwaltungsbeamtinnen und -beamte. Auf Bundesebene gibt es unter der Verantwortung des Bundesinnenministers die Bundespolizei (der ehemalige Bundesgrenzschutz) sowie das Bundeskriminalamt (BKA) in Wiesbaden. Insgesamt sind dort etwa 39 000 Mitarbeiterinnen und Mitarbeiter beschäftigt.

Abb. 3 Klassisch – aber sehr zuverlässig: Am Tatort werden Fingerabdrücke zuerst sichtbar gemacht und dann abgenommen. Im kriminaltechnischen Labor werden sie anschließend ausgewertet und mit der zentralen Datei abgeglichen.

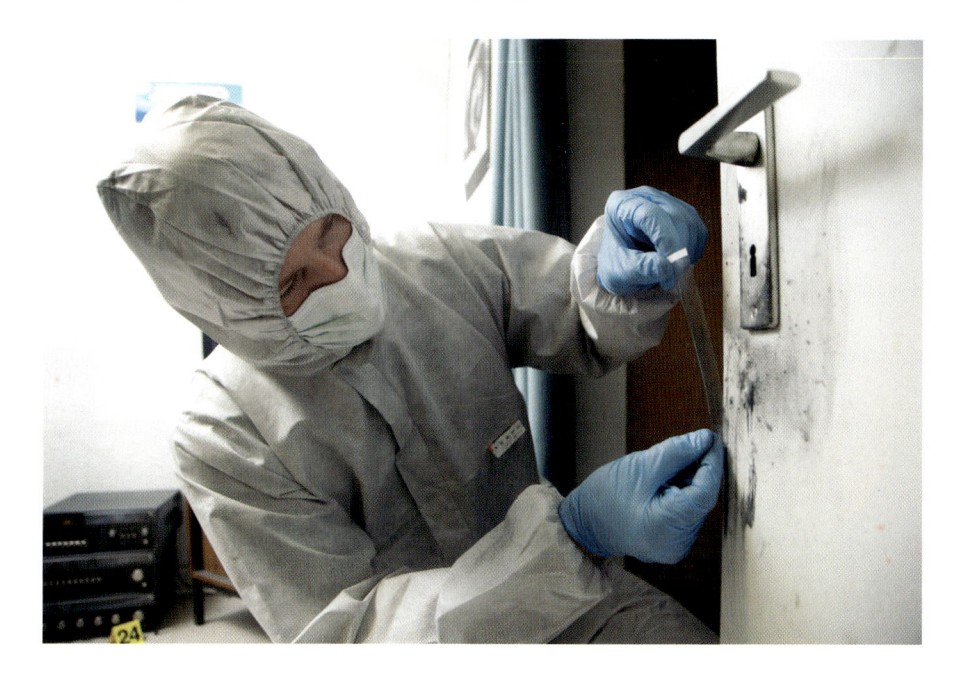

Die Organisation in Nordrhein-Westfalen

In Nordrhein-Westfalen nimmt die Polizei ihre Aufgaben in 47 Kreispolizeibehörden und drei Landesoberbehörden mit insgesamt etwa 50000 Beschäftigten, davon mehr als 42000 Polizeibeamtinnen und -beamte, wahr. Die Polizei untersteht dem Innenminister. Er ist gegenüber dem Parlament politisch verantwortlich. Drei nachgeordnete Landesoberbehörden übernehmen zentrale Dienste und Serviceleistungen. Das sind das Landesamt für Zentrale Polizeiliche Dienste (LZPD), das Landeskriminalamt (LKA) und das Landesamt für Ausbildung, Fortbildung und Personalangelegenheiten (LAFP). Um den ganz unterschiedlichen Aufgabengebieten, speziellen Einsätzen und hohen Anforderungen gerecht werden zu können, wird die Organisation mit einem modernen Managementsystem gesteuert.

Die Kreispolizeibehörden

Der Schwerpunkt der Polizeiarbeit in Nordrhein-Westfalen liegt bei den 47 Kreispolizeibehörden (KPB). Ihre Zuständigkeitsbereiche decken sich zumeist mit denen der kreisfreien (Groß-)Städte und der Kreise. Kreispolizeibehörden in kreisfreien Städten sind die 18 Polizeipräsidien, in den Kreisen sind dies die 29 Landrätinnen und Landräte. Neben den wahrzunehmenden Verwaltungsaufgaben sind hier die Vollzugsaufgaben in die Kernbereiche Gefahrenabwehr, Kriminalitäts- und Verkehrsunfallbekämpfung gegliedert.

Für bestimmte schwerwiegende Straftaten oder besondere Einsatzanlässe besteht ein abgestuftes System. Größere und leistungsstärkere Kreispolizeibehörden nehmen dabei Aufgaben über ihren eigenen Zuständigkeitsbereich hinaus wahr.

Weitere Besonderheiten ergeben sich für die Überwachung von etwa 2000 km Autobahn und über 900 km Wasserstraßen. Für die Autobahn sind auch über den eigenen Bereich hinaus die Polizeipräsidien Bielefeld, Dortmund, Düsseldorf, Köln und Münster zuständig, für die Wasserstraßen ist es landeszentral das Polizeipräsidium Duisburg.

Das Landesamt für Ausbildung, Fortbildung und Personalangelegenheiten

Mit etwa 1300 Beschäftigten ist das Landesamt für Ausbildung, Fortbildung und Personalangelegenheiten der Polizei NRW (LAFP NRW) zuständig für die Ausbildung und zentrale Fortbildung der Polizei, soweit die Ausbildung nicht in der Fachhochschule für öffentliche Verwaltung oder in den Kreispolizeibehörden als Ausbildungsbehörden erfolgt. Daneben werden Fortbildungsmaßnahmen auch im Rahmen dezentraler, behördlicher Be-

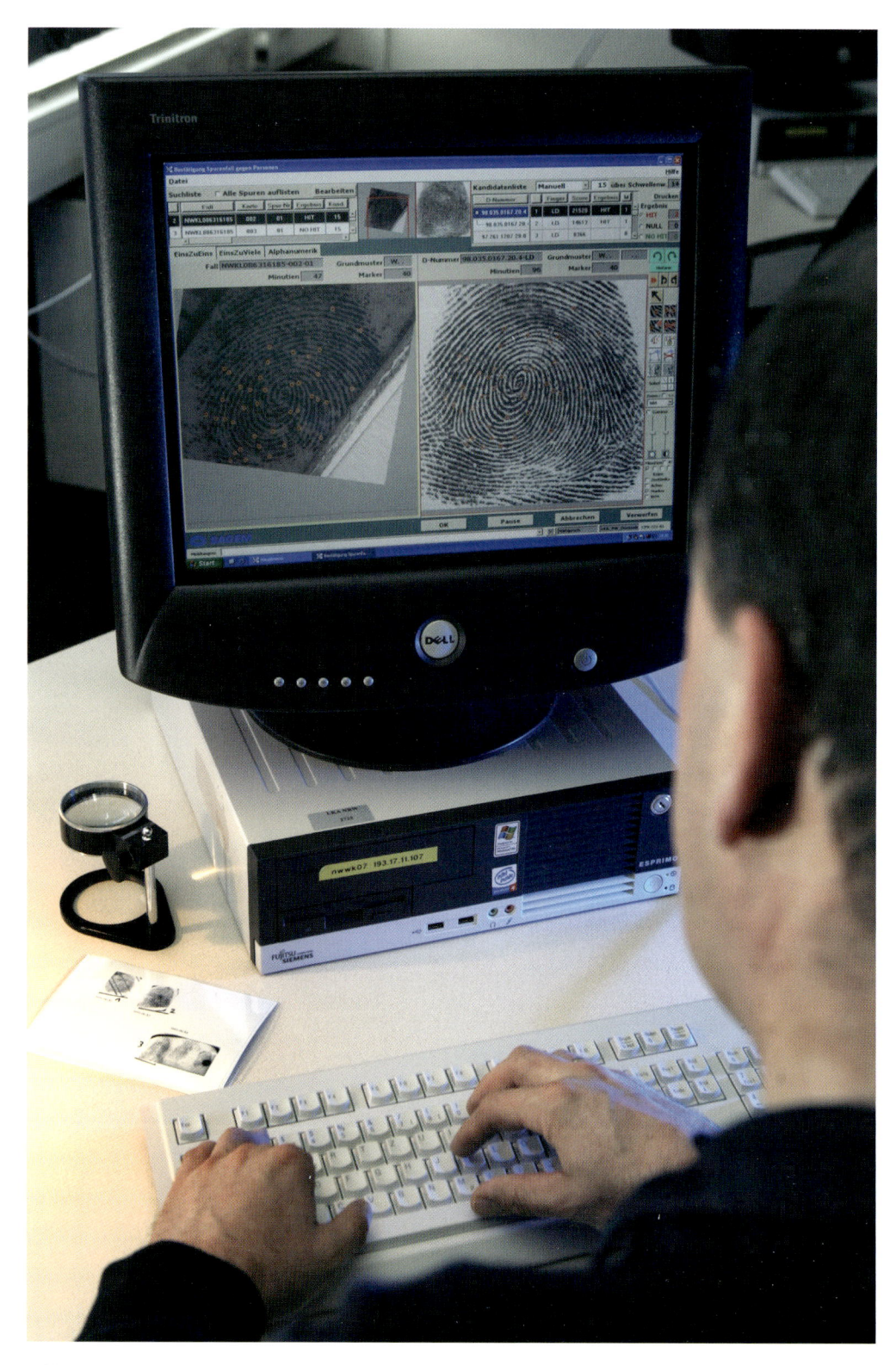

Abb. 4 Um einen Abgleich mit der zentralen Fingerspurendatei beim Bundeskriminalamt vornehmen zu können, müssen die Fingerabdrücke minutiös nach bestimmten Merkmalen bewertet werden. Da jeder Fingerabdruck individuell ist, lassen sich dabei bereits erkennungsdienstlich erfasste Personen in kurzer Zeit ermitteln.

Abb. 5 Stück für Stück zusammengesetzt wie bei einem Puzzle: Aus den Täterbeschreibungen der Opfer oder Zeugen können die Spezialisten vom Landeskriminalamt am Bildschirm ein Phantombild erstellen, das den Kriminalisten bei der Fahndung weiterhelfen kann.

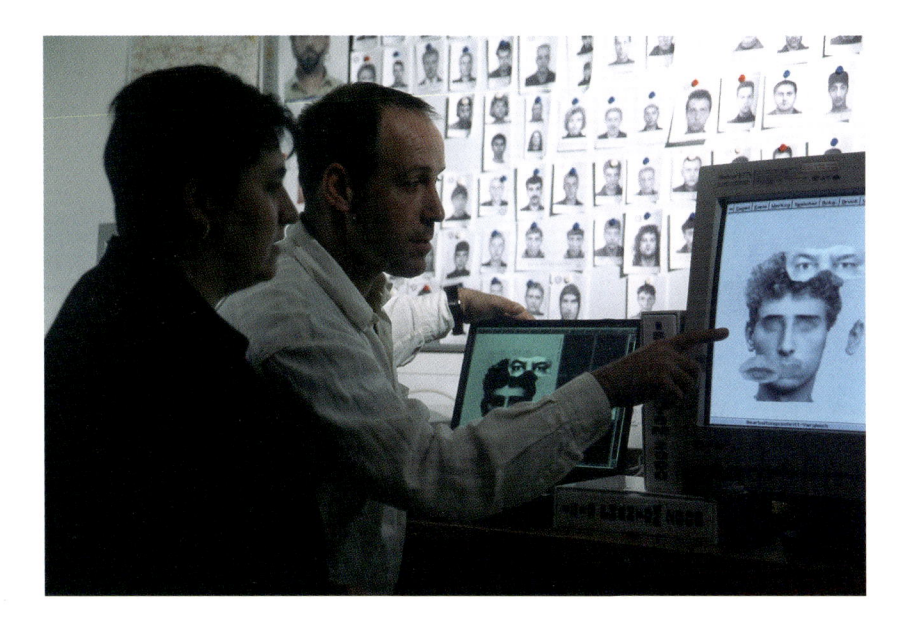

Abb. 6 Nach bestimmten Merkmalen penibel sortiert: Die Schusswaffensammlung im Landeskriminalamt dient vor allem zu Vergleichszwecken. Ganz gleich ob Revolver, Colt oder Pistole, anhand dieser Merkmale lassen sich die benutzten Tatwaffen genau identifizieren.

schulungen durchgeführt. Das LAFP NRW übt die Aufsicht über die Kreispolizeibehörden in allen dienstrechtlichen Angelegenheiten aus.

Das Landeskriminalamt

Das nordrhein-westfälische Landeskriminalamt (LKA) hat seinen Sitz in Düsseldorf und ist mit fast 1070 Mitarbeiterinnen und Mitarbeitern Zentralstelle für kriminalpolizeiliche Aufgaben. Es unterstützt das Innenministerium in Angelegenheiten der Kriminalitätsbekämpfung und die Kreispolizeibehörden bei der Kriminalprävention sowie bei der Aufklärung von Straftaten (Abb. 5).

Im Auftrag des Innenministeriums sowie auf Ersuchen eines Gerichts oder einer Staatsanwaltschaft verfolgt das Landeskriminalamt Straftaten in eigener Zuständigkeit. Darüber hinaus sammelt es alle für die Kriminalitätsbekämpfung der Polizei bedeutsame Nachrichten und wertet sie aus. Außerdem nimmt es landeszentrale Aufgaben im Bereich des Waffen- und Vereinsrechtes wahr (Abb. 6).

Die Kriminalkommissariate

Die Kriminalkommissariate untersuchen Tatorte, ermitteln Zusammenhänge und vernehmen Zeuginnen und Zeugen. So bürgernah wie möglich und so spezialisiert wie nötig – nach diesem Grundsatz ist die polizeiliche Kriminalitätsbekämpfung in Nordrhein-Westfalen aufgebaut.

Kriminalkommissariate gibt es in den „Direktionen Kriminalität" der Kreispolizeibehörden. Hier werden – je nach Zuständigkeit – Delikte der so genannten Alltagskriminalität ebenso bearbeitet wie überörtliche Straftatenserien, Todesfälle, Waffendelikte, Sexualstraftaten und Rauschgiftdelikte.

Kapitalverbrechen, organisierte Kriminalität, Wirtschaftskriminalität und politisch motivierte Kriminalität werden durch Spezialisten der 16 zu Kriminalhauptstellen bestimmten Kreispolizeibehörden bekämpft.

Sechs Polizeibehörden verfügen zudem über Spezialeinheiten, die landesweit bei Erpressungen, Entführungen, Geiselnahmen und anderen schwersten Gewaltverbrechen zum Einsatz kommen.

Statistische Streiflichter aus Nordrhein-Westfalen

Deutlich weniger Morde, Gewaltdelikte auf konstantem Niveau, sinkende Fallzahlen bei Diebstählen und eine beachtliche Steigerung der Aufklärungsquote – das sind die herausragenden Erkenntnisse der Kriminalitätsstatistik 2009 für Nordrhein-Westfalen.

Die Polizei registrierte 2009 mit 1 458 438 Straftaten nahezu gleich viele Straftaten wie im Vorjahr (Diagramm 1). Die Aufklärungsquote lag bei 50,8 %. Das sind 1,5 Prozentpunkte mehr als im Vorjahr und ist damit die höchste seit 1963.

Bei den jungen Mehrfachtatverdächtigen unter 21 Jahren erreichte die Zahl den niedrigsten Stand seit mehr als zehn Jahren. Sie ging um 1,7 % auf 7 954 zurück. Das entspricht einem Anteil von 0,3 % an dieser Altersgruppe. Mehrfachtatverdächtige begehen fünf oder mehr Straftaten in einem Jahr. Im Vergleich zu 2005 verringerte sich die Zahl um 11,1 %.

Die Projekte und Konzepte, die die Polizeibehörden in den letzten Jahren entwickelt haben, wirken. Es gelingt damit zum einen, kriminelle Karrieren von jungen Menschen zu beenden und zum anderen, Jugendliche vor solchen Karrieren zu bewahren. Die Polizei kooperiert dabei eng mit den Kommunen, der Justiz und den Schulen.

Im Jahr 2009 ermittelte die Polizei 136 501 Tatverdächtige zwischen acht und 21 Jahren. Das sind 1,8 % weniger Tatverdächtige als im Jahr davor. Gegen 21 708 wurde wegen einer Gewalttat wie Raub oder Körperverletzung ermittelt. Das entspricht einem Anteil von 0,85 % dieser Altersgruppe. Die große Mehrheit der Jugendlichen ist rechtstreu.

Trend bei Gewaltkriminalität gestoppt – Zahl auf Vorjahresniveau

Bei den Gewaltdelikten markierte das Jahr 2008 den Wendepunkt – der jahrelange Anstieg konnte gestoppt werden. Im Jahr 2009 blieb die Zahl mit 52 451 Taten konstant.

Bei Gewaltkriminalität reagiert die Polizei besonders sensibel. Die Aufklärungsquote ist mit 72,5 % unverändert hoch. 86,4 % der ermittelten Tatverdächtigen waren männlich. Der Kampf gegen die Gewaltkriminalität ist ein Schwerpunkt gesellschaftlicher und polizeilicher Prävention.

Mit 14 330 Taten stieg die Zahl der Raubdelikte leicht um 1,2 % an; jede zweite Tat klärten die Ermittler auf. Die Täter erbeuteten Bargeld und Wertsachen in Höhe von rund 17 Millionen Euro. Der Anteil der unter 21-jährigen Tatverdächtigen sank im Vergleich zum vorhergehenden Jahr von 56,1 auf 55,3 %. Rund 35 % der Raubopfer waren unter 21 Jahren.

Raub und Erpressung unter Jugendlichen bereiten der Polizei nach wie vor Sorge. Handy, Bargeld oder MP3-Player sind die bevorzugte Beute der Täter. Den Jugendlichen ist oft nicht klar, dass dieses von ihnen so bezeichnete „Abziehen" kein Bagatelldelikt, sondern eine schwere Straftat ist. Deshalb setzt man nicht nur auf die Strafverfolgung, sondern sehr stark auf vorbeugende Maßnahmen.

Deutlich weniger Mord und Totschlag: 94 % der Fälle aufgeklärt

2009 wurden 99 Menschen Opfer eines Mordes oder Totschlags. Das sind 17 weniger als in 2008 und 39 weniger als noch in 2005. In 260 Fällen wurde ein Tötungsdelikt versucht.

Die Polizei kommt bei Mord und Totschlag fast jedem Täter auf die Spur: Rund 94 % der Taten, auch

Erfasste Fälle

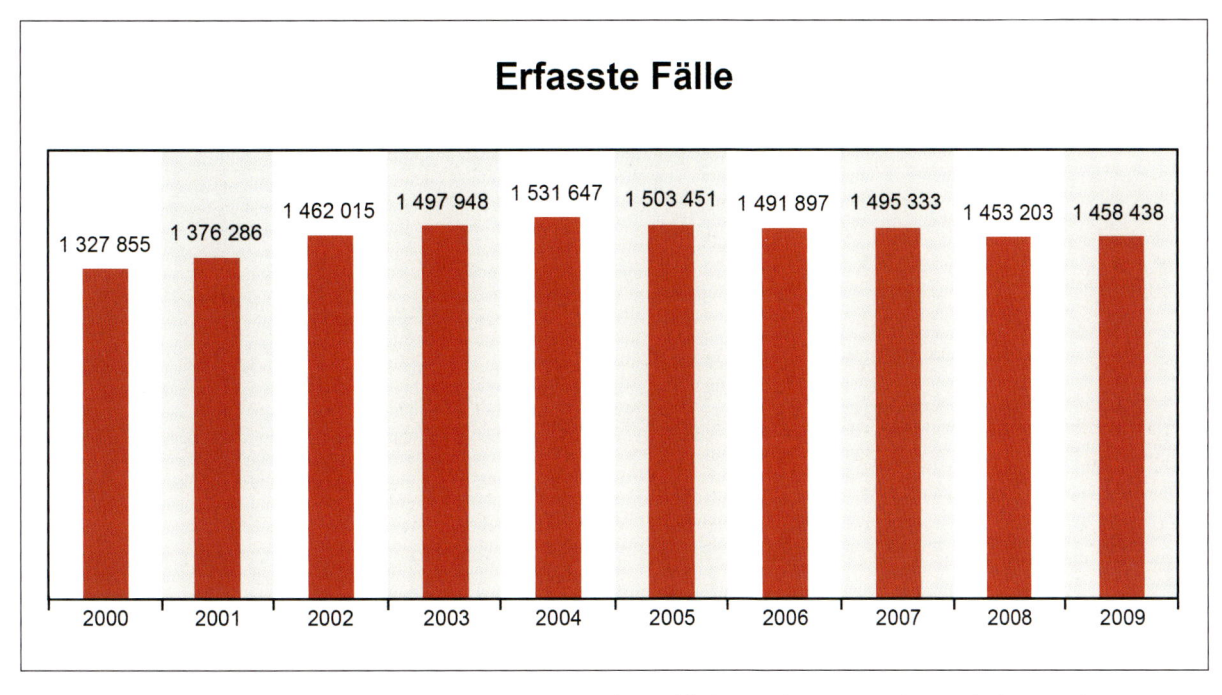

Jahr	Fälle
2000	1 327 855
2001	1 376 286
2002	1 462 015
2003	1 497 948
2004	1 531 647
2005	1 503 451
2006	1 491 897
2007	1 495 333
2008	1 453 203
2009	1 458 438

Diagramm 1   Nach einem Höhepunkt im Jahr 2004 ist die Zahl der in der Kriminalstatistik des Landes NRW erfassten Fälle insgesamt leicht rückläufig.

Aufklärungsquote

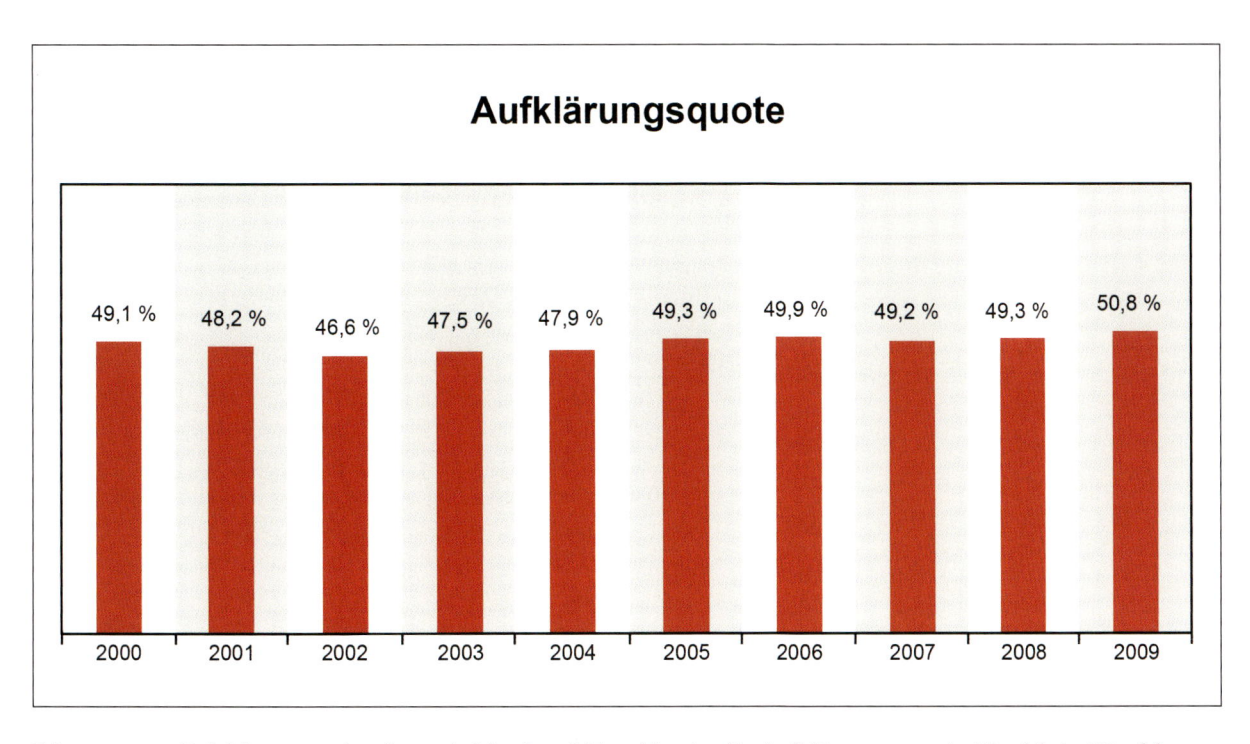

Jahr	Quote
2000	49,1 %
2001	48,2 %
2002	46,6 %
2003	47,5 %
2004	47,9 %
2005	49,3 %
2006	49,9 %
2007	49,2 %
2008	49,3 %
2009	50,8 %

Diagramm 2   Bei Schwerstverbrechen wie Mord und Totschlag ist die Aufklärungsquote in Nordrhein-Westfalen am höchsten. Sie liegt bei über 94 %. Insgesamt gesehen ist die Aufklärungsquote für alle erfassten Fälle in den vergangenen Jahren auf über 50 % gestiegen.

Aufgeklärte Fälle

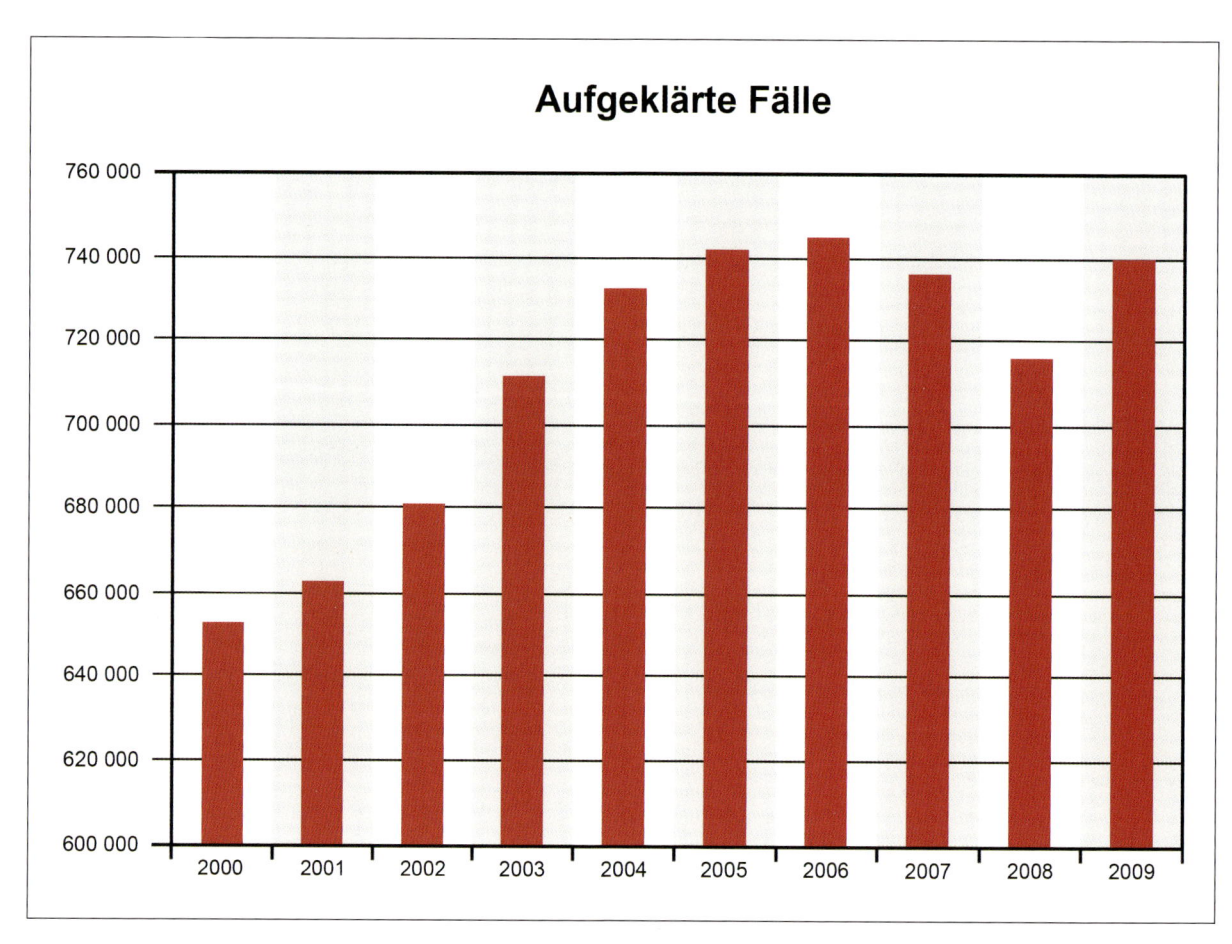

Diagramm 3   Dank moderner Ermittlungsmethoden und der Arbeit vieler Spezialisten ist die Zahl der aufgeklärten Fälle im Land NRW hoch.

der Versuche, klärten die Ermittler auf (Diagramm 2–3). Das Risiko, in Nordrhein-Westfalen Opfer eines vollendeten oder versuchten Tötungsdeliktes zu werden, ist heute wesentlich geringer als in der zweiten Hälfte des vorigen Jahrhunderts.

Rückgang der Straßenkriminalität

Die Straßenkriminalität nahm 2009 um 13 240 auf 408 672 Taten ab. Die Polizei hat durch Fuß- und Fahrradstreifen die Präsenz auf der Straße verstärkt – nicht nur an den Kriminalitätsbrennpunkten. Das zeigt offenbar Wirkung.

Rückgang der schweren und gefährlichen Körperverletzungen

Die Zahl der gefährlichen und schweren Körperverletzungen ging im Jahr 2009 um 146 Fälle auf 36 005 zurück. Damit gab es im zweiten Jahr in Folge einen Rückgang. Die Aufklärungsquote betrug 81 %. Von den dabei ermittelten 41 510 Tatverdächtigen stand jeder dritte, das waren immerhin 13 838 Tatverdächtige, unter Alkoholeinfluss. Der Anteil der männlichen Tatverdächtigen betrug 85 %.

Diebstähle stark gesunken

Die Zahl der Diebstähle hat insgesamt um rund 3,8 % auf 637 148 abgenommen. Die deutlichste Veränderung gab es bei den schweren Diebstahlsdelikten. Hier sank die Zahl der Delikte um 22 243

Fälle, das sind 6,5 %. Damit setzt sich der anhaltende Trend auch 2009 weiter fort. Trotz der oft schwierigen Ermittlungen klärte die Polizei jeden vierten Diebstahl auf.

Wohnungseinbrüche

Immer mehr Einbrecher scheitern an den Sicherungsvorkehrungen. Im Jahr 2009 war dies 16 086 Mal der Fall. Das sind 1 235 Einbruchsversuche mehr als 2008.

Immer mehr Bürger schützen ihr Eigentum durch entsprechende Maßnahmen besser als dies in den früheren Jahren der Fall war. Die Polizei berät hierzu kompetent, neutral und kostenlos. 25 029 vollendete Wohnungseinbrüche wurden 2009 angezeigt, 1 878 mehr als im Vorjahr. 1995 gab es die meisten Wohnungseinbrüche. Diese Zahl lag um 16 819 Fälle und damit 30 % höher als 2009.

Die wenigsten Autodiebstähle seit 1949

Im Jahr 2009 wurden mit 7 570 deutlich weniger Kraftfahrzeuge entwendet als 2008, minus 610, das sind 7,5 %. Dies markiert einen erneuten Tiefstand. Bei den Autodiebstählen weist die Statistik den besten Wert seit 1949 auf. Hier greifen insbesondere die technischen Sicherungen der Fahrzeughersteller wie Wegfahrsperren, Alarmanlagen und bessere Türschließsysteme sowie nicht zuletzt die Aufklärungsarbeit der Polizei.

Einen starken Rückgang um 14,8 % auf 86 667 Fälle gab es bei den Diebstählen aus Kraftfahrzeugen. Im Vergleich zum Jahr 1992, dem Höchststand der Fallzahlen, bedeutet dies einen Rückgang um 149 402 Taten, minus 63,3 %.

Rückgang beim Betrug mit gestohlenen Debitkarten

Das Informationssystem „KUNO" (Kriminalitätsbekämpfung im unbaren Zahlungsverkehr unter Nutzung nichtpolizeilicher Organisationsstrukturen) trägt wesentlich dazu bei, dass der Missbrauch von gestohlenen EC- und Kreditkarten weiter stark sinkt. Die Polizei registrierte 2 938 Taten. Das sind im Vergleich zum Vorjahr rund 1 000 Fälle, also 25 %, weniger.

Bereits bei der Anzeigenaufnahme informiert die Polizei mit einer verschlüsselten E-Mail direkt den Einzelhandel über den Diebstahl einer Debitkarte. Legt ein Betrüger die gestohlene Karte in einem Geschäft vor, wird die Zahlung verweigert.

Internet- und Computerkriminalität

2009 wurden 54 881 Straftaten registriert, bei denen die Tat über das Internet begangen wurde. Die Internetkriminalität macht 3,8 % der Gesamtkriminalität aus. 87 % dieser Fälle waren Betrugsdelikte, z. B. bei Online-Versteigerungen. Allein in einem Verfahren erfasste die Polizei fast 7 100 Einzelfälle. Die Aufklärungsquote betrug 77,3 %.

Für die Zukunft rechnet die Polizei mit einem weiteren Zuwachs der Kriminalität in diesem Bereich. Die Besonderheiten des Internets erfordern besonders qualifizierte Ermittler: Es gibt keine klassischen Tatorte, die Tat hat oft internationale Bezüge, Täter und Opfer haben nur wenige oder gar keine Vorbeziehungen.

Sexualdelikte oft im sozialen Umfeld

Die Polizei registrierte in 2009 10 435 Straftaten gegen die sexuelle Selbstbestimmung, 12 % weniger als 2008. Darunter waren 1 726 Taten von Vergewaltigung und besonders schweren Fällen der sexuellen Nötigung. 80 % davon klärte die Polizei auf.

Die meisten Vergewaltigungen und sexuellen Nötigungen begehen Täter aus dem sozialen Umfeld der Opfer. In 75 % der Fälle hatten Opfer und Tatverdächtige zumindest eine flüchtige Vorbeziehung. In 60 % bestand sogar eine verwandtschaftliche Beziehung. 1970 lag die Zahl der Vergewaltigungen noch bei 2 014 Fällen, obwohl die Vergewaltigung in der Ehe damals noch nicht strafbar war.

Abbildungsnachweis: Introbild u. Abb. 1–6 Jochen Tack.

Dr. Jörg Bockow
Domplatz 40
48143 Münster
bockow@news-message.de

ANHÄNGE

Auswahlbibliographie

T. W. Africa, Urban Violence in Imperial Rome. Journal Interdisciplinary Hist. 2, 1971, 3–21.

H. Aigner, Zur gesellschaftlichen Stellung von Henkern, Gladiatoren und Berufsathleten. In: I. Weiler (Hrsg.), Soziale Randgruppen und Außenseiter im Altertum [Symposion Graz 21.–23. Sept. 1987] (Graz 1988) 201–220.

W. Aigner, Zur Wichtigkeit der Waffenbeschaffung in der späten römischen Republik. Grazer Beitr. 5, 1976, 1–24.

A. Alföldi, Epigraphica IV. Die latrunculi der Bauinschriften der unter Commodus gebauten burgi et praesidia. Arch. Ért. 3, 1941, 40–48.

G. Alföldy, Bellum Desertorum. Bonner Jahrb. 171, 1971, 367–376.

G. Alföldy, Soziale Konflikte im römischen Kaiserreich. In: H. Schneider (Hrsg.), Sozial- und Wirtschaftsgeschichte der römischen Kaiserzeit (Darmstadt 1981) 372–395.

R. Alston, Violence and Social Control in Roman Egypt. Proceedings of the XXth International Congress of Papyrologists. Copenhagen 1992 (Kopenhagen 1994) 517–521.

R. Alston, Soldier and Society in Roman Egypt. A Social History (London, New York 1995).

D. Alvarez Jiménez, „Neptunus Redux". Póstumo y el combate contra la piratería franca en el amanecer del Imperio Gálico. Aquilia Legionis 9, 2007, 7–35.

K. von Amira, Die germanischen Todesstrafen. Untersuchungen zur Rechts- und Religionsgeschichte. Abhandl. Bayer. Akad. Wiss., phil., philol. u. hist. Kl. 31, 3 (München 1922).

J. D'Arms, Heavy Drinking and Drunkenness in the Roman World: Four Questions for Historians. In: O. Murray/M. Tecusan (Hrsg.), In vino veritas (London 1995) 304–317.

J.-J. Aubert, Policing the Countryside: Soldiers and Civilians in Egyptian Villages in the Third and Fourth Centuries A.D. In: Y. Le Bohec (Hrsg.), La hiérarchie de l'armée romaine sous le Haut-Empire. Actes du Congrés de Lyon 1994 (Paris 1995) 257–265.

J. Aveline, The Death of Claudius. Historia 53, 4, 2004, 453–475.

A. Avidov, Were the Cilicians a Nation of Pirates? Mediterranean Hist. Review 12, 1, 1997, 5–55.

R. S. Bagnall, Official and Private Violence in Roman Egypt. Bull. Am. Soc. Papyrologists 26, 1989, 201–216.

K. Baika, Pirate activities and surveillance of trade routes. New archaeological evidence from naval bases in the Aegea Sea. Skyllis 8, 2007/08, 56–72.

B. Baldwin, Crime and Criminals in Graeco-Roman Egypt. Aegyptus 43, 1963, 256–263.

M. Balzarini, Peine détentive e „cognitio extra ordinem" criminale. In: Sodalitas. Scritti in onore di Antonio Guarino 6 (Neapel 1984) 2865–2890.

G. J. M. Bartelink, Les démons comme brigands. Vigiliae Christianae 21, 1967, 12–24.

R. A. Baumann, Criminal Prosecutions by the aediles. Latomus 33, 1974, 245–264.

Th. Becker, Hingerichteter in römischem Brunnen. Arch. Rheinland 2008, 86 f.

Th. Becker, 2. Jahrhundert nach Christus: Hingerichteter aus Jüchen, Rhein-Erft-Kreis. In: B. Auffermann/J. Graefe, Galgen, Rad und Scheiterhaufen – Einblicke in Orte des Grauens. Katalog zur gleichnamigen Ausstellung im Neanderthal-Museum Mettmann (Mettmann 2010) 18 f.

H. I. Bell/V. Martin/E. G. Turner/D. van Berchem, The Abinnaeus Archive. Papers of a Roman Officer in the Reign of Constantius II. (Oxford 1962).

H. Bellen, Studien zur Sklavenflucht im römischen Kaiserreich (Wiesbaden 1971).

M. Bénabou, Rome et la police des mers au 1er siècle avant J. C. La répression de la piraterie cilicienne. In: M. Galley (Hrsg.), L'homme méditerranéen et la mer. Actes du Trosième Congrès international d'études des cultures de la Méditerranée occidentale, Jerba 1981 (Tunis 1981) 60–67.

F. Berber, Von der Piraterie in der Antike. In: H. P. Ipsen/K.-H. Necker (Hrsg.), Recht über See. Festschr. Rolf Stödter (Hamburg 1979) 147–153.

J. Beresford, Pirates of the Ancient Mediterranean: Echoes of the Past in the Present. Minerva 20, 3, 2009, 22–26.

J. Beresford, The Seasonality of Trade, Warfare and Piracy on the Graeco-Roman Mediterranean. Skyllis 9, 2009, 138–147.

St. Berg/R. Rolle/H. Seemann, Der Archäologe und der Tod (München, Luzern 1981).

A. Betz, Zum Sicherheitsdienst in den Provinzen. Jahresh. Österr. Arch. Inst. 35, 1943, 137 f.

D. Bischop, Siedler, Söldner und Piraten. Bremer Arch. Bl. Beih. 2 (Bremen 2000).

J. Blänsdorf, „Würmer und Krebs sollen ihn befallen": eine neue Fluchtafel aus Groß-Gerau. Zeitschr. Papyr. u. Epigr. 161, 2007, 61–65.

J. Blänsdorf, The defixiones from the Sanctuary of Isis and Mater Magna in Mainz. In: R. L. Gordon/F. M. Simon, Magical Practice in the Latin West. Papers from the International Conference held at the University of Zaragoza 30. Sept. – 1. Okt. 2005 (Leiden, Boston 2010) 141–189.

J. Blänsdorf/M. Scholz, Verfluchter Prozessgegner. Zwei *defixiones* aus dem Praunheimer Gräberfeld. In: P. Fasold, Die Bestattungsplätze des römischen Militärlagers und *civitas*-Hauptortes Nida. Schr. Arch. Mus. Frankfurt a. M. 20/1 [im Druck].

E. Le Blant, De quelques monuments antiques relatifs à la suite des affaires criminelles (partie 2). Rev. Arch., 3ème Sér., 13, 1889, 145–162.

J. Bleicken, Senatsgericht und Kaisergericht: eine Studie zur Entwicklung des Prozeßrechtes im frühen Prinzipat (Göttingen 1962).

J. Bleicken, Verfassungs- und Sozialgeschichte des Römischen Kaiserreiches 1 (Paderborn, München, Wien, Zürich 1978).

A. Blok, The Peasant and the Brigand. Social Banditry Reconsidered. Comparative Stud. Soc. and Hist. 14, 1972, 494–503.

H. Boldt/M. Stolleis, Geschichte der Polizei in Deutschland. In: E. Denninger/H. Lisken (Hrsg.), Handbuch des Polizeirechts (München 2007[4]) 1–41.

B. Bommeljé, Piraterij en banditisme in de oudheid. Gewelddadige roof in de schemerzone tussen oorlog en vrede. Lampas 19, 1986, 363–378.

L. Borhy, Alea falsa est? Gedanken zu einem trügerischen Würfel aus Brigetio. In: K. Kuzmová/K. Pieta/J. Rajtár (Hrsg.), Zwischen Rom und dem Barbaricum. Festschr. Titus Kolník (Nitra 2002) 55–58.

L. Braccesi (Hrsg.), La pirateria nell'Adriatico antico. Hesperia 19 (Rom 2004).

K. Bradley, Slavery and Rebellion in the Roman World 140 B.C.–70 B.C. (Bloomington, Indianapolis 1989).

D. Braund, Piracy under the principate and the ideology of imperial eradication. In: J. Rich/G. Shipley (Hrsg.), War and society in the Roman world (London, New York 1993) 195–212.

H. Braunert, Großstadt und Großstadtprobleme im Altertum. In: K. Teltschow/M. Zahrnt (Hrsg.), Politik, Recht und Gesellschaft in der griechisch-römischen Antike. Gesammelte Aufsätze und Reden (Stuttgart 1980) 11–28.

C. Brélaz, La sécurité publique en Asie Mineure sous le Principat (Ier–IIIème s. ap. J.-C.). Institutions municipales et institutions impériales dans l'Orient romain. Schweizer. Beitr. Altwiss. 32 (Basel 2005).

C. Brélaz, Lutter contre la violence à Rome: attributions étatiques et tâches privées. In: C. Wolff (Hrsg.), Les exclus dans l'Antiquité. Actes du colloque organisé à Lyon les 23–24 septembre 2004. Collect. Centre Etudes et Rech. Occident Romain N. S. 29 (Paris 2007) 219–239.

M. Bretone, Geschichte des römischen Rechts. Von den Anfängen bis zu Justinian (München 1992).

Th. Brock, Moorleichen. Zeugen vergangener Jahrtausende. Arch. Deutschland Sonderh. (Stuttgart 2009).

K. Brodersen/A. Kropp (Hrsg.), Fluchtafeln. Neue Funde und neue Deutungen zum antiken Schadenzauber (Frankfurt a. M. 2004).

H. Brunner, Deutsche Rechtsgeschichte 1 (München, Leipzig 1961³).

A. Bülow-Jacobsen, Orders to Arrest. Zeitschr. Papyr. u. Epigr. 66, 1986, 93–98.

A. Bürge, Römisches Privatrecht (Darmstadt 1999).

R. Buono-Core Varas, Piratería, política y comercio en una Roma republicana. In: Semanas de estudios romanos 12. In memoriam Goia Conta, profesora invitada del Instituto de historia (Valparaíso 2004) 61–76.

J. Burian, Latrones milites facti (Ad SHA Marc. 21.7). Eunomia 1960, 47–49.

J. Burian, *Latrones*. Ein Begriff in den römischen literarischen und juristischen Quellen. Eirene 21, 1984, 17–23.

S. Burmeister, Moorleichen als Opfer. Deutungsmuster einer problematischen Fundgruppe. In: S. Burmeister/H. Derks/J. von Richthofen (Hrsg.), Zweiundvierzig. Festschr. Michael Gebühr. Internat. Arch. Studia Honoraria 25 (Rahden/Westf. 2007) 91–106.

G. Burton, Proconsuls, Assizes, and the Administration of Justice under the Empire. Journal Roman Stud. 65, 1975, 92–106.

R. W. Byard/J. D. Gilbert, Characteristic features of deaths due to decapitation. Am. Journal Forensic Medicine and Pathology 25, 2, 2004, 129 f.

T. Caulfield/A. Estner/S. Stephens, Complaints of Police Brutality. Zeitschr. Papyr. u. Epigr. 76, 1989, 241–254.

L. Cavazzuti, La pirateria nella navigazione antica. In : M. Giacobelli (Hrsg.), Lezioni Fabio Faccenna. Conferenze di archeologia subacquea (III–V ciclo) (Bari 2004) 45–58.

G. Chalon, L'édit de Tiberius Julius Alexander. Ètude historique et exégétique (Olten, Lausanne 1964).

G. Charachidzé, Les pirates de la Mer Noire. Comptes Rendus Séances Acad. Inscript. 1998, 261–270.

M. Christol, Entre la cité et l'empereur. Ulpien, Tyr et les empereurs de la dynastie sévérienne. In: F. Chausson/E. Wolff (Hrsg.), Consuetudinis Amor (Rom 2003) 163–188.

K. Clarke, D'une Méditerranée de pirates et de barbares à une Méditerranée coeur de civilisation. Strabon et la construction d'un concept unifié dans le cadre romain. Pallas 79, 2009, 295–303.

M. Clavel-Lévêque, Brigandage et piraterie: représentations idéologiques et pratiques impérialistes au dernier siècle de la République. Dialogues d'histoire ancienne 4, 1978, 17–31.

J. Clément, Etudes épigraphiques et topographiques sur l'organisation de la sécurité intérieure de l'empire romain. Répartition des stations de bénéficiaires dans le provinces celtique, danubiennes, balkaniques et orientales (Freiburg 1980).

F. Coarelli, Carcer. In: M. E. Steinby (Hrsg.), Lexicon Topographicum Urbis Romae 1 (Rom 1993) 236 f.

T. Cornell, Some Observations on the "crimen incesti". In: Le délit religieux dans la cité antique. Table Ronde, Rome 6–7 avril 1978. Collect. École Française Rome (Rom 1981) 27–37.

S. Currie, Poisonous Women and Unnatural History in Roman Culture. In: Maria Wyke (Hrsg.), Parchments of Gender: Deciphering the Bodies of Antiquity (Oxford 1998) 147–167.

R. van Dam, Heretics, Bandits and Bishops: Studies in the Religion and Society of Late Roman Gaul and Spain [Diss. Cambridge 1977].

J. K. Davies, Demetrio di Faro, la pirateria e le economie ellenistiche. In: Lorenzo Braccesi (Hrsg.), La pirateria nell'Adriatico antico. Hesperìa 19 (Rom 2004) 119–127.

R. W. Davies, The Investigation of Some Crimes in Roman Egypt. Ancient Soc. 4, 1973, 199–212.

J. Deininger, Pompeius und die Beendigung der Seeräuberplage im antiken Mittelmeerraum (67 v. Chr.). In: H. Klüver (Hrsg.), Piraterie – einst und jetzt. Beitr. Schiffahrtsgesch. 3 (Düsseldorf 2001) 8–27.

M.-P. Detalle, La Piraterie en Europe du Nord-Ouest à l'Époque Romaine. BAR Internat. Ser. 1086 (Oxford 2002).

G. Dignös, Die Stellung der Aedilen im römischen Strafrecht [Diss. München 1962].

M. Dingmann, Das Bindungverhältnis zwischen Pompeius Magnus und den Piraten. In: W. Spickermann (Hrsg.), Rom, Germanien und das Reich. Festschr. Rainer Wiegels (Sankt Katharinen 2005) 30–45.

E. Dinkler-von Schubert, Nomen ipsum crucis absit (Cicero, Pro Rabirio 5, 16). Zur Abschaffung der Kreuzigungsstrafe in der Spätantike. Gymnasium 102, 1995, 225–241.

A. von Domaszewski, Die Piraterie im Mittelmeer unter Severus Alexander. Rhein. Mus. 58, 1903, 382–390.

H.-J. Drexhage, Eigentumsdelikte im römischen Ägypten (1.–3. Jh. n. Chr.). Ein Beitrag zur Wirtschaftsgeschichte. In: ANRW II 10,1 (Berlin, New York 1988) 952–1004.

H.-J. Drexhage, Einbruch, Diebstahl und Straßenraub im römischen Ägypten unter besonderer Berücksichtigung der Verhältnisse in den ersten beiden Jahrhunderten. In: I. Weiler (Hrsg.), Soziale Randgruppen und Außenseiter im Altertum [Sympsion Graz 21.-23. Sept. 1987] (Graz 1988) 313–323.

H.-J. Drexhage, Zu den Überstellungsbefehlen aus dem römischen Ägypten (1.–3. Jahrhundert n. Chr.). In: H.-J. Drexhage/J. Sünskes (Hrsg.), Migratio et Commutatio. Studien zur alten Geschichte und deren Nachleben. Festschr. Thomas Pekáry (St. Katharinen 1989) 102–118.

J. F. Drinkwater, Peasants and Bagaudae in Roman Gaul. Class. Views N. S. 3, 1984, 349–371.

J. F. Drinkwater, Patronage in Roman Gaul and the problem of the Bagaudae. In: A. Wallace-Hadrill (Hrsg.), Patronage in ancient society. Leicester-Notthingham Stud. Ancient Society 1 (London, New York 1989) 189–203.

J. F. Drinkwater, The Bacaudae of fifth-century Gaul. In: J. F. Drinkwater/H. Elton (Hrsg.), Fitfth-century Gaul. A crisis of identity? (Cambridge 1992) 208–217.

P. Ducrey, Les Cyclades à l'époque hellénistique. La piraterie, symptôme d'un malaise économique et social. In: C. Rougemont (Hrsg.), Les Cyclades. Matériaux pour une étude de géographie historique. Table ronde réunie à l'Université de Dijon 1982 (Paris 1983) 143–146.

R. Düll, Das Zwölftafelgesetz. Texte, Übersetzung und Erläuterungen (Zürich 1995⁷).

J. Dumont, La mort de l'esclave. In: F. Hinard (Hrsg.), La mort, les morts et l'au-delà dans le monde romain. Actes du colloque de Caen 1985 (Caen 1987) 173–186.

S. Dyson, Native Revolts in the Roman Empire. Historia 20, 1971, 239–274.

S. Dyson, Native Revolt Patterns in the Roman Empire. In: ANRW II 3 (Berlin, New York 1974) 138–175.

W. Eck, Einfluss korrupter Praktiken auf das senatorisch-ritterliche Beförderungswesen in der Hohen Kaiserzeit? In: W. Schuller (Hrsg.), Korruption im Altertum (München 1982) 135–151.

W. Eck, Zur Durchsetzung von Anordnungen und Entscheidungen in der hohen Kaiserzeit: die administrative Informationsstruktur. Akten des FIEC-Kongresses, Pisa 1989 (Florenz 1992) 915–939.

W. Eck (Hrsg.), Lokale Autonomie und römische Ordnungsmacht in den kaiserzeitlichen Provinzen vom 1. bis 3. Jahrhundert. Schr. hist. Kollegs Koll. 42 (München 1999).

A. Eich, Überlegungen zur juristischen und sozialen Bewertung der Fälschung öffentlicher Urkunden während der späten Republik und der Kaiserzeit. Zeitschr. Papyr. u. Epigr. 166, 2008, 227–246.

W. Eisenhut, Die römische Gefängnisstrafe. In: ANRW I 2 (Berlin, New York 1972) 268–282.

D. Erkelenz, Die administrative Feuerwehr? Überlegungen zum Einsatz ritterlicher Offiziere in der Provinzialadministration. In: R. Haensch/J. Heinrichs (Hrsg.), Herrschen und Verwalten (Köln 2007) 289–305.

T. Esch, Fersenbein mit Kreuzigungsnagel. In: LWL-Römermuseum Haltern (Hrsg.), 2000 Jahre Varusschlacht: Imperium. [Ausstellungskat.] (Stuttgart 2009) 344 f.

S. Falchi/A. Furger/W. Hürbin, Eiserne Vorhängeschlösser aus Augusta Raurica. Untersuchungen zu ihrem Aufbau und ein Rekonstruktionsversuch. Jahresber. Augst u. Kaiseraugst 11 (Augst 1990) 153–170.

B. Fama, Accounts of poisoning in Ancient Rome [Thesis M.A. Mc. Master University 2003].

C. Ferone, "Pirati" e "barbari". A proposito della pirateria nel III sec. d.C. Romanobarbarica 19, 2006–09, 11–23.

P. C. Finney, Senicianus' Ring. Bonner Jahrb. 194, 1994, 192–196.

D. Flach, Das Zwölftafelgesetz. Leges XII Tabularum. Texte Forsch. 83 (Darmstadt 2004).

L. Flam-Zuckermann, À propos d'une inscription de Suisse (CIL XIII, 5015). Étude du phénomène de brigandage dans l'empire romain. Latomus 29, 1970, 451–473.

W. Frey, Das römische Dosenschloss aus der Grube Fundpunkt 248. In: G. Lenz-Bernhard, Lopodunum III. Die neckarsuebische Siedlung und Villa Rustica im Gewann "Ziegelscheuer". Forsch. u. Ber. Vor- u. Frühgesch. in Baden-Württemberg 77 (Stuttgart 2000) 591–599.

L. Friedländer, Darstellungen aus der Sittengeschichte Roms 1–4 (Leipzig 1922[10]).

W. Friese, Im Wettlauf mit dem Tode. Von Giften und Gegengiften als beliebte Mordwerkzeuge in der griechisch-römischen Antike. Ant. Welt 37, 6, 2006, 21–26.

J. Le Gall, Notes sue les prisons de Rome à l'époque républicaine. Mél. Arch. et Hist. 56, 1939, 60–80.

Y. Garlan, Signification historique de la piraterie grecque. Dialogue Hist. Ancienne 4, 1978, 1–16.

P. Garnsey, The Lex Iulia and Appeal under the Empire. Journal Roman Stud. 56, 1966, 167–189.

P. Garnsey, Why Penalties become Harsher: The Roman Case, Late Republic to Fourth Century Empire. Natural Law Forum 13, 1968, 141–162.

P. Garnsey, The Criminal Jurisdiction of Governors. Journal Roman Stud. 58, 1968, 51–59.

P. Garnsey, Social status and legal privilege in the Roman Empire (Oxford 1970).

M. Gebühr, Moorleichen in Schleswig-Holstein (Neumünster 2002).

P. A. Gianfrotta, Commerci e pirateria: prime testimonianze archeologiche sottomarine. Mél. École Française Rome 93, 1981, 227–242.

M. Gichon, Piratika Skafé (Piratenschiffe) und der Krieg zur See im Bellum Iudaicum 66–73/74 u. Z. In: K. Kuzmová/K. Pieta/J. Rajtár (Hrsg.), Zwischen Rom und dem Barbaricum. Festschr. Titus Kolník (Nitra 2002) 105–109.

R. Giebelmann, Heil- und Giftkundige von der Antike bis zur Neuzeit. Kulturgeschichtliches aus der Toxikologie (Aachen 1997).

A. Giovannini/E. Grzybek, La lex de piratis persequendis. Mus. Helveticum 35, 1978, 33–47.

C. L. Golden, The Role of Poison in Roman Society [Diss. University of North Carolina at Chapel Hill 2005].

D. Gricourt, Les incursions de pirates de 268 en Gaule septentrionale et leurs incidences sur la politique de Postume. A propos du hiatus numismatique d'Ardres. Trésors Monétaires 10, 1988, 9–43.

Ph. Grierson, The Roman law of counterfeiting. In: Essays in Roman Coinage presented to Harold Mattingly (Oxford 1956) 240–261.

V. Grimm-Samuel, On the Mushroom that Deified the Emperor Claudius. Class. Quarterly 41, 1, 1991, 178–182.

Th. Grünewald, Räuber, Rebellen, Rivalen, Rächer. Studien zu *latrones* im Römischen Reich. Forsch. ant. Sklaverei 31 (Stuttgart 1999).

E. Grzybek, Nyon à l'époque romain et sa lutte contre le brigandage. Genava N. S. 50, 2002, 309–316.

L.-M. Günther, Caesar und die Seeräuber – eine Quellenanalyse. Chiron 29, 1999, 321–337.

R. Günther, Das Latrocinium als eine besondere Form des Widerstands der unterdrückten Klassen und Barbaren im römischen Sklavenhalterstaat während des Prinzipats (Leipzig 1953).

R. Günther, Sexuelle Diffamierung und politische Intrigen in der Republik: P. Clodius Pulcher und Clodia. In: Th. Späth/B. Wagner-Hasel (Hrsg.), Frauenwelten in der Antike. Geschlechterordnung und weibliche Lebenspraxis (Stuttgart, Weimar 2006) 227–241.

A. Gunnella, Morti improvvise e violente nelle iscrizioni latine. In: F. Hinard (Hrsg.), La mort au quotidien dans le monde romain. Actes du colloque organisé par l'Université de Paris IV (Paris – Sorbonne 7–9 octobre 1993) (Paris 1995) 9–22.

N. Haas, Anthropological observations on the skeletal remains from Giv'at ha–Mivtar. Israel Explor. Journal 20, 1970, 38–59.

R. Haensch, Das Statthalterarchiv. Zeitschr. Savigny-Stiftung Rechtsgesch., Romanist. Abt. 109, 1992, 209–317.

R. Haensch, Capita provinciarum. Statthaltersitze und Provinzialverwaltung in der römischen Kaiserzeit. Kölner Forsch. 7 (Mainz 1997).

U. Hagedorn, Das Formular der Überstellungsbefehle im römischen Ägypten. Bull. Am. Soc. Papyr. 16, 1979, 61–74.

I. Hahn, Immunität und Korruption der Kurialen in der Spätantike. In: W. Schuller (Hrsg.),

Korruption im Altertum (München 1982) 179–199.

A. Hampel, Tatort Nida: Mordopfer in Brunnen gestürzt. In: S. Hansen/V. Pingel (Hrsg.), Archäologie in Hessen. Festschr. Fritz-Rudolf Herrmann. Internat. Arch. 13 (Rahden/Westf. 2001) 213–218.

F. Hampel, Zum Ritus des Lebendigbegrabens von Vestalinnen. In: P. Händel (Hrsg.), Festschr. Robert Muth. Innsbrucker Beitr. Kulturwiss. 22 (Innsbruck 1983) 165–182.

N. Hanemann, Römer in Fesseln? In: Geraubt und im Rhein versunken. Der Barbarenschatz [Ausstellungskat. Speyer 2006] (Speyer 2006) 142 f.

H. Harrauer/K. Worp, Mord und Schmuggel in Oxyrhynchos. Zeitschr. Papyr. u. Epigr. 40, 1980, 139–142.

J. Harries, Cicero and the Jurists (London 2006).

J. Harries, Law and Crime in the Roman World (Cambridge 2007).

J. Heinrichs, Zwischen *falsum* und *(laesa) maiestas*: Münzdelikte im römischen Recht. Zeitschr. Papyr. u. Epigr. 166, 2008, 247–260.

H. Hellenkemper, Legionen im Bandenkrieg. Isaurien im 4. Jahrhundert. In: C. Unz (Hrsg.), Studien zu den Militärgrenzen Roms III. 13. Internat. Limeskongreß Aalen 1983. Forsch. u. Ber. Vor- u. Frühgesch. Baden-Württemberg 20 (Stuttgart 1986) 625–634.

P. Herrmann, Hilferufe aus den Provinzen. Ein Aspekt der Krise des Römischen Reiches im 3. Jahrhundert. Berichte aus den Sitzungen der Joachim Jungius-Gesellschaft der Wissenschaften e.V. Hamburg 8,4 (Hamburg, Güttingen 1990).

P. Herz, *Latrocinium* und Viehdiebstahl. Soziale Spannungen und Strafrecht in römischer Zeit. In: I. Weiler/H. Graßl (Hrsg.), Soziale Randgruppen und Außenseiter im Altertum. [Symposion Graz 21.–23. Sept. 1987] (Graz 1988) 221–241.

P. Herz, Kampf den Piraten? Zur Deutung zweier kaiserzeitlicher Inschriften. Zeitschr. Papyr. u. Epigr. 107, 1995, 195–200.

F. Hinard, Spectacle des exécutions et espace urbain. In: L'urbs. Espace urbain et histoire (Ier siècle av. J.-C. – IIIe siècle ap. J.-C.). Actes du colloque international organisé par le Centre national de la recherche scientifique et l'École Française de Rome. Collect. École Française Rome (Rom 1987) 111–115.

O. Hirschfeld, Die Sicherheitspolizei im römischen Kaiserreich. In: O. Hirschfeld, Kleine Schr. (Berlin 1913) 567–612 = Sitzungsber. Berliner Akad. 1891, 845–877.

O. Hirschfeld, Die ägyptische Polizei der römischen Kaiserzeit nach Papyrusurkunden. In: O. Hirschfeld, Kleine Schr. (Berlin 1913) 613–623.

W. Hoben, Terminologische Studien zu den Sklavenerhebungen der römischen Republik. Forsch. ant. Sklaverei 9 (Wiesbaden 1978).

E. J. Hobsbawm, Bandits (New York 2000^4).

D. Hobson, The Impact of Law on Village Life in Roman Egypt. In: D. Hobson/B. Halpern (Hrsg.), Law, Politics and Society in the Ancient Mediterranean World (Sheffield 1993) 193–219.

E. Höbenreich, Überlegungen zur Verfolgung unbeabsichtigter Tötungen von Sulla bis Hadrian. Zeitschr. Savigny-Stiftung Rechtsgesch., Romanist. Abt. 107, 1990, 249–314.

E. Höbenreich /G. Rizelli, Scylla. Fragmente einer juristischen Geschichte der Frauen im antiken Rom (Wien 2003).

W. Hollstein, Maritime Thematik und das Seeräuberproblem auf römisch-republikanischen Münzen in der Zeit zwischen den Bürgerkriegen. In: T. Hackens (Hrsg.), Actes du XIe Congrès international de numismatique, Brüssel 1991 (Louvain 1993) 133–139.

T. Honoré, Lawyers and Emperors (London 1981).

T. Honoré, Ulpian. Pioneer of Human Rights (Oxford u. a. 2002²).

A. J. L. van Hooff, Latrones famosi. Bandieten tussen rovers en rebeilen in het Romeinse keizerrijk. Lampas 15, 1982, 171–194.

A. J. L. van Hooff, Ancient Robbers. Reflections behind the Facts. Ancient Society 19, 1988, 105–124.

K. Hopwood, Policing the Hinterland. Rough Cilicia and Isauria. In: St. Mitchell (Hrsg.), Armies and Frontiers in Roman and Byzantine Anatolia. Proceedings of a colloquium held at University College, Swansea, in April 1981. Brit. Inst. Arch. Ankara Monogr. 5 = BAR Internat. Ser. 156 (London 1983) 173–187.

K. Hopwood, Bandits, elites and rural order. In: A. Wallace-Hadrill (Hrsg.), Patronage in ancient society. Leicester-Notthingham Stud. Ancient Society 1 (London, New York 1989) 171–187.

K. Hopwood, All that may become a man. The bandit in the ancient novel. In: L. Foxhall/J. Salmon (Hrsg.), When men were men. Masculinity, power and identity in classical antiquity. Leicester-Notthingham Stud. Ancient Society 8 (London, New York 1998) 195–204.

R. A. Horsley, Josephus and the Bandits. Journal Stud. Judaism 10, 1979, 37–63.

H. Horstkotte, Die ‚Mordopfer' in Senecas Apocolocyntosis. Zeitschr. Papyr. u. Epigr. 77, 1989, 113–143.

H. Horstkotte, Die Strafrechtspflege in den Provinzen der römischen Kaiserzeit zwischen hegemonialer Ordnungsmacht und lokaler Autonomie. In: W. Eck (Hrsg.), Lokale Autonomie und römische Ordnungsmacht in den kaiserzeitlichen Provinzen vom 1. bis. 3. Jahrhundert. Schr. hist. Kollegs Koll. 42 (München 1999) 303–318.

R. El Houcine, Plutarque (Vitae parallelae, VIII) et les pirates du détroit de Gibraltar à la fin du Ier siècle av. J. C. In: A. Akerraz (Hrsg.), L'Africa romana. Mobilità delle persone e dei popoli, dinamiche migratorie, emigrazioni ed immigrazioni nelle province occidentali dell'Impero romano. Atti del XVI convegno di studio, Rabat 2004 (Rom 2006) 321–336.

H. U. Instinsky, Sicherheit als politisches Problem des römischen Kaisertums. Dt. Beitr. Altwiss. 3 (Baden-Baden 1952).

B. Isaac, Bandits in Judaea and Arabia. Harvard Stud. Class. Phil 88, 1984, 171–203.

B. Isaac, The Roman Army in Judaea: Police Dutie and Taxation. In: V. Maxfield/M. Dobson (Hrsg.), Roman Frontier Studies 1989 (Exeter 1991) 458–461.

B. Isaac, The Limits of Empire. The Roman Army in the East (Oxford 1992²).

A. Jones, The Criminal Courts of the Roman Republic and Principate (Oxford 1972).

J. H. Jung, Die Rechtsstellung der römischen Soldaten: Ihre Entwicklung von den Anfängen Roms bis auf Diokletian. In: ANRW II 14 (Berlin, New York 1982) 882–1013.

P. Kaiser/N. Moc/H.-P. Zierholz, Das Gift der Agrippina. Giftmorde vom Altertum bis zum Mittelalter (Berlin 1984).

H. Kaletsch, Seeraub und Seeräubergeschichten des Altertums. 2000 Jahre antiker Seefahrt und Piraterie zwischen Adria und Ostmittelmeer. In: H. Kalcyk/B. Gullath/A. Graeber (Hrsg.), Studien zur Alten Geschichte: Siegfried Lauffer zum 70. Geburtstag am 4. August 1981 dargebr. von Freunden, Kollegen und Schülern (Rom 1986) 469–500.

H. Kammerer-Grothaus, Von Argonauten und Piraten in der Antike. In: H. Roder (Hrsg.), Piraten. Die Herren der Sieben Meere (Bremen 2000) 22–25.

M. Kaser, Zur Kriminalgerichtsbarkeit gegen Sklaven. Studia et Documenta Historiae Iuris 6, 1940, 357–368.

M. Kaser, Das römische Zivilprozeßrecht (München 1966).

M. Kaser, Das römische Privatrecht 1 (München 1971²).

M. Kaser, Das römische Privatrecht 2 (München 1975²).

M. Kaser, Römische Rechtsgeschichte (Göttingen 1993²).

M. Kaser, Römisches Privatrecht (fortgeführt v. R. Knütel), [Original 1960] (München 2005[18]).

M. Kaser/K. Hackl, Das römische Zivilprozeßrecht, neu bearb. Aufl. (München 1996[2]).

M. Kaser/R. Knütel, Römisches Privatrecht (München 2008[19]).

D. B. Kaufmann, Poisons and Poisoning among the Romans. Class. Phil. 27, 2, 1932, 156–167.

P. Kehne, Tacitus, Germania 12 und der Tod im Sumpf. Eine schwierige und vielschichtige Quelle zum Problem der Kategorisierung ‚germanischer' Moorleichen. Kunde N. F. 52, 2001, 113–122.

M. Kemkes, Der Wächter an der Tür. Ein römischer Bronzegreif aus der Villa rustica im Beckenhölzle, Stadt Rottweil. In: G. Seitz (Hrsg.), Im Dienste Roms. Festschr. Hans Ulrich Nuber (Remshalden 2006) 429–440.

Ph. Kiernan, Britische Fluchtafeln und „Gebete um Gerechtigkeit" als öffentliche Magie und Votivrituale. In: K. Brodersen/A. Kropp (Hrsg.), Fluchtafeln. Neue Funde und neue Deutungen zum antiken Schadenzauber (Frankfurt a. M. 2004) 99–114.

Th. Kissel, Kriegsdienstverweigerung im römischen Heer. Ant. Welt 27, 4, 1996, 289–296.

L. Knemeyer, Polizei. Geschichtliche Grundbegriffe 4 (Stuttgart 1978) 875–897.

R. Knütel/B. Kupisch/H. Seiler/O. Behrends (Hrsg.), Corpus Iuris Civilis. Text u. Übersetzung 4 (Heidelberg 2005).

E. Kobakhidze, Tyrrhenian pirates. Phasis 11, 2008, 73–78.

F. Kolb, Finanzprobleme und soziale Konflikte aus der Sicht zweier spätantiker Autoren. In: W. Eck u. a. (Hrsg.), Studien zur antiken Sozialgeschichte: Festschr. Friedrich Vittinghoff (Köln, Wien 1980) 497–525.

F. Kolb, Die Adäration als Korruptionsproblem in der Spätantike. In: W. Schuller (Hrsg.),
Korruption im Altertum (München 1982) 163–178.

J.-U. Krause, Gefängnisse im Römischen Reich. Heidelberger Althist. Beitr. u. Epigr. Stud. 23 (Stuttgart 1996).

J.-U. Krause, Kriminalgeschichte der Antike (München 2004).

J.-U. Krause, Staatliche Gewalt in der Spätantike: Hinrichtungen. In: M. Zimmermann (Hrsg.), Extreme Formen von Gewalt in Bild und Text des Altertums. Münchner Stud. Alt. Welt 5 (München 2009) 321–350.

A. Kropp, *defixiones*. Ein aktuelles Corpus lateinischer Fluchtafeln (Speyer 2008).

P. Krüger/T. Mommsen, Corpus Iuris Civilis (Berlin 1954[16]).

H. W. Kuhn, Die Kreuzesstrafe während der frühen Kaiserzeit. Ihre Wirklichkeit und Wertung in der Umwelt des Urchristentums. In: ANRW II 25,1 (Berlin, New York 1982) 648–793.

W. Kunkel, Untersuchungen zur Entwicklung des römischen Kriminalverfahrens in vorsullanischer Zeit (München 1962).

W. Kunkel, Herkunft und soziale Stellung der römischen Juristen (Weimar 1967[2]).

W. Kunkel, Römische Rechtsgeschichte (Köln u. a. 2001[13]).

W. Kunkel/M. Schermaier, Römische Rechtsgeschichte (Köln 2005[14]).

M. Kuryłowicz, Die Glücksspiele und das römische Recht. In: Studi in onore di Cesare Sanfilippo 4 (Mailand 1983) 267–282.

M. Kuryłowicz, Das Glücksspiel im römischen Recht. Zeitschr. Savigny-Stiftung Rechtsgesch., Romanist. Abt. 102, 1985, 185–219.

R. Lafer, Securitas hominibus: Literarische Fiktion oder Realität? Die Bekämpfung von Räubern und Dieben im Imperium Romanum. In: F. Leitner (Hrsg.), Carinthia Romana und die römische Welt. Festschr. Gernot Piccottini (Klagenfurt 2001) 125–134.

R. Lafer, Epigraphische Zeugnisse von *latrones* in der *regio X* und in Dalmatien. In: K. Strobel (Hrsg.), Der Alpen-Adria-Raum in Antike und Spätantike. Die Geschichte eines historisch-geographischen Raumes im Spiegel der epigraphischen, literarischen, numismatischen und archäologischen Quellen. Akten der IV. Internationalen Table Ronde zur Geschichte der Alpen-Adria-Region in der Antike. Altertumswiss. Stud. Klagenfurt 1 (Klagenfurt 2003) 75–92.

R. Lafer, Zu den *latrones* im Römischen Reich und ihrer Rezeption in der Forschung. Einige Überlegungen zur Methodik. In: L. Ruscu u. a. (Hrsg.), Orbis Antiquus. Studia in honorem Ioannis Pisonis. Bibl. Mus. Napocensis 21 (Cluj-Napoca 2004) 100–108.

K. B. Leder, Todesstrafe. Ursprung, Geschichte, Opfer (München 1986).

E. Levy, Die römische Kapitalstrafe. Sitzber. Heidelberger Akad. Wiss. 1930/31, 5. Abhandl. (Heidelberg 1931).

E. Levy, Die römische Kapitalstrafe. In: Ders. (Hrsg.), Gesammelte Schriften 2 (Köln, Wien 1963) 325–378.

N. Lewis, Leitourgia Papyri. Documents on Compulsory Public Service in Egypt under Roman Rule (P. Leit.). Transact. Am. Phil. Soc. N. S. 53/9 (Philadelphia 1963).

N. Lewis, The Compulsory Public Services of Roman Egypt. Pap.Flor. 28 (Firenze 1997²).

D. Liebs, Die römische Provinzialjurisprudenz. In: ANRW II 15 (Berlin, New York 1976) 288–362.

D. Liebs, Das ius gladii der römischen Provinzgouverneure in der Kaiserzeit. Zeitschr. Papyr. u. Epigr. 43, 1981, 217–223.

D. Liebs, Unverhohlene Brutalität in den Gesetzen der ersten christlichen Kaiser. In: O. Behrends u. a. (Hrsg.), Römisches Recht in der europäischen Tradition. Symposion aus Anlass des 75. Geburtstages von F. Wieacker (Ebelsbach 1985) 89–116.

D. Liebs, Die Jurisprudenz im spätantiken Italien (Berlin 1987).

D. Liebs, Strafprozesse wegen Zauberei. Magie und politisches Kalkül in der römischen Geschichte. In: U. Mathe/J. von Ungern-Sternberg, Große Prozesse der römischen Antike (München 1997) 146–158.

D. Liebs, Römisches Recht: Ein Studienbuch (Göttingen 2004).

D. Liebs, Vor den Richtern Roms. Berühmte Prozesse der Antike (München 2007).

D. Liebs, Hofjuristen der römischen Kaiser bis Justinian (München 2011).

S. Link, Anachoresis. Steuerflucht im Ägypten der frühen Kaiserzeit. Klio 75, 1993, 306–320.

A. Lintott, Violence in Republican Rome (Oxford 1968).

R. MacMullen, Soldier and Civilian in the Later Roman Empire (Cambridge, London 1963).

R. MacMullen, Enemies of the Roman Order: Treason, Unrest and Alienation in the Empire (Cambridge 1966).

R. MacMullen, Corruption and the Decline of Rome (New Heaven, London 1988).

H. Maehler, Anzeige eines Einbruchs. Aegyptus 47, 1967, 221–225.

U. Manthe, Geschichte des Römischen Rechts (München 2000).

U. Manthe/J. von Ungern-Sternberg (Hrsg.), Große Prozesse der römischen Antike (München 1997).

E. Maróti, Die Rolle der Seeräuberei zur Zeit der römischen Bürgerkriege. Altertum 7, 1961, 32–41.

E. Maróti, Der Sklavenmarkt auf Delos und die Piraterie. Helikon 9/10, 1969/70, 24–42.

M. Mattern, Von Wegelagerern versperrte Straßen, von Piraten beherrschte Meere. Überlegungen zu Wesensart und Herkunft der Wegegöttinnen. Arch. Korrbl. 28, 1998, 601–620.

J. Merkel, Ueber Römische Gerichtsgebühren. In: J. Merkel, Abhandlungen aus dem Gebiete
des Römischen Rechts 3 (Halle 1888) 121–171.

C. Minor, Brigand, Insurrectionist and Separatist Movements in the Later Roman Empire (Cambridge, Mass. 1967).

A. Mócsy, Latrones Dardaniae. Acta Antiqua 16, 1968, 351–354.

A. Mócsy, Gesellschaft und Romanisation der römischen Provinz Moesia superior (Budapest 1970).

Th. Mommsen, Römisches Strafrecht. Systemat. Handb. Dt. Rechtswiss. 1,4 (Leipzig 1899).

P. Murgatroyd, Tacitus on the Deaths of Britannicus and Claudius. Eranos 103, 2005, 97–100.

H. Nehlsen, Der Grabfrevel in den germanischen Rechtsaufzeichnungen – zugleich ein Beitrag zur Diskussion um Todesstrafe und Friedlosigkeit bei den Germanen. In: H. Nehlsen/H. Jankuhn/H. Roth (Hrsg.), Zum Grabfrevel in vor- und frühgeschichtlicher Zeit. Abhandl. Akad. Wiss. Göttingen, phil.-hist. Kl. 3 F. 113 (Göttingen 1978) 107–187.

H. Niemax, Antike Humanität im Kampfe mit römischem Gefängniselend (Neubrandenburg 1933).

W. Nippel, Aufruhr und „Polizei" in der römischen Republik (Stuttgart 1988).

W. Nippel, Public Order in Ancient Rome (Cambridge 1995).

D. Nörr, Rechtskritik in der römischen Antike (München 1974).

D. Nörr, Aspekte des römischen Völkerrechts (München 1989).

K. Noethlichs, Beamtentum und Dienstvergehen. Zur Staatsverwaltung in der Spätantike (Wiesbaden 1981).

A. Nogrady, Römisches Strafrecht nach Ulpian Buch 7 bis 9 De officio proconsulis (Berlin 2006).

E. Nuber, Die antiken Münzen aus Rottweil. In: M. Klee/M. Kokabi/E. Nuber, Arae Flaviae IV. Forsch. u. Ber. Vor- u. Frühgesch. Baden-Württemberg 28 (Stuttgart 1988) 235–380.

H. U. Nuber, Eine Zaubertafel aus Schramberg-Waldmössingen, Kreis Rottweil. Fundber. Baden-Württemberg 9, 1984, 377–383.

L. Okamura, Social Disturbances in Late Roman Gaul: Deserters, Rebels and Bagaudae. In: T. Yuge/M. Doi (Hrsg.), Forms of Control and Subordination in Antiquity. Proceedings of the International Symposium for Studies on Ancient Worlds, Tokyo 1986 (Tokyo, Leiden 1988) 288–302.

H. A. Ormerod, Piracy in the ancient world (Liverpool 1924).

J. Ott, Die Beneficiarier. Untersuchung zu ihrer Stellung innerhalb der Rangordnung des Römischen Heeres und zu ihrer Funktion. Historia Einzelschr. 92 (Stuttgart 1995).

B. Palme, Militärs in der Rechtsprechung des römischen Ägypten. In: E. Harris/G. Thür (Hrsg.), Symposion 2007. Akten der Gesellschaft für griechische und hellenistische Rechtsgeschichte (Wien 2008) 279–294.

B. Palme, Militärs in der administrativen Kontrolle der Bevölkerung im römischen Ägypten. In: A. Eich (Hrsg.), Die Verwaltung der kaiserzeitlichen römischen Armee (Stuttgart 2010) 149–164.

H. Pankhofer, Schlüssel und Schloss (München 1984[4]).

A. F. Pearson, Barbarian Piracy and the Saxon Shore. Oxford Journal Arch. 24, 2005, 73–78.

A. F. Pearson, Piracy in Late Roman Britain: a Perspective from the Viking Age. Britannia 37, 2006, 337-353.

Th. Pekáry, Seditio. Unruhen und Revolten im römischen Reich von Augustus bis Commodus. Ancient Soc. 18, 1987, 133–150.

A. Pernice, Zum römischen Sakralrechte 1. Sitzber. Preuss. Akad. Wiss. 2, 1885, 1143–1169.

M. Peter, Eine Werkstätte zur Herstellung von subaeraten Denaren in Augusta Raurica. Stud. Fundmünzen Ant. 7 (Berlin 1991).

M. Peter, Die „Falschmünzerförmchen": ein Vorbericht. Jahresber. Augst u. Kaiseraugst 21, 2000, 61.

M. Peter, Imitation und Fälschung in römischer Zeit. In: A.-F. Auberson/H. R. Derschka/S. Frey-Kupper (Hrsg.), Faux – contrefaçons – imitations. Etudes numismatique et hist. monétaire 5 (Lausanne 2004) 19–30.

M. Pfeffer, Einrichtungen der sozialen Sicherung in der griechischen und römischen Antike (Köln 1969).

M. Pfisterer, Limesfalsa und Eisenmünzen – Römisches Ersatzkleingeld am Donaulimes. In: M. Alram/F. Schmidt-Dick (Hrsg.), Numismata Carnuntina. Forschungen und Material (Wien 2007) 737–772.

H. Pohl, Die römische Politik und die Piraterie im östlichen Mittelmeer vom 3. bis zum 1. Jh. v. Chr. (Berlin, New York 1993).

E. Polay, Der Schutz der Ehre und des guten Rufes im römischen Recht. Zeitschr. Savigny-Stiftung Rechtsgesch., Romanist. Abt. 106, 1989, 502–534.

M. Prell, Sozialökonomische Untersuchungen zur Armut im antiken Rom. Von den Gracchen bis Kaiser Diokletian (Stuttgart 1997).

A. Prieto Arciniega, Un punto oscuro en la invasion romana de las Baleares: la pirateria. Habis 18/19, 1987/88, 271–275.

M. R.-Alföldi, Die „Fälscherförmchen" von Pachten. Germania 52, 1974, 426–440.

B. Raspels, Der Einfluss des Christentums auf die Gesetze zum Gefängniswesen und zum Strafvollzug von Konstantin d. Gr. bis Justinian. Zeitschr. Kirchengesch. 102, 1991, 289–306.

N. K. Rauh, Merchants, sailors and pirates in the Roman world (Stroud 2003).

M. Reddé, La piraterie sous l'empire romain. In: Histoire et criminalité de l'antiquité au XXe siècle. Nouvelles approches. Actes du colloque de Dijon-Chenôve 1991 (Dijon 1992) 333–336.

M. Reuter, Falschmünzerei im römischen Südwestdeutschland. In: Chr. Bücker u. a. (Hrsg.), Regio Archeologica. Festschr. Gerhard Fingerlin. Studia honoraria 18 (Rahden 2002) 125–128.

W. Riess, Apuleius und die Räuber. Ein Beitrag zur historischen Kriminalitätsforschung. Heidelberger Althist. Beitr. u. Epigr. Stud. 35 (Stuttgart 2001).

W. Riess, Die historische Entwicklung der römischen Folter- und Hinrichtungspraxis in kulturvergleichender Perspektive. Historia 51, 2002, 206–226.

R. Rilinger, Humiliores – Honestiores. Zu einer sozialen Dichotomie im Strafrecht der römischen Kaiserzeit (München 1988).

O. Robinson, Slaves and the Criminal Law. Zeitschr. Savigny-Stiftung Rechtsgesch. 98, 1981, 213–254.

O. Robinson, Women and the Criminal Law. In: B. Carpino (Hrsg.), Raccolta di scritti in memoria di Raffaele Moschella (Perugia 1985) 527–560.

O. Robinson, The Criminal Law of Ancient Rome (Baltimore, Maryland 1995).

K. Rosen, Iudex und Officium. Kollektivstrafe, Kontrolle und Effizienz in der spätantiken Provinzialverwaltung. Ancient Soc. 21, 1990, 273–292.

C. Rosillo López, La corruption à la fin de la République romaine (IIe – Ier s. av. J.-C.). Historia Einzelschr. 20 (Stuttgart 2010).

M. Rostovtzeff, The Social and Economic History of the Roman Empire (Oxford 1957^2).

M. Rostowzew, Die Domänenpolizei in dem römischen Kaiserreiche. Philologus 64, 1905, 297–307.

A. Russi, Pastorizia e brigantaggio nell'Italia centro-meridionale in età tardo-imperiale (a proposito di C. Th. IX, 30,1–5), Miscellanea Greca e Romana 13, 1988, 251–259.

P. Sänger, Die Eirenarchen im römischen und byzantinischen Ägypten. Tyche 20, 2005, 143–204.

P. Sänger, Zur Organisation des Sicherheitswesens im kaiserzeitlichen Kleinasien und Ägypten: Rezension eines neuen Buches und komparative Studie zur Eirenarchie. Tyche 25, 2010, 99–122 [im Druck].

R. Saller, Patriarchy, Property and Death in the Roman Family (Cambridge 1994).

E. Sander, Das römische Militärstrafrecht. Rhein. Mus. Philol. 103, 1960, 289–319.

T. Sarnowski, Quellenkritische Bemerkungen zu den Polizeistreitkräften in Niedermösien. Eos 76, 1988, 99–104.

G. Schauerte/A. Steiner, Ein Verwahrfund des 4. Jahrh. aus dem Königsforst bei Köln. Das spätrömische Vorhängeschloß. Bonner Jahrb. 184, 1984, 371–378.

M. Schermaier, Ulpian als „wahrer Philosoph". Notizen zum Selbstverständnis eines römischen Juristen. In: M. Schermaier/Z. Végh (Hrsg.), Ars boni et aequi. Festschr. Wolfgang Waldstein (Stuttgart 1993) 303–322.

A. Schilling, Poena extraordinaria. Zur Strafzumessung in der frühen Kaiserzeit. Freiburger Rechtsgesch. Abhandl. N. F. 61 (Berlin 2010).

A. Schmidt, Drogen und Drogenhandel im Altertum (Leipzig 1927^2).

S. Schmidt-Hofner, Regieren und Gestalten. Der Regierungsstil des spätrömischen Kaisers am Beispiel der Gesetzgebung Valentinians I. (München 2008).

U. Schmitzer, Tod auf offener Szene. Tacitus über Nero und die Ermordung des Britannicus. Hermes 133, 3, 2005, 337–357.

G. Schmölzer, Geschlecht und Kriminalität: Zur kriminologischen Diskussion der Frauenkriminalität, querelles-net 11, 2003 [urn:nbn:de:0114-qn043207].

M. Scholz/A. Kropp, „Priscilla, die Verräterin". Ein bleiernes Fluchtäfelchen aus Groß-Gerau. In: G. Seitz (Hrsg.), Im Dienste Roms. Festschr. Hans Ulrich Nuber (Remshalden 2006) 147–154.

W. Schuller, Grenzen des spätrömischen Staates: Staatspolizei und Korruption. Zeitschr. Papyr. u. Epigr. 16, 1975, 1–21.

W. Schuller (Hrsg.), Korruption im Altertum (München u. a. 1982).

F. Schulz, Geschichte der römischen Rechtswissenschaft (Weimar 1961).

R. Schulz, Zwischen Kooperation und Konfrontation. Die römische Weltreichsbildung und die Piraterie. Klio 82, 2000, 426–440.

L. Schumacher, Servus index. Sklavenverhör und Sklavenanzeige im republikanischen und kaiserzeitlichen Rom (Wiesbaden 1982).

E. Seidl, Rechtsgeschichte Ägyptens als römischer Provinz. Die Behauptung des ägyptischen Rechts neben dem römischen (Sankt Augustin 1973).

R. Selinger, Frauenhinrichtung. Ideologie und Wirklichkeit. In: I. Piro (Hrsg.), Régle et pratique du droit dans les réalités juridiques de l'antiquité. Atti della 51a sessione (Crotone-Messina, 16–20 settembre 1997) (Soveria Mannelli 1999).

B. D. Shaw, Bandits in the Roman Empire. Past & Present 105, 1984, 3–52.

B. D. Shaw, Der Bandit. In: A. Giardina (Hrsg.), Der Mensch der römischen Antike (Frankfurt a. M., New York, Paris 1991) 337–381.

B. D. Shaw, Tyrants, Bandits and Kings: Personal Power in Josephus. Journal of Jewish Stud. 44, 1993, 176–204.

J. C. Shelton/D. Hagedorn, Zur Entlassung von Strafgefangenen im römischen Ägypten. Zeitschr. Papyr. u. Epigr. 18, 1975, 225.

W. Simshäuser, Iuridici und Munizipialgerichtsbarkeit in Italien. Münchener Beitr. zur Papyrusforsch. u. ant Rechtsgesch. 61 (München 1973).

W. Sinnigen, The Roman Secret Service. Class. Journal 57, 1961, 65–72.

T. C. Skeat/E. P. Wegener, A Trial before the Prefect of Egypt Appius Sabinus, c. 250 AD. Journal Egyptian Arch. 21/2, 1935, 224–247.

P. Somville, Les poison de Britannicus. Etudés Class. 67, 1999, 255–258.

P. de Souza, Piracy in the Graeco-Roman World (Cambridge 1999).

P. de Souza, Rome's Contribution to the Development of Piracy. In: R. L. Hohlfelder (Hrsg.), The Maritime World of Ancient Rome (Ann Arbor 2008) 71–96.

D. Sperber, On Pubs and Policemen in Roman Palestine. Zeitschr. Deutschen Morgenländ. Ges. 120, 1970, 257–263.

M. Stahl, Imperiale Herrschaft und provinziale Stadt. Strukturprobleme der römischen Reichsorganisation im 1.–3. Jh. der Kaiserzeit (Göttingen 1978).

B. Steidl, Propaganda und Realität. Die innere Sicherheit in der Provinz. In: Imperium Romanum. Roms Provinzen an Neckar, Rhein und Donau. [Ausstellungskat. Stuttgart 2005–2006] (Esslingen 2005) 147–151.

G. Steinmayr, Sviluppi semantici della base „latro" in Grecia e in Roma. In: Atti e memoria dell'Accademia di Verona, 1955/56, 151–163.

A. Stramaglia, Covi di banditi e cadaveri 'scomodi' in Lolliano, Apuleio e [Luciano]. Zeitschr. Papyr. u. Epigr. 94, 1992, 59–63.

B. E. Stumpp, Prostitution in der römischen Antike (Berlin 1998).

J. Sünskes Thompson, Aufstände und Protestaktionen im Imperium Romanum. Die severschen Kaiser im Spannungsfeld innenpolitischer Konflikte (Bonn 1990).

G. V. Sumner, The ‚Piracy Law' from Delphi and the Law of the Cnidos Inscription. Greek Roman and Byzantine Stud. 19, 1978, 211–225.

R. Syme, Lawyers in Government. The Case of Ulpian. Proc. Am. Phil. Soc. 116, 1972, 406–409.

R. Taubenschlag, Das Strafrecht im Rechte der Papyri (Leipzig, Berlin 1916).

W.-R. Teegen, Ein spätantikes Doppelgrab mit enthaupteten Männern vom Gelände des Klinikums Mutterhaus zu Trier. Trierer Zeitschr. 74, 2011 [in Vorb.].

M. Thomas, Ars clostraria – die römische Schließkunst. In: Der Barbarenschatz. Geraubt und im Rhein versunken [Ausstellungkat. Speyer 2006] (Stuttgart 2006) 144–146.

E. A. Thomson, Bauernaufstände im spätantiken römischen Gallien und Spanien. In: H. Schneider (Hrsg.), Sozial- und Wirtschaftsgeschichte der römischen Kaiserzeit (Darmstadt 1981) 29–47.

S. Torallas Tovar, The Police in Byzantine Egypt: The Hierarchy in the Papyri from the Fourth to the Seventh Centuries. In: A. McDonald/C. Riggs (Hrsg.), Current Research in Egyptology 2000. BAR Internat. Ser. 909 (Oxford 2000) 115–123.

A. Touwaide, Les poisons dans le monde antique et byzantin: Introduction à une analyse systématique. Rev. Hist. Pharmacie 290, 1991, 265–281.

S. Tramonti, La pirateria in età imperial romana. Fenomenologia di una struttura. Ravenna Studi e Ricerche 1, 1994, 137–175.

S. Tramonti, La pirateria Adriatica e la politica navale Augustea (36–31 A.C.). Ravenna Studi e Ricerche 4, 1997, 89–130.

M. Tröster, Roman Hegemony and Non-State Violence: A Fresh Look at Pompey's Campaigne against the Pirates. Greece and Rome 56, 2009, 14–33.

G. R. Tsetskhladze, Black Sea Piracy. Talanta 32/33, 2000/01, 11–15.

D. Tudor, „Interfecti a latronibus" in inscriptile din Dacia. Studii si cercetari de istorie veche 4, 1953, 583–595.

H. Vetters, Ein neues Denkmal des Sicherheitsdienstes in den Provinzen? Jahresh. Österr. Arch. Inst. 39, 1952, 103–106.

F. Vittinghoff, Christianus sum – Das „Verbrechen" von Außenseitern der römischen Gesellschaft. Historia 33, 1984, 331–357.

A. Völkl, Die Verfolgung der Körperverletzung im frühen römischen Recht (Wien 1984).

A. Wacke, Unius poena metus multorum. Abhandlungen zum römischen Strafrecht (Neapel 2008).

W. Waldstein/M. Rainer, Römische Rechtsgeschichte (München 2005[10]).

V. Wankerl, Appello ad principem. Urteilsstil und Urteilstechnik in kaiserlichen Berufungsentscheidungen (München 2009).

A. Watson, Drunkenness in Roman Law. In: W. Becker/L. Schnorr von Carolsfeld (Hrsg.), Sein und Werden im Recht. Festgabe Ulrich von Lübtow (Berlin 1970) 381–387.

P. Weimar, Römisches Privatrecht. Vom ius civile zum BGB. In: Imperium Romanum. Roms Provinzen an Neckar, Rhein und Donau. [Ausstellungskat. Stuttgart 2005–2006] (Esslingen 2005) 339–341.

L. Wenger, Die Quellen des römischen Rechts (Wien 1953).

G. Wesch-Klein, Hochkonjunktur für Deserteure? Fahnenflucht in der Spätantike. In: Y. Le Bohec/C. Wolff (Hrsg.), L'armée romaine de Dioclétien à Valentinien Ier (Paris 2004) 475–487.

G. Wesener, Offensive Selbsthilfe im klassischen römischen Recht. In: Festschr. Artur Steinwenter. Grazer rechts- und staatswissenschaftl. Stud. 3 (Graz, Köln 1958) 100–120.

F. Wieacker, Römische Rechtsgeschichte 1 (München 1988).

F. Wieacker/J. G. Wolf (Hrsg.), Römische Rechtsgeschichte 2 (München 2006).

M. Witteyer, Verborgene Wünsche. Befunde antiken Schadenzaubers aus Mogontiacum-Mainz. In: K. Brodersen/ A. Kropp (Hrsg.), Fluchtafeln. Neue Funde und neue Deutungen zum antiken Schadenzauber (Frankfurt a. M. 2004) 42–47.

F. von Woess, Personalexekution und cessio bonorum im römischen Reichsrecht. Zeitschr. Savigny-Stiftung Rechtsgesch. 43, 1920, 485–529.

C. Wolff, Comment devient-on brigand? Rev. Études Anciennes 101, 1999, 393–403.

F. Wood Jones, The examination of the bodies of 100 men executed in Nubia in Roman times. Brit. Medical Journal 1908, 736–737.

E. C. Woodley, Poison and Murder in Rome; Cicero´s Pro Cluentio; an ancient cause célebre (Chicago 1947).

D. Woods, Amandus. Rustic rebel or pirate prince? Ancient Hist. Bull. 15, 2001, 44–49.

D. Woods, Tacitus, Nero and the "Pirate" Anicetus. Latomus 65, 2006, 641–649.

J. Zias/E. Sekeles, The crucified man from Giv'at ha Mivtar: A Reappraisal. Israel Exploration Journal 35, 1985, 22–27.

K.-H. Ziegler, Pirata communis hostis omnium. In: M. Harder/G. Thielmann (Hrsg.), De iustitia et iure. Festgabe für Ulrich von Lübtow zum 80. Geburtstag (Berlin 1980) 93–103.

K.-H. Ziegler, Vae victis. Sieger und Besiegte im Lichte des Römischen Rechts. In: O. Kraus (Hrsg.), Vae victis! – Über den Umgang mit Besiegten (Göttingen 1998) 45–66.

M. Zimmermann, Probus, Carus und die Räuber im Gebiet des pisidischen Termessos. Zeitschr. Papyr. u. Epigr. 110, 1996, 265–277.

M. Zimmermann, Zur Deutung von Gewaltdarstellungen. In: M. Zimmermann (Hrsg.), Extreme Formen von Gewalt in Bild und Text des Altertums (München 2009) 7–45.

Abgekürzt zitierte antike Autoren und Schriften

Ach. Tat.	Achilleus Tatios	Cic. Cluent.	M. Tullius Cicero, pro A. Cluentio
Acta apost.	Acta apostolorum		
Acta Mart. Scilita.	Acta Martyrum Scilitanorum	Cic. har. resp.	M. Tullius Cicero, de haruspicum responsis
Acta Procons. S. Cypr.	Acta Proconsularia Sancti Cypriani		
		Cic. imp. Cn. Pomp.	M. Tullius Cicero, de imperio Cn. Pompei
Amm.	Ammianus Marcellinus, res gestae		
		Cic. leg.	M. Tullius Cicero, de legibus
Anth. Gr.	Anthologia Graeca	Cic. Mur.	M. Tullius Cicero, pro L. Murena
Anth. Lat.	Anthologia Latina		
Apg.	Apostelgeschichte	Cic. off.	M. Tullius Cicero, de officiis
App. civ.	Appianus, bella civilia	Cic. Phil.	M. Tullius Cicero, Philippica in M. Antonium
App. Ill.	Appianus, Illyrike		
App. Mithr.	Appianus, Mithridateios	Cic. Rab. Post.	M. Tullius Cicero, pro C. Rabirio Postumo
Apul. apol.	Apuleius, apologia		
Apul. met.	Apuleius, metamorphoseis	Cic. rep.	M. Tullius Cicero, de republica
Arat.	Aratos	Cic. S. Rosc.	M. Tullius Cicero, pro Sex. Roscio Amerino
Archil.	Archilochos		
Aristeid. or.	Aristeides, orationes	Cic. top.	M. Tullius Cicero, topica
Artem.	Artemidoros (Oneirokritikos)	Cic. Verr.	M. Tullius Cicero, in Verrem
Athan. hist. Arian.	Athanasios, historia Arianorum	Claud. Ael.	Claudius Aelianus, carmina
Aug. civ.	Augustinus, de civitate dei	Claud. Ael. anim.	Claudius Aelianus, de natura animalium
Aug. conf.	Augustinus, confessiones		
Aur. Vict.	Aurelius Victor Afer	Claud. cons. Stil.	Claudius Claudianus, de consulatu Stilichonis
Aur. Vict. epit.	Aurelius Victor Afer, Libellus de vita et moribus imperatorum (Epitome)		
		Claud. in Eutrop.	Claudius Claudianus, in Eutropium
Auson. epist.	Ausonius, epistulae	Clem. Alex.	Clemens Alexandrinus
		Cod. Iust.	Codex Iustinianus
Bas. epist.	Basilius, epistulae	Cod. Theod.	Codex Theodosianus
		coll.	Mosaicarum et Romanarum legume collatio
Caes. civ.	C. Iulius Caeser, de bello civili		
Caes. Gall.	C. Iulius Caeser, de bello Gallico	Colum.	Columella, de re rustica
Cato agr.	Cato, de agri cultura	Curt.	Q. Curtius Rufus, Historia Alexandri Magni
Cic. ad fam.	M. Tullius Cicero, ad familiares		
Cic. ad Q. fr.	M. Tullius Cicero, epistulae ad Quintum fratrem	Cypr. Donat.	Cyprian, ad Donatum
		Cypr. epist.	Cyprianus, epistulae
Cic. Att.	M. Tullius Cicero, epistulae ad Atticum		
		Demosth.	Demosthenes, orationes
Cic. Brut.	M. Tullius Cicero, Brutus	Dig.	Digesta
Cic. Cael.	M. Tullius Cicero, pro M. Caelio	Dig. (Callist.)	Digesta Callistratus

Dig. (Cels.)	Digesta Celsus	Hom. Il.	Homeros, Ilias
Dig. (Gaius)	Digesta Gaius	Hom. Od.	Homeros, Odysseia
Dig. (Marc.)	Digesta Marcianus	Hor. carm.	Q. Horatius Flaccus, carmina
Dig. (Men.)	Digesta Menander	Hor. epod.	Q. Horatius Flaccus, epodi
Dig. (Mod.)	Digesta Modestinus	Hor. sat.	Q. Horatius Flaccus, saturae sive sermons
Dig. (Paul.)	Digesta Paulus		
Dig. (Pap.)	Digesta Papinianus	Hymn. Hom. Ap.	Homerischer Hymnos auf Apollon
Dig. (Pomp.)	Digesta Pomponius		
Dig. (Ulp.)	Digesta Ulpian		
Dig. (Ven.)	Digesta Venonius	Inst. Iust.	Institutiones Iustiniani
Dio Cass.	Dio Cassius	Ios. ant. Iud.	Iosephus, antiquitates (auch: AJ)
Diod.	Diodoros, Bibliotheke	Ios. bel. Iud.	Iosephus, bellum Iudaicum (auch: BJ)
Dion Chr.	Dion Chrysostomos, orationes		
Dion Chr. peri basil.	Dion Chrysostomos, peri basileias	Isid. orig.	Isidorus, origines sive etymologiae
Dion. Hal.	Dionysios von Halikarnaß, antiquitates Romanae	Iuv.	Iuvenalis, saturae
		Kol.	Kolosserbrief
Epikt.	Epiktetos		
Epikt. diatr.	Epiktetos, diatribai	Lact. mort. pers.	Lactantius, de mortibus persecutorum
Eutr.	Eutropios, breviarium ab urbe condita		
		Lex. tab.	Lex tabularum
Eus. hist. eccl.	Eusebios von Caesarea, historia ecclesiae	Lib. or.	Libanios, orationes
		Liv.	T. Livius, ab urbe condita
Ev. Mk	Markus Evangelium	Liv. perioch.	T. Livius, ab urbe condita librorum periochae
Firm. math.	Firmicus Maternus, mathesis	Lucan	Lucanus, de bello civili
Flor. epit	Annius Florus, epitoma de Tito Livio	Lukian. Alex.	Lukianos, Alexandros
Frontin. aqu.	Frontinus, de aquis	Mart.	Martialis, epigrammata
Frontin. strat.	Frontinus, strategemata	Mart. Carp.	Martyrium des Carpus
Fronto ad Ant.	M. Cornelius Fronto, ad Antoninum Pium liber	Mart. epigr.	Martialis, epigrammaton (= spectaculorum) liber
Fronto, epist.	M. Cornelius Fronto, epistulae	Mart. Euplus	Martyrium des Euplus
Fronto, princ. hist.	M. Cornelius Fronto, principia historiae	Mart. Pion.	Martyrium des Pionius
		Mart Polyc.	Martyrium des Polycarp
		Men. Rhet.	Menander Rhetor
Gaius inst.	Gaius iurisconsultus, institutiones	Nep. Them.	Cornelius Nepos Themistocles
Gal.	Galenos	Opp. kyn.	Oppianus v. Korykos, kynegetika
Gal. anatom. admin.	Galenos, de anatomicis administrationibus libri qui exstant novem	Oros.	Orosius
		Oros. hist.	Orosius, historiae adversus paganos
Gal. usu part.	Galenos, de usu partium	Ov. ars.	Ovidius, ars amatoria
Gell.	Gellius, noctes Atticae	Ov. met. lib.	Ovidius, metamorphoses liber
Hdt.	Herodotos, historiae	Ov. rem.	Ovidius, remedia amoris
Heliod. Aeth.	Heliodoros, Aethiopica	Ov. trist.	Ovidius, tristia
Herm.	Hermes Trismegistos		
Herodian.	Herodianos	Paneg.	XII panegyrici latini
Hom.	Homeros	Pass.	Passio

Pass. Perp.	Passio Perpetuae et Felicitatis	Sen. dial.	Seneca der Jüngere, dialogi
Pass. Sct. Mar. et Iac.	Passio Sanctorum Mariani et Iacobi	Sen. epist	Seneca der Jüngere, epistulae ad Lucilium
Paul. Nol. epist.	Paulinus von Nola, epistulae	Sen. nat.	Seneca der Jüngere, naturales quaestiones
Paul. sent.	Iulius Paulus, sententiae	Serv. Aen.	Servius, vommentarius in vergilii Aeneida
Paus.	Pausanias, perihegesis		
Petron.	Petronius, satirae	Serv. ecl.	Servius, commentarius in Vergilii eclogas
Phaedr.	Phaedrus, fabulae Aesopiae		
Philon Flacc.	Philon von Alexandria, in Flaccum	HA	Historia Augusta
Philon leg.	Philon von Alexandria, legatio ad Gaium	HA Alex.	Historia Augusta, Alexander Severus
Philostr. Soph.	Philostratos, vitae sophistarum	HA Aur.	Historia Augusta, Marcus Aurelius
Plaut. Aul.	Plautus Aulularia		
Plin. epist.	Plinius der Jüngere, epistulae	HA Avid.	Historia Augusta, Avidius Cassius
Plin. nat.	Plinius der Ältere, naturalis historia	HA Carac.	Historia Augusta, Caracalla
Plin. paneg.	Plinius der Jüngere, panegyricus	HA Comm.	Historia Augusta, Commodus
Plut. Caes.	Plutarchus, Caesar	HA Did.	Historia Augusta, Didius Iulianus
Plut. Cato mai.	Plutarchus, Cato maior		
Plut. Cic.	Plutarchus, Cicero	HA Gall.	Historia Augusta, Gallieni duo
Plut. Crass.	Plutarchus, Crassus	HA Gord.	Historia Augusta, Gordiani tres
Plut. Kim.	Plutarchus, Kimon	HA Hadr.	Historia Augusta, Hadrianus
Plut. Mar.	Plutarchus, Marius	HA Marc.	Historia Augusta, Marcus Aurelius
Plut. Num.	Plutarchus, Numa		
Plut. Pomp.	Plutarchus, Pompeius	HA Max. Balb.	Historia Augusta, Maximus et Balbus
Plut. qu. R.	Plutarchus, vitae parallelae questiones Romanae		
		HA Maximin.	Historia Augusta, Maximini Duo
Plut. Rom.	Plutarchus, Romulus		
Plut. Sull.	Plutarchus, Sulla	HA Pesc.	Historia Augusta, Pescennius Niger
Plut. Tib. Gracch.	Plutarchus, Tiberius Gracchus		
Polyb.	Polybios	HA quatt. tyr.	Historia Augusta, quattuor tyranni
Prok. Vand.	Prokopios, de bello Vandalico		
Ps.-Asc. div.	Pseudo-Asconius, de divinatione	HA Sev.	Historia Augusta, Severus Alexander
Quint. decl.	Quintilianus, declamationes	HA Tac.	Historia Augusta, Tacitus
Quint. inst.	Quintilianus, institutio oratoria	Sic. Flacc. div.	Siculus Flaccus, de divisis et assignatis
R. gest. div. Aug.	Res gestae divi Augusti	Sidon. carm.	Sidonius Apollinaris, carmina
		Sidon. epist.	Sidonius Apollinaris, epistulae
Sall. Catil.	Sallustius, de coniuratione Catilinae	Stat. silv.	P. Papinius Statius, silvae
		Strab.	Strabon, geographika
Sall. hist.	Sallustius, historia	Suet. Aug.	C. Suetonius Tranquillus, Divus Augustus
Sall. Iug.	Sallustius, de bello Iugurthino		
Scrib. Larg.	Scribonius Largus, compositiones	Suet. Cal.	C. Suetonius Tranquillus, Caligula
Sen. benef.	Seneca der Jüngere, de beneficiis	Suet. Claud.	C. Suetonius Tranquillus, Divus Claudius
Sen. clem.	Seneca der Jüngere, de clementia		
Sen. contr.	Seneca der Ältere, controversiae	Suet. Dom.	C. Suetonius Tranquillus, Domitianus
Sen. de ira	Seneca der Jüngere, de ira		

Suet. Galba	C. Suetonius Tranquillus, Galba	Thuk.	Thukydides
Suet. Iul.	C. Suetonius Tranquillus, Divus Iulius	Tib.	Albius Tibullus, elegiae
Suet. Nero	C. Suetonius Tranquillus, Nero	Val. Max.	Valerius Maximus, facta et dicta memorabilia absol(uti), amb(usti), damn(ati), ext(erni)
Suet. Tib.	C. Suetonius Tranquillus, Tiberius		
Sulp. Sev. Mart.	Sulpicius Severus, vita Sancti Martini	Varro rust.	M. Terentius Varro, res rustica
		Veg. mil.	Vegetius Renatus, epitoma rei militaris
Symm. epist.	Q. Aurelius Symmachus, epistulae	Vell.	Velleius Paterculus, historia Romana
Tac. agr.	Cornelius Tacitus, agricola	Verg. Aen.	P. Vergilius Maro, Aeneis
Tac. ann.	Cornelius Tacitus, annales	Verg. ecl.	P. Vergilius Maro, eclogae
Tac. Germ.	Cornelius Tacitus, Germania	Vitr.	Vitruvius, de architectura
Tac. hist.	Cornelius Tacitus, historiae		
Ter. Ad.	P. Terentius Afer, Adelphoe	Xen. Hell.	Xenophon, Hellenika
Tert. apol.	Tertullianus, apologeticum		
Tert. fug. pers.	Tertullianus, de fuga in persecutione	Zonar.	Zonaras
		Zos.	Zosimus
Tert. spect.	Tertullianus, de spectaculis	Zos. hist.	Zosimus, historia nova
Theophr. char.	Theophrastos, characteres		

Abgekürzt zitierte Lexika, Corpora und Begriffe

AE	L'année épigraphique
AGG	Allgemeines Gleichbehandlungsgesetz
AM	Antike Medizin. Ein Lexikon, herausgegeben von K.-H. Leven (München 2005)
CAG	Commentaria in Aristotelem Graeca, edita consilio et auctoriate Academiae Litterarum Regiae Borussicae
CIG	Corpus Inscriptionum Graecarum
CIL	Corpus Inscriptionum Latinarum
CPR	Corpus Papyrorum Raineri
CSIR	Corpus Signorum Imperii Romani. Corpus der Skulpturen der römischen Welt
DAI	Deutsches Archäologisches Institut
DKP	Der Kleine Pauly. Lexikon der Antike
DNP	Der Neue Pauly. Enzyklopädie der Antike
DTM	Defixionum tabellae des Mainzer Isis- und Mater-Magna-Heiligtums (J. Blänsdorf)
DWB	Deutsches Wörterbuch, 33 Bde. (Leipzig 1874–1971)
HDA	Handwörterbuch des deutschen Aberglaubens
IAM	Inscriptions antiques du Maroc
IDR	Inscriptiones Dacia Romanae
IG	Inscriptiones Graecae
IGRR	Inscriptiones Graecae ad res Romanas pertinentes
ILS	Inscriptiones Latinae Selectae
LIMC	Lexicon Iconographicum Mythologiae Classicae
MAMA	Monumenta Asiae Minoris antiqua. Publications of the American Society for Archaeological Research in Asia Minor
ML	W. H. Roscher, Ausführliches Lexikon der griechischen und römischen Mythologie
OGIS	W. Dittenberger, Orientis Graeci inscriptiones selectae
ORL	Der obergermanisch-raetische Limes des Roemerreiches
PGM	Papyri Graecae Magicae
RE	Pauly's Realencyclopädie der Classischen Altertumswissenschaften
RGA	Reallexikon der Germanischen Altertumskunde
RGZM	Römisch-Germanisches Zentralmuseum
RIB	The Roman Inscriptions of Britain
RIU	Die römische Inschriften Ungarns
SEG	Supplementum epigraphicum Graecum
StGB	Strafgesetzbuch
Tab.Vindol.	A. K. Bowman/J. D. Thomas, The Vindolanda Writing Tables (Tabulae Vindolandenses II) (London 1994).

Ortsregister (antik)

Actium 199
Adranos 67
Alexandria/Alexandrien . . 238. 246. 248. 290. 295. 330. 335. 337
Antiochia 30. 175. 290
Antinoupolis 135. 142. 248
Apollonopolis Heptakomias . . . . 249 f.
Aquae Sulis [Bath] . . . . . . 89. 91. 93. 95 f. 98. 100 f. 102
Aquae Tarbellicae [Dax] 98
Aquileia 16. 168
Aquincum [Budapest] 228. 334
Aquinum 189
Aragua 131
Argentorate [Straßburg] 216
Ateste [Este] 304. 308
Athen(ae) 56. 65. 197. 257. 290
Augum [Bois l'Abbé] 226
Augusta Raurica [Augst] 47. 56. 111–113. 117. 257
Augusta Treverorum [Trier] 309
Augusta Vindelicum [Augsburg] 71

Babylon 50
Baelo Claudia [Bolonia] 96
Baiae 281. 336
Bakchias 233
Bingium [Bingen] 226
Brigantium [Bregenz] 309
Brigetio 123
Byzanz 226

Caesarea 216. 290. 295. 323. 337. 388
Calceus Herculis 180
Cambodunum [Kempten] 309
Carnuntum [Bad Deutsch-Altenburg] 81. 100. 368
Cibale [Vinkovci] 308
Cirta [Constantine] 309. 324. 329. 336
Colonia Claudia Ara Agrippinensium [Köln] 3
Colonia Iulia Equestris/Noviodunum [Nyon] 226
Colonia Ulpia Traiana/CUT [Xanten] . . . . . . 3. 8. 10 f. 19–32. 34. 37. 71. 107. 123. 125. 147
Cruciniacum [Bad Kreuznach] . . . . 306. 310 f.

Dionysias [Qasr-Qarun] 230
Drobeta 191
Durostorum 323

Emerita Augusta 97
Emona [Ljubljana] 175. 191. 311
Emporiae [Ampurias] . . . . 304. 306 f. 311 f.
Euhippe 131

Gades 328

Hadrumetum [Sousse] 262. 312
Halikarnassos 321
Hawara . . . . 361 f.
Herakleopolis 248. 252
Herculaneum 5. 7. 13. 16
Hermupolis 157. 178. 248–252

Intercisa [Dunaújváros] . . . . 181. 227 f.
Interamna [Pignataro Interamna] 136
Isca Silurum [Caerleon] 97
Itálica 97
Iulia Nova Karthago [Cartagena] 187
Iuliopolis 226

Karanis 233
Karthago . . . . . 104. 190. 226. 290. 301. 312 f. 315. 323. 328–330. 337
Knidos 206. 255. 269
Konstantinopel 295. 353
Korakesion 175
Korinth 197

Lambaesis . . . . 173 f. 329. 334
Leptis Magna 216. 326
Lilybaeum 324
Lopodunum [Ladenburg am Neckar] 163
Lugdunum [Lyon] . . . . 108 f. 116. 226. 266

Massilia [Marseille] 140. 257
Megara 77

Mermertha ....244 f.
Mogontiacum [Mainz] 313
Mykene 50

Naboō ....139 f.
Narbo Martius 308
Naukratis 248
Nesla 233
Nida [Frankfurt am Main-Heddernheim] ... 303 f. 313
Nomentum [Mentana] 314
Noviomagus [Nijmegen] 3
Noviomagus Treverorum [Neumagen] 167

Oea 142
Olympia 124. 207
Oriculum 228
Ostia 6. 8. 197
Ostippo 191
Oxyrhynchos .... 230 f. 248–250. 252

Panopolis 248. 252
Pergamon 203. 326. 329. 335. 337
Pola [Pula] 165
Pompeji ....4–6. 8 f. 16. 25. 37. 44 f. 47 f. 54. 56 f.
    61–66. 71. 121
Ptolemais Hermiu 248
Puteoli [Pozzuoli] 167

Ravenna 227
Rom .... 6. 37. 68–70. 77. 83 f. 104. 111 f. 114 f. 121.
    124. 129–132. 135–138. 142. 156. 165. 167 f. 173–176.
    180. 187 f. 193. 197. 199. 202 f. 205 f. 208. 214 f. 217.
    225. 227. 231 f. 234. 236–238. 241. 255. 257–260. 262.
    264. 269–273. 276. 282–284. 290 f. 293. 295 f. 302 f.
    307 f. 314. 319–321. 323. 325 f. 328 f. 331–333. 335 f.
    338. 351–353. 385

Sabratha 142
Saguntum 97. 99
Saldae [Bejaia] 174. 191
Salona 175. 189. 191
Scelerata 192
Sicca Veneria 175
Sirmium 323
Siscia [Sisak] 307. 314
Smyrna ....326. 329 f. 335–337
Soknopaiu Nesos ....232 f.
Starigard [Oldenburg] 350

Teanum Sidicinum ....174. 187 f.
Theoxenis 230
Tibiuca 323. 329. 336
Timacum Minus 175
Trapezus 199
Tripolis 142
Tuder [Todi] 308

Veldidena [Wilten] 99
Venta Icenorum [Caistor St. Edmund] 99
Verona 328
Vetera I [Xanten] 25. 28. 37
Vetera II [Xanten] 61. 66
Vindobona [Wien] 187
Vindolanda 215

Ortsregister (modern)

Ahrweiler 12
Alanya 175
Alcácer do Sal 100
Alexandria/Alexandrien ...... 238. 246. 248. 290. 295.
    330. 335. 337
Ampurias [Emporiae] .... 101. 304. 311 f.
Antakya 175
Apt 190
Aquileia 16. 168
Athen 56. 65. 197. 257. 290
Augsburg [Augusta Vindelicum] 71. 84
Augst [Augusta Raurica] .... 16. 35. 47. 50 f. 55.
                            57 f. 84. 111. 117. 257
Autun 47

Bad Deutsch-Altenburg [Carnuntum] 100
Bad Kreuznach [Crunciniacum] ...301. 306. 310 f. 315
Bad Kreuznach-Planig 32
Baden .... 46 f.
Badenweiler 257
Bath [Aquae Sulis] .... 89 f. 93 f. 96. 103 f.
Bavay 180
Beirut 290. 295
Bejaia [Saldae] .... 173 f.
Biberist-Spitalhof 165
Bietighheim-Bissingen 25. 28
Bingen [Bingium] 207. 226
Bois l'Abbé [Augum] 203. 207. 226
Bolonia [Baelo Claudia] 96
Bondorf 29
Bonn .... 55. 57. 83 f. 125. 350. 368
Boscoreale .... 12 f. 37
Brandon 100. 103
Brean Down 102
Bregenz [Brigantium] 309
Breisgau 257
Bremen 350
Budapest [Aquincum] 84. 228

Caerleon [Isca Silurum] 97
Caistor St. Edmund [Venta Icenorum] 99

Cartagena [Iulia Nova Karthago] 187
Catania 324. 337
Chagnon 302. 309
Châteaubleau 111
Chesterton 91. 97
Clermont 83
Colijnsplaat 79
Constantine [Cirta] 309

Dax [Aquae Tarbellicae] 98
Domburg 79
Düren 121
Dunaújváros [Intercisa] 181. 228
Duppach-Weiermühle 167

Eigeltingen-Eckartsbrunn .... 48 f.
Eining 102
El Kantara 180
El Kef 175
El Jem 141
Elephantine .... 173 f.
Ellingen 37. 352
Enns 47
Este [Ateste] 37. 308

Farley Heath 98
Frankfurt am Main-Heddernheim [Nida] ..... 50. 55.
    304. 368
Froitzheim .... 121 f.

Giv'at ha-Mivtar .... 366 f.
Groß-Gerau 93. 97

Haltern 23
Hawara .... 361 f.
Heddernheim → Frankfurt am Main-Heddernheim
Heidelberg .... 57. 67. 163 f. 166 f.
Heidenheim .... 33 f. 37. 234

Inzigkofen 68

Jaffa 199. 206
Jagsthausen 55. 57
Jerusalem 55. 57. 83f. 125. 330. 350. 366f. 388
Jüchen 363–365. 368

Kaiseraugst 83
Kelvedon 102
Kempten [Cambodunum] 309. 315
Kiel 343
Koblenz 81. 84
Köln [Colonia Claudia Ara Agrippinensium] ... 3. 13–15. 34. 57. 68. 81. 83f. 131. 167. 180. 229. 237. 263. 295

Ladenburg am Neckar [Lopodunum] 25. 49f. 55. 57. 163
Lahr 53. 57
Leicester ..... 95. 97f.
Ljubljana [Emona] 175. 311
Lydney Park 95. 99
Lyon [Lugdunum] ..... 108f. 111f. 116. 157. 188f. 192. 226. 266. 323. 328–330. 336f.

Mainz [Mogontiacum] 79. 90. 99. 103f. 179. 190. 217–219. 313. 324
Mandeure 47. 56
Marlborough Downs 100
Marseille [Massilia] 257
Martigny 13. 16. 57
Mentana [Nomentum] 314
Metz 34. 36
Moneteau 350
Murol 99
Muttenz 50

Neapel 12. 188. 281
Neumagen [Noviomagus Treverorum] 167
Niederbieber ..... 48. 50. 57f.
Nijmegen [Noviomagus] 3. 15. 37. 57
Nyon [Colonia Iulia Equestris/Noviodunum] ..... 207. 226f.

Oberaden 23
Offenburg 257
Oldenburg [Starigard] 350

Paderborn 350
Pagans Hill 99
Pignataro Interamna [Interamna] 136
Poundbury 352
Pozzuoli [Puteoli] 167

Praunheim 301. 305. 308. 313
Pula [Pola] 165

Qasr-Qarun [Dionysias] 230
Qustul 121

Rainau-Buch ..... 33f.
Ratcliff-on-Soar ..... 91. 99f.
Ravenna 227
Ravna 175
Regensburg-Harting 179
Rheinbach-Flerzheim 164
Rheinzabern 79f. 83
Richborough 121
Rom 6. 37. 68–70. 77. 83f. 104. 111f. 114f. 121. 124. 129–132. 135–138. 142. 156. 165. 167f. 173–176. 180. 187f. 193. 197. 199. 202f. 205f. 208. 214f. 217. 225. 227. 231f. 234. 236–238. 241. 255. 257–260. 262. 264. 269–273. 276. 282–284. 290f. 293. 295f. 302f. 307f. 314. 319–321. 323. 325f. 328f. 331–333. 335f. 338. 351–353. 385
Rottweil 53. 55

Saint-Alban-du-Rhône ..... 150f.
Saint Bertrand-de-Comminges 187
Saloniki/Thessaloniki 57. 330. 335. 337
Salzburg 30
Schramberg-Waldmössingen 99. 229
Silchester 103
Silkeborg 373. 376
Sisak [Siscia] 314
Sousse [Hadrumetum] 262. 312
Spoleto 140
Stettfeld 350. 360f. 368
Straßburg [Argentorate] 81. 84. 216
Stuttgart-Bad Cannstatt/Cannstatt 57. 78f. 327. 368

Tarragona 326. 335–337
Tazoult-Lambèse ..... 173f.
Teano 174
Tebessa 324. 337
Themetra 30
Todi [Tuder] 308
Tolsum 377
Tongeren 180
Trier [Augusta Treverorum] ..... 47. 103. 167. 187. 202. 301. 309. 343–355. 367f.
Triest 192
Tripolis 142
Troesmis 180
Tunis 204. 226

Uley .... 94. 97. 99–101. 103 f.

Venthone 48. 57
Verona 328
Vinkovci [Cibale] 308
Vrbica 193
Vrgovrac 191

Waldmössingen → Schramberg-Waldmössingen
Walheim 12. 57
Weeting 103
Weiterstadt .... 174. 187 f. 191

Wels 82. 84
Wien [Vindobona] 187
Wilten [Veldidena] 99
Windeby 375
Worms 83

Xanten [Colonia Ulpia Traiana] .... 3. 8. 10 f. 14. 20–22. 24–33. 37. 43. 50. 52–54. 57. 61. 70 f. 81. 84. 107. 123. 125. 147. 281. 283. 331. 359. 368

Zliten 326
Zlokućane 175

Personenregister

Abinnaeus → **Flavius** Abinnaeus
Achill .... 351 f.
Achilleus 124
Adsidius Severus 386
Aelianus 67. 69
Aelius Alexander 203
Aelius Aristides 214. 220. 225
Aelius Priscus 259
Aemiliana Pudentilla 142
Aemilius Macer 259
Aemilius Papinianus 155. 291. 294. 296
L. Aemilius Rectus 131
Agrippa 199
Agrippina 142. 269. 274. 281
Severus Alexander 131
Alexander der Große 241
Alfenus Varus 294
Ammianus Marcellinus/Ammian .... 142. 175. 179. 215 f. 353
Anastasius 295
Anicetus 199. 206. 208
Antisthenes 65
M. Antistius Labeo 290. 294
Antoninus Pius 231. 353. 388. 390
M. Antonius Creticus 197
M. Antonius Orator 197
Antonius Valentinus 187. 192
Sidonius Apollinaris 124
Appian 199. 218
Apuleius 19. 25. 37. 142
Argos 67
Arrian 177
Artemidorus von Daldis 123
Atilius Scaurus 175. 228
Atticus → T. **Pomponius** Atticus
Augustus .... 72. 108 f. 142. 147–150. 153. 156–158. 175. 177. 179. 199. 205. 213. 215 f. 225. 241. 245. 255. 257. 264 f. 272. 276 f. 281 f. 284. 290 f. 294–296. 320. 328. 332. 353. 388
Aurelia Cotta 136

Aurelia Demetria 150. 152
Aurelia Maria 230
Aurelia Severa 139
Aurelianus .... 114 f.
M. Aurelius .... 83. 123. 180. 220. 256. 259 f. 262 f. 266. 274. 291. 327 f. 334. 336–338
M. Aurelius Carausius 200. 207
Aurelius Munatianus 227
A. Avillius Flaccus 130

Basilius 179
Britannicus 274
Bulla Felix 177. 180
Burchard von Worms 83

Cacus 77
Thascius Caecilius Cyprianus 323. 330
Caecilius Iucundus 61. 63
Q. Caecilius Metellus Balearicus 197
Q. Caecilius Metellus Creticus 197
Marcus Caelius 273
Caesar → C. **Iulius** Caesar
L. Caesius Maximus 191
Caligula ...... 121. 123. 156. 284 f. 320. 323. 326. 328. 331. 335
Calpurnius Piso 141. 273. 324
C. Calvisius Sabinus 180
Cannutia Crescentia 139
Caracalla ... 114. 137. 139. 175. 217. 296 f. 320. 388. 390
Caracotta 177
Carausius → M. **Aurelius** Carausius
Cassius Dio ... 156. 180. 182. 206–208. 256. 272. 282. 284. 321. 332. 351
Cassius Longinus 294
Catilina 293. 323
Cato d. Ä. 68. 150
Cervidius Scaevola 291
Charietto 180
Chariton .... 204 f.
Childebert II. 378

Chlodwig I. ....377f.
Cicero ....121. 130f. 135f. 143. 156. 174. 176. 269f.
  273. 289f. 292–294. 296f. 319. 325. 335f. 353. 387
P. Citronius Cicorellius 308
Claudius ...... 112. 144. 177. 199. 259. 265. 274. 281f.
  294. 320f. 323. 333. 335. 388
Divus Claudius II. 115
Tib. Claudius Philoxenus 246. 252
Clodia 136. 273
Clodia Laeta 139
Clodius Macer 190
Clodius Perigenes ....174. 187f.
P. Clodius Pulcher 135f. 144. 159. 201
Columella 63. 65. 67. 70. 72. 216
Commodus 112. 123. 156. 175. 177. 180f. 227. 259. 338
Constans 230
Constantius II. 116. 142. 168. 284
Cornelia 137. 139. 274. 320
M. Cornelius Fronto 180
C. Cornelius Minicianus 137
Q. Cornificius 136
Tib. Coruncanius 289
Crispina 323

Decius Mundus 325
C. Dillius 320
Diogenes 65
Diokletian 328–330. 337. 353. 391
Dionysios von Halikarnassos 321. 332
Domitian ......137. 139. 156. 158. 213f. 274. 307. 320.
  325. 334f.
C. Domitius Secundus 308
Domitius Ulpianus ...... 130. 155. 228. 234. 259. 264.
  281. 284f. 291f. 294. 296. 390f.

Egnatius Maetennus 152
Egnatius Taurinus 259. 391
Epiktet 199. 214
Marius Euaristus 259. 265
Eugippius 177
Euplus 324
Eupolos 124
Eurich 377
Eusebius 263. 330
Eutropius 200

Q. Fabius ....321. 332f.
Felicitas 330. 337
Felix von Tibiuca 323. 329. 336
Firmicus 351
Firmicus Maternus 323

Flavius Abinnaeus 230
Flavius Iosephus 199. 215. 217
Frontin 213
C. Furius Cresimus 141

Gaius 269. 277. 290f. 294
Galba 217. 274. 325
Galenos/Galen 175. 179. 192. 273
Geiserich 200
Germanicus 273. 308
Sergia Glycinna 302
Gordian III. 219. 246
C. Gracchus 323
Tib. Gracchus 320
Gratian 236. 344. 353
Gundobad 377

Cluentius Habitus 273
Hadrian ... 138. 215. 248. 259. 265. 295. 320. 353. 389
M. Hedius Amphio 302
Heliodor 201
Herakles 77
Herennius Modestinus 291
Herodes 325
Herodian 217
Hispanus 228
Homer 71. 121. 124. 197
Horaz 83. 121. 273

Iacobus 323f. 329. 336
Iavolenus Priscus 292
Ioannes 230
Irenaeus von Sirmium ....323f.
Isidor 121
Iugurtha 323. 333
Iulia 136
Iulia Maiana 150f. 157. 189
Iulia Restituta 175. 191
Iulian 143. 180. 295
Iulianus Apostata 168
Iulius 323. 336
L. Iulius Apronius Maenius Pius Salamallianus 131
L. Iulius Bassus 191
C. Iulius Caesar ....135f. 140. 158. 180. 201. 203.
  207f. 216. 218. 261. 274f. 282. 321. 325. 328. 335. 351.
  374
Iulius Paulus 107. 265. 292. 294
Iulius Senex 180
Iulius Timotheus 188
L. Iunius Brutus 321
Iustinian I. 148. 157. 237. 277. 289. 291. 295–297

Iuvenal 121. 150. 174. 214
P. Iuventius Celsus 294. 296

Jakob I. von Sierck 350
Jesus Christus .... 176. 330. 336f.
Johannes 323. 337. 351

Karl der Große 377
Konstantin ....129. 158. 167. 257. 260f. 285. 294f.
  321. 325. 335. 353

Leo 295
Iohannes ben Levi 177
Libanios 175
P. Licinius Crassus Dives/P. Licinius 137
M. Licinius Faustus 302
Licinius Lenticula 121
Licinius Lucullus 136
L. Licinius Sura ....307f.
Livius ....65. 137. 156. 270f. 278. 320. 331f.
Lucan 140
Lucceius Albinus 180
Lucillius Valens 308
Lucius ....323. 336f.
Lucius Larcius 308
Lucusta 274
Lukian 228

Flavius Magnus Magnentius 180
T. Manlius Torquatus 213
Marc Aurel → M. Aurelius
Marcellus 323
Marianus 323f. 329. 336
Marinus 323. 337
Marius Fronto 305. 308
Martial 121f. 278
Massurius Sabinus 290. 294
Maternus 177. 216
Maxentius 260
Maximilian(us) 323f. 330. 337
Maximinian 353
Metellus Crispus 175
Metilius Crispus 193. 228
Mithradates VI. 197. 208
Montanus 323. 337
Q. Mucius Scaevola 290f. 294–297
Musonius Rufus 155

Nero .....112. 124. 156. 217. 225. 262. 274. 281. 284f.
  323. 325f. 334. 336f.
Nestor von Perge 329. 336

Nonius Datus 173f. 191

Octavian → Augustus
Odysseus 67. 197
Ovid 124. 150. 157

P. Paetinius Clementianus 175
M. Pannonius Solutus 226
Papinian → Aemilius Papinianus
P. Papinius Statius 139
Cn. Papirius Carbo 324
Paquius Proculus 61. 63
Parcorus 237
Patrokolos 124
Paulus 176. 215. 257. 323. 330. 333f. 337. 351. 388
Pausanias 124
Pedanius Secundus 325
Perseus 51
Pescennius Niger 174
T. Petronius 62. 71f. 110. 176
Petrus 325. 330. 334. 337
Phaedrus 65. 68
Philippus Arabs 175. 226
Philon .... 130f.
Pionius ....329f. 335f.
Platon 219
Plautus 43
Plinius d. Ä. ....66f. 69f. 72. 111. 141. 143f. 152.
  175. 179. 202. 273. 332
Plinius d. J. .... 129. 137. 175. 214. 226. 228. 237. 270.
  272. 274f. 284f. 292. 296f. 332. 335f. 386f.
Plutarch 137. 150. 201. 320. 332. 353
Polycarp 326. 329f. 335–337
Pompeia Sulla/Pompeia ....135f.
Sex. Pompeius 199
Cn. Pompeius Magnus/Pompeius ....197f. 205f.
  258. 324
Pomponia Graecina 152
Pomponia Rufina 139
Sex. Pomponius 290. 294
T. Pomponius Atticus 135
C. Popillius Apollonius 302
Poppaea 281
Probus 177
Proculus 177. 290
Ptolemaeus ....329. 336f.

Quinctilius Varus 325

C. Rabirius 325
Rando 179

Robustus	175. 228
Romanus	216
Romulus	152
Sallust	204. 323
Salvian	354
P. Salvius Iulianus	294. 296
Salvius Valens	388
Scribonius Largus	273
Seianus	323
Selourus	180
Seneca	174f. 179. 207. 281. 284. 324f. 327
Senicianus	95
Septimius Severus	165. 177. 180. 217. 234. 236. 246. 248. 256. 330. 334–336. 388
Servius	353
C. Severianus	190
Plautius Silvanus	275
Sinis	77
Skiron	77
Sex. Sotidius Strabo Libuscidianus	131
T. Statilius Taurus	142
Strabon	174. 177. 201. 248
Sueton	121. 143. 156. 158. 225. 237. 273f. 277. 333–335
Sulla	107. 258. 326. 331f.
Ser. Sulpicius Rufus	294. 297
Ser. Sulpicius Similis	130
Symmachus	174
Tacfarinas	177
Tacitus	121. 152f. 156. 180. 214f. 217. 270. 272–276. 282. 294. 332f. 337. 374–376
C. Tadius Severus	175. 191
L. Tarquitius Priscus	321
M. Tarquitius Priscus	142
Scapula Tertullus	259
Teuta	197
Tiberius	109. 131f. 156. 159. 179f. 203. 213. 237. 275–277. 282. 285. 297. 320f. 323. 325. 332f. 336. 338
Tibullus	30
Tilliborus	177
Titius Aristo	292
Titus	213. 217
Theoderich	377
Theoderich II.	124
Theodosius I.	169. 236. 353
Theodosius II.	295
Theophrast	43
Theseus	77
Maximinus Thrax	180
Traian	129. 159. 213. 226. 237. 263. 272. 281. 284. 292. 294. 307. 329. 334–337. 386–388. 390
Trebatius Testa	291. 294
Trimalchio	62. 71f. 110
Troxoborus	199
Ulpian → **Domitius** Ulpianus	
Papst Urban II.	83
Secundus **V**acarus	308
Valens	142f.
Valentinian	142f. 216. 295. 353
Valentinian II.	236
Valeria Secundina	83
Valerian	323. 330
Valerius Maximus	213. 277
T. Valerius Proclus	203
Velleius Paterculus	177
Vennonia Hermiona	302
Vercingetorix	323. 333
Vergil	65
Cn. Vergilius Capito	131
C. Verres	129–131. 208. 290. 386
L. Verus	123
Vesonius Primus	61
Vespasian	199. 282–285. 326
Vibia Pacata	82
Vibia Perpetua	328–330
Vitellius	199. 217
L. Volusius Maecianus	291

Sachregister

Aberglaube 77. 83. 140. 149. 152. 164. 356
adiutores 265. 306
adulterium 153. 272
adversarius ....304. 308. 311. 313f.
advocatus 292. 296. 309
Aedil 122. 188. 258. 404. 407
Aes-Münze 107. 110. 115
aleae 123
Alenpräfekt 230
Alibi 136
Alltagskriminalität 89. 398
ambitus 15. 271
Amtserschleichung 282
Amtsmissbrauch 129. 204. 213. 218
Anklage 92. 94. 131. 136f. 142–144. 155f. 236. 258. 260. 263. 271–273. 275. 277. 329. 332. 335. 374. 378. 386–388
Annonafahrt 205
antefixa 52
Antoninian 115. 117
Anwalt 141f. 256. 258. 271. 275. 290. 292–294. 303. 306. 309. 313. 387. 390. 397
archon ....250f.
As 109. 164
Astragal 70. 123. 125
atrium 3. 5. 56. 61. 138
Augenzeuge 274. 327
Aureus 117

Bacchusknaben 48
Bagatelldelikt 92. 398
Bandenkriminalität 177. 378
Barbarenschatz 40. 179. 183. 238. 409. 416
Belagerung .... 140. 214. 217f.
Beleidigung .... 148. 158. 257. 271. 273. 290. 387f.
bellum desertorum 183. 216. 404
bellum servile 203. 208
Beneficiarier 81. 84f. 180. 239. 242. 246. 324. 329. 336. 339. 387. 406. 413
Bergwerk 140. 154. 165. 237. 264. 332

Berufsverbot 264
Bestechung 124. 131. 154
Beziehungstat 189. 191
biviae 79
Blutrache/Blutsühne 91f. 378
Blutschande 281
Bona Dea 135f. 144
Bordell 123. 147. 269
brachykranie 350
Brandbestattung ....165. 359f.
Brandstiftung 335. 351. 378. 385. 388
burgi 180f. 183. 228. 404

campus sceleratus 320. 338
carcer 323. 330. 333. 338. 340. 406
catenae 233
cenaculum 6
Centurio 83. 180. 187. 191–193. 214f. 217. 228–230. 242. 244. 246. 250. 253. 265. 323. 325f. 329f. 334. 336
Christen 168. 260. 263. 266. 285. 323. 325f. 328–330. 333. 336. 338f. 386f. 411. 413
Christenverfolgung 328. 336
civis Romanus 308
codex Euricianus 377
codex Iustinianus 122. 131. 277. 295
codex Theodosianus 131. 158. 168. 176
cohortes urbanae 225
coniuratio 271
consilium 257. 291. 296. 306. 311f. 315
constitutio Antoniniana 330
constitutiones principum 257. 386
corpore infames 375
crimen maiestatis 271
cubicula 6. 15

damnatio ad bestias ...261–263. 326–328. 330f. 335. 389
defixio 89. 92. 94. 96. 103f. 141. 164. 301–304. 306–308. 315f. 405. 411
dei penates 44f. 48

Demütigung 201. 213. 264
Denar 90. 98f. 103. 107f. 111–115. 117–119. 165. 378. 413
Deserteur 174. 177. 179. 215f. 221. 332. 416
Diebesverfluchung .94. 103. 301
Diebstahl 3. 28–30. 35. 43. 56. 84. 89f. 92. 95–97. 103. 136. 140. 167. 173. 175–177. 183. 213. 215. 218. 225. 228f. 247. 257. 290. 301. 319. 323. 331–333. 378. 387f. 390f. 398. 400f. 407. 409
dii manes 164f. 310
disciplina castrorum 213
disciplina militaris 213f. 217. 219
Disziplinlosigkeit 215
domus 3. 5–8. 15f. 159. 274
Doppelbestattung . . . . 343f. 350. 353f.
Doppelfessel 234
Drohung . . .3. 43. 66. 109. 143. 167. 173. 177. 200. 204. 207. 236. 260. 271. 284. 386
Dupondius 163

edictum Rothari 377
edictum Theoderici 377
Ehebruch 143. 147f. 153. 155f. 158f. 258. 272. 277. 320. 326. 332. 335. 374. 385. 388. 391
Ehepflicht 149
Ehrengrab 353
Einzelfessel . . . . .234f.
Eirenarch/Eirenarchie 180. 245–248. 250–253. 414
Entführung 173. 175. 179. 387. 398
Enthauptung . . . . 157. 259. 261. 321. 323f. 331. 334. 338. 343. 345. 347–349. 351–353. 361. 363f. 389f.
epistates phylakiton 245–247. 250–252
Epistratege 242. 244–246. 250
Erbstreitigkeiten . . . . 95. 104. 274f.
Erdrosseln 321. 323. 333f. 367. 376
Erpressung 129. 142. 148. 175. 215. 218. 255. 260. 271. 290. 398
Ertränken 157. 363. 367. 375

Fälschung 108. 110f. 113. 115. 117. 119. 407. 419
Fahnenflucht 213f. 216. 218. 221. 416
Falschaussage 388
Falschgeld 110. 117. 225
Falschmünzerei 107. 115. 258. 414
Falschmünzerförmchen 113. 118f. 413
Falschspiel 121
familia 43–45. 157. 269
Fenstergitter 10. 13f. 16. 43. 179
flamen dialis 70
Flottenstützpunkt 227

Fluchtafel/Fluchtäfelchen 89–95. 104f. 141. 164. 170. 229. 301. 303–308. 315f. 405f. 411. 414. 416
Folter 99. 143. 180. 204. 255. 315. 325f. 329f. 335–337. 356. 370. 378. 414
Folterinstrument 255f. 335
Freiheitsberaubung 95. 378. 388
fritilli 121. 125
fugitivarius 230
fugitivus 231
fulcrum . . . . .54. 57f.
Fundort 44–46. 48–55. 78. 80–82. 91. 93. 95–103. 113. 179. 191. 203. 304. 307–314
furca 321f. 332f. 335

Gallischer Krieg 59. 351. 374
Garnison 83. 187. 202
Gau 241. 243–253. 374
Gauverwaltung 229. 244. 246f. 251. 253
Geldfälschung 290. 326. 335. 388
Geldstrafe . . . . .122. 124. 154. 156f. 236. 258. 264. 290. 331. 388f.
Geldwirtschaft 110. 115. 119
Genius . . . . .44f.
Gericht 130. 136. 150. 152. 154. 156. 229. 233. 244. 256. 258. 260. 269–273. 275. 290–292. 296f. 303. 312. 329. 337. 378. 386. 388
Gerichtsverfahren . . . 130. 142. 153. 155. 271f. 291. 293
Geschichtsschreiber . . . 173. 218. 248. 270. 282. 284. 321
Geschlechtsbestimmung 345
Gesetz/Gesetzestext 107. 110. 115. 121–123. 125. 129–131. 136. 140f. 147–150. 152–156. 158–160. 165. 168. 173. 176. 197. 203f. 206–208. 213–216. 225. 228. 230. 237f. 242. 255. 257f. 261. 266. 271–273. 276–279. 281–285. 291–293. 297f. 319–321. 325f. 332. 373. 378f. 385f. 390f. 394. 412–414
Gewalteinwirkung 28. 349. 359–361. 365
Gewohnheitsrecht 130. 319
Giftmischerei 141. 258. 271. 271–276
Giftmord 272–274. 277. 391. 410
Glücksspiel 121–123. 125. 411
Gorgoneion 50–52. 57
Grabinschrift 69. 73. 77. 149. 157. 165. 168f. 175. 187–191. 193f. 359
Grabmal 34. 68. 133. 165. 167f. 174. 190
Grabplünderung 380
Grabraub . . . . 163. 165. 169. 380f.
Grabstein 34. 36. 66. 77. 150f. 165. 167f. 173f. 187–192. 207. 226. 324
Gräberfeld 38. 58f. 67. 69. 73. 163. 169. 304. 315. 350. 352. 356. 359–361. 368–371. 380. 405
Graffiti 66. 71. 73. 149. 174. 184. 201. 207. 210

Hakenschlüssel ....20 f.
Halsband 61. 68. 231. 238
Hausdurchsuchung 215
Hauseinbruch 43
Hausgericht .... 152–155. 270. 272. 276 f.
Hausgötter 43. 45. 47. 56
Heer 130. 177. 180. 213–221. 239. 242. 284. 338. 411. 413
Hehler 176. 225. 290
Heiratsschwindel ....274 f.
Hinrichtung ....180. 203 f. 237. 261–263. 271. 274. 319–321. 323–328. 330 f. 333–335. 337. 351. 353. 355 f. 360 f. 363–370. 375. 411. 414 f.
Hochverrat ....95. 260. 290. 320 f. 326. 335
Holzriegel 5. 12. 15. 37
Homosexualität .....148. 154. 156 f. 160. 375. 388. 391
honestiores .... 107 f. 264. 319. 330. 351. 414
humiliores ..... 107 f. 262. 264. 319. 325 f. 330. 351. 414
Hundenapf 69

ianitor 61
incestum ....135–137. 143 f. 154. 158. 274
inimici .... 303 f. 310
Inschrift ....30. 34. 38. 57. 68 f. 71. 77. 79–81. 83 f. 130. 133. 144. 149. 151. 157. 165. 166–168. 173–175. 177. 179–181. 183 f. 187 f. 190–192. 194. 197. 200. 203. 205–207. 209. 215. 217. 226–228. 232. 237. 255. 264–266. 271. 277. 285. 316. 404. 409
Inzest 136. 139. 154. 158. 284. 332
ius conubium 156
ius respondendi 294

Juden 131. 180. 215–217

Kampftrophäe 351
Kaperschiff ....201 f. 206
Kapitalverbrechen 95. 154. 187. 189. 237. 258. 326. 359. 368. 398
Keuschheit ....136 f. 143. 149 f. 155. 160. 274. 279. 320 f. 332. 374
Klageschrift 215
Körperbestattung ....359 f. 369
Konkubinat ....147 f. 156. 159
Konsul ....142. 156. 230. 255. 258. 272. 277. 282. 284. 294. 297. 320 f. 324. 328 f. 331–333
Kopfgeldjäger/Kopfjägerei 180. 351
Korruption .....129–131. 213 f. 216–218. 221. 225. 261. 266. 407. 409. 411. 415
Krankheit 70. 187. 260. 273. 310. 349. 354. 359
Kreuzigung .... 70. 103. 180. 203 f. 261. 321. 325. 330–332. 334. 336. 351. 363. 366–369. 389. 407

Kriminalgeschichte 58. 159. 187. 239. 278. 411
Kriminalität .... 30. 89. 95. 121. 148. 177. 184. 210. 239. 243. 257. 271. 276. 279. 339. 359. 368. 373. 393. 395. 397 f. 400 f. 414
Kuppelei 272. 388. 391

lararia 43–45. 47. 51. 53. 56. 58
Laren 43–45. 56. 67. 79. 135
latro/latrones ...... 100. 173–177. 179 f. 183 f. 187–189. 191. 193 f. 200. 207 f. 325. 336. 406. 408–412. 415 f.
latrocinium .... 173–177. 180 f. 183. 193 f. 203. 226 f. 237. 265. 308. 408 f.
leges barbarorum 377
leges sacrae 135
Legionslager .... 23. 25. 28. 37 f. 56. 350. 356. 371
legis actio 289
Leibwächter 66. 72
Leichenbrand 163. 315. 368–370
Leichenschändung 351
lenocinium 147. 155
lex Alamannorum 377
lex Aquilia 154. 158
lex Baiuvariorum 377
lex Burgundionum 377
lex Cincia 294
lex Cornelia de sicariis et veneficiis ... 141. 144 f. 273. 385. 389
lex Cornelia testamentaria nummaria ....107 f.
lex de imperio Vespasiani .... 282. 285 f.
lex duodecim tabularum 167. 385
lex Gabinia de bello piratico 197
lex Iulia de adulteriis coercendis ...... 153. 155. 157 f. 272. 388
lex Iulia de maritandis ordinibus 153
lex Iulia de vi publica .... 153 f. 158
lex Iulia maiestatis 385
lex Iulia repetundarum 129
lex Pompeia de parricidiis 258
lex Publicia 121
lex Ribuaria 377
lex Salica ....377 f. 380
lex Titia 122
lex Visigothorum 377
Liebeszauber ....141 f.
locus religiosus 167
Lösegeld 175. 201. 204
Löwenkopf 49–51. 53. 55–57
lustrum 164

Machtmissbrauch 216. 218
Mädchen von Windeby 375

Märtyrer . . . . 131. 169. 266. 328. 331. 336–339. 351.
    363f. 366–369
Majestätsvergehen 271
Malbergische Glossen 377. 381
Manipulation . . . . 20. 25. 109. 121. 123f. 164f. 303.
    345. 349
mansiones 10
Maskenschloss 34. 37
Mastiff 66
matrona 143. 149. 153. 155. 158. 160
Meineid 121. 319. 378
Menschenhandel 147f. 179
Menschenraub 179. 378
Militärgericht 214
Militärtribun 214. 258
Minderjährigkeit 148. 154. 304. 314
Misshandlung 71. 150. 214f. 218. 374
Mittäter 176
Molosser . . . . 66f.
Monumentalbau 311f. 350. 354
Moorleiche 351. 355. 373. 375f. 381. 406. 408. 411
Mord . . . . . 66. 77. 95. 141. 150. 173. 175. 187–193. 207.
    216f. 225. 258. 269. 271–277. 279. 281. 285. 290. 294.
    320. 323. 325. 327f. 331–334. 338. 351f. 359. 368f. 376.
    378. 385. 391. 393. 398f. 408–410. 414
Mumienbestattung 361
munus 326. 330. 339
Münzreform 115. 118
Münzstätte 107. 110–112. 115. 117

Nachahmung 107. 109–113. 115. 117f. 312
Nachbarschaftsrecht 12
Nachtwache 180. 214. 249
Naumachie 328
Nekropole 163. 165–169. 361
Notwehr 255
numen 77. 89
Numismatik/numismatisch . . . . 109f. 118f. 184. 408.
    410f. 413
nyktostrategos . . . . 248. 250f. 252f.

Oberbefehlshaber 284
officiales 129–132. 324. 329. 336
Opferdarbringung 79
optio 215. 325. 330
Orakel 123. 125. 228

Papyrus . . . . . 84. 132. 139. 141. 143. 145. 150. 152. 157.
    173. 175. 177f. 182. 193f. 214f. 218. 221. 225. 229f.
    232f. 238f. 241f. 244f. 248. 251–253. 270. 339. 404.
    409. 412. 415

parricidium 258. 320. 332
pater familias 44. 131. 150. 153. 270. 335
patibulum 325
patria potestas 150. 157. 276
pax Augusta 177
pax Romana 205
Peristyl 3. 5
Phallus 30. 45–47. 56. 149. 160
Phylakiten 245f. 252
Pirat/Piraterie . . . . 84. 143. 175. 197–210. 228.
    237. 334. 404–417
poena cullei 320
Polizei . . . . 82. 180. 184. 225. 227–230. 233f. 238.
    242–247. 249–252. 279. 291. 295. 324. 329. 334. 387.
    393–395. 397f. 400f. 405. 409. 411. 413–415
pontifex maximus 137. 139. 165. 274. 289. 320. 331
praedo 173. 197. 199f. 203. 206–208
praefectus Aegypti . . . . 130. 132. 241. 243. 250f.
praefectus arcendis latrociniis . . . . 203. 226f.
praefectus praetorio 291. 294
praefectus vigilum 225. 231. 291
praegustator 274
praesidia 181. 183. 228. 404
Prätorianer 225. 227. 295. 323. 336
Priapus 149
Privatstrafrecht 290
probosa 153–156
Prokurator 123. 129. 215. 243. 262. 296
Prostitution/Prostituierte . . . . . 147–149. 153–155. 159f.
    168. 269. 272. 276. 279. 415
Prozessgegner . . . . 89. 141. 292. 301–303. 305f.
    315. 405
Prügelstrafe 137. 218. 257. 264
pudicitia 149. 155. 158
pyrgus 121

Quadran 109. 117
quadruviae 79–81. 84
quaestio 158. 265. 271. 290. 315
quaestiones 258. 292. 385. 390
Quellheiligtum 89

Räuber . . . . 95. 100. 163. 165. 168. 173–177. 179f.
    183–185. 187–194. 197. 199–203. 205–210. 215f. 225–
    228. 230. 239. 260. 263. 279. 325. 327. 329. 336. 339.
    387. 406. 408. 410–412. 414. 417
Raubmord . . . . 191f.
Raubtier . . . . 263. 327f.
Rechtsliteratur 292
Rechtsmedizin . . . . 350f. 359. 361. 369f.
Rechtsschule 290. 294f. 373. 381

Reinheitsgelübde 136
Reinigungsopfer 164
Reliquienhändler 169
Reliquiensammlung 351
Riegel 5. 7. 10. 12. 14f. 20f. 23. 25. 27f. 30. 32. 37. 43. 56
Ritter 83. 143. 158. 175. 214. 220. 228. 241. 243. 251. 297. 320. 323. 325. 328. 334. 407

Sachbeschädigung .... 154. 257. 290. 387f.
sacrilegium .... 135f. 139f.
Säckung 258. 320. 332
Sakralgesetz 135. 141
Sakralopfer 376
Sarkophag 37. 57. 59. 343. 349f. 354
Saturnalien 122
Schadenzauber 94. 104. 140f. 143f. 164. 170. 258. 303. 316. 385. 406. 411. 416
Schiebeschloss 20f. 23. 25. 27f. 32. 34. 37
Schiebeschlüssel 20. 22f. 25f. 29
Schloss 7. 9f. 14f. 19–21. 23–25. 28–32. 34–40. 43. 50. 179. 234. 239. 407f. 413
Schrötling 111f. 115
Schutzgelderpressung .... 175f.
Schwarzmarkt 176
Schwurgericht 292
secretarium 256. 265. 330. 337
Selbstmord .... 190. 274–276. 331. 333. 338. 351f.
Semis 109. 117
Senator 70. 72. 148. 156. 158. 214. 241. 269. 272. 275f. 282. 284. 306. 320. 323. 333f. 338. 407
Sesterz 109. 142. 163. 165. 169. 177. 193. 228. 259. 281. 294. 328
Sexualdelikt 147. 153. 155f. 378. 401
Sicherheitswesen 241–251. 253. 414
Sicherungsverwahrung 259
Silberschatz 345. 350
Sklaverei 174f. 183. 194. 201. 213. 217
Söldner 124. 174. 180. 208f. 405
Solidus 232
spectator 351
speculator 130. 323–325. 333f. 338. 351
Spielsucht 121–123
Sportbetrug .... 124f.
Sportwette .... 124f.
Stadtbefestigung 3
Stadtmauer 3. 10. 16. 165. 344
stationarius 180. 193f. 225. 237. 329. 334. 336. 387
stationes 179. 225f. 242. 324. 336

Statthalter 129–133. 176. 179f. 203. 208. 213f. 216. 226. 230f. 233. 236f. 241–243. 247. 252. 257. 259f. 276. 291. 294. 304–306. 308. 316. 323–325. 328–331. 334. 336–339. 385–388. 390f. 409
Steuerflucht 225. 412
stola 149
Strafritual 375
Strafverfolgung 35. 89. 153. 225. 230. 244. 246. 248. 271. 324. 334. 386–388. 393f. 398
Stratege 139f. 203. 229f. 233. 238. 242. 244–252
stuprum 143. 153f. 156. 158
subaerate Münze 108. 110–113. 115. 117f. 413
subscriptio 387

taberna 3–6. 8–12. 15. 25
tabula iudiciaria .... 301f.
talus 123. 314
Tarpejischer Felsen .... 257. 319f. 331f.
Tatort 91. 93. 191f. 201. 275f. 369. 394f. 398. 401. 409
Tatwerkzeug 345. 353
Tatzeuge 255
Tempelraub 139. 143. 168. 230. 323. 351
Tempelschändung 139
Tempelwächter 140
terra sigillata 79f. 82–84. 202. 263. 327
Tierquälerei 95
tintinnabula 46f. 51. 56. 58
Todesstrafe/Todesurteil 29. 139. 141. 143. 148. 150. 154. 180. 213. 257–262. 270. 273f. 319f. 323–326. 328. 330–335. 338. 351. 354. 359. 361. 366–368. 370. 374f. 381. 388–391. 404. 412
Tötungsabsicht 389
toga 149. 159. 201
Tollwut 70
Totengeister 91. 163f. 188f. 303f. 310. 315
Totenkult 163. 169. 352
Totschlag .... 150. 177. 187. 255. 319. 374. 378. 380. 388f. 393. 398f.
triviae 79
Truppenbefehlshaber 213
Türhüter 61
Türschloss 10. 14. 20. 23. 25
turricula 121. 125
tutela 150. 219. 265. 276
tutor 131. 269. 276

Überfall 23. 32. 70. 77. 92. 173–179. 187f. 191. 193. 200. 216. 218. 228. 260. 323. 325. 378

Sachregister

Unschuld 137. 139. 258. 271. 274. 386
Unterschlagung 90. 130. 258. 290
Untersuchungshaft .... 236f.
Unzurechnungsfähigkeit 259
Usurpator 173. 177. 180

Verbannung .... 122. 154. 156. 158f. 165. 237. 264. 332. 378. 389f.
Verbrennung 326. 351. 359. 363. 367f. 389
Verdachtsstrafe 386
Verfluchung 306. 308–314
Vergewaltigung 147f. 153–156. 158. 388. 401
Vergiftung 207. 273. 359
Verhör 143. 237. 256. 315. 324. 329f. 335. 337. 415
Vermögenskonfiskation 260
Verschwörung 271. 279. 321. 323
Verwandtenmord 258. 320. 332
Vestalin 135–139. 143. 145. 158. 257. 274. 320f. 331f. 353. 409
Viehdiebstahl 175f. 183. 229. 378. 409
vigiles 225. 227
villa rustica 13. 28f. 38. 58. 164f. 179. 408. 411
villaticus 61. 63
violatio sepulchri 163. 165. 169
vitta 149. 157
Volksversammlung 257. 282. 331. 374
Vollzugsmaßnahme 244. 246f. 249

Vorhängeschloss 20. 25. 34f. 38. 40. 234. 407
Vorkoster 274
Vormundschaft 150. 157. 269. 276
Vulgarrecht 377. 381

Wachhund .... 10. 15. 30. 43. 54. 57. 61–67. 71f.
Wachposten 180. 242
Wachstäfelchen 377
Wachtürme 225. 228
Waffe 141. 173f. 200. 213. 258f. 323. 337. 351. 360. 369. 389f. 397f. 404
Wahlbestechung 271
Wegegöttinnen 77–85. 135. 412
Wegelagerei 77. 83f. 173f. 387. 412
Weihegeschenk 67. 81. 139. 143
Wergeld 378. 381
Würfel 71. 121–125. 405
Würfelspiel 121. 124. 214
Würfelturm 121f. 125

Zauberpapyrus 141. 145
Zivilrecht 148. 270f. 292. 295
Zwangsarbeit .... 237. 257. 264. 390f.
Zwölftafelgesetz ..... 15. 104. 141. 144. 157. 167. 265f. 274. 276. 289. 295. 319. 325. 332. 338. 353. 385. 389. 407f.